소방공무원

소방학개론

저희(이&권)는 이런 사람입니다.

■ **이명구**
- (現) 소방관
- 보유자격증 : 화재진화사, 소방설비기사(전기), 소방설비기사(기계), 소방안전교육사, 소방시설관리사, 위험물기능장, 화재감식기사, 전기기사
- 서울시립대 방재공학 석사 졸업

■ **권혁범**
- (現) 소방관
- 보유자격증 : 화재진화사, 소방설비기사(전기), 소방설비기사(기계), 소방안전교육사, 위험물기능장, 화재감식기사, 정보처리기사, 굴삭기

소방학개론(상)
기본서

초판 인쇄 2025년 01월 08일
초판 발행 2025년 01월 10일

편 저 자 | 이명구, 권혁범
발 행 처 | ㈜서원각
등록번호 | 1999-1A-107호
주 소 | 경기도 고양시 일산서구 덕산로 88-45(가좌동)
교재주문 | 031-923-2051
팩 스 | 031-923-3815
교재문의 | 카카오톡 플러스 친구[서원각]
홈페이지 | goseowon.com

PREFACE

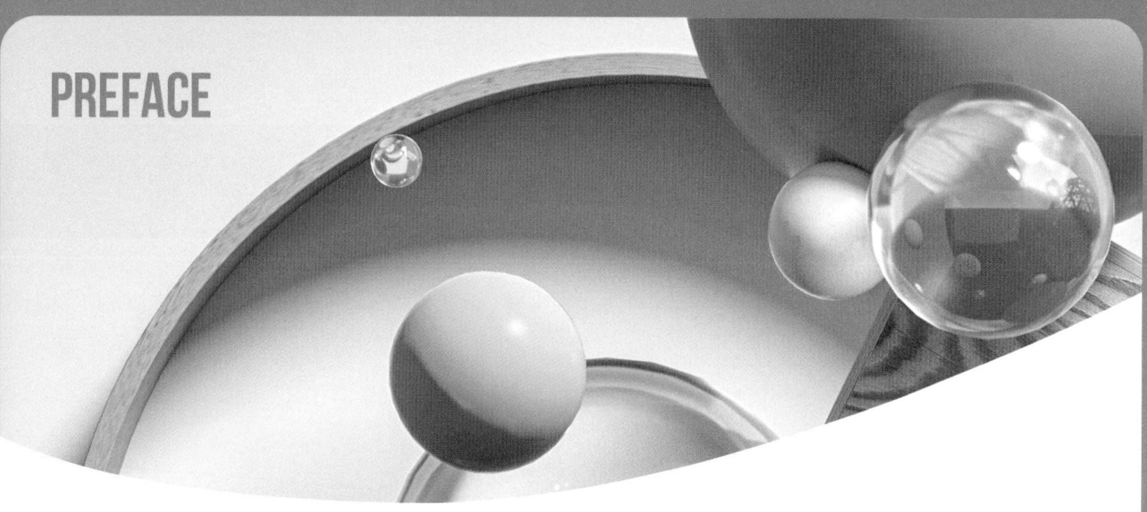

현직 소방관으로 재직 중인 이명구, 권혁범 소방관입니다.

저희(이&권)가 책을 집필하는 계기는 다음과 같습니다.

저몇 년동안 소방관련자격증을 공부하여 시험에 합격하였고 지금도 공부 중인 수험생(기술사)이기도 합니다.
우연히 신입 소방관의 소방학개론 수험서를 보았고 저희가 예비 소방관 후배들이 공부하는데 많은 도움이 될 수 있겠다 싶어 책을 만들게 되었습니다.
비번날 카페, 도서관에서 만나서 책의 구성, 암기법 등 책을 집필하는데 2년이라는 시간과 열정을 쏟았습니다.

저희(이&권)은 직접 시험으로 검증하였습니다.

책을 집필하면서 자격증시험(소방기사전기, 소방기사기계, 소방시설관리사, 소방안전교육사) 시험문제에 직접 응시하였고, 적응이 가능한지 검증하였으며, 소방직 공무원 기출문제(일반, 간부)를 모두 분석하고 검증 완료하였습니다.

저희(이&권)는 공유문화를 추구합니다.

저희는 자료를 카페(https://cafe.naver.com/studybook119)에 공개하기로 하였고, 유튜브로 무료강의를 시작하기로 하였습니다. 소방에 궁금한 사항이나 질문사항이 있으시면 카페를 이용하시면 되겠습니다.

소방학개론은 소방직시험(공채, 경채, 간부)을 기본틀로 구성하였습니다.

2023년부터 소방학개론의 비중이 높아졌다는 것을 알고 있을 것입니다.
저희(이&권)는 후배 소방관님의 합격에 대한 간절한 마음을 누구보다 잘 알기에 하나라도 더 알려드리고 싶고 효율적으로 공부방법으로 좋은 성적으로 합격을 기원하는 마음으로 집필하였습니다.

STRUCTURE

핵심이론정리

해당 단원에서 필수적으로 알아야 할 내용을 정리하여 수록했습니다. 출제가 예상되는 핵심적인 내용만을 학습함으로써 단기간에 학습 효율을 높일 수 있습니다.

이론팁

과년도 기출문제를 분석하여 반드시 알아야 할 내용을 한 눈에 파악할 수 있도록 Tip으로 정리하였습니다. 문제 출제의 포인트가 될 수 있는 사항이므로 반드시 암기하는 것이 좋습니다.

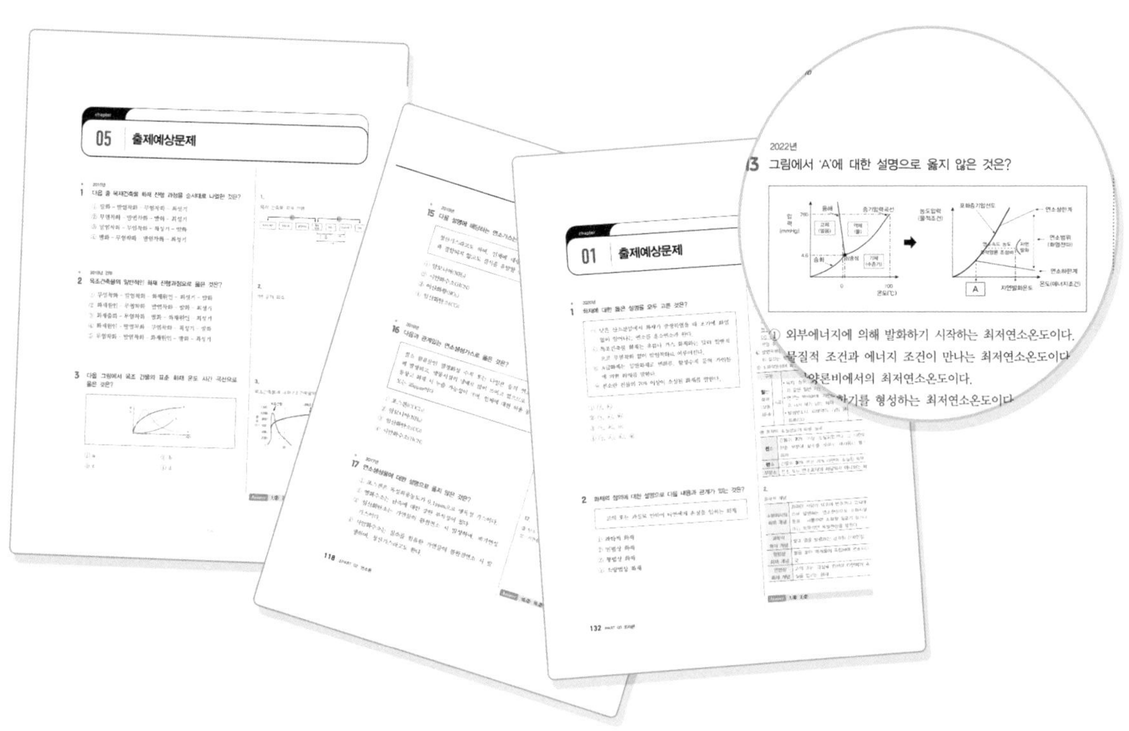

기출문제분석

실제로 시험에 출제된 문제를 수록하여 기출 경향 파악에 도움이 되도록 구성하였습니다. 이론 학습이 바로 기출문제 풀이로 이어져 학습의 효율을 높일 수 있습니다.

출제예상문제

출제가 예상되는 문제만을 엄선하여 수록하였습니다. 다양한 난도와 유형의 문제들로 연습하여 확실하게 대비할 수 있습니다.

CONTETNS

PART 08 위험물 성상

PART 09 소화설비

PART 10 경보설비

＊ 연도별 기출경향 ＊

[기출연도]	2012	2013	2014	2015	2016	2017	2018	2019	2020	2021	2022	2023	2024
문항수	0	0	0	0	0	0	2	1	0	1	1	0	0

PART

01

기초화학 및 역학

chapter

01 기초화학

주기율표

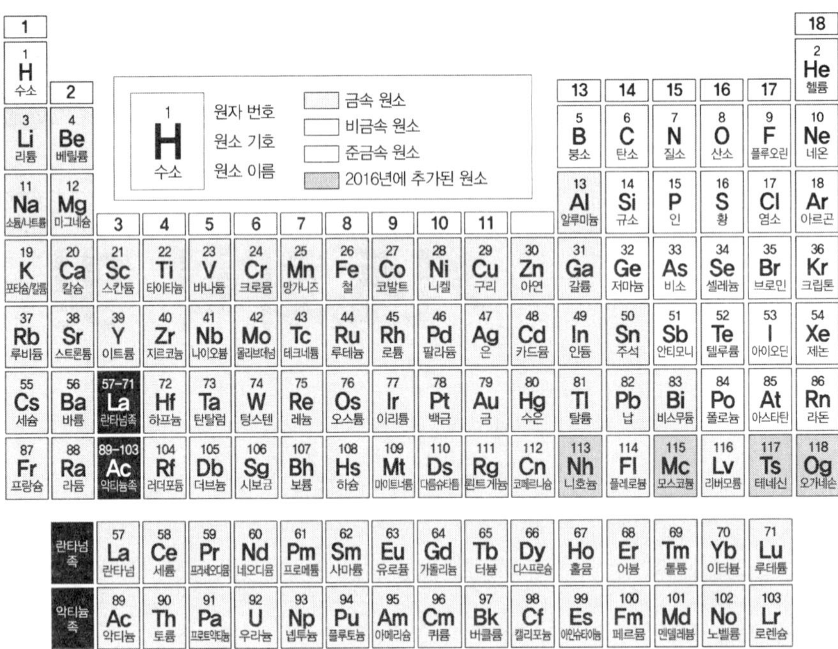

옥텟규칙

주기 \ 족	1	2	13	14	15	16	17	18
1	1+							2+
2	3+	4+	5+	6+	7+	8+	9+	10+
3	11+	12+	13+	14+	15+	16+	17+	18+
4	19+	20+						

원자의 최외각 전자 껍질에 존재하는 원자가 전자수가 8개일 때 가장 안정하다는 학설이다. 주기율표상에서 가장 안정적인 18족 원소에서 헬륨을 제외하고는 모두 최외각 전자 껍질의 원자가 전자수가 8개이다. 이로 미루어 다른 원소의 경우에도 원자가 전자가 8개일 때 매우 안정해진다는 것이다.

이와 같이 전자를 잃거나 얻어서 마지막 껍질의 전자가 8개가 되려는 경향성을 옥텟 규칙이라고 한다. 원자는 항상 이러한 전자 배치를 가지려는 성질을 지니고 있으며, 원자가 서로 결합하는 것은 이러한 전자 배치를 통하여 원자 자신이 안정해지려는 성질 때문이다.

❶ 개요

(1) 물질의 상

구분	내용
고체(solid)	• 단단한 모양과 고정된 부피를 가지고 있음
액체(liquid)	• 고체보다 불규칙 • 움직임이 비교적 자유롭기 때문에 흐르는 성질이 있음 • 일정한 모양이 없어서 담는 그릇의 모양에 따라 모양은 변하지만 부피 일정
기체(gas)	• 액체보다 훨씬 불규칙 • 분자 사이의 거리가 매우 멀기 때문에 분자 간 영향력 전무 • 같은 부피의 고체나 액체에 비해 매우 가벼움, 압축하면 모양과 부피가 달라짐, 공간 차지

※ 유체 : 물질의 상태인 고체, 액체, 기체 중 액체와 기체를 유체라고 한다.

(2) 물질의 분류 2022 자격증

구분		내용
순물질	홑원소 물질	• 한 가지의 원소로만 이루어진 물질 예 구리(Cu), 질소(N_2), 철(Fe), 다이아몬드(C), 알루미늄(Al)
	화합물	• 두 가지 이상의 다른 원소들이 일정 비율로 구성된 물질 예 이산화탄소(CO_2), 황산구리($CuSO_4$), 물(H_2O)
혼합물	균일 혼합물(용액)	• 두 가지 이상의 순물질이 균일하게 섞여서 모든 부분의 조성이 같은 혼합물 예 공기, 설탕물, 소금물, 합금
	불균일 혼합물	• 두 가지 이상의 순물질이 불균일하게 섞여서 취하는 부분에 따라 조성이 다른 혼합물 예 흙탕물, 우유, 화강암, 혈액, 연기

(3) 물질의 성질

물리적 성질	어떤 물질의 화학적 조성의 변화 없이 물질의 상이나 형태만의 변화가 일어나는 것 (예 색깔, 녹는점, 끓는점, 밀도, 용해도 등)
화학적 성질	어떤 물질이 화학적 반응을 통해 새로운 물질로 변환하는 것

2 원자

(1) 정의

원자는 물질을 구성하는 최소입자(J. Dalton, 1805년)

(2) 구성

원자의 중심에는 (+)전하를 띠는 원자핵이 있고, 그 주위를 (−)전하를 띠는 전자가 궤도를 선회하는 행태로 구성된다. 핵은 다시 양전하를 가진 양성자와 전기적으로 중성인 중성자로 구성되며, 양성자와 중성자는 질량이 거의 동일하다. 중성인 원자는 양성자의 양전하 수와 전자의 음전하 수가 균형을 이루고 있다. 양성자의 질량은 수소원자의 질량과 거의 동일하며 전자질량의 약 1,830배로 원자 질량의 대부분이 핵에 치중되어 있다.

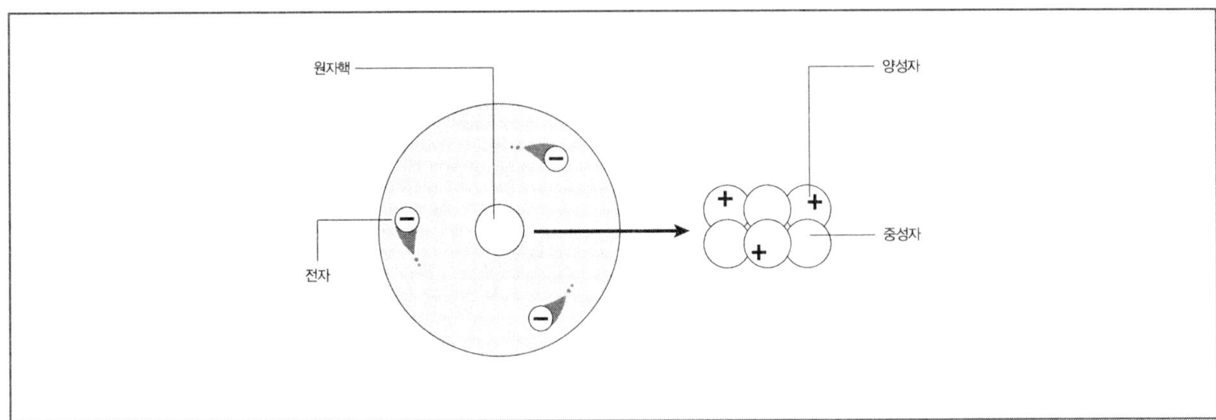

3 동위원소

지정된 원소의 모든 원자들은 같은 수의 양성자를 가지지만 중성자의 수는 다를 수가 있다. 그러므로 같은 원소의 두 원자는 상이한 질량수(양성자수 + 중성자수)를 가질 수 있다. 원자번호는 같으나 질량수가 다른 원자들을 서로 동위원소(isotope)라고 한다. 동위원소는 전자수가 같아서 화학적 성질은 같으나, 물리적 성질이 다른 원소이다.

❹ 분자(molecule)

(1) 정의

분자는 서로 결합된 원자들의 집합체

(2) 유형

홑원소물질	• 홑원소 물질은 이름 그대로 하나의 원소로 이루어진 분자를 뜻한다. (예로는 수소(H_2), 산소(O_2), 질소(N_2), 오존(O_2) 등이 있다.) • 홑원소 물질에 포함되는 특이한 분자들이 있다. 바로 일원자분자라고 불리는 분자이다. (예로는 헬륨(He), 아르곤(Ar) 등이 있다.)
화합물	• 화합물은 2개 이상의 다른 원소가 결합된 물질을 뜻한다. • 화합물의 예시로는 물(H_2O), 이산화탄소(CO_2), 포도당($C_6H_{12}O_6$) 등이 있다.

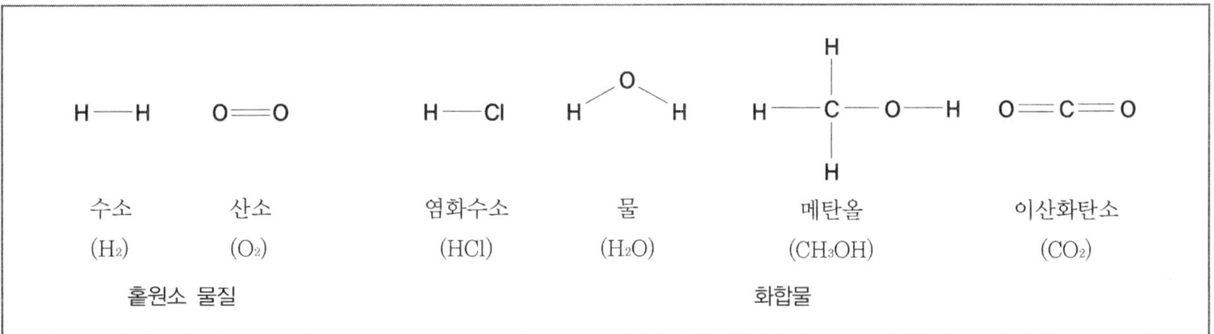

❺ 이온

(1) 정의

중성인 원자나 원자단이 전자를 잃거나, 전기를 얻어서 전기를 띤 상태를 이온

(2) 구분

양이온, 음이온 그리고 라디칼(radical)이온으로 구분

6 화학결합(chemical bond)

(1) 정의

화합물에서 원자를 붙들어 두는 인력(힘)을 화학결합

(2) 종류

이온결합(ionic bond)과 공유결합(covalent bond)으로 나눔

① **이온결합** : 소금처럼 Na+과 Cl−의 반대 전하 사이에 정전기적인 인력에 의한 결합

② **공유결합** : 수소분자처럼 두 원자가 한 쌍 또는 그 이상의 전자쌍을 공유함으로서 형성되는 결합

$Na^+ + Cl^- \rightarrow Na^+Cl^-$ [이온결합]

:F:F: [공유결합]

7 원자량(atomic weight)

원자는 매우 작아서 가장 가벼운 수소원자의 질량이 1.67×10^{-24}g으로서 그대로 사용하기가 매우 불편하므로 자연계에 존재하는 탄소동위원소의 평균원자량을 기준으로 하여 비교한 다른 원자의 상대적 질량 값을 원자량이라고 한다.

주요원소 원자량

종류	수소 (H)	탄소 (C)	질소 (N)	산소 (O)	나트륨 (Na)	황 (S)	플로우린 (F)	염소 (Cl)	브롬 (Br)	아르곤 (Ar)
원자번호	1	6	7	8	11	16	9	17	35	18
원자량	1	12	14	16	23	32	19	35.5	80	40

* 수소, 나트륨, 플로우린 등 몇몇의 원소를 제외하고는 원자번호×2= 원자량

8 분자량

분자 또는 화학식단위를 구성하는 모든 원자의 원자량의 합을 그 분자의 분자량 또는 화학식량이라고 한다. 따라서 물질의 분자식을 알면 성분 원소의 원자량을 합하여 분자량을 구할 수 있다.

예 메탄올(CH_3OH)의 분자량 : 12(C) + 1(H) × 4 + 16(O) = 32

예 공기의 평균분자량

공기의 조성 : 산소(O_2, 분자량 32) 21%, 질소(N_2, 분자량 28) 79%

$$\therefore \text{공기의 평균분자량} = \frac{32 \times 21 + 28 \times 79}{100} = 29$$

9 몰(mole)

(1) 아보가드로의 수와 몰

① 화학에서는 몰(mloe)이라는 단위를 쓰는데 6.023×10^{23}개 만큼의 집단을 뜻한다.

② 6.023×10^{23}이라는 수는 아보가드로(Aoadeo Avogadro)의 이름을 따서 아보가드로의 수라고 한다.

③ 물질의 일정한 집단의 수를 나타내는 몰은 원자, 분자, 이온 또는 원자단에도 공통적으로 적용된다.

④ 즉, 원자, 분자, 이온 각 1몰속에는 원자, 분자, 이온이 각각 아보가드로의 수만큼 들어 있는 것이다.

(2) 기체의 몰부피

"동일한 온도와 압력에서 동일한 기체의 부피는 동일한 분자수를 포함한다."는 아보가드로의 법칙에 따라 모든 기체 1몰(1g 분자)이 0℃, 1기압(STP)하에서 차지하는 부피는 물질의 종류에 상관없이 22.4l를 차지하며, 그 속에는 6.023×10^{23}개의 분자가 들어 있다. 따라서 0℃, 1기압에서 22.4l의 기체 질량은 그 기체분자 1몰의 질량이 되며, 이것을 측정하면 그 기체의 분자량을 구할 수 있다.

(3) 양적관계

계수비 = 몰수비 = 부피비 ≠ 질량비

예를 들어, 메테인(메탄)의 연소반응식으로 알아보면 계수비가 몰수비이며 부피비라는 것을 알 수 있으며 질량비는 아니라는 점을 확인할 수 있다.

	$CH_4 + 2O_2 \rightarrow CO_2 + 2H_2O$			
	CH_4	$2O_2$	CO_2	$2H_2O$
계수비	1	2	1	2
몰수비	1	2	1	2
분자수비	1	2	1	2
부피량	22.4ℓ	44.8ℓ	22.4ℓ	44.8ℓ
부피비	1	2	1	2
분자량	16g	64g	44g	36g
분자량비	16	64	44	36

⑩ 화학식과 화학방정식

(1) 화학식(chemical formula)

목적에 따라 성분원소의 종류와 그들의 상대비를 나타내는 실험식, 화합물 속에서 기(基)가 어떻게 결합하고 있는지를 나타내는 시성식, 화합물이 분자로 이루어질 때 그 분자의 원자조성을 나타내는 분자식, 분자나 기가 어떤 배열인지를 나타내는 구조식 등으로 분류된다.

① **실험식**(empirical formula) : 화합물 속의 원자의 조성을 나타내기 위하여 각 성분 원소의 원자수의 비율을 가장 간단한 정수비(계수비)로 하여 각 원소기호의 뒤에 붙인 식으로서, 조성식이라고도 한다.

예 [분자식] [실험식]
CH_2O, $C_2H_4O_2$, $C_3H_6O_3$ → CH_2O
N_2O_4 → NO_2

② **분자식**(molecular formula) : 분자를 구성하는 원소들의 조성과 그 분자를 구성하는 원자의 수를 원소기호를 써서 나타낸 식으로 실험식에 분자량에 맞도록 정수배를 하여 분자식을 구할 수 있다.

예 벤젠의 실험식은 CH(분자량 13) → 벤젠의 분자량은 약 78
∴ 78은 CH의 6배이므로 벤젠의 분자식은 C_6H_6

③ **시성식**(rational formula) : 분자의 특성을 나타내는 작용기(functional group)를 표시하여, 그 결합상태를 나타낸 식으로 주로 유기화합물의 화학식에 많이 사용된다.

예 에탄올의 분자식 (C_2H_6O)
에탄올의 시성식 (C_2H_5OH) → 에틸기($-C_2H_5$) + 히드록시기($-OH$)

④ **구조식**(structural formula) : 분자 중에 존재하는 원자와 원자의 결합상태를 원자가 또는 공유전자쌍과 같은 수의 결합선으로 나타낸 식

```
           H   O
           |   ||
구조식 : H—C—C—O—H
           |
           H
```

예 아세트산(acetic acid)
- 실험식 : CH_2O
- 분자식 : $C_2H_4O_2$
- 시성식 : CH_3COOH

(2) 화학방정식

서로 다른 물질들이 반응하여 새로운 물질을 형성하는데 그 과정을 수학기법에 따라 정량적으로 표현하는 것

예 프로판(C_3H_8)은 산소(O_2)중에서 완전연소반응 후에 이산화탄소(CO_2)와 물(H_2O)을 생성한다.

① $C_3H_8 + O_2 \rightarrow CO_2 + H_2O$

② 반응물의 3개의 탄소에 의한 생성물의 계수조정 $C_3H_8 + O_2 \rightarrow \mathbf{3}CO_2 + H_2O$

③ 반응물의 8개의 수소에 의한 생성물의 계수조정 $C_3H_8 + O_2 \rightarrow 3CO_2 + \mathbf{4}H_2O$

④ 생성물의 10개의 산소에 의한 생성물의 계수조정 $C_3H_8 + \mathbf{5}O_2 \rightarrow 3CO_2 + 4H_2O$(완결)

⓫ 반응열의 종류

화학변화에 수반되어 발생 또는 흡수되는 열로 반응물의 에너지와 생성물의 에너지 차이를 반응열이라 하며, 일반적으로 반응열은 25℃, 1기압일 때 측정하기 때문에 정압 반응열이라고도 한다. 이에 대하여 일정한 부피에서 측정한 경우를 정적 반응열이라고 한다.

1) 생성열	화합물 1몰이 그들의 성분 원소로부터 생성될 때 흡수 또는 발생되는 열량 $H_2 + \frac{1}{2}O_2 \rightarrow H_2O + 68.3\text{Kcal}$
2) 분해열	화합물 1몰이 그 성분 원소로 분해될 때 발생 또는 흡수되는 열량 $HCl \rightarrow \frac{1}{2}H_2 + \frac{1}{2}Cl_2 - 22.1\text{Kcal}$
3) 연소열	주어진 온도에서 1몰의 물질이 산소와 완전 반응할 때 발생하는 열량 $CH_4 + 2O_2 \rightarrow CO_2 + 2H_2O + 213\text{Kcal}$
4) 융해열	어떤 물질 1몰을 용매에 녹일 때 출입하는 열량 $H_2SO_4 + aq \rightarrow H_2SO_4(aq) + 18.9\text{Kcal}$
5) 중화열	산과 염기가 각각 1몰씩 중화할 때에 발생하는 열량으로서, 중화반응에서는 H+, OH- 만이 반응하므로 산이나 염기의 종류에 관계없이 일정한 값을 갖는다. $H^+ + OH^- \rightarrow H_2O + 13\text{Kcal}$

⑫ 반응속도

반응속도(reaction rate)는 단위시간에 반응물 중 한 물질이 반응계에서 농도가 감소하는 속도 또는 생성물 가운데 한 물질의 농도가 증가하는 속도로 정의된다.

(1) 충돌이론과 활성화 에너지

충돌이론에서는 원자, 이온, 분자들 사이에 반응이 일어나기 위해서는 먼저 충돌해야 된다는 것이다. 반응종의 농도가 크면 단위 시간당 충돌 횟수도 증가한다. 결국 반응속도를 결정하는 중요한 인자는 충분한 에너지를 가지고 일어나는 충돌횟수이다. 반응을 일으키는데 필요한 최소에너지를 그 반응의 활성화에너지(activation energy)라 한다.

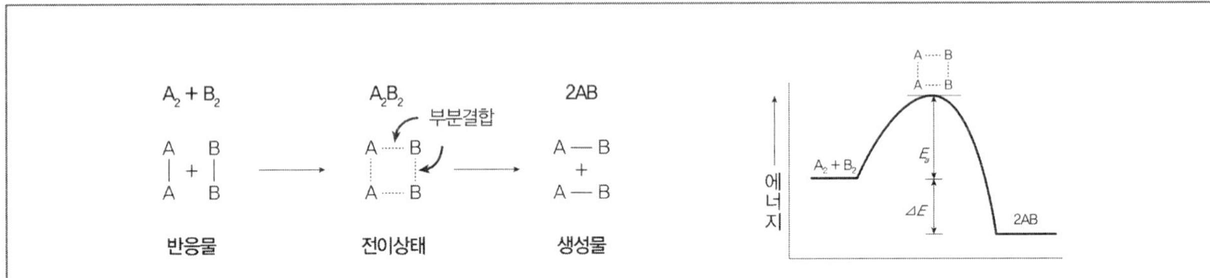

두 반응분자 A_2와 B_2가 충분한 에너지를 가지고 충돌한다면, 활성화물(activated complex)이라고 하는 전이중간체를 생성한다. 즉, 반응물에서 생성물을 형성하기 전 높은 에너지를 가진 중간상태(transition state, 전이상태)에 순간적으로 존재하는 상태로서, 이러한 전이상태를 거쳐서 반응을 일으키는데 필요한 최소한의 에너지를 활성화에너지(Ea)라 한다. 만약 A_2와 B_2분자들이 충돌할 때, 활성화에너지만큼 갖고 있지 못하다면 반응은 일어나지 않는다.

(2) 반응속도에 영향을 미치는 요인

① 반응물의 성질	반응속도는 함께 혼합된 물질들의 화학적 성질과 물리적 상태에 의존한다.
② 반응물의 농도	반응속도는 반응하는 각 물질의 농도의 곱에 비례한다.
③ 온도	아레니우스(S. Arrhenius)의 반응속도론에 의해 온도가 10℃ 상승할 때 반응속도는 약 2배 증가한다.
④ 촉매	촉매는 반응에 첨가되어 보통은 반응속도를 증가시키지만 때로는 반응속도를 감소시키는 물질이다.

⑬ 화학반응식과 이론공연비

(1) 완전연소상태의 화학반응식

① 탄화수소계 연료(hydrocarbon fuel)에서 완전연소의 의미는 연료 내 모든 탄소원자는 CO_2로, 모든 수소원자는 H_2O로 전환되는 연소과정을 의미한다.

② 예를들어 탄화수소계 연료로 가장 간단한 구조를 가진 메탄(CH_4)의 경우, 완전연소상태에서 1몰의 메탄은 2몰의 산소와 반응하여 1몰의 이산화탄소와 2몰의 수증기를 생성하게 된다.

$$CH_4 + 2O_2 \rightarrow CO_2 + 2H_2O$$

③ 그러나 대부분의 연료는 공기 중에서 연소되기 때문에 공기의 조성이 21%의 산소와 79%의 질소로 이루어진 것으로 가정하면 산소 대 질소의 몰비는 1 : 3.76이 된다. 따라서 1몰의 메탄과 반응하는 2몰의 산소를 얻기 위해서는 9.53(4.76 × 2)몰의 공기를 필요로 한다.

$$CH_4 + 2(\underbrace{O_2 + 3.76N_2}_{\text{공기}}) \rightarrow CO_2 + 2H_2O + 2 \times 3.76N_2$$

(2) 이론공연비

① 공기 중에서 메탄의 완전연소과정에서 발생되는 연소생성물은 이산화탄소(CO_2)와 물(H_2O)이 생성되고 질소는 연소반응에 참여하지 않는 불활성기체(inert gas)로 취급된다. 이때 반응되는 양을 질량단위로 환산해보면 메탄의 분자량은 16g/mol이므로 1몰의 메탄은 16g 이 된다.

② 16g의 메탄은 공기의 질량 2몰의 산소와 7.52몰의 질소와 반응하므로 산소의 분자량 32g/mol과 질소의 분자량 28g/mol을 적용하면 반응하는 공기의 질량은 다음과 같이 계산된다.

$$2 \times 32g + 7.52 \times 28g = 274.56g$$

③ 즉, 16g의 메탄은 완전연소상태에서 275g의 공기와 반응하게 된다. 따라서 완전연소상태에서 연료와 공기가 반응하는 질량 비율, 다시 말해 단위질량의 연료를 완전연소시키는데 필요한 공기의 양을 이론공연비라 한다. 따라서 메탄의 경우 이론공연비는 약 17.2정도 된다.

$$\text{이론공연비} = \frac{\text{공기의 질량}}{\text{연료의 질량}}$$

⓮ 환기상태와 당량비

(1) 환기상태

이론공연비는 연소과정에 공급되는 공기량을 평가하는 기준으로써 화재의 환기상태를 평가하는 매우 중요한 요소가 된다.

① **연료과잉상태 :** 이론공연비보다 연료의 양이 많고 공기의 양이 상대적으로 부족할 경우 연소상태는 연료과잉상태(fuel rich)가 되고 이를 화재역학에서는 환기부족상태(under-ventilated condition)로 부른다.

② **연료부족상태 :** 이론공연비 보다 공기의 양이 상대적으로 많은 경우 연소상태는 연료부족상태(fuel lean)가 되고 환기과잉상태(over-ventilated condition)로 정의한다.

(2) 당량비

연소과정의 공기과잉 혹은 연료과잉의 정도를 정량적으로 나타내기 위해 이론연공비에 대한 연소과정의 연료공기비를 당량비(equivalence ratio, ϕ)로 정의한다.

$$\phi(\text{당량비}) = \frac{\text{실제연공비}}{\text{이론연공비}} = \frac{\text{실제연료량/실제공기량}}{\text{이론연료량/이론공기량}}(\text{연료량은 일정}) = \text{이론공기량/실제공기량}$$

$\phi > 1$	연료과잉, 공기부족(환기형지배형 화재 발생), 불완전연소
$\phi = 1$	이론공연비상태, 양론혼합(완전연소 발생), 완전연소
$\phi < 1$	공기과잉(연료지배형 화재), 완전연소상태

⓯ 유기화합물

(1) 유기화합물의 정의

유기화합물은 탄소를 주축으로 하여 이루어진 공유결합물질로서, 현재는 탄화수소화합물이라고 정의한다. 크게 포화탄화수소, 불포화탄화수소, 방향족탄화수소화합물로 나눌 수 있으며 유기화합물은 일반적으로 가연성이며, 무기물에 비해 녹는점이 낮고, 물에 녹기 어려우며, 알코올 · 에테르 등의 유기용매에 녹기 쉬운 성질이 있다.

(2) 탄화수소화합물의 분류

① **탄소-탄소결합형식에 의한 분류 :** 포화탄화수소는 탄소-탄소 단일결합만으로 되어있다. 그러나 불포화탄화수소는 탄소-탄소 다중결합, 즉 이중결합 또는 삼중결합 등을 포함하고 있다. 방향족탄화수소는 벤젠구조와 관련된 고리모양의 불포화화합물이다.

탄화수소화합물의 결합형식에 따른 분류

분류	분자구조	명칭	결합형식	일반식	화합물의 예
포화 탄화수소	사슬모양	알칸	단일 결합	C_nH_{2n+2}	메탄, 에탄
	고리모양	시클로알칸	단일 결합	C_nH_{2n}	시클로헥산
불포화 탄화수소	사슬모양	알켄	2중 결합	C_nH_{2n}	에텐(에틸렌)
		알킨	3중 결합	C_nH_{2n-2}	아세틸렌
	고리모양	시클로알켄	(2중 결합)× n		시클로헥센
방향족 탄화수소	고리모양	아렌	비편재화 된 2중 결합		벤젠, 톨루엔

② **작용기에 의한 분류** : 공통된 화학적 특성을 지니는 한 무리의 유기화합물에서 그 특성의 원인이 되는 공통된 원자단을 작용기라고 부른다.

③ **알칸계 탄화수소의 종류(C_nH_{2n+2})**

명칭	탄소수	분자식	구조식
메탄(methane)	1	CH_4	CH_4
에탄(ethane)	2	C_2H_6	CH_3CH_3
프로판(propane)	3	C_3H_8	$CH_3CH_2CH_3$
부탄(butane)	4	C_4H_{10}	$CH_3CH_2CH_2CH_3$
펜탄(pentane)	5	C_5H_{12}	$CH_3(CH_2)_3CH_3$
헥산(hexane)	6	C_6H_{14}	$CH_3(CH_2)_4CH_3$
헵탄(heptane)	7	C_7H_{16}	$CH_3(CH_2)_5CH_3$
옥탄(octane)	8	C_8H_{18}	$CH_3(CH_2)_6CH_3$
노난(nonane)	9	C_9H_{20}	$CH_3(CH_2)_7CH_3$
데칸(decane)	10	$C_{10}H_{22}$	$CH_3(CH_2)_8CH_3$

chapter

01 출제예상문제

＊ 2021년

1 1기압, 20℃인 조건에서 메탄(CH_4) $2m^3$가 완전 연소하는 데 필요한 산소 부피는 몇 ㎥인가?

① $2m^3$

② $3m^3$

③ $4m^3$

④ $5m^3$

1.

계수비=몰수비=부피비 이므로

화학반응식 : $CH_4 + 2O_2 \rightarrow 2H_2O + CO_2$

메탄 1몰이 완전 연소 시 산소 2몰이 필요하므로 메탄 2㎥ 연소 시 산소 4㎥ 필요

＊ 2019년

2 20℃, 1기압의 프로판(C_3H_8) 1㎥를 완전연소시키는 데 필요한 20℃, 1기압의 산소 부피는 얼마인가?

① $1m^3$

② $3m^3$

③ $5m^3$

④ $7m^3$

2.

계수비=몰수비=부피비 이므로

화학반응식 : $C_3H_8 + 5O_2 \rightarrow 4H_2O + 3CO_2$

프로판 1몰이 완전 연소 시 산소 5몰이 필요하므로 프로판 1㎥ 연소 시 산소 5㎥ 필요

3 프로판(C_3H_8) 2몰과 산소(O_2) 10몰이 반응할 경우 이산화탄소(CO_2)는 몇 몰이 생성되는가?

① 2

② 4

③ 6

④ 8

3.

계수비=몰수비=부피비 이므로

화학반응식 : $C_3H_8 + 5O_2 \rightarrow 4H_2O + 3CO_2$

프로판 1몰이 완전 연소 시 이산화탄소 3몰이 생성되므로 프로판 2몰 연소 시 이산화탄소 6몰 생성

Answer 1.③ 2.③ 3.③

chapter

02 기초역학

❶ 측정단위

SI(국제단위 : System International Unit) 기본단위

기본량	SI 기본단위	
	명칭	기호
길이	미터	m
질량	킬로그램	kg
시간	초	s
전류	암페어	A
열역학적 온도	켈빈	K
물질량	몰	mol
광도	칸델라	cd

측정단위의 머리약자

머리약자	기호	승수	머리약자	기호	승수
데카(deca-)	da	10	데시(deci-)	d	10^{-1}
헥토(hecto-)	h	10^2	센티(centi-)	c	10^{-2}
킬로(kilo-)	k	10^3	밀리(milli-)	m	10^{-3}
메가(mega-)	M	10^6	마이크로(micro-)	μ	10^{-6}
기가(giga-)	G	10^9	나노(nano-)	n	10^{-9}
테라(tera-)	T	10^{12}	피코(pico-)	p	10^{-12}
페타(peta-)	P	10^{15}	펨토(femto-)	f	10^{-15}
엑사(exa-)	E	10^{18}	아토(atto-)	a	10^{-18}

(1) 길이(length)

길이의 표준단위는 meter이며 차원으로는 [L]로 표기한다.

- 1m = 100cm = 1,000mm
- 1in = 2.54cm
- 1ft = 12in = 30.48cm = 0.3048m

(2) 부피(Volume)

화학공학의 양론적인 개념에서 부피는 $(길이)^3$을 의미한다. 부피는 길이의 세제곱으로 정의되고 입방미터(m^3)의 SI단위를 가진다.

- volume(부피, V) = area(면적, A) × length(길이, L)
- $1m^3 = 1,000(10^3)\ell = 1k\ell = 10^6 cm^3(cc) = 10^6 m\ell$
- $1cc = 1cm^3 = 1m\ell$

(3) 질량(mass)

질량은 물질이 지닌 고유한 양(量)으로 측정 장소와 관계없이 항상 일정한 값을 나타낸다.

(4) 중량=무게(weight)

① 중량이란 보통 무게라고도 하며 물체에 작용하는 중력의 영향에 의하여 나타나는 양을 의미한다.

② 즉, 질량에 중력가속도를 곱해서 나타낸다. 지구의 중력은 고도에 따라서 달라지므로 중량은 질량과는 달리 변화할 수 있는 값이다. 1kg의 물체에 $9.8m/s^2$의 가속도를 받는 힘의 크기를 1kgf = 9.8N이라 한다.

(5) 밀도(density)

물체의 밀도(密度, density)는 그 물체가 차지하는 단위부피당의 질량

$$밀도 = \frac{질량}{부피(=길이^3)} \qquad 물의밀도 = \frac{1g}{cm^3} = \frac{1,000kg}{m^3}$$

※ 밀도의 역수는 비체적이라고 부른다. $비체적 = \frac{부피}{질량}$

(6) 압력

압력은 단위면적에 작용하는 힘으로 정의된다. 따라서 압력은 힘과 면적의 단위로 표시된다.

$$P(\text{압력}) = \frac{F(\text{힘})}{A(\text{면적})} = \frac{N(\text{힘의 단위})}{m^2(\text{면적 단위})} = Pa(\text{파스칼})$$

① **표준대기압**(standard atmosphere) : 온도가 0℃일 때 수은주의 수직높이로 760㎜로 유지하는 압력으로 정의하고 이 압력을 1기압(atm)이라고 규정한다. 즉, 지구에 작용하는 평상시 공기의 압력을 대기압이라고 하며, 이를 기압이라고 한다.

1기압(atm) = 760㎜Hg = 14.7psi = 10.332mH_2O = 101.3kPa = 10.332kgf/㎡ = 1.013bar

② **압력의 구분**

㉠ **절대압력** : 완전진공(절대진공)을 기준으로 하여 측정한 압력

㉡ **게이지압력** : 국소대기압을 기준으로 한 압력으로 압력계가 지시하는 압력이다. 즉, 대기압을 0으로 본 압력

㉢ **진공압력** : 대기압보다 작은압력으로 진공계가 지시하는 압력

㉣ **절대압 · 게이지압(계기압) · 진공압의 관계**

ⓐ 절대압 = 대기압 + 게이지압 (Ⓜ **절대게뿔(+)**)

ⓑ 절대압 = 대기압 − 진공압 (Ⓜ **절대마(−)진**)

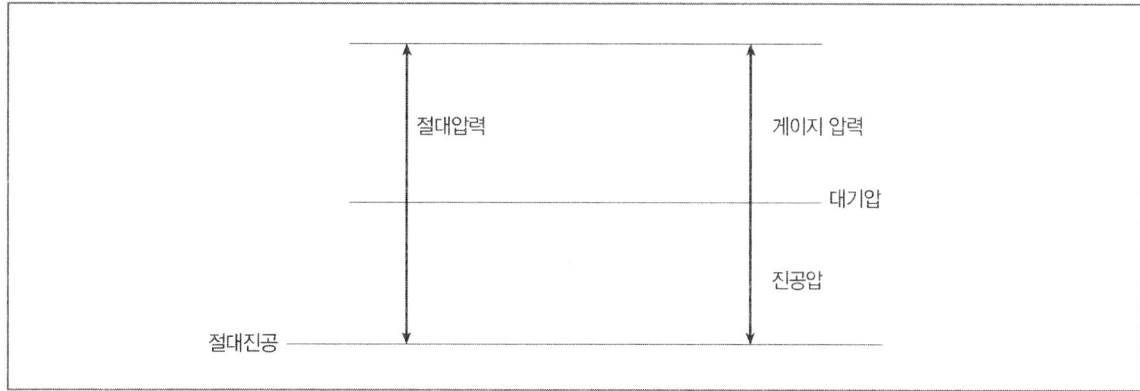

(7) 온도(temperature)

① **상대온도**(Ⓜ **서양인 프랭크(℉)씨는 동양인 구오씨(℃)보다 32살 많다.**)

㉠ **섭씨온도**(℃) : 표준대기압에서 순수한 물의 어는점(빙점) 0℃, 끓는점(비등점)을 100℃로 하여 그 사이를 100등분한 온도

㉡ 화씨온도(℉) : 표준대기압에서 순수한 물의 어는점(빙점) 32℃, 끓는점(비등점)을 212℃로 하여 그 사이를 180등분한 온도

$$℉ = \frac{9}{5}℃ + 32 \text{ (섭씨온도를 화씨온도로 바꿀 때)}$$

② 절대온도

㉠ 켈빈온도(K) = ℃ + 273

㉡ 랭킨온도(°R) = ℉ + 460(Ⓜ **알에프 사육공**)

❷ 무차원수

(1) 무차원 즉, 차원이 없다는 것은 단위가 없다는 것이다.

(2) 여러 변수끼리 곱하거나 나누어 비교하여 그 특성을 비교하는 수치

무차원수	비중	레이놀즈수	프라우드수	코시수	마하수	웨버수	오일러수
비교값	$\frac{\text{측정물질밀도}}{\text{기준물질밀도}}$	$\frac{\text{관성력}}{\text{점성력}}$	$\frac{\text{관성력}}{\text{중력}}$	$\frac{\text{관성력}}{\text{탄성력}}$	$\frac{\text{관성력}}{\text{탄성력}}$	$\frac{\text{관성력}}{\text{표면장력}}$	$\frac{\text{압축력}}{\text{관성력}}$

❸ 기체의 법칙

(1) 보일(Boyle)의 법칙(기체의 부피와 압력)

일정한 온도에서 기체의 질량을 고정하였을 때, 기체의 부피(체적)는 기체의 압력에 반비례한다.

> $PV = K$(일정온도)
> $P_1V_1 = P_2V_2$(처음 상태와 나중 상태의 압력과 부피 관계)
> P = 압력, V = 부피, K = 상수

(2) 샤를(Charles)의 법칙(기체의 부피와 온도)

일정한 압력에서 일정량의 기체의 부피(체적)는 그 절대온도 T에 정비례한다.

$V = KT$(일정압력)
$\frac{V_1}{T_1} = \frac{V_2}{T_2}$(처음 상태와 나중 상태의 온도와 부피 관계)
T = 절대온도(t(℃) + 273), V = 부피, K = 상수

(3) 보일- 샤를의 법칙

기체의 체적은 압력에 반비례하고, 절대온도에 비례한다.

$\frac{PV}{T}$ = 일정
$\frac{P_1V_1}{T_1} = \frac{P_2V_2}{T_2}$
T = 절대온도(t(℃) + 273), V = 부피, K = 상수

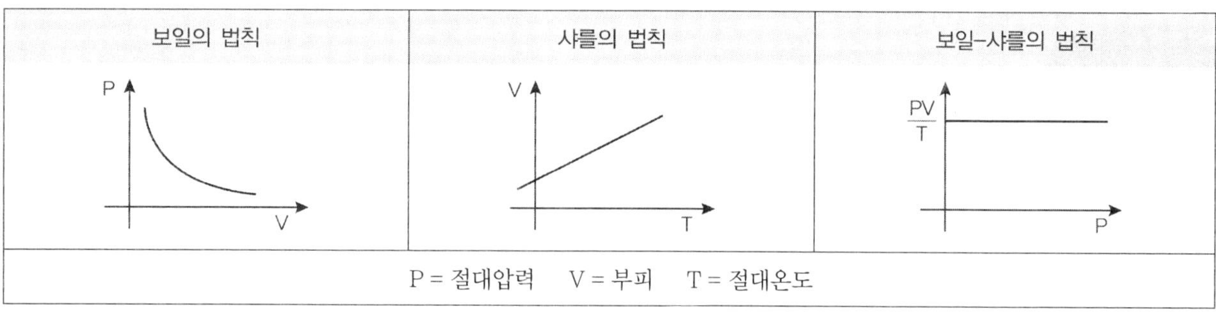

P = 절대압력　V = 부피　T = 절대온도

(4) 게이뤼삭(Gay-Lussac)의 법칙

기체가 반응할 때 같은 온도, 같은 압력하에서 소모된 부피와 생성된 부피 사이에 간단한 정수비의 관계가 있다.

(5) 아보가드로(Avogadro)의 법칙

같은 온도, 압력 하에서 부피가 같은 모든 기체는 동일한 수의 분자를 가진다. 즉, 단위체적당 분자수는 일정하다. 즉, 표준상태(0℃ 1기압)에서 22.4ℓ 의 체적에서는 6.023×10^{-23} 개의 분자(즉, 1mole)를 가진다.

(6) 이상기체 상태 방정식 2022

이상기체의 상태 방정식은 이상기체 양의 상관관계를 나타내는 방정식이다. 이상기체 상태방정식은 이상기체일 때 성립하는데 이상기체란 기체 입자의 부피가 거의 0에 가깝고 입자 간에 상호작용이 거의 없어 분자간의 위치에너지가 중요하지 않은 가상의 기체를 의미한다.

$PV = nRT$

$n(\text{몰수}) = \dfrac{W(\text{질량})}{M(\text{분자량})}$ 이므로

$PV = \dfrac{W}{M}RT$

P=압력(N/m²), V = 부피(m³), n = 몰수(kmol), R = 기체상수(N · m/kmol · K, T=절대온도(K)

* 기체상수(R) – 기체상수는 압력단위에 따라 달리 적용한다.

n = 1mol, T = 273K(0℃), V = 0.0224m³ = 22.4l(1m³ = 1000l)

P = Pa(N/m²)일 때, $R = \dfrac{PV}{nT} = \dfrac{101,325N/m^2 \times 0.0224m^3}{1mol \times 273K} = 8,314[N \cdot m/mol \cdot K = J/mol \cdot K]$

P = atm일 때, $R = \dfrac{PV}{nT} = \dfrac{1atm \times 22.4\ell}{1mol \times 273K} = 0.082[atm \cdot l/mol \cdot K]$

예제

물 H_2O 10g을 1atm, 120℃에서 기화시킨 후의 체적은 얼마인가?

이상기체 상태방정식의 의해

PV = nRT

기체의 몰수는 다음과 같이 질량을 분자량으로 나누어 계산된다.

$n = \dfrac{W}{M} = \dfrac{10}{18} = 0.56mol$

따라서 기화후의 체적은 다음과 같다.

$V = \dfrac{nRT}{P} = \dfrac{0.56 \times 0.082 \times (120+273)}{1} = 0.018m^3$

$= 18l$

(7) 그레이엄의 확산법칙

기체의 확산속도는 분자량의 제곱근에 반비례한다.

$$\frac{v_A}{v_B} = \sqrt{\frac{M_B}{M_A}} = \sqrt{\frac{d_B}{d_A}}$$

(v : 확산속도, M : 기체의 분자량, d : 기체의 밀도)

❹ 유체 법칙

(1) 유체의 3법칙

① 질량 보존 법칙 : 연속방정식

② 에너지 보존 법칙 : 베르누이방정식

③ 운동량 보존 법칙 : 운동량 방정식

(2) 연속방정식

유체의 흐름에 질량 보존의 법칙을 적용시킨 방정식으로 배관 내 흐르는 유체의 유량은 단면적의 변화와 관계없이 일정하다는 방정식이다.

연속방정식은 '정상 유체에서 관 내에 흐르는 유체의 질량은 동일하다.'는 의미이다.('정상' 상태라 함은 시간의 변화에 관계없이 일정하다는 뜻이다.)

이를 수식으로 표현하면

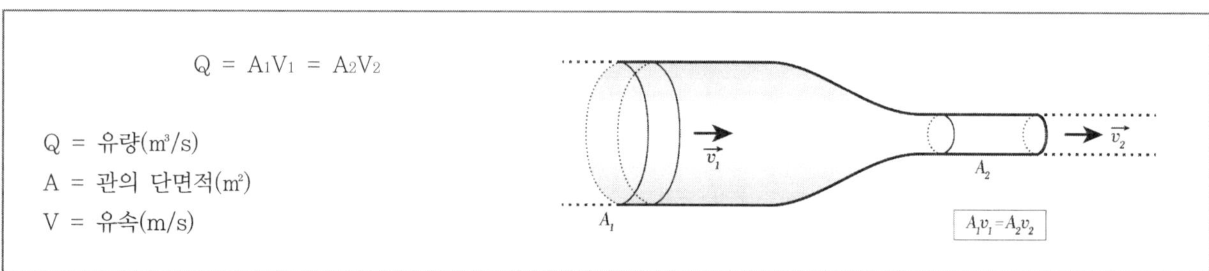

$Q = A_1V_1 = A_2V_2$
Q = 유량(㎥/s)
A = 관의 단면적(㎡)
V = 유속(m/s)
$\vec{v_1}$
A_1
A_2
$\vec{v_2}$
$A_1v_1 = A_2v_2$

(3) 베르누이 방정식

베르누이 방정식은 유체의 유동에 적용시킨 에너지 보존법칙으로 "배관 내 임의의 두점에서 에너지의 총합은 항상 일정하다."라는 법칙이다.

① 베르누이 방정식의 기본 가정

㉠ 정상상태의 유동

㉡ 비압축성 유체

㉢ 비점성 유체

㉣ 임의의 두점은 같은 유선상에 존재

② 베르누이 방정식

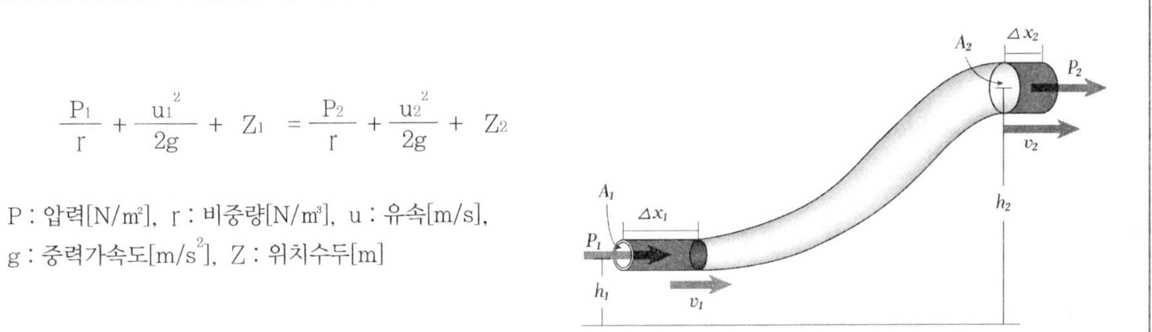

$$\frac{P_1}{r} + \frac{u_1^2}{2g} + Z_1 = \frac{P_2}{r} + \frac{u_2^2}{2g} + Z_2$$

P : 압력[N/㎡], r : 비중량[N/㎥], u : 유속[m/s], g : 중력가속도[m/s^2], Z : 위치수두[m]

5 힌클리(Hinkley) 공식

Hinkley 공식은 어떤 공간에 대하여 연기로 채워지는데 소요되는 시간, 즉 연기 층 하강시간의 개념이다.

(1) 연기층 하강시간 계산식

$$t = \frac{20A}{p\sqrt{g}}\left[\left(\frac{1}{\sqrt{y}}\right)-\left(\frac{1}{\sqrt{H}}\right)\right]$$

t = 연기층 하강 시간 (sec), A = 실 면적(㎡), g = 중력가속도(m/sec^2)P = 불꽃의 둘레(대형화염 : 12m, 중간화염 : 6m, 소형화염 : 4m y = 연기층까지 높이(청결층 높이), H = 층고 (m)

(2) 연기생성량

$$M = 0.188Py^{\frac{3}{2}}$$

M = 연기발연량 (kg/s), p = 불꽃의 둘레(대형화염 : 12m, 중간화염 : 6m, 소형화염 : 4m)
y = 연기층까지 높이(청결층 높이)

chapter

02 출제예상문제

1 화재실의 온도를 측정하는 데는 여러 종류의 온도계를 이용하여 측정하게 된다. 그렇다면 온도는 어느 계량 단위에 속하는가?

① 기본단위
② 유도단위
③ 보조단위
④ 특수단위

1.

기본단위: 길이, 질량, 시간, 전류, 온도, 물질량, 광도

2 섭씨 30도는 랭킨(Rankine)온도로 나타내면 몇 도인가?

① 546도
② 515도
③ 498도
④ 463도

2.

$℉ = \frac{9}{5} \times 30 + 32 = 86℉$

랭킨온도(°R) = ℉ + 460 = 86 + 460 = 546°R

* 2018년

3 0℃ 1기압(atm)인 밀폐된 지하실에서 화재가 발생하였다. 화재로 인해 화재실의 온도가 400℃로 증가하였다. 화재로 인한 공기와 연기의 평균 분자량은 동일하고, 모두 이상기체로 거동하게 될 때, 화재로 인한 화재실의 압력은 몇 배 증가하는가? (소수점 둘째자리에서 반올림한다.)

① 2.1
② 2.3
③ 2.5
④ 2.7

3.

기체의 경우, 온도와 압력의 변화로 인해 기체의 부피가 변한다. 다만, 문제에서 밀폐된 지하실이므로 부피는 일정하므로 온도변화에 따른 압력변화가 생긴다. 보일-샤를의 법칙 이용하여 풀이

$\frac{P_1V_1}{T_1} = \frac{P_2V_2}{T_2}$이므로 $\frac{1atm \times V1}{(0℃ + 273)K} = \frac{P_2V_2}{(400℃ + 273)K}$

여기서 $V_1 = V_2$ 이므로,

$\therefore P_2 = \frac{673K}{273K} \times 1atm = 2.46 ≒ 2.5atm$

Answer 1.① 2.① 3.③

4 어떤 기체가 0℃, 1기압에서 부피가 11.2ℓ, 기체질량이 22g 이었다면 이 기체의 분자량은? (단, 이상기체로 가정한다.)

① 22
② 35
③ 44
④ 56

4.
이상기체상태방정식을 이용하여 풀이

$PV = \frac{W}{M}RT$이므로

$M = \frac{WRT}{PV}$

$= \frac{22g \times 0.082atm \cdot l/mol \cdot K \times (0℃ + 273)K}{1atm \times 11.2l}$

∴ M = 43.97g/mol ≒ 44g/mol

5 공기와 할론 1301의 혼합기체에서 할론 1301에 비해 공기의 확산속도는 약 몇 배인가? (단, 공기의 평균분자량은 29, 할론 1301의 분자량은 149이다.)

① 2.27배
② 3.85배
③ 5.17배
④ 6.46배

5.
$\frac{v_A}{v_B} = \sqrt{\frac{M_B}{M_A}} = \sqrt{\frac{d_B}{d_A}}$ (v: 확산속도, M: 기체의 분자량, d: 기체의 밀도)이므로

$\therefore \frac{공기확산속도}{할론확산속도} = \sqrt{\frac{149}{29}} = 2.27$

6 힌클리(Hinkley) 공식을 이용하여 실내 화재 시 연기의 하강 시간을 계산할 때 필요한 자료로 옳은 것을 모두 고른 것은?

> ㉠ 화재실의 바닥면적
> ㉡ 화재실의 높이
> ㉢ 청결층(clear layer) 높이
> ㉣ 화염 둘레길이

① ㉠, ㉡
② ㉡, ㉣
③ ㉠, ㉢, ㉣
④ ㉠, ㉡, ㉢, ㉣

6.
$t = \frac{20A}{p\sqrt{g}}\left[\left(\frac{1}{\sqrt{y}}\right) - \left(\frac{1}{\sqrt{H}}\right)\right]$

- t = 연기층 하강 시간(sec)
- A = 실 면적(㎡),
- p = 불꽃의 불레(m)
- g = 중력가속도(m/sec^2)
- y = 연기층까지 높이(청결층 높이)
- H = 층고(m)

Answer 4.③ 5.① 6.④

※ 2022년

7 800℃, 1기압에서 황(S) 1kg이 공기중에서 완전 연소할 때 발생되는 이산화황의 발생량은? (단, 황(S)의 원자량은 32, 산소(O)의 원자량은 16이며, 이상기체로 가정한다.)

① 2.00

② 2.35

③ 2.50

④ 2.75

7.

연소방정식과 이상기체상태방정식

1) 황(S) 1kg 완전연소 시 연소방정식

$S + O_2 \rightarrow SO_2$이고, 계수비 = 몰수비 = 부피비 ≠ 질량비
원자량 32인 황(S) 1kg 반응 시 생성된 이산화황은 2kg이므로
32(황 원자량) : 1(질량) = 64(이산화황 분자량) : 이산화황 질량
따라서 이산화황 질량은 2kg

2) 이상기체상태방정식(PV = nRT)

$n(\text{몰수}) = \frac{W(\text{질량})}{M(\text{분자량})}$이므로 $PV = \frac{W}{M}RT$

P=압력(N/㎡), V=부피(㎥), n = 몰수(kmol),
R=기체상수(N · m/kmol · K, T=절대온도(K)
* 기체상수(R) – 기체상수는 압력단위에 따라 달리 적용한다.

n = 1mol, T = 273K(0℃),
V = 0.0224㎥ = 22.4l(1㎥ = 1000l)
P = Pa(N/㎡) 일 때,

$$R = \frac{PV}{nT} = \frac{101,325N/m^2 \times 0.0224m^3}{1mol \times 273K}$$

$= 8.314[N \cdot m/mol \cdot K = J/mol \cdot K]$

P = atm(기압) 일 때,

$$R = \frac{PV}{nT} = \frac{1atm \times 22.4l}{1mol \times 273K}$$

$= 0.082[atm \cdot l/mol \cdot K]$

따라서,

$$V = \frac{WRT}{PM}$$

$$= \frac{2kg \times 0.082atm \cdot m^3/kmol \cdot K \times (800℃+273)K}{(32 + 16 \times 2)kg/kmol \times 1atm}$$

$= 2.749 ≒ 2.75$

Answer 7.④

✳ 연도별 기출경향 ✳

[기출연도]	2012	2013	2014	2015	2016	2017	2018	2019	2020	2021	2022	2023	2024
문항수	14	18	5	7	11	10	15	7	3	3	11	18	12

PART

02

연소론

chapter

01 연소의 정의

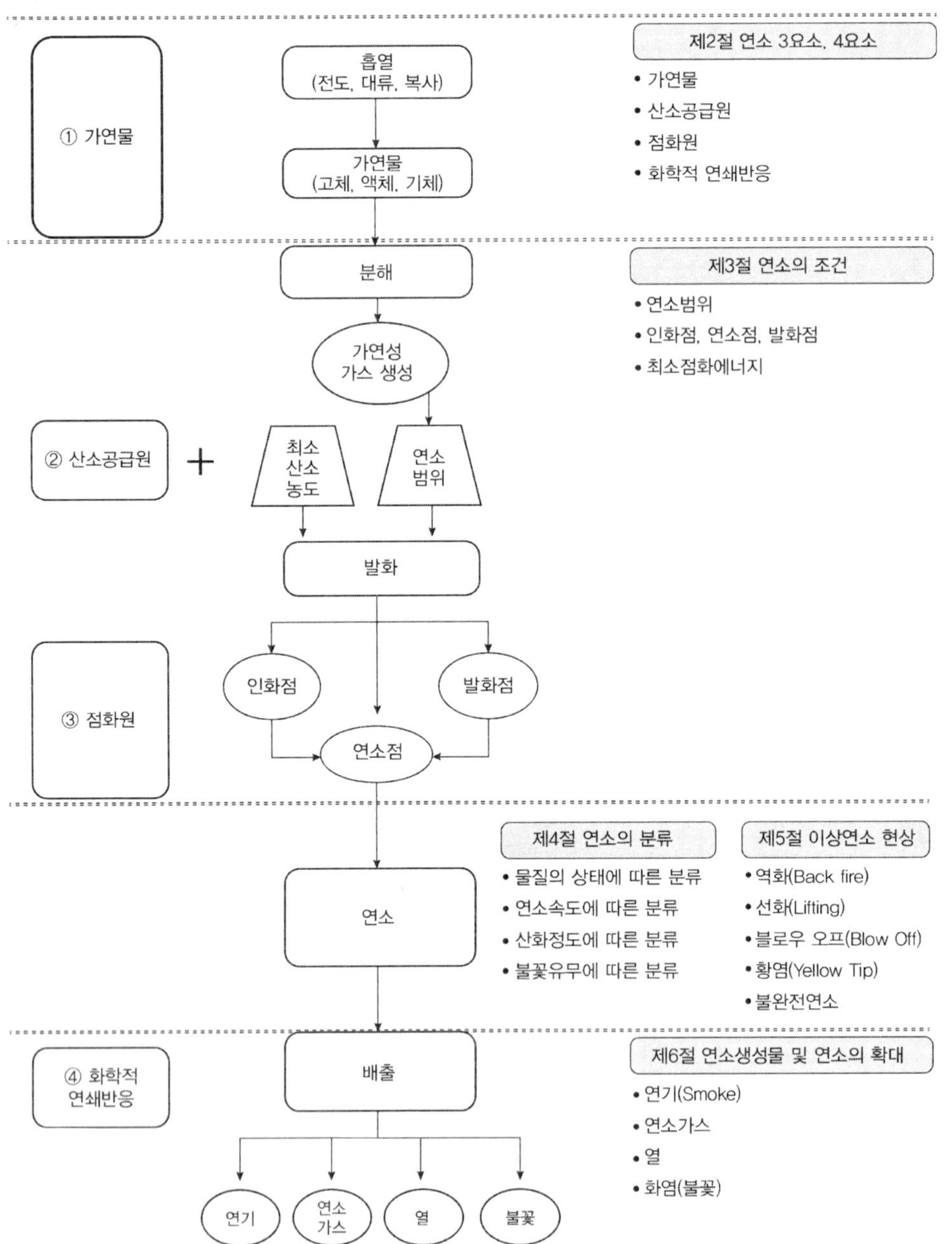

❶ 연소(Combustion)의 정의 2019 간부

(1) 연소란 가연물이 공기 중의 산소 또는 산화제와 반응하여 열과 빛을 발생하면서 산화하는 현상이다.

(2) 연소는 일종의 화학반응으로 연소할 수 있는 가연물질이 공기 중의 산소뿐만 아니라 염소와 같은 산화제에서도 일어난다.

(3) 반응을 일으키기 위해서는 약 $10^{-6} \sim 10^{-4}$[J]의 활성화 에너지(최소 점화에너지)가 필요하며, 이 에너지를 점화에너지 · 점화원 · 발화원 또는 최소점화(착화)에너지라고 한다.

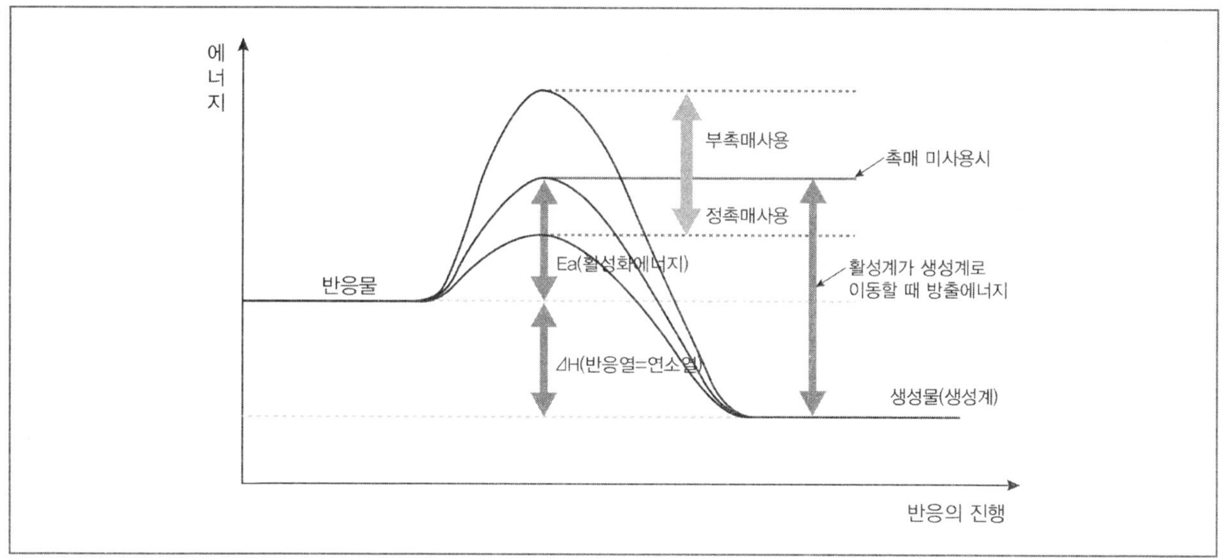

❷ 산화 · 환원반응

(1) 반응물 간의 전자 이동으로 일어나는 반응으로 산화와 환원이 동시에 일어난다.

(2) 전자를 잃은 쪽을 산화되었다고 하고 전자를 얻은 쪽을 환원되었다고 한다. 이때, 잃은 전자수와 얻은 전자수는 항상 같다.

(3) 산화제와 환원제

- 산화제 : 자신은 환원되면서 다른 물질을 산화시키는 물질
- 환원제 : 자신은 산화되면서 다른 물질을 환원시키는 물질

산화반응	환원반응
산소를 얻음	산소를 잃음
수소를 잃음	수소를 얻음
산화수의 증가 (전자수 감소)	산화수의 감소 (전자수 증가)
환원제	산화제

산화와 환원

3 연소방정식 🔥🔥🔥 2017 하반기 2018 상반기 2019 2021 2021 간부 2024 간부

(1) 탄소(C)와 수소(H)로 구성된 탄화수소계 가연성가스에 대한 연소방정식은 일반적으로 다음과 같이 나타낼 수 있다. [알칸(알케인)계열]

$$C_mH_n + (m + \frac{n}{4})O_2 = mCO_2 + \frac{n}{2} H_2O$$

(2) 탄화수소계 가연성가스의 완전연소식

성분	연소방정식	산소량	연소생성물 생성비	
			H_2O	CO_2
메탄(CH_4)	$CH_4 + 2O_2 \rightarrow CO_2 + 2H_2O$	2	2	1
에탄(C_2H_6)	$C_2H_6 + 3.5O_2 \rightarrow 2CO_2 + 3H_2O$	3.5	3	2
프로판(C_3H_8)	$C_3H_8 + 5O_2 \rightarrow 3CO_2 + 4H_2O$	5	4	3
부탄(C_4H_{10})	$C_4H_{10} + 6.5O_2 \rightarrow 4CO_2 + 5H_2O$	6.5	5	4

(3) 가연성가스인 C_mH_n을 완전연소시키면 이산화탄소(CO_2)와 물(H_2O)이 발생되나, 공기의 양이 부족하면 불완전연소하여 일산화탄소(CO)가 발생된다.

+ PLUS TIP
몰(mole) … 물질의 양을 표현할 때 사용하는 단위로 1몰이란 원자, 분자, 이온의 개수가 6.02×10^{23}개(아보가드로수) 일 때를 말한다.

4 연소불꽃의 색상 (Ⓜ 암적휘황백휘-789135)

불꽃의 색	**암**적색	**적**색	**휘**적색	**황**적색	**백**적색	**휘**백색
온도(℃)	700	850	950	1,100	1,300	1,500 이상

(1) 가연물질의 완전 연소 시에는 공기의 공급량이 충분하기 때문에 연소불꽃은 휘백색으로 나타난다.

(2) 공기 중의 산소의 공급이 부족하면 연소불꽃은 암적색으로 나타난다.

chapter

01 출제예상문제

✳ 2018년 상반기

1 마그네슘(Mg) 24g을 완전연소하기 위해 필요한 이론 산소량은 얼마인가? (단, 마그네슘(Mg)의 원자량은 24, 산소(O)의 원자량은 16 이다.)

① 8 ② 16
③ 24 ④ 32

✳ 2018년 상반기

2 다음 중 물질의 연소방정식으로 옳지 않은 것은?

① $C + O_2 \rightarrow CO_2$
② $N_2 + O_2 \rightarrow NO$
③ $4NH_3 + 7O_2 \rightarrow 6H_2O + 4NO_2$
④ $4HCN + 5O_2 \rightarrow 2H_2O + 2N_2 + 4CO_2$

✳ 2017년 하반기

3 표준상태에서 공기 중 산소농도(부피비)가 21%일 때 메테인(CH_4)이 완전연소하는데 필요한 이론공기량은 메테인(CH_4)이 차치하는 체적의 몇 배인가?

① 약 2배 ② 약 2.5배
③ 약 7배 ④ 약 9.5배

✳ 2021년 간부

4 부탄(Butane)이 완전 연소할 때의 연소 반응식이다. a + b + c 의 값은?

$2C_4H_{10} + (a)O_2 \rightarrow (b)CO_2 + (c)H_2O$

① 10 ② 17
③ 24 ④ 31
⑤ 36

1.

$2Mg + O_2 \rightarrow 2MgO$ / 몰수 = 질량/분자량 = 24g / 24g/mol = 1mol
따라서 마그네슘 24g(1몰)이 완전연소하기 위해서는 산소량 0.5몰에 해당하는 산소량이 필요하므로
산소량 = 32g × 0.5 = 16g

2.

$N_2 + O_2 \rightarrow 2NO$

3.

① $CH_4 + 2O_2 \rightarrow CO_2 + 2H_2O$ 이고,
② 공기량 $= \frac{산소량}{0.21} = \frac{2}{0.21} = 9.5$(※ 0.21은 공기중의 산소농도 21% 적용)
③ 따라서 이론공기량은 메테인의 체적에 9.5배

4.

$2C_4H_{10} + 13O_2 \rightarrow 8CO_2 + 10H_2O$ 이므로
∴ a + b + c = 13 + 8 + 10 = 31

Answer 1.② 2.② 3.④ 4.④

5 다음 가연성 기체 1몰이 완전 연소하는데 필요한 이론공기량으로 틀린 것은? (단, 체적비로 계산하며 공기 중 산소의 농도를 21 vol.%로 한다.)

① 수소 - 약 2.38몰
② 메탄 - 약 9.52몰
③ 아세틸렌 - 약 16.91몰
④ 프로판 - 약 23.81몰

5.

① $H_2 + 0.5O_2 \rightarrow H_2O$ / 이론공기량 = 이론산소량/공기중 산소체적비 = 0.5/0.21 = 2.38
② $CH4 + 2O_2 \rightarrow CO_2 + 2H_2O$ / 이론공기량 = 2/0.21 = 9.52
③ $C_2H_2 + 2.5O_2 \rightarrow 2CO_2 + H_2O$ / 이론공기량 = 2.5/0.21 = 11.9
④ $C_3H_8 + 5O_2 \rightarrow 3CO_2 + 4H_2O$ / 이론공기량 = 5/0.21 = 23.81

6 에탄올(C_2H_5OH) 1Kmol을 완전 연소하는데 필요한 이론적인 산소(O_2)의 체적(m^3)은? (단, 0℃, 1기압 표준상태를 기준으로 하며, 소수점이하 둘째자리에서 반올림한다.)

① 67.2 ② 69.4
③ 70.6 ④ 74.0

6.

탄화수소계 가연성가스 완전연소 시 CO_2 와 H_2O 이 발생한다.
$C_2H_5OH + 3O_2 \rightarrow 2CO_2 + 3H_2O$ 이고, 0℃ 1기압 1Kmol의 모든 기체는 22.4㎥ 체적을 가지므로
에탄올 1Kmol 연소 시 3Kmol의 산소가 필요하므로 산소의 체적은 22.4㎥ × 3 = 67.2㎥
※ 1mol = 22.4ℓ, 1Kmol = 22.4㎥

7 탄화수소계 가연물의 완전연소식으로 옳은 것은?

① 에탄 : $C_2H_6 + 3O_2 \rightarrow 2CO_2 + 3H_2O$
② 프로판 : $C_3H_8 + 5O_2 \rightarrow 3CO_2 + 4H_2O$
③ 부탄 : $C_4H_{10} + 6O_2 \rightarrow 4CO_2 + 5H_2O$
④ 메탄 : $CH_4 + O_2 \rightarrow CO_2 + 2H_2O$

7.

① $C_2H_6 + 3.5O_2 \rightarrow 2CO_2 + 3H_2O$
② $C_3H_8 + 5O_2 \rightarrow 3CO_2 + 4H_2O$
③ $C_4H_{10} + 6.5O_2 \rightarrow 4CO_2 + 5H_2O$
④ $CH_4 + 2O_2 \rightarrow CO_2 + 2H_2O$

8 표준상태(0℃, 1기압)에서 프로판 2㎥을 연소시키기 위해 필요한 이론산소량(㎥)과 이론공기량(㎥)은? (단, 공기 중 산소는 21vol%이다.)

① 이론산소량 : 5, 이론공기량 : 23.81
② 이론산소량 : 10, 이론공기량 : 47.62
③ 이론산소량 : 5, 이론공기량 : 47.62
④ 이론산소량 : 10, 이론공기량 : 23.81

8.

$C_3H_8 + 5O_2 \rightarrow 3CO_2 + 4H_2O$ 이고,
계수비 = 몰수비 = 부피비이므로
이론산소량 = 2 × 5 = 10㎥
이론공기량 = 이론산소량/공기중 산소체적비 = 10㎥/0.21 = 47.62㎥

Answer 5.③ 6.① 7.② 8.②

chapter

02 연소의 3요소 및 4요소

가연물질(기체 · 액체 및 고체상태)이 연소하기 위해서는 산소를 공급하는 산소공급원(공기 · 오존 · 산화제 · 조연성 물질) 및 점화원(활성화에너지)이 있어야만 정상적인 연소의 화학반응을 유지할 수 있는데 이와 같이 연소반응의 유지를 위해서 사용되는 가연물 · 산소공급원 · 점화원을 연소의 3요소라고 한다. 또한 연소의 3요소에 화학적인 연쇄반응을 합하여 연소의 4요소라 한다.

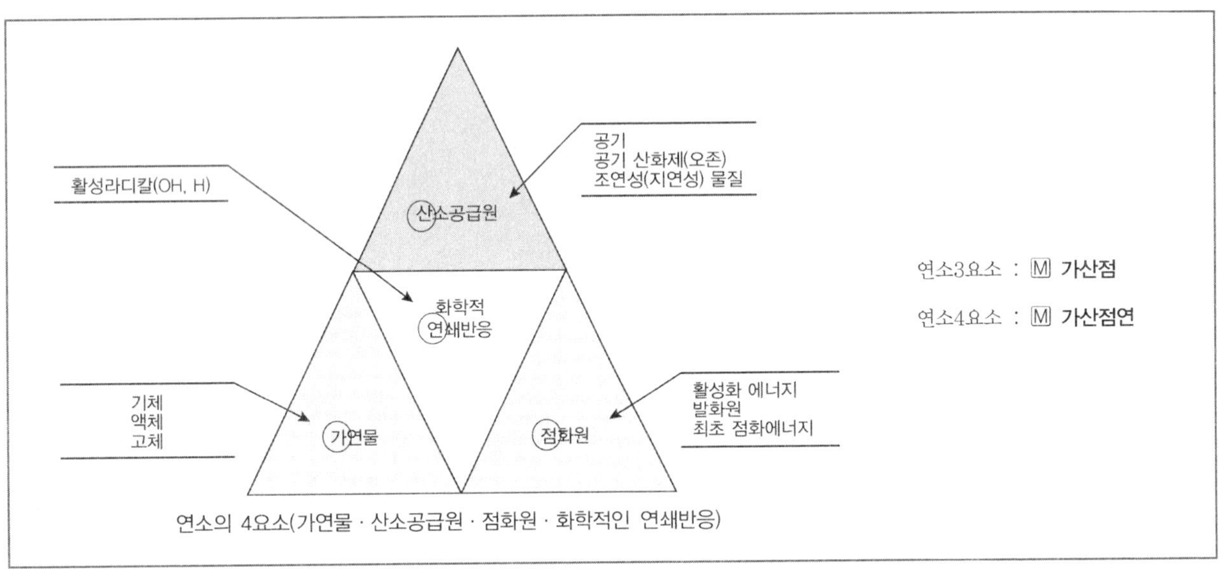

❶ 가연물

쉽게 불에 탈 수 있다는 의미로 이연성 물질이라고도 하며 고체, 액체, 기체로 구분되는 물질로 우리 주위에 무수히 많이 잔존해 있는 유기화합물의 대부분과 Na, Mg 등의 금속, 비금속, LPG, LNG, CO 등의 가연성 가스가 해당한다. 즉, 산화하기 쉬운 물질이며 이는 산소와 발열반응을 일으키는 물질을 말한다. 이에 비하여 불연성 물질은 반대로 산화하기 어려운 것(활성화 에너지의 양이 큰 물질)으로서 물, 흙과 같이 이미 산화되어 더 이상 산화되지 않는 물질이다.

(1) 가연물질의 구비조건 🔥🔥🔥 (Ⓜ 발표는 크게 에도는 작게 발연(기) 하자) 2016 2016 2016 2019 간부 2022 간부 2022 2023 간부

① 일반적으로 산화되기 쉬운 물질로서 산소와 결합할 때 **발**열량이 커야 한다.

② 산소(공기)와 접촉할 수 있는 **표**면적이 큰 물질이어야 한다.(기체 > 액체 > 고체)

③ 조연성 가스인 산소 · 염소와의 친화력이 강해야 한다.

④ 화학반응을 일으킬 때 필요한 최소의 **에**너지(활성화 에너지)의 값이 적어야 한다.

⑤ 열의 축적이 용이하도록 열전**도**의 값이 적어야 한다.
[열전도율 : 기체 < 액체 < 고체 순서로 커지므로 연소순서는 반대이다]

⑥ 수분이 적어야 한다(목재의 수분함량이 15% 이상이면 착화하기 어렵다)

⑦ **발**열반응이어야 한다.

⑧ **연**쇄반응을 일으킬 수 있는 물질이어야 한다.

(2) 가연물이 될 수 없는 조건 (Ⓜ 불완자 흡열) 2022 간부

① 주기율표 0족의 **불**활성기체 (Ⓜ 헬네아크크라)

㉠ 이들은 결합력이 없으므로 산소와 결합하지 못한다.

㉡ **헬**륨(He), **네**온(Ne), **아**르곤(Ar), **크**립톤(Kr), **크**세논(Xe), **라**돈(Rn) 등

② **완**전산화물

㉠ 이미 산소와 결합하여 더 이상 산소와 화학반응을 일으킬 수 없는 물질

㉡ **물**(H_2O), **이**산화탄소(CO_2), **산**화알루미늄(Al_2O_3), **산**화규소(SiO_2), **오**산화인(P_2O_5), **삼**산화황(SO_3), 삼산화크롬(CrO_3), 산화안티몬(Sb_2O_3) 등 (Ⓜ 물이산삼오)

㉢ 일산화탄소(CO)는 산소와 반응하기 때문에 가연물이 될 수 있다.

$$CO + \frac{1}{2}O_2 \rightarrow CO_2 + Qkcal$$

③ **자**체가 연소하지 아니하는 물질 : 돌, 흙 등

④ 산소와 화합하여 산화물을 생성하나 발열반응을 하지 않고 **흡열** 반응하는 물질
질소 또는 질소 산화물 N_2, NO 등 예 $N_2 + O_2 \rightarrow 2NO - Qkcal$

2 산소 공급원 (Ⓜ 공산자조) 2019

가연물이 연소하려면 산소와 혼합되어 가연성 혼합기를 형성하고, 불이 붙을 수 있는 조건을 만들어야 하는데,

① 이를 가연물의 농도를 기준으로 연소할 수 있는 조건을 연소범위라 하고,

② 산소의 농도를 기준으로 연소할 수 있는 조건을 최소산소농도(MOC)라고 한다.

③ 보통 공기 중에는 약 21%의 산소가 포함되어 있어서 공기는 산소공급원 역할을 할 수 있다. 일반적으로 산소의 농도가 높을수록 연소는 잘 일어나고 일반 가연물인 경우 산소농도 15% 이하에서는 연소가 어렵다.

④ 이밖에도 물질 자체가 분자 내에 산소를 보유하고 있어서 마찰·충격 등의 자극에 의해 산소를 방출 하는 물질이 있는데 이를 산화성물질이라 하며, 화재에서 산소 공급원 역할을 하는 위험한 물질이므로 위험물안전관리법에서는 제1류위험물(산화성고체) 및 제6류위험물(산화성액체)로 분류하여 관리하고 있다.

✚ PLUS TIP
공기중의 산소농도가 증가하면 불이 붙을 수 있는 조건이 좋아지는 현상이므로 외우지 마시고 이해하시기 바랍니다.

<table>
<tr><td>1)
공기</td><td>일반적으로 공기 중에 함유되어 있는 산소(O_2)의 양은 용량으로 계산하면 전체 공기의 양에 대하여 21용량%(vol%)이며, 질량으로 계산하면 23중량%(wt%)로 존재하고 있어 연소에 필요한 산소는 공기 중의 산소가 이용되고 있다.
<table><tr><td rowspan="2">성분 / 조성비</td><td colspan="4">공기의 조성범위</td></tr><tr><td>산소</td><td>질소</td><td>아르곤</td><td>탄산가스</td></tr><tr><td>용량(vol%)</td><td>20.99</td><td>78.03</td><td>0.95</td><td>0.03</td></tr><tr><td>중량(wt%)</td><td>23.15</td><td>75.51</td><td>1.3</td><td>0.04</td></tr></table></td></tr>
<tr><td>2)
산화제
(산화성물질)</td><td>① 위험물 중 제1류·제6류 위험물로서 가열·충격·마찰에 의해 산소를 발생한다.
② 제1류 위험물은 산소를 함유하고 있는 강산화제로서 염소산염류, 과염소산염류, 과산화물, 질산염류, 과망간산염류, 무기과산물류 등이 있다.
③ 제6류 위험물인 과염소산, 질산 등이 있다.</td></tr>
<tr><td>3)
자기반응성 물질</td><td>① 분자 내에 가연물과 산소를 충분히 함유하고 있는 제5류 위험물로서 연소 속도가 빠르고 폭발을 일으킬 수 있는 물질이며, 니트로글리세린(NG), 셀룰로이드, 트리니트로톨루엔(TNT) 등이 있다.
② 분자식 : 니트로글리세린($C_3H_5N_3O_9$) 및 TNT($C_7H_5N_3O_6$) 물질은 분자 내 산소를 함유하고 있다.</td></tr>
<tr><td>4)
조연성 물질
(지연성 물질)</td><td>자신은 연소하지 않고 가연물의 연소를 돕는 기체로 **산**소(O_2), **불**소(F_2), **오**존(O_3), **염**소(Cl_2)와 **할**로겐원소 등이 있다. (Ⓜ **산불오염할**)</td></tr>
</table>

⑤ 공기중의 산소농도가 증가하면 발생되는 현상

㉠ 연소속도가 빨라진다.

㉡ 발화점이 낮아진다.

㉢ 화염의 온도가 높아진다.

㉣ 폭발범위(연소범위)가 넓어진다.

㉤ 점화에너지가 작아진다.

❸ 점화원[에너지 조건]

(1) 정의

연소반응이 일어나려면 가연물과 산소공급원이 적절한 가연성 혼합기를 형성하여 연소범위를 만들었을 때 외부로부터 활성화에너지가 필요한데 이를 점화원이라 하며 열적, 전기적, 화학적, 기계적 점화원 등이 있다.

> **실수 줄이기**
> 점화원이 아닌 것 : 흡열, 잠열(기화열, 융해열), 단열팽창

(2) 점화원의 종류 (M 열전화기)

점화원의 종류		내 용
열적 M **나복고**	**나**화	항상 화염을 가지고 있는 열 또는 화기(예 라이터)
	복사열	다른 물체에서 방출하는 전자기파(복사)를 물체가 흡수하는 열
	고온표면	작업장의 화기, 가열로, 건조장치 등 고온물질에서 발생하는 열
전기적 M **도전조(저)아스낙정**	유**도**열	자장이 존재할 때 전류가 흘러 발생하는 열
	유**전**열	누전 등 전기절연의 불량에 의해 발생하는 열
	저항열	전기저항 때문에 발생하는 열 J(줄열) = $I^2 \times R \times T$
	아크열	스위치 on/off 시 전선 간 접촉 분리 시 발생하는 열
	스파크열	스위치 on/off 시 전선 간 접촉 시 발생하는 열
	낙뢰열	낙뢰에 의해 발생하는 열
	정전기열	정전기가 방전할 때 발생되는 열
화학적 M **분홍(용)생자연** 2023 간부	**분**해열	화합물이 분해될 때 발생하는 열
	용해열	액체에 용해될 때 발생하는 열
	생성열	발열반응에 의해 화합물이 생성될 때의 열
	자연발화열	외부로부터 어떠한 열 공급 없이 온도가 상승
	연소열	완전 산화되는 과정에서 발생되는 열
기계적 M **압마스**	단열**압**축열	기체를 급격히 압축할 때 발생되는 열
	마찰열	두 고체를 마찰시킬 때 발생되는 열
	마찰**스**파크	고체와 금속을 마찰시킬 때 발생되는 열

(3) **자**연발화

가연성 물질을 인위적으로 가열하지 않고 공기중에서 산화 또는 분해반응에 의하여 발생된 열이 축적되어 온도가 발화점에 도달함으로써 발화하는 현상

① 자연발화를 일으키는 원인 🔥🔥🔥 (Ⓜ 분산흡중발) 2017

㉠ **분**해열에 의한 발열 : 셀룰로이드, 니트로셀룰로오스, 아세틸렌, 질산에스테류, 산화에틸렌 등

㉡ **산**화열에 의한 발열 : 석탄, 건성유, 기름걸레, 원면, 고무분말, 금속분, 황린, 불포화섬유지

㉢ **흡**착열에 의한 발열 : 목탄, 활성탄 등(Ⓜ 흡목활)

㉣ **중**합열에 의한 발열 : 시안화수소(HCN), 산화에틸렌 (Ⓜ 중시산)

㉤ **발**효열에 의한 발열 : 퇴비, 먼지, 건초, 곡물 등

ⓑ 자연발화 발생조건 🔥🔥🔥 2016 간부 2021 간부	ⓒ 자연발화를 방지대책 🔥🔥🔥 2019 간부
(Ⓜ 발표도압축 전공 수) 발표도 압축해서 전공도 수맞아라! – **발**열량 ↑ – 가연물의 **표**면적 ↑ – 주위온**도** ↑ – **압**력 ↑ – 열**축**적 ↑ – 열**전**도율 ↓ – **공**기유통 ↓ – 습도(**수**분)가 적절할 경우	– 통풍 구조를 양호하게 하여 공기유통을 잘 시킬 것 – 저장실 주위의 온도를 낮춘다. – 습도 상승을 피한다. – 열이 쌓이지 않도록 퇴적한다. – 가연성 물질 제거 – 발열반응에 정촉매 작용을 하는 물질을 피해야한다. – 황린은 물속에 저장한다.

② 자연발화 메커니즘(발열 > 방열)

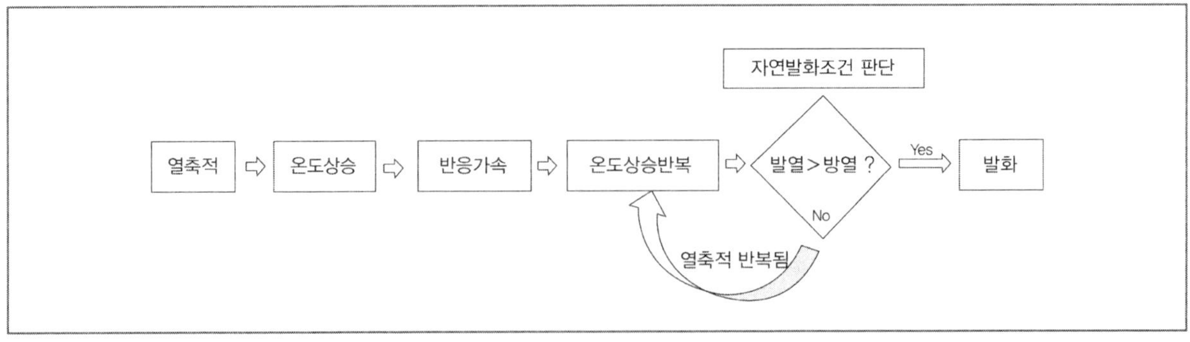

(4) **정**전기열

물체가 접촉하거나 결합한 후 떨어질 때 양(+)전하와 음(−)전하로 전하의 분리가 일어나 발생한 과잉 전하가 물체(물질)에 축적되는 현상(대전)이 발생하고, 이때 생성된 정전기의 전압은 가연물질의 착화가 가능하고 이 축적된 정전기가 방전(에너지 방출)될 경우 점화원 역할을 할 수 있다.

① 정전기 발생 영향인자

㉠ **물체의 특성** : 물체의 고유한 대전특성(대전서열)에 따라 정전기 발생

㉡ **표면상태** : 거칠거나 오염 또는 부식된 경우에 더 크다.

㉢ **물체의 이력** : 처음 접촉 또는 분리가 일어날 때 가장 크다.

㉣ **접촉면적 및 접촉압력** : 접촉된 면적, 압력이 증가할수록 커진다.

㉤ **분리속도** : 빠를수록 커진다.

② 정전기 대전현상(전하가 축적되는 현상) (Ⓜ 마박유비유적충분)

분류	대전현상 내용
마찰대전	마찰 → 전하분리 → 정전기 발생
박리대전	접촉된 물체가 벗겨질 때 → 전하분리 → 정전기 발생
유동대전	액체가 파이프 내에서 유동될 때 발생하는 정전기
비말대전	공기중에 비산된 액체가 새로운 방울로 되면 표면 형성
유도대전	부근의 전열된 도체에 의해 정전유도 → 전하분포 불균일 → 정전기 발생
적하대전	고체면에서 액체가 모여 아래로 떨어질 때 발생
충돌대전	분체류의 입자 간 또는 입자 · 용기간의 충돌 → 접촉 · 분리 → 정전기 발생
분출대전	분체, 액체, 기체가 작은 개구부에서 분출될 때 발생

③ 정전기를 방지 대책 🔥🔥 (Ⓜ 접이습 칠전제작) 2015 2022 간부

㉠ 정전기의 발생이 우려되는 장소에 **접**지시설을 한다.(접지와 본딩한다. ○)

㉡ 실내의 공기를 **이**온화하여 정전기의 발생을 예방한다.

㉢ 공기 중의 상대**습**도를 **70%** 이상으로 한다. [절대습도(X)]

㉣ 전기의 저항이 큰 물질은 대전이 용이하므로 **전**도체 물질을 사용한다. [부도체(X)]

㉤ **제**전기를 설치한다.

㉥ 접촉하는 물체의 전위차를 **작**게 한다.

④ 정전기에 의한 발화과정 : 전하의 발생 → 전하의 축적(대전) → 방전 → 발화

4 순조로운 연쇄반응

(1) 순조로운 연쇄반응은 화학반응에서 지속적으로 활성라디칼(O^*, OH^*, H^*)이 발생되는 과정이다.

(2) 활성라디칼의 전파반응, 분기반응 통해 지속적으로 연쇄반응을 통해 연소반응을 지속한다.

① **전파반응** : 하나의 라디칼이 반응하여 하나의 라디칼로 변화하는 과정

② **분기반응** : 하나의 라디칼이 반응하여 두 개의 라디칼로 변화하는 과정

(3) 활성라디칼로 인해 활성화에너지가 낮아지고, 연소반응이 가속된다.

** 라디칼 : 하나 이상의 짝지어지지 않은 전자를 가진 원자 혹은 복합화합물을 말한다.

연쇄반응	
① 개시반응 : $H_2 + e \rightarrow H^* + H^*$ ② 전파반응 : $OH^* + H_2 \rightarrow H_2O + H^*$ $O^* + H_2 \rightarrow OH^* + H^*$ ③ 연쇄반응 : $H^* + O_2 \rightarrow OH^* + O^*$ ④ 억제반응 : $OH^* + H_2 \rightarrow H_2O + H^*$ ⑤ 종결반응 : $2H^* \rightarrow H_2$	여기서, e : 활성화에너지(즉, 점화에너지) * : 활성라디칼 활성라디칼이 가연물과 계속 반응하여 또 다른 활성라디칼을 생성하고 이로 인하여 연소반응이 계속된다. (연쇄반응)

(4) 연쇄반응 억제 2017 상반기

① 연쇄반응인자인 활성라디칼의 연쇄반응을 억제하여 소화하는 것이다.

② 억제소화는 불꽃이 없는 훈소화재(심부화재)에는 적응성이 없다.

③ 억제소화 = 부촉매소화 = 화학적소화

④ **억제소화약제** : 분말소화약제, 할로겐화합물 소화약제(Halon 1301, 1211, 2402 등), 강화액

할론소화약제 부촉매소화과정
㉠ $CF_3Br + e \rightarrow CF_3^* + Br^*$(할론1301 열분해되어 브롬이온 생성) ㉡ $H^* + Br^* \rightarrow HBr$(브롬이온이 수소 활성라디칼 포착) ㉢ $HBr + OH^* \rightarrow H_2O + Br^*$(브롬화수소가 수산화활성라디칼과 반응하여 물을 생성하고 다시 브롬 이온을 생성) 여기서, 브롬이온이 다시 활성라디칼을 포착하는 반응을 계속하여 연쇄반응을 중단시킨다.

chapter

02 출제예상문제

＊ 2019년

1 가연물이 되기 위한 조건으로 옳지 않은 것은?

① 열전도율이 높을 것
② 활성화에너지가 작을 것
③ 산화가 잘되며 발열량이 높을 것
④ 연쇄반응이 일어나기 쉬운 물질일 것
⑤ 산소와 친화력이 높으며 표면적이 넓을 것

1.

가연물질의 구비조건

① 일반적으로 산화되기 쉬운 물질로서 산소와 결합할 때 **발**열량이 커야한다.
② 산소(공기)와 접촉할 수 있는 **표**면적이 큰 물질이어야 한다.(기체 〉 액체 〉 고체)
③ 조연성 가스인 산소 · 염소와의 친화력이 강해야 한다.
④ 화학반응을 일으킬 때 필요한 최소의 **에**너지(활성화 에너지)의 값이 적어야 한다.
⑤ 열의 축적이 용이하도록 열전**도**의 값이 적어야 한다. [열전도율 : 기체 〈 액체 〈 고체 순서로 커지므로 연소순서는 반대이다]
⑥ 수분이 적어야 한다(목재의 수분함량이 15% 이상이면 착화하기 어렵다)
⑦ **발**열반응이어야 한다.
⑧ **연**쇄반응을 일으킬 수 있는 물질이어야 한다.

＊ 2022년 간부

2 다음 중 불연성 물질에 해당하지 않는 것은?

① He(헬륨)
② CO_2(이산화탄소)
③ P_2O_5(오산화인)
④ HCN(시안화수소)
⑤ SO_3(삼산화황)

2.

가연물이 될 수 없는 조건

① 주기율표 0족의 **불**활성기체 : **헬**륨(He), **네**온(Ne), **아**르곤(Ar), **크**립톤(Kr), **크**세논(Xe), **라**돈(Rn) 등
② **완**전산화물 : **물**(H_2O), **이**산화탄소(CO_2), **산**화알루미늄(Al_2O_3), 산화규소(SiO_2), **오**산화인(P_2O_5), **삼**산화황(SO_3), 삼산화크롬(CrO_3), 산화안티몬(Sb_2O_3) 등
③ **자**체가 연소하지 아니하는 물질 : 돌, 흙 등
④ 산소와 화합하여 산화물을 생성하나 **흡열** 반응하는 물질 : 질소 또는 질소 산화물 N_2, NO 등

Answer 1.① 2.④

✳ 2022년

3 가연성 물질의 화재 위험성에 대한 설명으로 옳은 것은?

① 비열, 연소열, 비점이 작거나 낮을수록 위험하다.
② 증발열, 연소열, 연소속도가 크거나 빠를수록 위험하다.
③ 표면장력, 인화점, 발화점이 작거나 낮을수록 위험하다.
④ 비중, 압력, 융점이 크거나 높을수록 위험하다.

3.

① 비열과 비점은 낮을수록 위험하고, 연소열은 클수록 위험하다.
② 증발열은 낮을수록 위험하고, 연소열과 연소속도는 크거나 빠를수록 위험하다.
④ 비중과 융점은 작을수록 위험하고, 압력은 높을수록 위험하다.

✳ 2019년

4 가연성 가스를 공기 중에서 연소시키고자 할 때 공기 중의 산소농도가 증가하면 발생되는 현상으로 맞는 것만을 모두 고른 것은?

㉠ 연소속도가 빨라진다. ㉡ 발화점이 높아진다. ㉢ 화염의 온도가 높아진다. ㉣ 폭발범위가 좁아진다. ㉤ 점화에너지가 작아진다.

① ㉠, ㉡, ㉣ ② ㉠, ㄷ, ㉣
③ ㉠, ㉢, ㉤ ④ ㉡, ㉢, ㉤

4.

공기중의 산소농도가 증가하면 발생되는 현상
㉠ 연소속도가 빨라진다.
㉡ 발화점이 낮아진다.
㉢ 화염의 온도가 높아진다.
㉣ 폭발범위(연소범위)가 넓어진다.
㉤ 점화에너지가 작아진다.

✳ 2015년

5 다음 중 정전기 방지를 위한 예방대책으로 옳지 않은 것은?

① 정전기 발생이 우려되는 장소에 접지시설 설치
② 공기를 이온화하여 정전기 발생을 예방
③ 공기의 상대습도를 70% 이상으로 한다.
④ 전기의 저항이 큰 물질은 대전이 용이하므로 부도체 물질을 사용

5.

정전기 방지 대책
① 정전기의 발생이 우려되는 장소에 **접**지시설을 한다.(접지와 본딩한다. ○)
② 실내의 공기를 **이**온화하여 정전기의 발생을 예방한다.
③ 공기 중의 상대**습**도를 **70**% 이상으로 한다. [절대습도(X)]
④ 전기의 저항이 큰 물질은 대전이 용이하므로 전도체 물질을 사용한다. [부도체(X)]
⑤ **제**전기를 설치한다.
⑥ 접촉하는 물체의 전위차를 **작**게한다.

Answer 3.③ 4.③ 5.④

* 2018년

6 자연발화가 되기 쉬운 가연물의 조건으로 옳은 것은?

① 발열량이 적다.
② 표면적이 작다.
③ 열전도율이 낮다.
④ 주위 온도가 낮다.

* 2017년

7 다음 중 자연발화의 종류가 아닌 것은?

① 흡착열
② 융해열
③ 분해열
④ 중합열

* 2021년 간부

8 자연발화에 대한 설명으로 옳지 않은 것은?

① 열축적이 용이할수록 자연발화가 쉽다.
② 열전도율이 높을수록 자연발화가 쉽다.
③ 발열량이 큰 물질일수록 자연발화가 쉽다.
④ 주위 온도가 높을수록 자연발화가 쉽다.
⑤ 표면적이 넓을수록 자연발화가 쉽다.

6.

자연발화 발생조건
① **발**열량 ↑
② 가연물의 **표**면적 ↑
③ 주위온**도** ↑
④ **압**력 ↑
⑤ 열**축**적 ↑
⑥ 열**전**도율 ↓
⑦ **공**기유통 ↓
⑧ 습도(**수**분)가 적절할 경우

7.

자연발화를 일으키는 원인
① **분**해열에 의한 발열 : 셀룰로이드, 니트로셀룰로오스, 아세틸렌, 질산에스테류, 산화에틸렌 등
② **산**화열에 의한 발열 : 석탄, 건성유, 기름걸레, 원면, 고무분말, 금속분, 황린, 불포화섬유지
③ **흡**착열에 의한 발열 : 목탄, 활성탄 등이 있다.
④ **중**합열에 의한 발열 : 시안화수소(HCN), 산화에틸렌 등이 있다.
⑤ **발**효열에 의한 발열 : 퇴비, 먼지, 건초, 곡물 등

8.

② 열전도율이 낮을수록 자연발화가 쉽다.

Answer 6.③ 7.② 8.②

* 2019년 간부

9 자연발화 방지방법에 대한 설명으로 옳지 않은 것은?

① 공기의 유통을 방지한다.
② 황린은 물속에 저장한다.
③ 저장실의 온도를 낮게 유지한다.
④ 열의 축적이 용이하지 않도록 한다.
⑤ 발열반응에 정촉매작용을 하는 물질을 피하여야 한다.

9.

자연발화 방지대책
① 통풍 구조를 양호하게 하여 공기유통을 잘 시킬 것
② 저장실 주위의 온도를 낮춘다.
③ 습도 상승을 피한다.
④ 열이 쌓이지 않도록 퇴적한다.
⑤ 가연성 물질 제거
⑥ 발열반응에 정촉매 작용을 하는 물질을 피해야한다.
⑦ 황린은 물속에 저장한다.

* 2016년 간부

10 다음 중 자연발화에 대한 설명으로 옳지 않은 것은?

① 발열량이 클수록 열 축적이 잘 이루어져 자연발화가 용이하다.
② 주위온도가 높을수록 반응속도가 빠르기 때문에 열의 발생이 증가하여 자연발화를 촉진시킨다.
③ 열전도율이 작아야 하고, 저온.건조하며 비표면적이 작을수록 자연발화가 용이하다.
④ 공기의 유통이 안 될수록 열축적이 용이하여 자연발화가 쉽다.
⑤ 자연발화의 원인이 되는 축적열원으로 중합열, 발효열, 흡착열, 산화열 등이 있다.

10.

③ 열전도율이 작아야 하고, 고온다습하며, 비표면적이 클수록 자연발화가 용이하다.

11 대두유가 침적된 기름걸레를 쓰레기통에 장시간 방치한 결과 자연발화에 의하여 화재가 발생한 경우 그 이유로 옳은 것은?

① 분해열 축적
② 산화열 축적
③ 흡착열 축적
④ 발효열 축적

11.

산화열에 의한 발열 : 석탄, 건성유, 기름걸레, 원면, 고무분말, 금속분, 황린, 불포화섬유지

Answer 9.① 10.③ 11.②

12 자연발화를 일으킬 수 있는 원인으로 바른 것은?

① 산화열에 의한 발열 : 셀룰로이드, 니트로 셀룰로오스
② 발효열에 의한 발열 : 석탄, 건성유
③ 흡착열에 의한 발열 : 퇴비, 먼지
④ 중합열에 의한 발열 : HCN, 산화에틸렌

12.

① **분**해열에 의한 발열 : 셀룰로이드, 니트로셀룰로오스, 아세틸렌, 질산에스테류, 산화에틸렌 등
② **산**화열에 의한 발열 : 석탄, 건성유, 기름걸레, 원면, 고무분말, 금속분, 황린, 불포화섬유지
③ **흡**착열에 의한 발열 : 목탄, 활성탄 등이 있다.
④ **중**합열에 의한 발열 : 시안화수소(HCN), 산화에틸렌 등이 있다.
⑤ **발**효열에 의한 발열 : 퇴비, 먼지, 건초, 곡물 등

* 2022년 간부

13 정전기 예방대책으로 옳은 것만을 〈보기〉에서 있는 대로 고른 것은?

〈보기〉

㉠ 공기를 이온화한다.
㉡ 전기전도성이 큰 물체를 사용한다.
㉢ 접촉하는 전기의 전위차를 크게 한다.

① ㉠
② ㉢
③ ㉠, ㉡
④ ㉡, ㉢
⑤ ㉠, ㉡, ㉢

13.

㉢ 접촉하는 물체의 전위차를 **작**게한다.

* 2017년 하반기

14 다음 중 부촉매소화효과를 가장 기대하기 힘든 물질은 무엇인가?

① 강화액 소화액
② 할로겐화합물소화약제
③ 수성막포
④ 3종 분말소화약제

14.

부촉매(억제)소화약제 : 분말소화약제, 할로겐화합물 소화약제(Halon 1301, 1211, 2402 등), 강화액

Answer 12.④ 13.③ 14.③

* 2023년 간부

15 열에너지원의 종류에서 화학열로 옳은 것만을 〈보기〉에서 있는 대로 고른 것은?

〈보기〉

㉠ 분해열　　㉡ 연소열
㉢ 압축열　　㉣ 산화열

① ㉣
② ㉠, ㉡
③ ㉢, ㉣
④ ㉠, ㉡, ㉣
⑤ ㉠, ㉡, ㉢, ㉣

* 2023년 간부

16 가연성물질이 되기 쉬운 조건에 해당하지 않는 것은?

① 열전도도 값이 작아야 한다.
② 연쇄반응을 일으킬 수 있어야 한다.
③ 활성화에너지가 크고 발열량이 작아야 한다.
④ 조연성 가스인 산소와의 결합력이 커야 한다.
⑤ 산소와 접촉할 수 있는 표면적이 커야 한다.

15.

점화원의 종류

점화원의 종류		내용
열적 Ⓜ **나복고**	**나**화	항상 화염을 가지고 있는 열 또는 화기(예 라이터)
	복사열	다른 물체에서 방출하는 전자기파(복사)를 물체가 흡수하는 열
	고온표면	작업장의 화기, 가열로, 건조장치 등 고온물질에서 발생하는 열
전기적 Ⓜ **도전조(저)** **아스낙정**	유**도**열	자장이 존재할 때 전류가 흘러 발생하는 열
	유**전**열	누전 등 전기절연의 불량에 의해 발생하는 열
	저항열	전기저항 때문에 발생하는 열 J(줄열) = $I^2 \times R \times T$
	아크열	스위치 on/off 시 전선 간 접촉 분리 시 발생하는 열
	스파크열	스위치 on/off 시 전선 간 접촉 시 발생하는 열
	낙뢰열	낙뢰에 의해 발생하는 열
	정전기열	정전기가 방전할 때 발생되는 열
화학적 Ⓜ **분용(용)생** **자연**	**분**해열	화합물이 분해될 때 발생하는 열
	용해열	액체에 용해될 때 발생하는 열
	생성열	발열반응에 의해 화합물이 생성될 때의 열
	자연발화열	외부로부터 어떠한 열 공급 없이 온도가 상승
	연소열	완전 산화되는 과정에서 발생되는 열
기계적 Ⓜ **압마스**	단열**압**축열	기체를 급격히 압축할 때 발생되는 열
	마찰열	두 고체를 마찰시킬 때 발생되는 열
	마찰**스**파크	고체와 금속을 마찰시킬 때 발생되는 열

16.

가연물 구비조건

① 일반적으로 산화되기 쉬운 물질로서 산소와 결합할 때 발열량이 커야한다.
② 산소(공기)와 접촉할 수 있는 표면적이 큰 물질이어야 한다.(기체〉 액체〉 고체)
③ 조연성 가스인 산소 · 염소와의 친화력이 강해야 한다.
④ 화학반응을 일으킬 때 필요한 최소의 에너지(활성화 에너지)의 값이 적어야 한다.
⑤ 열의 축적이 용이하도록 열전도의 값이 적어야 한다.
[열전도율 : 기체 < 액체 < 고체 순서로 커지므로 연소 순서는 반대이다]
⑥ 수분이 적어야 한다(목재의 수분함량이 15% 이상이면 착화하기 어렵다)
⑦ 발열반응이어야 한다.
⑧ 연쇄반응을 일으킬 수 있는 물질이어야 한다.

Answer 15.④ 16.③

chapter

03 연소의 조건

1 연소범위(vol%)[물적조건] 2022 간부 2022

(1) 정의

① 점화원 존재 시 발화나 폭발이 일어날 수 있는 가연성 혼합기의 비율 중 공기에 대한 가연성 가스의 농도범위(연소범위 = 연소한계 = 폭발한계)

② 가연성 가스와 공기와의 혼합 상태에서의 가연성 가스의 부피비율을 말하며 연소 농도의 최저한도를 하한계, 최고 한도를 상한계라 한다.

③ 연소범위는 폭이 클수록, 연소하한계가 낮을수록, 연소상한계가 높을수록 화재 위험이 높다.

(2) 가연성 가스의 공기 중 연소범위(부피비율) 2015 2022 간부 2022

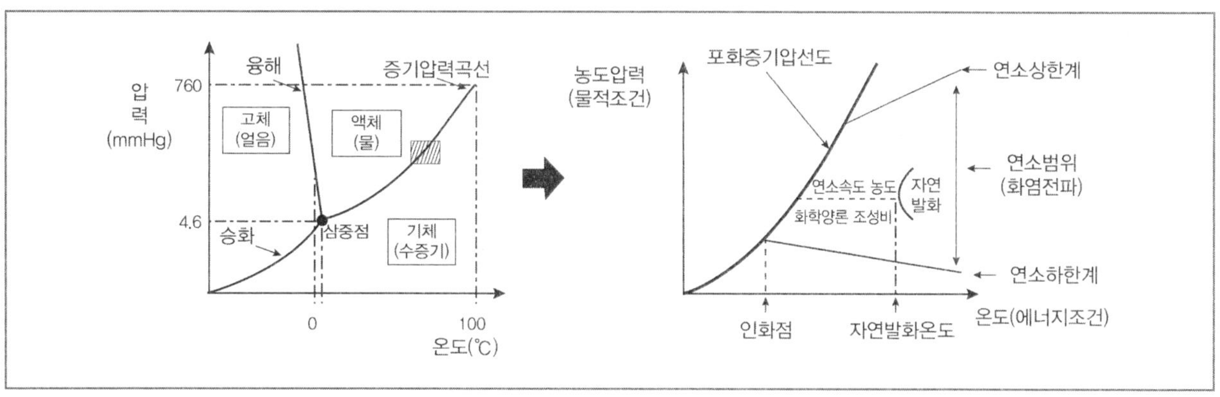

종류	연소범위(%)	종류	연소범위(%)
아세틸렌 (Ⓜ 이오팔일아)	2.5 ~ 81	암모니아 (Ⓜ 일러이십팔암)	15 ~28
산화에틸렌 (Ⓜ 산삼팔고)	3 ~ 80	메탄 (Ⓜ 메오시오)	5 ~ 15
수소 (Ⓜ 수사치료)	4 ~ 75	에탄 (Ⓜ 삼일이오에)	3 ~ 12.5
일산화탄소 (Ⓜ 일이오칠사일)	12.5 ~ 74	프로판 (Ⓜ 프투리구오)	2.1 ~ 9.5
이황화탄소 (Ⓜ 이황이리와쌉쌉)	1.2 ~ 44	부탄 (Ⓜ 일팔팔사부)	1.8 ~ 8.4
에틸렌 (Ⓜ 삼일삼이에)	3.1 ~ 32	벤젠 (Ⓜ 하나삼치하나벤뎅이)	1.3 ~ 7.1

(3) 연소범위의 영향인자 (Ⓜ PTO불가) 2020 간부

① 온도(T) : 온도가 상승하면 분자운동이 활발해지므로 분자간 유효충돌 횟수가 증가하여 연소범위가 넓어진다.

② 압력(P)

㉠ 일반적으로 압력이 증가하면 분자간의 평균거리가 짧아져서 유효충돌횟수가 증가되어 연소범위가 넓어진다.

㉡ 이때 연소하한은 크게 변하지 않으나 상한이 높아져 연소범위가 전체적으로 넓어진다.

㉢ **예외** – 일산화탄소(CO) : 압력이 증가하면 연소범위가 **좁아**진다.

– 수소(H_2) : 압력이 10atm 이상으로 증가되면, 압력과 무관하게 연소범위 **일정**

③ 산소농도(O) : 산소농도가 증가할수록 연소범위는 넓어진다.

④ **불활성가스**

㉠ 불활성가스를 가연성 혼합기에 투입하면 연소하한은 크게 변하지 않으나, 연소상한은 낮아지므로 연소범위가 좁아진다.

㉡ 가솔린의 불활성가스 투입에 따른 연소범위 변화

구분	연소범위(vol%)			
	하한	상한		
공기중	1.4	7.6	↓	연소상한 낮아짐
질소(불활성가스) 40% 첨가	1.5	3.0		

(4) 위험도 2017 2020 2019 간부 2022 간부 2023 간부 2024 간부 2024

① 가연성 가스가 가지는 연소범위를 이용하여 위험성을 판단하는 척도

② 연소범위가 넓다고하여 위험도가 반드시 큰 것은 아니다.

③ 계산식 (Ⓜ 위상하하)

$$\text{위험도}(H) = \frac{\text{상한계}(U) - \text{하한계}(L)}{\text{하한계}(L)}$$

(5) 가연성 가스의 공기 중 연소범위와 위험도

종류 (연소범위순)	연소범위(%)	연소범위 크기 (Ⓜ 아산수일이에)	위험도	위험도순위 (Ⓜ 이아산수에일)
아세틸렌	2.5 ~ 81	78.5	31.4	2
산화에틸렌	3 ~ 80	77	25.6	3
수소	4 ~ 75	71	17.6	4
일산화탄소	12.5 ~ 74	61.5	4.9	6
이황화탄소	1.2 ~ 44	42.8	35.7	1
에틸렌	3.1 ~ 32	33.3	12.3	5
암모니아	15 ~28	13	0.87	12
메탄	5 ~ 15	10	2	11
에탄	3 ~ 12.5	9.5	3.1	10
프로판	2.1 ~ 9.5	7.4	3.5	9
부탄	1.8 ~ 8.4	6.6	3.7	8
벤젠	1.3 ~ 7.1	5.8	4.07	7

(6) 연소범위 계산식

① 르샤틀리에 공식 - 혼합기체 연소범위 계산식 2022 간부 2024

$$\frac{100}{LFL} = \frac{V_1}{L_1} + \frac{V_2}{L_2} + \frac{V_3}{L_3} + \ldots$$

$$\frac{100}{UFL} = \frac{V_1}{U_1} + \frac{V_2}{U_2} + \frac{V_3}{U_3} + \ldots$$

LFL : 가연성 혼합기체의 연소하한계(%)
UFL : 가연성 혼합기체의 연소상한계(%)
V : 각각의 가연성 혼합기체의 부피비율(%)
L : 각각의 가연성 혼합기체의 연소하한계(%)
U : 각각의 가연성 혼합기체의 연소상한계(%)

② Jone's(존스)공식 - 단일기체의 연소범위 계산식

㉠ 공식 : $LFL = 0.55 \times Cst$, $UFL = 3.50 \times Cst$ Cst : 화학적 양론농도[%] (완전연소 시 가연물과 산소농도 비)

㉡ $Cst = \dfrac{연료몰수}{연료몰수 + 이론공기몰수} \times 100$

$= \dfrac{연료몰수}{연료몰수 + 이론산소몰수/0.21} \times 100 \left(공기몰수 = \dfrac{산소몰수}{0.21}\right)$

③ Burgess – Wheeler(버제스휠러) 법칙

㉠ 공식 : $LFL \times \Delta HC \fallingdotseq 1,050$($\Delta HC$: 유효연소열[Kcal/mol])

㉡ 파라핀계 탄화수소(메탄, 에탄, 프로판 등)의 연소하한계와 연소열의 곱은 1,050에 수렴한다.

㉢ 따라서 파라핀계 탄화수소의 연소열을 알면 연소하한계를 추정할 수 있다.

2 인화점, 연소점, 발화점 2020 2023

(1) 인화점(Flash Point, 유도발화점, 인화온도) 2019 2017 간부

① 공기중에서 점화원의 존재 시 발화가 일어날 수 있는 최저온도

② 액면에서 증발된 증기의 농도가 그 증기의 연소하한계에 도달한 때의 온도

③ 예를들면 디에틸에테르의 경우는 −40℃ 이하에서 인화성증기를 발생하여 연소범위를 만들어 점화원에 의하여 인화한다.

액체와 고체의 인화현상의 차이점

구분	액체	고체
가연성가스 공급	증발과정	열분해과정
인화에 필요한 에너지	적다	크다

주요물질의 인화점 2017 간부 2023 간부

제4류 위험물	품명	인화점(℃)
특수인화물(−20℃ 이하) (Ⓜ 소디아산이)	**이소**프렌	−57
	디에틸에테르	−45
	아세트알데히드	−38
	산화프로필렌	−37
	이황화탄소	−30
제1석유류(21℃ 미만) (Ⓜ 휘아벤톨)	**휘**발유	−20 ~ −43
	아세톤	−18
	벤젠	−11
	톨루엔	4
알코올류 (Ⓜ 메에)	**메**틸알코올	11
	에틸알코올	13
제2석유류(70℃ 미만) (Ⓜ 초등경)	**등**유	43 ~ 72
	경유	50 ~ 70
	초산(아세트산)	40
제3석유류(250℃ 미만) (Ⓜ 중클레오글리)	**중**유	60 ~ 150
	클레오소트유	74
	글리세린	160

개념원리

★ 인화현상은 액체와 고체에서 볼 수 있다. 이 두 현상 간에는 차이점을 가지는데, 액체의 경우는 증발과정으로, 고체의 경우는 열분해과정으로 얼마나 빨리 가연성가스를 발생시켜 산소와 혼합(가연성 혼합기)하여 점화원에 불이 붙을 수 있는 최저온도로 이해할 수 있다.

★ 증기가 발생하기 시작하는 최저온도 ⇒ 비점

(2) 연소점(Fire Point, 화재점) 2017 간부 2024 간부 2024

① 점화원을 제거해도 연소상태가 계속될 수 있는 온도

② 인화점보다 대략 10℃정도 높은 온도로서 연소상태가 5초 이상 유지될 수 있는 온도이다.

③ 가연성 증기 발생속도가 연소속도보다 빠를 때 이루어진다.

④ 즉, 연소점이란 한번 발화된 후 연소를 지속시킬 수 있는 충분한 증기를 발생시킬 수 있는 최저온도

⑤ 인화점 < 연소점 < 발화점의 위치를 차지한다.

(3) 발화점(Ignition Point, 착화점, 발화온도)

① 외부의 직접적인 점화원이 없이 가열된 열의 축적에 의하여 발화가 되고 연소가 되는 최저의 온도

② 점화원이 없는 상태에서 가연성 물질을 공기 또는 산소 중에서 가열함으로써 발화되는 최저 온도를 말한다.

③ 발화점은 보통 인화점보다 수 백도가 높은 온도

④ 파라핀계 탄화수소는 분자량이 클수록 발화온도가 낮아지며, 화학양론 조성비에서 가장 낮다.

⑤ 일반적으로 발화점이 낮아지는 이유 (Ⓜ P, T, Q, 화, 산-클수록 / 전도-낮을수록 / 분자-복잡)

㉠ 온도(**T**)와 압력(**P**)이 클수록

㉡ 발열량(**Q**)이 높을수록

㉢ **화**학적 활성도가 클수록

㉣ **산**소와 친화력이 클수록

㉤ 금속의 열**전도**율과 습도가 낮을수록(전도율이 낮아야 열이 축적됨)

㉥ **분자**의 구조가 복잡할수록

⑥ 발화점이 달라지는 요인 (Ⓜ 조/크/시속/종방)

㉠ 가연성가스와 공기의 **조**성비

㉡ 발화를 일으키는 공간의 형태와 **크**기

㉢ 가열**속**도와 가열**시**간

㉣ 발화원의 **종**류와 가열**방**식 등

개념원리

- 화학적 활성도는 클수록 연소반응, 연소속도가 빠르고 발화점이 낮다.
- 활성화에너지는 작을수록 연소반응, 연소속도가 빠르고 발화점이 낮다.
- 연소온도 높은순서 : 인화점 < 연소점 < 발화점 (Ⓜ **인연발**)
- 인화점과 발화점이 가까운 액체일수록 재점화가 쉬워 냉각에 의한 소화활동이 어렵다.
- 물질별 위험성 기준

  인화점 - 가연성 액체

  발화점 - 가연성 고체

  연소범위 - 가연성 기체

■ 인화와 발화의 차이

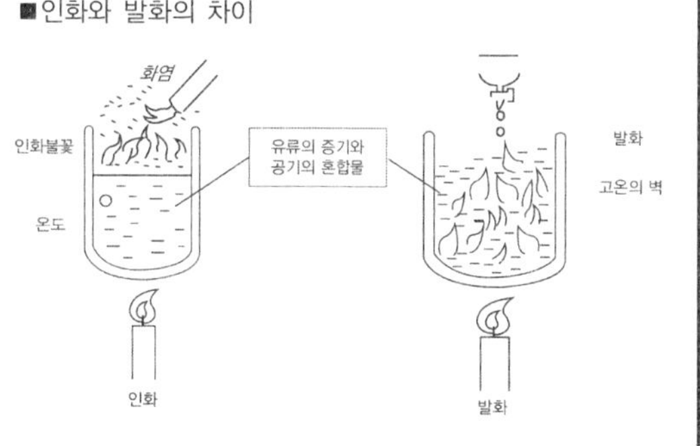

주요물질의 발화점

물질	발화온도(℃)	물질	발화온도(℃)
황린	34	에틸알코올	363
황화린	100	종이류	405 ~ 410
이황화탄소	100	아세틸렌	406 ~ 440
셀룰로이드	180	목재	410 ~ 450
아세트알데히드	185	프로판	440 ~ 460
헥산	223	톨루엔	480
등유	257	부탄	430 ~ 510
적린	260	에탄	520 ~ 630
가솔린(휘발유)	300	메탄	537
암모니아	351	아세톤	560
역청탄	360	벤젠	562

(4) 최소산소농도(MOC-Minimum Oxygen Concentration) 2021 2022

① 화염전파를 위한 최소한의 산소농도(연소하한계에 의해 최소산소농도가 결정된다.)

② 산소농도를 MOC 이하로 하면 연소 및 폭발 방지가 가능하다.

③ 연소할 때 화염이 전파되는데 필요한 임계산소농도를 말한다.

④ 완전연소반응식의 산소 몰수에 의해 최소산소농도가 결정된다.

⑤ 가연성 혼합기에 불활성물질(N_2, CO_2등)을 첨가하여 산소농도를 낮추는 것을 불활성화라 한다.

⑥ MOC 계산 (Ⓜ **최소산소 / 하산가**) 2023 간부

$$\text{MOC}(\textbf{최소산소}\text{농도}) = \text{LFL}(\text{연소}\textbf{하}\text{한계}) \times \frac{O_2(\textbf{산}\text{소몰수})}{\text{연료}(\textbf{가}\text{연물몰수})}$$

예 메탄(CH_4)의 MOC

㉠ 메탄의 연소방정식 : $CH_4 + 2O_2 \rightarrow CO_2 + H_2O$

㉡ 메탄의 연소범위 : 5 ~ 15%

㉢ MOC 계산 = 5 × (2/1) = 10%(산소농도가 10% 이하이면 연소 중지)

(5) 산소한계지수(LOI-Limited Oxygen Index)

① 섬유류와 고분자 재료 등의 연소성을 비교하기 위한 지표로서 연소를 유지할 수 있는 산소의 최저농도(VOl %)

② 섬유류 가연물의 난연성 측정의 기준이 되며 LOI가 28% 이상이면 난연성

③ 수직으로 세운 가연물의 윗부분에 착화된 화염제거 시 연소가 지속될 수 있는 산소의 최저 체적분율이다.

④ 불연성 · 난연성의 섬유류는 발화점이 높고, LOI가 큰 특징을 갖는다.

폴리에틸렐(PE)	폴리프로필렌(P.P)	폴리스티렌(P.S)	폴리염화비닐(PVC)
17.4%	18.0%	19.0%	45%

* 폴리프로필렌(P.P)의 산소지수가 18%이므로 산소농도가 18%이하에서는 연소할 수 없다는 뜻.

③ 최소점화에너지(MIE-Minimum Ignition Energy) 2017 하반기 2016 간부 2023

① 가연성가스가 점화될 수 있는 혼합상태에서 점화원 존재 시 발화가 발생할 경우, 점화에 필요한 최소에너지

② 최소점화에너지 = 최소발화에너지 = 최소착화에너지

③ 최소점화에너지는 점화원으로 불꽃방전을 사용하여 그 방전 에너지를 계산을 통해 구하며(에너지의 수치화), 최소점화에너지는 매우 낮으므로, J(줄)의 1/1000 단위인 mJ을 사용한다.

④ 최소점화에너지 관련식

$$E = \frac{1}{2}CV^2 = \frac{1}{2}QV$$ [E : 전기불꽃에너지, C : 전기용량, Q : 전기량, V : 전압], Q = CV

⑤ 영향인자

㉠ 가연성물질의 초기 온도가 높으면 분자 운동이 활발해져 최소점화에너지는 감소

㉡ 가연성물질의 초기 압력이 높으면 분자간 거리가 가까워져서 최소점화에너지는 감소

㉢ 가연성물질의 농도가 높으면 최소점화에너지는 감소

㉣ 화학적양론조성(가연성가스와 공기의 이론적 농도 혼합비)에 가까울수록 최소점화에너지 최소

㉤ 연소속도가 빠를수록 최소점화에너지 감소

㉥ 산소 농도(분압)가 높아지면 최소점화에너지는 감소

㉦ 연소범위에 따라서 최소점화에너지는 변한다.

㉧ 열전도율이 낮아지면 열축적이 용이하므로 최소 발화에너지가 작아진다.

최소점화에너지

물질명	분자식	최소점화에너지 (mJ)	물질명	분자식	최소점화에너지 (mJ)
이황화탄소	CS_2	0.009	펜탄	C_5H_{12}	0.22
수소	H_2	0.011	에탄	C_2H_6	0.24
아세틸렌	C_2H_2	0.017	톨루엔	C_7H_7	0.24
산화에틸렌	C_2H_4O	0.05	프로판	C_3H_8	0.25
에틸렌	C_2H_4	0.07	부탄	C_4H_{10}	0.25
부타디엔	C_4H_6	0.13	메탄	CH_4	0.28
메탄올	CH_3OH	0.14	디메틸에테르	C_2H_6O	0.29
에테르	$C_4H_{10}O$	0.19	헥산	C_6H_{14}	0.29
벤젠	C_6H_6	0.20	아세트알데히드	CH_3CHO	0.36

chapter

03 출제예상문제

* 2020년

1 가연성 가스 중 위험도가 가장 큰 물질은? (단, 연소범위는 메탄 5% ~ 15%, 에탄 3% ~ 12.4%, 프로판 2.1% ~ 9.5%, 부탄 1.8% ~ 8.4%이다.)

① 메탄
② 에탄
③ 프로판
④ 부탄

* 2017년

2 다음 중 위험도가 가장 큰 것은?

① 일산화탄소
② 수소
③ 아세틸렌
④ 이황화탄소

* 2020년

3 연소범위에 대한 설명으로 옳지 않은 것은?

① 산소농도가 높아지면 연소범위가 넓어진다.
② 불활성 가스의 농도가 높아지면 연소범위가 좁아진다.
③ 가연성 가스의 온도가 높아지면 연소범위는 넓어진다.
④ 가연성 가스의 압력이 높아지면 연소범위는 좁아진다.
⑤ 일산화탄소(CO)는 압력이 높아지면 연소범위가 좁아진다.

1.

$$\text{위험도(H)} = \frac{\text{상한계(U)} - \text{하한계(L)}}{\text{하한계(L)}}$$

① 메탄(H) $= \frac{15 - 5}{5} = 2$

② 에탄(H) $= \frac{12.4 - 3}{3} = 3.13$

③ 프로판(H) $= \frac{9.5 - 2.1}{2.1} = 3.52$

④ 부탄(H) $= \frac{8.4 - 1.8}{1.8} = 3.66$

2.

위험도
① 일산화탄소 - 4.9
② 수소 - 17.6
③ 아세틸렌 - 31.4
④ 이황화탄소 - 35.7

3.

④ 가연성 가스의 압력이 높아지면 연소범위가 넓어진다.

Answer 1.④ 2.④ 3.④

※ 2019년 간부 2024년 간부, 2024년

4 표준 상태에서 공기 중 가연물의 위험도가 높은 순으로 나열된 것은?

가연물	㉠	㉡	㉢	㉣
연소범위(%)	4～16	3～33	1～14	6～36

① ㉡ > ㉣ > ㉠ > ㉢
② ㉡ > ㉣ > ㉢ > ㉠
③ ㉢ > ㉡ > ㉠ > ㉣
④ ㉢ > ㉡ > ㉣ > ㉠
⑤ ㉣ > ㉡ > ㉠ > ㉢

5 메탄과 부탄이 2 : 5의 부피비율로 혼합되어 있을 때, Le Chatelier의 법칙을 이용하여 계산한 혼합가스를 연소범위 하한계(vol%)는? (단, 메탄과 부탄의 연소범위 하한계는 각각 5vol%, 1.8vol%이다.)

① 1.2
② 1.6
③ 2.2
④ 3.2

6 Burgess-Wheeler 식을 이용하여 계산한 벤젠의 연소열(kcal/mol)은? (단, 벤젠의 연소범위 하한계는 1.4vol%이다.)

① 124
② 250
③ 484
④ 750

4.

㉠ 16-4/4 = 3
㉡ 33-3/3 = 10
㉢ 14-1/1 = 13
㉣ 36-6/6 = 5

5.

$$\frac{70}{LFL} = \frac{V_1}{L_1} + \frac{V_2}{L_2} = \frac{20}{5} + \frac{50}{1.8} = 2.2$$

※ 총 부피비가 100%가 되지 않을 때는 주어진 총 부피량으로 계산

6.

LFL × ΔHc ≒ 1,050(ΔHc : 유효연소열[Kcal/mol])
∴ ΔHc = 1,050/1.4 = 750

Answer 4.④ 5.③ 6.④

✳ 2022년 간부

7 연소범위에 관한 설명으로 옳은 것만을 〈보기〉에서 있는 대로 고른 것은?

〈보기〉

㉠ 연소범위는 물질이 연소하기 위한 물적 조건과 관련이 크다.
㉡ 온도가 높아지면 연소범위는 넓어진다.
㉢ 일산화탄소는 압력이 증가하면 연소범위가 넓어진다.
㉣ 불활성기체가 첨가되면 연소범위가 좁아진다.

① ㉠, ㉣
② ㉠, ㉡, ㉢
③ ㉠, ㉡, ㉣
④ ㉡, ㉢, ㉣
⑤ ㉠, ㉡, ㉢, ㉣

✳ 2022년 간부

8 〈보기〉에서 공기 중 연소범위가 가장 넓은 것(㉠)과 위험도가 가장 낮은 것(㉡)을 순서대로 나열한 것은?(순서대로 ㉠, ㉡)

〈보기〉

수소, 아세틸렌, 메탄, 프로판

① 수소, 메탄
② 수소, 아세틸렌
③ 아세틸렌, 메탄
④ 아세틸렌, 프로판
⑤ 아세틸렌, 아세틸렌

7.

㉢ 일산화탄소(CO) : 압력이 증가하면 연소범위가 **좁아**진다.

8.

	수소	아세틸렌	메탄	프로판
연소범위	4 ~ 75	2.5 ~ 81	5 ~ 15	2.1 ~ 9.5
위험도	17.6	31.4	2	3.5

Answer 7.③ 8.③

＊ 2022년 간부 2024년

9 다음 조건에 따라 계산한 혼합기체의 연소하한계는?

> • 르샤틀리에 공식을 이용한다.
> • 혼합기체의 부피비율은 A기체 60%, B기체 30%, C기체 10%이다.
> • 연소하한계는 A기체 3.0%, B기체 1.5%, C기체 1.0%이다.

① 1.0%
② 1.5%
③ 2.0%
④ 2.5%

＊ 2022년

10 그림에서 'A'에 대한 설명으로 옳지 않은 것은?

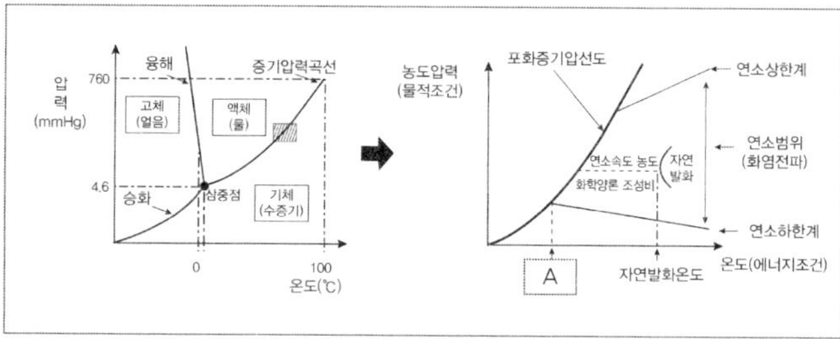

① 외부에너지에 의해 발화하기 시작하는 최저연소온도이다.
② 물질적 조건과 에너지 조건이 만나는 최저연소온도이다.
③ 화학양론비에서의 최저연소온도이다.
④ 가연성 혼합기를 형성하는 최저연소온도이다.

9.

르샤틀리에 공식 적용

$$\frac{100}{LFL} = \frac{V_1}{L_1} + \frac{V_2}{L_2} + \frac{V_3}{L_3}$$

$$= \frac{60}{3} + \frac{30}{1.5} + \frac{10}{1} = 50$$

$$\therefore LFL = \frac{100}{50} = 2$$

10.

A는 인화점이다. 따라서 외부에너지에 의해 발화하기 시작하는 최저연소온도이며, 물질적 조건과 에너지 조건이 만나는 최저연소온도이다. 또한 가연성 혼합기를 형성하는 최저연소온도이다.

Answer 9.③ 10.③

✳ 2019년

11 가연성 액체의 인화점에 대한 설명으로 옳은 것은?

① 증기가 연소범위의 하한계에 이르러 점화되는 최저온도
② 증기가 발생하기 시작하는 최저온도
③ 물질이 자체의 열만으로 착화하는 최저온도
④ 발생한 화염이 지속적으로 연소하는 최저온도

11.

인화점
① 공기중에서 점화원의 존재 시 발화가 일어날 수 있는 최저온도
② 액면에서 증발된 증기의 농도가 그 증기의 연소하한계에 도달한 때의 온도

✳ 2017년 간부

12 다음 중 가연성 물질들의 인화점을 낮은 것에서 높은 순서대로 옳게 나열한 것은?

① 휘발유 < 벤젠 < 톨루엔 < 등유 < 글리세린
② 벤젠 < 휘발유 < 톨루엔 < 글리세린 < 등유
③ 휘발유 < 벤젠 < 등유 < 톨루엔 < 글리세린
④ 벤젠 < 톨루엔 < 휘발유 < 등유 < 글리세린
⑤ 휘발유 < 벤젠 < 톨루엔 < 글리세린 < 등유

12.

물질의 인화점

제1석유류 (21℃ 미만)	**휘**발유	−20 ~ −43
	아세톤	−18
	벤젠	−11
	톨루엔	4
알코올류	**메**틸알코올	11
	에틸알코올	13
제2석유류 (70℃ 미만)	**등**유	43 ~ 72
	경유	50 ~ 70
	초산(아세트산)	40
제3석유류 (250℃ 미만)	**중**유	60 ~ 150
	클레오소트유	74
	글리세린	160

✳ 2017년 간부

13 연소점(fire point)에 대한 설명으로 옳은 것은?

① 가연물에 점화원을 제거한 후에도 계속적인 연소를 일으킬 수 있는 온도
② 외부로부터 에너지를 받아서 착화가 가능한 가연물질의 최저온도
③ 외부로부터의 직접적인 점화에너지 공급 없이 물질자체가 스스로 착화가 되는 최저온도
④ 물질의 위험성을 평가하는 척도로 쓰이며, 위험물질관리법에서 석유류를 분류하는 기준으로도 사용
⑤ 고체의 연소점은 물질에 따라 차이가 있지만, 액체는 인화점과 연소점이 같음

13.

② 인화점
③ 발화점
④ 인화점
⑤ 인화점보다 대략 10℃정도 높은 온도로서 연소상태가 5초 이상 유지될 수 있는 온도이다.

Answer 11.① 12.① 13.①

14 발화점(ignition point)이 가장 낮은 것은?

① 메탄(methane)
② 프로판(propane)
③ 부탄(butane)
④ 헥산(hexane)

※ 2021년

15 최소산소농도(MOC : Minimum Oxygen Concentration)에 대한 설명으로 옳지 않은 것은?

① 연소상한계에 의해 최소산소농도가 결정된다.
② 연소할 때 화염이 전파되는 데 필요한 임계산소농도를 말한다.
③ 완전연소반응식의 산소 몰수에 의해 최소산소농도가 결정된다.
④ 프로판(C_3H_8) 1몰(mol)이 완전 연소하는 데 필요한 최소산소농도는 10.5%이다.

※ 2022년

16 메틸알코올(CH_3OH)의 최소산소농도(MOC, %)로 옳은 것은? (CH_3OH의 연소 상한계는 37%, 연소 범위의 상·하한 폭은 30%이다.)

① 5.0
② 8.5
③ 10.5
④ 14

14.

파라핀계 탄화수소는 분자량이 클수록 발화온도가 낮아진다.

15.

① 연소하한계에 의해 최소산소농도가 결정된다.

MOC(**최소산소**농도) $= \text{LFL}(\text{연소}\textbf{하}\text{한계}) \times \dfrac{O_2(\textbf{산}\text{소몰수})}{\text{연료}(\textbf{가}\text{연물몰수})}$.

16.

최소산소농도 계산

1) MOC 계산식 **(Ⓜ 최소산소/ 하산가)**

MOC(최소산소농도)

$= \text{LFL}(\text{연소하한계}) \times \dfrac{O_2(\text{산소몰수})}{\text{연료}(\text{가연물몰수})}$

2) 메틸알코올(CH_3OH)의 MOC

㉠ 연소방정식 : $2CH_3OH + 3O_2 \rightarrow 2CO_2 + 4H_2O$
㉡ 메틸알코올의 연소범위 : 7 ~ 37%
㉢ MOC 계산 = 7 × (3/2) = 10.5%(산소농도가 10% 이하이면 연소 중지)

Answer 14.④ 15.① 16.③

✳ 2017년 하반기

17 다음 중 최소발화에너지(M.I.E)에 대한 설명으로 옳지 않은 것은?

① 온도가 높아지면 분자간 운동이 활발해지므로 최소발화에너지(M.I.E)가 감소한다.
② 압력이 높아지면 분자간 거리가 가까워지므로 최소발화에너지(M.I.E)가 감소한다.
③ 가연성 가스의 조성이 화학양론적 농도 부근일 경우 최소발화에너지(M.I.E)가 최저가 된다.
④ 열전도율이 높으면 최소발화에너지(M.I.E)가 감소한다.

✳ 2016년 간부

18 가연성 가스를 점화하기 위한 최소 발화에너지는 물질의 종류, 혼합기의 온도, 압력, 농도에 따라 변화한다. 최소 발화에너지와 가연물의 위험도에 대한 설명 중 옳지 않은 것은?

① 최소발화에너지는 온도와 압력이 상승하면 작아진다.
② 가연물은 연소범위가 넓을수록, 연소범위 하한계가 작을수록 위험하다.
③ 최소발화에너지의 단위는 통상적으로 [mJ] 단위를 사용한다.
④ 최소발화에너지는 연소속도가 클수록 작아진다.
⑤ 최소발화에너지는 가연성 가스의 조성이 화학양론적 조성 부근일 경우 최대가 된다.

✳ 2023년 간부

19 에틸알코올(C_2H_5OH)의 최소산소농도(MOC)는? (단, 에틸알코올의 연소범위는 4.3 ~ 19Vol%이며, 완전연소생성물은 CO_2와 H_2O이다.)

① 8.6 ② 10.8
③ 12.9 ④ 15.1
⑤ 17.2

17.

최소발화에너지 영향인자
㉠ 가연성물질의 초기 온도가 높으면 분자 운동이 활발해져 최소점화에너지는 감소
㉡ 가연성물질의 초기 압력이 높으면 분자간 거리가 가까워져서 최소점화에너지는 감소
㉢ 가연성물질의 농도가 높으면 최소점화에너지는 감소
㉣ 화학적양론조성(가연성가스와 공기의 이론적 농도 혼합비)에 가까울수록 최소점화에너지 최소
㉤ 연소속도가 빠를수록 최소점화에너지 감소
㉥ 산소 농도(분압)가 높아지면 최소점화에너지는 감소
㉦ 연소범위에 따라서 최소점화에너지는 변한다.

18.

⑤ 화학적양론조성(가연성가스와 공기의 이론적 농도 혼합비)에 가까울수록 최소점화에너지 최소

19.

MOC 계산 (**Ⓜ 최소산소/ 하산가**)
MOC(최소산소농도)

$$=\text{LFL(연소하한계)}\times\frac{O_2(\textbf{산}\text{소몰수})}{\text{연료}(\textbf{가}\text{연물몰수})}$$

① LFL(연소하한계) : 4.3
② 연소반응식 : $C_2H_5OH+3O_2 \rightarrow 2CO_2 + 3H_2O$
③ MOC = 4.3×3=12.9

Answer 17.④ 18.⑤ 19.③

※ 2023년 간부

20 ㉠~㉤의 물질을 인화점이 낮은 것부터 높은 순으로 옳게 나열한 것은?

〈보기〉

㉠ 아세톤　　㉡ 글리세린
㉢ 이황화탄소　　㉣ 메틸알코올
㉤ 디에틸에테르

① ㉠ - ㉤ - ㉢ - ㉡ - ㉣
② ㉢ - ㉠ - ㉤ - ㉡ - ㉣
③ ㉢ - ㉤ - ㉠ - ㉣ - ㉡
④ ㉤ - ㉠ - ㉢ - ㉣ - ㉡
⑤ ㉤ - ㉢ - ㉠ - ㉣ - ㉡

※ 2023년 간부

21 다음 중 위험도(H) 값이 가장 큰 것은? (단, 1기압, 25℃공기 중의 연소범위를 기준으로 한다.)

① 수소
② 메탄
③ 아세틸렌
④ 이황화탄소
⑤ 산화에틸렌

20.

㉠ 아세톤 : -18℃
㉡ 글리세린 : 160℃
㉢ 이황화탄소 : -30℃
㉣ 메틸알코올 : 11℃
㉤ 디에틸에테르 : -45℃

21.

가연성 가스의 위험도

종류 (연소 범위순)	연소범위 (%)	연소범위 크기 (M 아산수일이에)	위험도	위험도순위 (M 이아산수에일)
아세틸렌	2.5 ~ 81	78.5	31.4	2
산화에틸렌	3 ~ 80	77	25.6	3
수소	4 ~ 75	71	17.6	4
일산화탄소	12.5 ~ 74	61.5	4.9	6
이황화탄소	1.2 ~ 44	42.8	35.7	1
에틸렌	3.1 ~ 32	33.3	12.3	5
암모니아	15 ~28	13	0.87	12
메탄	5 ~ 15	10	2	11
에탄	3 ~ 12.5	9.5	3.1	10
프로판	2.1 ~ 9.5	7.4	3.5	9
부탄	1.8 ~ 8.4	6.6	3.7	8
벤젠	1.3 ~ 7.1	5.8	4.07	7

Answer 20.⑤ 21.④

* 2023년

22 가연성 혼합기의 최소발화(점화)에너지(MIE, Minimum Ignition Energy)에 영향을 주는 요인에 관한 설명으로 옳지 않은 것은?

① 온도가 상승하면 최소발화에너지는 작아진다.
② 압력이 상승하면 최소발화에너지는 작아진다.
③ 열전도율이 낮아지면 최소발화에너지는 커진다.
④ 화학양론비 부근에서 최소발화에너지는 최저가 된다.

22.

③ 열전도율이 낮아지면 열축적이 용이하므로 최소발화에너지가 작아진다.

* 2023년

23 가연성 액체의 연소현상에 관한 설명으로 옳지 않은 것은?

① 가연성 액체의 연소와 관련된 온도는 발화점, 연소점, 인화점 순으로 높다.
② 인화점과 발화점이 가까운 액체일수록 재점화가 어렵고 냉각에 의한 소화활동이 용이하다.
③ 인화점과 연소점의 차이는 외부 점화원을 제거했을 경우 화염 전파의 지속성 여부에 따라 구분된다.
④ 연소반응은 열생성률(heat production rate)이 외부로의 열손실률(heat loss rate)보다 큰 조건에서 지속된다.

23.

② 인화점과 발화점이 가까운 액체일수록 재점화가 쉬워 냉각에 의한 소화활동이 어렵다.

* 2024년

24 백드래프트(back draft)의 발생 징후로 옳지 않은 것은?

① 유리창 안쪽에 타르와 유사한 물질이 흘러내려 얼룩진 경우
② 창문을 통해 보았을 때 건물 내에서 연기가 소용돌이치는 경우
③ 화염은 보이지 않지만 창문과 문손잡이가 뜨거운 경우
④ 균열된 틈이나 작은 구멍을 통하여 건물 밖으로 연기가 밀려 나오는 경우

24.

백드래프트의 전조현상과 소방전술

전조현상	내부 관점	㉠ 압력차에 의해 공기가 빨려들어 오는 특이한 소리(휘파람소리 등)와 진동의 발생 ㉡ 건물내로 되돌아오거나 맴도는 연기 ㉢ 훈소가 진행되고 있고 높은 열이 집적된 상태 ㉣ 부족한 산소로 불꽃이 약화되어 있는 상태(노란색의 불꽃)
	외부 관점	㉠ 거의 완전히 폐쇄된 건물일 것 ㉡ 화염은 보이지 않으나 창문이나 문이 뜨겁다. ㉢ 유리창 안쪽에서 타르와 같은 물질(검은색 액체)이 흘러내린다. ㉣ 건물 내 연기가 소용돌이친다.

Answer 22.③ 23.② 24.④

chapter

04 연소의 분류

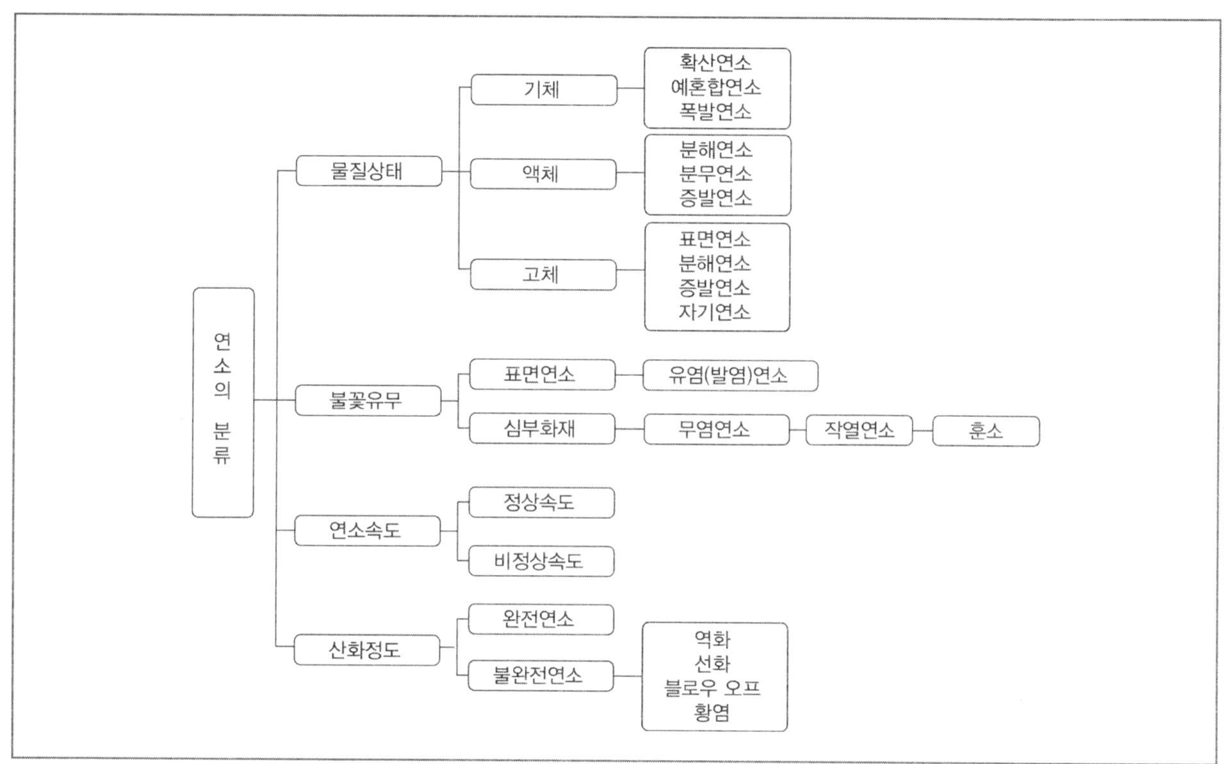

❶ 물질의 상태에 따른 분류 2016 간부 2020 간부 2024 간부

(1) 기체의 연소 (Ⓜ 예확폭)

가연성 기체는 공기와 적당한 부피비율로 섞여 연소범위에 들어가면 연소가 일어나는데 기체의 연소가 액체 가연물질 또는 고체 가연물질의 연소에 비해서 가장 큰 특징은 연소시의 이상 현상인 폭굉이나 폭발을 수반한다는 것이다. 기체의 연소형태는 확산연소, 예혼합연소, 폭발연소로 나눌 수 있다.

① **확산연소**(Diffusive Burning, 발염연소)

㉠ 연소버너 주변에 가연성 가스를 확산시켜 산소와 접촉, 연소범위의 혼합가스를 생성하여 연소하는 현상으로 기체의 일반적 연소 형태이다.

㉡ 예를 들면 LPG-공기, 수소-산소의 경우이다.

㉢ 예혼합연소는 열방출속도가 높고, 확산연소는 열방출속도가 낮다.

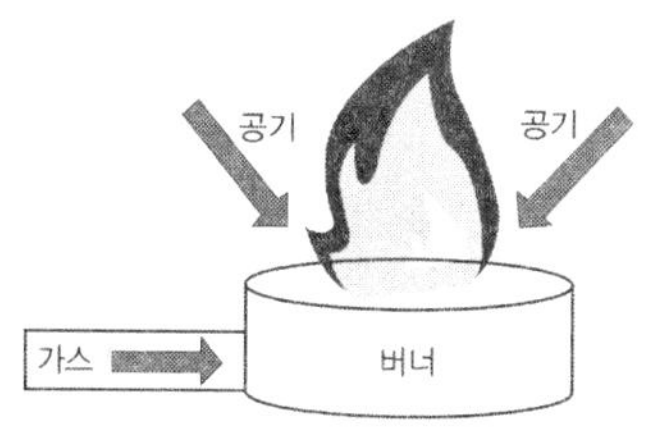

② **예혼합연소**(Premixed Burning)

㉠ 연소시키기 전에 이미 연소 가능한 혼합가스를 만들어 연소시키는 것으로 혼합기로의 역화를 일으킬 위험성이 크다.

㉡ 예를 들면 가솔린엔진, 분젠버너의 연소와 같은 경우이다.

㉢ 예혼합연소에서 화염면의 압력이 전파되면 충격파를 형성한다.

③ **폭발연소**(Explosion Burning)

㉠ 가연성 기체와 공기의 혼합가스가 밀폐용기 안에 있을 때 점화되면 연소가 폭발적으로 일어나는데 예혼합연소의 경우에 밀폐된 용기로의 역화가 일어나면 폭발할 위험성이 크다.

㉡ 이것은 많은 양의 가연성 기체와 산소가 혼합되어 일시에 폭발적인 연소현상을 일으키는 비정상연소이기도 하다.

(2) 액체의 연소 (Ⓜ 분무증)

액체 가연물질의 연소는 액체 자체가 연소하는 것이 아니라 "증발"이라는 변화 과정을 거쳐 발생된 기체가 연소하는 것이다. 액체 가연물질이 휘발성인 경우는 외부로부터 열을 받아서 증발하여 연소하는 것을 증발연소라 하고, 액체가 비휘발성이거나 비중이 커 증발하기 어려운 경우에는 높은 온도를 가해 열분해 하여 그 분해가스를 연소시키는 것을 분해연소라 한다.

① **증발연소**(Evaporating Combustion, 액면연소)

㉠ 액체 가연물질이 액체 표면에 발생한 가연성 증기와 공기가 혼합된 상태에서 연소가 되는 형태로 액체의 가장 일반적인 연소형태이며, 액면연소라고도 한다.

㉡ 연소원리는 화염에서 복사나 대류로 액체표면에 열이 전파되어 증발이 일어나고 발생된 증기가 공기와 접촉하여 액면의 상부에서 반복적으로 연소되는 현상이다.

㉢ 예로서 에테르, 이황화탄소, 가솔린, 등유, 경유, 알코올류, 아세톤 등이다.

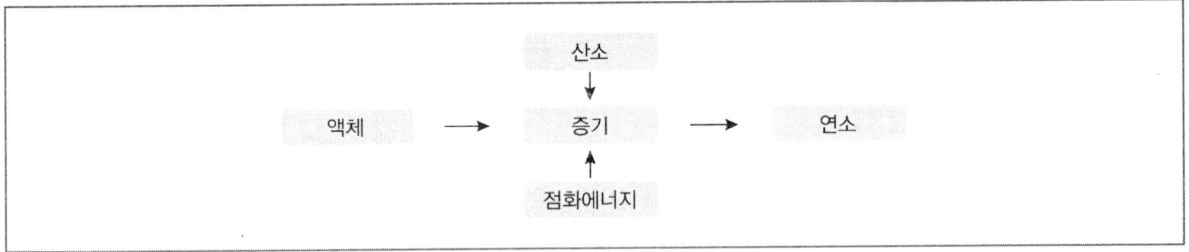

② **분해연소**(Decomposing Combustion)

㉠ 점도가 높고 비휘발성이거나 비중이 큰 액체 가연물이 열분해하여 증기를 발생함으로서 연소가 이루어지는 형태이다. 예로서 중유, 아스팔트 등이다.

㉡ 이는 상온에서 고체상태로 존재하고 있는 고체 가연물질의 경우도 분해연소의 형태를 보여준다.

③ **분무**연소

㉠ 점도가 높고 비휘발성인 액체의 점도를 낮추어 버너를 이용하여 액체의 입자를 안개상태로 분출하여 표면적을 넓게 함으로서 공기와의 접촉면을 많게 하여 연소시키는 형태를 액적연소라고도 한다.

㉡ 예로서 벙커씨유 등이다.

액체상태의 연소형태 물질 (Ⓜ 증발/알,가 분해/중,아 분무/벙)

연소형태	개 념	물질
증발연소	액체표면에서 발생된 증기가 연소하는 형태	**가**솔린, 등유, 경유, **알**코올, 아세톤 등
분해연소	비휘발성 유체인 경우 열분해된 분해가스와 공기와 혼합하여 연소하는 형태	**중**유, **아**스팔트유 등
분무연소	점도가 높고 휘발성이 낮은 액체를 가열을 통해 점도를 낮추어 분무형태의 미립자로 분무	**벙**커씨유 등(중질유)

(3) 고체의 연소 (Ⓜ 표분증자) 2018 상반기 2018 간부 2024 간부 2024

상온에서 고체 상태로 존재하는 고체 가연물질의 일반적 연소형태는 표면연소, 분해연소, 증발연소, 자기연소로 나눌 수 있다.

① **표면연소**(Surface Combustion, 직접연소)

㉠ 고체 가연물이 열분해나 증발하지 않고 표면에서 산소와 급격히 산화 반응하여 연소하는 현상이다.

㉡ 즉, 목탄 등이 열분해에 의해서 가연성 가스를 발생하지 않고 그 물질 자체가 연소하는 현상으로 불꽃이 없는 것(무염연소)이 특징이다.

㉢ 예를 들면 목탄, 코크스, 금속(분 · 박 · 리본 포함) 등의 연소가 해당되며, 나무와 같은 가연물의 연소 말기에도 표면연소가 이루어진다.

② **분해연소**(Decomposing Combustion) 2018 하반기

㉠ 고체 가연물질을 가열하면 열분해를 일으켜 나온 분해가스 등이 연소하는 형태

㉡ 열분해에 의해 생기는 물질에는 일산화탄소(CO), 이산화탄소(CO_2), 수소(H_2), 메탄(CH_4) 등이 있다.

㉢ 분해연소 물질에는 목재 · 석탄 · 종이 · 섬유 · 플라스틱 · 합성수지 · 고무류 등이 있으며 이들은 연소가 일어나면 연소열에 의해 고체의 열분해는 계속 일어나 가연물이 없어질 때까지 계속된다.

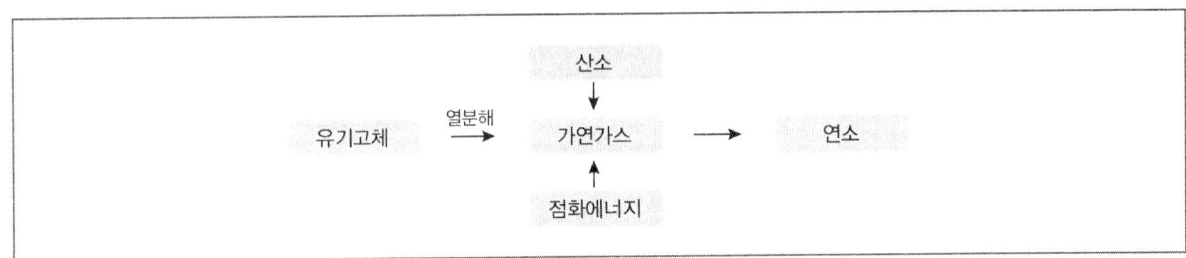

③ **증**발연소(Evaporating Combustion) 2017 하반기

㉠ 고체 가연물이 열분해를 일으키지 않고 증발하여 증기가 연소되거나 먼저 융해된 액체가 기화하여 증기가 된 다음 연소하는 현상을 말한다.

㉡ 이것은 액체 가연물질의 증발연소 형태와 같으며, 황(S), 나프탈렌($C_{10}H_8$), 파라핀(양초) 등이 있다.

④ **자**기연소(Self Combustion, 내부연소) 2021 간부

㉠ 가연물이 물질의 분자 내에 산소를 함유하고 있어 열분해에 의해서 가연성가스와 산소를 동시에 발생시키므로 공기 중의 산소 없이 연소할 수 있는 것을 말한다.

㉡ 가열, 충격, 마찰 등에 의해서 폭발할 위험성이 높으며, 강산화제 또는 강산류와 접촉 시 연소·폭발 가능성이 현저히 증가한다.

㉢ 제5류 위험물인 니트로셀룰로오스(NC), 트리니트로톨루엔(TNT), 니트로글리세린(NG), 트리니트로페놀(TNP), 하드라진 유도체 등이 있으며 대부분 폭발성을 지니고 있으므로 폭발성 물질로 취급되고 있다.

고체상태의 연소형태 물질 (Ⓜ 표/수(숯),목,금,토(코) 분/석,종,목,플,고, 증/유,나,파,유, 자/티,니,셀)

연소형태	개념	물질
표면연소	고체가연물의 표면에서 산소와 반응하여 연소하는 현상으로 불꽃이 없다.	**숯**, **목**탄, **금**속분(마그네슘 등), **코**크스 등
분해연소	열분해반응을 일으켜 생성된 가연성 증기와 공기가 혼합하여 연소하는 형태	**석**탄, **종**이, **목**재, **플**라스틱, **고**무 등
증발연소	열분해를 일으키지 않고 증발한 가연성 증기와 공기가 혼합된 상태에서 연소하는 형태	**유**황, **나**프탈렌, **파**라핀(양초), **유**지 등
자기연소	가연성이면서 자체 내에 산소를 함유하여 연소하는 형태	TNT, **셀**룰로이드, **니**트로글리세린 등

❷ 연소속도에 따른 분류

액체나 고체의 경우에는 공기의 공급에 따라서 주어진 산소의 양 만큼만 연소하게 되므로 비정상연소는 일어나지 않지만 기체의 연소에 있어서는 산소가 공급되는 방법에 따라 정상연소 또는 비정상연소를 하게 된다.

(1) 정상연소

가연물질의 연소 시 충분한 공기의 공급이 이루어지고 연소시의 기상조건이 양호할 때에는 정상적인 연소가 이루어지므로 화재의 위험성이 적으며, 연소상의 문제점이 발생되지 않고 연소장치 · 기기 및 기구에서의 열효율도 높으며, 연소가 일어나는 곳의 열의 발생속도와 방산속도가 서로 균형을 이루고 있다.

(2) 비정상연소

가연물질이 연소할 때 공기의 공급이 불충분하거나 기상조건이 좋지 않은 경우 정상적으로 연소가 이루어지지 않고 이상 연소현상이 발생되므로 화재의 위험성이 증가하며, 연소상의 문제점이 많이 발생함으로 연료를 취급 · 사용하는 연소장치 · 기기 및 기구의 안전관리에 주의가 요구된다. 비정상연소는 폭발의 경우와 같이 연소가 격렬하게 일어나며, 이는 열의 발생속도가 방산속도를 능가할 때 발생한다.

❸ 산화정도에 따른 분류 2024

(1) 완전연소

① 공기 중의 산소 공급이 충분하면 완전연소반응이 일어난다.

② 가연물질이 연소하면 가연물질을 구성하는 주성분인 탄소(C), 수소(H_2) 및 산소(O_2)에 의해 이산화탄소(CO_2) 및 수증기(H_2O)가 발생한다.

③ 주로 밝은색 연기(흰색 연기)가 발생한다.

(2) 불완전연소

① 산소의 공급이 불충분하면 불완전연소 반응이 일어난다.

② 불완전연소 시에는 일산화탄소(CO), 포름알데히드, 아세트알데히드 등이 발생한다.

③ 주로 어두운색 연기(검은색)가 발생한다.

④ 불완전 연소의 원인

㉠ 공기 공급량이 부족할 때

㉡ 주위의 온도가 너무 낮을 때

㉢ 가스의 조성(연소범위)이 균일하지 못할 때

㉣ 환기 또는 배기가 잘 되지 않을 때

㉤ 가연물 및 연료의 공급이 불안정할 때

완전연소와 불완전연소 비교

구분	완전연소	불완전연소
산소공급	충분	불충분
연소생성물	이산화탄소(CO_2), 물(H_2O)	일산화탄소(CO), 포름알데히드
연소온도	높음	낮음
연기의 색	밝은색(흰색)	어두운색(검은색)

4 불꽃유무에 따른 분류

(1) 표면화재(= 발염화재 = 불꽃연소)

일반적으로 표면화재의 연소특성은 가연물 자체로부터 발생된 증기나 가스가 공기 중의 산소와 혼합기를 형성하여 연소하며, 연소속도가 매우 빠르고 불꽃과 열을 내며 연소하므로 일명 불꽃연소라고 하며, 이에 연소 시 가연물 · 점화원 · 산소공급원 · 순조로운 연쇄반응이 필요하다.(연소의 4요소)

(2) 심부화재(= 무염화재 = 작열연소 = 표면연소)

심부화재는 표면화재와 달리 순조로운 연쇄반응이 아닌 가연물 · 점화원 · 산소공급원의 화재의 3요소만 가지고 가연물이 연소하는 것으로서 연소속도가 느리고 불꽃 없이 연소하며 가연물과 공기의 중간지대에서 연소가 국부적으로 되는 표면연소의 형태를 보이기 때문에 일명 표면연소 또는 작열연소라고 한다. 주로 흑연, 목탄, 숯, 금속분, 코크스 등과 같이 휘발분이 거의 포함되지 않은 고체연료에서 발생한다.

(3) 불꽃연소와 작열연소 비교

구분	불꽃연소	작열연소(표면연소)
불꽃여부	불꽃존재	작열하면서 연소(불꽃 미존재)
화재구분	표면화재	심부화재
연소속도	매우빠름	느림
방출열량	많음	적음
연쇄반응	있음	없음
적응화재	B, C급 화재	A급 화재
에너지	고에너지	저에너지
연기형태	Dark smoke (불완전연소 시 발생하는 탄소미립자에 의해)	Light smoke (주변 수분 등에 의한 냉각으로 인해)
연소가스	CO_2↑, CO↓	CO_2↓, CO↑
연소물질	열가소성 수지	열경화성 수지

실수 줄이기
표면화재와 표면연소 혼동주의

chapter

04 출제예상문제

1 연소 매커니즘에서 확산연소와 예혼합연소에 관한 설명으로 옳지 않은 것은?

① 확산연소는 열방출속도가 높고, 예혼합연소는 열방출속도가 낮다.

② 예혼합연소에서 화염면의 압력이 전파되면 충격파를 형성한다.

③ 예혼합연소에서는 분젠버너 연소, 가정용 가스기기연소, 가스폭발 등이 있다.

④ 확산연소에는 성냥연소, 양초연소, 액면연소 등이 있다.

1.

① 예혼합연소는 열방출속도가 높고, 확산연소는 열방출속도가 낮다.

2 다음과 같은 특성을 모두 가진 연소 형태는?

- 가스폭발 메커니즘
- 분젠버너의 연소(급기구 개방)
- 화염전방에 압축파, 충격파, 단열압축 발생
- 화염속도 = 연소속도 + 미연소가스 이동속도

① 표면연소

② 확산연소

③ 예혼합연소

④ 자기연소

2.

예혼합연소(Premixed Burning)

㉠ 연소시키기 전에 이미 연소 가능한 혼합가스를 만들어 연소시키는 것으로 혼합기로의 역화를 일으킬 위험성이 크다.

㉡ 예를 들면 가솔린엔진, 분젠버너의 연소와 같은 경우이다.

㉢ 예혼합연소에서 화염면의 압력이 전파되면 충격파를 형성한다.

Answer 1.① 2.③

3 액체연소의 특징에 대한 설명으로 틀린 것은?

① 액면연소는 액체 가연물질이 액체 표면에 발생한 가연성 증기와 공기가 혼합된 상태에서 연소가 되는 형태이다.
② 화염에서 복사나 대류로 액체 표면에 열이 전파되어 증발이 일어나는 과정을 거친다.
③ 가연물이 물질의 분자 내 산소를 함유하고 있다.
④ 증발연소에는 에테르, 이황화탄소, 알코올류, 아세톤, 석유류 등이 있다.

* 2015년 2024년 간부

4 고체연소 중 맞는 것은?

① 목재, 나프탈렌 – 증발연소
② 목탄, 종이 – 표면연소
③ 마그네슘, 질산에스테르류 – 자기연소
④ 플라스틱, 석탄, 면 – 분해연소

* 2024년 간부

5 고체 가연물의 연소 중 연소형태가 다른 것은?

① 목재
② 종이
③ 석탄
④ 파라핀
⑤ 합성수지

3.

③ **자**기연소(Self Combustion, 내부연소) : 가연물이 물질의 분자 내에 산소를 함유하고 있어 열분해에 의해서 가연성가스와 산소를 동시에 발생시키므로 공기 중의 산소 없이 연소할 수 있는 것을 말한다.(고체의 연소)

4.

고체상태의 연소형태 물질

연소형태	물질
표면연소	**숯**, **목**탄, **금**속분(마그네슘 등), **코**크스 등
분해연소	**석**탄, **종**이, **목**재, **플**라스틱, **고**무 등
증발연소	**유**황, **나**프탈렌, **파**라핀(양초), **유**지 등
자기연소	**T**NT, **셀**룰로이드, **니**트로글리세린 등

5.

고체의 연소 (암기 : 표분증자)
① 표면연소(Surface Combustion, 직접연소) : 설명생략(교재 참조)
② 분해연소(Decomposing Combustion)
  ㉠ 고체 가연물질을 가열하면 열분해를 일으켜 나온 분해가스 등이 연소하는 형태
  ㉡ 열분해에 의해 생기는 물질에는 일산화탄소(CO), 이산화탄소(CO2), 수소(H2), 메탄(CH4) 등이 있다.
  ㉢ 분해연소 물질에는 목재 · 석탄 · 종이 · 섬유 · 플라스틱 · 합성수지 · 고무류 등이 있으며 이들은 연소가 일어나면 연소열에 의해 고체의 열분해는 계속 일어나 가연물이 없어질 때까지 계속된다.
③ 증발연소(Evaporating Combustion)
  ㉠ 고체 가연물이 열분해를 일으키지 않고 증발하여 증기가 연소되거나 먼저 융해된 액체가 기화하여 증기가 된 다음 연소하는 현상을 말한다.
  ㉡ 이것은 액체 가연물질의 증발연소 형태와 같으며, 황(S), 나프탈렌(C10H8), 파라핀(양초) 등이 있다.
④ 자기연소(Self Combustion, 내부연소) : 설명생략(교재 참조)

Answer 3.③ 4.④ 5.④

＊ 2021년 간부

6 다음 설명에 해당하는 위험물은?

> • 물질 자체에 산소가 함유되어 있어 외부로부터 산소 공급이 없어도 점화원만 있으면 연소·폭발이 가능하다.
> • 연소속도가 빠르며 폭발적이다.
> • 가열, 충격, 타격, 마찰 등에 의해서 폭발할 위험성이 높으며 강산화제 또는 강산류와 접촉 시 연소 · 폭발 가능성이 현저히 증가한다.

① 유기과산화물
② 이황화탄소
③ 과염소산
④ 염소산염류
⑤ 알칼리금속

6.

자기연소(Self Combustion, 내부연소)

㉠ 가연물이 물질의 분자 내에 산소를 함유하고 있어 열분해에 의해서 가연성가스와 산소를 동시에 발생시키므로 공기 중의 산소 없이 연소할 수 있는 것을 말한다.
㉡ 가열, 충격, 마찰 등에 의해서 폭발할 위험성이 높으며, 강산화제 또는 강산류와 접촉 시 연소 · 폭발 가능성이 현저히 증가한다.
㉢ 제5류 위험물인 니트로셀룰로오스(NC), 트리니트로톨루엔(TNT), 니트로글리세린(NG), 트리니트로페놀(TNP), 하드라진 유도체 등이 있으며 대부분 폭발성을 지니고 있으므로 폭발성 물질로 취급되고 있다.

＊ 2018년 간부

7 고체상태의 연소형태에 대한 설명으로 옳지 않은 것은?

① 셀룰로이드, 트리니트로톨루엔은 분자 내에 산소를 가지고 있어 가열 시 열분해에 의해 가연성 증기와 함께 산소를 발생하여 자신의 분자 속에 포함되어 있는 산소에 의해 연소 한다.
② 목재, 석탄, 종이, 플라스틱은 가열하면 열분해 반응을 일으키면서 생성된 가연성 증기와 공기가 혼합하여 연소한다.
③ 유황, 나프탈렌은 가열하면 열분해를 일으키지 않고 증발하면서 증기와 공기가 혼합하여 연소한다.
④ 숯, 코크스, 목탄, 금속분은 열분해 반응에 의한 휘발성분이 표면에서 산소와 반응하여 연소한다.
⑤ 파라핀, 유지는 가열하면 융해되어 액체로 변하게 되고 지속적인 가열로 기화되면서 증기가 되어 공기와 혼합하여 연소한다.

7.

④ **표**면연소(Surface Combustion, 직접연소) : 열분해에 의해서 가연성 가스를 발생하지 않고 그 물질 자체가 연소하는 현상으로 불꽃이 없는 것(무염연소)이 특징이다.

Answer 6.① 7.④

＊ 2018년

8 보기에서 표면연소에 해당하는 것을 옳게 고른 것은?

〈보기〉

㉠ 숯	㉡ 목탄
㉢ 코크스	㉣ 플라스틱

① ㉠, ㉡, ㉢　② ㉠, ㉡, ㉣
③ ㉠, ㉢, ㉣　④ ㉡, ㉢, ㉣

8.

표면연소(Surface Combustion, 직접연소)
㉠ 고체 가연물이 열분해나 증발하지 않고 표면에서 산소와 급격히 산화 반응하여 연소하는 현상이다.
㉡ 즉, 목탄 등이 열분해에 의해서 가연성 가스를 발생하지 않고 그 물질 자체가 연소하는 현상으로 불꽃이 없는 것(무염연소)이 특징이다.
㉢ 목탄, 코크스, 금속(분 · 박 · 리본 포함) 등의 연소가 해당되며, 나무와 같은 가연물의 연소 말기에도 표면연소가 이루어진다.

9 다음 중 무염화재에 대한 설명이 아닌 것은?

① 화염은 크게 발생하지 않으나 연기가 나고, 빛이 나는 심부화재에 해당한다.
② 폴리우레탄 재질의 매트리스와 같은 물질의 화재가 해당한다.
③ 열과 화염이 크게 발생하는 일반적인 화재유형에 해당한다.
④ 석탄 같은 연소물질은 대기중의 산소가 천천히 스며들어 가면서 연소범위가 서서히 확산된다.

9.

㉠ 무염화재 = 표면연소 = 직접연소 = 작열연소
㉡ 열분해에 의해서 가연성 가스를 발생하지 않고 그 물질 자체가 연소하는 현상으로 불꽃이 없는 것(무염연소)이 특징이다.

＊ 2020년 간부

10 가연성 물질의 연소 형태로 옳은 것은?

㉠ 분해연소 : 목재, 종이
㉡ 확산연소 : 나프탈렌, 황
㉢ 표면연소 : 코크스, 금속분
㉣ 증발연소 : 가솔린엔진, 분젠버너
㉤ 자기연소 : 질산에스테르류, 니트로화합물류

① ㉠, ㉡, ㉣　② ㉠, ㉢, ㉣
③ ㉠, ㉢, ㉤　④ ㉡, ㉣, ㉤
⑤ ㉢, ㉣, ㉤

10.

㉡ 확산연소 : LPG–공기, 수소–산소(기체의 연소)
㉣ 증발연소 : **가**솔린, 등유, 경유, **알**코올, 아세톤 등 (액체의 연소)

Answer 8.① 9.③ 10.③

* 2016년 간부

11 액체연료와 고체연료의 연소방법에 대한 설명으로 옳지 않은 것은?

① 액체연료의 가장 일반적인 연소 형태인 증발연소란 에테르, 석유류, 알코올 등의 인화성 액체에서 발생한 가연성 증기가 공기와 혼합된 상태에서 연소하는 것이다.

② 고체연료의 표면연소(surface combustion)란 가연성고체가 열분해하여 증발하지 않고 그 고체의 표면에 산소와 반응하여 연소되는 현상으로서 불꽃을 동반하여 유황, 나프탈렌, 요오드 등도 이 연소 형태에 속한다.

③ 고체연료의 분해연소란 목재, 종이, 섬유, 플라스틱, 고무류 등과 같은 고체가연물에 충분한 열이 공급되면 복잡한 연소메카니즘을 거쳐 열분해에 의하여 발생된 가연성가스가 공기와 혼합되어 연소하는 형태를 말한다.

④ 고체연료의 증발연소란 그 물질 자체가 타는 것이 아니라 물질의 표면에서 증발한 가연성 증기와 공기 중의 산소가 화합하여 이것에 적당한 열에너지를 주는데 따라 일어나는 연소를 말한다.

⑤ 고체연료의 자기연소(self combustion)란 질산에스테류, 셀룰로이드류, 니트로화합물류, 하드라진류 등은 가연성 물질이면서 자체 내에 산소를 함유하고 있어 외부에서 열을 가하면 분해되어 가연성기체와 산소를 발생하게 되므로 공기 중의 산소를 필요로 하지 않고 그 자체의 산소에 의해서 연소된다.

11.

② 목탄, 코크스, 금속(분 · 박 · 리본 포함) 등의 연소가 해당된다. 유황, 나프탈렌, 요오드 등은 증발연소이다.

12 분무연소에 대한 설명으로 틀린 것은?

① 휘발성이 낮은 액체연료의 연소가 여기에 해당된다.

② 점도가 높은 중질유의 연소에 많이 이용된다.

③ 액체연료를 수 μm ~ 수백 μm 크기의 액적으로 미립화시켜 연소시킨다.

④ 미세한 액적으로 분무시키는 이유는 표면적을 작게 하여 공기와의 혼합을 좋게 하기 위함이다.

12.

④ 점도가 높고 비휘발성인 액체의 점도를 낮추어 버너를 이용하여 액체의 입자를 안개상태로 분출하여 표면적을 넓게 함으로서 공기와의 접촉면을 많게 하여 연소시키는 형태를 액적연소라고도 한다.

Answer 11.② 12.④

chapter

05 이상(異常)연소 현상 2020 간부 2022

1 역화(Back fire) 2016 2018 하반기

(1) 대부분 기체연료를 연소시킬 때 발생되는 이상연소 현상으로서 연료의 분출속도가 연소속도보다 느릴 때 불꽃이 연소기의 내부로 빨려 들어가 혼합관 속에서 연소하는 현상을 말한다.

(2) 역화의 원인

① 혼합 가스양이 너무 적을 때

② 노즐의 부식으로 분출구멍이 커진 경우

③ 버너의 과열

④ 연소속도보다 혼합가스의 분출속도가 느릴 때

⑤ 혼합가스의 압력이 비정상적으로 낮을 때

2 선화(Lifting)

(1) 연료의 분출속도가 연소속도보다 빠를 때 발생한다.

(2) 선화의 원인

① 1차 공기가 많아 혼합기체의 양이 많은 경우

② 공급가스의 압력이 높을 경우

③ 버너의 염공이 작거나 거의 막혔을 경우

3 블로우 오프(Blow Off) 2017

(1) 선화 상태에서 연료가스의 분출속도가 증가하거나 주위 공기의 유동이 심하면 화염이 노즐에 정착하지 못하고 떨어져 화염이 꺼지는 현상을 말한다.

(2) 버너의 경우 가연성 기체의 유출속도가 연소속도보다 클 경우 일어난다.

④ 황염(Yellow Tip)

(1) 불꽃 끝이 적황색이 되어 연소하는 현상을 말한다.

(2) 연소 반응 도중에 탄화수소가 열분해하여 탄소입자가 발생하고 미연소 상태로 적열되어 적황색의 색을 나타내는 것으로 연소반응이 충분한 속도로 진행되지 않는 것을 나타낸다.

(3) 이 현상은 1차 공기가 부족할 때에 일어난다.

⑤ 불완전연소

연소시 가스와 공기의 혼합이 불충분하거나 연소온도가 낮을 경우 등 여러 가지 요인으로 노즐의 선단에 적황색 부분이 늘어나거나, 그을음이 발생하는 연소현상으로 그 원인은 아래와 같은 경우 등이다.

(1) 공기의 공급이 부족 할 때

(2) 연소온도가 낮을 때

개념원리

★ 공기와 가스의 혼합 방식에 의한 연소방식에는 크게 4가지가 있다.
1. 적화식 – 연소에 필요한 공기를 2차 공기로 모두 취함
2. 분젠식 – 가스를 노즐로 분출시켜 주위 공기를 흡입해 1차 공기로 나머지는 2차 공기를 취하는 방식
3. 세미분젠식 – 적화식과 분젠식을 합한 혼합형, 1차 공기량 40% 미만
4. 전1차공기식 – 공기를 송풍기로 압입하여 가스와 강제 혼합, 필요한 공기를 모두 1차 공기로 연소

★ 이상 연소현상은 분젠식 버너에서 발생하는 현상으로 간주해보면 이해하기 쉽다.

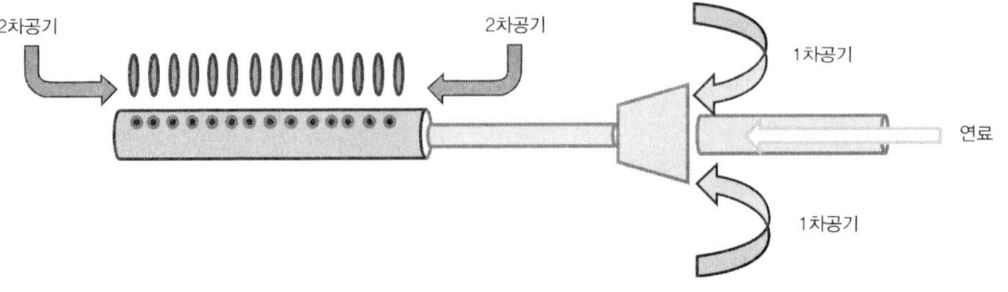

chapter

05 출제예상문제

* 2017년

1 가연성 기체의 분출속도가 연소속도보다 빨라서 불꽃이 버너의 염공에 정착하지 못하고 떨어지면서 꺼지는 현상을 무엇이라 하는가?

① 불완전연소

② 블로우오프

③ 선화

④ 역화

* 2016년

2 역화현상에 대해 잘못 말한 것은?

① 연소속도 < 혼합가스분출

② 혼합가스의 양이 적을 때

③ 노즐이 부식되어 분출 구멍이 커질 때

④ 버너가 과열 되었을 때

* 2018년 상반기

3 다음 중 역화의 특징으로 옳지 않은 것은?

① 연소속도보다 가스 분출속도가 클 때

② 혼합가스의 압력이 비정상적으로 낮을 때

③ 버너가 과열되었을 때

④ 노즐의 부식 등으로 분출 구멍이 커진 경우

1.

블로우 오프(Blow Off)

㉠ 선화 상태에서 연료가스의 분출속도가 증가하거나 주위 공기의 유동이 심하면 화염이 노즐에 정착하지 못하고 떨어져 화염이 꺼지는 현상을 말한다.

㉡ 버너의 경우 가연성 기체의 유출속도가 연소속도보다 클 경우 일어난다.

2.

역화(Back fire)

㉠ 대부분 기체연료를 연소시킬 때 발생되는 이상연소 현상으로서 연료의 분출속도가 연소속도보다 느릴 때 불꽃이 연소기의 내부로 빨려 들어가 혼합관 속에서 연소하는 현상을 말한다.

㉡ 역화의 원인

- 혼합 가스양이 너무 적을 때
- 노즐의 부식으로 분출구멍이 커진 경우
- 버너의 과열
- 연소속도보다 혼합가스의 분출속도가 느릴 때
- 혼합가스의 압력이 비정상적으로 낮을 때

3.

① 연소속도보다 혼합가스의 분출속도가 느릴 때

Answer 1.② 2.① 3.①

＊ 2020년 간부

4 가스 연소 시 발생되는 이상현상에 대한 설명으로 옳지 않은 것은?

① 불완전연소란 공기의 공급량이 부족할 때 일산화탄소, 그을음 등이 발생하는 현상이다.
② 연소소음이란 가연성 혼합가스의 연소속도나 분출속도가 대단히 클 때 연소음 및 폭발음 등이 발생하는 현상이다.
③ 선화란 연료가스의 분출속도가 연소속도보다 빠를때 불꽃이 노즐에 정착되지 않고 떨어져서 연소하는 현상이다.
④ 역화란 기체 연료를 연소시킬 때 혼합가스의 압력이 비정상적으로 높거나 혼합가스의 양이 너무 많을때 발생되는 이상 연소현상이다.
⑤ 블로우오프란 선화상태에서 연료가스의 분출속도가 증가하거나 공기의 유동이 강하여 불꽃이 노즐에서 정착되지 않고 떨어져서 꺼져버리는 현상이다.

4.

④ 역화한 기체 연료를 연소시킬 때 혼합가스의 압력이 비정상적으로 낮거나 혼합가스의 양이 너무 적을 때 발생되는 이상현상이다.

＊ 2022년

5 기체상 연료노즐에서의 연소에 대한 일반적인 설명으로 옳은 것을 있는 대로 모두 고른 것은?

> ㉠ 역화는 연료의 연소속도가 분출속도보다 빠를 때 불꽃이 연소노즐 속으로 빨려 들어가 연료노즐 속에서 연소하는 현상이다.
> ㉡ 선화는 불꽃이 연료노즐 위에 들뜨는 현상으로 연료노즐에서 연료기체의 연소속도가 분출속도보다 느릴 때 발생하는 현상이다.
> ㉢ 황염은 분출하는 기체연료와 공기의 화학양론비에서 공기량이 적을 때 발생한다.
> ㉣ 연료노즐에서 흐름이 난류인 경우, 확산연소에서 화염의 높이는 분출속도에 비례한다.

① ㉠, ㉡ ② ㉢, ㉣
③ ㉠, ㉡, ㉢ ④ ㉠, ㉡, ㉢, ㉣

5.

난류 확산화염
① 산소가 들어오는 부분만큼 반응이 일어나기 때문에 불완전 연소하며, 화염의 높이가 30cm이상 되면 난류 확산화염이 된다.
② 층류 확산화염은 분자확산에 의존하며, 난류 확산화염은 와류인 난류 확산에 의존한다.
③ 화염의 길이와 분출속도와의 관계를 보면 레이놀즈 수가 낮은 곳에서는 분출속도에 따라 화염의 길이가 증가하고, 난류 확산화염이 되면 화염의 길이는 유속에 거의 변화하지 않는다.

Answer 4.④ 5.③

chapter

06 연소생성물 및 연소의 확대

연소생성물에는 연기(Smoke), 연소가스(fire gas), 열(Heat), 화염(Flame)이 있다.

그중에 화재 때 사람에 대한 화재피해는 연소가스에 대한 피해가 가장 높게 나타나고 있다.

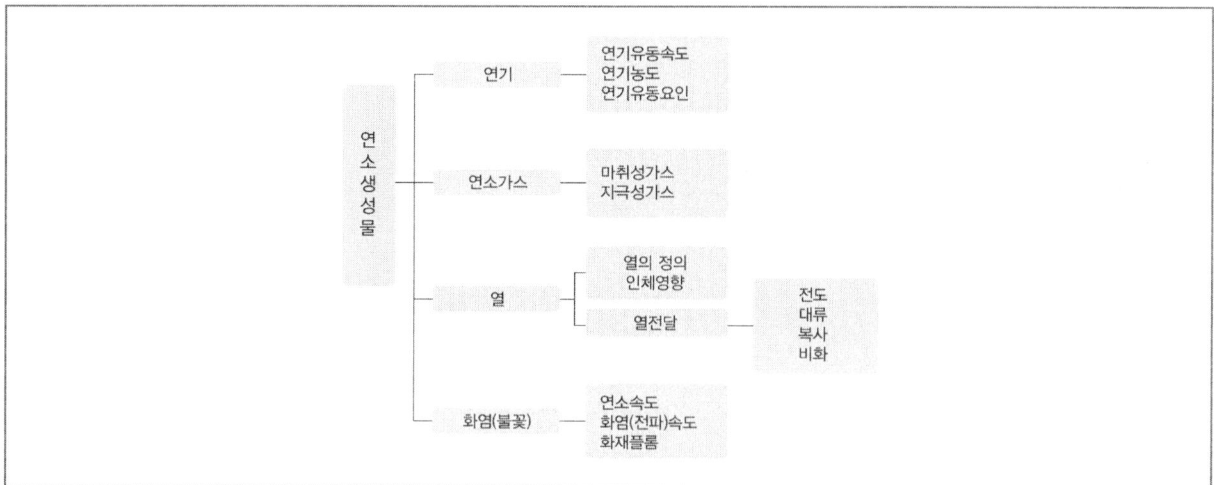

1 연기(Smoke)

(1) 연기의 정의

<u>0.01μm ~ 수10μm의 입자지름을 가지는 연기</u>는 다음과 같이 정의할 수 있다.[$\mu m = 10^{-6}$m]

① 연기생성물 중에 <u>고체나 액체의 미립자가 들어 있어 눈으로 볼 수 있는 상태</u>

② 기체 가운데 완전 연소되지 않은 가연물이 <u>고체 미립자가 되어 떠돌아다니는 상태</u>

③ 탄소함유량이 많은 가연성 물질이 산소부족 상태에서 연소할 경우 <u>다량의 탄소입자</u>가 생성되는 것

④ 연기란 연소가스에 부가하여 미세하게 이루어진 <u>미립자와 에어로졸성의 불안정한 액체 입자</u>로 구성된다.

(2) 연기가 인체에 미치는 영향 (Ⓜ 시심생)

① **시**각적 영향

㉠ 연기 발생으로 가시거리가 짧아져 피난이 어려워짐

㉡ 시야를 방해하여 피난행동 및 소화활동을 저해한다.

② **심리적 영향**

㉠ 시각적, 생리적 영향으로 인한 극도의 공포감

㉡ 정신적으로 긴장 또는 패닉 현상에 빠지게 되는 2차적 재해의 우려가 있다.

③ **생리적 영향**

㉠ 산소감소, 가스 중독, 고체입자 흡입의 호흡장애

㉡ 연기성분 중 유독물(일산화탄소, 포스겐 등)의 발생으로 생명이 위험하다.

㉢ 최근 건물화재의 특징은 난연 처리(방염처리)된 물질을 사용하여 연소 그 자체는 억제되고 있지만 일단 발화되면 다량의 연기입자 및 유독가스를 발생하는 특징이 있다.

(3) 연기의 속도

① 수평방향 (M **평반일**)	0.5~1[m/sec]
② 보행속도 (M **보일리**)	1~1.2m/sec
③ 수직방향 (M **직이삼**)	2~3[m/sec]
④ 계단 (M **계쌈움(오)**)	3~5[m/sec]
⑤ 굴뚝효과가 발생하는 건물구조	5[m/sec] 이상

(4) 연기의 특성 2018 상반기 2021 2016 간부 2019 간부

① 연기는 다량의 유독가스를 함유하며, 화재로 인한 연기는 고열이며 유동확산이 빠르다.

② 연료중에 수소가 많으면 백색연기, 탄소수가 많으면 흑색연기로 변한다.

③ 화재 시 연기는 처음에는 백색이며 시간이 흐를수록 흑색으로 변한다.

④ 연기의 조성은 연료의 성질과 연소조건에 의해 각기 다르며 액체의 입자는 수증기 외에 알데히드, 알코올 등의 탄화수소의 응고로 인한 타르분의 것, 기체의 성분은 CO, CO_2, HCl, HCN, $COCl_2$, SO_2 등이다.

실수 줄이기

★ 틀린 지문

① 연기 속의 미립자에는 고체가 없다.

② 연기에는 독성이 없다.

③ 감광계수는 가시거리에 비례하는 특성이 있다.

④ 중성대는 실내 화재 시 실내와 실외의 온도가 같은 면을 의미한다.

⑤ 연기의 생성은 화재 크기와는 관계가 없고, 층 면적과 구획 크기와 관계가 있다.

⑤ 연기는 수평방향보다 수직방향으로 더 빠르게 이동한다.

⑥ 연기의 감광계수가 증가할수록 가시거리는 짧아진다. (감광계수는 가시거리에 반비례)

⑦ 굴뚝효과는 건축물의 내부와 외부의 온도차에 의해 내부의 더운 공기가 상승하는 현상이다.

⑧ 동일한 가연물에 있어 환기지배형 화재가 연료지배형 화재에 비하여 연기발생량이 많다.

⑨ 연기는 일반적으로 불완전 연소시에 발생한 고체, 액체, 기체 생성물의 집합체이다.

(5) 연기농도와 가시거리

① 연기농도 표시법

절대농도[단위]	상대농도[단위]
• 개수농도측정법 : 연기 입자의 개수 측정법[개/m^3]	• 투과율법 = 감광계수법 : 램버트 – 비어법칙 • 연기 속을 투과하는 빛의 양을 측정[m^{-1}]
• 중량농도측정법 : 연기 입자의 중량 측정법[mg/m^3]	

※ 램버트 비어 법칙 … 이 법칙은 어떤 화합물의 용액 내를 빛이 통과할 때, 빛의 투과율, 용액을 빛이 통과하는 거리, 용액의 농도 사이의 성립하는 법칙, 즉 감광계수(연기의 농도를 나타내는 척도로, 빛이 공기를 통과하면서 오염 물질 따위에 의해 흡수, 산란되어 손실되는 광속의 감소비)가 클수록 가시거리가 짧아진다.

② 감광계수와 가시거리 (Ⓜ 일감 삼익숙 오침 일보 십최 삼출) 2015

감광계수(m^{-1})	가시거리(m)	현상	암기법
0.1	20 ~ 30	연기 **감**지기 작동	Ⓜ 일감
0.3	5	건물 내부에 **익숙**한 사람이 피난에 지장을 느낄 정도	Ⓜ 삼익숙
0.5	3	어두**침**침함을 느낄정도	Ⓜ 오침
1	1 ~ 2	거의 앞이 **보**이지 않을 정도	Ⓜ 일보
10	0.2 ~ 0.5	화재 **최**성기	Ⓜ 십최
30	–	**출**화실에서 연기 분출 농도	Ⓜ 삼출

(6) 연기의 확산원인과 중성대

건물 내에서의 연기 확산은 여러 가지 이유가 있지만 연기를 포한함 공기(농연)의 온도에 따라 좌우되며, 농연은 높은 열을 내포하고 있어, 열에 의하여 공기가 유동하고, 그 공기에 포함되어 있는 연기도 확산되는 것이다. 연기 이동력에는 굴뚝효과, 부력, 팽창, 바람, HVAC(heating, ventilating and air conditioning) 시스템, 그리고 엘리베이터의 피스톤 효과가 포함된다. 일반적으로 화재에서 연기이동은 이들 이동력의 결합에 의해서 발생되고 지배를 받는다.

① 연기의 확산원인 (Ⓜ 팽부바공굴피) 2020

㉠ **굴뚝효과**(Stack Effect, 연돌효과) : 고층 건물에는 사용자의 상하 이동을 위한 계단실, 엘리베이터 샤프트 등의 수직공간이 존재하는데 건물 내부 공기가 외부 공기의 온도보다 높아지면 굴뚝효과(stack effect)라고 부르는 현상이 발생한다. 굴뚝효과(stack effect)는 건물 내부와 외부의 온도차에 의한 공기의 밀도 차이로 인하여 발생한 압력 차이에 의해 발생한다.

ⓐ 건물 내 · 외부의 온도차에 따른 공기의 흐름 현상이다.

ⓑ 굴뚝효과는 저층건물에서는 잘 나타나지 않고 고층건물에서 주로 나타난다.

ⓒ 평상시 건물 내의 기류분포를 지배하는 중요요소이며 화재 시 연기의 이동에 큰 영향을 미친다.

ⓓ 건물 외부의 온도가 내부의 온도보다 높은 경우 저층부에서는 내부에서 외부로 공기의 흐름이 생긴다.(여름철) – 역굴뚝효과

ⓔ 건축물 내부의 온도가 외부의 온도보다 높은 경우 연돌효과가 발생한다.(겨울철)

ⓕ 건축물 외부 공기의 온도보다 내부의 공기 온도가 높아질수록 연돌효과가 커진다.

ⓖ 건축물 <u>내부의 온도와 외부의 온도가 같을 경우 연돌효과가 발생하지 않는다</u>.

ⓗ 건축물의 높이가 높아질수록 연돌효과는 증가한다.

굴뚝효과에 따른 압력차 공식

$$\Delta P = 3460\left(\frac{1}{To} - \frac{1}{Ti}\right)h$$

ΔP : 압력차(Pa), To : 외부공기의 절대온도(K)
Ti : 내부공기의 절대온도(K), h : 중성대로부터의 높이(m)

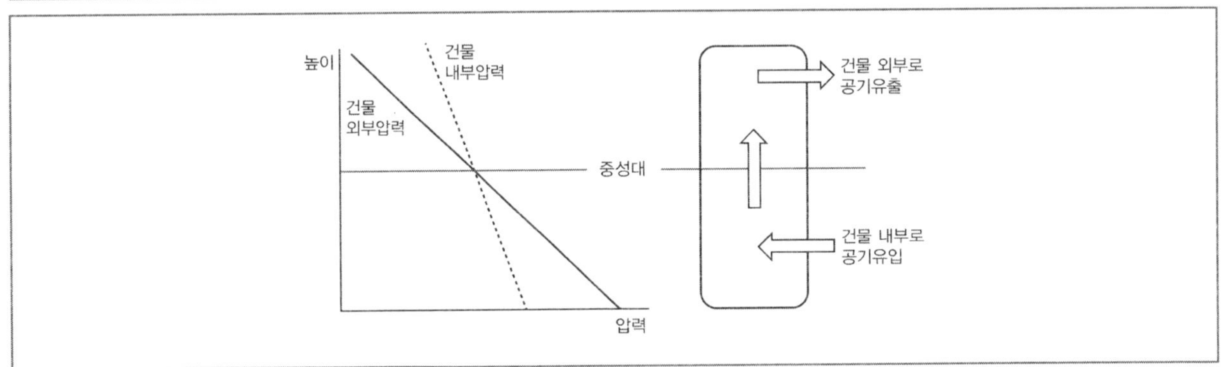

ⓛ **부력**(Buoyancy Force) : 화재에서 고온의 연기는 자체의 감소된 밀도에 의해 부력을 가진다. 이는 굴뚝효과의 압력해석과 같이 동일한 방법으로 해석할 수 있다. 따라서 화재구획실과 그 주변사이의 압력차에 의한 부력으로 인해 연기가 상층으로 이동하게 되고, 화염으로부터 연기의 거리가 멀어질수록 감소하게 된다.

ⓒ **팽창** : 화재로부터 방출되는 에너지는 연소가스를 팽창시킴으로 연기 이동의 원인이 될 수 있다. 건물에 하나의 개구부만 있는 화재구획실에서 공기는 화재구획실로 흐를 것이고 뜨거운 연기는 구획실 밖으로 흘러갈 것이다. 그러나 발화지점 주변에 개방된 개구부가 여러 곳 존재한다면 화재구역에서 개구부 사이의 압력차는 무시된다.

ⓔ **바람의 영향** : 바람은 고층빌딩에 풍압을 가하며, 이런 풍압의 효과로 인해 초고층 건축물에서 구조적 하중에 대한 특별한 고려를 하게 된다. 또한, 바람에 의한 풍압은 빌딩 내부의 공기누출과 공기이동을 일으키기도 한다. 이는 빌딩 내의 냉난방 및 화재 시 연기의 이동에 대한 주요 고려대상이며, 틈새가 많거나 창이나 문이 많은 건물인 경우 바람의 영향은 더욱 많이 받는다.

ⓜ HVAC(heating, ventilation, & air conditioning) **시스템**(**공**조기기) : 화재발생시 공조기기(HVAC 시스템)는 화재확산을 가속하고 화재 진화 시 멀리 연기를 보내거나, 화재발생 구역으로 신선한 공기를 제공하여 연소를 돕게 된다. 그러므로 HVAC시스템은 화재 또는 연기의 감지로부터 송풍기를 일시 정지시키거나 제연작동 모드로 전환되도록 설계해야 한다.

ⓗ **엘리베이터 피스톤 효과** : 엘리베이터가 샤프트 내에서 이동할 때, 흡입압력(피스톤 효과)이 발생한다. 이 흡입압력은 엘리베이터 연기제어에 영향을 미치고, 이러한 피스톤 효과는 정상적으로 가압된 엘리베이터 실이나 샤프트로 연기를 유입시킬 수 있다.

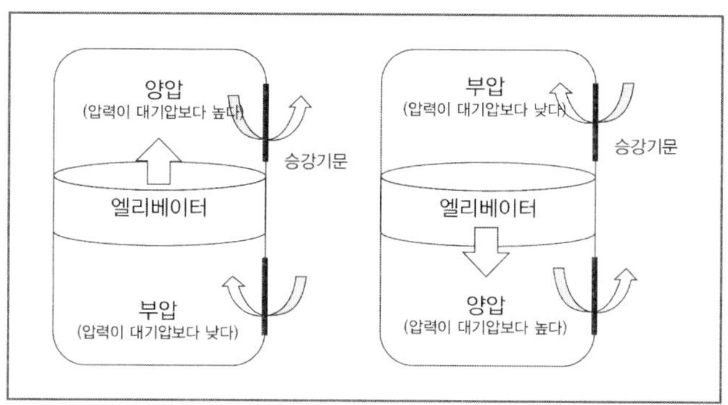

> **실수 줄이기**
> ★ 엘리베이터(O) 피스톤 효과
> 에스컬레이터(X) 피스톤 효과
> ★ 굴뚝효과의 원인이 아닌 것-층의 면적(X)

② **중성대의 형성과 활동** 2016 2020 간부 : 건물 내부의 압력이 외부의 압력과 일치하는 수직적인 위치(실내외 정압이 같아지는 경계면)가 생기는데 이 위치를 건물의 중성대(NPL : Neutral Pressure Level)라 한다. 이론적으로 틈새(crack)나 다른 개구부가 수직적으로 균일하게 분포되어 있다면 중성대는 정확하게 건물의 중간 높이가 될 것이다. 그러나 건물의 상부에 큰 개구부가 있다면 중성대는 올라갈 것이고 건물의 하부에 큰 개구부가 있다면 중성대는 내려올 것이다.

㉠ **중성대의 형성** : 건물화재가 발생하면 연소열에 의한 온도가 상승함으로써 부력에 의해 실의 천정 쪽으로 고온기체가 축적되고 온도가 높아져 기체가 팽창하여 실내와 실외의 압력이 달라지는데 실의 상부는 실외보다 압력이 높고 하부는 압력이 낮다. 따라서 그사이 어느 지점에 실내와 실외의 정압이 같아지는 경계면(0포인트)이 형성되는데 그 면을 중성대(neutral plane)라고 한다. 그러므로 중성대의 위쪽은 실내 정압이 실외보다 높아 실내에서 기체가 외부로 유출되고 중성대 아래쪽에는 실외에서 기체가 유입되며, 중성대의 상부는 열과 연기로, 그리고 중성대의 하층부는 신선한 공기가 존재하게 된다.

㉡ **중성대의 활용**

ⓐ 배연을 할 경우에는 중성대 위쪽에서 배연을 해야 효과적이며, 이것은 또한 새로운 공기의 유입증가 현상을 촉발하여 화세가 확대될 수 있음에 유의해야 한다.

ⓑ 밀폐된 건물내부에서 화재가 발생했을 때 신선한 공기의 유입이 없으므로 빠른 연소의 확대가 없는 상태에서 하층개구부 개방으로 인한 신선한 공기가 유입된다면 연소확대와 동시에 연기량이 증가한다. 따라서 연기층이 급속히 아래로 확대되면서 중성대의 경계면은 하층으로 내려오게 되고, 생존 가능성은 어렵게 된다.

> **실수 줄이기**
> ★ 중성대에서 연기의 흐름이 가장 활발하다.(X)
> ★ 화재실의 내부온도가 상승하면 중성대의 위치는 낮아지며 외부로부터의 공기유입이 많아져서 연기의 이동이 활발하게 진행된다.(O)

ⓒ 반대로 상층 개구부를 개방한다면 연소는 확대되지만 발생한 연기는 빠른 속도로 상승하여 외부로 배출되므로 중성대의 경계선은 위로 올라가고 중성대 하층의 면적이 커지므로 대원과 대피자들의 활동공간과 시야가 확보되어 신속히 대피할 수 있다.

ⓓ 따라서 중성대를 상층(위쪽)으로 올리기 위해선 배연 개구부 위치는 지붕중앙부분 파괴가 가장 효과적이며, 그 다음으로 지붕의 가장자리 파괴, 상층부 개구부의 파괴 순서가 효과적이다.

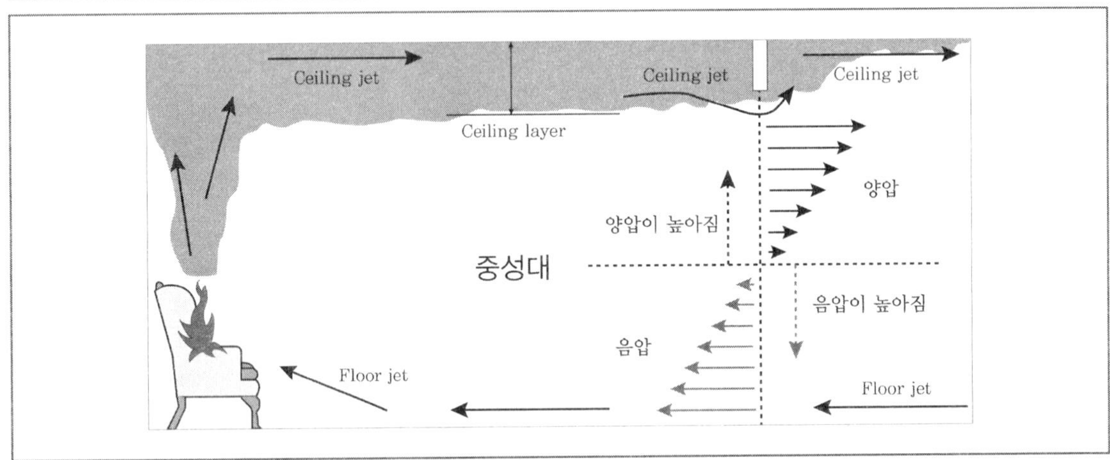

③ 연기제어의 기본방법 (Ⓜ 희배차) **2017 하반기**

㉠ **희석** : 다량의 신선한 공기를 유입시켜 위험수준 이하로 섞는 것

㉡ **배기** : 연기를 밖으로 배출시키는 것

㉢ **차단** : 방화문, 방화셔터, 방화댐퍼 등으로 연기 유입을 막는 것

④ 제연방식 (Ⓜ 자! 밀키(기)스)

㉠ **자연제연방식** : 건물에 설치된 창문이나 전용의 배연구를 통하여 옥외로 연기를 배출하는 방식

㉡ **밀폐 제연방식** : 화재실을 일시적으로 밀폐시켜 연기의 유출 및 공기 등의 유입을 차단시키는 방식(소규모 공간)

㉢ **스모크타워 제연방식** : 굴뚝 또는 환기통을 설치하여 화재 시 온도 상승으로 공기가 부력이 생긴 경우 지붕위에 설치된 루프모니터(스모크타워 상부에 설치하여 옥외로 연기를 배출시키는 장치)등이 외부 바람에 의해 작동하면서 생긴 흡인력을 이용하여 제연하는 방식(대형공간, 고층건물)

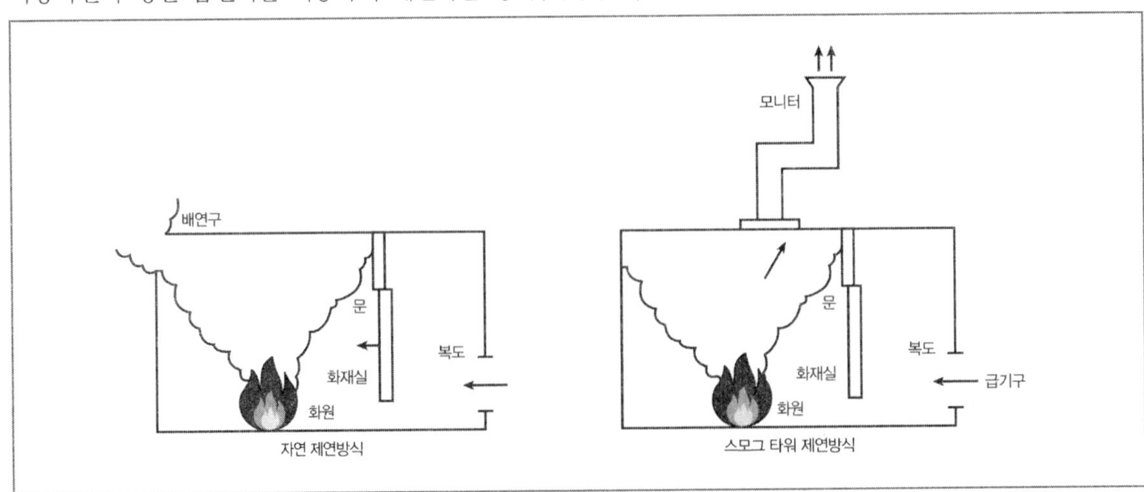

㉣ **기계 제연방식** : 각 제연구역에 풍도를 설치하여, 송풍기, 배연기 등을 이용하여 강제적으로 연기를 배출하는 방식

구분	급기(송풍기)	배기(배풍기)
제1종 기계제연방식	○	○
제2종 기계제연방식	○	×
제3종 기계제연방식	×	○

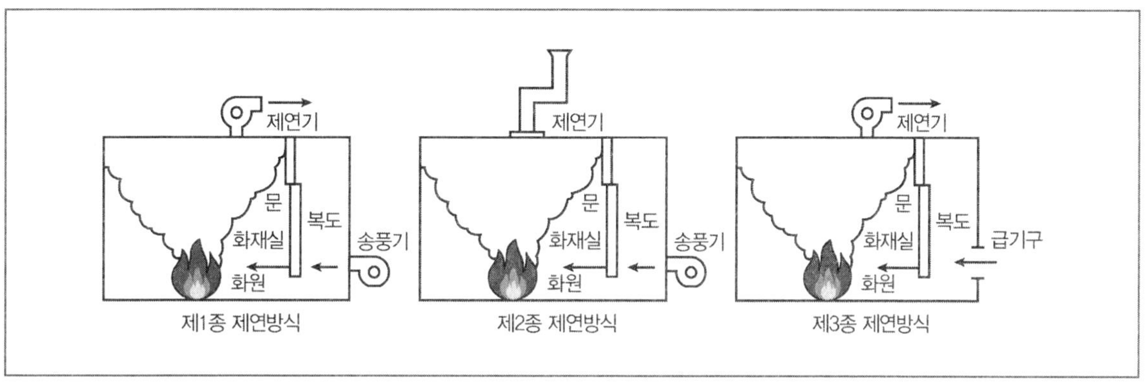

2 연소가스 2017 2018 상반기 2018 하반기 2019 2016 간부 2017 간부 2020 간부 2021 간부

(1) 유해 생성물질

① 일산화탄소(CO)

㉠ 일산화탄소는 무색 · 무취 · 무미의 환원성이 강한 가스로서 300℃이상의 열분해 시 발생한다.

㉡ 탄소 함유 물질의 불완전 연소 시 발생하며, 유독성 · 가연성 가스이다.

㉢ 12.5~74%가 연소범위(폭발한계)로서 푸른 불꽃을 내며 타지만 다른 가스의 연소는 돕지 않는다.

㉣ 혈액중의 헤모글로빈과 결합력이 산소보다 210배에 이르고 흡입하면 산소결핍 상태가 된다. 인체에 대한 허용농도는 50ppm이다.

② 이산화탄소(CO_2)

㉠ 이산화탄소는 탄소 함유물질의 완전 연소 시 생성되는 가스로 무색 · 무미의 기체

㉡ 공기보다 무거우며 가스 자체는 독성이 거의 없으나 다량이 존재할 때 사람의 호흡 속도를 증가시키고 혼합된 유해 가스의 흡입을 증가시켜 위험을 가중시킨다.

㉢ 인체에 대한 허용농도는 5,000ppm이다.

㉣ 이산화탄소의 공기 중의 농도와 중독증상

공기 중의 농도(%)	중독증상(Ⓜ 불눈호구시신)
2	**불**쾌감
4	**눈**의 자극
8	**호**흡곤란
9	**구**토
10	**시**력장애
20	중추**신**경마비

③ 황화수소(H_2S)(=유화수소)

㉠ 고무, 동물의 털 등 유황을 포함하고 있는 유기 화합물이 불완전 연소 시 발생하며 무색의 기체이다.

㉡ 계란 썩은 냄새가 난다.

㉢ 인체에 대한 허용농도는 10ppm이다.

㉣ 공기 중의 농도와 중독증상

공기 중의 농도(%)	중독증상
0.02	후각 마비
0.04	1시간 이상 노출되면 현기증
0.08	신경계통 영향, 인체에 치명적

④ 이산화황(SO_2)

㉠ 일명 아황산가스라고도 하며, 유황이 함유된 물질인 동물의 털, 고무와 일부 목재류 등이 연소 시에 발생

㉡ 무색의 자극성 냄새를 가진 유독성 기체로 눈 및 호흡기 등에 점막을 상하게 하고 질식사 할 우려가 있다.

㉢ 1952년 영국 런던에서는 7일간 계속된 높은 습도와 정체된 기단으로 인한 스모그가 발생하여 호흡장애와 질식으로 약 4천명 이상의 사망자가 발생하였다. 이 '런던 스모그 사건'은 바로 아황산가스에 의한 대기오염 피해 사건으로 알려져 있다.

㉣ 인체에 대한 허용농도는 5ppm이다.

⑤ 암모니아(NH_3)

㉠ 질소 함유물인 열경화성 수지(페놀수지, 멜라민수지 등) 또는 나일론 등의 연소할 때 발생하는 연소생성물로서 유독성이 있으며 강한 자극성을 가진 무색의 기체로 흡입 시 점액질과 기도조직에 심한 손상을 초래하고, 타는 듯한 느낌, 기침, 숨 가쁨 등을 초래한다.

㉡ 냉동시설의 냉매로 많이 쓰이고 있으므로 냉동창고 화재 시 누출 가능성이 크므로 주의해야 하며, 인체에 대한 허용 농도는 25ppm이다.

⑥ 시안화수소(HCN)

㉠ 질소성분을 가지고 있는 합성수지, 동물의 털, 인조견 등의 섬유가 불완전 연소할 때 발생하는 맹독성 가스로 0.3%의 농도에서 즉시 사망할 수 있다.

㉡ 청산가스라고도 하며, 인화성이 매우 강한 무색의 화학물질로 연소 시 유독가스를 발생시키고, 특히 수분이 2% 이상 포함되어 있거나 알칼리 등이 포함되어 있으면 폭발할 우려가 크다.

㉢ 폴리우레탄(polyurethane)의 불완전연소 시에도 극미량 청산가스가 발생한다.

㉣ 인체에 대한 허용농도는 10ppm 이다.

⑦ 포스겐($COCl_2$)

㉠ 열가소성 수지인 폴리염화비닐(PVC), 수지류 등이 연소할 때 발생되며 2차 세계대전 당시 독일군이 유태인 대량학살에 사용했을 만큼 맹독성가스로 허용농도는 0.1ppm이다.

㉡ 일반적인 물질이 연소할 경우는 거의 생성되지 않지만 일산화탄소와 염소가 반응하여 생성되기도 하며, 사염화탄소(CCl_4) 사용 시 발생

㉢ 포스겐은 독성이 매우 강한 가스로서 공기 중에 25ppm만 있어도 1시간 이내에 사망한다.

⑧ 염화수소(HCl)

㉠ PVC와 같이 염소가 함유된 수지류가 탈 때 주로 생성되는데 독성의 허용농도는 5ppm이다.

㉡ 향료, 염료, 의약, 농약 등의 제조에 이용되고 있고, 자극성이 아주 강해 눈과 호흡기에 영향을 준다.

㉢ 염화수소는 전선의 절연재 및 배관재료 수지류 등이 탈 때 발생하며, 맹독성 가스는 아니지만 사람이 싫어하는 자극적인 냄새가 난다.

㉣ 염화수소는 금속에 부식성이 있어서 때로는 콘크리트 건물의 철골이 손상되기도 한다.

⑨ 이산화질소(NO_2)

㉠ 질산셀룰오스가 연소 또는 분해될 때 생성되며 독성이 매우 커서 200~700ppm 정도의 농도에 잠시 노출되어도 인체에 치명적이다.

㉡ 흡입량이 많을 경우 5~10시간 후 폐수종을 초래하기도 한다.

㉢ 이산화질소를 흡입하면 인후의 감각신경이 마비된다.

㉣ 이산화질소 냄새가 자극적인 적갈색의 기체로써 아질산가스라고도 한다

⑩ 불화수소(HF)

㉠ 합성수지인 불소수지가 연소할 때 발생되는 연소생성물로서 무색의 자극성 기체이며 유독성이 강하다.

㉡ 인체에 대한 허용농도는 3ppm이며, 모래나 유리를 부식시키는 성질이 있다.

⑪ 아크로레인(CH_2CHCHO)

㉠ 석유제품, 유지류(기름성분) 등이 연소할 때 발생한다.

㉡ 아크롤레인은 눈과 호흡기를 자극하며, 기도장애를 일으킨다

㉢ 자극성이 크고 맹독성이므로 인체에 대한 허용 농도는 0.1ppm이다.

(2) 독성가스의 허용농도 TLV(Threshold Limit Value)(Ⓜ 아포점일/ 불삼/ 염아오/ 황시십/ 암벤이십오/ 일오십/ 이오천)

가스종류	허용농도(ppm)
아크로레인(CH_2CHCHO), 포스겐($COCl_2$)	0.1
불화수소(HF)	3
염화수소(HCl)	5
아황산가스	5
황화수소(H_2S), 시안화수소(HCN)	10
암모니아(NH_3), 벤젠(C_6H_6)	25
일산화탄소(CO)	50
이산화탄소(CO_2)	5,000

※ 가연성 가스이면서 독성가스인 물질 : 황화수소, 암모니아

개념원리

★ 가연물에 따른 연소가스

1. PVC – 염화수소
2. 이황화탄소 – 아황산가스
3. 멜라민수지 – 시안화수소
4. 유지류, 레이온 – 아크로레인
5. 나일론 – 암모니아
6. 폴리스틸렌 – 벤젠

❸ 열

(1) 열에 따른 물질의 상태변화

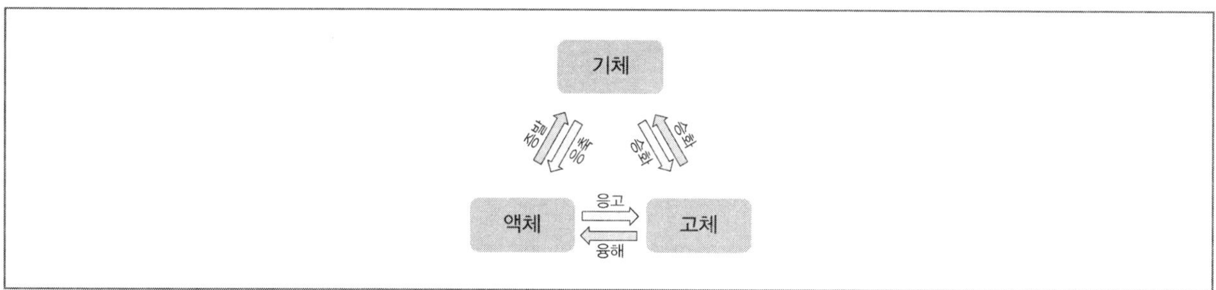

(2) 열관련 용어

① **비점**(Boiling point)

㉠ 액체의 증기압이 외부압력(대기압)과 동일하게 되어 액체가 끓으면서 증발이 일어날 때의 온도를 액체의 비점이라 한다.

㉡ 비점이 낮은 경우는 액체가 쉽게 기화되므로 비점이 높은 경우보다는 연소가 잘 일어난다.

㉢ 일반적으로 비점이 낮으면 인화점이 낮은 경향이 있다.

물질명	비점(℃)	인화점(℃)
휘발유	30 ~ 210	−43
등유	150 ~ 300	40 ~ 70

② **융점**(Melting point)

㉠ 대기압(1atm)하에서 고체가 녹아 액체가 되는 온도를 융점이라고 말한다.

㉡ 융점이 낮은 경우 액체로 변화하기가 용이하고 화재상황에서는 연소 구역의 확산이 용이하기 때문에 위험성이 매우 높다.

③ **비열**(Specific Heat)

㉠ 어떤 물질 1g을 1℃ 올리는데 필요한 열량을 비열이라 한다. 즉, 단위 질량(1g)의 물체의 온도를 단위온도(1℃) 올리는데 필요한 열량

㉡ 1g의 물을 1℃ 올리는 데 드는 열량은 1cal이고 구리를 1℃ 올리는데 필요한 열량은 0.0924cal이다. 이는 물질이 갖는 고유한 특성 중의 하나이다.(물을 기준으로 한다.)

㉢ 물질에 따라 비열은 많은 차이가 있으며 물 이외의 모든 물질은 대체로 비열이 1보다 작다.

㉣ 비열은 어떤 물체를 위험 온도까지 올리는 데 필요한 열량이나 고온의 물체를 안전한 온도로 냉각시키는데 제거하여야 할 열량을 나타내는 비교 척도가 된다.

㉤ 물이 소화제로서 효과가 있는 이유 중의 하나가 물의 비열이 다른 물질보다 크기 때문이다.

④ **잠열**(Latent Heat)

㉠ 어떤 물질이 온도 변화 없이 고체에서 액체로 변할 때나 액체에서 기체로 변할 때 필요한 열량

㉡ 고체에서 액체로 또는 액체에서 고체로 변할 때 출입하는 열을 융해 잠열이라하고, 액체가 기체로 또는 기체에서 액체로 변할 때 출입하는 열을 증발잠열이라 한다.

㉢ 대기압에서의 물의 융해 잠열은 80cal/g, 100℃에서의 증발 잠열은 539cal/g이다.

㉣ 물이 증발잠열과 비열이 큰 이유는 극성공유결합 및 수소결합 때문이다.

㉤ 물의 증발 잠열이 큰 것은 물이 좋은 소화제가 될 수 있는 이유 중의 하나이다.

Q(잠열열량) = m × r = 물질의 질량 × 물질의 잠열

⑤ **현열**(=감열 Sensible) : 물질의 상태변화 없이 온도변화에 필요한 열량

Q(현열열량) = m × C × ΔT = 물질의 질량 × 물질의 비열 × 온도변화량

⑥ **열용량**

㉠ **액체에서의 열용량** : 어떤 물질의 온도를 1℃ 또는 1K 높이는데 필요한 열량

㉡ **고체(내장재)의 열용량** : 물질 내에 열을 저장할 수 있는 능력

㉢ **내장재의 열용량** : 물체의 밀도 × 비열

⑦ **열관성**

㉠ 물체에 열이 가해질 때 열에 대항하여 그 온도가 변화하지 않으려는 성질

㉡ 열전도도와 열용량의 곱으로 표시

$$열관성 = \frac{열전도도^2}{열확산계수} = \frac{k^2}{\frac{k}{\rho c}} = k\rho c$$

열전도도, 열용량, 열관성의 물리적 특성 비교

구분	열전도도	열용량	열관성
크다	열을 쉽게 뺏겨 열축적이 원활하지 않아 쉽게 발화하지 않음	열을 가해도 온도상승 느림	쉽게 온도가 변하지 않음 (예 돌솥)
작다	열의 축적으로 쉽게 발화	작은 열을 가해도 온도 상승	쉽게 온도 변함(예 양은냄비)

⑧ 열역학법칙

구분	내용
열역학 제 0법칙 (열적 평형)	㉠ 온도가 다른 물체를 접촉시키면 높은 온도를 지닌 물체의 온도는 내려가고 낮은 온도의 물체의 온도는 올라가서 결국 두 물체는 열평형 상태가 된다. 이와 같은 상태를 열역학 제 0법칙이라고 한다. ㉡ 즉, 열적으로 평형을 이루려고 함이라고 할 수 있다.
열역학 제 1법칙 (=에너지 보존법칙)	㉠ 열과 일은 에너지의 한 형태로 일은 열로, 열은 일로 변환이 가능하다. ㉡ 즉, 하나의 계가 가지고 있는 에너지는 형태만 바뀔 뿐 에너지의 총량은 일정하다는 것이다. (에너지가 사라지거나 생성되지 않는다. 다만 형태가 변할 뿐이다.)
열역학 제 2법칙 (가역과 비가역의 법칙, 엔트로피 증가 법칙)	㉠ 고립된 계에서는 엔트로피가 증가하는 현상만 일어나며 감소하지 않는다. ㉡ 에너지의 형태 중에서, 엔트로피가 가장 높은 형태는 열의 형태이기 때문에, 모든 에너지는 궁극적으로 열이 된다. ㉢ 다른 말로, 사용해버린 에너지(엔트로피가 높은 상태)를 같은 양의 엔트로피가 낮은 에너지로 다시 되돌리는 것은 불가능하다. 쉽게 말해, 석유를 에너지로 쓰고 난 후 다시 석유로 되돌리는 것이 불가능하다.
열역학 제3법칙	㉠ 절대 영도에서 엔트로피는 0이 된다. 하지만 0K 이하의 온도는 불가능한 온도다. ㉡ 즉, 절대 영도에 한없이 가까워지면 엔트로피 변화량은 무한히 0에 가까워진다. $\lim_{T\to 0} S = 0 (T \neq 0)$

물의 온도변화에 따른 열량 2018 간부

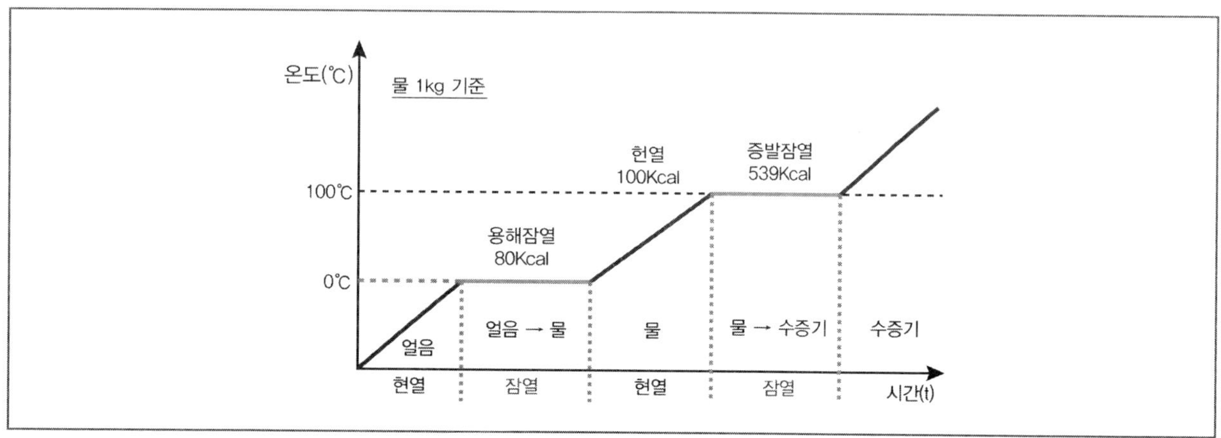

예제

1.0 kg의 얼음을 -20.0℃에서 110.0℃의 수증기로 바꾸려면 얼마의 열량이 필요한가? 대기압은 1.0기압이라고 가정하여라.

- ▶ 얼음의 비열 = 0.5cal/g · ℃
- ▶ 물의 비열 = 1cal/g · ℃
- ▶ 수증기의 비열 = 0.24cal/g · ℃
- ▶ 얼음의 융해 잠열 = 80cal/g
- ▶ 물의 증발 잠열 = 540cal/g

answers and explanations

1) −20℃ 얼음을 0℃ 얼음으로 바꾸는데 필요한 열(현열)
   $Q = Cm\Delta t = (0.5cal/g \cdot ℃) \times (1000g) \times \{0℃ - (-20℃)\} = 10000\ cal$
2) 0℃ 얼음을 0℃ 물로 바꾸는데 필요한 열(잠열)
   $Q = mr = (80cal/g) \times (1000\ g) = 80000\ cal$
3) 0℃ 물을 100℃ 물로 바꾸는데 필요한 열(현열)
   $Q = Cm\Delta t = (1cal/g \cdot ℃) \times (1000g) \times (100℃) = 100000\ cal$
4) 100℃ 물을 100℃ 수증기로 바꾸는데 필요한 열(잠열)
   $Q = mr = (540cal/g) \times (1000g) = 540000\ cal$
5) 100℃ 수증기를 110℃ 수증기로 바꾸는데 필요한 열(현열)
   $Q = Cm\Delta t = (0.24cal/g \cdot ℃) \times (1000g) \times (110℃ - 100℃) = 2400cal$

∴ 1) + 2) + 3) + 4) + 5)
= 10000 + 80000 + 100000 + 540000 + 2400 = 732400cal

답 : 732.4kcal

(3) 화상의 분류 (Ⓜ 홍수괴흑 표진방전)

구분	개념	내용
1도화상	**홍**반성 화상	**표**피에 국한된 손상으로 그 부위가 빨간색을 띠고 심한 통증을 느낌
2도화상	**수**포성 화상	**진**피까지 손상되어 그 부위가 분홍색을 띠고 물집이 생긴다.
3도화상	**괴**사성 화상	표피와 진피 외에 피하지**방**까지 손상 통증이 없고, 검고 희고 붉은 가피가 생긴다.
4도화상	**흑**사성(탄화성) 화상	피부 **전**층과 근육이나 뼈까지 손상을 입음

(4) 열전달 방식 🔥🔥🔥 (Ⓜ 전대복비) [2018년]

연소할 때 발생한 열은 열기류가 되어 다양한 형태로 이동되어 연소확대의 요인이 되는데 그 형태는 「전도」, 「대류」, 「복사」, 「비화」로 구분된다. 또한, 화재시의 열전달은 전도, 대류, 복사가 모두 관여된다.

열전달 종류	열전달 방식
전도	물체에 이웃한 분자들의 충돌로 열이 전달되는 현상
대류	액체나 기체상태의 분자가 직접 이동하면서 열이 전달되는 현상
복사	물질의 도움없이 열이 직접 전달되는 현상
비화	불티나 불꽃이 기류를 타고 직접 전달되는 현상

① 전도(Conduction) 2016 간부

㉠ 고체 또는 정지상태의 유체(액체, 기체)내에서 발생한다.

㉡ 열이 물체를 통하여 전달되는 현상으로 고온측에서 저온측으로 이동하는데 직접적인 접촉에 의하여 열에너지가 이동하는 것으로서 물체 내 분자운동에 의해 에너지 전달

㉢ 일반적으로 화재의 초기단계에서 열의 전달에 대부분을 기인한다.

㉣ 고체는 기체보다 잘 전도되고, 진공 상태에서는 열의 전도가 이루어지지 않는다.

㉤ 퓨리에(Fourier)의 열전도 법칙에 따른다.

㉥ 계산식(전도열량은 열전도율, 표면적, 온도차에 비례하며 물질의 두께에 반비례)

$$Q = KA\frac{(T_2 - T_1)}{l}$$

Q : 전도열량[W], K : 열전도율[W/m · k], A : 표면적[㎡], T_1, T_2 : 물질양면의 온도[K], l : 물질의 두께[m]

② 대류(Convection) 2018 간부

㉠ 공기의 운동이나 유체의 흐름에 의해 열이 이동되는 현상

㉡ 액체나 기체에 온도를 가하면 비중이 작아져 분자의 운동이 활발하여지고 팽창하면서 고온의 열기류는 상승하게 된다.(밀도 차이에 의해서 열이 전달된다. ○)

㉢ 화재현장의 연기가 위로 향하는 것이나 화로에 의해 방안의 공기가 더워지는 것이 대류에 의한 현상이다.

㉣ 뉴턴의 냉각법칙에 따른다.

$$Q = hA(T_2 - T_1) = h(\text{대류열전달계수}) \times A(\text{면적}) \times (T_2 - T_1)(\text{온도차})$$

③ 복사(Radiation) 2022 간부 2024

㉠ 물체가 가열되면 열에너지를 전자파로 방출되는데 이 전자파에 의해 열이 이동하는 것

㉡ 난롯가에 열을 쬐거나, 양지바른 곳에서 햇볕을 쬐면 따뜻한 것은 복사열을 받기 때문

㉢ 진공상태에서도 열전달이 가능

㉣ 화재 초기 이후에는 대부분 복사에 의해 열전달이 이루어진다.

㉤ 스테판 볼츠만 법칙을 따른다.

$$Q = \sigma A(T_2^4 - T_1^4) = \text{스테판 - 볼츠만상수}(5.67 \times 10^{-8} W/m^2 \cdot K^4) \times \text{절대온도}^4 \times \text{면적}(m^2)$$

※ 복사열은 절대온도의 4제곱에 비례한다.

④ 비화(Fire Sporting, 불티) : 불티나 불꽃이 기류를 타고 다른 가연물로 전달되어 화재가 일어나는 것을 말한다.

개념원리

★ 열의 전달

물체에 한 지점에서 다른 지점으로 또는 하나의 물체에서 다른 물체로 열이 전달되는 과정은 화재를 연구하는데 있어서 기본적 개념이다. 최초 가연물로부터 화재발생지역 내 또는 이 지역 밖의 다른 가연물로의 열전달은 화재의 성장을 결정짓는다. 소방대원들은 화재를 진압하기 전에 화재의 크기를 측정하기 위하여, 그리고 진압의 효율성을 평가하기 위하여 열 전달과정에 대한 지식을 활용한다. 열에 대한 정의는 열이 한 물체에서 다른 한 물체로 전달되고, 그 두 물체는 서로 다른 온도로 존재해야 한다는 점에서 명확해진다. 열은 따뜻한 물체에서 상대적으로 차가운 물체로 움직인다. 열이 전달되는 비율은 물체들 간의 온도의 차이와 연관된다. 물체들 간에 온도의 격차가 크면 클수록, 전달율은 더욱 커지게 된다.

1. 전도(Conduction)

어떤 금속막대기의 끝이 화염에 의해 가열되면, 열은 막대기 전체로 전달된다. 이러한 에너지의 전달은 물체내의 증가된 원자의 활동에 기인한다. 열이 막대의 한 끝에 전달되면, 그 끝 부분에 있는 원자들은 주변에 있는 원자들 보다 더 빠르게 움직이기 시작한다. 이러한 움직임은 원자들 간에 충돌을 증가시키는 원인이 된다. 에너지는 충돌시 부딪치는 원자로 전달되게 된다. 에너지는 열의 형태로 막대기 전체로 전달된다. 일반적으로, 모든 화재의 초기단계에 있어서 열의 전달은 거의 전적으로 전도에 기인한다. 이후 화재가 성장하면서 뜨거운 가스는 발화원으로부터 떨어져 있는 대상물체(주변의 내장재 또는 가연물들)로 유동하게 되고, 전도는 다시 열을 전달하는 한 요인이 된다. 건축자재 또는 기타 가연물들과 직접적으로 접촉하는 가스의 열은 전도에 의해 대상물체로 전달된다.

2. 대류(Convection)

손을 화염 위에 올려놓게 되면, 손이 불에 직접적으로 닿지 않더라도 열을 느낄 수 있게 된다. 열은 대류에 의해 손으로 전달되게 된다. 대류는 가열된 액체나 가스의 운동에 의한 열에너지의 전달이다. 열이 대류현상에 의해 전달될 때, 유동체(액체나 가스 등의 물질로 유동성을 갖는다)는 한 장소에서 다른 장소로 움직이거나 순환한다. 모든 열의 전달은 따뜻한 곳에서 차가운 곳으로 열이 흐르는 것이다.

3. 복사(Radiation)

복사는 중간 매개체의 도움 없이 발생하는 전자파(광파, 전파, 엑스레이 등)에 의한 에너지의 전달이다. 복사는 전자파의 움직임이므로 그 에너지는 빛의 속도로 직선으로 전달된다. 모든 따뜻한 물체는 열을 발산한다. 복사에 의한 열전달의 단적인 예로는 태양열이 있다. 태양열 에너지는 빛의 속도로 태양에서 공간(진공)을 통과하여 지표면을 따뜻하게 한다. 복사는 대부분의 노출화재(화재가 시발된 건물이나 가연물들로부터 떨어져 있는 건물이나 가연물들에 점화되는 화재)의 원인이다.

화재가 더 커지게 되면, 열의 형태로 점점 더 많은 에너지를 발산하게 된다. 대형 화재의 경우, 어느 정도 떨어져 있는 주변의 건물이나 가연물들이 복사열에 의해 발화되는 것이 가능하게 된다.

4 화염(불꽃)

(1) 연소속도

① 가연물질에 공기가 공급되어 연소가 되면서 반응하여 연소생성물을 생성할 때의 반응속도(기체)

② 연소시 화염이 가연물을 가열하여 가연성 가스를 발생시켜 계속 연소함으로써 가연물의 질량이나 부피가 줄어드는 속도(고체, 액체)

③ 즉, 고체나 액체의 경우에는 가연물이 연소됨으로써 화염이 수직으로 이동하는 속도를 말한다.

㉠ **고체, 액체에서의 연소속도** : 단위시간당 소모된 질량

㉡ **기체에서의 연소속도** : 예혼합된 기체의 연소에서 가연성 혼합기체의 이동속도

④ 연소속도 변화의 영향인자 2021

㉠ **온도** : 온도가 높아지면 반응이 활발해져 기체의 분자운동이 증가하여 연소속도는 증가하게 된다.

㉡ **압력** : 압력이 높아지면 분자간의 간격이 좁아져 유효충돌이 증가되어 연소한계가 커져 연속 속도는 증가한다.

㉢ **혼합물의 조성** : 연소속도는 화학양론적 혼합조성에서 최고가 된다. 혼합물이 연소한계에 가까워질수록 연소속도는 낮아진다.

㉣ 촉매와 부촉매, 화염의 온도 및 생성된 불연성 물질

㉤ 가연성 물질의 종류

㉥ 가연성 물질과 산화제의 당량비(당량비 = 실제연공비 / 이론연공비 = 이론공기량 / 실제공기량)

(2) 화학반응속도

① 화학반응에서 단위 시간당 반응물질의 농도가 감소하는 비율

② 아레니우스식 : 화학반응에서 반응속도 상수와 온도의 관계를 나타내는 실험식

$$k = A \times e^{-\frac{E_a}{RT}}$$

k : 반응속도상수, A : 빈도계수, E_a : 활성화에너지, R : 기체상수, T : 온도

③ 화학반응속도는 빈도계수 및 온도, 기체상수에 비례하며 활성화에너지에 반비례한다.

(3) 화염확산속도

발화원에서 발생한 화염이 혼합가스를 이동하는 현상을 화염확산이라고 한다.

① 발화원에서 발생한 화염이 혼합가스를 이동하는 현상을 화염전파라 하고, 이 경우 화염이 전파해가는 속도를 화염확산속도라 한다. 즉, 화염의 경계면이 확대되는 속도

② 화염면의 앞에 존재하고 있는 미연소가스(혼합가스)는 이미 연소에 의하여 발생한 연소가스의 열팽창 때문에 전방으로 밀려나므로 화염은 이동하고 있는 미 연소가스(혼합가스)속을 전파해서 가게 된다. 따라서 화염속도 중에는 이 미연소 가스의 이동속도가 가산되어 있다.

③ 화염확산속도 = 연소속도 + 미연소 가스의 전방이동속도

(4) 열방출속도(HRR)

① 열방출률이라고도 하며, 가연물 연소 시 에너지가 방출되는 속도

② 화재 시 화재의 성장속도를 추측하는 가장 중요한 개념

③ **연소열** : 단위 질량의 연료가 연소하여 발생되는 에너지양

④ 열방출속도 = 연소속도 × 연소열

(5) 화재플름(Fire Plume)

부력에 의하여 발생되는 화염 기둥, 고온의 연소 생성물이 위로 상승하는 개념

① **부력**(Buoyant Force)
- ㉠ 밀도 차로 생기는 유체 내 상승하는 힘
- ㉡ 화재로 인한 연소 생성물의 온도가 주변 공기 온도보다 높아지면 가벼워지면서 상승기류 형성
- ㉢ 뜨거운 플럼 가스 상승 중 온도 냉각 시, 부력은 "0" 에 수렴하고 플럼 상승 정지

② **형성**
- ㉠ **상승기류 형성** : 화재로 인한 고온 가스 생성됨(밀도 차 의한 부력으로 형성)
- ㉡ **인입**(Entrainment) : 뜨거운 플름 온도(속도 상승) -> 주위의 찬 공기가 플름 내 유입 (베르누이 효과)
- ㉢ **공기 혼합** : 상승기류의 연소가스와 주변 공기 등 혼합기체 단계서 연기 생성
- ㉣ **와류 발생** : 와류(Eddise)로 인하여 공기 인입해 영향을 줌
- ㉤ **난류 효과** : 난류확산화염 형성, 연소된 플름 내 화염 높이에 영향을 줌.

③ **구조**(McCaffrey)
- ㉠ **연속화염영역** : 연료표면 위 영역, 지속적 화염 존재, 연소가스 흐름 가속, 유속 증가
- ㉡ **간헐화염영역** : 간헐적으로 화염이 존재 · 소멸되는 영역, 연소면 크기 반비례, 난류성 증대, 유속유지

㉢ **부력영역** : 화염 상부 대류 열기류 영역, 높이에 따라서 유속 및 온도 감소, 소방시설 설계 중요한 부분

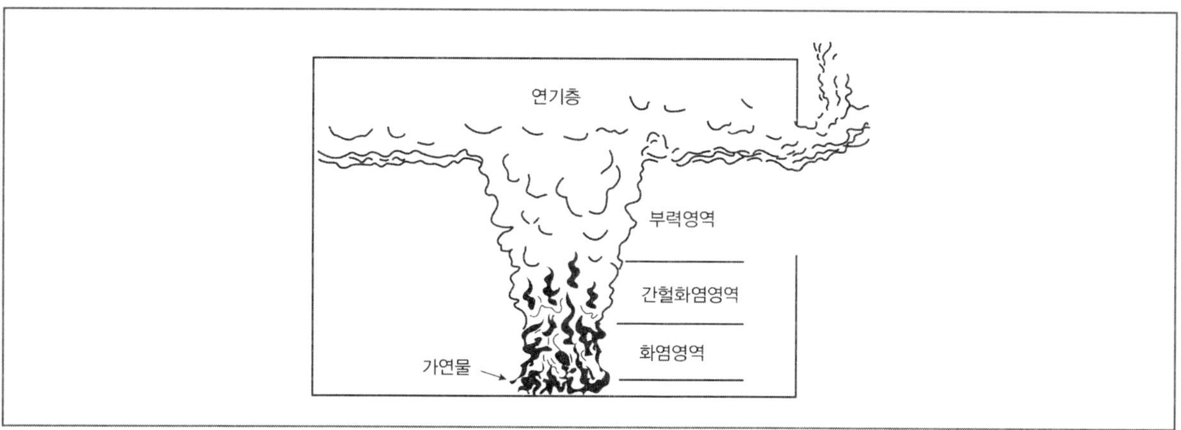

④ **천장제트흐름**(Ceiling Jet Flow) 🔥🔥 2017 하반기

㉠ 화재가 발생하면 화재플름의 부력에 의해 연소된 고온의 연소생성물이 수직으로 상승하여 천장에 부딪히게 된다.

㉡ 천장에 부딪친 화재의 열기는 천장에서 굴절되어 천장을 타고 퍼지는 흐름을 Ceiling Jet Flow라고 한다.

㉢ 천장류는 화재 초기에 형성되며, 두께는 실내 높이의 5 ~ 12%에 해당함(감지기 설치기준 중 천장면으로부터 30cm 이내에 설치하는 근거 – 천장 높이를 3m로 가정하였을 때 그 높이의 약 10%)

㉣ 화원의 크기와 위치 그리고 화원에서 천장까지의 높이에 영향을 받는다.(스프링클러헤드와 화재감지기는 이 현상의 영향범위를 피하여 부착한다. ×)

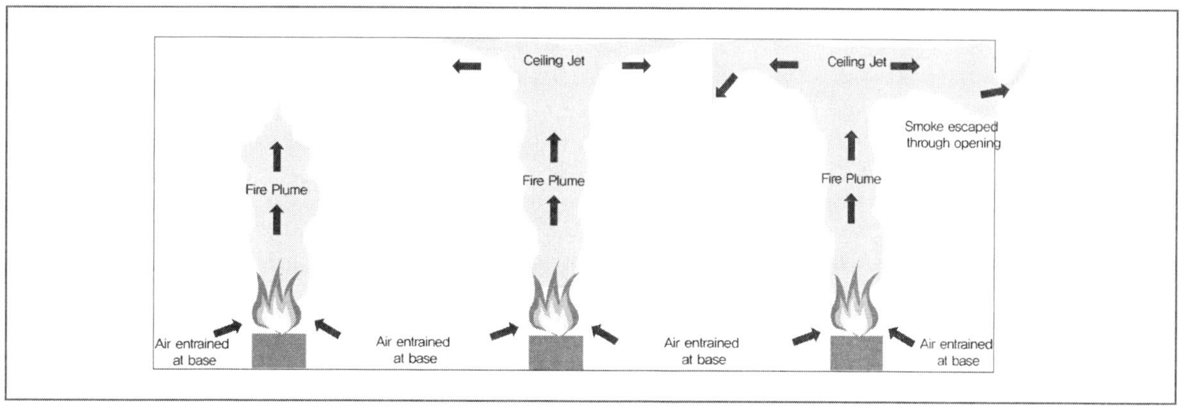

⑤ 구획벽의 방해 플름(confined plume)

㉠ 벽이나 모서리쪽에서 발생한 화재의 경우에는 화점으로의 주변공기 인입의 장애가 발생하게 되어 가연물에서 발생한 가연성 가스를 연소시키기 위해서는 화염의 길이를 길게 하여 충분한 공기의 유입을 시도한다.

㉡ 이처럼 구획벽의 방해 플름(confined plume)은 화염의 길이를 상향으로 크게하여 주위 가연물의 연소확대를 촉진시킨다. 실내화재에서 모서리 부분에서 발생되는 화재가 실의 중앙부분에서 발생하는 화재보다 연소확대가 빠른 이유이다.

⑥ 수평화염(horizontal flame)

㉠ 천장이 매우 낮거나, 화재가 충분히 커서 화염이 천장에 닿아 화염이 천장제트흐름처럼 수평으로 이동하는 현상을 말한다.

㉡ 화염이 수평으로 굴절되면서 공기의 인입속도가 줄어들어 화염의 길이가 길어지므로 연소확대를 촉진시키고 Flash Over현상도 발생시킬 수 있다.

chapter

06 출제예상문제

* 2017년

1 연기가 인체에 미치는 영향에 대한 설명으로 틀린 것은?

① 연기 성분인 포스겐, 일산화탄소 등의 발생으로 생명이 위험하다.

② 시야는 확보되지만 독성가스 흡입으로 피난행동 및 소화활동을 저해한다.

③ 최근 건물화재의 특징은 난연처리(방염처리)된 물질을 사용하여 연소 그 자체는 억제되고 있지만 다량의 연기입자 및 유독가스를 발생하는 특징이 있다.

④ 정신적으로 긴장, 패닉현상에 빠지게 되는 2차 재해의 우려가 있다.

1.

연기의 특성

① 연기 발생으로 가시거리가 짧아져 피난이 어려워짐

② 시야를 방해하여 피난행동 및 소화활동을 저해한다.

* 2021년

2 화재 시 발생하는 연기(smoke)에 대한 설명으로 옳지 않은 것은?

① 연기의 수직 이동속도는 수평 이동속도보다 빠르다.

② 연기의 감광계수가 증가할수록 가시거리는 짧아진다.

③ 중성대는 실내 화재 시 실내와 실외의 온도가 같은 면을 의미한다.

④ 굴뚝효과는 건축물의 내부와 외부의 온도차에 의해 내부의 더운 공기가 상승하는 현상이다.

2.

③ 건물 내부의 압력이 외부의 압력과 일치하는 수직적인 위치(실내외 정압이 같아지는 경계면)가 생기는데 이 위치를 건물의 중성대(NPL : Neutral Pressure Level)라 한다.

Answer 1.② 2.③

＊ 2020년

3 고층건축물에서 연기유동을 일으키는 요인을 모두 고른 것은?

> ㉠ 부력효과
> ㉡ 바람에 의한 압력차
> ㉢ 굴뚝효과
> ㉣ 공조조화설비의 영향

① ㉠, ㉡
② ㉠, ㉡, ㉢
③ ㉠, ㉢
④ ㉠, ㉡, ㉢, ㉣

＊ 2016년

4 감광계수가 0.3이며 가시거리는 5m일 때 맞는 상황은?

① 어두침침한 것을 느낄 정도의 농도
② 연기감지기가 작동할 정도
③ 건물 내부에 익숙한 사람이 피난할 때 약간 지장을 느낄 정도
④ 화재 최성기때의 농도로 유도등이 보이지 않을 경우

＊ 2017년 하반기

5 건물 화재시 연기는 인명손실과 피난, 소방대의 활동에 가장 장애가 되는 요인이다. 이 연기 제어 방법으로 가장 옳지 않은 것은?

① 연소
② 희석
③ 배기
④ 차단

3.

연기의 확산원인
㉠ **굴**뚝효과(Stack Effect, 연돌효과)
㉡ **부**력(Buoyancy Force)
㉢ **팽**창
㉣ **바**람의 영향
㉤ HVAC(heating, ventilation, & air conditioning) 시스템(**공**조기기)
㉥ 엘리베이터 **피**스톤 효과

4.

감광계수와 가시거리

감광계수 (m^{-1})	가시거리 (m)	현상
0.1	20 ~ 30	연기 **감**지기 작동
0.3	5	건물 내부에 **익숙**한 사람이 피난에 지장을 느낄 정도
0.5	3	어두**침**침함을 느낄정도
1	1 ~ 2	거의 앞이 **보**이지 않을 정도
10	0.2 ~ 0.5	화재 **최**성기
30	-	**출**화실에서 연기 분출 농도

5.

연기제어의 기본방법
㉠ **희**석 : 다량의 신선한 공기를 유입시켜 위험수준 이하로 섞는 것
㉡ **배**기 : 연기를 밖으로 배출시키는 것
㉢ **차**단 : 방화문, 방화셔터, 방화댐퍼 등으로 연기 유입을 막는 것

Answer 3.④ 4.③ 5.①

※ 2020년 간부

6 건축물 화재 시 나타나는 중성대에 관한 설명으로 옳지 않은 것은?

① 건물 내부의 압력이 외부의 압력과 일치하는 수직적인 위치가 생기는데, 이 위치를 중성대라 한다.

② 중성대 상부는 기체가 실내에서 외부로 유출되고 중성대 하부는 외부에서 실내로 기체가 유입된다.

③ 중성대 상부는 열과 연기로부터 생존이 어려운 지역이고 중성대 하부는 신선한 공기로 인해 생존 가능성이 높은 지역이다.

④ 중성대 하부 개구부를 개방하면 공기가 유입되면서 연기가 외부로 배출되어 중성대가 위로 상승하고 중성대 하부 면적이 커져 소화활동이 용이하게 된다.

⑤ 현장 도착 시 하부 출입문으로 짙은 연기가 배출된다면 상부 개구부 개방을 강구하고, 하부 개구부에서 연기가 배출되고 있지 않다면 상부 개구부가 개방되어 있다고 판단한다.

6.

중성대의 활용

㉠ 밀폐된 건물내부에서 화재가 발생했을 때 신선한 공기의 유입이 없으므로 빠른 연소의 확대가 없는 상태에서 하층개구부 개방으로 인한 신선한 공기가 유입된다면 연소확대와 동시에 연기량이 증가한다. 따라서 연기층이 급속히 아래로 확대되면서 중성대의 경계면은 하층으로 내려오게 되고, 생존 가능성은 어렵게 된다.

㉡ 반대로 상층 개구부를 개방한다면 연소는 확대되지만 발생한 연기는 빠른 속도로 상승하여 외부로 배출되므로 중성대의 경계선은 위로 올라가고 중성대 하층의 면적이 커지므로 대원과 대피자들의 활동공간과 시야가 확보되어 신속히 대피할 수 있다.

㉢ 따라서 중성대를 상층(위쪽)으로 올리기 위해선 배연 개구부 위치는 지붕중앙부분 파괴가 가장 효과적이며, 그 다음으로 지붕의 가장자리 파괴, 상층부 개구부의 파괴 순서가 효과적이다.

※ 2019년 간부

7 건축물 내부화재 시 발생하는 열과 연기의 특성에 대한 설명으로 옳지 않은 것은?

① 감광계수가 증가할수록 가시거리는 증가한다.

② 연기의 수직방향 유동속도는 수평방향보다 빠르다.

③ 굴뚝효과는 건축물의 내부와 외부의 온도차에 의해 발생할 수 있다.

④ 화재실 내부에서 중성대의 상부 압력은 실외 압력 보다 높게 나타난다.

⑤ 열의 전달 방법 중 복사는 중간 매개체 도움 없이 발생하는 전자파에 의한 에너지의 전달이다.

7.

① 연기의 감광계수가 증가할수록 가시거리는 짧아진다. (감광계수는 가시거리에 반비례)

Answer 6.④ 7.①

* 2016년 간부

8 화재 시 발생하는 연기에 대한 설명으로 옳지 않은 것은?

① 연기는 다량의 유독가스를 함유하며, 화재로 인한 연기는 고열이며 유동확산이 빠르다.

② 연료 중에 수소가 많으면 흑색연기, 탄소수가 많으면 백색 연기로 변한다.

③ 일반적으로 연기의 유동속도는 수평방향으로 0.5~1m/s, 수직방향으로 2~3m/s, 계단실내에서는 3~5m/s이다.

④ 화재 시 연기는 처음에는 백색이며 시간이 흐를수록 흑색으로 변한다.

⑤ 연기의 조성은 연료의 성질과 연소조건에 의해 각기 다르며 액체의 입자는 수증기 외에 알데히드, 알코올 등의 탄화수소의 응고로 인한 타르분의 것, 기체의 성분은 CO, CO_2, HCl, HCN, $COCl_2$, SO_2 등이다.

8.

② 연료중에 수소가 많으면 백색연기, 탄소수가 많으면 흑색연기로 변한다.

9 다음에서 설명하는 기계 제연방식은?

> 화재시 배출기만 작동하여 화재장소의 내부압력을 낮추어 연기를 배출시키며 송풍기는 설치하지 않고 연기를 배출시킬 수 있으나 연기량이 많으면 배출이 완전하지 못한 설비로 화재초기에 유리하다.

① 제1종 기계 제연방식

② 제2종 기계 제연방식

③ 제3종 기계 제연방식

④ 스모크타워 제연방식

9.

기계 제연방식: 각 제연구역에 풍도를 설치하여, 송풍기, 배연기 등을 이용하여 강제적으로 연기를 배출하는 방식

구분	급기(송풍기)	배기(배풍기)
제1종 기계제연방식	○	○
제2종 기계제연방식	○	×
제3종 기계제연방식	×	○

Answer 8.② 9.③

10 연기농도를 측정하는 감광계수, 중량농도법, 입자농도법의 단위를 순서대로 나열한 것으로 옳은 것은?

① m^{-1}, 개/cm^3, mg/m^3
② m^{-1}, mg/m^3, 개/cm^3
③ m^{-3}, mg/m^3, 개/cm^3
④ m^{-3}, 개/cm^3, mg/m^3

11 연기 제연방식에 관한 설명으로 옳은 것은?

① 밀폐제연방식은 비교적 대규모 공간의 연기제어에 적합하다.
② 자연제연방식은 실내·외의 온도, 개구부의 높이나 형상, 외부 바람 등에 영향을 받는다.
③ 스모크타워 제연방식은 기계배연의 한 방법으로 저층 건물에 적합하다.
④ 기계제연방식은 넓은 면적의 구획과 좁은 면적의 구획을 공동 배연할 경우 넓은 면적에서 현저한 압력 저하가 일어난다.

12 다음은 중성대에 관한 설명이다. ( )에 알맞은 용어를 순서대로 옳게 나열한 것은?

> 구획실 내에서 화재가 발생하면 고온연기는 (㉠)에 의해 실의 천장부터 축적되면서 압력을 변화시킨다. 고온연기의 상승으로 상부는 (㉡)이 형성되고, 하부에는 (㉢)이 형성되어 외부로부터 신선한 공기가 유입된다.

① ㉠: 부력, ㉡: 양압, ㉢: 음압
② ㉠: 부력, ㉡: 음압, ㉢: 양압
④ ㉠: 응력, ㉡: 음압, ㉢: 양압
③ ㉠: 응력, ㉡: 양압, ㉢: 음압

10.

연기농도 표시법

절대농도[단위]	상대농도[단위]
• 개수농도측정법: 연기 입자의 개수 측정법[개/m^3]	• 투과율법 = 감광계수법: 램버트 – 비어법칙
• 중량농도측정법: 연기 입자의 중량 측정법[mg/m^3]	• 연기 속을 투과하는 빛의 양을 측정[m^{-1}]

11.

제연방식

㉠ **자**연제연방식: 건물에 설치된 창문이나 전용의 배연구를 통하여 옥외로 연기를 배출하는 방식
㉡ **밀**폐 제연방식: 화재실을 일시적으로 밀폐시켜 연기의 유출 및 공기 등의 유입을 차단시키는 방식(소규모 공간)
㉢ **스**모크타워 제연방식: 굴뚝 또는 환기통을 설치하여 화재 시 온도 상승으로 공기가 부력이 생긴 경우 지붕위에 설치된 루프모니터(스모크타워 상부에 설치하여 옥외로 연기를 배출시키는 장치)등이 외부 바람에 의해 작동하면서 생긴 흡인력을 이용하여 제연하는 방식(대형공간, 고층건물)
㉣ **기**계 제연방식: 각 제연구역에 풍도를 설치하여, 송풍기, 배연기 등을 이용하여 강제적으로 연기를 배출하는 방식

12.

건물화재가 발생하면 연소열에 의한 온도가 상승함으로써 부력에 의해 실의 천정 쪽으로 고온기체가 축적되고 온도가 높아져 기체가 팽창하여 실내와 실외의 압력이 달라지는데 실의 상부는 실외보다 압력이 높고 하부는 압력이 낮다. 따라서 그사이 어느 지점에 실내와 실외의 정압이 같아지는 경계면(0포인트)이 형성되는데 그 면을 중성대(neutral plane)라고 한다. 그러므로 중성대의 위쪽은 실내 정압이 실외보다 높아 실내에서 기체가 외부로 유출되고 중성대 아래쪽에는 실외에서 기체가 유입되며, 중성대의 상부는 열과 연기로, 그리고 중성대의 하층부는 신선한 공기가 존재하게 된다.

Answer 10.② 11.② 12.①

13 연기의 이동 속도에 대한 설명으로 바른 것은?

① 연기의 유동 및 확산은 공기의 흐름에 영향을 받지만 벽 및 천장을 따라 진행한다.

② 수평방향으로는 1~1.2m/s 정도로, 인간의 보행속도 0.5~1m/s보다 빠르다.

③ 계단실 등에서의 수직방향에서 화재성장기에는 1.5m/s로 인간의 보행속도와 비슷하다.

④ 굴뚝효과가 발생하는 건물구조에선 2m/s 이상이 된다.

④ 화재현장에 도착한 소방대원들은 가장 먼저 하층 출입문을 개방하고 진입한다.

＊ 2018년

14 다음과 관계있는 연소생성가스로 옳은 것은?

> 질소 함유물인 열경화성 수지 또는 나일론 등의 연소할 때 발생하고, 냉동시설의 냉매로 많이 쓰이고 있으므로 냉동창고 화재 시 누출 가능성이 크며, 인체에 대한 허용 농도는 25ppm이다.

① 포스겐($COCl_2$)　　② 암모니아(NH_3)

③ 일산화탄소(CO)　　④ 시안화수소(HCN)

＊ 2017년

15 연소생성물에 대한 설명으로 옳지 않은 것은?

① 포스겐은 독성허용농도가 0.1ppm으로 맹독성 가스이다.

② 염화수소는 금속에 대한 강한 부식성이 있다.

③ 일산화탄소는 가연물의 완전연소 시 발생하며, 비가연성 가스이다.

④ 시안화수소는 질소를 함유한 가연물의 불완전연소 시 발생하며, 청산가스라고도 한다.

13.

연기의 속도

① 수평방향	0.5~1[m/sec]
② 보행속도	1~1.2m/sec
③ 수직방향	2~3[m/sec]
④ 계단	3~5[m/sec]
⑤ 굴뚝효과가 발생하는 건물구조	5[m/sec] 이상

14.

암모니아(NH_3)

㉠ 질소 함유물인 열경화성 수지(페놀수지, 멜라민수지 등) 또는 나일론 등의 연소할 때 발생하는 연소생성물로서 유독성이 있으며 강한 자극성을 가진 무색의 기체로 흡입 시 점액질과 기도조직에 심한 손상을 초래하고, 타는 듯한 느낌, 기침, 숨가쁨 등을 초래한다.

㉡ 냉동시설의 냉매로 많이 쓰이고 있으므로 냉동창고 화재 시 누출 가능성이 크므로 주의해야 하며, 인체에 대한 허용 농도는 25ppm이다.

15.

③ 탄소 함유 물질의 불완전 연소 시 발생하며, 유독성 · 가연성 가스이다.

Answer 13.① 14.② 15.③

＊ 2018년 상반기

16 다음 연소가스의 설명 중 옳지 않은 것은?

① 포스겐은 폴리염화비닐(PVC), 수지류 등이 연소할 때 발생한다.

② 이산화질소 냄새가 자극적인 적갈색의 기체로써 아질산가스라고도 한다

③ 황화수소는 고무나 동물 털 등이 연소할 때 발생하는 무색의 기체이다.

④ 염화수소는 석유제품 유지류 등이 연소할 때 발생되는 연소생성물로 맹독성 가스이다.

＊ 2020년 간부

17 화재 시 발생하는 유독가스에 대한 설명으로 옳은 것은?

① 황화수소(H_2S) : 질소 성분을 가지고 있는 합성수지, 동물의 털, 인조견 등의 섬유가 불완전 연소할 때 발생하는 맹독성 가스로, 0.3%의 농도에서 즉시 사망할 수 있다.

② 암모니아(NH_3) : 질소 함유물이 연소할 때 발생하고, 냉동시설의 냉매로 많이 쓰이고 있으므로 냉동창고 화재 시 누출 가능성이 크며, 독성의 허용 농도는 25ppm이다.

③ 염화수소(HCl) : 열가소성 수지인 폴리염화비닐(PVC), 수지류 등이 연소할 때 발생되는 연소생성물로서 발생량은 적지만 유독성이 큰 맹독성가스이며, 독성의 허용 농도는 10ppm이다.

④ 포스겐($COCl_2$) : 폴리염화비닐(PVC)과 같이 염소가 함유된 수지류가 탈 때 주로 생성되는데 독성의 허용 농도는 5ppm이며 향료, 염료, 의약, 농약 등의 제조에 이용되고 있고, 자극성이 아주 강해 눈과 호흡기에 영향을 준다.

⑤ 시안화수소(HCN) : 황을 포함하고 있는 유기화합물이 불완전 연소하면 발생하는데 계란 썩은 냄새가 나며, 0.2% 이상 농도에서 냄새 감각이 마비되고, 0.4~0.7%에서 1시간 이상 노출되면 현기증, 장기혼란의 증상과 호흡기의 통증이 일어난다.

16.

염화수소(HCl)

㉠ PVC와 같이 염소가 함유된 수지류가 탈 때 주로 생성되는데 독성의 허용농도는 5ppm이다.

㉡ 향료, 염료, 의약, 농약 등의 제조에 이용되고 있고, 자극성이 아주 강해 눈과 호흡기에 영향을 준다.

㉢ 염화수소는 전선의 절연재 및 배관재료 수지류 등이 탈 때 발생하며, 맹독성 가스는 아니지만 사람이 싫어하는 자극적인 냄새가 난다.

㉣ 염화수소는 금속에 부식성이 있어서 때로는 콘크리트 건물의 철골이 손상되기도 한다.

17.

㉠ 황화수소(H_2S)
- 고무, 동물의 털 등 유황을 포함하고 있는 유기 화합물이 불완전 연소 시 발생하며 무색의 기체이다.
- 계란 썩은 냄새가 난다.
- 인체에 대한 허용농도는 10ppm이다.
- 공기 중의 농도와 중독증상

㉡ 염화수소(HCl)
- PVC와 같이 염소가 함유된 수지류가 탈 때 주로 생성되는데 독성의 허용농도는 5ppm이다.
- 향료, 염료, 의약, 농약 등의 제조에 이용되고 있고, 자극성이 아주 강해 눈과 호흡기에 영향을 준다.

③ 포스겐($COCl_2$)
- 열가소성 수지인 폴리염화비닐(PVC), 수지류 등이 연소할 때 발생되며 2차 세계대전 당시 독일군이 유태인 대량학살에 사용했을 만큼 맹독성가스로 허용농도는 0.1ppm이다.
- 일반적인 물질이 연소할 경우는 거의 생성되지 않지만 일산화탄소와 염소가 반응하여 생성되기도 하며, 사염화탄소(CCl_4) 사용 시 발생

㉣ 시안화수소(HCN)
- 질소성분을 가지고 있는 합성수지, 동물의 털, 인조견 등의 섬유가 불완전 연소할 때 발생하는 맹독성 가스로 0.3%의 농도에서 즉시 사망할 수 있다.
- 청산가스라고도 하며, 인화성이 매우 강한 무색의 화학물질로 연소 시 유독가스를 발생시키고, 특히 수분이 2% 이상 포함되어 있거나 알칼리 등이 포함되어 있으면 폭발할 우려가 크다.
- 폴리우레탄(polyurethane)의 불완전연소 시에도 극미량 청산가스가 발생한다.
- 인체에 대한 허용농도는 10ppm이다.

Answer 16.④ 17.②

* 2021년

18 가연물이 연소할 때 발생하는 독성가스에 대한 설명 으로 옳지 않은 것은?

① 일산화탄소(CO)는 인체 내의 헤모글로빈과 결합 하여 산소의 운반기능을 약화시켜 질식하게 한다.

② 시안화수소(HCN)는 질소성분을 가지고 있는 섬유류가 불완전연소할 때 발생하는 무색의 맹독성 가스로서 청산가스라고도 불린다.

③ 염화수소(HCl)는 염소성분이 함유되어 있는 염화비닐수지, 전선 피복 등이 연소할 때 발생하며, 물에 녹아 염산이 된다.

④ 브롬화수소(HBr)는 방염수지류 등이 연소할 때 발생하며, 상온·상압에서 물에 잘 용해되지 않는다.

⑤ 아크로레인(CH_2CHCHO)은 석유제품·유지류 등이 연소할 때 발생하며, 공기와 접촉하면 아크릴산이 된다.

18.

브롬화수소(HBR) – 자극성 냄새가 나는 무색의 기체로 물과 알코올에 녹고 수용액은 강산이며, 공기중에서 연기를 낸다. 화학적 성질은 염화수소와 비슷하나 쉽게 산화되는 점이 다르다.

* 2023년

19 화재 시 연소생성물에 관한 설명으로 옳지 않은 것은?

① 황화수소는 썩은 달걀과 비슷한 냄새가 난다.

② 연기로 인한 빛의 감소를 나타내는 감광계수는 가시거리와 반비례한다.

③ 일산화탄소는 산소와 헤모글로빈의 결합을 방해하여 질식에 이르게 할 수 있다.

④ TLV(Threshold Limit Value)로 측정한 독성가스의 허용 농도는 불화수소, 시안화수소, 암모니아, 포스겐 순으로 높다.

19.

④ TLV(Threshold Limit Value)로 측정한 독성가스의 허용 농도는 불화수소(3ppm), 시안화수소(10ppm), 암모니아(25ppm), 포스겐(0.1ppm)이다.

Answer 18.④ 19.④

20 연소물질과 연소 시 생성되는 연소가스의 연결이 옳은 것을 모두 고른 것은? (단, 불완전연소를 포함한다.)

㉠ PVC – 황화수소	㉡ 나일론 – 암모니아
㉢ 폴리스티렌 – 시안화수소	㉣ 레이온 – 아크롤레인

① ㉠, ㉡　　② ㉠, ㉢

③ ㉡, ㉣　　④ ㉢, ㉣

* 2018년

21 다음은 열의 전달 형태에 대한 설명이다. (　) 안에 들어갈 내용으로 옳은 것은?(순서대로 ㉠, ㉡)

> 가. 일반적으로 화재의 초기단계에서 열의 전달은 (㉠)에 기인한다.
> 나. 화재시 연기가 위로 향하는 것이나 화로에 의해 실내의 공기가 따뜻해지는 것은 (㉡)의 의한 현상이다.

① 전도, 대류　　② 복사, 전도

③ 전도, 비화　　④ 대류, 전도

* 2018년 간부

22 대류(convection)에 의한 열전달에 관한 일반적인 설명으로 옳은 것은?

① 고체 또는 정지 상태의 유체 내에서 매질을 통한 열전달을 말한다.

② 전도현상에 비해 가연성 고체에서의 발화, 화염확산, 화재저항과 관련성이 크다.

③ 원격 발화의 열전달로 작용하고 특히 플래시오버를 일으키는 조건을 형성한다.

④ 열복사 수준이 낮은 화재초기 상태에서 중요한 현상으로 부력의 영향을 받는다.

⑤ 전달 열량은 온도차, 열전도도에 비례 하고 물질의 두께에는 반비례한다.

20.

가연물에 따른 연소가스
① PVC – 염화수소
② 이황화탄소 – 아황산가스
③ 멜라민수지 – 시안화수소
④ 유지류, 레이온 – 아크로레인
⑤ 나일론 – 암모니아
⑥ 폴리스틸렌 – 벤젠

21.

일반적으로, 모든 화재의 초기 단계에 있어서 열의 전달은 거의 전적으로 전도에 기인한다. 이후 화재가 성장하면서 뜨거운 가스는 발화원으로부터 떨어져 있는 대상물체(주변의 내장재 또는 가연물들)로 대류에 의해 유동하게 된다.

22.

④ 모든 화재의 초기 단계에 있어서 열의 전달은 거의 전적으로 전도에 기인한다.

Answer 20.③ 21.① 22.④

* 2018년 간부

23 다음 그래프는 1기압하에서 -20℃의 얼음 1g이 가열되는 동안의 온도변화를 나타낸 것이다. 그래프에 대한 설명으로 옳지 않은 것은?

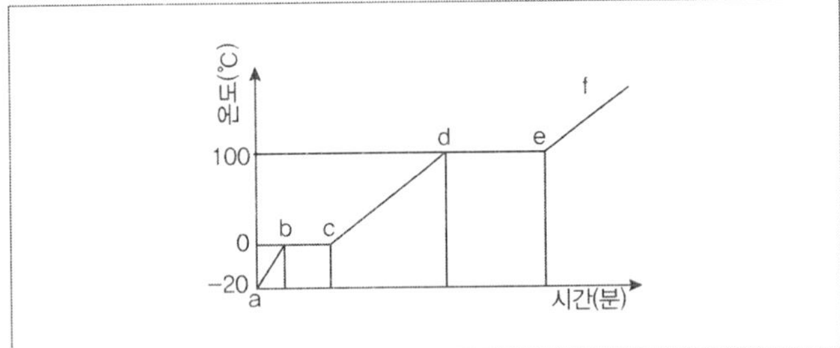

① 구간 b~c, 구간 d~e에서 잠열을 흡수한다.

② 구간 a~b, 구간 c~d, 구간 e~f에서 현열을 흡수한다.

③ 구간 b~c에서 흡수하는 열량은 약 80cal이다.

④ 구간 c~d에서 흡수하는 열량은 약 100cal이다.

⑤ 구간 b~e에서 소요되는 열량은 약 619cal이다.

* 2016년 간부

24 전도 열이동에서 단면적이 일정한 도체일 경우 열전달량의 설명으로 옳은 것은?

① 전열면적에 비례하고 온도차와 두께차에 반비례한다.

② 전열면적과 온도차에 반비례하고 두께차에 비례한다.

③ 전열면적과 두께차에 비례하고 온도차에 반비례한다.

④ 전열면적과 온도차에 비례하고 두께차에 반비례한다.

⑤ 전열면적에 반비례하고 온도차와 두께차에 비례한다.

25 화재 표면온도(절대온도)가 2배로 되면 복사에너지는 몇 배로 증가 되는가?

① 2 ② 4

③ 8 ④ 16

23.

⑤ b~c 구간: 융해잠열 80㎈, c~d 구간: 물의 현열 100㎈, d~e 구간: 증발잠열: 539㎈

따라서 b~e 구간: 80 + 100 + 539 = 719㎈

24.

퓨리에(Fourier)의 열전도 법칙

(전도열량은 열전도율, 표면적, 온도차에 비례하며 물질의 두께에 반비례)

$$Q = KA\frac{(T_2 - T_1)}{l}$$

- Q: 전도열량[W]
- K: 열전도율[W/m · k]
- A: 표면적[㎡]
- T_1, T_2: 물질양면의 온도[K]
- l: 물질의 두께[m]

25.

스테판 볼츠만 법칙

$Q = \sigma(T_2^4 - T_1^4)$

= 스테판-볼츠만상수(5.67×10^{-8}W/$m^2 \cdot K^4$) × 절대온도^4

※ 복사열은 절대온도의 4제곱에 비례한다.

Answer 23.⑤ 24.④ 25.④

* 2022년 간부

26 복사열전달 현상에 관한 설명으로 옳은 것은?

① 열에너지가 전자기파의 형태로 전달되는 현상이다.
② 푸리에의 법칙을 따른다.
③ 열전달이 고체 또는 정지상태의 유체 내에서 매질을 통해 이루어진다.
④ 유체입자의 유동에 의해 열에너지가 전달되는 현상이다.
⑤ 진공상태에서는 복사열은 전달되지 않는다.

* 2021년

27 연소속도에 영향을 미치는 요인을 모두 고른 것은?

> ㉠ 가연성 물질의 종류
> ㉡ 촉매의 존재 유무와 농도
> ㉢ 공기 중 산소량
> ㉣ 가연성 물질과 산화제의 당량비

① ㉠, ㉡　　② ㉠, ㉡, ㉢
③ ㉠, ㉢　　④ ㉠, ㉡, ㉢, ㉣

* 2017년 하반기

28 다음 중 천장제트흐름(Ceiling Jet Flow)에 대한 설명으로 가장 옳지 않은 것은?

① 화재 플럼의 부력에 의하여 발생되며 천장면을 따라 빠르게 흐르는 기류이다.
② 화원의 크기와 위치 그리고 화원에서 천장까지의 높이에 영향을 받는다.
③ 스프링클러헤드와 화재감지기는 이 현상의 영향범위를 피하여 부착한다.
④ 흐름의 두께는 천장에서 화염까지 높이의 5~12%내 · 외 정도 범위이다.

26.

② 스테판 볼츠만 법칙을 따른다.
③ 복사는 중간 매개체의 도움 없이 발생하는 전자파(광파, 전파, 엑스레이 등)에 의한 에너지의 전달이다.
④ 물체가 가열되면 열에너지를 전자파로 방출되는데 이 전자파에 의해 열이 이동하는 것
⑤ 진공상태에서도 열전달이 가능

27.

연소속도 변화의 영향인자
㉠ 온도 : 온도가 높아지면 반응이 활발해져 기체의 분자운동이 증가하여 연소속도는 증가하게 된다.
㉡ 압력 : 압력이 높아지면 분자간의 간격이 좁아져 유효충돌이 증가되어 연소한계가 커져 연속 속도는 증가한다.
㉢ 혼합물의 조성 : 연소속도는 화학양론적 혼합조성에서 최고가 된다. 혼합물이 연소한계에 가까워질수록 연소속도는 낮아진다.
㉣ 촉매와 부촉매, 화염의 온도 및 생성된 불연성 물질
㉤ 가연성 물질의 종류
㉥ 가연성 물질과 산화제의 당량비(당량비 = 실제연공비 / 이론연공비 = 이론공기량 / 실제공기량)

28.

천장제트흐름(Ceiling Jet Flow)
㉠ 화재가 발생하면 화재플름의 부력에 의해 연소된 고온의 연소생성물이 수직으로 상승하여 천장에 부딪히게 된다.
㉡ 천장에 부딛친 화재의 열기는 천장에서 굴절되어 천장을 타고 퍼지는 흐름을 Ceiling Jet Flow라고 한다.
㉢ 천장류는 화재 초기에 형성되며, 두께는 실내 높이의 5 ~ 12%에 해당함(감지기 설치기준 중 천장면으로부터 30cm 이내에 설치하는 근거– 천장 높이를 3m로 가정하였을 때 그 높이의 약 10%)
㉣ 화원의 크기와 위치 그리고 화원에서 천장까지의 높이에 영향을 받는다.

Answer 26.① 27.④ 28.③

29 연소속도에 영향을 미치는 요인에 관한 설명으로 옳지 않은 것은?

① 화염온도가 높을수록 연소속도는 증가한다.
② 미연소 가연성 기체의 비열이 클수록 연소속도는 증가한다.
③ 미연소 가연성 기체의 열전도율이 작을수록 연소속도는 증가한다.
④ 미연소 가연성 기체의 밀도가 작을수록 연소속도는 증가한다.

29.

② 미연소 가연성 기체의 비열이 작을수록 연소속도는 증가한다.

* 2020년 2024년 간부 2024년 간부

30 연소에 대한 설명으로 옳지 않은 것은?

① 액체가연물의 인화점은 액면에서 증발된 증기의 농도가 연소하한계에 도달하여 점화되는 최저온도이다.
② 연소하한계가 낮고 연소범위가 넓을수록 가연성 가스의 연소위험성이 증가한다.
③ 액체가연물의 연소점은 점화된 이후 점화원을 제거하여도 자발적으로 연소가 지속되는 최저온도이다.
④ 파라핀계 탄화수소화합물의 경우 탄소수가 적을수록 발화점이 낮아진다.

30.

④ 파라핀계 탄화수소는 분자량이 클수록 발화온도가 낮아진다.

* 2019년 간부

31 연소에 관한 설명으로 옳지 않은 것은?

① 연소는 빛과 열의 발생을 수반하는 급격한 산화 반응이다.
② 연소의 3요소는 가연물, 산소공급원, 점화원이다.
③ 수소 기체는 아세틸렌 기체보다 연소범위가 더 넓다.
④ 가연물의 인화점이 낮을수록 연소 위험성이 커진다.
⑤ 열분해에 의해 산소를 발생하면서 연소하는 현상은 자기연소이다.

31.

③ 수소의 연소범위 : 4 ~ 75%, 아세틸렌의 연소범위 : 2.5 ~ 81%

Answer 29.② 30.④ 31.③

※ 2018년 간부

32 연소이론에 관한 일반적인 설명으로 옳은 것은?

① 가연물 종류에 따라 연소속도에 영향을 받지 않는다.
② 작열연소란 열과 빛을 발하는 것으로, 육안으로 보이는 현상이다.
③ 탄화수소화합물의 완전연소 시 생성물은 물과 일산화탄소이다.
④ 연소속도는 온도와 압력이 높을수록 빨라진다 .
⑤ 표면연소는 기체 또는 액체 가연물의 전형적인 연소형태이다.

32.
① 가연물의 종류에 따라 연소속도가 달라진다.
② 작열연소란 연소속도가 느리고 불꽃 없이 연소하며 가연물과 공기의 중간지대에서 연소가 국부적으로 되는 표면연소의 형태를 보이기 때문에 일명 표면연소 또는 작열연소라고 한다. 주로 흑연, 목탄, 숯, 금속분, 코크스 등과 같이 휘발분이 거의 포함되지 않은 고체연료에서 발생한다.
③ 기체연료의 연소형태는 확산연소, 예혼합연소, 폭발연소가 있다.

33 연소과정에 따른 시간과 에너지의 관계를 나타내는 그림에서 연소열을 나타내는 구간은?

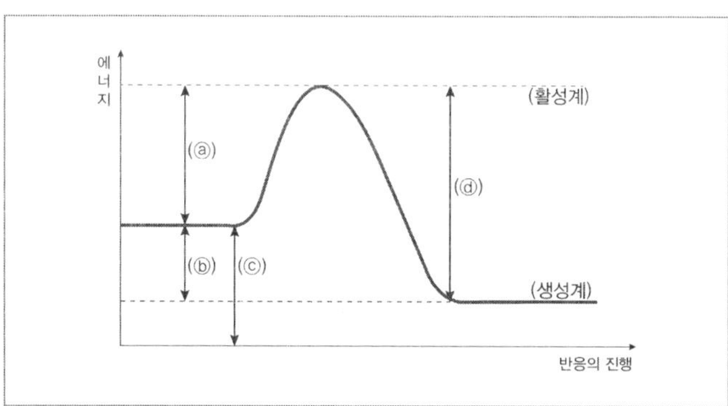

① ⓐ
② ⓑ
③ ⓒ
④ ⓓ

33.
ⓐ 활성화에너지
ⓑ 연소열
ⓒ 해당없음
ⓓ 방출에너지

※ 2024년

34 화염의 직경이 0.1m 인 화원의 중심으로부터 1m 떨어진 물체에 전달되는 복사열유속[kW/㎡]은? (단, 화염의 열방출률은 120kW, 총 열방출에너지 중 복사된 열에너지 분율은 0.5, 원주율은 3으로 계산한다.)

① 3.5
② 4.0
③ 4.5
④ 5.0

34.
복사열유속 $= \frac{\text{열방출률} \times \text{분율}}{4\pi R^2} = \frac{120kw \times 0.5}{4 \times 3 \times (1m)^2} = 5$

Answer 32.④ 33.② 34.④

✳ 연도별 기출경향 ✳

[기출연도]	2012	2013	2014	2015	2016	2017	2018	2019	2020	2021	2022	2023	2024
문항수	6	12	6	4	4	9	6	4	3	3	1	4	5

PART

03

화재론

chapter

01 화재의 의의 2020

1 화재의 개념

소방에서의 화재 개념	화재란 사람의 의도에 반하거나 고의에 의해 발생하는 연소현상으로 소화시설 등을 사용하여 소화할 필요가 있거나 또는 화학적인 폭발현상을 말한다.
과학적 화재 개념	빛과 열을 발생하는 급격한 산화현상
형법상 화재 개념	불을 놓아 매개물에 독립하여 연소되는 것
민법상 화재 개념	고의 또는 과실로 인하여 타인에게 손실을 입히는 화재

2 소화적응성에 따른 분류 (Ⓜ 일류전금가주 – 백황청무황) 2016 2017 2018 간부 2017 간부 2024

소화 적응성에 따라서 **일**반화재, **유**류화재, **전**기화재, **금**속화재, **가**스화재, **주**방화재로 분류된다.

구분		내용	표시색
일반화재 (보통화재)	A급	• 목재, 섬유, 고무, 플라스틱 등과 같은 일반 가연물의 화재 • 연기는 백색이며, 가연물이 타고 나서 재가 남는 화재 • 발생빈도나 피해액이 가장 큰 화재이다.	**백**색
유류화재	B급	• 인화성 액체(4류 위험물), 1종 가연물(락카퍼티, 고무풀), 2종가연물(고체파라핀, 송진)이나 페인트 등의 화재 • 연기는 황색 또는 흑색이며, 타고 나서 재가 남지 않는 화재	**황**색
전기화재	C급	전류가 흐르고 있는 전기기기, 배선과 관련된 화재	**청**색
금속화재	D급	나트륨, 칼륨, 마그네슘과 같은 가연성 금속의 화재를 말한다.	**무**색
가스화재	E급	메탄, 에탄, 프로판, 암모니아, 아세틸렌, 수소 등의 가연성 가스의 화재	**황**색
주방화재 (식용유)	K급	• 주방에서 동식물유를 취급하는 조리기구에서 일어나는 화재 • 종전까지는 B급으로 분류하였으나, 특수한 화재형태로 별도 분류 • 식용유는 발화점이 비점보다 낮아 소화 후에도 재발화 위험성이 높다.	–

❸ 화재의 발생현황 특성

(1) 발화요인별 : **부**주의 > **전**기요인 > **미**상 > **기**계요인 > **방**화 (Ⓜ 부전미기방)

(2) 부주의요인별 : 담배 > 음식물 > 쓰레기소각 > 불씨 > 기타

(3) 전기적요인별 : **단**락 · 절연절화 > **과**부하 · 과전류 > 단락**접**축불량 (Ⓜ 단과적(접))

(4) 방화요인별 : 미상 > 단순우발적 > 기타 > 가정불화 > 불만해소

(5) 장소별 : 주택 > 차량 > 아파트 > 음식점 > 공장 > 점 > 창고

(6) 계절별 : 겨울 > 봄 > 가을 > 여름

chapter

01 출제예상문제

* 2020년

1 화재에 대한 옳은 설명을 모두 고른 것은?

> ㉠ 낮은 산소분압에서 화재가 발생하였을 때 초기에 화염 없이 일어나는 연소를 훈소연소라 한다.
> ㉡ 목조건축물 화재는 유류나 가스 화재와는 달리 일반적으로 무염착화 없이 발염착화로 이루어진다.
> ㉢ A급화재는 일반화재로 면화류, 합성수지 등의 가연물에 의한 화재를 말한다.
> ㉣ 전소란 건물의 70% 이상이 소실된 화재를 말한다.

① ㉠, ㉡　　② ㉠, ㉡, ㉢
③ ㉠, ㉢, ㉣　　④ ㉠, ㉡, ㉢, ㉣

* 2019년 간부

2 가연물의 종류에 따른 화재별 특징으로 옳지 않은 것은?

① 일반화재는 보통화재라고도 하며, 화재 발생 시 주로 백색 연기가 생성되며 연소 후에는 재를 남긴다.
② 유류화재는 화재 시 일반화재보다 진행속도가 빠르고 주로 흑색 연기가 생성되며 연소 후에는 재를 남기지 않는다.
③ 전기화재는 C급 화재로서 통전 중인 전기시설물로 부터 유도되며, 원인으로는 합선(단락), 과부하, 누전, 낙뢰 등이다.
④ 금속화재는 D급 화재로서 금속작업 시 열의 축적 등의 원인으로 발생하며, 건조사, 건조분말 등을 이용한 질식 · 피복 효과와 물을 이용한 냉각효과를 이용해 소화한다.
⑤ 가스화재는 가스가 누설되어 공기와 일정 비율로 혼합된 상태에서 점화원에 의하여 착화되어 발생 하며, 주된 소화방법은 밸브류 등을 잠그거나 차단시킴으로 인한 제거소화법이다.

1.

㉠ 훈소 : 훈소란 공기 중에 존재하는 산소와 고체 표면간에 발생하는 상대적으로 느린 연소과정으로서 주로 화재 초기 거의 밀폐된 실이나 연소에 필요한 산소와 온도 부족으로 불꽃연소보다 연기 및 CO 등의 유독가스가 많이 생성되기 때문에 치명적일 수 있다.

㉡ 목조건축물 화재진행과정 : 화원 · 무염착화 · 발염착화 · 발화 · 최성기 · 연소낙하 · 진화

㉢ 소화적응성에 따른 분류

구분		내용	표시색
일반화재(보통화재)	A급	• 목재, 섬유, 고무, 플라스틱 등과 같은 일반 가연물의 화재 • 연기는 백색이며, 가연물이 타고 나서 재가 남는 화재 • 발생빈도나 피해액이 가장 큰 화재이다.	**백**색

㉣ 화재의 소실정도에 따른 분류

전소	건물이 **7**0% 이상 소실되었거나 그 미만이 잔존 부분에 보수를 하여도 재사용이 불가 화재
반소	건물이 **3**0% 이상 70% 미만이 소실된 화재
부분소	전소 또는 반소화재에 해당되지 아니하는 화

2.

④ 금속화재 시 물을 사용하면 수소기체가 발생하므로 폭발의 위험성이 있으므로 피해야 한다.

Answer 1.③ 2.④

* 2018년 간부

3 화재 종류에 따른 분류로 옳지 않은 것은?

① 유류화재 – 황색 – B급 화재
② 일반화재 – 백색 – A급 화재
③ 전기화재 – 청색 – C급 화재
④ 가스화재 – 황색 – E급 화재
⑤ 금속화재 – 황색 – D급 화재

* 2024년

4 일반화재에 해당하는 것만을 〈보기〉에서 있는 대로 고른 것은?

㉠ 통전 중인 배전반에서 불이 난 경우
㉡ 외출 시 전원이 차단된 콘센트에서 불이 난 경우
㉢ 실외 난로가 넘어지면서 새어 나온 석유에 불이 붙은 경우
㉣ 실험실 시험대 위 나트륨 분말에서 불이 난 경우

① ㉠ ② ㉡
③ ㉡, ㉣ ④ ㉠, ㉢, ㉣

3.

소화적응성에 따른 분류

구분		내용	표시색
일반 화재 (보통 화재)	A급	– 목재, 섬유, 고무, 플라스틱 등과 같은 일반 가연물의 화재 – 연기는 백색이며, 가연물이 타고 나서 재가 남는 화재 – 발생빈도나 피해액이 가장 큰 화재이다.	**백**색
유류 화재	B급	– 인화성 액체(4류 위험물), 1종 가연물(락카퍼티, 고무풀), 2종가연물(고체파라핀, 송진)이나 페인트 등의 화재 – 연기는 황색 또는 흑색이며, 타고 나서 재가 남지 않는 화재	**황**색
전기 화재	C급	전류가 흐르고 있는 전기기기, 배선과 관련된 화재	**청**색
금속 화재	D급	나트륨, 칼륨, 마그네슘과 같은 가연성 금속의 화재를 말한다.	**무**색
가스 화재	E급	메탄, 에탄, 프로판, 암모니아, 아세틸렌, 수소 등의 가연성 가스의 화재	**황**색

4.

㉠–전기화재, ㉢–유류화재, ㉣–금속화재

Answer 3.⑤ 4.②

chapter

02 건축물 화재

❶ 화재의 진행단계

(1) 개방공간화재

화재가 개방된 공간(건물 밖이나, 대규모의 건물 내)에서 발생하면, 그 화염은 자유로이 상승한다. 개방 공간에서의 화재의 확산은 근본적으로 열에너지가 뜨거운 가스(plume : 연기기둥)로부터 근처의 가연물로 전달되는데 기인한다. 개방된 지역에서의 연소 확대는 바람이나 지형의 기울기 등에 따라 증가될 수 있는데 이는 노출된 가연물들이 미리 뜨거운 가스에 의해 가열되기 때문이다.

(2) 구획실화재 2024

구획실에서 화재진행은 개방공간에서 화재진행보다 훨씬 복잡하다. 구획실은 건물 내의 폐쇄된 방이나 공간으로 정의한다. 구획실 화재는 이러한 공간 내에서 발생하는 화재로 정의한다.

구획실 화재의 성장과 진행은 일반적으로 가연물과 산소의 이용 가능성에 의해 통제된다.

① 연소에 이용할 수 있는 가연물의 양이 한정 : 연료지배형(통제된 가연물)

② 연소에 이용할 수 있는 산소의 양이 한정 : 환기지배형(통제된 배연)

구획실 화재의 진행 단계 및 발생 현상

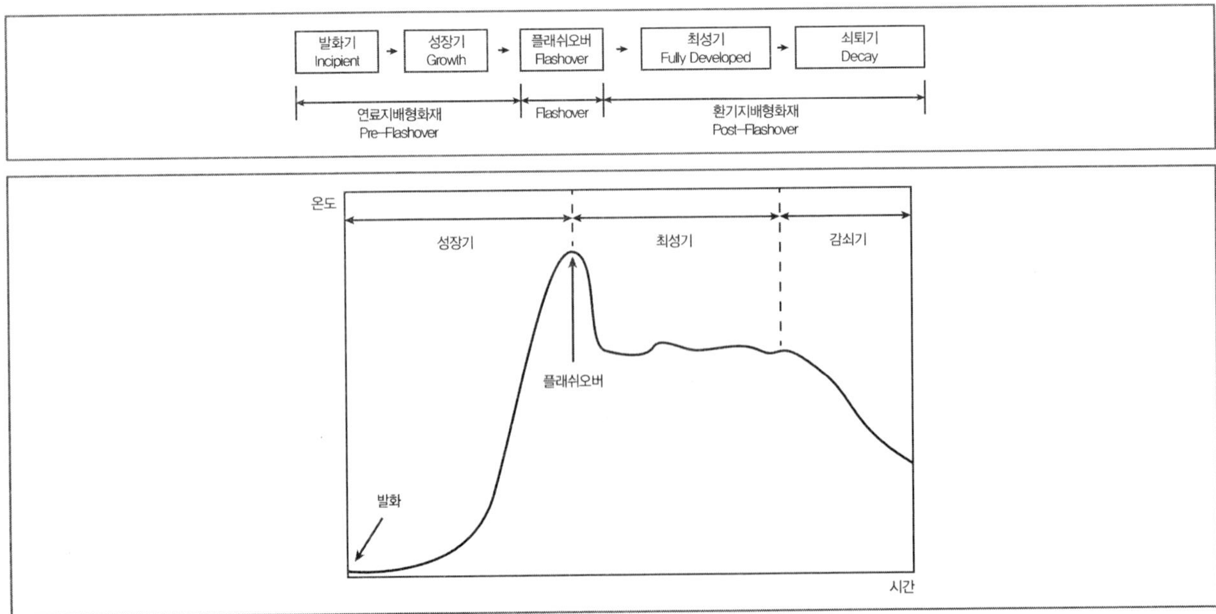

❷ 구획실 화재의 진행단계 🔥🔥🔥 2021 2017 간부

(1) 발화기(초기)

① 발화기는 화재의 4요소들이 서로 결합하여 연소가 시작될 때의 시기를 말한다.

② 가연물이 열분해되어 가연성가스가 발생하고 산소공급원을 만나 가연성 혼합기를 형성(연소범위 내)하고 점화원에 의해 발화되는 시기이다.

③ 발화 현상은 스파크나 불꽃에 의해 유도되거나 자연발화처럼 열에 의해 발화점에 도달하여 발화되기도 한다.

④ 발화시점에서 화재는 규모가 작고 일반적으로 처음 발화된 가연물에 한정된다. 개방된 지역이거나 구획실이거나 모든 화재는 발화의 한 형태로서 발생한다.

(2) 성장기(중기)

① 발화가 일어난 직후, 연소하는 가연물 위로 화염이 형성되는 시기이다.

② 뜨거운 가스가 상승하면서 천장에 부딪치게 되면, 가스는 수평으로 퍼지기 시작한다. 가스는 구획실의 벽에 도달할 때까지 계속해서 퍼진다. 벽에 도달한 후, 가스층의 두께는 증가하기 시작한다.

③ 화재가 성장할 때에 천장 부분에 있는 가스층의 온도가 높아짐에 따라 구획실 내의 전반적인 온도는 상승한다.

④ 가연물과 산소가 충분하다면 성장기는 지속될 것이다. 그러나 성장기에 있는 구획실 화재는 일반적으로 연료 지배형(통제된 가연물)상황이다.

⑤ 실내에 있는 내장재에 착화하여 롤오버 등이 발생하며 개구부에 진한 흑색연기가 강하게 분출한다.

⑥ 연기의 색은 주로 검은색이며, 연기농도가 진하고 초기보다 연기발생량이 많다.

⑦ 화재의 감지, 초기진화, 피난이 이루어져야 하는 단계

화재성장속도 🔥 (Ⓜ 우칠오x2)

화재성장속도	도달시간(초)	대상물질
Ultra-Fast	75초	의자, 천커버
Fast	150초	합판가구류
Medium	300초	목재가구류, 책상
Slow	600초	종이제품

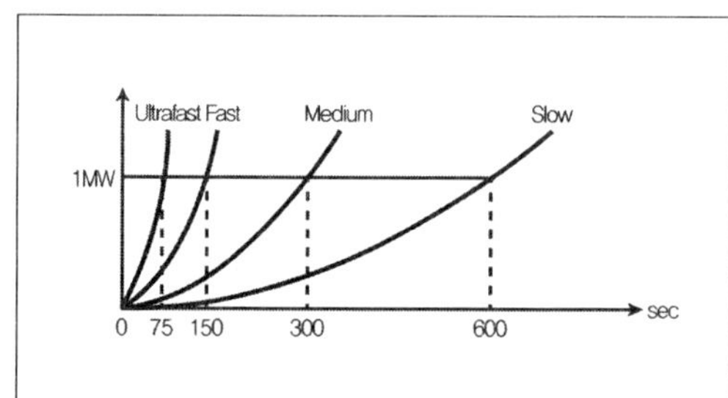

• 화재성장속도 : 화재 시 발생하는 발열량이 1055kw ≒ 1MW 에 도달하는 시간

• 발열량 : 단위질량의 연료가 완전 연소했을 때 방출하는 열량

(3) 플래쉬오버 (Flashover) 2017 간부 2023

① 플래쉬오버(Flashover)는 성장기와 최성기간의 과도기적 시기이다.

② 성장기 이후에 플래쉬오버 현상이 발생하며, 이후 실내에 있는 가연물 또는 내장재가 격렬하게 연소되는 단계로서 실내온도가 최고온도에 이르는 시기이다.

③ 플래쉬오버(Flashover)는 구획실 내의 모든 노출된 가연성 물체의 표면이 동시 발화하는 상태로 변한다.

④ 성장기 천장 부분에서 발생하는 뜨거운 가스층은 발화원으로부터 멀리 떨어진 가연성물질에 복사열을 발산한다.

⑤ 연기의 발생은 감소하지만, 화염의 분출은 많아진다.

⑥ 연료지배형 화재에서 환기지배형 화재로의 전이과정이다.

⑦ 실내에 사람이 거주할 수 없는 피난한계가 되는 시점이다.

⑧ 플래쉬오버 현상은 점화원의 위치와 크기, 가연물의 양과 성질, 개구부의 크기, 실내 마감재 등에 영향을 받는다.

⑨ 열전도율이 작은 내장재일수록 플래시오버 현상을 촉진시킬 수 있다.

⑩ 플래시오버 현상은 건축물 실내화재에서 볼 수 있는 현상이다.

⑪ 천장재가 미치는 영향이 크다.(가연물일수록)

⑫ 준불연성이나 불연성의 내장재를 사용할 경우 플래시오버 발생까지의 소요시간이 길어진다.

(4) 최성기 2017

① 환기지배형 화재의 과정으로서, 열방출속도의 변화가 적으며 실의 온도가 매우 높다.

② 연소가 활발하고 내부에 화염이 가득차 있다.

③ 건물의 붕괴 등 구조적 안전성에 대한 문제가 발생하는 시기이다.

④ 연소가 가장 왕성한 상태로, 유리창이 파괴되어 화염의 분출이 증가한다.

⑤ 복사열로 인하여 인접건물에 연소확대 우려가 있다.

⑥ 최성기는 구획실 내의 모든 가연성 물질들이 화재에 관련된다.

⑦ 연기의 발생은 감소하지만, 화염의 분출은 많아진다.

⑧ 산소가 부족하여 연소되지 않은 가스가 다량 발생된다.

(5) 쇠퇴기(감쇠기)

① 화재가 구획실 내에 있는 이용 가능한 가연물을 소모하게 됨에 따라, 열방출율은 감소하기 시작한다.

② 화재의 크기는 감소하게 되어, 구획실 내의 온도는 내려가기 시작한다.

③ 가연물이 대부분 연소됨에 따라 연기는 흑색에서 백색으로 된다.

④ 지붕이나 벽체, 대들보나 기둥도 무너져 떨어지고 열발산율은 감소하기 시작한다.

❸ 화재진행에 영향을 미치는 요인(= 플래시오버에 영향을 주는 요인으로도 볼 수 있음)

(1) 배연구(환기구)의 크기, 수 및 위치(개구율)

(2) 구획실의 크기

(3) 구획실을 둘러싸고 있는 물질들의 열 특성(내장재료)

(4) 구획실의 천장 높이

(5) 최초 발화되는 가연물의 크기, 합성물 및 위치

(6) 추가적 가연물의 이용가능성 및 위치

(7) 화원의 크기

개념원리

1. 열방출율(heat release rate, HRR, 열발산율, 열방출속도)

연소하는 구획실에서 진행되는 온도의 변화는 가연물이 타면서 발산하는 에너지의 직접적 결과이다. 물질과 에너지는 보존되므로, 화재에 의해 야기되는 질량의 어떤 손실은 에너지의 형태로 변환된다. 화재에 있어서 발생되는 에너지는 열과 빛의 형태로 존재하게 된다.

화재에서 일정시간동안 발산되는 열에너지의 양을 열방출율(heat release rate, HRR)이라 한다. 열방출율은 Btu/s 또는 kW(J/S)로 측정된다. 열방출율은 불타고 있는 가연물의 연소열(연소할 때에 개별물질의 질량이 발산하는 열의 양) 및 일정 시간 동안 소비되는 가연물의 양과 직접적으로 관련이 있다. 열방출속도는 연소속도, 유효연소열, 기화되는 면적에 비례하며, 기화열과는 반비례한다.

2. 열전달

화재에 의해 생성되는 열과 가연물들 간의 한 가지 중요한 상호관계는 최초 발화된 가연물들로부터 떨어져 있는 추가적인 가연물들의 발화이다. 구획실 화재에서 생성되는 열은 열의 3가지 전달과정에 의해 최초 가연물들로부터 그 공간 내에 있는 다른 가연물(추가적 가연물들)로 전달된다.

초기의 화염에서 상승하는 열은 대류에 의해 전달된다. 뜨거운 가스가 구획실 내부의 다른 가연물의 표면 위를 지나갈 때에, 열은 전도에 의해 다른 가연물로 전달된다.

복사는 어떤 방에서 화재가 성장기로부터 최성기로 전환되는데 있어서 중요한 역할을 한다. 뜨거운 가스층이 천장부분에서 형성될 때에, 연기 속에 들어 있는 뜨거운 미립자들은 구획실에 있는 다른 가연물들로 에너지를 방사하기 시작한다. 이렇게 발화원에서 떨어져 있는 가연물들은 때때로 '표적 가연물'이라고 불린다. 복사에너지가 증가하게 되면, 표적 가연물은 열분해반응을 시작하고 가연성가스를 발산하기 시작한다. 구획실 내의 온도가 이들 가스의 발화온도에 도달하면, 방 전체는 화재로 휩싸이게(플래쉬오버) 된다.

4 구획실 화재의 특수현상

시간과 온도변화에 따른 연소 이상현상

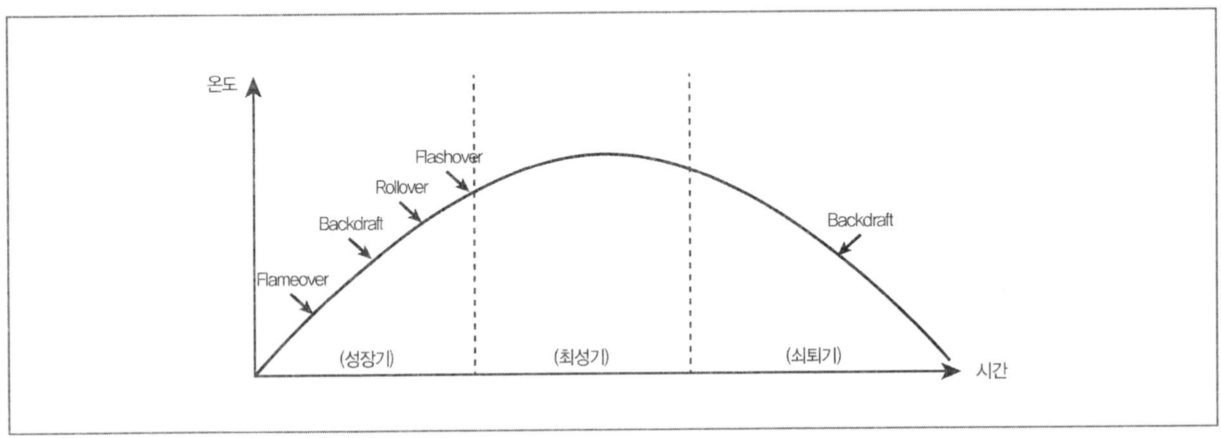

(1) 플래임오버(Flameover) 현상

① 플래임오버(Flameover)는 복도와 같은 통로공간에서 벽, 바닥 표면의 가연물에 화염이 급속하게 확산되는 현상이다.

② 벽, 바닥 또는 천장에 설치된 가연성 물질이 화재에 의해 가열되면, 전체 물질 표면을 갑자기 점화할 수 있는 연기와 가연성 가스가 만들어지면서 매우 빠른 속도로 화재가 확산된다.

③ 플래임오버는 소방관들이 서 있는 뒤쪽에 연소 확대가 일어나 고립되는 상황에 빠질 수 있다. 통로나 출구를 따라 진행되는 화염 확산은 일반적인 구획 공간 내의 화염 확산보다 치명적이다. 그러므로 통로 내부 벽과 계단의 천장은 비 가연성의 불연재료로 이루어져야 한다.

(2) 롤오버(Rollover) 현상

① 롤오버(Rollover) 현상이란 연소과정에서 발생된 가연성가스가 공기 중 산소와 혼합되어 천장부분에 집적된 상태에서 발화온도에 도달하여 발화함으로써 화재의 선단부분이 매우 빠르게 확대되어 가는 현상

② 화재가 발생한 장소(공간)의 출입구 바로 바깥쪽 복도 천장에서 연기와 산발적인 화염이 굽이쳐 흘러가는 현상을 말한다.

③ 롤오버(Rollover) 현상은 화재지역의 상층(천장)에 집적된 고압의 뜨거운 가연성 가스가 화재가 발생되지 않은 저압의 다른 부분으로 이동하면서 화재가 매우 빠르게 확대되는 원인이 된다.

(3) 플래쉬오버(Flashover) 현상

① 플래쉬오버의 개념

㉠ 플래쉬오버현상이란 화점 주위에서 화재가 서서히 진행하다가 어느 정도 시간이 경과함에 따라 대류와 복사 현상에 의해 일정 공간 안에 있는 가연물이 발화점까지 가열되어 일순간에 걸쳐 동시 발화되는 현상

㉡ 플래쉬오버(Flashover)는 화재가 성장기(단계)에서 최성기로의 전이과정을 의미하며, 연료지배형 화재에서 환기지배형 화재로의 전이과정을 말한다.

② 플래쉬오버의 진행과정

㉠ 화재가 발생하는 과정에 있어서 화원 근처에 한정되어 있던 연소영역이 조금씩 확대

㉡ 발생한 가연성가스는 화재플름에 의해 천장 근처에 체류

㉢ 가스농도가 증가하여 연소범위내의 농도에 도달하고 화재가 성장함에 따라 발생한 에너지는 그 가연성 가스를 가열하여 착화 및 화염에 쌓이게 된다.

㉣ 천장면의 뜨거운 가스층(약 500 ~ 600℃)으로부터 발산하는 복사에너지가 일반적으로 20kW/m^2를 초과하면 복사열에 의하여 바닥면 위의 가연물이 급속히 가열 착화하여 바닥면 전체가 화염으로 덮이게 된다.

③ 플래쉬오버의 징후와 특징

징후	특징
㉠ 고온의 연기 발생 ㉡ Rollover 현상이 관찰됨 ㉢ 일정공간 내에서의 전면적인 자유연소 ㉣ 일정공간 내에서의 계속적인 열집적(다른 물질의 동시 가열) ㉤ 두텁고, 뜨겁고, 진한연기가 아래로 쌓임	㉠ 실내 모든 가연물의 동시발화 현상 ㉡ 바닥에서 천장까지 고온상태

④ 건축 구조에 따른 플래쉬오버 현상

목조건축물	㉠ 플래쉬오버 현상은 보통 화재발생으로부터 5~6분 경에 발생 ㉡ 실내온도는 800~900℃ 정도가 된다.
내화조 건축물	내화조 건축물 화재시에는 실내에 화재가 발생하더라도 연소하는데 많은 시간이 소요되므로 플래쉬 오버현상은 보통 화재발생으로부터 약 20~30분경에 발생한다.

⑤ 플래쉬오버 소화대책 (Ⓜ 배공냉)

㉠ **배연 지연법** : 창문 등을 개방하여 배연(환기)함으로써, 공간 내부에 쌓인 열을 방출시켜 플래쉬오버를 지연

㉡ **공기차단 지연법** : 배연(환기)과 반대로 개구부(창문)를 닫아 산소를 감소시킴으로써 연소 속도를 줄여 지연

㉢ **냉각 지연법** : 분말소화기 등 이동식 소화기를 분사하여 화재를 완전하게 진화하는 것은 불가능하나, 일시적으로 온도를 낮출 수 있으며, 플래쉬오버를 지연시키고 관창호스를 연결할 시간을 벌 수 있다.

플래쉬오버와 롤오버현상의 차이점

구분	플래쉬오버현상	롤오버현상
복사열	열의 복사가 강하다.	열의 복사가 플래쉬오버현상에 비해 상대적으로 약하다.
확대범위	일순간 전체공간으로 확대된다.	화염선단부분이 주변공간으로 확대 된다.
확산매개체	공간내 모든 부분(상층과 하층) 가연물의 동시발화	상층부의 초고온 증기(가연성가스)의 발화

개념원리 플래시오버 발생조건

1) 직접적 발생원인은 자기발화(Auto ignition)가 일어나고 있는 연소공간에서 발생되는 열의 재방출에 의해 열이 집적되어 온도가 상승하면서 전체 공간을 순식간에 화염으로 가득 차게 만드는 것이다.
2) 플래쉬오버가 발생할 때, 뜨거운 가스층으로부터 발산하는 복사에너지는 일반적으로 20kW/㎡를 초과한다. 이러한 복사열은 구획실내의 가연성물질에 열분해작용을 일으킨다.
3) 이 시기에 생성되는 가스는 천장부분의 가스층으로부터 발산하는 복사에너지에 의해 발화온도까지 가열되어 구획실 내의 가연물들이 일제히 발화되는 것이다.
4) 구획실 내의 온도가 500 ~ 600℃ 정도가 되며, 모든 가연성 물질이 동시적 발화를 일으킨다.
5) 개구율(개구부 면적/벽면적)이 1/3 ~ 1/2 정도일 때, 플래시오버 발생이 가장 빠르며, 같은 개구율이더라도 개구부의 높이가 클수록 플래시오버 발생이 빨라진다.

(4) 백드래프트(Backdraft) 현상 2021 2018 간부

① 백드래프트(Backdraft)의 개념

㉠ 밀폐된 내화구조 건축물 내에서 화재가 진행될 때 연소과정은 산소공급이 부족한 상태(환기지배형)에서 서서히 훈소된다. 이때 불완전 연소된 가연성가스와 열이 집적된 상태에서 일시에 다량의 공기(산소)가 공급될 때 순간적으로 폭발적 발화현상이 발생하는데 이를 역류성 폭발 또는 백드래프트 현상이라 한다.

㉡ 백드래프트의 발생시점은 화재의 성장기와 감쇠기에서 주로 발생된다.

㉢ 밀폐된 내화구조의 경우에는 성장기에서도 환기지배형화재의 양상을 보일 수 있으므로 감쇠기 뿐만 아니라 성장기에도 백드래프트 현상이 발생할 수 있다.

㉣ 불완전 연소에 의해 발생된 일산화탄소가 가연물로 작용하여 폭발하는 현상이다.

② 백드래프트 발생조건

㉠ 연기층의 온도가 600℃ 이상일 것

㉡ 다량의 가연성 가스가 실내에 충만할 것

㉢ CO연소범위 : **12.5 ~ 74%** (Ⓜ **일이오칠사**)

③ 백드래프트 소화대책 (Ⓜ 배급측)

㉠ **배**연(지붕환기)법 : 연소중인 건물 지붕 개구부(상부개방)를 개방하여 환기시키는 방법

㉡ **급**냉(담금질)법 : 출입구를 서서히 개방하는 즉시 바로 방수함으로써 폭발 직전의 기류를 급냉시키는 방법

㉢ **측**면 공격법 : 밀폐 공간의 개구부(출입구, 또는 창문) 인근에서 이용 가능한 벽 뒤에 숨어 있다가 출입구가 개방되자마자 개구부 입구를 측면 공격하는 방법

⑤ 백드래프트의 전조현상과 소방전술 2023 2024

전조 현상	내부 관점	㉠ 압력차에 의해 공기가 빨려들어 오는 특이한 소리(휘파람소리 등)와 진동의 발생 ㉡ 건물내로 되돌아오거나 맴도는 연기 ㉢ 훈소가 진행되고 있고 높은 열이 집적된 상태 ㉣ 부족한 산소로 불꽃이 약화되어 있는 상태(노란색의 불꽃)
	외부 관점	㉠ 거의 완전히 폐쇄된 건물일 것 ㉡ 화염은 보이지 않으나 창문이나 문이 뜨겁다. ㉢ 유리창 안쪽에서 타르와 같은 물질(검은색 액체)이 흘러내린다. ㉣ 건물 내 연기가 소용돌이 친다.
소방전술		㉠ 지붕배연 작업을 통해 가연성 가스와 집적된 열을 배출시킨다.(냉각작업) ㉡ 배연작업 전에 창문이나 문을 통한 배연 또는 진입을 시도해서는 안 된다. ㉢ 급속한 연소현상에 대비하여 소방대원은 낮은 자세를 유지한다. ㉣ 일반적으로 적절한 내부공격 시점은 지붕 배연작업 후이다. ㉤ 출입구나 개구부 개방이 불가피할 경우 가능한 서서히 개방한다. ㉥ 구획실의 창문과 문손잡이의 온도로 백드래프트의 발생가능성을 예측할 수 있다

⑥ 백드래프트와 플래쉬오버의 차이점 2017

구분	백드래프트 현상	플래쉬오버 현상
개념	산소의 결핍으로 계속 훈소 상태로 연소되던 중 공기가 유입되어 축적되었던 가연성 가스가 단시간에 폭발적으로 연소함으로써 폭풍을 동반하는 현상	구획 내 가연성 재료의 전 표면이 불로 덮이는 전이현상
연소현상	훈소상태 (불완전연소상태)	자유연소상태
산 소 량	산소 부족	상대적으로 산소공급원활
폭발성 유무	폭발현상(충격파, 붕괴, 화염폭풍 발생)	폭발이 아님
악화요인	외부유입 공기(산소)	열(축적된 복사열)
발생시점	성장기, 감퇴기	성장기의 마지막이자 최성기의 시작점
발생빈도	낮다	높다
발생조건	• 평균온도 : 500℃ 전후 • 산소농도 : 10%	• 실내가 충분히 가열 • 다량 가연성가스축적

개념원리

■ 백드래프트는 화학적 폭발이다.

1) 폭발에는 *블레비(BLEVE)와 같은 물리적 폭발과 연소폭발과 같은 화학적 폭발로 구분할 수 있으며, 백드래프트는 화학적 폭발에 해당한다.
2) 연소폭발과 같이 백드래프트에서도 가연물, 산소(산화제), 열(점화원)이 기본적으로 필요하다.
3) 백드래프트(Backdraft)가 일어나는 연소폭발과정에서, 공기와 혼합된 일산화탄소(폭발범위 : 12.5%~74%)가 가연물로써의 역할을 담당한다.

chapter

02 출제예상문제

✳ 2021년

1 실내 화재의 진행 과정을 설명한 내용으로 옳지 않은 것은?

① 발화기 – 건물 내의 가구 등이 독립 연소하고 있으며 다른 동(棟)으로의 연소 위험은 없다.

② 성장기 – 화재의 진행이 급속히 이루어지고 개구부에서는 검은 연기가 분출된다.

③ 최성기 – 산소가 부족하여 연소되지 않은 가스가 다량 발생된다.

④ 감퇴기 – 지붕이나 벽체, 대들보나 기둥도 무너져 떨어지고 열 발산율은 증가하기 시작한다.

✳ 2017년

2 내화구조 건축물의 최성기에 나타나는 현상으로 옳지 않은 것은?

① 개구부로부터 검은색 연기가 분출하고, 연기의 농도가 진하다.

② 연기의 발생은 감소하지만, 화염의 분출은 많아진다.

③ 연소가 가장 왕성한 상태로, 유리창이 파괴되어 화염의 분출이 증가한다.

④ 강한 복사열이 발생하여 이웃한 건물로의 연소위험이 커진다.

1.

④ 감퇴기 : 지붕이나 벽체, 대들보나 기둥로 무너져 떨어지고 열발산율은 감소하기 시작한다.

2.

① 성장기(중기) : 실내에 있는 내장재에 착화하여 롤오버 등이 발생하며 개구부에 진한 흑색연기가 강하게 분출한다.

Answer 1.④ 2.①

＊ 2017년 간부

3 다음 건물화재에 관한 설명 중 옳지 않은 것은?

① 화재 초기단계에서는 가연물이 열분해되어 가연성가스가 발생하는 시기이다.
② 화재 성장기단계에서는 실내에 있는 내장재에 착화하여 롤오버 등이 발생하며 개구부에 진한 흑색연기가 강하게 분출한다.
③ 최성기 이후에 플래시오버 현상이 발생하며, 이후 실내에 있는 가연물 또는 내장재가 격렬하게 연소되는 단계로서 실내온도가 최고온도에 이르는 시기이다.
④ 목조건축물은 건축물 자체에 개구부가 많아 공기의 유통이 원활하여 격심한 연소현상을 나타내며, 고온 단기형이다.
⑤ 내화건축물은 목조건축물에 비해 공기 유통조건이 일정하며 화재진행시간도 길고, 저온장기형이다.

3.

플래쉬오버
㉠ 플래쉬오버(Flashover)는 성장기와 최성기간의 과도기적 시기이다.
㉡ 성장기 이후에 플래쉬오버 현상이 발생하며, 이후 실내에 있는 가연물 또는 내장재가 격렬하게 연소되는 단계로서 실내온도가 최고온도에 이르는 시기이다.
㉢ 플래쉬오버(Flashover)는 구획실 내의 모든 노출된 가연성 물체의 표면이 동시 발화하는 상태로 변한다.

4 다음 ( )에 들어갈 내용으로 옳은 것은?

> 내화건축물의 구획실에서 화재가 발생할 경우, 성장기 단계에서는 (㉠)가, 최성기 단계에서는 (㉡)가 지배적인 열전달 기전이다.

① ㉠ : 대류, ㉡ : 복사
② ㉠ : 대류, ㉡ : 전도
③ ㉠ : 복사, ㉡ : 복사
④ ㉠ : 전도, ㉡ : 대류

4.

① 초기의 화염에서 상승하는 열은 대류에 의해 전달된다. 뜨거운 가스가 구획실 내부의 다른 가연물의 표면 위를 지나갈 때에, 열은 전도에 의해 다른 가연물로 전달된다.
② 복사는 어떤 방에서 화재가 성장기로부터 최성기로 전환되는데 있어서 중요한 역할을 한다. 뜨거운 가스층이 천장부분에서 형성될 때, 연기 속에 들어있는 뜨거운 미립자들은 구획실에 있는 다른 가연물들로 에너지를 방사하기 시작한다. 이렇게 발화원에서 떨어져 있는 가연물들은 때때로 '표적 가연물'이라고 불린다.

Answer 3.③ 4.①

5 화재온도곡선에 따른 화재성상 중 (㉡)단계에서 나타나는 현상으로 옳지 않은 것은?

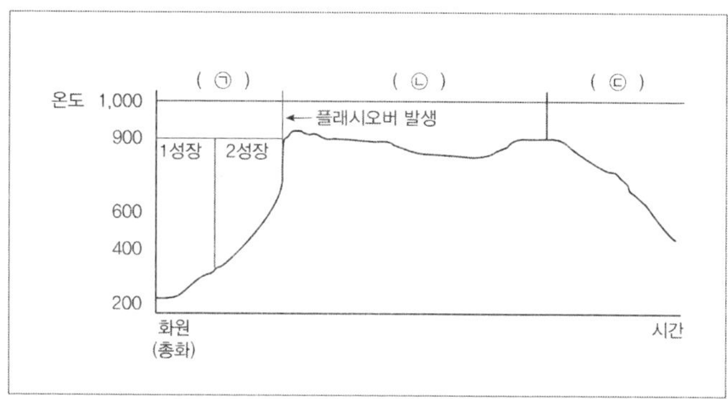

① 환기지배형 보다는 연료지배형의 화재 특성을 보인다.
② 창문 등 건축물의 개구부로 화염이 뿜어져 나오는 시기이다.
③ 강렬한 복사열로 인하여 인접 건물로 연소가 확산될 수 있다.
④ 실내 전체에 화염이 충만되고 연소가 최고조에 이른다.

5.

① "㉡" 단계는 최성기 단계로서 환기지배형 화재의 과정으로서, 열방출속도의 변화가 적으며 실의 온도가 매우 높다.

※ 2021년

6 백드래프트(back draft)에 대한 설명으로 옳은 것은?

① 불완전 연소에 의해 발생된 일산화탄소가 가연물로 작용하여 폭발하는 현상이다.
② 화재 진압 시 지붕 등 상부를 개방하는 것보다 출입문을 먼저 개방하는 것이 효과적인 전술이다.
③ 밀폐된 실내에서 발생되는 현상으로, 출입문을 한번에 완전히 개방하여 연기를 일순간에 배출해야 폭발력을 억제할 수 있다.
④ 연료지배형 화재가 진행되고 있는 공간에 산소가 일시적으로 다량 공급됨에 따라 가연성가스가 폭발적으로 연소하는 현상이다.

6.

② 화재 진압 시 지붕 등 상부를 개방하는 것이 효과적인 전술이다.
③ 출입구나 개구부 개방이 불가피할 경우 가능한 서서히 개방한다.
④ 환기지배형 화재가 진행되고 있는 공간에 산소가 일시적으로 다량 공급됨에 따라 가연성가스가 폭발적으로 연소하는 현상이다.

Answer 5.① 6.①

* 2017년

7 플레시오버와 백드래프트에 대한 설명으로 옳은 것은?

① 플래시오버는 충격파가 없고, 백드래프트는 충격파가 있다.
② 플래시오버는 산소의 공급으로 발생하고, 백드래프트는 복사열의 공급으로 발생한다.
③ 플래시오버는 산소의 부족으로 발생하고, 백드래프트는 가연성가스의 부족으로 발생한다.
④ 플래시오버는 화재 종기에 발생하고, 백드래프트는 화재 초기에 발생한다.

* 2016년

8 플래시오버 지연 소방전술이 아닌 것은?

① 공기차단 지연방식
② 배연 지연방식
③ 제거소화 지연방식
④ 냉각 지연방식

7.

백드래프트와 플래쉬오버의 차이점

구분	백드래프트 현상	플래쉬오버 현상
개념	산소의 결핍으로 계속 훈소 상태로 연소되던 중 공기가 유입되어 축적되었던 가연성 가스가 단시간에 폭발적으로 연소함으로써 폭풍을 동반하는 현상	구획 내 가연성 재료의 전 표면이 불로 덮이는 전이현상
연소 현상	훈소상태 (불완전연소상태)	자유연소상태
산소량	산소 부족	상대적으로 산소공급원활
폭발성 유무	폭발현상(충격파, 붕괴, 화염폭풍 발생)	폭발이 아님
악화 요인	외부유입 공기(산소)	열(축적된 복사열)
발생 시점	성장기, 감퇴기	성장기의 마지막이자 최성기의 시작점
발생 빈도	낮다	높다
발생 조건	- 평균온도 : 500℃ 전후 - 산소농도 : 10%	- 실내가 충분히 가열 - 다량 가연성가스축적

8.

플래쉬오버 소화대책

㉠ 배연 지연법 : 창문 등을 개방하여 배연(환기)함으로써, 공간 내부에 쌓인 열을 방출시켜 플래쉬오버를 지연시킬 수 있으며 가시성 또한 향상시킬 수 있다.
㉡ 공기차단 지연법 : 배연(환기)과 반대로 개구부(창문)를 닫아 산소를 감소시킴으로써 연소 속도를 줄여 지연 시킬 수 있다. 이 방법은 관창호스 연결이 지연되거나 모든 사람이 대피했다는 것이 확인된 경우, 적합한 방법이다.
㉢ 냉각 지연법 : 분말소화기 등 이동식 소화기를 분사하여 화재를 완전하게 진화하는 것은 불가능하나, 일시적으로 온도를 낮출 수 있으며, 플래쉬오버를 지연시키고 관창호스를 연결할 시간을 벌 수 있다.

Answer 7.① 8.③

＊ 2020년 간부

9 특수화재현상 중 플래시오버(Flash over)와 롤오버(Roll over)에 대한 설명으로 옳지 않은 것은?

① 롤오버는 화염이 선단부에서 주변 공간으로 확대된다.
② 플래시오버는 화염이 순간적으로 공간 전체로 확대된다.
③ 플래시오버는 공간 내 전체 가연물에서 동시에 발화하는 현상이다.
④ 롤오버 시 발생되는 복사열은 플래시오버 시 발생되는 복사열보다 강하다.
⑤ 롤오버는 실의 상부에 있는 가연성 가스가 발화온도 이상 도달했을 때 발화하는 현상이다.

9.

플래쉬오버와 롤오버현상의 차이점

구분	플래쉬오버현상	롤오버현상
복사열	열의 복사가 강하다.	열의 복사가 플래쉬오버현상에 비해 상대적으로 약하다.
확대범위	일순간 전체공간으로 확대된다.	화염선단부분이 주변 공간으로 확대 된다.
확산매개체	공간내 모든 부분(상층과 하층) 가연물의 동시발화	상층부의 초고온 증기(가연성가스)의 발화

＊ 2018년 간부

10 백드래프트(Back Draft) 현상에 관한 일반적인 설명으로 옳은 것은?

① 화재성장기에 주로 발생하는 가연성가스의 급격한 착화현상이며, 충격파는 발생되지 않는다.
② 공기 부족으로 훈소 상태에 있을 때 밀폐된 실내의 축적된 가연성가스가 신선한 공기의 유입으로 인하여 폭발적으로 연소하는 현상이다.
③ 가연성 증기가 연소점에 도달하여 불덩어리가 천장을 따라 굴러다니는 현상 이다.
④ 연료지배연소에서 환기지배연소로 급격하게 전이되는 과정으로, 구획 전체로 연소가 확대된다.
⑤ 천장의 복사열로 인해 주변 가연물이 자연발화에 도달하는 현상으로, 이 현상이 발생되기 전에 피난이 종료되어야 한다.

10.

백드래프트(Backdraft)의 개념

㉠ 밀폐된 내화구조 건축물 내에서 화재가 진행될 때 연소과정은 산소공급이 부족한 상태(환기지배형)에서 서서히 훈소된다. 이때 불완전 연소된 가연성 가스와 열이 집적된 상태에서 일시에 다량의 공기(산소)가 공급될 때 순간적으로 폭발적 발화현상이 발생하는데 이를 역류성 폭발 또는 백드래프트 현상이라 한다.
㉡ 백드래프트의 발생시점은 화재의 성장기와 감쇠기에서 주로 발생된다.
㉢ 밀폐된 내화구조의 경우에는 성장기에서도 환기지배형화재의 양상을 보일 수 있으므로 감쇠기 뿐만 아니라 성장기에도 백드래프트 현상이 발생할 수 있다.
㉣ 불완전 연소에 의해 발생된 일산화탄소가 가연물로 작용하여 폭발하는 현상이다.

Answer 9.④ 10.②

＊ 2017년 간부

11 플래시오버(Flash Over)현상에 대한 설명으로 옳지 않은 것은?

① 플래시오버 현상은 점화원의 위치와 크기, 가연물의 양과 성질, 개구부의 크기, 실내 마감재 등에 영향을 받는다.

② 열전도율이 작은 내장재일수록 플래시오버 현상을 촉진시킬 수 있다.

③ 플래시오버 현상은 건축물 실내화재에서 볼 수 있는 현상이다.

④ 산소가 다량으로 유입되어 일어나는 현상으로 천장재보다 벽이 크게 영향을 받으며, 개구부의 크기가 작을수록 플래시오버 현상을 촉진시킨다.

⑤ 천장부근에 가연성 가스가 축적되어 어느 시기에 이르러 폭발적으로 연소하는 현상이다.

11.

플래시오버 발생조건

㉠ 직접적 발생원인은 자기발화(Auto ignition)가 일어나고 있는 연소공간에서 발생되는 열의 재방출에 의해 열이 집적되어 온도가 상승하면서 전체 공간을 순식간에 화염으로 가득 차게 만드는 것이다.

㉡ 플래쉬오버가 발생할 때, 뜨거운 가스층으로부터 발산하는 복사에너지는 일반적으로 20kW/㎡를 초과한다. 이러한 복사열은 구획실내의 가연성물질에 열분해작용을 일으킨다.

㉢ 이 시기에 생성되는 가스는 천장부분의 가스층으로부터 발산하는 복사에너지에 의해 발화온도까지 가열되어 구획실 내의 가연물들이 일제히 발화되는 것이다.

㉣ 구획실 내의 온도가 500～600℃ 정도가 되며, 모든 가연성 물질이 동시적 발화를 일으킨다.

㉤ 개구율(개구부 면적/벽면적)이 1/3～1/2 정도일 때, 플래시오버 발생이 가장 빠르며, 같은 개구율이더라도 개구부의 높이가 클수록 플래시오버 발생이 빨라진다.

12 백드래프트 현상과 관계없는 것은?

① 충분한 산소농도

② 휘파람 소리

③ 노란색의 불꽃

④ 맴도는 연기

12.

백드래프트(Backdraft)의 전조현상

㉠ 닫힌 문 주위에서 나오는 무겁고, 검은 연기

㉡ 개구부(출입문, 창문 등) 틈새로 빨려 들어오는 공기의 영향으로 연기가 건물 내로 되돌아오거나 맴도는 현상

㉢ 창문에 농연 응축물(검은색 액체)이 흘러내리거나 얼룩이 진 자국

㉣ 화재압력에 의한 내·외부 압력차로 외부공기가 빨려 들어오면서 발생되는 휘파람 소리 또는 진동이 발생되는 현상

Answer 11.④ 12.①

13 화재성장속도의 분류별 약 1MW의 열량에 도달하는 시간으로 ( )에 들어갈 내용으로 옳은 것은?

화재성장속도	slow	medium	fast	ultrafast
시간(s)	600	(ㄱ)	(ㄴ)	(ㄷ)

① ㄱ : 200, ㄴ : 100, ㄷ : 50
② ㄱ : 300, ㄴ : 150, ㄷ : 75
③ ㄱ : 400, ㄴ : 200, ㄷ : 100
④ ㄱ : 450, ㄴ : 300, ㄷ : 150

13.

화재성장속도

화재성장속도	도달시간(초)	대상물질
Ultra-Fast	**75**초	의자, 천커버
Fast	150초	합판가구류
Medium	300초	목재가구류, 책상
Slow	600초	종이제품

* 2023년

14 화재 시 구획실에서 발생하는 현상에 관한 설명으로 옳은 것은?

① 개구부의 크기는 플래시오버 발생과 관련이 없다.
② 구획실의 창문과 문손잡이의 온도로 백드래프트의 발생 가능성을 예측할 수 없다.
③ 준불연성이나 불연성의 내장재를 사용할 경우 플래시오버 발생까지의 소요시간이 길어진다.
④ 구획실 내의 산소가 부족하여 훈소 상태에서 공기가 갑자기 다량 공급될 때 가연성 가스가 순간적으로 폭발하듯 발화하는 현상은 플래시오버이다.

14.

① 플래쉬오버 현상은 점화원의 위치와 크기, 가연물의 양과 성질, 개구부의 크기, 실내 마감재 등에 영향을 받는다.
② 구획실의 창문과 문손잡이의 온도로 백드래프트의 발생 가능성을 예측할 수 있다.(책에 내용 추가)
③ 준불연성이나 불연성의 내장재를 사용할 경우 플래시오버 발생까지의 소요시간이 길어진다.(책에 내용 추가)
④ 구획실 내의 산소가 부족하여 훈소 상태에서 공기가 갑자기 다량 공급될 때 가연성 가스가 순간적으로 폭발하듯 발화하는 현상은 백드래프트이다.

* 2024년

15 실내 일반화재 진행 과정에 관한 설명으로 옳은 것은?

① 화재 초기에는 실내 온도가 급격하게 상승하기 시작한다.
② 성장기에는 급속한 연소 진행으로 환기지배형 화재 양상이 나타난다.
③ 최성기에는 실내 화염이 최고조에 도달하나 실내 산소 부족으로 연소속도가 느려진다.
④ 감쇠기에는 화염의 급격한 소멸로 훈소 상태가 되어 백드래프트(back draft)의 위험이 없다.

15.

1. 초기에는 연소가 완만하고 산소량이 감소되어 연소가 약해지며, 불완전 연소가 일어난다.
2. 성장기 이후에 플래쉬오버 현상이 발생하며, 이후 실내에 있는 가연물 또는 내장재가 격렬하게 연소되는 단계로서 실내온도가 최고온도에 이르는 시기이다.
3. 백드래프트 시기 : 성장기, 감퇴기

Answer 13.② 14.③ 15.③

chapter

03 연료지배형 화재와 환기지배형 화재

구획된 건물의 화재시 환기상태에 따라 연료지배형 화재와 환기지배형 화재로 구분되며, 화재 초기에는 연료지배형 화재의 형태를 띠고, 플래시오버 이후에는 환기지배형 화재의 형상을 갖는데 환기지배형 화재가 화재가혹도가 크므로 이를 내화성능의 기준으로 삼는다.

2019 2023

1 연료지배형 화재와 환기지배형 화재의 개념(Ⓜ 부족한 것을 따라간다. 연료부족 ⇒ 연료지배형 / 공기부족 ⇒ 환기지배형)

(1) 연료지배형 화재(Fuel Controlled Fire)

① 연료량이 적고 통기량(공기량)이 충분한 경우의 화재

② 공기가 충분하고 연료량이 적은 경우, 불은 연료의 표면상에서 제한적으로 연소가 이루어지게 된다.

③ 이 경우 화재는 그 연소시간이 짧고, 외부에서 찬 공기가 유입되어 실내 온도가 높지 않다.

(2) 환기지배형 화재(Ventillation Controlled Fire)

① 연료량이 많고 통기량(공기량)이 적은 경우의 화재

② 연료가 충분하고 공기가 부족한 경우, 연소량이 통기량의 지배를 받기 때문에 연소속도나 연소시간이 연장될 수 있다.

③ 이 경우 창문 등 개구부가 개방되면 외부의 공기가 유입되어 화재가 확대되어 연소속도가 증가한다.

④ 환기지배형 화재에서는 열분해가스를 구획 내에서 전부 연소시키는데 필요한 양의 공기가 공급되지 않으므로 일부는 과잉연료가 되어 더 많은 산소유입을 필요로하므로 창문 등 개구부 분출하여 분출 화염이 된다.

(3) 연료지배형 화재와 환기지배형 화재 비교

구분	연료지배형 화재	환기지배형 화재
개념	산소량이 충분하여 가연물양이 화재지배	가연물양이 충분하여 산소량이 화재지배
연소형태	완전연소	불완전연소
장소	개방공간	밀폐공간(내화구조 및 콘크리트 구조)
화재양상	확산연소	작열연소(훈소)
발생단계	성장기 (최성기 이전, 플래쉬오버 이전, Pre- Flash Over)	최성기 (최성기 이후, 플래쉬오버 이후, Post- Flash Over)
중요인자	화재성장속도($Q = \alpha t^2$)	환기인자($Q = A\sqrt{H}$)

(4) 연료지배형 화재와 환기지배형 화재를 결정하는 요인 (Ⓜ 실크/초크/환/가)

① **실**의 **크**기

② **초**기화재의 **크**기

③ **환**기 조건

④ **가**연물의 종류

(5) 환기량 결정 인자 (Ⓜ 아로(루트)하)

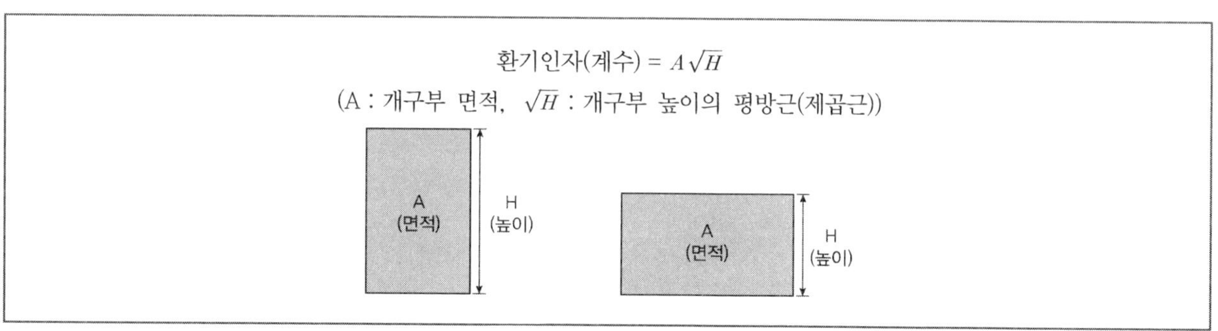

환기인자(계수) = $A\sqrt{H}$
(A : 개구부 면적, $\sqrt{H}$: 개구부 높이의 평방근(제곱근))
A
(면적)
H
(높이)
A
(면적)
H
(높이)

① 환기량은 개구부의 크기 및 높이에 따라 달라진다.

② 즉, 개구부의 넓이(면적)가 같은 개구부의 경우에 개구부의 높이가 높은 경우 환기량이 많아지는 것을 의미한다.

(6) 화재의 지속시간

$$지속시간 = \frac{A_F}{A\sqrt{H}}$$

(A_F : 바닥면적, A : 개구부 면적, H : 개구부 높이, $A\sqrt{H}$: 환기인자)

지속시간은 화재실 바닥면적에 비례하고, 환기인자에 반비례한다.

(7) 온도인자

$$온도인자(개구인자) = F_0 = \frac{A\sqrt{H}}{A_T}$$

(A_T : 전체표면적, A : 개구부 면적, H : 개구부 높이, $A\sqrt{H}$: 환기인자)

개구부 크기, 개구부 높이의 제곱근에 비례하고, 실내의 전체 표면적에 반비례한다.

chapter

03 출제예상문제

* 2019년

1 연료지배형화재와 환기지배형화재에 대한 설명으로 옳지 않은 것은?

① 환기지배형화재는 공기공급이 충분하지 않으므로 불완전 연소가 심하다.

② 연료지배형화재는 공기공급이 충분한 조건에서 발생한 화재가 일반적이다.

③ 연료지배형화재는 주로 큰 창문이나 개방된 공간에서, 환기지배형화재는 내화구조 및 콘크리트 지하층서 발생하기 쉽다.

④ 일반적으로 플래시오버 전에는 환기지배형화재가, 이후에는 연료지배형화재가 지배적이다.

1.

④ 일반적으로 플래쉬오버 전에는 연료지배형화재가, 이후에는 환기지배형화재가 지배적이다.

2 환기구로 에너지가 유출되는 것을 의미하는 환기계수로 옳은 것은? (단, A는 면적, H는 높이이다.)

① $A\sqrt{H}$

② $H\sqrt{A}$

③ $A^2\sqrt{H}$

④ $H^2\sqrt{A}$

2.

환기인자(계수) = $A\sqrt{H}$

(A : 개구부 면적, $\sqrt{H}$: 개구부 높이의 평방근(제곱근))

Answer 1.④ 2.①

3 구획화재에서 화재온도 상승곡선을 정하는 온도인자에 관한 설명으로 옳은 것은?

① 개구부 크기, 개구부 높이의 제곱근 및 실내의 전체 표면적에 비례한다.

② 개구부 크기에 비례하고 개구부 높이의 제곱근에 반비례한다.

③ 개구부 크기, 개구부 높이의 제곱근에 비례하고 실내의 전체 표면적에 반비례한다.

④ 개구부 크기에 반비례하고 개구부 높이의 제곱근에 비례한다.

4 가로1[m]×세로 1[m]의 개구부가 존재하는 구획실에 환기지배형 화재가 발생하여 플래시오버 이전에 개구부 높이가 2배 증가했다면 이 구획실의 환기인자는 약 몇 배 증가했는가?

① 1.4

② 2.8

③ 4.2

④ 5.6

※ 2023년

5 구획실 화재에 관한 설명으로 옳지 않은 것은?

① 플래시오버 이후에는 연료지배형 화재보다 환기지배형 화재가 지배적이다.

② 환기가 잘되지 않으면 환기지배형 화재에서 연료지배형 화재로 바뀌며 연기 발생이 줄어든다.

③ 연료지배형 화재는 구획실 내 가연물의 연소에 필요한 산소가 충분히 공급되는 조건의 화재이다.

④ 성장기에는 천장 부분에서 축적된 뜨거운 가스층이 발화원으로부터 떨어져 있는 가연성 물질에 복사열을 공급하여 플래시오버를 초래할 수 있다.

3.

온도인자

■ 온도인자(개구인자)

$$F_0 = \frac{A\sqrt{H}}{A_T}$$

- A_T : 전체표면적
- A : 개구부 면적
- H : 개구부 높이
- $A\sqrt{H}$: 환기인자

개구부 크기, 개구부 높이의 제곱근에 비례하고, 실내의 전체 표면적에 반비례한다.

4.

가로1[m]×세로 1[m]일 때,

환기인자 = $A\sqrt{H} = (1\times1)\sqrt{1} = 1$

가로1[m]×세로 2[m]일 때,

환기인자 = $A\sqrt{H} = (1\times2)\sqrt{2} = 2.8$

5.

② 환기가 잘되지 않으면 연료지배형 화재에서 환기지배형 화재로 바뀌며 연기 발생이 늘어난다.

Answer 3.③ 4.② 5.②

chapter

04 화재의 규모판단 2020 간부

1 화재하중(Fire Load) 2017 계산 2020 계산 2021 간부 2023 계산

(1) 화재하중은 단위면적당 가연물의 양으로 표시(화재하중이 크면 단위면적당의 발열량이 크다.)

(2) 화재하중이 클수록 화재의 지속시간이 길어진다.

(3) 화재하중은 건축물의 내화성능을 결정하는 주요소이다.

(4) 화재의 규모를 판단하는 척도로서 주수시간을 결정하는 인자

(5) 단위면적당 가연물의 발열량을 목재(등가가연물)의 중량으로 환산한 값
= 화재하중은 화재구획실 내의 가연물 총열량을 목재 중량당비로 환산하여 면적으로 나눈 수치이다.

(6) 화재하중이 크다는 것은 동일한 구획내 가연물이 많다는 것을 의미한다.[kg/m²]

(7) 화재**하중**의 계산 (Ⓜ 하중/ 가물양발 목화면)

$$W(kg/m^2) = \frac{\Sigma(Gt \times Ht)}{H0 \times A} = \frac{(\textbf{가}연\textbf{물}의\ \textbf{양}(Kg) \times 가연물의\ 단위\ \textbf{발}열량(kcal/kg))}{\textbf{목}재의\ 단위\ 발열량(4500kcal/kg) \times \textbf{화}재실\ 바닥\textbf{면}적(m^2)}$$

(8) 화재하중 감소대책

① 건물의 불연화, 난연화

② 가연물의 수납

③ 가연물의 제한

❷ 화재 강도(Fire Intensity) 2019

(1) 화재실의 단위시간당 축적되는 열량을(온도) 화재강도라 한다.

(2) 화재강도가 클수록 화재 시 최고온도가 높아진다.

(3) 주수율(LPM/㎡)을 결정하는 인자

(4) 화재강도 영향인자

① 가연물의 비표면적 : 비표면적이 증가할수록 화재강도 증가

② 가연물의 발열량(연소열) : 연소열(열방출률)이 증가할수록 화재강도 증가

③ 화재실의 단열성 : 단열이 우수하면 열축적이 용이하여 화재강도 증가

④ 산소 공급량 : 산소공급이 증가할수록 화재강도가 증가

⑤ 화재실의 구조

실수 줄이기
화재강도 영향인자가 아닌 것 : 발화원의 온도

❸ 화재 가혹도(Fire Severity) 2017 하반기 2018 상반기 2020 2022

(1) 화재심도라고도 하며, 건물의 인명 및 재산에 미칠수 있는 피해를 예측하기 위해 화재 규모를 판단하는 척도

(2) 화재발생으로 당해 건물과 내부 수용재산 등을 파괴하거나 손상을 입히는 정도를 말한다.

(3) 화재가혹도는 화재의 최고온도(화재강도)와 지속시간(화재하중)에 의해 표현

(4) 화재가혹도 = 화재강도 × 화재하중

(5) 화재가혹도는 화재시간온도 곡선의 면적으로 표현할 수 있다.

(6) 화재가혹도와 손실은 비례관계로 화재 가혹도가 크면 손실은 커지고, 작으면 손실은 작아진다.

(7) **화재강도는 질적개념** : 주수율 결정인자

(8) **화재하중은 양적개념** : 주수시간 결정인자

(9) 화재하중이 같더라도 물질의 상태에 따라 화재가혹도는 달라진다.

(10) 화재가혹도에 영향을 미치는 환기요소는 개구부 면적에 비례하고 개구부는 높이의 루트(제곱근)에 비례한다.

(11) 화재가혹도에 견디는 내력을 화재저항이라고 하며 건축물의 내화구조, 방화구조 등을 의미한다.

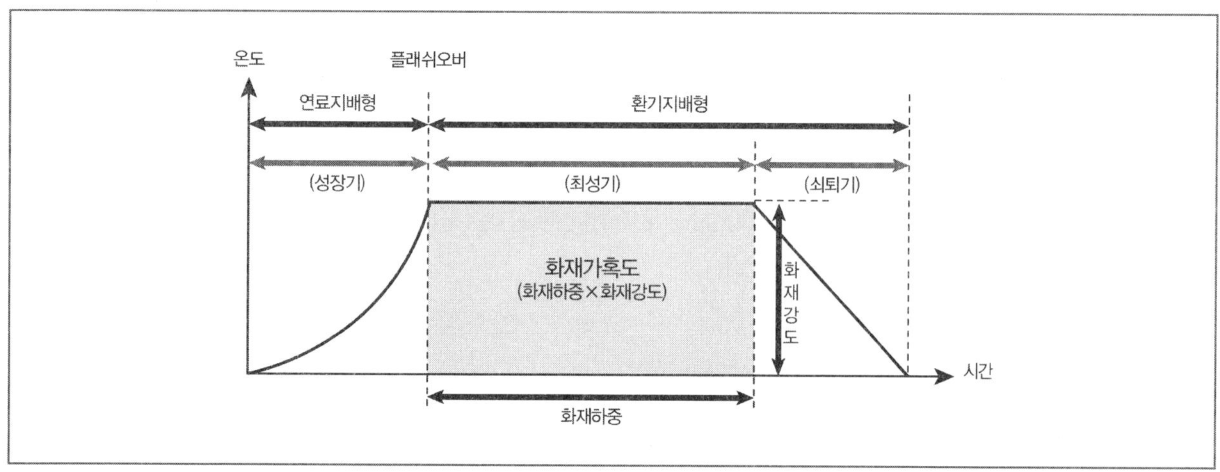

chapter

04 출제예상문제

* 2020년

1 바닥 면적이 200m²인 구획된 창고에 의류 1,000kg, 고무 2,000kg이 적재되어 있을 때 화재하중은 약 몇 kg/m²인가? (단, 의류, 고무, 목재의 단위 발열량은 각각 5,000kcal/kg, 9,000kcal/kg, 4,500kcal/kg이고, 창고 내 의류 및 고무 외의 기타 가연물은 존재하지 않으며, 화재 시 완전연소로 가정한다.)

① 15.56
② 20.56
③ 25.56
④ 30.56

* 2021년 간부

2 화재하중을 산출하는 요소에 해당하지 않는 것은?

① 가연물의 배열상태
② 가연물의 질량
③ 가연물의 단위발열량
④ 목재의 단위발열량
⑤ 화재실의 바닥면적

3 화재하중의 단위로 옳은 것은?

① kg/m^2
② $℃/m^2$
③ $kg \cdot L/m^3$
④ $℃ \cdot L/m^3$

1.

$W(kg/m^2)$

$= \dfrac{\sum(G_t \times H_t)}{H_o \times A}$

$= \dfrac{\text{가연물의 양(kg)} \times \text{가연물의 단위발열량(kcal/kg)}}{\text{목재의 단위발열량(4500kcal/kg)} \times \text{화재실바닥면적}(m^2)}$

$= \dfrac{1000kg \times 5000kcal/kg + 2000kg \times 9000kcal/kg}{4500kcal/kg \times 200m^2}$

$= 25.56kg/m^2$

2.

화재**하중**의 계산

$W(kg/m^2) = \dfrac{\Sigma(G_t \times H_t)}{H_0 \times A} = \dfrac{(\text{가연물의 양(Kg)} \times \text{가연물의 단위 발열량(kcal/kg)})}{\text{목재의 단위 발열량(4500kcal/kg)} \times \text{화재실 바닥면적}(m^2)}$

3.

화재하중은 단위면적당 가연물의 양으로 표시[kg/m²]

Answer 1.③ 2.① 3.①

* 2020년 간부

4 화재용어에 대한 설명으로 옳지 않은 것은?

① 가연물의 비표면적이 클수록 화재강도는 증가한다.
② 화재실의 열방출률이 클수록 화재강도는 증가한다.
③ 화재강도와 화재하중이 클수록 화재가혹도는 높아진다.
④ 최고온도에서 연소시간이 지속될수록 화재가혹도는 높아진다.
⑤ 전체 가연물의 양(발열량)이 동일할 때 화재실의 바닥면적이 커지면 화재하중은 증가한다.

* 2019년

5 화재 용어 중 화재실의 단위 시간당 축적되는 열의 양을 의미하는 것은?

① 훈소
② 화재하중
③ 화재강도
④ 화재가혹도

6 화재강도(Fire Intensity)와 관계가 없는 것은?

① 가연물의 비표면적
② 발화원의 온도
③ 화재실의 구조
④ 가연물의 발열량

4.

⑤ 전체 가연물의 양이 동일할 때 화재실의 바닥면적이 커지면 화재하중은 감소한다. 화재하중은 단위면적당 가연물의 양으로 표시한다.[kg/m^2]

5.

화재 강도(Fire Intensity)
㉠ 화재실의 단위시간당 축적되는 열량을(온도) 화재 강도라 한다.
㉡ 화재강도가 클수록 화재 시 최고온도가 높아진다.
㉢ 주수율(LPM/m^2)을 결정하는 인자

6.

화재강도 영향인자
㉠ 가연물의 비표면적 : 비표면적이 증가할수록 화재강도 증가
㉡ 가연물의 발열량(연소열) : 연소열(열방출률)이 증가할수록 화재강도 증가
㉢ 화재하중이 크다는 것은 동일한 구획내 가연물이 많다는 것을 의미한다. 화재실의 단열성 : 단열이 우수하면 열축적이 용이하여 화재강도 증가
㉣ 산소 공급량 : 산소공급이 증가할수록 화재강도가 증가
㉤ 화재실의 구조

Answer 4.⑤ 5.③ 6.②

* 2020년

7 화재가혹도에 관한 설명으로 옳지 않은 것은?

① 화재가혹도란 화재발생으로 당해 건물과 내부 수용재산 등을 파괴하거나 손상을 입히는 정도를 말한다.

② 최고온도는 화재가혹도의 질적 개념으로 화재강도와 관련이 있다.

③ 지속시간은 화재가혹도의 양적 개념으로 화재하중과 관련이 있다.

④ 화재가혹도에 영향을 미치는 환기요소는 개구부 면적의 제곱근에 비례하고 개구부 높이에 비례한다.

7.

④ 화재가혹도에 영향을 미치는 환기요소는 개구부 면적에 비례하고 개구부는 높이의 루트(제곱근)에 비례한다.

* 2017년 하반기

8 화재의 발생으로 건물 내 수용재산 및 건물자체에 손상을 입히는 정도를 나타내는 용어로 최고온도 × 연소(지속)시간으로 화재심도라고 하는 것은?

① 화재강도

② 탄화심도

③ 화재가혹도

④ 화재하중

8.

화재 가혹도(Fire Severity) 해설

㉠ 화재심도라고도 하며, 건물의 인명 및 재산에 미칠 수 있는 피해를 예측하기 위해 화재 규모를 판단하는 척도

㉡ 화재발생으로 당해 건물과 내부 수용재산 등을 파괴하거나 손상을 입히는 정도를 말한다.

㉢ 화재가혹도는 화재의 최고온도(화재강도)와 지속시간(화재하중)에 의해 표현

㉣ 화재가혹도 = 화재강도 × 화재하중

㉤ 화재가혹도는 화재시간온도 곡선의 면적으로 표현할 수 있다.

9 구획실 화재에서 화재가혹도에 관한 설명으로 옳지 않은 것은?

① 화재가혹도는 최고온도의 지속시간으로 화재가 건물에 피해를 입히는 능력의 정도를 나타낸다.

② 화재가혹도는 화재하중과 화재강도로 구성되며, 화재강도는 단위면적당 가연물의 양으로 계산한다.

③ 화재가혹도를 낮추기 위해서는 가연물을 최소단위로 저장하고 불연성 밀폐용기에 보관한다.

④ 화재가혹도에 견디는 내력을 화재저항이라고 하며 건축물의 내화구조, 방화구조 등을 의미한다.

9.

② 화재가혹도는 화재하중과 화재강도로 구성되며, 화재하중은 단위면적당 가연물의 양으로 계산한다.

Answer 7.④ 8.③ 9.②

10 화재가혹도에 대한 설명으로 옳지 않은 것은? (A는 개구부의 면적, H는 개구부의 높이이다.)

① 화재가혹도의 크기는 화재강도와 화재하중의 영향을 받는다.
② 화재실의 최고온도와 지속시간은 화재가혹도를 판단하는 중요한 인자이다.
③ 화재실의 환기요소($A\sqrt{H}$)는 화재가혹도에 영향을 준다.
④ 화재가혹도는 화재실이나 화재구획의 단열성에 영향을 받지 않는다.

10.

④ 화재가혹도에 견디는 내력을 화재저항이라고 하며 건축물의 내화구조, 방화구조 등을 의미한다. 즉, 화재실의 단열성에 영향을 받는다.

* 2023년

11 그림은 구획실의 크기가 가로 10,000mm, 세로 8,000mm, 높이 3,000 mm이며 가연물 A와 가연물 B가 놓여 있는 상태를 나타낸다. 다음과 같은 조건일 때 구획실의 화재하중[kg/㎡]은? (단, 주어지지 않은 조건은 무시하고, 소수점 셋째 자리에서 반올림한다.)

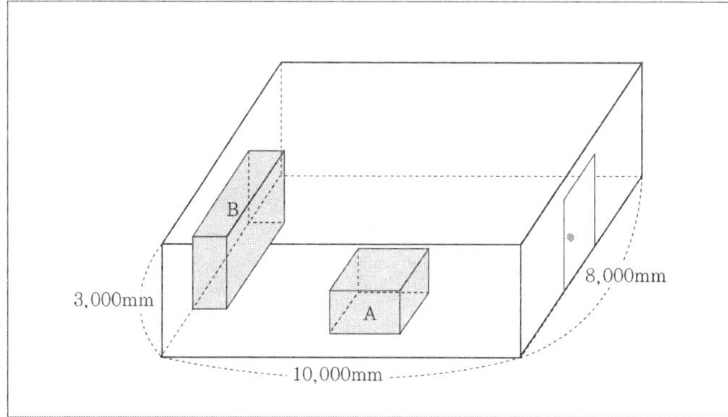

	단위발열량[kcal/㎡]	질량[kg]
목재	4,500	–
가연물 A	2,000	200
가연물 B	9,000	100

① 1.20　② 2.41
③ 3.61　④ 7.22

11.

화재하중의 계산

$$W(kg/m^2) = \frac{\sum(Gt \times Ht)}{H0 \times A}$$

= (**가**연**물**의 **양**(Kg)×가연물의 단위 **발**열량(kcal/kg)) / (**목**재의 단위 발열량(4500kcal/kg)×**화**재실 **바**닥면적(m^2))

$$W(kg/m^2) = \frac{(200kg \times 2{,}000kcal/kg) + (100kg \times 9{,}000kcal/kg)}{4500kcal/kg \times (10m \times 8m)} \fallingdotseq 3.61kcal/m^2$$

Answer 10.④ 11.③

chapter

05 건축 구조별 화재 특성

❶ 목조 건축물의 화재

(1) 목재의 특성

① **목재의 원소 조성** : 산소, 수분, 탄소, 소량의 질소

② **목재의 화학적 성분** : 셀룰로오즈가 주성분이며, 헤미셀룰로오즈, 리그닌, 수분 등이 있다.

③ 목재는 열전도도가 낮고 단열효과가 높다. 철은 약 350배, 알루미늄은 약 1,000배 정도 목재에 비해 열전도도가 높다. (열전도도가 낮을수록 발화위험이 커진다.)

④ 높은 온도에서 장시간 접해도 착화하기 어려운 목재의 수분 함량은 약 15% 이상이다. 그러나 일단 발화되면 50% 이상의 수분함량에도 연소가 계속된다.

⑤ **목재 열분해시 발생가스** : 수증기, 일산화탄소, 이산화탄소 (아닌 것 : 염화수소)

(2) 목재의 연소진행

온도	진행상황
① 100 ~ 160℃	목재가 가열되기 시작한다. 이때 목재는 갈색이다.
② 220 ~ 260℃	수분이 증발되기 시작하면서 갈색에서 흑갈색으로 변화한다.
③ 300 ~ 350℃	목재의 분해가 급격히 일어나면서 수소, 일산화탄소, 탄화수소 등이 생성된다.
④ 420 ~ 470℃	탄화종료 및 발화가 일어난다.

(3) 목재의 연소에 영향인자

① 목재의 비표면적

② 공급 상태

③ 온도

④ 수분 함유량

⑤ 열 전도율

⑥ 열 팽창

⑦ 가열속도 및 시간

(4) 목조건축물의 화재원인 (Ⓜ 접복비)

① **접**염

② **복**사열

③ **비**화

(5) 목재 건축물 화재 진행 (Ⓜ 화무발출(발)최연진) 2015 2018 간부 2024 간부

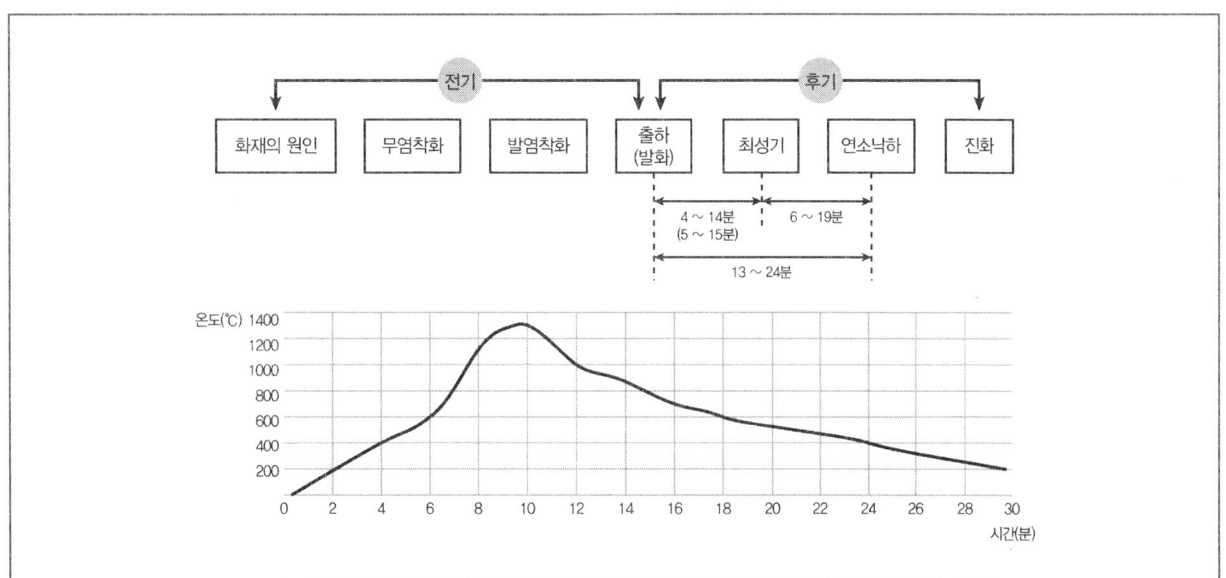

진행과정	진행과정별 화재 특성
화재원인 ⇨ 무염착화	① 화재 원인의 종류와 발생장소에 따라 차이가 있으며, 자연발화의 경우 오랜 시간이 요구된다. ② 무염착화는 가연성 물질이 연소할 경우 재로 덮인 숯불모양으로 불꽃 없이 착화하는 현상이다.
무염착화 ⇨ 발염착화	① 발염착화는 가연성 물질에 산소를 불어 넣어 불꽃이 발하는 착화현상이다. ② 이 단계는 화재발생 장소, 가연물의 종류, 바람 상태, 연소속도, 연소시간, 연소방향 등이 화재진행을 결정한다.
발염착화 ⇨ 발화	① 발화란 가옥의 실내 천장까지 불이 번져 가옥 전체에 불기가 도는 시기 ② 이 단계는 착화가 발생한 위치와 가옥의 구조에 따라 달라진다. ③ 옥내출화 ㉠ 천장속, 벽속, 발염착화 한 때 ㉡ 가옥구조 천장면에서 발염 착화한 때 ㉢ 불연천장의 경우 실내 그 뒷면 발염착화한 때 ④ 옥외출하 ㉠ 창문, 출입구 등 발염착화한 때, ㉡ 벽, 추녀 및 목재 등 발염착화한 때
발화 ⇨ 최성기	① 연기의 색이 백색에서 흑색으로 변하고, 개구부가 파괴되면서 공기 공급이 원활해져서 연기가 개구부를 통해 분출하게 된다. ② 플래시오버가 발생하며, 실내의 온도는 800 ~ 900℃ 정도가 된다.
최성기 ⇨ 연소낙하	① 최성기를 넘어서면 화재가 급격히 약해지고 벽이 무너지고 기둥 등이 허물어져 내리는 단계이다. ② 최성기 때 실내 최고온도는 약 1,300℃ 정도가 된다. ③ 화염 및 검은연기, 강한 불꽃 및 불티를 유동시키는 복사열 발생

(6) 화재진행 소요시간[풍속이 거의 없을 때(0 ~ 3m/s)]

① 발화에서 최성기 : 4 ~ 14분

② 최성기에서 연소낙하 : 6 ~ 19분

③ 발화에서 연소낙하 : 13 ~ 24분

(7) 목조건축물의 화재 특성

① 화재 최성기때의 온도는 내화건축물 화재보다 높으며, 화재강도도 강하다.

② 습도가 낮을수록 연소확대가 빠르다.

③ 바람의 세기가 강할수록 풍하측으로 연소확대가 빠르다.

④ 횡방향보다 종방향의 화재성장이 빠르다.

⑤ 화재 최성기 이후 비화에 의해 화재확대의 위험성이 높다.

⑥ 목조건축물은 건축물 자체에 개구부가 많아 공기의 유통이 원활하여 격심한 연소현상 발생

⑦ 화염의 분출면적이 크고 복사열이 커서 접근하기 어렵다.

⑧ 목조건축물의 화재 시 플래쉬오버 도달시간 및 최성기에 도달하는 시간이 내화건축물 화재보다 빠르게 나타난다.

⑨ 고온단기형이며, 최고온도는 1,300℃

2 내화 건축물의 화재 2024

(1) 내화건축물의 화재 진행과정

진행과정	진행과정별 화재 특성
초기	초기에는 연소가 완만하고 산소량이 감소되어 연소가 약해지며, 불완전 연소가 일어난다. 이때 소화를 위해 개구부를 개방시키면 다량의 공기가 유입되어 급격한 연소를 초래할 수 있다.
성장기	실내 온도 상승으로 인한 공기의 열팽창으로 개구부가 파괴되어 개구부를 통해 검은 연기 및 화염 등이 분출하게 된다. 이 단계에서 플래쉬오버가 발생하게 된다.
최성기	화재가 가장 왕성한 시기이며, 이때 실내의 최고온도는 900~1,000℃ 정도 된다. 목조 건축물보다 장시간 지속되며, 콘크리트 폭렬현상이 발생한다.
감쇠기	화재가 약해지고 가연성 물질이 소진되는 시기이다. 실내의 온도는 높지만 점차적으로 낮아지는 시기이다.

개념원리 콘크리트 폭렬현상

화재 시 콘크리트 내부에 수분이 고열로 인해 수증기가 되면서 부피팽창으로 밖으로 분출되지 못하여 팽창시의 수증기압으로 콘크리트가 떨어져 나가는 현상

(2) 내화건축물의 화재특성

① 공기의 유입이 불충분하여 발염연소가 억제된다.

② 건축물의 구조와 특성상 열의 방출보다 축적되는 것이 많기 때문에 화재 초기부터 발열량이 많다.

③ 내화 건축물 화재 시 연기 등 다량의 연소생성물이 계단이나 복도를 따라 상층부로 이동하는 경향이 있어 인명 피해가 크다.

④ 내화건축물은 목조건축물에 비해 공기 유통조건이 일정하며 화재 진행시간도 길다.

⑤ 목조건축물에 비해 밀도가 높기 때문에 초기에 연소가 느리다.

⑥ 저온장기형이며, 최고온도는 900 ~ 1,000℃이다.

(3) 내화 건축물의 표준화재 온도 시간곡선

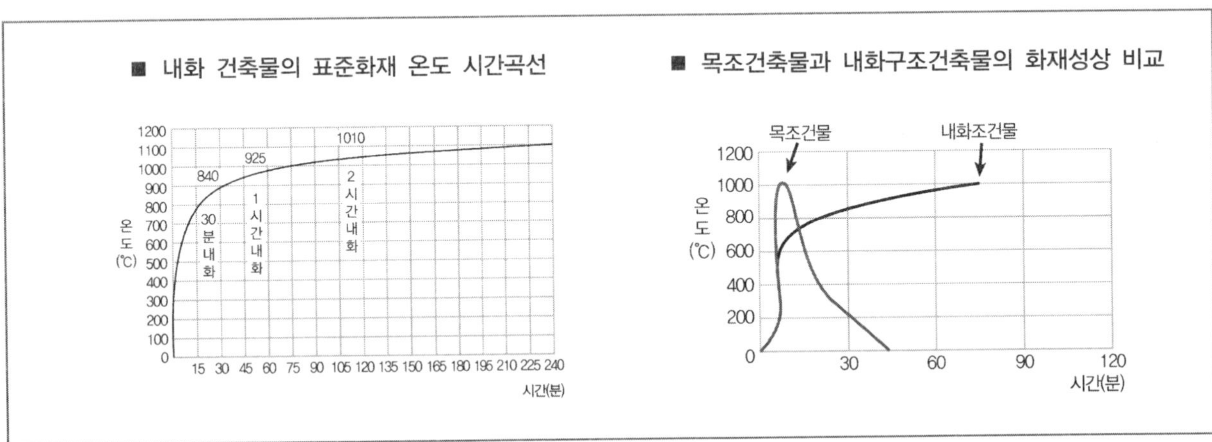

① 30분 내화온도 : 840℃ (Ⓜ 반팔사고)

② 1시간 내화온도 : 925℃ (Ⓜ 일구이오요구르트 먹구)

③ 2시간 내화온도 : 1,010℃ (Ⓜ 이가튼튼(텐텐) 해지고)

④ 3시간 내화온도 : 1,050℃ (Ⓜ 삼일공원에 갔다)

chapter

05 출제예상문제

* 2018년 간부

1 목조건축물의 일반적인 화재 진행과정으로 옳은 것은?

① 무염착화 – 발염착화 – 화재원인 – 최성기 – 발화
② 화재원인 – 무염착화 – 발염착화 – 발화 – 최성기
③ 화재출화 – 무염착화 – 발화 – 화재원인 – 최성기
④ 화재원인 – 발염착화 – 무염착화 – 최성기 – 발화
⑤ 무염착화 – 발염착화 – 화재원인 – 발화 – 최성기

2 건물화재의 표준시간–온도곡선에서 화재발생 후 1시간이 경과할 경우 내부 온도는 약 몇 ℃ 정도 되는가?

① 225 ② 625
③ 840 ④ 925

* 2024년 간부

3 목조건축물 화재의 진행 과정에 관한 설명 중 〈보기〉의 내용에 해당하는 것은?

〈보기〉

연기의 색이 백색에서 흑색으로 변하며, 개구 부가 파괴되어 공기가 공급되면서 급격한 연소가 이루어져 연기가 개구부로 분출하게 된다.

① 화재의 원인에서 무염착화 ② 무염착화에서 발염착화
③ 발염착화에서 발화 ④ 발화에서 최성기
⑤ 최성기에서 연소낙하

1.

목재 건축물 화재 진행

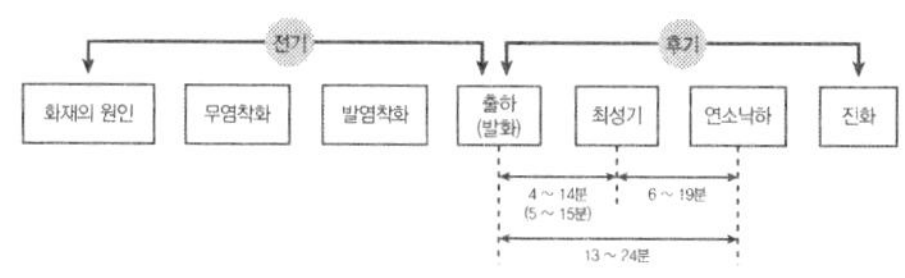

2.

내화 건축물의 표준화재 온도 시간곡선

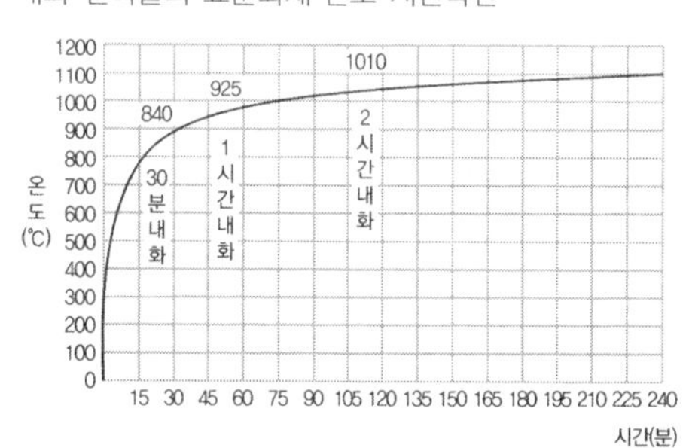

3.

발화 ⇨ 최성기
① 연기의 색이 백색에서 흑색으로 변하고, 개구부가 파괴되면서 공기 공급이 원활해져서 연기가 개구부를 통해 분출하게 된다.
② 플래시오버가 발생하며, 실내의 온도는 800 ~ 900℃ 정도가 된다.

Answer 1.② 2.④ 3.④

chapter

06 화재처종에 따른 분류

1 소화적응성에 따른 분류 2019 간부

(1) 일반가연물화재(A급 화재)

① 가연물의 종류 : 목재, 종이, 섬유류, 합성수지류, 특수가연물 등

② 특징

㉠ 보통화재라고도 하며, 연기의 색은 백색이며(수분증발), 연소 후 재를 남긴다.

㉡ 고체상태이므로 기체, 액체에 비해 상대적으로 큰 착화에너지가 필요하다.

㉢ 소화 시 물을 이용할 수 있으므로 주수에 의한 냉각효과를 이용한다.

③ 합성수지(플라스틱)

㉠ 합성수지의 분류

열가소성 수지 (Ⓜ 폴피아)	가열하면 용융되어 액체로 되고 식으면 다시 굳어지는 수지로 화재 위험성이 크다. (**폴**리에틸렌, **폴**리프로필렌, **폴**리스티렌, **폴**리염화비닐, PVC, **아**크릴수지 등)
열경화성 수지 (Ⓜ 페요멜)	가열하여도 용융되지 않고 바로 분해되는 수지로 열가소성에 비해 화재 위험성이 작다. (**페**놀수지, **요**소수지, **멜**라민수지)

㉡ 합성수지 화재의 특성

ⓐ 덩어리 형태의 플라스틱은 활성화에너지가 커서 착화가 어렵지만 분진 형태의 경우에는 스파크, 불꽃 등 작은 에너지로도 점화될 수 있다.

ⓑ 전기적 부도체이므로 정전기 발생에 의해 발화 가능성이 있다.

ⓒ 열가소성 수지는 열경화성 수지보다 화재 위험성이 크다.

ⓓ 연소 시 유독가스가 발생되어 인명피해의 우려가 크고 소화활동에도 많은 지장을 초래한다.

ⓔ 발포성 플라스틱은 다른 형태의 플라스틱에 비해 화재가혹도가 크다.

개념원리 발포성 플라스틱

발포제에 의해 플라스틱의 내부에 미세한 거품상의 구조를 갖도록 한 것

④ 섬유류 화재

㉠ 섬유는 유기화합물로 주요 구성요소는 C, H, O 등이다.

㉡ 상대적으로 작은 점화에너지에 의해 착화되어 일반가연물과 같이 연소한다.

섬유구분	세부구분	발화점(℃)	
천연섬유(식물성)	면	400℃	Ⓜ 면사
함성섬유	나일론	425℃	Ⓜ 나사이오
	레이온	475℃	Ⓜ 레사칠오
	아크릴	560℃	Ⓜ 아크오육공
천염섬유(동물성)	양모	600℃	Ⓜ 양육백마리

(2) 유류화재(B급 화재) 🔥🔥🔥 2020 간부

① **가연물의 종류** : 제4류 위험물과 같은 액체 가연물

② **특징**

㉠ 탄소수가 많을수록 흑색의 연기를 띠며, 연소 후 재를 남기지 않는다.

㉡ 액체이므로 용기에서 누설될 경우 연소면이 급격히 확대된다.

㉢ 대부분 물에 녹지 않고 물보다 가벼우므로 주수소화 시 연소면이 확대된다.

㉣ 화재 진행속도가 A급 화재에 비해 빠르고 활성화에너지가 작다.

㉤ 전기적 부도체이므로 정전기로 인한 착화 우려가 있어 정전기 방지대책이 중요

③ **중질유(고비점) 위험물에서 발생될 수 있는 현상** (Ⓜ 오버4형제)

㉠ **오일오버(Oil-over) 현상** 2015 2024

ⓐ 위험물 저장탱크 내에 저장된 제4류 위험물의 양이 내용적의 1/2 이하(50%)로 충전되어 있을 때 화재로 인하여 증기 압력이 상승하면서 저장탱크내의 유류를 외부로 분출하면서 탱크가 파열되는 현상

ⓑ 보일오버, 슬롭오버, 후로스오버 현상보다 위험성이 더 크다.

ⓒ **소화방법**

- 질식소화를 원칙으로 하며, 소화약제로는 포, 분말, CO_2 등을 주로 사용
- 저장탱크용기 등을 외부에서 냉각시켜 가연성증기 발생을 억제하는 방법
- 화재 확산 방지를 위한 모래 등으로 방제 둑을 쌓아 확산범위를 최소화

㉡ **보일오버(Boil-over) 현상**

ⓐ 석유류가 혼합된 원유(중질유)를 저장하는 탱크 저부에 물 또는 물-기름의 에멀젼이 존재할 때, 탱크표면에 화재가 발생하여 유류표면에 뜨거운 열류층이 저부로 전파되면서 저부에 존재하는 물이 수증기로 기화되면서 부피팽창에 의하여 불이 붙은 다량의 기름과 물이 함께 저장탱크 밖으로 분출시키는 현상

ⓑ 소화(방지)방법

- 저장탱크용기의 외부에서 냉각(과열방지)
- 탱크 내용물의 기계적 교반(휘저어 섞음)/ 탱크 저부의 물의 배출
- 원유와 물이 흘러넘쳐 주변으로 확산되는 것을 최소화시키기 위해 신속히 모래 등으로 방제 뚝을 쌓는다.

㉢ 슬롭오버(Slop over) 현상 2018 간부

ⓐ 슬롭오버현상이란 야채를 식용유에 넣을 때 야채 내 수분이 비등하면서 주위의 뜨거운 식용유를 밖으로 튀어나오게 하는 현상, 또는 소화용수가 연소유의 뜨거운 표면에 유입될 때 급격한 비등으로 부피팽창을 일으켜 탱크외부로 유류를 분출시키는 현상

ⓑ 물보다 끓는점(비점)이 높은 점성을 가진 유류에 물이 접촉될 때 유류 표면온도에 의해 물이 수증기가 되어 팽창, 비등함에 따라 유류를 외부로 비산시키는 현상을 말한다.

ⓒ 소화방법

- 저장탱크용기의 외부에서 냉각
- 원유와 물이 흘러넘쳐 주변으로 확산되는 것을 최소화시키기 위해 신속히 모래 등으로 방제 뚝을 쌓는다.

㉣ 후로스오버(Froth over) 현상 2017 간부

ⓐ 점성을 가진 뜨거운 유류표면 아래 부분에서 물이 비등할 경우 비등하는 물에 의해 탱크 내 유류가 넘치는 현상을 말하며, 직접적으로 화재발생을 일으키지는 않는다.

ⓑ 뜨거운 아스팔트를 물중탕 할 때 발생할 수 있는 현상이다.

ⓒ 소화방법

- 저장탱크용기의 외부에서 냉각
- 원유와 물이 흘러넘쳐 주변으로 확산되는 것을 최소화시키기 위해 신속히 모래 등으로 방제 뚝을 쌓는다.

위험물화재의 특수현상 개념비교

구분	특성
오일오버(Oil over)	화재로 저장탱크내의 유류가 외부로 분출하면서 탱크가 파열하는 현상(위험성이 가장 높음)
보일오버(Boil over)	탱크표면화재로 원유와 물이 함께 탱크 밖으로 흘러넘치는 현상
슬롭오버(Slop over)	유류 표면온도에 의해 물이 수증기가 되어 팽창, 비등함에 따라 유류를 외부로 비산시키는 현상
후로스오버(Froth over)	유류표면 아래 비등하는 물에 의해 탱크 내 유류가 넘치는 현상(직접적 화재발생요인은 아님)

④ 링파이어(Ring Fire) : 윤화현상이라고도 하며, 유류저장 탱크 화재로 불꽃이 치솟는 유류표면에 포 소화약제를 방출하여 탱크 윗면을 덮어 질식 소화를 하였으나, 탱크 벽면에 뜨거운 열에 의해 포가 깨지는 현상(파포현상)이 발생하여, 그 벽면에서 링처럼 불길이 다시 재발화되는 현상을 말한다.

(3) 전기 화재(C급 화재)

① 발생 원인 2017 2023

㉠ 단락(합선)에 의한 발화

㉡ 누전에 의한 발화

㉢ 과전류(과부하)에 의한 발화

㉣ 저항열에 의한 발화

㉤ 정전기에 의한 발화

㉥ 유도열과 유전열에 의한 발화

㉦ 전기스파크와 아크(불꽃 방전)

㉧ 낙뢰

㉨ 지락

㉩ 열적경과

㉪ 접속부 과열에 의한 발화

실수 줄이기

전기화재 원인이 아닌 것

① 역기전력
② 기전력
③ 절연과다
④ 승압
⑤ 절연능력상승
⑥ 역률
⑦ 중합반응

② 전기화재 특징

㉠ 전기기계 · 기구 등에 전기가 공급되는 상태에서 발생된 화재로서 물을 사용할 경우 감전의 위험이 있으므로 전기적 절연성을 가진 소화약제로 소화해야 하는 화재를 말한다.

㉡ **소화방법 :** 이산화탄소, 할론, 할로겐화합물 및 불활성기체, 분말소화약제를 사용한다.

개념원리 전기화재 발생원인

① 단락(합선)에 의한 발화
  ㉠ 두개의 전선이 서로 접촉되어 전류가 흐르는 현상
  ㉡ 두개의 전선은 전자기기(부하)에 접속되어 정격전류로 흐르고 있다가 단락이 발생되면 저항이 없어짐과 동시에 전류가 무한대가 되므로 과전류가 흐르는 현상
② 누전에 의한 발화 : 누설된 전류가 어떤 원인으로 건물 내 도체를 따라 흐르는 현상
③ 과전류(과부하)에 의한 발화
  ㉠ 전력 소비가 많아 일정 용량이상 전류가 흐르면 과전류가 흐르게 되면서 줄열 발생
  ㉡ $J(줄열) = I^2RT$(전류^2 × 저항 × 시간)
  ㉢ 전선이나 전자기기에 전류가 증가하거나 저항이 증가하게 되면 줄열이 발생하고, 발화점 이상이 될 때 화재발생
④ 저항열에 의한 발화 : 백열전구에서 열이 발생하는 것처럼 저항이 증가하게 되면 열이 발생하게 되고 그 열이 점화원의 역할
⑤ 지락 : 전류가 대지를 통하여 흐르는 것
⑥ 열적경과 : 다리미 등과 같은 발열체에서 나오는 열이 축적되어 주위의 가연물을 발화시키는 것

(4) 금속화재(D급 화재) 🔥🔥

① 금속화재는 제2류 위험물 [철분, 마그네슘, 금속분(아연, 알류미늄 등)] 및 제3류 위험물 [칼륨, 나트륨, 알킬알루미늄, 알킬리튬, 알칼리금속(세슘, 리튬 등)] 등 금속물질에 의한 화재

② 대부분의 금속분은 물과 접촉하여 수소, 아세틸렌, 에탄 등 가연성 가스를 발생하거나 다른 화학물질과 잘 반응하여 체적, 표면적, 부유성이 증가하는 연소가 가능한 활성 금속들이다.

③ 금속화재 시 물을 사용할 경우 화재 및 폭발의 위험성이 있다.

④ 소화방법

㉠ 화재 초기에는 팽창질석, 팽창진주암, 마른모래, 금속화재용 분말소화기 등을 사용

㉡ 본격 화재 시 주변연소를 방지하고 자연진화

개념원리 2024

■ 금속과 물 반응 🔥🔥🔥

1. **나**트륨, **칼**륨, **리**튬, **칼**슘, **세**슘, **바**륨, **알**킬리튬, **마**그네슘 ⇨ **수**소 (Ⓜ **나칼리 칼세바알마 수**)	$Na + H_2O \rightarrow NaOH + \mathbf{H_2} \uparrow$ $Mg + 2H_2O \rightarrow Mg(OH)_2 + \mathbf{H_2} \uparrow$
2. 금속수소화물 (수소화리튬, 수소화칼륨, 수소화나트륨, 수소화칼슘 등) ⇨ 수소	수소화나트륨 $NaH + H_2O \Rightarrow Na(OH) + \mathbf{H_2} \uparrow$ 수소화칼슘 $CaH_2 + 2H_2O \Rightarrow Ca(OH)_2 + 2\mathbf{H_2} \uparrow$
3. 제1류 위험물 중 무기과산화물(알칼리 금속의 산화물 등) (과산화칼륨, 과산화나트륨, 과산화칼슘, 과산화마그네슘 등) ⇨ 산소 발생	$4K_2O_2 + 2H_2O \Rightarrow 4KOH + O_2 \uparrow$ $4Na_2O_2 + 2H_2O \Rightarrow 4NaOH + O_2 \uparrow$ $2MgO_2 + 2H_2O \Rightarrow 2Mg(OH)_2 + O_2 \uparrow$ $2CaO_2 + 2H_2O \Rightarrow 2Ca(OH)_2 + O_2 \uparrow$
4. **탄**화**칼**슘(칼슘카바이트) ⇨ **아**세틸렌 (Ⓜ **탄칼아**) 탄화리튬, 탄화나트륨, 탄화칼륨, 탄화마그네슘 ⇨ 아세틸렌	$CaC_2 + 2H_2O \rightarrow Ca(OH)_2 + \mathbf{C_2H_2} \uparrow$
5. **탄**화**알**루미늄 ⇨ **메**탄 (Ⓜ **탄알메**)	$Al_4C_3 + 12H_2O \rightarrow 4Al(OH)_3 + \mathbf{3CH_4} \uparrow$
6. 알킬알루미늄	① **트**리**메**틸알루미늄 ⇨ **메탄** (Ⓜ **트메탄**) $(CH_3)_3Al + 3H_2O \rightarrow Al(OH)_3 + \mathbf{3CH_4} \uparrow$ ② **트**리**에**틸알루미늄 ⇨ **에탄** (Ⓜ **트에탄**) $(C_2H_5)_3Al + 3H_2O \rightarrow Al(OH)_3 + \mathbf{3C_2H_6} \uparrow$
7. 알킬리튬	① 메틸리튬 ⇨ **메탄** $CH_3Li + H_2O \rightarrow LiOH + \mathbf{CH_4} \uparrow$ ② 에틸리튬 ⇨ **에탄** $C_2H_5LiI + H_2O \rightarrow LiOH + \mathbf{C_2H_6}$
8. **인**화**칼**슘 ⇨ 인화수소(**포스**핀) (Ⓜ **인칼포**) **인**화**알**루미늄 ⇨ 인화수소(**포스**핀) (Ⓜ **인알포**) **인**화**아**연 ⇨ 인화수소(**포스**핀) (Ⓜ **인아포**)	$Ca_3P_2 + 6H_2O \rightarrow 3Ca(OH)_2 + \mathbf{2PH_3} \uparrow$ $AlP + 3H_2O \rightarrow Al(OH)_3 + \mathbf{PH_3} \uparrow$ $Zn_3P_2 + 6H_2O \rightarrow 3Zn(OH)_2 + \mathbf{2PH_3} \uparrow$
9. 탄화망간 ⇨ 메탄과 수소	$Mn_3C + 6H_2O \rightarrow 3Mn(OH)_2 + \mathbf{CH_4} + \mathbf{H_2} \uparrow$
10. 가연성 액체(휘발유, 등유, 경유 등)의 유류화재 ⇨ **연소면의 확대**	

* 금속화재 시 수분과의 접촉은 가연성 가스를 발생하므로 절대 피하여야 하며, 물이 주체로 된 소화약제(물, 포 등)는 사용할 수 없다.

■ 화재 발생 시 물을 소화약제로 사용할 수 있는 것

① 염소산염류 ② 적린 ③ 질산암모늄 ④ 황린 ⑤ 산화칼슘 ⑥ 과염소산칼륨 ⑦ 유황

(5) 가스화재(E급 화재)

① 가스화재의 특성

㉠ 가스화재는 가연성가스의 누설에 의해 공기 중에 방출되고 불꽃을 내면서 연소하게 된다.

㉡ 공기 중에 방출된 가연성가스가 착화되지 않았을 때는 폭발한계내의 혼합가스가 되어 체류하게 된다. 가스가 공기보다 가벼울 때는 실내 위쪽에, 가스가 공기보다 무거울 때는 바닥에 체류하다가 점화원에 의해 착화한다.

㉢ 폐쇄된 장소에서 폭발한계내의 혼합기체에 착화되면 가스가 폭발한다.

㉣ 가스 점화원으로 불꽃, 전기스파크, 정전기 방전, 충격불꽃 등의 화원이 원인이 되는 경우가 많다.

㉤ 위험성

ⓐ **확산성** : 가스의 비중은 LPG를 제외한 대부분이 공기보다 가벼워 확산속도가 빠르다.

ⓑ **누설** : 고압 또는 압축가스로서 사용되므로 사소한 결함에도 누설되기 쉽다.

ⓒ **소화곤란성** : 높은 압력으로 분출, 연소하는 가스화재는 소화하기 어려울 뿐 아니라 누설 중 소화하더라도 2차 폭발 가능성이 크다.

액화석유가스(LPG)와 액화천연가스(LNG)의 비교

구분	LPG	LNG
명칭	액화석유가스	액화천연가스
주성분	프로판(C_3H_8), 부탄(C_4H_{10})	메탄(CH_4)
공급방법	가스용기, 집단공급시설, 수송이나 보관이 액체상태	가스전 → LNG선박 → 하역설비 → 저장설비 → 가압설비 → 기화설비 → 감압설비 → 계량설비 → 수요처에 기체로 공급(발전소, 가정, 산업체)
액화방법	상온에서 기체상태, 냉각이나 가압으로 액화(1/250로 압축), 프로판의 비점 96.8℃	-162℃(비점)이하로 액화하여 부피를 1/600 압축, 공급시 기화
가스특징	무색 · 무취(부취제 첨가)	무색 · 무취(부취제 첨가)
가스비중 (공기비중=1)	S=1.32(프로판62.5%) 가스누출경보기 바닥에 시공	S=0.65(메탄 85% 이상) 가스누출기 벽체 상부(천장부)에 시공
공급방법	소규모, 이동식(봄베)	대규모 집단공급시설

③ 가스의 분류

㉠ 연소성에 따른 분류

분류	개념	종류
가연성 가스	ⓐ 메탄, 에탄, 프로판 등 공기와 혼합 시 연소가 가능한 가스 ⓑ 폭발 하한이 10% 이하인 것과 폭발범위의 상한과 하한의 차가 20% 이상인 것	수소, 아세틸렌, 메탄, 에탄, 프로판, 부탄, 일산화탄소 등
조연성 가스	자기 자신은 연소하지 않으나, 다른 물질의 연소를 돕는 가스	**산**소, **불**소, **오**존, **염**소 등 Ⓜ **조산불오염**
불연성 가스	연소가 불가능하거나 흡열 반응하는 가스	**헬**륨, **네**온, **아**르곤, **질**소 등 Ⓜ **헬네아질불**

㉡ 취급상태에 따른 분류

분류	개념	종류
압축가스	임계온도가 낮아 용기에 저장, 취급되는 상태가 기체인 가스	수소, 질소, 산소, 염소, 헬륨, 아르곤 등
액화가스	임계온도가 높아 일정 압력 이상으로 축압하면 액체화되어 용기에 저장, 취급되는 상태가 액체인 가스	LPG, LNG, CO_2 등

(6) 식용유 화재(K급 화재) 2023

① 식용유는 기존의 B급 유류화재와 달리 화재형태가 특수하여 별도화재(K급)로 분류하고 있다.

② 식용유는 인화점과 발화점의 차이가 적고, 발화점이 비점보다 낮기 때문에 화염을 제거하는 소화 후에도 재발화 위험성이 있다.

③ 소화대책

㉠ 제1종($NaHCO_3$) 분말소화약제의 비누화 소화효과 이용

㉡ 강화액 소화기인 K급 소화기 사용

㉢ 거품형태의 폼방사

㉣ 냄비 뚜껑, 방석 등으로 덮어 공기 공급을 차단(질식소화)

㉤ 배추 등 야채를 넣어 식용유의 온도를 낮춘다(냉각소화) – 물기가 없어야 한다.(슬롭오버 발생)

개념원리 K급화재

1. 개념
1) 우리나라에서는 식용유 화재를 K급 화재(주방화재)로 "주방에서 동식물유류를 취급하는 조리기구에서일어난 화재"를 말한다.
2) 미국방화협회(NFPA)에서는 K급으로 가연성 튀김기름을 포함한 요리재료를 포함하는 요리기구 화재까지 포함시킨 화재
3) 국제표준화기구에서는 F급화재로 조리에 의한 화재로만 분류한다.

2. 특징
1) 인화점과 발화점의 차이가 적다.
2) 발화점이 비점보다 낮아 재발화의 우려가 낮다.
3) K급화재용 소화기의 소화성능시험은 소화기 형식승인 및 제품검사의 기술기준 별표6에 따른다.

❷ 기타 화재

(1) 임야화재(=산림화재)

① 임야화재란 산림, 야산, 들판의 수목, 잡초, 경작물 등이 타는 것으로 그 화재원인은 낙뢰 등의 자연현상에 의한 것과 모닥불, 담배 등의 인위적 원인에 의한 것이 있다.

② 임야화재의 형태에는 수관화, 수간화, 지표화, 지중화가 있다. (Ⓜ **중표간관비**)

구분	형태
지중화	땅속의 썩은 나무 등이 타는 것
지표화	지표 위의 낙엽, 가지, 관목 등이 타는 것
수간화	수목, 나무의 기둥이 타는 것
수관화	나무의 가지나 잎이 타는 것
비 화	강풍, 복사 등에 의해 불꽃이 날아가 타는 것

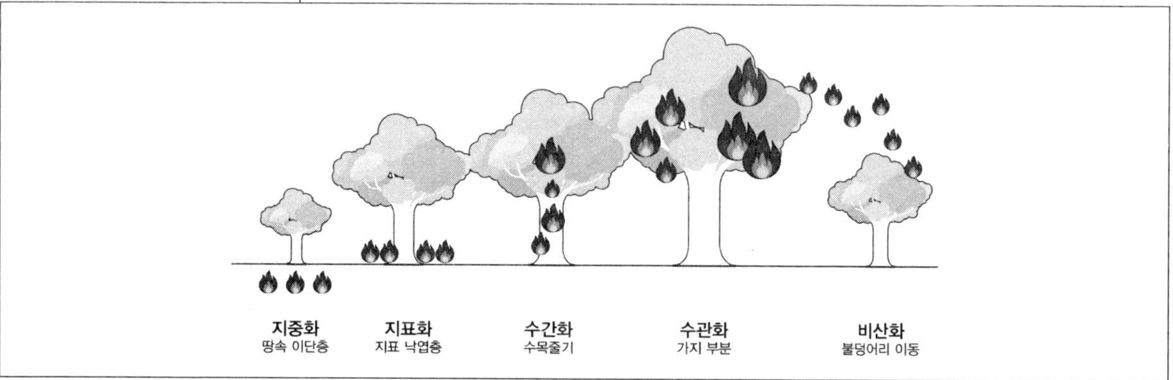

(2) 훈소

① 훈소란 공기 중에 존재하는 산소와 고체 표면간에 발생하는 상대적으로 느린 연소과정으로서 연소속도는 0.001 ~ 0.01(cm/sec) 정도이며, 연료의 표면에서 반응이 일어나고, 이 표면에서는 작열(growing)과 탄화(charring) 현상이 일어난다. 작열한다는 것은 온도가 1,000℃ 이상임을 나타낸다.

② 주로 화재 초기 거의 밀폐된 실이나 연소에 필요한 산소와 온도 부족으로 가연성 증기는 발생하나 분해가스 농도부족으로 더디게 타거나 거의 정지 상태로 연쇄반응 없이 응축(기체에서 액체-불완전연소의 불씨연소에서 온도가 낮아 액화되는 현상)의 액체 미립자인 분해 생성물만을 생성하며 덜 타기 때문에 불꽃연소보다 연기 및 CO 등의 유독가스가 많이 생성되기 때문에 치명적일 수 있다.

③ 위험성

㉠ 화염연소에 비해 불완전 연소생성물을 많이 발생시킨다.

㉡ 화재 감지가 어렵다.(천천히 성장)

㉢ 화재 진압이 곤란하다.

㉣ **화염연소로의 전이 가능성**(재발화) : 가스계 소화설비의 soaking time(농도지속시간)이 필요

㉤ 온도가 낮아 연기가 많다.

㉥ 연기 입자는 크고, 액체 미립자가 많고, 유독가스도 있다.

㉦ 외부에서 공기가 급격히 유입된다면 바로 불꽃연소가 일어난다.

④ 대책

㉠ 감지기 선정

ⓐ **연기감지기** : 광전식 감지기 선정

ⓑ **열감지기** : 정온식이나 보상식 열감지기 사용

ⓒ 저강도 화재이므로 특수감지기(CO 감지기 : 일산화탄소감지기)를 고려할 필요가 있다.

㉡ **가스계소화설비의 soaking time**(농도지속시간 : 가연물의 심부까지 소화약제가 침투할 수 있는 시간)

㉢ wetting agent(습윤제 : 액체의 표면장력을 감소)를 물에 첨가하여 가연물 내부로의 침투 성능을 향상시킨다.

chapter

06 출제예상문제

* 2015년

1 기름탱크 1/2이하 충전되어 있고 화재 진압시 증기 압력으로 탱크가 파열되었다 다음은 무슨 현상인가?

① 슬롭오버
② 보일오버
③ 오일오버
④ 플래비현상

1.

오일오버(Oil-over) 현상 2015

① 위험물 저장탱크 내에 저장된 제4류 위험물의 양이 내용적의 1/2이하(50%)로 충전되어 있을 때 화재로 인하여 증기 압력이 상승하면서 저장탱크내의 유류를 외부로 분출하면서 탱크가 파열되는 현상
② 보일오버, 슬롭오버, 후로스오버 현상보다 위험성이 더 크다.

* 2017년 하반기 2024년

2 액화가스탱크에 외부에서 가해지는 열에 의해 액체가 비등하면서 내부의 압력이 상승하여 용기가 파열되는 현상을 무엇이라고 하는가?

① 보일오버
② 블래비
③ 플래시오버
④ 슬롭오버

2.

보일오버(Boil-over) 현상

석유류가 혼합된 원유(중질유)를 저장하는 탱크 저부에 물 또는 물-기름의 에멀젼이 존재할 때, 탱크표면에 화재가 발생하여 유류표면에 뜨거운 열류층이 저부로 전파되면서 저부에 존재하는 물이 수증기로 기화되면서 부피팽창에 의하여 불이 붙은 다량의 기름과 물이 함께 저장탱크 밖으로 분출시키는 현상

Answer 1.③ 2.①

* 2020년 간부

3 유류화재의 이상현상에 대한 설명으로 옳은 것은?

① 프로스오버(Froth over) : 점성이 큰 뜨거운 유류표면 아래에서 물이 끓을 때 화재를 수반하지 않고 유류가 넘치는 현상

② 슬롭오버(Slop over) : 탱크 내의 유류가 50% 미만 저장된 경우, 화재로 인한 내부 압력 상승으로 탱크가 폭발하는 현상

③ 오일오버(Oil over) : 중질유 탱크 화재 시 액면의 뜨거운 열파가 탱크 하부로 전달될 때, 탱크 하부에 존재하고 있던 에멀션(emulsion) 상태의 물을 기화시켜 물의 급격한 부피 팽창으로 탱크 내의 유류가 분출하는 현상

④ 링파이어(Ring fire) : 액화가스저장 탱크의 외부 화재로 탱크가 장시간 과열되면 내부 액화가스의 급격한 비등·팽창으로 탱크 내부 압력이 급격히 증가되고, 최종적으로 탱크의 설계압력 초과로 탱크가 폭발하는 현상

⑤ 보일오버(Boil over) : 중질유 탱크 내에 화재로 연소유의 표면온도가 물의 비점 이상 상승했을 때, 물분무 또는 폼(foam) 소화약제를 뜨거운 연소유 표면에 방사하면 물이 수증기가 되면서 급격한 부피 팽창으로 연소유를 탱크 외부로 비산시키는 현상

* 2018년 간부

4 위험물화재의 특수현상 중 슬롭오버 (Slop Over) 현상으로 옳은 것은?

① 점성이 큰 유류에 화재가 발생했을 때 소화용수의 유입에 의한 갑작스러운 부피 팽창으로 탱크 내의 유류가 끓어 넘치는 현상

② 저장탱크 속의 물이 점성을 가진 뜨거운 기름의 표면 아래에서 끓을 때 화재를 수반하지 않고 기름이 넘쳐 흐르는 현상

③ 가연성 가스가 연소하면서 바람을 타고 흘러가는 현상

④ 석유화재에서 저장탱크 하부에 고인 물이 격심한 증발을 일으키면서 불붙은 석유를 분출하는 현상

⑤ 과열상태의 탱크 내부에서 액화가스가 분출하여 기화되어 착화되었을 때 폭발 하는 현상

3.

위험물화재의 특수현상 개념비교

구분	특성
오일오버 (Oil over)	화재로 저장탱크내의 유류가 외부로 분출하면서 탱크가 파열하는 현상 (위험성이 가장 높음)
보일오버 (Boil over)	탱크표면화재로 원유와 물이 함께 탱크 밖으로 흘러넘치는 현상
후로스오버 (Froth over)	유류표면 아래 비등하는 물에 의해 탱크 내 유류가 넘치는 현상 (직접적 화재발생요인은 아님)
슬롭오버 (Slop over)	유류 표면온도에 의해 물이 수증기가 되어 팽창, 비등함에 따라 유류를 외부로 비산시키는 현상
링파이어 (Ring Fire)	**윤화현상**이라고도 하며, 유류저장 탱크 화재로 불꽃이 치솟는 유류표면에 포 소화약제를 방출하여 탱크 윗면을 덮어 질식 소화를 하였으나, 탱크 벽면에 뜨거운 열에 의해 포가 깨지는 현상(파포현상)이 발생하여, 그 벽면에서 링처럼 불길이 다시 재발화되는 현상을 말한다.

4.

슬롭오버(Slop over) 현상

㉠ 슬롭오버현상이란 야채를 식용유에 넣을 때 야채 내 수분이 비등하면서 주위의 뜨거운 식용유를 밖으로 튀어나오게 하는 현상, 또는 소화용수가 연소유의 뜨거운 표면에 유입될 때 급격한 비등으로 부피팽창을 일으켜 탱크외부로 유류를 분출시키는 현상

㉡ 물보다 끓는점(비점)이 높은 점성을 가진 유류에 물이 접촉될 때 유류 표면온도에 의해 물이 수증기가 되어 팽창, 비등함에 따라 유류를 외부로 비산시키는 현상을 말한다.

Answer 3.① 4.①

※ 2017년 간부

5 유류저장탱크 속의 물이 점성을 가진 뜨거운 기름의 표면 아래에서 끓을 때 화재를 수반하지않고 기름이 넘쳐흐르는 현상은?

① 슬롭오버　② 후로스오버
③ 오일오버　④ 보일오버
⑤ 플래시오버

6 탱크화재 시 발생되는 보일오버(Boil Over)의 방지방법으로 틀린 것은?

① 탱크 내용물의 기계적 교반
② 물의 배출
③ 과열방지
④ 위험물 탱크내의 하부에 냉각수 저장

※ 2017년

7 전기화재의 직접적인 원인에 해당하지 않는 것은?

① 누전　② 지락
③ 과전류　④ 역기전력

8 전기화재의 원인과 주된 방지대책의 연결이 옳지 않은 것은?

① 낙뢰 – 피뢰설비
② 정전기 – 방진설비
③ 스파크 – 방폭설비
④ 과전류 – 적정용량의 배선 및 차단기 설치

5.

후로스오버(Froth over) 현상
점성을 가진 뜨거운 유류표면 아래 부분에서 물이 비등할 경우 비등하는 물에 의해 탱크 내 유류가 넘치는 현상을 말하며, 직접적으로 화재발생을 일으키지는 않는다.

6.

보일오버(Boil-over) 현상 소화(방지)방법
① 저장탱크용기의 외부에서 냉각(과열방지)
② 탱크 내용물의 기계적 교반(휘저어 섞음)
③ 탱크 저부의 물의 배출
④ 원유와 물이 흘러넘쳐 주변으로 확산되는 것을 최소화시키기 위해 신속히 모래 등으로 방제 뚝을 쌓는다.

7.

전기 화재(C급 화재) 발생 원인
㉠ 단락(합선)에 의한 발화
㉡ 누전에 의한 발화
㉢ 과전류(과부하)에 의한 발화
㉣ 저항열에 의한 발화
㉤ 정전기에 의한 발화
㉥ 유도열과 유전열에 의한 발화
㉦ 전기스파크와 아크(불꽃 방전)
㉧ 낙뢰
㉨ 지락
㉩ 열적경과
㉪ 접속부 과열에 의한 발화

8.

방진설비 : 먼지가 들어오는 것을 막는 설비 / 정전기를 막는 대책으로는 제전기를 사용

Answer 5.② 6.④ 7.④ 8.②

9 주수소화 시 가연물에 따라 발생하는 가연성 가스의 연결이 틀린 것은?

① 탄화칼슘 – 아세틸렌
② 탄화알루미늄 – 프로판
③ 인화칼슘 – 포스핀
④ 수소화리튬 – 수소

10 물과 반응하여 가연성 기체를 발생하지 않는 것은?

① 칼륨
② 인화아연
③ 산화칼슘
④ 탄화알루미늄

11 액화석유가스(LPG)에 대한 성질로 틀린 것은?

① 주성분은 프로탄, 부탄이다.
② 천연고무를 잘 녹인다.
③ 물에 녹지 않으나 유기용매에 용해된다.
④ 공기보다 1.5배 가볍다.

12 액화천연가스(LNG)의 주성분인 탄화수소가스로 옳은 것은?

① CH_4
② C_2H_6
③ C_3H_8
④ C_4H_{10}

9.

탄화**알**루미늄 ⇨ **메**탄

$Al_4C_3 + 12H_2O \rightarrow 4Al(OH)_3 + 3CH_4 \uparrow$

10.

나트륨, **칼**륨, **리**튬, **칼**슘, **세**슘, **바**륨, **알**킬리튬, **마**그네슘 ⇨ **수**소

$Na + H_2O \rightarrow NaOH + H_2 \uparrow$

$Mg + 2H_2O \rightarrow Mg(OH)_2 + H_2 \uparrow$

탄화**알**루미늄 ⇨ **메**탄

$Al_4C_3 + 12H_2O \rightarrow 4Al(OH)_3 + 3CH_4 \uparrow$

인화**칼**슘 ⇨ 인화수소(**포스**핀)
인화**알**루미늄 ⇨ 인화수소(**포스**핀)
인화**아**연 ⇨ 인화수소(**포스**핀)

$Ca_3P_2 + 6H_2O \rightarrow 3Ca(OH)_2 + 2PH_3 \uparrow$

$AlP + 3H_2O \rightarrow Al(OH)_3 + PH_3 \uparrow$

$Zn_3P_2 + 6H_2O \rightarrow 3Zn(OH)_2 + 2PH_3 \uparrow$

11.

④ 공기보다 약 1.5배 무겁다.

12.

주성분이 메탄으로서 비중이 0.65로 공기보다 약 절반가량 가벼워 누설 시 대기중으로 증발하여 프로판, 부탄가스보다 폭발위험이 적다.

Answer 9.② 10.③ 11.④ 12.①

13 K급 화재(주방화재)에 관한 설명으로 옳지 않은 것은?

① 비누화현상을 일으키는 중탄산나트륨 성분의 소화약제가 적응성이 있다.
② 인화점과 발화점의 차이가 작아 재발화의 우려가 큰 식용유화재를 말한다.
③ 주방에서 동식물유를 취급하는 조리기구에서 일어나는 화재를 말한다.
④ K급 화재용 소화기의 소화능력시험은 소화기의 B급 화재 소화능력시험에 따른다.

14 임야화재의 형태의 관한 설명으로 옳지 않은 것은?

① 지중화는 산림 지중에 있는 유기질층이 타는 것이다.
② 지표화는 산림 지면에 떨어져 있는 낙엽, 마른풀 등의 타는 것이다.
③ 수관화는 나무의 줄기가 타는 것이다.
④ 비화는 강풍 등에 의해 불꽃이 날아가 타는 것이다.

※ 2023년

15 전기화재(C급화재) 및 주방화재(K급화재)에 관한 설명으로 옳지 않은 것은?

① 주방화재의 가연물 중 하나인 식용유의 발화점은 비점보다 낮다.
② 도체 주위의 자기장 변화에 의해 발생된 유도전류는 전기화재의 점화원으로 작용할 수 있다.
③ 식용유로 인한 화재 시 유면상의 화염을 제거하면 복사열에 의한 기화를 차단하여 재발화를 방지할 수 있다.
④ 전기화재의 발생 원인 중 누전은 전류가 전선이나 기구에서 절연 불량 등의 원인으로 정해진 전로(배선) 밖으로 흐르는 현상이다.

13.

K급화재

㉠ 개념
- 우리나라에서는 식용유 화재를 K급 화재(주방화재)로 "주방에서 동식물유류를 취급하는 조리기구에서 일어난 화재"를 말한다.
- 미국방화협회(NFPA)에서는 K급으로 가연성 튀김기름을 포함한 요리재료를 포함하는 요리기구 화재까지 포함시킨 화재
- 국제표준화기구에서는 F급화재로 조리에 의한 화재로만 분류한다.

㉡ 특징
- 인화점과 발화점의 차이가 적다.
- 발화점이 비점보다 낮아 재발화의 우려가 낮다.
- K급화재용 소화기의 소화성능시험은 소화기 형식승인 및 제품검사의 기술기준 별표6에 따른다.

14.

구분	형태
지**중**화	땅속의 썩은 나무 등이 타는 것
지**표**화	지표 위의 낙엽, 가지, 관목 등이 타는 것
수**간**화	수목, 나무의 기둥이 타는 것
수**관**화	나무의 가지나 잎이 타는 것
비화	강풍, 복사 등에 의해 불꽃이 날아가 타는 것

15.

식용유는 인화점과 발화점의 차이가 적고, 발화점이 비점보다 낮기 때문에 화염을 제거하는 소화 후에도 재발화 위험성이 있다.

Answer 13.④ 14.③ 15.③

✻ 연도별 기출경향 ✻

[기출연도]	2012	2013	2014	2015	2016	2017	2018	2019	2020	2021	2022	2023	2024
문항수	4	4	1	3	4	4	4		1	3	3	5	6

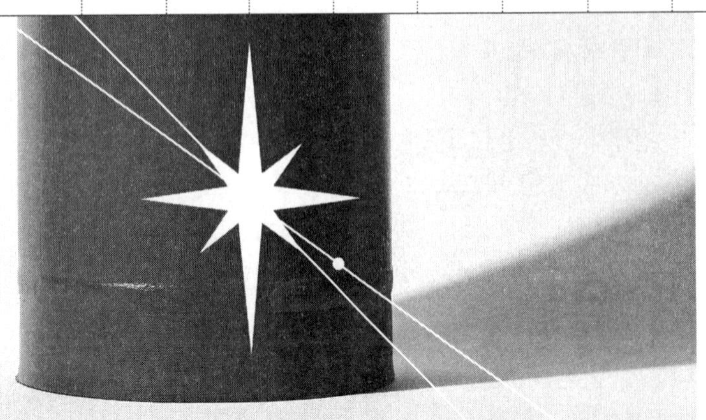

PART

04

폭발론

chapter

01 폭발개념

❶ 폭발의 정의

(1) 폭발이란 압력의 급격한 발생 또는 해방의 결과로서 굉음을 발생하며 파괴하기도 하고, 팽창하기도 하는 것

(2) 폭발이란 화학변화를 동반해 일어나는 압력의 급격한 상승현상으로 파괴 작용을 수반하는 화학적 폭발과 물질의 상태 · 온도 · 압력의 변화로 인한 내압상승의 물리적 폭발로 구분

(3) 또한, 물리적 상태에 따라 응상폭발과 기상폭발로 구분

❷ 폭발반응의 원인

(1) 발열화학 반응 시

(2) 강력한 에너지에 의한 급속가열(예 부탄가스통의 가열시 폭발)

(3) 액체에서 기체(증발), 고체에서 기체(승화), 이처럼 액체나 고체 상태에서 기상으로 변화(상변화)시

❸ 폭발의 성립 조건

(1) 밀폐된 공간이 존재

(2) 가연성 가스, 증기 또는 분진이 폭발 범위 내 존재

(3) 혼합가스 및 분진을 발화시킬 수 있는 최소점화원(Energy) 존재

(4) 즉, 연소의 3요소에 밀폐된 공간이 있으면 성립

chapter

01 출제예상문제

* 2020년

1 폭발에 대한 설명으로 옳지 않은 것은?

① 증기폭발은 폭발물질의 물리적 상태에 따른 분류 중 기상폭발에 해당한다.

② 폭굉은 연소반응으로 발생한 화염의 전파 속도가 음속보다 빠른 것을 말한다.

③ 블레비(BLEVE)는 액화가스저장탱크 등에서 외부열원에 의해 과열되어 급격한 압력 상승의 원인으로 파열되는 현상이며, 폭발의 분류 중 물리적 폭발에 해당한다.

④ 폭발은 물리적, 화학적 변화의 결과로 발생된 급격한 압력 상승에 의한 에너지가 외계로 전환되는 과정에서 파열, 폭음 등을 동반하는 현상을 말한다.

* 2017년 간부

2 폭발에 대한 설명으로 옳지 않은 것은?

① 폭발은 밀폐공간에서 급격한 압력상승으로 에너지가 외부로 전환되는 과정에서 파열, 후폭풍, 폭음 등을 동반하는 현상을 말한다.

② 폭발이 일어나기 위해서는 밀폐된 공간, 점화원, 폭발범위와 같은 조건이 구비되어야 한다.

③ 물리적 폭발은 물질의 상태 (기체, 액체, 고체)가 변하거나 온도, 압력 등의 조건의 변화에 의한 폭발이다.

④ 화학적 폭발은 화학반응의 결과로 압력이 발생하여 유발되는 폭발이다.

⑤ 폭발의 원인에 따른 폭발의 분류 중 가스폭발, 분무폭발, 분진폭발은 물리적 폭발에 속한다.

1.

증기폭발

① 증기폭발은 폭발의 물리적 상태에 따른 분류 중 응상폭발에 해당한다.

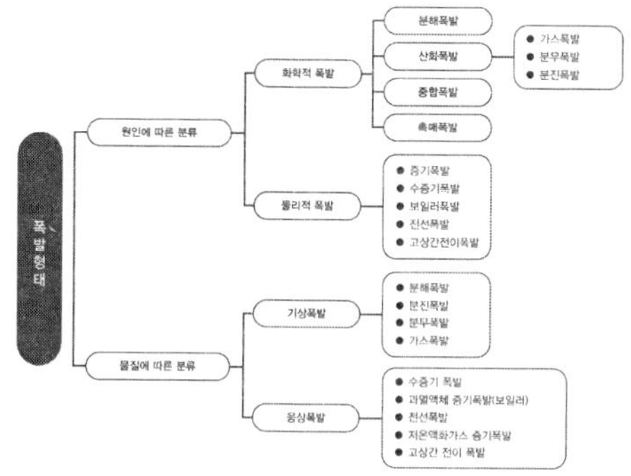

2.

화학적 폭발

⑤ 가스폭발, 분무폭발, 분진폭발은 폭발의 원인에 따른 분류의 화학적 폭발 중 산화폭발에 해당한다.

Answer 1.① 2.⑤

chapter

02 폭발형태

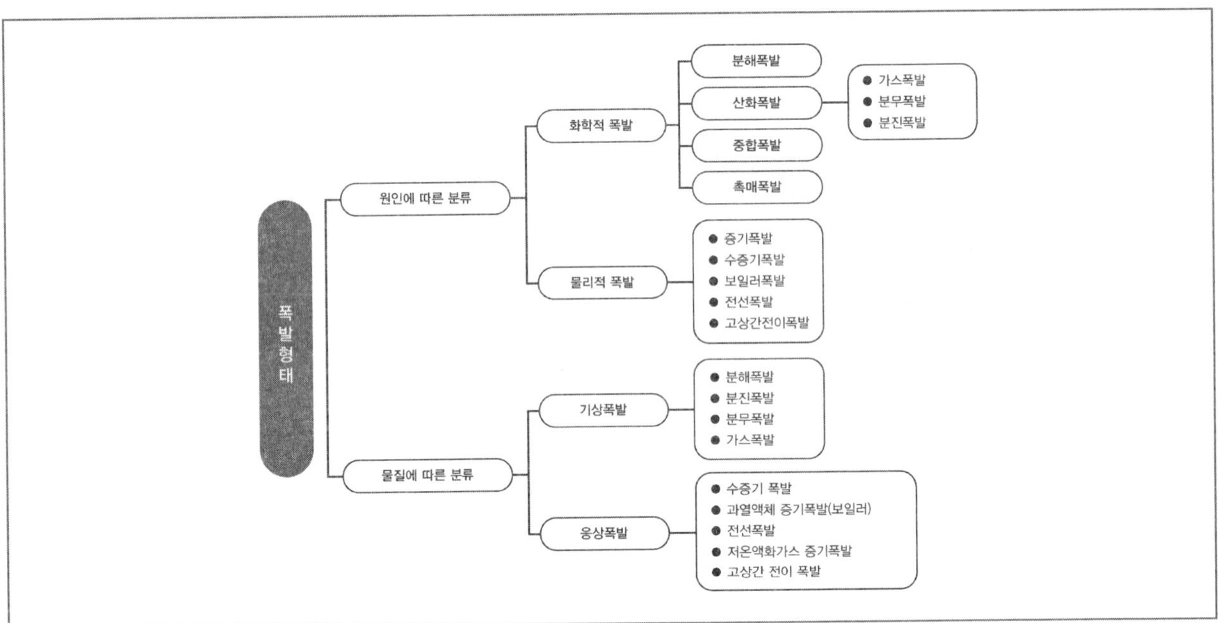

가. 폭발의 원인에 따른 분류 2021 2022 2020

❶ 화학적 폭발 (Ⓜ 분산중매) 2016 간부 2021 간부 2022 간부

원인계와 생성계가 달라지는 급격한 연소 폭발을 화학적 폭발이라 하며, 화염이 동반된다.

즉, 물질의 화학적 상태가 변화하면서 폭발이 발생

(1) **분해 폭발** (Ⓜ 분 아산에하오)

① 분해 생성된 가스가 열팽창에 의해 산소 없이 단독으로 발열 · 분해 반응을 하는 물질에서의 폭발

② **아**세틸렌(C_2H_2), **산**화에틸렌(C_2H_4O), **에**틸렌(C_2H_4), **하**드라진(N_2H_4), 제**5**류 위험물의 과산화물

> 아세틸렌 : $C_2H_2 \rightarrow 2C + H_2 + 54.19$[㎉]
> 아세틸렌은 분해성 가스의 대표적인 것으로 반응 시 발열량이 크고, 산소와 반응하여 연소 시 3,000℃의 고온이 얻어지는 물질로서 금속의 용단, 용접에 사용된다.

(2) **산화 폭발** (Ⓜ 산 가무진)

① 연소폭발이라고도 하며, 연소의 한 형태인데 연소가 비정상 상태로 되어서 폭발이 일어나는 형태

② 주로 가연성 기체, 액체, 고체가 공기 중 산소와의 혼합물, 산화성 · 환원성 고체 및 액체 혼합물 혹은 화합물의 반응에 의하여 발생

③ 산화폭발은 폭발의 주체가 되는 물질에 따라 가스, 분무, 분진폭발로 분류할 수 있다. (Ⓜ 가무진)

㉠ **가**스폭발(기체) : 가연성 가스가 점화원에 의해 폭발하는 가장 일반적 현상

㉡ 분**무**폭발(액체) : 분무상으로 부유된 가연성 액체가 주체가 되는 폭발이다.

㉢ 분**진**폭발(고체) : 공기중에 부유하고 있는 가연성 고체 미분이 주체가 되는 폭발

(3) **중합 폭발** (Ⓜ 중 산시염)

① 중합해서 발생하는 반응열을 이용해서 폭발하는 것으로 초산비닐, 염화비닐 등의 원료인 모노머가 폭발적으로 중합되면 격렬하게 발열하여 압력이 급상승되고 용기가 파괴되는 폭발

② 중합반응은 고분자 물질의 원료인 단량체(모노머, Monomer)에 촉매를 넣어 일정온도, 압력하에서 반응시키면 분자량이 큰 고분자를 생성하는 반응을 말하며, 이 반응은 대부분 발열반응을 하므로 적절한 냉각설비를 반응장치에 설치하여 이상 반응이 되는 것을 방지하여야 한다.

③ **염**화비닐(초산비닐), **시**안화수소(HCN), **산**화에틸렌(C_2H_4O) 등은 중합에 의한 폭발

(4) **촉매 폭발**

촉매에 의해서 폭발하는 것으로 수소(H_2)+산소(O_2), 수소(H_2)+염소(Cl_2)에 빛을 쪼일 때 반응하는 폭발

개념원리

1. 모노머

고분자 화합물 또는 화합체를 구성하는 단위가 되는 분자량이 작은 물질. 단위체 또는 모노머라고도 한다. 중합반응에 의해서 중합체를 합성할 때의 출발 물질을 가리킨다.

2. 반응폭주(Run Way)

반응 폭주는 서로 다른 물질이 폭발적으로 반응하는 현상이다.

반응폭주는 반응물질의 제어, 촉매의 제어, 반응속도의 제어, 온도 제어에 실패하여 반응속도가 반응열에 의해 급격히 상승하여 폭발적으로 반응이 일어나는 현상이다.

3. 분해폭발과 중합폭발을 일으키는 물질 : 산화에틸렌(C_2H_4O)

4. 화약류 폭발은 화학적 폭발이라 할 수 있다. (○)

5. UVCE(증기운 폭발)는 화학적 폭발이라 할 수 있다. (○)

❷ 물리적 폭발 (Ⓜ 수증보고전) 2020 간부

물질의 상태 · 온도 · 압력 등 원인계와 생성계가 같은 보일러폭발 등 단순 내압 상승에 의한 폭발

(1) 증기 폭발

액체에 급속한 기화현상이 발생되어 체적 팽창에 의한 고압이 생성되어 폭발을 일으키는 현상으로 물, 유기액체 또는 액화가스 등의 액체들이 과열상태가 될 때 순간적으로 증기화되어 나타나는 폭발현상

① 과열 액체의 급격한 비등에 의한 증기폭발(BLEVE)

② 고압 용기에서 가스의 과압에 의한 파열 시 급속한 상변화

③ 진공용기 파손에 의한 폭발

(2) 수증기 폭발(물의 급속 가열)

① 물 또는 물을 함유한 액체에 고온 용융금속, 용융염 등이 대량으로 유입되는 경우 접촉된 물이 수증기로 급격히 상변화되어 체적 팽창에 의한 폭발

② 수증기 폭발의 발생은 고온 용융염의 투입속도가 빠를수록 용기의 단면적이 작을수록 잘 일어난다.

(3) 보일러 폭발

보일러와 같이 고압의 포화수를 저장하고 있는 용기가 파손 등의 원인으로 동체의 일부분이 열리면 용기내압이 급속히 하락되어 일부 액체가 급속히 기화하면서 증기압이 급상승하여 용기가 파괴되는 폭발

(4) 전선(금속선) 폭발

알류미늄 전선에 한도 이상의 큰 전류가 흘러 순식간에 전선이 가열, 용융, 기화가 되어 기체 팽창이 발생되는 폭발

(5) 고상간 전이 폭발

금속 고체인 안티몬이 녹아서 동일한 고상의 안티몬으로 상전이할 때 발생되는 발열함으로써 주위의 공기가 팽창하여 폭발

개념원리

1. 용융염 : 질산나트륨, 질산칼륨의 혼합물을 고온으로 가열하여 액체로 변한상태
2. 상전이 : 기체에서 액체 또는 액체에서 고체 등 물질의 상태가 변화하는 현상
3. **압력폭발**은 물리적 폭발이라 할 수 있다. (○)

나. 물질에 따른 분류 🔥🔥🔥 2020 2024 간부

폭발물질의 물리적 상태에 따라서 기상폭발과 응상폭발로 구분하며, 일반적으로 기상은 기체상태를 말하고, 응상이란 고체 및 액체상태를 말한다.

❶ 기상폭발(원인물질이 기체인 폭발) (Ⓜ 가무진+해) 2015

(1) **가**스폭발(혼합가스 폭발)

(2) 분**무**폭발

(3) 분**진**폭발

(4) 분**해**폭발

※ 분무, 분진 폭발이 기상폭발인 이유 … 액적이나 미분이 열분해, 건류, 증발 등을 통하여 가연성 가스를 발생시켜 폭발하기 때문이다.

❷ 응상폭발(원인물질이 액체 및 고체인 폭발) (Ⓜ 수증저고전) 2019 간부 2023 간부

(1) **수**증기 폭발

(2) 과열액체 **증**기폭발(보일러)

(3) **전**선폭발

(4) **저**온액화가스 증기폭발

(5) **고**상간 전이 폭발

개념원리 저온 액화가스의 증기폭발(극저온 액화가스의 수면유출)

1) LNG 등의 저온액화가스가 상온의 물위에 유출될 때 급격하게 기화되면서 증기폭발이 발생된다.
2) 이 때 뜨거운 유체로 작용하는 것은 물(15℃)이며 LNG는 -162℃에서 액화된 가스이므로 차가운 액체로 작용한다. 이때의 에너지원은 물의 현열이다.
3) 물속에서 사고로 인해 액화천연가스가 분출되었을 때, 물질이 급격한 비등현상으로 체적팽창 및 상변화로 인하여 고압이 형성되어 일어나는 폭발현상이다.

③ 분진폭발 2018 2024 간부

① 가연성 고체의 미분이 일정 농도 이상 공기와 같은 조연성 가스 등에 분산되어 있을 때 발화원에 의하여 착화됨으로서 일어나는 폭발 현상

② 금속, 플라스틱, 농산물, 석탄, 유황, 섬유질 등의 가연성 고체가 미세한 분말상태로 공기중에 부유하여 폭발하한계 농도 이상으로 유지될 때 착화원이 존재하면 가연성 혼합기와 동일한 폭발현상을 나타낸다.

③ 탄광의 갱도, 유황 분쇄기, 합금 분쇄 공장 등에서 가끔 분진 폭발이 일어난다.

④ 분진의 발화폭발 조건

㉠ 가연성 고체 : 금속, 플라스틱, 밀가루, 설탕, 전분, 석탄 등

㉡ 미분상태 : 200mesh(76㎛) 이하

㉢ 지연성 가스(공기)중에서의 교반(균일한 혼합상태로 만드는일)과 운동

㉣ 점화원의 존재

⑤ 가연성 분진의 착화폭발 메커니즘(진행단계)

㉠ 입자표면에 열에너지가 주어져서 표면온도가 상승한다.

㉡ 입자표면의 분자가 열분해 또는 건류작용을 일으켜서 기체 상태로 입자 주위에 방출한다.

㉢ 이 기체가 공기와 혼합하여 폭발성 혼합기가 생성된 후 발화되어 화염이 발생된다.

㉣ 이 화염에 의해 생성된 열은 다시 다른 분말의 분해를 촉진시켜 공기와 혼합하여 발화 전파한다.

분진의 폭발과정	분진폭발의 진행과정

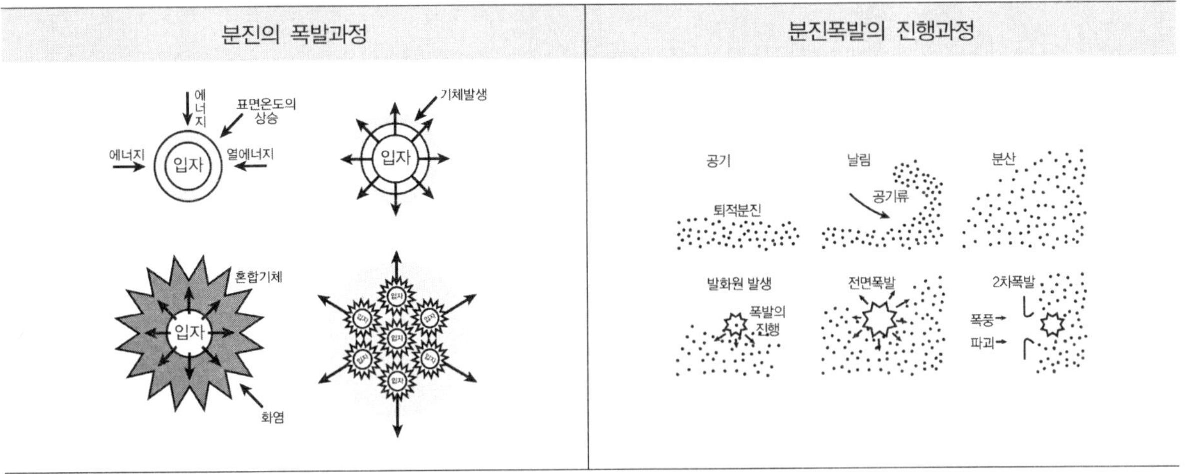

⑥ 분진폭발의 특성

㉠ 연소속도나 폭발압력은 가스폭발에 비교하여 작으나 연소시간이 길고, 에너지가 크기 때문에 파괴력과 타는 정도가 크다. 즉, 발생에너지는 가스폭발의 수백 배이고 온도는 2,000 ~ 3,000℃까지 올라간다. 그 이유는 단위 체적 당 탄화수소의 양이 많기 때문이다.

㉡ 폭발의 입자가 연소되면서 비산하므로 이것에 접촉되는 가연물은 국부적으로 심한 탄화를 일으키며 특히 인체에 닿으면 심한 화상을 입는다.

㉢ 최초의 부분적인 폭발에 의해 폭풍이 주위의 분진을 날리게 하고 2차, 3차의 폭발로 파급됨에 따라 피해가 크게 된다.

㉣ 가스에 비하여 불완전한 연소를 일으키기 쉬우므로 탄소가 타서 없어지지 않고 연소후의 가스상에 일산화탄소가 다량으로 존재하는 경우가 있어 가스에 의한 중독의 위험성이 있다.

㉤ 탄진(탄갱 안의 공기 속에 떠다니는 아주 작은 석탄가루)에서는 휘발분이 11% 이상이면 폭발하기 쉽고, 폭발의 전파가 용이하다.

⑧ 분진의 폭발성에 영향을 미치는 인자 2023

㉠ 분진의 발열량이 클수록 폭발성이 크며 휘발성분의 함유량이 많을수록 폭발하기 쉽다.

㉡ 평균 입자경이 작고 밀도가 작을수록 비표면적은 크게 되고 표면 에너지도 크게 되어 폭발이 용이해진다.

㉢ 평균입경이 동일한 분진인 경우, 분진의 형상에 따라 폭발성이 달라진다. 즉, 입자가 같다면 **구**상(원형) → **침**상(뾰족함) → **편**상(넓음) 순으로 증가 (Ⓜ **구침편**)

㉣ 분진속에 존재하는 수분은 분진의 부유성을 억제하고 대전성을 감소시켜 폭발성을 둔감하게 한다. 반면에 마그네슘, 알루미늄 등은 물과 반응하여 수소를 발생하므로 위험성이 더 증가한다.

㉤ 분진의 부유성이 클수록 공기 중에 체류하는 시간이 긴 동시에 위험성도 커진다.

실수 줄이기

분진폭발을 일으키지 않는 물질

- 산화칼슘(CaO, 생석회),
- 석회석(=탄산칼슘, $CaCO_3$),
- 수산화칼슘(=소석회$Ca(OH)_2$),
- 시멘트가루, 대리석가루
- 팽창질석

가스폭발과 분진폭발 비교 2023

구분	가스폭발	분진폭발
최소발화에너지(MIE)	작다	크다
CO 발생률(불완전연소)	작다	크다
발생에너지 및 파괴력	작다	크다
2차, 3차 연쇄폭발현상	없다	있다
최초폭발, 연소속도, 폭발압력	크다	작다
*입자가 같다면 **구**상(원형) → **침**상(뾰족함) → **편**상(넓음) 순으로 증가		

4 분해폭발

① 기체 분자가 분해할 때 발열하는 가스는 단일성분의 가스라고 해도 발화원에 의해 착화되면 혼합가스와 같이 가스 폭발을 일으킨다. 이것을 가스의 분해폭발이라고 하며 산소가 없어도 폭발한다.

② 분해 폭발성 가스는 아세틸렌, 산화에틸렌, 에틸렌, 프로필렌, 메틸아세틸렌, 모노비닐아세틸렌, 이산화염소, 히드라진 등이 있다.

chapter

02 출제예상문제

1 폭발의 종류와 해당 물질의 연결이 옳지 않은 것은?

① 분해폭발 – 아세틸렌
② 증기폭발 – 염화비닐
③ 분진폭발 – 석탄가루
④ 중합폭발 – 시안화수소

2 염화비닐 단량체(vinylchloride monomer)가 폴리염화비닐(polyvinylchloride)로 되는 반응 과정에서 발열을 동반하면서 압력이 급상승하여 폭발하는 현상은?

① 분해폭발
② 산화폭발
③ 분무폭발
④ 중합폭발

＊ 2020년 간부

3 물질의 상 변화에 의해 에너지 방출이 짧은 시간에 이루어지는 폭발에 해당하지 않는 것은?

① 분해폭발
② 압력폭발
③ 증기폭발
④ 금속선폭발
⑤ 고체상 전이폭발

1.

② 증기 폭발 : 액체에 급속한 기화현상이 발생되어 체적 팽창에 의한 고압이 생성되어 폭발을 일으키는 현상으로 물, 유기액체 또는 액화가스 등의 액체들이 과열상태가 될 때 순간적으로 증기화되어 나타나는 폭발현상

2.

중합 폭발 **(Ⓜ 중 산시염)**

① **중**합해서 발생하는 반응열을 이용해서 폭발하는 것으로 초산비닐, 염화비닐 등의 원료인 모노머가 폭발적으로 중합되면 격렬하게 발열하여 압력이 급상승되고 용기가 파괴되는 폭발
② 중합반응은 고분자 물질의 원료인 단량체(모노머, Monomer)에 촉매를 넣어 일정온도, 압력하에서 반응시키면 분자량이 큰 고분자를 생성하는 반응을 말하며, 이 반응은 대부분 발열반응을 하므로 적절한 냉각설비를 반응장치에 설치하여 이상 반응이 되는 것을 방지하여야 한다.
③ **염**화비닐(초산비닐), **시**안화수소(HCN), **산**화에틸렌(C_2H_4O) 등은 중합에 의한 폭발

3.

물리적 폭발
물질의 상태 · 온도 · 압력 등 원인계와 생성계가 같은 보일러폭발 등 단순 내압 상승에 의한 폭발
㉠ 증기 폭발
㉡ 수증기 폭발(물의 급속 가열)
㉢ 보일러 폭발
㉣ 전선(금속선) 폭발
㉤ 고상간 전이 폭발
㉥ 압력 폭발

Answer 1.② 2.④ 3.①

* 2022년 간부

4 다음 중 화학적 폭발에 해당하지 않는 것은?

① 수증기폭발 ② UVCE
③ 분해폭발 ④ 분진폭발
⑤ 분무폭발

* 2016년 간부

5 화학적 폭발에 대한 설명으로 관계 없는 것은?

① 수증기폭발은 밀폐 공간 속의 물이 급속히 기화하면서 많은 양의 수증기가 발생함으로써 증기압이 높아져 이것이 공간을 구획하고 있는 용기나 구조물의 내압을 초과하여 파열되는 현상이다.
② 분해폭발은 산소에 관계없이 단독으로 발열 분해 반응을 하는 물질에 의해서 발생하는 폭발이다.
③ 중합폭발은 단량체의 중축합반응에 따른 발열량에 의한 폭발로 대표적인 예로는 산화에틸렌, 시안화수소, 염화비닐 등이 있다.
④ 가스폭발은 가연성 가스가 폭발범위 내의 농도로 공기나 조연성가스 중에 존재할 때 점화원에 의해 폭발하는 현상이다.
⑤ 분진폭발은 공기 중에 부유하고 있는 가연성 분진이 주체가 되는 폭발이다.

* 2015년

6 다음 중 기상폭발이 아닌 것은?

① 분무폭발
② 분진폭발
③ 분해폭발
④ 증기폭발

4.

① 산화폭발은 폭발의 주체가 되는 물질에 따라 가스, 분무, 분진폭발로 분류할 수 있다.
② UVCE(증기운 폭발) 는 화학적 폭발이라 할 수 있다.

5.

① 수증기 폭발은 물리적 폭발에 해당된다.

6.

기상폭발(원인물질이 기체인 폭발)

1) **가**스폭발 (혼합가스 폭발) 2) 분**무**폭발 3) 분**진**폭발 4) 분**해**폭발	**※ 분무, 분진 폭발이 기상폭발인 이유** 액적이나 미분이 열분해, 건류, 증발 등을 통하여 가연성 가스를 발생시켜 폭발하기 때문이다.

Answer 4.① 5.① 6.④

＊ 2024년 간부

7 폭발을 기상 폭발과 응상 폭발로 분류할 때, 폭발의 종류가 다른 것은?

① 분무 폭발
② 분진 폭발
③ 분해 폭발
④ 증기운 폭발
⑤ 증기 폭발

＊ 2020년 간부

8 기상폭발에 해당하는 현상으로 옳은 것은?

㉠ 고체인 무정형 안티몬이 동일한 고상의 안티몬으로 전이할 때 발열함으로써 주위의 공기가 팽창하여 폭발한다.
㉡ 가연성 가스와 조연성 가스가 일정 비율로 혼합된 가연성 혼합기는 발화원에 의해 착화되면 가스폭발을 일으킨다.
㉢ 기체 분자가 분해할 때 발열하는 가스는 단일 성분의 가스라고 해도 발화원에 의해 착화되면 혼합가스와 같이 가스폭발을 일으킨다.
㉣ 공기 중에 분출된 가연성 액체가 미세한 액적이되어 무상으로 공기 중에 부유하고 있을 때 착화에너지가 주어지면 폭발이 발생한다.
㉤ 보일러와 같이 고압의 포화수를 저장하고 있는 용기가 파손 등의 원인으로 동체의 일부분이 열리면 용기 내압이 급속히 하락되어 일부 액체가 급속히 기화하면서 증기압이 급상승하여 용기가 파괴된다.

① ㉠, ㉡, ㉢ ② ㉠, ㉡, ㉣
③ ㉡, ㉢, ㉣ ④ ㉡, ㉢, ㉤
⑤ ㉢, ㉣, ㉤

7.

기상폭발과 응상폭발 비교

기상폭발(원인물질이 기체인 폭발) (암기 : 가무진+해))	응상폭발(원인물질이 액체 및 고체인 폭발) (암기 : 수증저고전)
(1) 가스폭발(혼합가스 폭발) (2) 분무폭발 (3) 분진폭발 (4) 분해폭발	(1) 수증기 폭발 (2) 과열액체 증기폭발(보일러) (3) 전선폭발 (4) 저온액화가스 증기폭발 (5) 고상간 전이 폭발

8.

기상폭발
㉠ 가스폭발(혼합가스 폭발)
㉡ 분무폭발
㉢ 분진폭발
㉣ 분해폭발

Answer 7.⑤ 8.③

* 2019년 간부

9 응상폭발에 해당되는 것은?

① 저온의 액화가스가 상온의 물 위에 분출되었을 때와 같이 액상에서 기상으로의 급격한 상변화에 의해 발생하는 폭발현상
② 공기 중에 분출된 가연성 액체의 미세한 액적이 무상으로 되어 공기 중에 있을 때 점화원에 의해 착화되어 일어나는 폭발현상
③ 가연성 고체의 미분이 공기 중에 부유하고 있을 때에 착화원에 의해 발생하는 폭발현상
④ 공기나 산소가 섞이지 않더라도 가연성 가스 자체의 분해반응열에 의해 발생하는 폭발현상
⑤ 대기 중에 기화하기 쉬운 가연성 액체가 유출되어 가연성 혼합기체가 대량으로 형성되었을 때 점화원에 의해 착화되어 일어나는 폭발현상

* 2022년

10 폭발에 대한 일반적인 설명으로 옳은 것은?

① 아세틸렌과 산화에틸렌은 분해폭발을 일으키기 쉬운 물질이다.
② 상온에서 탱크에 저장된 중유가 유출되면 자유공간 증기운폭발이 일어난다.
③ 밀폐공간에서 조연성가스가 폭발범위를 형성하면 점화원에 의해 가스폭발이 일어난다.
④ 다량의 고온물질이 물속에 투입되었을 때 물의 갑작스러운 상변화에 의한 폭발현상을 반응폭주라 한다.

9.

응상폭발(원인물질이 액체 및 고체인 폭발)
㉠ 수증기 폭발
㉡ 과열액체 증기폭발(보일러)
㉢ 전선폭발
㉣ 저온액화가스 증기폭발
㉤ 고상간 전이 폭발

10.

② 중유는 중질유이므로 고비점에 해당하므로 상온에서 기화되기 어려우므로 증기운이 발생하기 어렵다.
③ 밀폐공간에서 가연성가스가 폭발범위를 형성하면 점화원 점화원에 의해 가스폭발이 일어난다.
④ 다량의 고온물질이 물속에 투입되었을 때 물의 갑작스러운 상변화에 의한 폭발현상을 수증기 폭발이라 한다.

Answer 9.① 10.①

* 2021년 간부

11 다음 중 화학적 폭발을 〈보기〉에서 있는 대로 고른 것은?

〈보기〉

㉠ 중합폭발　　㉡ 수증기폭발
㉢ 산화폭발　　㉣ 분해폭발

① ㉠, ㉢　　② ㉢, ㉣
③ ㉠, ㉡, ㉣　　④ ㉠, ㉢, ㉣
⑤ ㉡, ㉢, ㉣

12 분해 폭발을 일으키는 가스로 옳은 것을 모두 고른 것은?

㉠ 아세틸렌　　㉡ 에틸렌
㉢ 부탄　　㉣ 수소
㉤ 산화에틸렌　　㉥ 메탄

① ㉡, ㉣　　② ㉠, ㉡, ㉤
③ ㉢, ㉣, ㉥　　④ ㉠, ㉢, ㉤, ㉥

* 2023년 간부

13 응상폭발에 해당하는 것만을 보기 에서 고른 것은?

〈보기〉

㉠ 증기폭발　　㉡ 분진폭발
㉢ 분해폭발　　㉣ 전선폭발
㉤ 분무폭발

① ㉠, ㉡　　② ㉠, ㉣
③ ㉡, ㉢　　④ ㉡, ㉣
⑤ ㉣, ㉤

11.

화학적 폭발
:원인계와 생성계가 달라지는 급격한 연소 폭발을 화학적 폭발이라 하며, 화염이 동반된다. 즉, 물질의 화학적 상태가 변화하면서 폭발이 발생
① 분해폭발
② 산화폭발
③ 중합폭발
④ 촉매폭발

12.

분해폭발
㉠ 분해 생성된 가스가 열팽창에 의해 산소 없이 단독으로 발열·분해 반응을 하는 물질에서의 폭발
㉡ 아세틸렌(C_2H_2), 산화에틸렌(C_2H_4O), 에틸렌(C_2H_4), 하드라진(N_2H_4), 제5류 위험물의 과산화물

13.

응상폭발(원인물질이 액체 및 고체인 폭발)
(1) 수증기 폭발
(2) 과열액체 증기폭발(보일러)
(3) 전선폭발
(4) 저온액화가스 증기폭발
(5) 고상간 전이 폭발

Answer 11.④ 12.② 13.②

✳ 2023년

14 폭발에 관한 설명으로 옳은 것만을 〈보기〉에서 있는 대로 고른 것은?

> ㉠ 증기폭발은 액체의 급속한 기화로 인해 체적이 팽창되어 발생하는 현상이다.
> ㉡ 가스폭발은 분진폭발보다 최소발화에너지가 크다.
> ㉢ 분해폭발은 공기나 산소와 섞이지 않더라도 가연성 가스 자체의 분해 반응열에 의해 폭발하는 현상이다.
> ㉣ 폭발(연소)범위는 초기온도 및 압력이 상승할수록 분자간 유효충돌할 가능성이 높아지기 때문에 넓어진다.

① ㉠, ㉡
② ㉢, ㉣
③ ㉠, ㉡, ㉣
④ ㉠, ㉢, ㉣

✳ 2023년

15 분진폭발에 영향을 미치는 인자에 관한 설명으로 옳지 않은 것은?

① 분진의 발열량이 클수록 폭발하기 쉽다.
② 분진의 부유성이 클수록 폭발이 용이해진다.
③ 분진폭발은 분진의 입자직경에 영향을 받는다.
④ 분진의 단위체적당 표면적이 작아지면 폭발이 용이해진다.

✳ 2024년 간부

16 분진폭발에 영향을 미치는 인자에 관한 설명으로 옳지 않은 것은?

① 분진의 발열량이 클수록, 휘발성분의 함유량이 많을수록 폭발하기 쉽다.
② 입자의 크기가 작고 밀도가 클수록 표면적이 크고 폭발이 용이해진다.
③ 열분해가 용이할수록, 기체 반응속도가 빠를수록 폭발하기 쉽다.
④ 알루미늄과 마그네슘 금속분진의 경우 분진 속 수분량이 증가하면 폭발성이 증가한다.
⑤ 평균 입경이 동일한 분진일 경우 분진의 형상에 따라 폭발성이 달라진다.

14.

㉡ 가스폭발은 분진폭발보다 최소발화에너지가 적다.

〈가스폭발과 분진폭발 비교〉

구분	가스폭발	분진폭발
최소발화에너지(MIE)	작다	크다
CO 발생률(불완전연소)	작다	크다
발생에너지 및 파괴력	작다	크다
2차, 3차 연쇄폭발현상	없다	있다
최초폭발, 연소속도, 폭발압력	크다	작다

*입자가 같다면 **구**상(원형) → **침**상(뾰족함) → **편**상(넓음) 순으로 증가

15.

④ 분진의 단위체적당 표면적이 커지면 폭발이 용이해진다.

〈분진의 폭발성에 영향을 미치는 인자〉

㉠ 분진의 발열량이 클수록 폭발성이 크며 휘발성분의 함유량이 많을수록 폭발하기 쉽다.
㉡ 평균 입자경이 작고 밀도가 작을수록 비표면적은 크게 되고 표면 에너지도 크게 되어 폭발이 용이해진다.
㉢ 평균입경이 동일한 분진인 경우, 분진의 형상에 따라 폭발성이 달라진다. 즉, 입자가 같다면 구상(원형) → 침상(뾰족함) → 편상(넓음) 순으로 증가
㉣ 분진속에 존재하는 수분은 분진의 부유성을 억제하고 대전성을 감소시켜 폭발성을 둔감하게 한다. 반면에 마그네슘, 알루미늄 등은 물과 반응하여 수소를 발생하므로 위험성이 더 증가한다.
㉤ 분진의 부유성이 클수록 공기 중에 체류하는 시간이 긴 동시에 위험성도 커진다.

16.

해설은 15번 해설 참조

Answer 14.④ 15.④ 16.②

chapter

03 폭연과 폭굉

연소면의 전파속도가 음속보다 느리게 이동하는 경우를 폭연(Deflagration)이라고 하며, 음속보다 빠르게 이동하는 경우를 폭굉(Detonation) 이라 한다.

① 폭연(Deflagration)과 폭굉(Detonation) 2016 2017 2018 간부 2023 간부 2023 2024 간부

구분	폭연(Deflagration)	폭굉(Detonation)
연소형태	예혼합연소	예혼합연소
충격파 전파속도	음속보다 느리게 이동한다. (속도 : 0.1~10㎧)	음속보다 빠르게 이동한다. (속도 : 1,000~3,500㎧, 압력 : 약 1,000kgf/㎠)
에너지전파	연소열(연소전달과정 - 전도, 대류, 복사)	충격파
압력 · 밀도	• 충격파의 압력은 수기압(atm) 정도이다. • 밀도는 감소	• 압력상승이 폭연의 경우보다 10배 이상 • 밀도는 증가
특 징	• 폭굉으로 전이될 수 있다. • 반응 또는 화염면의 전파가 분자량이나 난류확산에 영향을 받는다. • 에너지 방출속도가 물질전달속도에 영향을 받는다. • 폭연은 폭굉보다 폭발압력이 낮다. • 파면에서 온도, 압력, 밀도가 연속적이다.	• 온도의 상승은 열에 의한 전파보다 충격파의 압력에 기인한다. • 심각한 초기압력이나 충격파를 형성하기위해서는 아주 짧은 시간내에 에너지가 방출되어야 한다. • 파면에서 온도, 압력, 밀도가 불연속적이다.

② 폭굉유도거리(DID, Detonation Induction Distance)

폭연에서 폭굉으로 전이되는데 필요한 거리를 의미하며, 길이가 짧을수록 폭굉이 일어나기 쉽다.

(1) 폭연에서 폭굉으로 전이 메커니즘

① 밀폐된 배관, 덕트 등 미연소 혼합가스에서 발화(연소)

② 화염은 전방 미연소 혼합가스를 팽창시키며 전방으로 진행

③ 화염 전면에서 발생한 압력파는 화염에 선행하여 진행(폭연)

④ 선행한 압력파 후면에서 새로운 압력파 발생 및 압력파 중첩 발생

⑤ 중첩된 압력파는 강한 압축작용(단열압축)으로 충격파 발생(폭굉)

폭연에서 폭굉으로 전이 메커니즘 2024

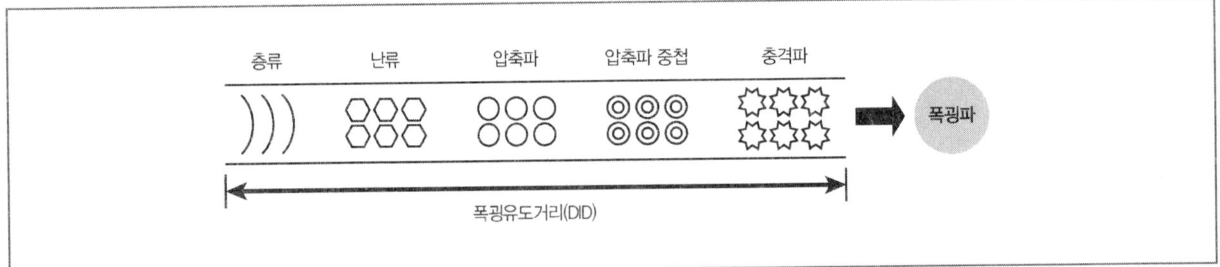

(2) 폭굉유도거리가 짧아지는 요인 2018 상반기

① 초기 압력과 온도가 높을수록 짧아진다.

② 강한 점화에너지

③ 연소속도가 빠른 가스

④ 배관 내부의 표면이 **거칠**수록 짧아진다. (Ⓜ 거친(칠))

⑤ 배관의 **직**경이 **작**을수록 짧아진다. (Ⓜ 직장(작))

⑥ 배관 내 **장**애물(이물질)이 **많**을수록 짧아진다. (Ⓜ 장만(많)) ⇒ Ⓜ 거친 직장 장만하자

(3) 폭굉 전이 방지대책

① 화염방지기(Flame Arrestor)를 설치한다.

② 불활성가스로 퍼징을 실시한다.

③ 파열판(Rupture Disc)을 설치한다.

④ 긴급차단장치를 설치한다.

chapter

03 출제예상문제

* 2018년 상반기

1 폭연과 폭굉에 대한 설명으로 옳은 것은?

① 폭연은 화염의 전파속도가 음속보다 빠르고, 폭굉은 화염의 전파속도가 음속보다 느리다.

② 폭연은 에너지 전달이 충격파에 의해 나타나고, 폭굉은 일반적인 열 전달과정을 통해 나타난다.

③ 폭연은 온도, 압력, 밀도가 화염 면에서 불연속적이고, 폭굉은 온도, 압력, 밀도가 화염면에서 연속적이다.

④ 폭연은 에너지 방출속도가 물질 전달속도에 영향을 받고, 폭굉은 에너지 방출속도가 물질 전달속도에 기인하지 않고 공간의 압축으로 인하여 아주 짧다.

* 2018년 간부

2 폭굉 현상에 대한 일반적인 설명으로 옳지 않은 것은?

① 전파에 필요한 주된 에너지원은 연소열이다.

② 압력상승이 폭연의 경우보다 10배 또는 그 이상으로 크다.

③ 충격파가 음속보다 빠르게 전파된다.

④ 파면에서 온도, 압력, 밀도가 불연속적으로 나타난다.

⑤ 폭굉 시의 온도 상승은 열에 의한 전파 보다 충격파의 압력에 기인한다.

1.

폭연과 폭굉의 차이

구분	폭연(Deflagration)	폭굉(Detonation)
연소 형태	예혼합연소	예혼합연소
충격파 전파 속도	음속보다 느리게 이동한다.(속도 : 0.1 ~ 10㎧)	음속보다 빠르게 이동한다.(속도 : 1,000 ~ 3,500㎧, 압력 : 약 1,000㎏/㎠)
에너지 전파	연소열(연소전달과정 - 전도, 대류, 복사)	충격파
압력 · 밀도	- 충격파의 압력은 수 기압(atm) 정도이다. - 밀도는 감소	- 압력상승이 폭연의 경우보다 10배 이상 - 밀도는 증가
특징	- 폭굉으로 전이될 수 있다. - 반응 또는 화염면의 전파가 분자량이나 난류확산에 영향을 받는다. - 에너지 방출속도가 물질전달속도에 영향을 받는다. - 폭연은 폭굉보다 폭발압력이 낮다. - 파면에서 온도, 압력, 밀도가 연속적이다.	- 온도의 상승은 열에 의한 전파보다 충격파의 압력에 기인한다. - 심각한 초기압력이나 충격파를 형성하기 위해서는 아주 짧은 시간내에 에너지가 방출되어야 한다. - 파면에서 온도, 압력, 밀도가 불연속적이다.

2.

① 폭발반응을 일으키는 원인은 충격파에 의한다.

Answer 1.① 2.①

＊ 2016년 간부 2024년 간주

3 폭굉(Detonation)에 대한 설명으로 옳은 것은?

> ㉠ 화염전파속도가 음속보다 빠르다.
> ㉡ 충격파가 발생하지 않는다.
> ㉢ 에너지 방출속도는 열 전달속도에 큰 영향을 받는다.
> ㉣ 파면(화염면)에서 온도, 압력, 밀도가 불연속적으로 나타난다.
> ㉤ 온도의 상승은 충격파의 압력에 기인한다.

① ㉠, ㉣, ㉤
② ㉡, ㉢, ㉣, ㉤
③ ㉠, ㉡, ㉢, ㉣, ㉤
④ ㉡, ㉢
⑤ ㉡

＊ 2023년

4 폭연(deflagration)과 폭굉(detonation)에 관한 설명으로 옳은 것은?

① 예혼합가스의 초기압력이 높을수록 폭굉 유도거리가 길어진다.
② 화염전파속도는 폭연의 경우 음속보다 느리며, 폭굉의 경우 음속보다 빠르다.
③ 폭연은 폭굉으로 전이될 수 없으나 폭굉은 폭연으로 전이될 수 있다.
④ 폭연은 화염면에서 온도, 압력, 밀도의 변화가 불연속적으로 나타난다.

3.

폭굉(Detonation)

㉠ 발열반응의 연소과정에서 압력파 또는 충격파의 전파속도가 음속보다 빠르게 이동하는 경우를 말하는 것이다.
㉡ 화염의 전파속도는 약 1,000 ~ 3,500m/s 이하이며, 음속보다 빠르다.
㉢ 폭발반응을 일으키는 원인은 충격파에 의한다.
㉣ 충격파의 압력은 폭연의 10배 이상이다.
㉤ 온도, 압력, 밀도 등이 화염면(파면)에서 불연속적으로 나타난다.

4.

① 예혼합가스의 초기압력이 높을수록 폭굉 유도거리가 짧아진다.
③ 폭굉은 폭연으로 전이될 수 없으나 폭연은 폭굉으로 전이될 수 있다.
④ 폭연은 화염면에서 온도, 압력, 밀도의 변화가 연속적으로 나타난다.

Answer 3.① 4.②

* 2023년 간부

5 폭연(Deflagration)에 관한 설명으로 옳지 않은 것은?

① 충격파를 형성하지 않는다.

② 에너지 방출속도가 물질전달속도에 영향받지 않고 매우 빠르다.

③ 화염의 전파속도가 음속보다 느린 것을 말하며, 그 화염의 전파속도는 0.1 ~ 10m/sec 정도이다.

④ 반응 또는 화염면의 전파가 분자량이나 공기 등의 난류확산에 영향을 받는다.

⑤ 화염면에서 상대적으로 완만한 에너지 변화에 의해서 온도, 압력, 밀도 변화가 연속적으로 나타난다.

* 2024년

6 다음은 폭연에서 폭굉으로 전이되는 과정이다. ( ) 안에 들어갈 단계로 옳은 것은?

착화→(㉠)→(㉡)→(㉢)→폭굉파

	㉠	㉡	㉢
①	화염전파	압축파	충격파
②	화염전파	충격파	압축파
③	압축파	화염전파	충격파
④	압축파	충격파	화염전파

5.

폭연(Deflagration)과 폭굉(Detonation)

구분	폭연(Deflagration)	폭굉(Detonation)
연소 형태	예혼합연소	예혼합연소
충격파 전파 속도	음속보다 느리게 이동한다.(속도 : 0.1 ~ 10㎧)	음속보다 빠르게 이동한다.(속도 : 1,000 ~ 3,500㎧, 압력 : 약 1,000㎏/㎠)
에너지 전파	연소열(연소전달과정 - 전도, 대류, 복사)	충격파
압력 · 밀도	- 충격파의 압력은 수 기압(atm) 정도이다. - 밀도는 감소	- 압력상승이 폭연의 경우보다 10배 이상 - 밀도는 증가
특징	- 폭굉으로 전이될 수 있다. - 반응 또는 화염면의 전파가 분자량이나 난류확산에 영향을 받는다. - 에너지 방출속도가 물질전달속도에 영향을 받는다. - 폭연은 폭굉보다 폭발압력이 낮다. - 파면에서 온도, 압력, 밀도가 연속적이다.	- 온도의 상승은 열에 의한 전파보다 충격파의 압력에 기인한다. - 심각한 초기압력이나 충격파를 형성하기 위해서는 아주 짧은 시간내에 에너지가 방출되어야 한다. - 파면에서 온도, 압력, 밀도가 불연속적이다.

6.

폭연에서 폭굉으로 전이 메커니즘

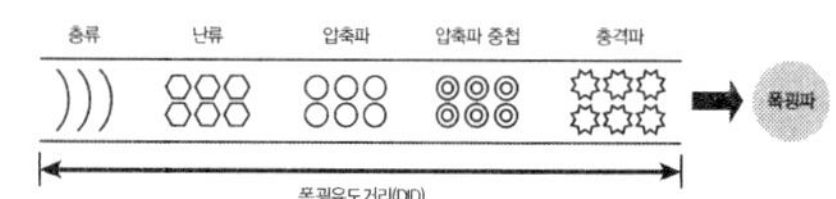

Answer 5.② 6.①

chapter

04 폭발의 한계

❶ 폭발한계의 정의(폭발한계=폭발범위=연소한계=연소범위=가연한계)

가연성 가스와 공기(또는 산소)의 혼합물에서 가연성 가스의 농도가 낮을 때나 높을 때 화염의 전파가 일어나지 않는 농도가 있다. 농도가 낮을 경우를 폭발 하한계, 높을 경우를 폭발 상한계라 한다. 그 사이를 폭발 범위라고 하고 연소한계 또는 가연한계라고도 한다.

폭발범위	내용
폭발 하한계 (LEL, Lower Explosive Limit)	발화원이 있을 때 불꽃이 전파되는 증기 혹은 가스의 최소 농도로서 공기나 산소 중의 폭발성 가스의 농도로 나타낸다. 단위는 vol%이다.
폭발 상한계 (UEL, Upper Explosive Limit)	발화원과 접촉 시 그 이상의 농도에서는 화염이 전파되지 않는 기체나 증기의 산소 중의 폭발성 가스의 최대농도를 나타낸다. 단위는 vol%이다.

❷ 폭발한계에 대한 영향을 주는 요소

영향 요소	내용
온도의 영향	일반적으로 폭발범위는 온도상승에 의하여 넓어지게 되며, 폭발한계의 온도 의존은 비교적 규칙적이다. ① 공기중에서 폭발하한계(LEL)는 온도가 100℃ 증가함에 따라 약 8% 증가한다. ② 공기중에서 폭발상한계(UEL)는 온도가 100℃ 증가함에 따라 약 8% 증가한다.
압력의 영향	압력이 상승되면 폭발하한계(LEL)는 약간 낮아지나, 연소상한계(UEL)는 크게 증가한다.
산소의 영향	① 산소 중에서의 폭발하한계(LEL)은 공기중에서의 LEL과 같다.(공기 중의 산소는 LFL에서 연소에 필요한 이상의 양이 존재한다.) ② 연소상한계 UFL는 산소량이 증가할수록 크게 증가한다.
기타 산화제	Cl_2 등의 산화제 분위기 중에서의 폭발범위는 공기 중에서 보다 넓고 O_2분위기와 비슷하다. (가연성물질이 Cl_2에 의해 산화되기 때문이다.)

chapter

05 가연성 가스의 폭발

1 증기운폭발(UVCE) 2016

대기 중에 대량의 가연성가스가 유출되거나 대량의 가연성액체가 유출되면 그것으로부터 발생하는 증기가 공기와 혼합해서 가연성 혼합 기체를 형성하고 발화원에 의하여 발생하는 폭발을 증기운폭발이라고 한다. 개방된 대기 중에서 발생하기 때문에 자유공간 중의 증기운폭발(UVCE : Unconfined Vapor Cloud Explosion)이라고 한다.

증기운 폭발이 발생하는 과정

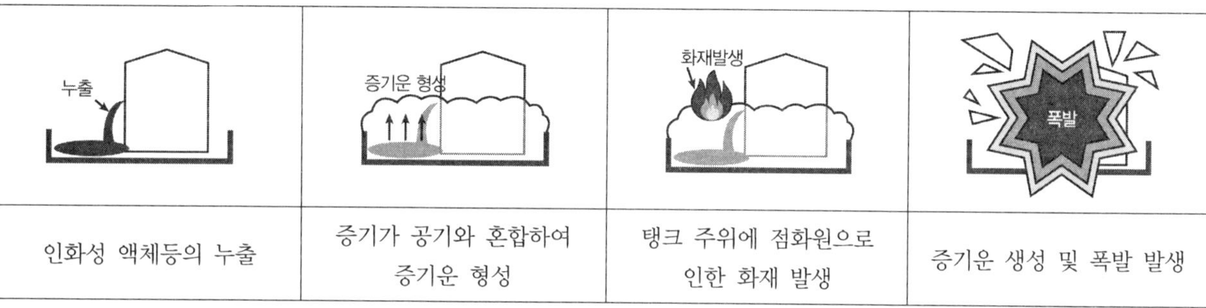

인화성 액체등의 누출	증기가 공기와 혼합하여 증기운 형성	탱크 주위에 점화원으로 인한 화재 발생	증기운 생성 및 폭발 발생

2 블레비(BLEVE) 현상과 파이어볼(Fire Ball) 2017 간부 2024

(1) 블레비(BLEVE : Boiling Liquid Expanding Vapour Explosion)

가연성 액화가스 주위에 화재가 발생한 경우 기상부 탱크강판이 국부 가열되어 그 부분의 강도가 약해지면 탱크가 파열되고 이때 내부의 가열된 액화가스가 급속히 기화 · 팽창 분출하면서 폭발하는 현상을 말한다.

(2) 파이어볼(Fire Ball)

블레비 등에 의한 인화성 증기가 분출 확산하여 공기와의 혼합가스의 범위가 폭발범위에 이르렀을 때 발생하는 공 형태의 화염, 즉 원자폭탄이 폭발할 때 생기는 버섯형의 화염덩어리를 파이어볼(Fire Ball)이라 한다.

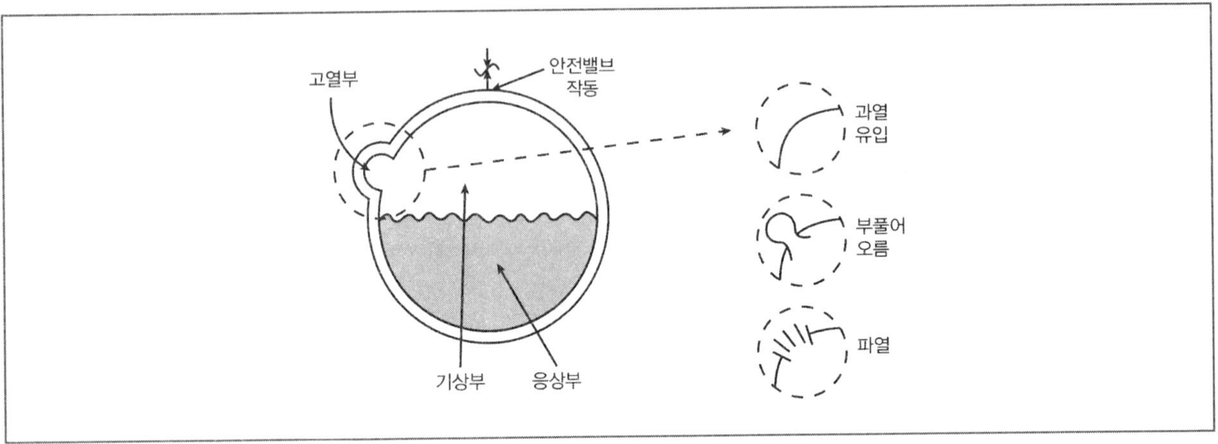

(3) 발생과정

① 액체가 들어있는 탱크주위에 화재발생

② 탱크벽 가열

③ 액체의 온도 상승 및 압력상승

④ 탱크 내 기체부 강도가 약화되어 탱크파열

⑤ 내용물 형성(증기)의 폭발적 분출(물리적 폭발)

⑥ 분출된 가스와 산소 혼합하여 가연성 혼합기 형성

⑦ 점화원에 의해 점화되어 파이어볼(Fire Ball)을 형성(화학적 폭발)

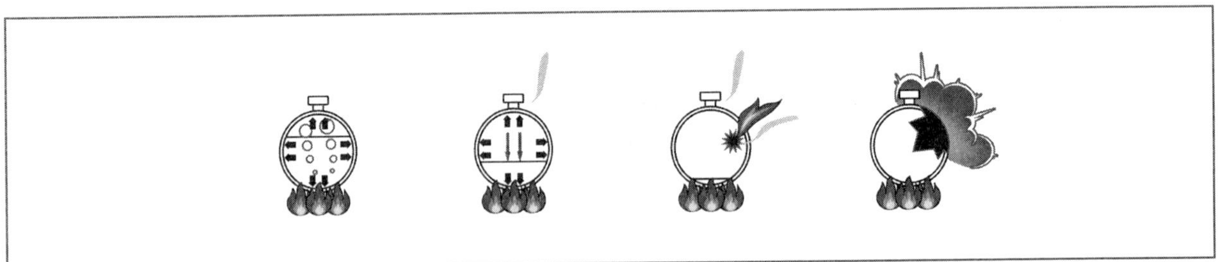

(4) 전형적인 파이어볼(Fire Ball) 성장과정

① 액화가스의 탱크가 파열하면 순간 증발을 일으켜 가연성 가스의 혼합물이 대량 분출

② 분출된 가스와 산소가 혼합하여 가연성 혼합기 형성하고 점화원에 의해 점화되어 화염이 형성

③ 이것이 발생하면 지면에서 반구상(A)의 화염이 되어 부력으로 상승하는 동시에 주변의 공기를 빨아들임

④ 주변에서 빨아들인 화염은 공모양(B)으로 되고 더욱 상승하여 버섯모양(C)의 화염을 만듬

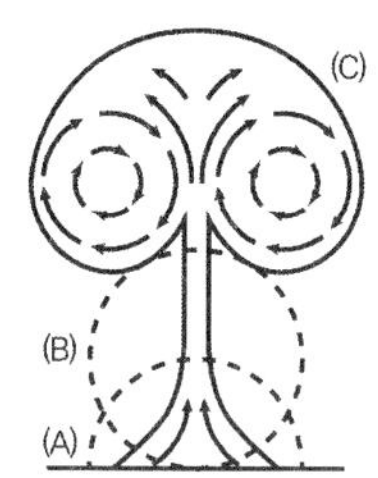

(5) 블레비 현상의 특징 2021

① 액화가스 저장탱크에서 일어날 수 있다는 점에서는 증기운 폭발과 같다.

② 액화가스 저장탱크에서 물리적 폭발이 순간적으로 화학적 폭발로 이어지는 현상이다.

③ 블레비의 규모는 파열 시 액체의 기화량 및 탱크의 용량 클수록 커진다.

④ 직접 열을 받은 부분이 액화가스 저장탱크의 인장 강도를 초과할 경우 기상부에 면하는 지점에서 파열하게 된다.

(6) BLEVE 와 Fire Ball의 위험성

구분	위험성
BLEVE	폭발압력으로 탱크가 파열되는 순간 방출되는 폭발압력으로 인근 건물의 유리창이 파손된다.
Fire Ball	복사열로 인한 피해가 매우 커서 500m이내의 가연물이 모두 타버릴 정도로 위험하다.

(7) BLEVE 방지대책

① 용기 내압강도 유지, 감압시스템에 의하여 탱크내의 압력을 내려준다.

② 화염으로부터 탱크로의 입열을 억제한다.

㉠ 탱크 외벽의 단열조치

㉡ 탱크를 지하에 설치

㉢ 물에 의한 탱크표면의 냉각장치 설치

㉣ 가스를 안전한 곳으로 이송조치

㉤ 탱크 내벽에 열전도도가 큰 알루미늄 합금박판을 설치

③ 폭발방지 장치를 설치한다.

④ 열전도도가 좋은 물질을 설치하여 탱크 기상부 강판의 온도를 파괴점 이하로 유지한다.

개념원리

■ 블레비(BLEVE) 현상과 파이어볼(Fire Ball)

프로판 등 액화가스탱크의 외부에서 화재가 나면 탱크가 가열되어 내부의 액체에 높은 증기압이 발생하고 그 증기압이 탱크의 내압을 초과하게 되면 결국 탱크는 파열에 이르게된다.

이때 파열이 발생하는 지점은 탱크의 기상부와 면하는 부분인데, 그것은 액상부와 면하는 지점은 외부에서 화염에 의한 열을 받는다 해도 그 열을 내부의 액상으로 효과적으로 전달시키므로 열축적이 일어나지 않지만, 기상부와 면하는 지점은 액체보다 낮은 기체의 열전도율로 인해 열을 효과적으로 전달하지 못하고 축적하여 결국 높아진 내압을 견디지 못하면 국부적인 가열에 의한 강도 저하에 따른 파열이 일어나기 때문이다.

파열이 발생하면 탱크내부에 액화된 상태로 저장되어 있던 가스는 빠르게 기화하면서 파열점을 통해 외부로 확산된다. 확산된 가스는 주변의 공기와 혼합되어 폭발성 혼합기를 형성하고 존재하는 화염을 착화에너지로 하여 다시 폭발하게 된다.

이 현상을 단계별로 분석하면 물리적 폭발(BLEVE)이 순간적으로 화학적 폭발(Fire Ball)로 이어지는 것으로 볼 수 있다.

■ 특수화재현상의 대응절차

비등액체팽창증기폭발(BLEVE)	소화수를 이용하여 개방된 탱크의 상부 냉각을 최우선으로 하고, 탱크 주변의 화재진화를 병행한다.
보일오버(Boil over)	탱크의 드레인(drain) 밸브를 개방하여 탱크에 고인 물을 제거한다.
파이어볼(Fire ball)	밸브나 배관에서 누출되는 가스가 연소하는 화염은 소화하지 않고, 그 화염에 의해서 가열되는 면을 냉각한다.
백드래프트(Back draft)	폭발력으로 건축물 변형 · 강도약화로 붕괴, 비산, 낙하물 피해와 방수모 등 개인보호 장구 이탈에 대비, 자세를 낮추고 대피 방안을 강구한다.
플래임오버(Flame over)	지붕 등 상부 개방은 금지하고, 하부를 파괴하여 폭발적인 화염과 연소 확대에 따른 대피방안을 강구한다.

chapter

05 출제예상문제

✳ 2016년

1 대기 중 대량의 가연성 액체유출에 의해 발생된 증기와 공기가 혼합해서 가연성 기체 형성 폭발하는 현상은?

① 보일오버　　② 블래비
③ 슬롭오버　　④ 증기운

✳ 2021년

2 블레비(BLEVE : Boiling Liquid Expanding Vapor Explosion) 현상의 특징으로 옳지 않은 것은?

① 액화가스 저장탱크에서 일어날 수 있다는 점에서는 증기운 폭발과 같다.
② 액화가스 저장탱크에서 물리적 폭발이 순간적으로 화학적 폭발로 이어지는 현상이다.
③ 블레비의 규모는 파열 시 액체의 기화량에는 차이가 있으나 탱크의 용량에 따른 차이는 없다.
④ 직접 열을 받은 부분이 액화가스 저장탱크의 인장 강도를 초과할 경우 기상부에 면하는 지점에서 파열하게 된다.

✳ 2024년

3 블레비(BLEVE)에 관한 설명으로 옳지 않은 것은?

① 가연물이 비점 이상으로 가열될 때 발생한다.
② 저장탱크의 기계적 강도 이상의 압력이 형성될 때 발생한다.
③ 저장탱크 균열로 인한 액상, 기상의 동적 평형 상태가 유지된다.
④ 저장탱크의 외부 표면에 열전도성이 작은 물질로 단열 조치하여 예방한다.

1.

증기운폭발(UVCE)
대기 중에 대량의 가연성가스가 유출되거나 대량의 가연성액체가 유출되면 그것으로부터 발생하는 증기가 공기와 혼합해서 가연성 혼합 기체를 형성하고 발화원에 의하여 발생하는 폭발을 증기운폭발이라고 한다. 개방된 대기 중에서 발생하기 때문에 자유공간 중의 증기운폭발(UVCE : Unconfined Vapor Cloud Explosion)이라고 한다.

2.

③ 블레비의 규모는 파열 시 액체의 기화량 및 탱크의 용량이 클수록 커진다.

3.

블레비 발생과정
① 액체가 들어있는 탱크주위에 화재발생
② 탱크벽 가열
③ 액체의 온도 상승 및 압력상승
④ 탱크 내 기체부 강도가 약화되어 탱크파열
⑤ 내용물 형성(증기)의 폭발적 분출(물리적 폭발)
⇒ <u>액상부(응상부)과 기상부의 동적평형상태 깨짐.</u>
⑥ 분출된 가스와 산소 혼합하여 가연성 혼합기 형성
⑦ 점화원에 의해 점화되어 파이어볼(Fire Ball)을 형성(화학적 폭발)

Answer 1.④ 2.③ 3.③

* 2020년 간부

4 특수화재현상의 대응절차에 관한 설명으로 옳은 것은?

① 비등액체팽창증기폭발(BLEVE) : 탱크의 드레인(drain) 밸브를 개방하여 탱크에 고인 물을 제거한다.

② 보일오버(Boil over) : 소화수를 이용하여 개방된 탱크의 상부 냉각을 최우선으로 하고, 탱크 주변의 화재 진화를 병행한다.

③ 파이어볼(Fire ball) : 밸브나 배관에서 누출되는 가스가 연소하는 화염은 소화하지 않고, 그 화염에 의해서 가열되는 면을 냉각한다.

④ 백드래프트(Back draft) : 지붕 등 상부 개방은 금지하고, 하부를 파괴하여 폭발적인 화염과 연소 확대에 따른 대피 방안을 강구한다.

⑤ 플래임오버(Flame over) : 폭발력으로 건축물 변형 · 강도 약화로 붕괴, 비산, 낙하물 피해와 방수모 등 개인보호 장구 이탈에 대비, 자세를 낮추고 대피 방안을 강구한다.

4.

비등액체팽창증기폭발 (BLEVE)	소화수를 이용하여 개방된 탱크의 상부 냉각을 최우선으로 하고, 탱크 주변의 화재진화를 병행한다.
보일오버 (Boil over)	탱크의 드레인(drain) 밸브를 개방하여 탱크에 고인 물을 제거한다.
파이어볼 (Fire ball)	밸브나 배관에서 누출되는 가스가 연소하는 화염은 소화하지 않고 그 화염에 의해서 가열되는 면을 냉각한다.
백드래프트 (Back draft)	폭발력으로 건축물 변형 · 강도약화로 붕괴, 비산, 낙하물 피해와 방수모 등 개인보호 장구 이탈에 대비, 자세를 낮추고 대피 방안을 강구한다.
플래임오버 (Flame over)	지붕 등 상부 개방은 금지하고, 하부를 파괴하여 폭발적인 화염과 연소 확대에 따른 대피방안을 강구한다.

* 2017년 간부

5 BLEVE(Boiling Liquid Expanding Vapor Explosion)현상에 대한 설명으로 옳지 않은 것은?

① 액화가스탱크 등에서 외부에서 가해지는 열에 의하여 액체가 비등하면서 내부의 압력이 증가하여 용기가 파열 되는 현상을 말한다.

② BLEVE 현상은 비등하는 액체가 팽창하여 용기가 파손되면서 분출하는 화학적 폭발 현상이며, 이때 분출되는 가스가 가연성 이면 가스가 폭발적으로 연소하는 물리적인 폭발이 이어질 수 있다.

③ 탱크가 계속 가열되면 용기 강도는 저하되고 내부 압력은 상승하여 어느 시점이 되면 저장탱크의 실제 압력을 초과하게 되고 탱크가 파괴되어 급격한 폭발현상을 일으킨다.

④ BLEVE 현상에 영향을 주는 인자로는 저장된 물질의 종류와 형태, 저장용기의 재질, 주위의 온도와 압력상태 등이 있다.

⑤ 냉각살수장치 설치, 용기 내압강도 유지, 감압시스템 설치 등이 BLEVE 현상 방지에 도움이 된다.

5.

프로판 등 액화가스탱크의 외부에서 화재가 나면 탱크가 가열되어 내부의 액체에 높은 증기압이 발생하고, 그 증기압이 탱크의 내압을 초과하게 되면 결국 탱크는 파열에 이르게 된다. 파열이 발생하면 탱크내부에 액화된 상태로 저장되어 있던 가스는 빠르게 기화하면서 파열점을 통해 외부로 확산된다. 확산된 가스는 주변의 공기와 혼합되어 폭발성 혼합기를 형성하고 존재하는 화염을 착화에너지로 하여 다시 폭발하게 된다.
이 현상을 단계별로 분석하면 물리적 폭발(BLEVE)이 순간적으로 화학적 폭발(Fire Ball)로 이어지는 것으로 볼 수 있다.

Answer 4.③ 5.②

chapter

06 화염일주한계와 소염거리

1 화염일주한계(최대안전틈새, MESG–Maximum Experimentel Safe Gap)

(1) 개념

밀폐된 공간에서 연소 시 화염 및 고온의 연소가스가 틈새를 통하여 외부에 가연성 가스를 폭발시키지 아니할 수 있는 틈새간격 즉, 내부 화염이 외부로 전파되지 않는 최대틈새

등급분류	기체(가스)	안전간극(안전간격)
1등급(A)	**부**탄, **암**모니아, **메**탄, **일**산화탄소, **아**세톤, **프**로판, 등 (Ⓜ 1부암은 메일 아프다 영구)	0.9mm 이상
2등급(B)	**에**틸렌, **석**탄가스 (Ⓜ 2에석)	0.5mm 초과 0.9mm 미만
3등급(C)	**수**소, **아**세틸렌, **이**황화탄소 (Ⓜ 3수아이 반)	0.5mm 이하

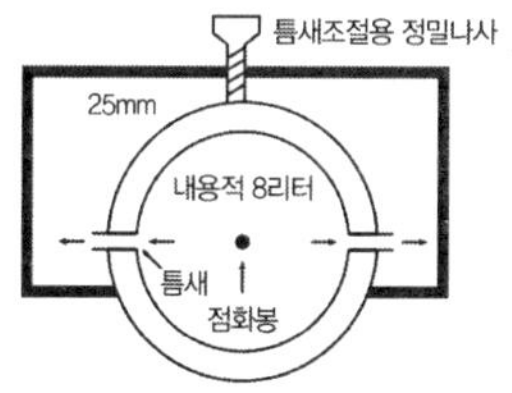

안전간극(간격) 측정 시험장치

■ 안전간극(간격) 측정 시험방법

1. 평면접합의 틈새를 조정한다.
2. 폭발성 혼합가스 내외부 충전한다.
3. 내부용기 점화 후 외부전파 할 때까지 반복한다.
4. 화염이 일주하지 않는 최대 틈새를 측정한다.

(2) 적용 및 특성

① 안전간격(안전간극) 이 작은 가스일수록 화염 전파력 강하고 폭발하기 쉽다.

② MESG가 작으면 MIE(최소점화에너지)는 낮고 연소속도는 높다.(MIE 최소 = 연소속도 최대)

③ MESG는 가연성 가스 및 증기 체류 장소에서 전기기기를 안전하게 사용하기 위한 방폭전기기기 설계에 이용한다. (내압방폭구조)

❷ 소염거리

(1) 개념

화염을 전파할 수 있는 점화원(전기 불꽃)이 점화원 역할을 할 수 없는 전극간 최대 거리
즉, 열의 발열 < 열의 방열인 경우를 말한다.

(2) 원리

① 가연성 혼합기가 존재하고 있는 곳에 두 전극이 마주보고 있을 때, 전극간의 거리가 짧아질수록 MIE(최소점화에너지)는 감소하나, 전극간의 거리가 일정거리 이내로 되면 MIE가 무한대로 되어 아무리 큰 에너지를 가해도 점화되지 않는다.

② 소염거리와 최소발화(착화)에너지관계

㉠ 소염거리는 전기불꽃과 같은 단시간 가열에서도 방열이 발화에 영향을 끼침을 말해준다.

㉡ 최소발화(착화)에너지는 전극간 거리가 짧아지면 최초에는 저하하지만, 소염거리 이하에서는 아무리 큰 에너지를 주어도 인화되지 않는다.

㉢ 최소발화(착화)에너지는 소염거리, 미연소가스 온도와 화염온도에 비례하고, 연소속도에 반비례한다.

③ 메커니즘

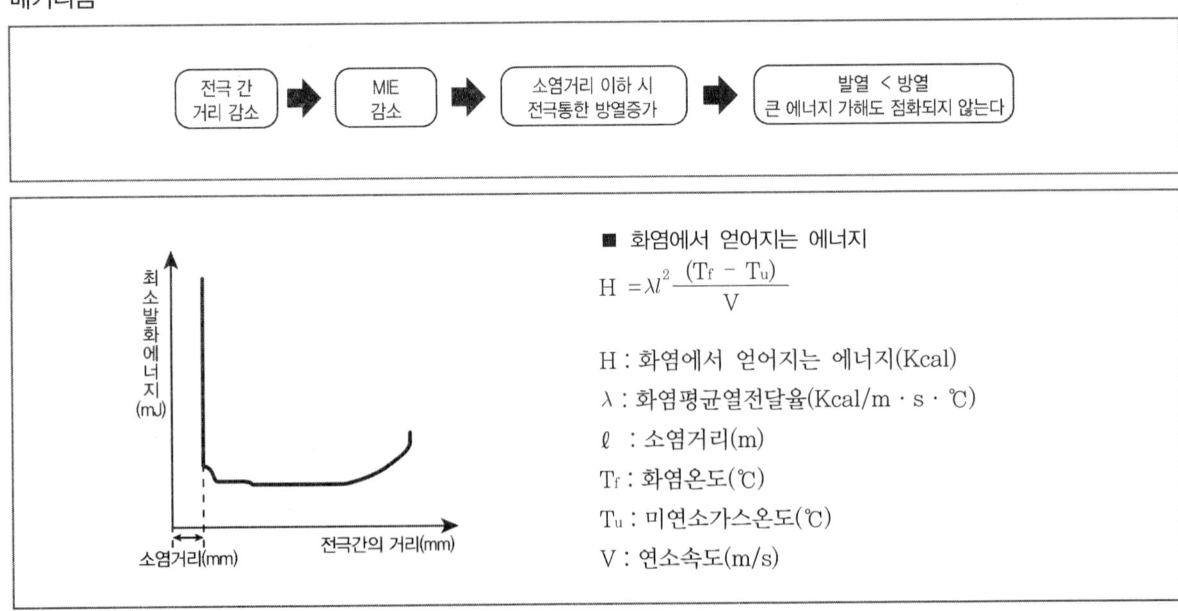

개념원리 소염거리의 또 다른 개념

1) **개념** : 화염이 좁은 공간(관경)을 통과 시 방열이 증가(고체표면에 의한 열손실)되어 화염이 소염되는 거리
2) **원리** : 화염이 고체표면을 접촉하거나 통과 시 고체로 열전달과 열손실이 이루어져 화염의 온도가 화염한계 온도(LFL에서의 온도)이하로 냉각되어 활성라디칼(연쇄반응 물질 - 화염온도가 1300℃ 이하일 때 제거) 제거 되므로 연쇄반응이 억제되고 불꽃이 소염된다.
3) MESG와 소염거리 차이
   ① MESG : 화염 전파 나타내는 기준
   ② 소염거리 : 화염 착화 유무 나타내는 기준 (건축법 2mm 이하 금속망 설치)

chapter

06 출제예상문제

1 폭발성분위기 내에 표준용기의 접합면 틈새를 통하여 폭발화염이 내부에서 외부로 전파되지 않는 최대안전틈새(화염일주한계)가 가장 넓은 물질은?

① 부탄
② 에틸렌
③ 수소
④ 아세틸렌

1.

화염일주한계(최대안전틈새, MESG)

등급분류	기체(가스)	안전간극(안전간격)
1등급(A)	**부**탄, **암**모니아, **메**탄, **일**산화탄소, **아**세톤, **프**로판, 등	**0.9**mm 이상
2등급(B)	**에**틸렌, **석**탄가스	0.5mm 초과 0.9mm 미만
3등급(C)	**수**소, **아**세틸렌, **이**황화탄소	**0.5**mm 이하

2 다음 중 소염거리에 대한 설명 중 틀린 것은?

① 점화가 일어나지 않는 전극 간의 최대거리를 소염거리(Quenching distance)라고 한다.
② 전극의 간격이 좁은 경우 아무리 큰 전기에너지를 통해 형성된 불꽃을 가해도 점화되지 않는다.
③ 최소발화에너지는 소염거리와 연소속도에 비례한다.
④ 최소발화에너지는 화염온도에 비례한다.

2.

소염거리와 최소발화(착화)에너지관계

㉠ 소염거리는 전기불꽃과 같은 단시간 가열에서도 방열이 발화에 영향을 끼침을 말해준다.
㉡ 최소발화(착화)에너지는 전극간 거리가 짧아지면 최초에는 저하하지만, 소염거리 이하에서는 아무리 큰 에너지를 주어도 인화되지 않는다.
㉢ 최소발화(착화)에너지는 소염거리, 미연소가스 온도와 화염온도에 비례하고, 연소속도에 반비례한다.

Answer 1.① 2.③

chapter

07 방폭(폭발방호)

1 방폭의 정의

폭발을 예방하거나 또는 폭발에 의한 피해를 방지하는 것

2 방폭의 원리

물적 조건과 에너지 조건 중 어느 하나를 제거함으로써 폭발 방지

물적조건 제어	에너지조건 제어
① 가연물 양 제어 – 연소범위 제어 : 누설, 방류, 체류방지(환기, 차단) ② 산소농도 제어 – 산소농도를 MOC 이하로 유지 ③ 불활성가스 주입 – 퍼지법	① 점화원 제어 ② 전기에너지 차단 ③ 방폭 전기설비 설치

3 퍼지법 (Ⓜ 사스진압)

가스폭발의 위험성이 있는 용기 내의 초기 산소농도를 최소산소농도(MOC)이하로 감소시켜 폭발방지하기 위해 용기 내에 불활성 기체를 주입하여 폭발의 위험성을 제거하는 방식

사이폰퍼지	용기에 물을 채운 후 물을 배수하면서 불활성 가스를 주입하는 퍼지 방식
스위프퍼지	용기가 약하여 진공, 압력퍼지를 할 수 없을 경우 한쪽에서 불활성 가스를 주입하고 반대쪽에서 배출하는 퍼지 방식(많은 양의 불활성 가스 필요)
진공퍼지	용기를 진공으로 퍼지한 다음 불활성 가스를 주입하여 대기압 상태로 만들면서 원하는 산소농도가 될 때까지 반복하여 퍼지하는 방식
압력퍼지	용기 내부에 압력을 가해 불활성 가스를 주입한 후 배출과정을 반복하여 산소 농도를 낮추는 퍼지 방식

❹ 방폭이 필요한 위험분위기 장소

(1) 폭발 위험분위기 장소 (Ⓜ 위험장소에서는 삐삐(012)처라)

구분	대상장소	방폭구조 종류
0종 장소	**항상** 폭발 분위기이거나, 장기간 위험성이 존재하는 지역, 인화성 액체용기나 탱크 내부, 가연성 가스 내부 등	본질안전 방폭구조
1종 장소	정상상태에서 **간헐적으로** 폭발 분위기로 유지되는 지역이나 안전밸브 부근	본질안전, 내압, 압력, 유입, 충전, 몰드 방폭구조
2종 장소	**비정상상태**에서의 폭발분위기가 생기는 지역	본질안전, 내압, 압력, 유입, 충전, 몰드, 안전증 방폭구조

(2) 위험장소에 따른 방폭구조 분류

위험장소	본질안전	내압	압력	유입	안전증	몰드	충전	비점화
0종	○							
1종	○	○	○	○	○	○	○	
2종	○	○	○	○	○	○	○	○

❺ 전기설비의 방폭구조 (Ⓜ 본내압유안몰충비) 2018 상반기 2022 간부

(1) **본**질안전 방폭구조

정상시 및 사고시에 발생하는 전기불꽃, 아크 또는 고온에 의하여 폭발성 가스 또는 증기에 점화되지 않는 것이 점화시험 및 기타에 의하여 확인된 구조.

(2) **내**압 방폭구조

용기 내부에서 폭발이 발생하였을 때 그 폭발압력에 견딜 수 있는 구조

(3) **압**력 방폭구조

용기 내부에 불활성 가스를 압입시켜 외부의 폭발성 가스의 유입을 방지하는 구조

(4) **유**입 방폭구조

전기 불꽃이 발생 될 우려가 있는 부분을 기름(절연유) 속에 넣어 폭발성 가스와 격리시키는 구조

(5) **안**전증 방폭구조

정상운전 중에 폭발성 가스 또는 증기가 점화원이 될 전기불꽃, 아크 또는 고온부분 등의 발생을 방지하기 위하여 기계적, 전기적 구조상 또는 온도상승에 대해서 특히 안전도를 증가시킨 구조.

(6) **몰**드 방폭구조

전기 불꽃이 발생 될 우려가 있는 부분을 컴파운드로 밀폐시켜 폭발을 방지하는 구조

(7) **충**전 방폭구조

전기 불꽃이 발생 될 우려가 있는 부분을 석영가루나 유리입자 등으로 밀폐시켜 폭발을 방지하는 구조

(8) **비**점화 방폭구조

정상작동 상태에서 폭발성 가스를 점화시키지 않는 구조

구분	위험장소 적용			구조
	0종	1종	2종	
본질안전 방폭구조	○	○	○	발생되는 스파크나 불꽃이 가스를 점화시킬 수 없다는 것을 확인한 구조
내압 방폭구조	×	○	○	방폭함 내부에서 폭발이 발생했을 때 그 폭발압력에 견딜 수 있는 구조
압력 방폭구조	×	○	○	불활성 가스(질소)를 사용하여 가연성 가스가 방폭함 내부로 들어오지 않도록 한 구조
유입 방폭구조	×	○	○	불활성 기름속에 점화원이 될 우려가 있는 부분을 묻어둔 구조(유입변압기)
안전증 방폭구조	×	○	○	안전도를 증가시켜 점화원의 발생확률을 낮춘 구조
몰드 방폭구조	×	○	○	컴파운드를 사용하여 가스침입 방지
충전 방폭구조	×	○	○	방폭함 내부에 석영가루나 유리입자 등을 채워 가연성가스가 들어오지 못하게 한 구조
비점화 방폭구조	×	×	○	정상인 상태에서 가스를 점화시키지 않도록 한 구조

chapter

07 출제예상문제

✻ 2018년 상반기

1 다음 빈칸에 들어갈 방폭구조로 옳은 것은?

> • ㈎는 점화원이 될 우려가 있는 부분을 용기 내에 넣고 불연성 가스인 보호기체를 용기의 내부에 넣어 줌으로써 용기내부에는 압력이 발생하여 외부로부터 폭발성 가스가 침입하지 못하도록 한 구조이다.
> • ㈏는 정상시 및 사고시 발생하는 전기불꽃 아크 또는 고온에 의해 폭발성 가스 또는 증기에 점화되지 않는 것이 점화시험 및 기타에 의해 확인된 구조를 말한다.
> • ㈐는 전기 기기의 불꽃 또는 고온이 발생하는 부분을 절연유속에 넣고 기름면 위에 존재하는 폭발성 가스 또는 증기에 인화될 우려가 없도록 한 구조이다.

① ㈎ 내압방폭구조 ㈏ 본질안전방폭구조 ㈐ 유입방폭구조
② ㈎ 압력방폭구조 ㈏ 안전증방폭구조 ㈐ 유입방폭구조
③ ㈎ 압력방폭구조 ㈏ 본질안전방폭구조 ㈐ 유입방폭구조
④ ㈎ 내압방폭구조 ㈏ 안전증방폭구조 ㈐ 압력방폭구조

1.

㈎ 압력 방폭구조 : 용기 내부에 불활성 가스를 압입시켜 외부의 폭발성 가스의 유입을 방지하는 구조
㈏ 본질안전 방폭구조 : 정상시 및 사고시에 발생하는 전기불꽃, 아크 또는 고온에 의하여 폭발성 가스 또는 증기에 점화되지 않는 것이 점화시험 및 기타에 의하여 확인된 구조.
㈐ 유입 방폭구조 : 전기 불꽃이 발생 될 우려가 있는 부분을 기름(절연유) 속에 넣어 폭발성 가스와 격리시키는 구조

✻ 2021년

2 폭발에 대한 설명으로 옳지 않은 것은?

① 폭연은 폭굉보다 폭발압력이 낮다.
② 분해폭발은 산소에 관계없이 단독으로 발열 분해반응을 하는 물질에서 발생한다.
③ 물리적 폭발은 물질의 상태(기체, 액체, 고체)가 변하거나 온도, 압력 등 조건의 변화에 따라 발생한다.
④ 중합폭발은 가연성 액체의 무적(霧滴, mist)이 일정 농도 이상으로 조연성 가스 중에 분산되어 있을 때 착화하여 발생한다.

2.

④ 중합폭발 : 중합해서 발생하는 반응열을 이용해서 폭발하는 것으로 초산비닐, 염화비닐 등의 원료인 모노머가 폭발적으로 중합되면 격렬하게 발열하여 압력이 급상승되고 용기가 파괴되는 폭발

Answer 1.③ 2.④

＊ 2022년 간부

3 다음 설명에 해당하는 방폭구조는?

> 정상시 및 사고시(단선, 단락, 지락 등)에 발생 하는 전기불꽃, 아크 또는 고온에 의하여 폭발성 가스 또는 증기에 점화되지 않는 것이 점화시험 및 기타에 의하여 확인된 방폭구조

① 내압방폭구조
② 압력방폭구조
③ 안전증가방폭구조
④ 유입방폭구조
⑤ 본질안전방폭구조

3.

본질안전 방폭구조 : 정상시 및 사고시에 발생하는 전기불꽃, 아크 또는 고온에 의하여 폭발성 가스 또는 증기에 점화되지 않는 것이 점화시험 및 기타에 의하여 확인된 구조

Answer 3.⑤

✳ 연도별 기출경향 ✳

[기출연도]	2012	2013	2014	2015	2016	2017	2018	2019	2020	2021	2022	2023	2024
문항수	8	6		4	6	7	5	4	3	2	6	5	6

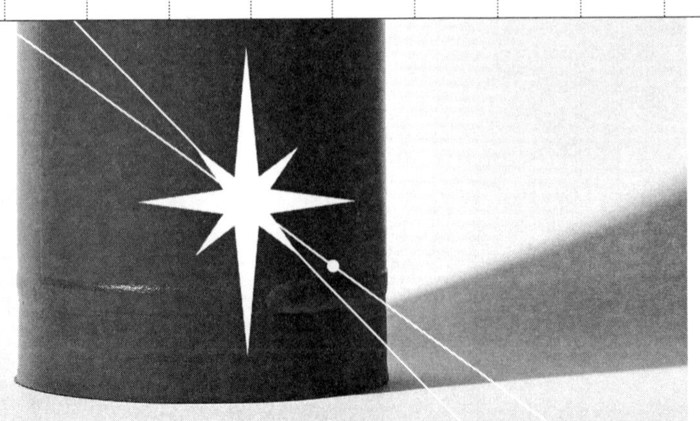

PART

05

소화이론 및 소화약제

chapter

01 소화 2021

❶ 소화의 정의

(1) 소화란 가연성 물질이 공기 중의 산소와 반응하여 열과 빛을 수반하며 급격히 산화되는 연소, 즉 화재를 ① 산소의 공급을 차단 · 희석시키거나(질식소화), ② 발화온도 이하로 감소시키거나(냉각소화), ③ 가연성 물질을 화재 장소로부터 제거시키거나(제거소화), ④ 연소의 연쇄반응을 차단 · 억제 시키는 것(억제소화)을 말한다.

(2) 소화방법은 연소의 3요소를 차단하는 질식, 냉각, 제거 또는 물적조건(질식, 제거), 에너지조건(냉각)을 제어하는 물리적 소화방법과 화학적 제어를 통해 연쇄반응을 억제하는 화학적 소화방법이 있다.

소화방법	소화원리		제거요소	제거방법
물리적 소화	물적조건	질식	산소차단	산소농도를 15% 이하로 낮춤
		제거	가연물 차단	가연물을 격리, 차단
	에너지조건	냉각	점화에너지 차단	열을 흡수, 연소상태를 발화점 이하로 낮춤
화학적 소화		억제(부촉매)	연쇄반응 차단	자유라디컬을 포착하여 연소상태 저지

❷ 질식소화법 2017 2017 하반기 2018 2016 간부

(1) 질식소화의 원리

① 질식소화법은 연소의 4요소 중 산소를 공급하는 산소공급원(오존, 공기, 산화제 등)을 차단하여 소화하는 방법

② 가연성 물질의 연소에서 연소의 범위는 연소하한계와 연소상한계의 범위내의 농도에서만 연소가 이루어지는데 대부분의 화재는 산소농도가 15% 이하이면 소화된다.

③ 산소의 농도를 10 ~ 15% 이하로 하여 소화하는 방법으로

㉠ 가스계 소화약제 또는 포 소화약제를 이용하여 연소면을 산소가 접촉되지 못하도록 차단하는 방법

㉡ 밀폐공간의 화재실 전체에 주로 불연성가스의 퍼지에 의해 산소의 농도가 낮게함으로써 소화하는 방법

(2) 질식소화의 종류 (Ⓜ 차유희피불) 2015

산소공급원을 차단하는 질식소화방법으로 차단(완전질식), 유화질식, 희석질식, 피복질식, 불활성화(퍼지법)으로 산소공급원을 차단하여 소화한다.

종류	소화 방법
차단	가연물이 들어있는 용기를 밀폐하여 소화
유화 2019 간부	가연성 액체(중질유 : 제4류 위험물 중 제3석유류, 제4석유류)화재 시 물을 무상으로 고압 방사하여 유화층을 형성시켜 유류의 증기압을 떨어뜨려 소화(에멀젼 효과)
희석	알코올 등과 같은 수용성 액체 위험물, 인화성 액체 표면에 작거나, 중간 크기의 물방울을 완만하게 분사하여 훨씬 더 높은 인화점을 가진 용해액을 생성시켜 소화 또는 모든 가스계 소화
피복	비중이 공기의 1.5배 정도로 무거운 소화약제로 가연물의 구석구석까지 침투 피복하여 소화
불활성화 (퍼지법)	불활성물질(CO_2, N_2, Ar, 수증기 등)을 첨가하여 연소범위를 좁혀 소화하는 방법으로 가연성 혼합기의 산소농도를 MOC 이하로 유지하며, CO_2를 첨가 시 산소농도는 15% 이하로 유지시켜 소화

(3) 질식소화 방법 및 가능 설비

포, CO_2, 할론, 할로겐화합물 및 불활성기체, 분말 등이 이 소화방법을 이용한 설비이다.

구분	소화방법	소화설비
불연성기체	증기비중이 공기보다 무거운 불연성 기체로 연소물을 덮어 산소를 희석, 차단하여 소화	• 이산화탄소소화설비 • 할론소화설비 • 할로겐화합물 및 불활성기체 소화설비
불연성 폼	유류화재 시 포로 연소물을 덮어 질식 냉각 소화	• 포소화설비
불연성 고체	분말 등 고체로 덮어 질식소화	• 분말소화설비 • 간이소화용구(마른모래, 팽창질석, 팽창진주암)
밀폐 소화 (=퍼지관점)	화재실을 밀폐하고 주로 불연성가스의 퍼지에 의해 산소의 농도를 낮춰 소화	• 이산화탄소소화설비 • 할론소화설비 • 할로겐화합물 및 불활성기체 소화설비

③ 제거소화법 🔥🔥🔥 2017 간부 2020 간부 2024 간부

(1) 제거소화의 원리

① 연소의 4요소 중 가연물을 제거하여 소화하는 방법. 즉, 가연성 물질을 파괴, 제거, 이동, 격리 등의 방법으로 열을 받는 부분을 작게 또는 완전 이격시켜 소화하는 방법이다.

② 연소는 가연성가스와 산소와의 접촉반응이므로 이를 차단하기 위한 방법은 가연성 물질을 격리하거나 가연물의 소멸 또는 제거하는 것이다.

(2) 제거소화 방법(사례)

구분	소화 방법
유류화재	• 유류탱크 화재 시 질소폭탄을 사용하여 증기를 날림 • 유류탱크 화재 시 주변에 있는 유류탱크의 유류를 다른 곳으로 이동
전기화재	• 신속한 전원차단 및 전기 공급 중지
산림화재	• 진행방향의 나무를 잘라 제거, 맞불로 나무를 제거 • 산림화재를 미리 예상하여 평소에 방화선(도로)을 설정
가스화재	• 밸브를 차단시켜 가스공급을 중단
대형화재	• 어느 범위의 건물을 제거하여 방어선을 만들어 연소를 방지하는 방법(가연성고체물질을 제거하여 소화)
일반화재	• 불타고 있는 장작더미 속에서 아직 타지 않은 것을 안전한 곳으로 운반

④ 냉각소화법

(1) 냉각소화의 원리

① 물 등의 소화약제를 이용하여 연소의 4요소 중 에너지(열, 점화)를 제거, 발화점 이하로 내리거나 가연성 가스의 발생온도 이하로 낮춤으로서 소화하는 방법

㉠ 점화원의 열을 가연물의 발화·인화점 이하의 온도로 냉각

㉡ 물 등을 뿌려서 가연성 연소분해물질의 생성을 차단하기 위한 것

㉢ 물 등을 뿌려서 연소반응의 속도를 지연시키기 위한 것

② 물의 비열·증발잠열의 값은 다른 물질에 비해 커서 주로 냉각소화에 사용되며, 가연물을 물로 냉각시켜 소화하는 경우 1Kg의 물이 증발하는 데는 539Kcal의 열을 흡수하는 효과가 있다.(이산화탄소의 경우 66.6Kcal/Kg, 할론은 28.2Kcal/Kg)

(2) 냉각소화의 방법

① 액체의 현열, 증발잠열을 이용하는 방법(옥내 · 외 소화전, 스플링클러, 물분무 등)

② 열용량이 큰 고체(화염방지기)를 이용하는 방법

③ 식용유 화재 시 신선한 야채를 이용하는 방법 등이 있다.

(3) 냉각소화 가능 설비 및 약제 종류

냉각소화가 가능한 소화설비 및 약제로는 옥내 · 외 소화전, 스프링클러소화설비, 물분무소화설비, 강화액소화설비, 이산화탄소소화설비, 할론소화설비가 있다.

5 부촉매소화법(억제소화법)

(1) 부촉매소화의 원리

① 연소의 4요소 중 부촉매제(화학반응이 잘 일어나지 않도록 하는 것)를 사용하여 가연물질의 연속적인 연쇄반응이 일어나지 않도록 하여 화재를 소화시키는 방법

② 억제소화 또는 화학적 소화법이라 부르기도 하며, 소화원리는 분말소화기와 할론소화기의 소화원리처럼 연소과정에 있는 분자의 연쇄반응을 방해함으로써 화재를 진압하는 원리이다.

③ 분자의 연쇄반응은 가연물질을 구성하는 분자로부터 생성되는 활성화된 수소기(H*)와 수산기(OH*)의 작용에 의해 진행되므로 연속적인 연쇄반응을 방지하기 위해서는 가연물질에 공급하는 에너지의 값을 활성화에너지의 값 이하가 되게 하여 가연물질로부터 활성화된 수산기 · 수소기가 발생하지 않도록 해야 한다.

④ 화학적 소화는 작열연소(=심부화재)에는 적응성(효과)이 없다.

(2) 부촉매소화의 방법 및 설비

① 부촉매를 활용하는 소화방법, 화염 억제작용으로 할로겐 화합물 등을 첨가하여 H*와 OH*와 같은 활성라디칼인 연쇄전달체(Chain carrier)를 포착하여, 활성화 에너지를 크게하여 연소반응을 중단시키는 작용이다.

② 할론, 분말, 할로겐화합물, 산 · 알칼리, 화학포, 강화액 소화약제 등이 대표적인 소화설비이다.

❻ 3종 분말소화약제에서의 소화효과

(1) 방진소화

제3종 분말소화약제를 고체 화재면에 방사 시 메타인산(HPO_3)이 생성되어 유리질의 피막을 형성하므로 열분해 생성으로 인한 방진효과가 나타나게 된다.

$NH_4H_2PO_4 \rightarrow NH_3 + H_2O + HPO_3$

(2) 탄화 · 탈수소화

제3종 분말소화약제의 열분해 시 올쏘인산(H_3PO_4)이 셀룰로우즈에 작용하면 물이 생성되는데 가연물 내부에서 생성되는 가스와의 화학작용으로 탈수작용을 하게 되어 탈수 소화효과를 가져오게 된다.

$(C_6H_{12}O_6)_N + H_3PO_4 \rightarrow 6H_2O + C$

chapter

01 출제예상문제

✳ 2018년

1 다음 설명에 해당하는 소화방법으로 옳은 것은?

> 일반적으로 공기 중의 산소농도 21%를 15% 이하로 희석하거나 저하시키면 연소중인 가연물은 산소의 양이 부족하여 연소가 중단된다.

① 냉각소화 ② 질식소화
③ 제거소화 ④ 유화소화

✳ 2015년

2 유류화재에 물을 무상으로 방사하여 소화하려고 한다. 주로 어떤 소화 원리에 의해 소화 되는가?

① 냉각소화 ② 희석소화
③ 질식소화 ④ 제거소화

✳ 2019년 간부

3 다음에서 설명하는 소화방법은?

> 비중이 물보다 큰 중유 등 비수용성 유류화재 시 무상주수하거나 포소화약제를 방사하여 유류 표면에 엷은 층이 형성되어 공기 중의 산소 공급을 차단시켜 소화하는 방법을 말한다.

① 제거소화법 ② 유화소화법
③ 억제소화법 ④ 방진소화법
⑤ 피복소화법

1.

질식소화의 원리

① 질식소화법은 연소의 4요소 중 산소를 공급하는 산소공급원(오존, 공기, 산화제 등)을 차단하여 소화하는 방법
② 가연성 물질의 연소에서 연소의 범위는 연소하한계와 연소상한계의 범위내의 농도에서만 연소가 이루어지는데 대부분의 화재는 산소농도가 15% 이하이면 소화된다.

2.

유화소화 : 가연성 액체(중질유 : 제4류 위험물 중 제3석유류, 제4석유류)화재 시 물을 무상으로 고압 방사하여 유화층을 형성시켜 유류의 증기압을 떨어뜨려 소화(에멀젼 효과)

3.

① 제거소화 : 연소의 4요소 중 가연물을 제거하여 소화하는 방법
③ 억제소화 : 연소의 4요소 중 부촉매제(화학반응이 잘 일어나지 않도록 하는 것)를 사용하여 가연물질의 연속적인 연쇄반응이 일어나지 않도록 하여 화재를 소화시키는 방법
④ 방진소화 : 제3종 분말소화약제를 고체 화재면에 방사 시 메타인산(HPO_3)이 생성되어 유리질의 피막을 형성하므로 열분해 생성으로 인한 방진효과가 나타나게 된다.
⑤ 피복소화 : 비중이 공기보다 무거운 소화약제로 가연물의 구석구석까지 침투 피복하여 소화

Answer 1.② 2.③ 3.②

＊ 2020년 간부

4 제거소화 방법으로 옳은 것은?

> ㉠ 전기화재 시 전원 차단
> ㉡ 가스화재 시 가스공급 차단
> ㉢ 일반화재 시 옥내소화전 사용
> ㉣ 유류화재 시 포소화약제 사용
> ㉤ 산불화재 시 방화선(도로) 구축

① ㉠, ㉡, ㉣
② ㉠, ㉡, ㉤
③ ㉡, ㉢, ㉣
④ ㉡, ㉣, ㉤
⑤ ㉢, ㉣, ㉤

＊ 2021년

5 소화 방법에 대해 옳은 설명만을 모두 고른 것은?

> ㉠ 질식소화는 일반적으로 공기 중 산소 농도를 낮추어 소화하는 방법을 말한다.
> ㉡ 냉각소화가 가능한 약제로는 물, 강화액, CO_2, 할론 등이 있다.
> ㉢ 피복소화는 비중이 물보다 큰 비수용성 유류화재 시 무상주수하여 소화하는 방법을 말한다.
> ㉣ 부촉매소화는 가스화재 시 가스공급을 차단하여 소화하는 방법을 말한다.

① ㉠
② ㉠, ㉡
③ ㉠, ㉡, ㉢
④ ㉠, ㉡, ㉢, ㉣

4.

제거소화 방법(사례)

구분	소화 방법
양초화재	– 양초의 가연물(화염)을 불어서 날려 보냄
유류화재	– 유류탱크 화재 시 질소폭탄을 사용하여 증기를 날림 – 유류탱크 화재 시 주변에 있는 유류탱크의 유류를 다른 곳으로 이동
전기화재	– 신속한 전원차단 및 전기 공급 중지
산림화재	– 진행방향의 나무를 잘라 제거, 맞불로 나무를 제거 – 산림화재를 미리 예상하여 평소에 방화선(도로)을 설정
가스화재	– 밸브를 차단시켜 가스공급을 중단
대형화재	– 어느 범위의 건물을 제거하여 방어선을 만들어 연소를 방지하는 방법 (가연성고체물질을 제거하여 소화)
일반화재	– 불타고 있는 장작더미 속에서 아직 타지 않은 것을 안전한 곳으로 운반

5.

㉢ 피복소화 : 비중이 공기보다 무거운 소화약제로 가연물의 구석구석까지 침투 피복하여 소화

㉣ 부촉매소화 : 연소의 4요소 중 부촉매제(화학반응이 잘 일어나지 않도록 하는 것)를 사용하여 가연물질의 연속적인 연쇄반응이 일어나지 않도록 하여 화재를 소화시키는 방법

Answer 4.② 5.②

＊ 2016년 간부

6 소화방법에 대한 설명 중 옳지 않은 것은?

① 질식소화는 연소하기 위해서 반드시 필요한 산소공급원의 공급을 차단하여 연소를 중단시키는 방법으로 물질마다 차이는 있지만 액체의 경우는 산소농도가 15% 이하일 때 불이 꺼진다.

② 냉각소화로 많이 이용되는 물은 비열, 증발잠열의 값이 다른 물질에 비해 커서 가연성 물질을 발화점 혹은 인화점 이하로 냉각하는 효과가 있다.

③ 제거소화는 연소반응이 일어나고 있는 연소물이나 화원을 제거하여 연소반응을 중지시켜 소화하는 방법을 말한다.

④ 억제소화(부촉매효과)는 연소의 4요소 중 연쇄반응의 속도를 빠르게 하는 부촉매를 첨가하여 억제시키는 것으로 화학적 소화방법이다.

⑤ 유화효과는 물보다 비중이 큰 중유 등 비수용성의 유류화재 시 포소화약제를 방사하거나 무상주수로 유류표면을 두드려서 증기발생을 억제함으로써 연소성을 상실시키는 소화효과이다.

6.

④ 억제소화는 연소의 4요소 중 연쇄반응이 일어나지 않도록 부촉매를 첨가하여 억제시키는 것으로 화학적 소화방법이다.

Answer 6.④

chapter

02 소화약제

① 소화약제 개요

(1) 소화약제의 조건 🔥 2017 간부

소화약제란 소화기구 또는 소화설비에 사용되는 소화성능이 있는 고체, 액체 또는 기체의 물질로서, 소화약제로서 갖추어야 될 조건은 다음과 같다.

① 연소의 4요소 중 한 가지 이상을 제거할 수 있는 능력이 탁월할 것 (두 가지(X))

② 가격이 저렴할 것(경제성)

③ 저장 안정성이 있을 것

④ 환경에 대한 오염이 적을 것

⑤ 인체에 대한 독성이 없을 것

(2) 소화약제의 분류

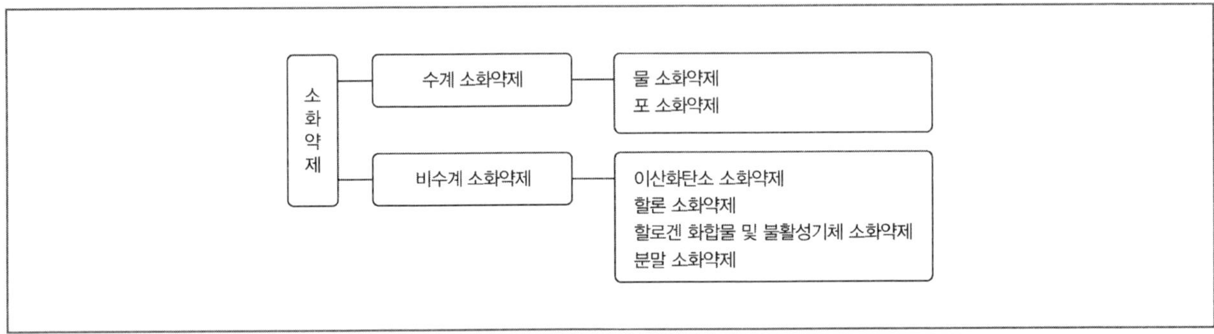

(3) 소화약제의 특성비교

특성 \ 종류	수계 소화약제		비수계 소화약제		
	물	포	이산화탄소	할로겐화합물	분말
주된 소화효과	냉각	질식, 냉각	질식	부촉매	질식
소화속도	느리다	느리다	빠르다	빠르다	빠르다
냉각효과	크다	크다	적다	적다	극히 적다
재발화 위험성	적다	적다	있다	있다	있다
대응하는 화재규모	중형 ~ 대형	중형~대형	소형 ~ 중형	소형 ~ 중형	소형 ~ 중형
사용후의 오염	크다	매우 크다	전혀 없다	극히 적다	적다
적응화재	A급	A, B급	B, C급	B, C급	A, B, C급

실수 줄이기

1. [17년 간부] 소화약제로서 갖추어야 할 조건으로 옳지 않은 것은?

① 연소의 요소 중 한 가지 이상을 제거 또는 차단할 수 있을 것
② 가격이 고가일 것
③ 인체에 독성이 없을 것
④ 환경에 대한 오염이 적을 것
⑤ 저장에 있어 변질이 발생하지 않고 안정성이 있을 것

2. 소화약제 사용 후 오염이 가장 큰 것은?

① 물
② 할로겐 화합물
③ 분말
④ 포 소화약제

1.

소화약제의 조건
① 연소의 4요소 중 한 가지 이상을 제거할 수 있는 능력이 탁월할 것 (두 가지(X))
② 가격이 저렴할 것(경제성)
③ 저장 안정성이 있을 것
④ 환경에 대한 오염이 적을 것
⑤ 인체에 대한 독성이 없을 것

답 ②

2.

사용 후의 오염
① 물 - 크다
② 할로겐화합물 - 극히 적다
③ 분말 - 적다
④ 포 - 매우 크다

답 ④

② 물 소화약제 2023 2024 간부

물은 냉각 · 질식효과가 매우 높으며, 독성이 없어 인체에 무해하고 변질의 우려가 없어 장기간 보관 가능하며 비압축성 유체로 쉽게 펌핑 및 이송이 가능하고 어디에서나 쉽게 구할 수 있어 경제적이고 안전성이 높은 소화약제이다.

(1) 물의 물리적 성질

① 0℃의 얼음 1g이 0℃의 액체 물로 변하는 데 필요한 융해(용융)잠열[용융열]은 80㎈/g

② 100℃의 액체 물 1g을 100℃의 수증기로 만드는 데 필요한 열량인 증발잠열(기화열)은 539㎈/g으로 다른 물질에 비해 매우 큰 편이다.

③ 물 1g을 1℃ 올리는 데 필요한 열량인 비열은 1㎈/g℃로 다른 물질에 비해 상당히 큰 편이다.

④ 대기압에서 100℃의 물이 액체에서 수증기로 바뀌면 체적은 약 1,600 ~ 1,700배 정도 증가한다.

⑤ 물의 비중은 1atm(대기압)을 기준으로 4℃일 때 1로 가장 무거우며 4℃보다 높거나 낮아도 이 값보다 작아진다.

⑥ 물은 압력을 받으면 약간은 압축되나 기체에 비하면 무시해도 좋을 정도이므로 비압축성 유체로 간주할 수 있다.

⑦ 물의 점도는 1atm, 20℃에서 1.0cP(1centipoise = 0.01g/㎝ · sec)이며 온도가 올라가면 점도는 작아진다. (50℃에서는 0.55cP)

⑧ 물의 표면 장력은 20℃에서 72.75dyne/㎝이며 온도가 상승하면 표면 장력은 작아진다.(40℃에서는 69.48dyne/㎝)

개념원리 용어정의

1. **잠열** : 물질이 온도 변화 없이 고체에서 액체로 변할 때나 액체에서 기체로 변할 때 필요한 열량
2. **현열** : 물질의 상태변화 없이 온도변화에 필요한 열량
3. **비열** : 어떤 물질 1g을 1℃ 올리는 데 필요한 열량(㎈/g · ℃ = ㎉/kg · ℃)
4. **비중** : 비중은 물질의 밀도에 대한 상대적인 비(액체의 경우 1기압, 4℃ 물을 기준으로 하고, 기체의 경우에는 20℃ 공기를 기준)
5. **표면장력** : 분자간의 인력으로 인해 액체의 표면에 생기는 응집력

(2) 물의 상태도

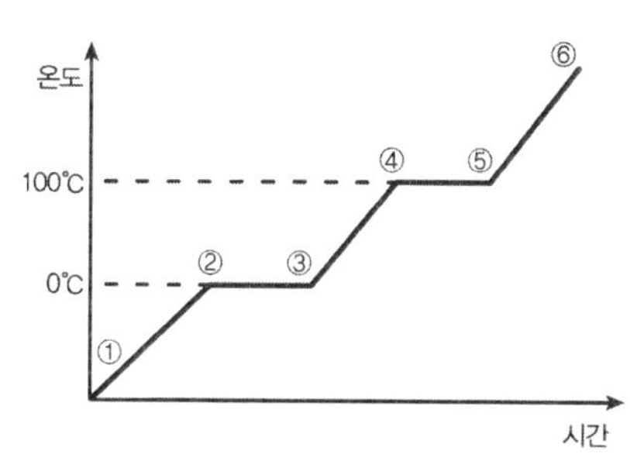

구간	상태
① ~ ②	고체 상태의 얼음이 존재
② ~ ③	얼음이 가열되어 융해되는 부분으로서 얼음과 물이 공존하는 구간
③ ~ ④	물이 점차 가열되어 완전한 액체 상태인 물이 존재
④ ~ ⑤	물이 더욱 열을 받아 기화되는 부분으로 물과 수증기가 공존하는 구간
⑤ ~ ⑥	수증기가 가열되어 기체 상태로 존재

(3) 물의 화학적 성질

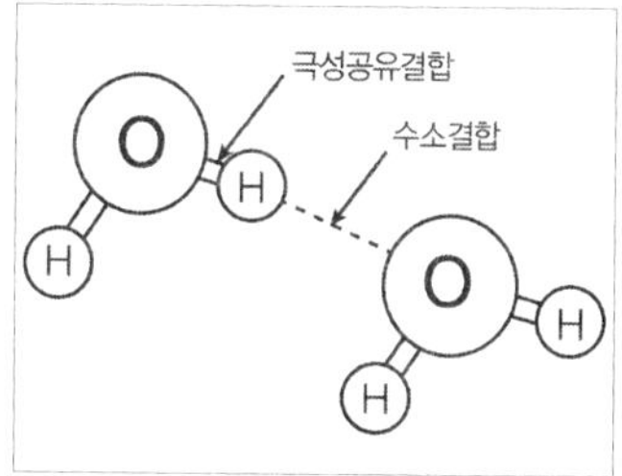

① 물은 수소 2원자와 산소 1원자로 이루어져 있으며 이들 사이의 화학결합은 극성 공유결합이다.(원자간 결합)

② 물은 극성 분자이기 때문에 분자간의 결합은 쌍극자-쌍극자 상호 작용(극성 분자의 양의 말단과 다른 극성 분자의 음의 말단 사이에 작용하는 정전기적 인력)의 일종 수소결합(hydrogen bond)에 의해 이루어진다.

개념원리 수소결합에 따른 물의 특성

1. 녹는점(융점)과 끓는점(비점)이 높다.
   물 분자는 수소결합을 해서 다른 물질에 비해 분자 간의 인력 세기가 크기 때문에 분자간의 인력을 끊는데 많은 에너지가 필요하므로 분자량이 비슷한 다른 물질에 비해 융해열과 기화열이 크다.

2. 비열이 높다.(열용량이 높다)
   비열은 물질 1g의 온도를 1℃ 높이는데 필요한 열량으로, 물은 비슷한 분자량을 가지는 다른 물질에 비해 비열이 큰데 그 이유는 가열해 준 열이 수소결합을 끊는데 쓰이므로 온도가 쉽게 오르지 않기 때문이다.

3. 표면장력이 크다.
   물은 수소결합에 의해 강한 분자간의 힘을 가지기 때문에 표면장력이 크며 이슬이 구의 형태를 가지거나 소금쟁이가 물 위에 뜨는 등의 현상이 발생된다.

4. 물의 밀도가 변화한다.
   물이 얼음이 될 때 물 분자들이 수소결합에 의해 규칙적으로 배열되어 분자사이에 빈 공간이 많은 육각고리모양이 되어 부피가 증가해 밀도가 작아진다. 반면에 온도가 상승하면 물 분자간의 육각고리 모양이 파괴되면서 육각고리를 형성하면서 차지하던 빈 공간이 줄어들어 부피가 감소해 밀도가 증가한다.

(4) 물의 주수 형태 2020

① **봉상(棒狀)** : 막대 모양의 굵은 물줄기를 가연물에 직접 주수하는 방법으로 소방용 방수노즐을 이용한 주수가 대부분 여기에 속한다. 열용량이 큰 일반 고체가연물의 대규모 화재에 유효한 주수 형태이다. 감전의 위험이 있기 때문에 어느 정도의 안전거리를 유지하여야 한다.

㉠ 옥내 · 옥외소화전에 사용

㉡ 일명 "막대주수"라고함

㉢ 주소화는 냉각 / 부소화는 희석, 질식, 유화, 타격, 파괴

② **적상(適狀)(Ⓜ 적반육)** : 스프링클러 소화설비 헤드의 주수 형태로 살수(撒水)라고도 한다. 저압으로 방출되기 때문에 물방울의 평균 직경은 **0.5 ~ 6㎜** 정도이다. 일반적으로 실내 고체 가연물의 화재에 사용된다.

㉠ 스프링클러설비, 연결살수 등

㉡ 봉상보다 물절약

㉢ 주소화는 냉각 / 부소화는 희석, 질식, 유화

③ **무상(霧狀)[Ⓜ 무상 점빼빼로(0.1 ~ 1.0)]** : 물분무 및 미분무 소화 설비의 헤드에서 고압으로 방수할 때 나타나는 안개형태의 주수로 물방울의 평균 직경은 **0.1 ~ 1.0㎜ 정도**이다. 일반적으로 유류화재에 물을 사용하면 연소면이 확대되기 때문에 물의 사용을 금하고 있지만, 중질유 화재(중질의 연료유, 윤활유, 아스팔트 등과 같은 고비점유의 화재)의 경우에는 물을 무상으로 주수하면 급속한 증발에 의한 질식 효과와 에멀젼 효과에 의해 소화가 가능하다. 또한, 무상 주수는 다른 주수법에 비하면 전기 전도성이 좋지 않기 때문에 전기화재에도 유효하다.

㉠ 물분무소화설비

㉡ 전기화재에도 적응성 있음(ABC급 화재 사용)

㉢ 주소화는 질식 / 부소화는 냉각, 유화, 희석

물 소화약제 주수방법

주수방법	봉상	적상	무상
모양	긴 막대 모양	물안개	안개
적응화재	A급	A급	A, B, C급
주소화효과	냉각	냉각	질식
설비	옥내 · 외 소화전	스프링클러	미 · 물분무
평균직경	굵은 물줄기	0.5 ~ 0.6mm	01. ~ 1.0mm

(5) 물의 소화효과  (Ⓜ 냉질유희타파) 2015 2021

① **냉각 효과**(cooling effect) : 물의 비열은 1㎈/g · ℃ 로써 헬륨의 1.25㎈/g · ℃, 수소의 3.41㎈/g · ℃를 제외하고는 천연 물질 중에서 가장 크고 기화열(539㎈/g)도 모든 액체 중에서 가장 크다. 따라서 물의 소화 효과 중 가장 대표적인 것은 냉각 효과이다.

② **질식 효과**(smothering effect) : 100℃의 물이 100℃의 수증기로 변하면 체적이 약 1,600 ~ 1,700배 정도 늘어나 가연성가스와 공기 사이를 수증기로 대체하거나 희석시켜 질식 효과를 나타낸다.

③ **유화 효과**(emulsification effect) : 유류화재에 물을 무상으로 주수하면 질식 효과 이외에도 유탁액(emulsion)이 생성되어 유화 효과가 나타난다.

④ **희석효과**(dilution effect) : 물에 용해되는 수용성 가연물질인 알코올, 에테르, 에스테르, 케톤류 등의 화재 시 많은 양의 물을 일시에 방사하여 가연물질의 연소농도를 소화농도 이하로 묽게 희석시켜 소화하는 방법을 희석소화 작용이라 한다.

⑤ **타격 및 파괴 효과** : 물을 봉상이나 적상으로 주수하면 가연물은 파괴되어 연소가 중단된다. 그러나 유류화재의 경우에는 봉상으로 주수하면 거품이 격렬하게 발생되기 때문에 봉상 주수는 피해야 한다.

(6) 물 소화약제의 장 · 단점

구분	설명
장점	• 냉각, 질식효과가 매우 높음 • 수소와 산소의 결합으로 인체에 무해 • 변질의 우려가 없고 장기간 보관 가능 • 비압축성유체로 쉽게 펌핑 및 이송 가능 • 가격이 저렴하여 경제적
단점	• 영하에서는 동파, 응고현상으로 사용 제한 • 금속화재(금수성)시 수소가스 발생 • 전기화재시 봉상이나 직상 주수시 감전사고 위험 → 무상으로 분사해야함 • 유류화재 시 봉상이나 직상 주수시 연소확대 우려됨 • 소화 후 물에 의한 수손피해 발생

(7) 물소화약제의 첨가제

① 동결방지제(부동제)

㉠ 물의 큰 단점은 저온에서의 동결이다. 이와 같은 단점을 보완하기 위해서 첨가하는 약제가 동결방지제이다.

㉡ 물의 물리 · 화학적 성질을 고려하여 일반적으로 자동차 냉각수 동결방지제로 많이 사용되는 에틸렌글리콜(ethylene glycol, $C_2H_4(OH)_2$)을 가장 많이 사용하고 있으며, 프로필렌글리콜, 글리세린, 염화나트륨도 사용된다.

② **증점제**(Viscous Water Agent)

㉠ 물은 유동성이 크기 때문에 소화 대상물에 장시간 부착되어 있지 못한다. 따라서 접착성질을 강화시키기 위하여 첨가하는 물질을 증점제라 한다.

㉡ 물의 사용량을 줄일 수 있고, 높은 장소(공중 소화)에서 사용 시 물이 분산되지 않으므로 목표물에 정확히 도달할 수 있어 소화 효과를 높일 수 있는 장점이 있어 산림화재 진압용으로 많이 사용된다.

㉢ 반면, 증점제를 사용하면 가연물에 대한 침투성이 떨어지고, 방수 시에 마찰손실이 증가하고, 분무 시 물방울의 직경이 커지는 등의 단점이 있다.

㉣ **증점제 종류** : CMC(Sodium Carboxy Methyl Cellulose), Gelgard(Dow chemical사의 상품명)

③ **침투제**(Wetting Agent) 2020

㉠ 물은 표면장력이 커서 방수 시 가연물에 침투되기가 어렵기 때문에 표면장력을 작게 하여 침투성을 높여 주기 위해 첨가하는 계면활성제의 총칭을 침투제라 한다.

㉡ 침투제가 첨가된 물을 "Wet Water"라고 부르며, 이것은 가연물 내부로 침투하기 어려운 목재, 고무, 플라스틱, 원면, 짚 등의 화재에 사용되고 있다.

④ Rapid water(소방 용수의 유출 속도를 높이기 위해 물에 섞는 소화용수용 액체)

㉠ 물의 윤활막을 형성하여 소방호스와 물 사이의 마찰손실을 줄이면 보다 많은 양의 방수가 가능해지고 가는 호스로도 방수가 가능하다.

㉡ 이와 같은 목적을 위해 첨가하는 약제로 미국 Union carbide사에서의 『rapid water』라는 명칭의 첨가제를 첨가하면 물의 점성이 약 70%정도 감소하여 방수량이 증가하게 되므로 대규모 화재 진압 시 사용한다.

⑤ **유화제**(Emulsifier) : 중유나 엔진오일 등은 인화점이 높은 고비점 유류(중유, 윤활유, 아스팔트 등)에 사용한다. 계면활성제(Poly Oxyethylene Alkylether)를 첨가하여 화재 시 에멀전(Emulsion)형성을 증가시키기 위해 사용하는 약제이다.

⑥ **강화액**(Loaded Stream) **소화약제** 2018 상반기 : 동절기 물소화약제가 동결되는 단점을 보완하고 물의 소화력을 높이기 위하여 화재에 억제 효과가 있는 염류를 첨가한 것으로 염류로는 알칼리 금속염의 탄산칼륨(K_2CO_3)과 인산암모늄[$(NH_4)H_2PO_4$] 등이 사용되고 여기에 침투제 등을 가하여 제조한다.

㉠ 수소 이온농도(pH)는 약알칼리성으로 11~12이며, 응고점은 −30℃ ~ −26℃ 이다.

㉡ 색상은 일반적으로 황색 또는 무색의 점성이 있는 수용액이다.

㉢ 소화 효과는 물이 갖는 소화효과와 첨가제가 갖는 부촉매 효과를 합한 것이다.

㉣ A급 심부화재, 유류화재, 연쇄반응 차단 시 사용이 가능하다.

개념원리

탄산칼륨을 함유한 강화액은 K+로 인해 부촉매 소화효과를 가진다.

⑦ **산 알칼리제** : 산(H_2SO_4)과 알칼리($NaHCO_3$)의 두 가지 약제가 혼합되면 화학작용에 의하여 이산화탄소와 포(거품)이 형성되어 용기 내에서 발생된 이산화탄소의 증기압에 의하여 포가 방출된다.

㉠ 주로 소화기에 이용되며 내통과 외통으로 구분하여 따로 약제를 저장하며, 내부 저장용기에 물 30%와 진한 황산 70%의 수용액 충전 외부 저장용기에는 물 90%와 탄산수소나트륨 10% 수용액을 충전

㉡ 수용액 상태로 분리 저장되어 있다가 방출시 중간 혼합실에서 알칼리와 산의 화학작용에 의하여 CO_2의 발생에 의하여 방출원의 압력을 동력원으로 하여 사용되며 A급 화재에만 사용되고 있다.

㉢ 반응식

$$2NaHCO_3(\text{탄산수소나트륨}) + H_2SO_4(\text{황산}) \rightarrow Na_2SO_4 + 2H_2O + 2CO_2$$

물소화약제의 첨가제

첨가제	설명
동결방지제(부동액)	• 물의 동결현상을 방지하기 위한 약제 • 글리세린, 에틸렌글리콜, 프로필렌글리콜, 염화칼슘($CaCl_2$), 염화나트륨(NaCl)
침투제	• 물의 표면장력을 감소시켜 침투효과를 높이는 약제 • 합성계면활성제(1.1% 첨가) 사용
강화액	• 억제효과와 동결방지 효과가 있는 염류를 첨가하여 만든 소화약제 • 알칼리 금속염의 중탄산나트륨, 탄산칼륨, 인산암모늄 사용
유화제	• 가연물과 에멀젼을 형성하여 유화층 형성을 돕는 약제 • 계면활성제, 친수성 콜로이드 사용
증점제	• 물의 점성을 높여 부착을 좋게 하기 위한 약제 • CMC, Gelgard 사용
산-알칼리제	• 산과 알칼리의 화학반응을 이용한 소화약제 • 산으로는 황산, 알칼리로는 탄산수소나트륨 사용

❸ 포(泡) 소화약제

(1) 포소화약제의 개요

물에 약간의 첨가제(포 소화약제)를 혼합한 후 여기에 공기를 주입하면 포(foam)가 발생된다. 이와 같이 생성된 포는 유류보다 가벼운 미세한 기포의 집합체로 연소물의 표면을 덮어 공기와의 접촉을 차단하여 질식 효과를 나타내며 함께 사용된 물에 의해 냉각 효과도 나타난다. 즉, 포 소화약제는 질식 효과와 냉각 효과에 의해 소화한다.

① 포 소화약제의 성질

㉠ 주 소화효과 : 질식효과, 냉각효과

㉡ 발포기구(포생성방법)에 따른 분류 : 화학포, 기계포(공기포)

ⓐ 화학포 : 탄산수소나트륨($NaHCO_3$) + 황산알루미늄($Al_2(SO_4)_3$)

ⓑ 기계포 : 단백포, 불화단백포, 합성계면활성제포, 수성막포, 내알코올포(수용성)

㉢ 팽창비에 따른 분류 : 저팽창포, 고팽창포 (Ⓜ 팽이팽팔천)

ⓐ 저팽창포 : **팽**창비 **2**0 이하

ⓑ 고팽창포 : **팽**창비 **8**0 이상 **1**000 이하

② 포 소화약제의 구비조건

구분	구비조건
내열성	㉠ 화염 및 화열에 대한 내력이 강해야 화재 시 포가 파괴되지 않으며, A급 화재의 경우 물의 냉각에 의존하나, B급 화재의 경우에는 포의 내열성이 중요한 요소이다. ㉡ 발포 배율이 낮을수록, 환원시간이 길수록 내열성이 우수하다.
내유성	㉠ 포가 유류에 오염되어도 파괴되지 않아야 하므로 내유성이 중요하다. ㉡ 특히 표면하 주입 방식의 경우에는 포약제가 유류에 오염될 경우 적용할 수 없다.
유동성	㉠ 포가 연소하는 유면상을 자유로이 유동하며, 확산되어야 소화가 원활해지므로 유동성은 매우 중요하다. ㉡ 비등하는 액체의 경우 유류면의 직경이 60m 이상의 유류탱크 화재에는 유동속도가 느리게 되어 조기 소화에 지장
점착성	㉠ 포가 표면에 잘 흡착하여야 질식의 효과를 극대화시킬 수 있으며, 특히 점착성이 불량할 경우 바람에 의하여 포가 달아나게 된다.
발포성	㉠ 포 거품의 체적비율을 팽창비라 하며 수성막포는 5배 이상, 기타는 6배 이상 이어야한다. ㉡ 25% 환원시간은 합성계면활성제 포의 경우는 3분 이상이며, 기타는 1분 이상 유지하여야 한다. * 환원시간 : 발포상태에서 포가 깨져 원래의 포수용액으로 환원되는 시간으로서 포 중량의 25%가 되는 시간을 25% 환원시간이라 한다.

③ 포소화약제의 포가 갖추어야 할 조건

㉠ 화재면과의 부착성이 좋을 것

㉡ 응집성과 안정성이 우수할 것

㉢ 유동성과 내열성이 있을 것

㉣ 약제는 독성이 없고 변질되지 말 것

(2) 포 소화약제의 분류

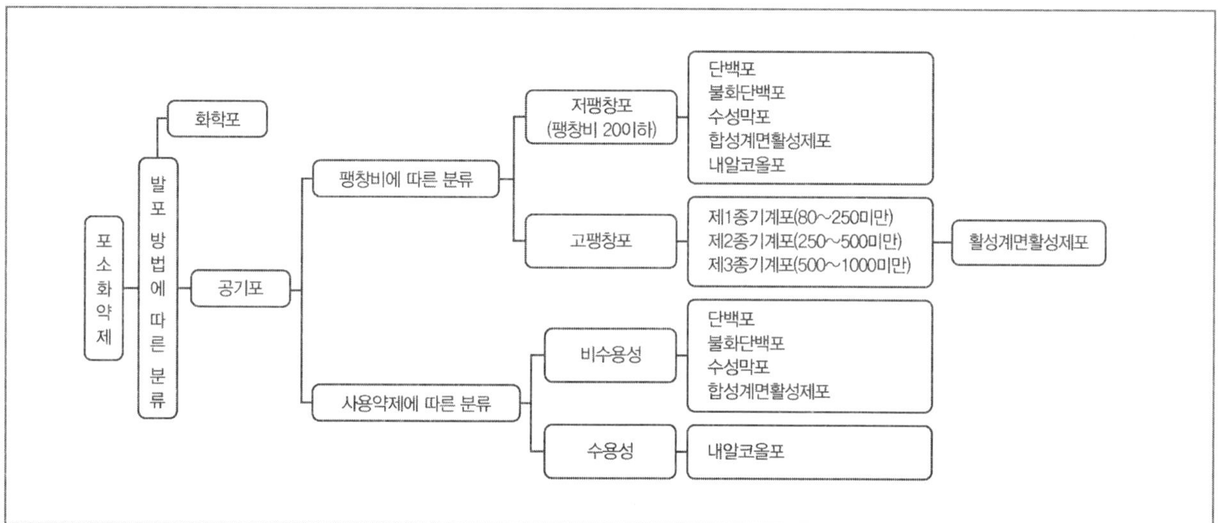

① 발포 기구(mechanism)에 따른 분류

㉠ 화학포(chemical foam) : 산성액과 알칼리성액의 화학 반응에 의해 발생되는 탄산가스를 핵으로 한 포

ⓐ 화학포는 A약제인 탄산수소나트륨(중조 또는 중탄산나트륨, $NaHCO_3$)과 B약제인 황산알루미늄 ($Al_2(SO_4)_3$)의 수용액에 발포제와 안정제 및 방부제를 첨가하여 제조 한다.
이들 두 약제의 화학 반응식은 다음과 같다.

$$6NaHCO_3 + Al_2(SO_4)_3 \cdot 18H_2O \rightarrow 6CO_2 + 3Na_2SO_4 + 2Al(OH)_3 + 18H_2O$$

ⓑ 화학 반응에 의해 다량의 이산화탄소가 발생되어 그 압력에 의하여 반응액이 밖으로 밀려나가 방사된다. 방사되는 순간에 이산화탄소를 핵으로 하는 포가 불꽃을 덮어서 불이 꺼지게 된다.

ⓑ 수산화알루미늄은 끈적끈적한 교질상으로 여기에 A약제에 포함된 수용성 단백질이 혼합되면 점착성이 좋은 포가 생성되어 가연물 표면에 부착되어 불꽃을 질식시킨다.

㉡ **공기포(air foam)** : 물과 약제의 혼합액의 흐름에 공기를 불어 넣어서 발생시킨 포

ⓐ 공기포는 포 소화약제와 물을 기계적으로 혼합시키면서 공기를 흡입하여(공기를 핵으로하여) 발생시킨 포로 일명 기계포라고도 한다. 이 소화약제는 화학포 소화약제보다 농축되어 있기 때문에 약제 탱크의 용량이 작아질 수 있는 큰 장점이 있다.

ⓑ 이 약제는 크게 단백계와 계면활성제계로 나누어진다.

단백계	단백포 소화약제, 불화단백포 소화약제
계면활성제계	합성계면활성제포 소화약제, 수성막포 소화약제, 내알코올포(수용성액체용포) 소화약제

② **팽창비에 따른 분류**

㉠ 기계포는 팽창비에 따라 저팽창포, 중팽창포, 고팽창포로 나눌 수 있다. 우리나라는 팽창비가 20미만인 저팽창포와 80 이상인 고팽창포의 2가지로 구분하고 있다.

㉡ 저팽창포에는 단백포, 불화단백포, 합성계면활성제포, 수성막포, 내알코올포가 있고, 고팽창포에는 합성계면활성제포가 있다. (Ⓜ **팽이팽팔천**)

종류	팽창비		사용약제
저팽창	20 이하		단백포, 수성막포, 불화단백포, 합성계면활성제포, 내알코올포
고팽창	80 이상 250 미만	제1종 기계포	합성계면활성제포
	250 이상 500 미만	제2종 기계포	
	500 이상 1,000 미만	제3종 기계포	

개념원리

팽창비(발포배율) : 최종 발생한 포 체적을 원래 포 수용액 체적으로 나눈 값을 말한다.

$$팽창비 = \frac{발포된\ 포의\ 체적[\ell]}{방출된\ 포수용액의\ 체적(포원액+물)[\ell]} = \frac{방출후\ 포의\ 체적[\ell]}{\frac{포원액량[\ell]}{농도[\%]}}$$

예제

팽창비가 300, 농도 3% 포원액 저장량이 100ℓ 이라면 포를 방출한 후 포의 체적은 몇 ㎥가 되는가?

$$방출후\ 포의\ 체적[l] = 팽창비 \times \frac{포원액량[l]}{농도[\%]}$$

$$= 300 \times \frac{100}{0.03} = 1,000,000[l] = 1,000㎥$$

③ 공기포 소화약제에 따른 분류

포소화약제 특성 및 소화효과 2022 2023 간부 2024 간부 2024

종류	특성
단백포	• 동물성 단백질을 가수분해하여 제조 • 흑갈색으로 달걀 썩는 냄새가 난다. • 다른 포약제에 비해 부식성이 크다. • 내열성이 우수하고 유면봉쇄성이 좋다. • 유동성 및 내유성이 나쁨 • 위험물 저장탱크, 창고, 취급소 등의 사용
합성계면 활성제포	• 계면활성제를 기제로 하여 안정제 등을 첨가한 것이다. • 저발포 및 고발포로도 사용이 가능하다. • 유동성이 좋은 반면에 내유성이 약하고 포가 빨리 소멸된다. • 소화성능은 수성막포에 비하여 낮으며, 장시간 저장해도 부패, 변질이 없다.
수성막포 = Light Water	• 불소계 계면활성제를 주성분으로 하여 제조 • 안전성이 좋아 장기보관이 가능하다. • AFFF(Aqueous Film Forming Foam)라 한다. • Twin Agent(수성막포 + 제3종 분말소화약제)에 사용된다. • 점성 및 표면장력이 작아 가연성 기름의 표면에서 쉽게 피막 형성 • 포가 얇아 내열성에 약해 윤화현상(Fire Ring)이 일어나기 쉽다.
불화단백포	• 단백포 소화약제에 불소계 계면활성제를 소량 첨가한 것으로 단백포와 수성막포의 단점인 유동성과 내열성을 보완한 것이다. • 표면하 주입 방식에도 효과적이며, 소화효과가 가장 우수하고 변질 부패가 없다.(장기보관 가능) • 내유성, 유동성 및 저장성이 좋으나 가격이 가장 비싸다.
내알코올포 ┌금속비누형 │ 고분자Gell형 └불화단백형	• 알코올류, 케톤류와 같은 수용성 유류화재의 소화에 사용(일반 포소화약제 사용 시 파포현상 발생) • 금속비누형 : 천연단백질의 가수분해물에 합성계면활성제를 혼합(장시간 저장 시 침전현상 발생) • 고분자겔형 : 탄화수소계 계면활성제에 고분자겔 생성물을 첨가하여 제조 • 불화단백형 : 단백질의 분해액에 불소계 계면활성제를 첨가하여 제조 • 소화효과는 질식효과가 주된 효과이고, 부수적으로 희석효과가 있다.

구분	단백포	수성막포	불화단백포	합성계면활성제포
유동성	×	○	○	○
점착성	○	×	○	×
내열성	○	×	○	×
내유성	×	○	○	×
소화효과	4순위	2순위	1순위	3순위

개념원리

1. 계면활성제

계면활성제란 기체-액체, 액체-액체, 액체-고체간의 계면(표면을 의미함)에 흡착 또는 배열되어 그 계면 또는 표면의 성질을 현저하게 변화시키는 물질이다.

역사적으로 계면 활성제는 비누로부터 시작되어 합성세제, 염색조제, 유화제, 응집제, 기포제, 침투제, 가용화제 등 실로 산업 전반에 걸쳐 넓게 이용되고 있다.

물에 어떤 물리적인 충격을 가해 주면 물결이 생기면서 물이 부분적으로 솟아올라 'U'자모양이 되고 이것이 더 발달하면 'O'자 모양의 거품이 된다. 이때 순수한 물은 표면장력(20℃에서 72.75dyne/cm)이 커서 솟아 오른 언저리와 언저리가 서로 닿기 전에 원래 상태로 되돌아가 평평한 수면이 된다. 그 중 일부가 거품이 되었다 하여도 거품을 형성한 물분자가 서로 당겨 수축하기 때문에 거품은 지속되지 못하고 곧 파괴되어 물로 환원된다. 그러나 물에 표면장력을 약 30dyne/cm 정도까지 떨어뜨릴 수 있는 계면활성제를 첨가하면 표면장력이 감소되어 쉽게 거품이 형성되고, 거품 안의 물이 밑으로 빠지는 속도도 반 정도로 줄게 되어 거품의 수명도 길어지게 된다.

2. 파포현상

포는 개략 94~97%가 물이기 때문에 포가 수용성 액체와 접하면 포에 함유된 수분이 급속히 수용성 액체 쪽으로 녹아 들어가 포가 탈수되어 순간적으로 소멸된다. 이와 동시에 수용성 액체는 거꾸로 포쪽으로 이동하여 수분과 수용성 액체가 서로 자리바꿈 하는 치환 현상이 일어나고 포쪽으로 이동된 수용성 액체는 포를 이루고 있는 유기물질을 응고시켜 결국 포는 깨지고 만다. 이 치환현상은 순식간에 일어나서 마치 끓는 물에 눈을 넣는 것처럼 포는 사라진다. 따라서 이러한 현상을 방지하려면 수분과 수용성 액체와의 치환현상을 막아야 한다.

(3) 포소화약제의 소화 효과 및 적응 화재

① 소화 효과

㉠ 포 소화약제의 주된 소화 효과는 포가 가연물질의 표면을 덮기 때문에 나타나는 질식 효과와 상당량의 수분에 의한 냉각 효과이다.

㉡ 이것 이외에도 고발포 포의 경우는 포가 차지하는 체적이 매우 크기 때문에 대류와 복사에 의한 열의 이동 차단, 주변 공기의 배출, 가연성 증기의 생성 억제 등의 소화 효과도 기대할 수 있다.

② 적응 화재

㉠ 적응화재

ⓐ 비행기 격납고, 자동차 정비공장, 차고, 주차장 등 주로 기름을 사용하는 장소

ⓑ 특수 가연물을 저장·취급하는 장소

ⓒ 위험물 시설

㉡ 비적응화재 : 포 소화약제는 소화 후의 오손 정도가 심하고, 청소가 힘든 결점 등이 있다.

ⓐ 제5류 위험물과 같이 자체적으로 산소를 함유하고 있는 물질

ⓑ Na, K 등과 같이 물과 반응하는 금속

ⓒ 인화성 액화가스

ⓓ 감전의 우려가 있는 전기화재나 통신 기기실, 컴퓨터실 등

③ 적응 구분

㉠ 유류화재 형태

ⓐ **저장 탱크 등 유층이 깊은 화재** : 저장 탱크의 측벽이 화염에 노출되어 고온이 되기 때문에 고온에서도 파괴되지 않는 내열성 포를 사용하는 것이 바람직하다.

ⓑ **평면상으로 유출된 화재** : 내열성은 조금 떨어지더라도 유동이 좋은 포를 사용하여 신속하게 화재를 억제하는 것이 바람직하다.

㉡ 유류화재 형태별 저발포 포의사용 구분 2023

포의 종류 / 화재의 종류	단백포	불화단백포	계면활성제포	수성막포
저장탱크 화재	○	○		
저장탱크 화재(표면하 포 주입 방식)		○		○
유출화재	○	○	○	○

④ 포 소화약제의 병용성

㉠ 분말 소화약제는 빠른 소화 능력을 갖고 있으나, 소화 후 재착화의 위험성이 있다. 반면, 포 소화약제는 소화에 걸리는 시간은 길지만 소화 후 장시간에 걸쳐 포가 유면을 덮고 있기 때문에 재착화의 위험은 아주 적다.

㉡ 수성막포 소화약제가 보급됨에 따라 소포되지 않는 포사용이 가능하게 되었으며, 소포성이 없는 분말 소화약제인 CDC(Compatible Dry Chemical)가 개발되어 병용 사용이 가능하게 되었다.(주로 비행장에서 사용)

㉢ Twin Agent System(2약제 소화방식)

ⓐ Twin 20/20 : 제3종분말소화약제 20kg + 수성막포 20ℓ

ⓑ Twin 40/40 : 제3종분말소화약제 40kg + 수성막포 40ℓ

4 이산화탄소 소화약제 2024

(1) 개요

① 이산화탄소 소화약제 성질

㉠ 무색, 무취의 부식성이 없는 기체, 공기보다 1.5배 무겁다.

㉡ 기화 팽창률이 액상 체적의 500배, 증발잠열 56.1 kcal/kg

㉢ 자체증기압 21℃에서 57.8kg/㎠ 정도로 별도의 가압원이 필요치 않음

㉣ 액화가 용이한 불연성 가스(임계점 31.35℃, 72.8atm)

㉤ 전기부도체로 전기화재(C급)에 적응성이 있다.

㉥ 대체로 용기에 액화상태로 저장한 후 방출 시에는 기체화된다.

㉦ 공기 중에 약 0.03Vol% 존재한다.

② 물과 이산화탄소의 상평형도

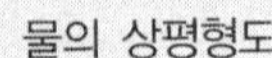

물의 상평형도	이산화탄소의 상평형도
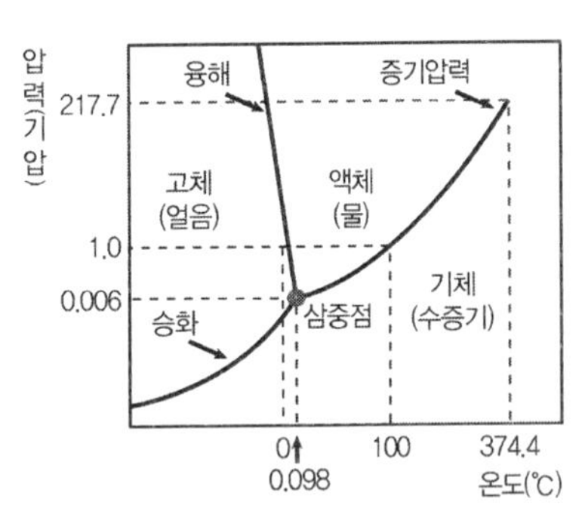	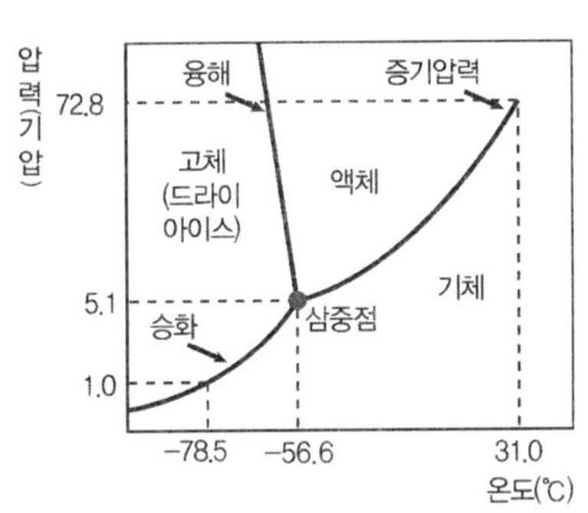

개념원리 이산화탄소의 특성

① 이산화탄소의 임계온도는 31.35℃이고, 임계압력은 72.8atm 이므로 액화되어있던 이산화탄소용기의 온도및 압력이 임계점을 넘으면 더 이상 액체상태로 존재할 수 없으므로 이산화탄소가 기화되면서 용기내의 압력이 급격히 상승되어 위험하다.(액상 체적의 약 500배 정도 팽창)

② 삼중점(triple point)에서는 세 가지 상이 평형이 되어 기체, 액체, 고체가 함께 공존할 수 있다.
이산화탄소는 삼중점인 5.1kg/㎠, -56.7℃에서 기체, 액체, 드라이아이스(고체)가 공존한다. 일반적으로 고체이산화탄소는 녹기보다는 승화가 쉽게 발생하는데, 이것은 대기압이 삼중점의 압력 보다 낮기 때문이다. 고체에서 기체로 변하는 승화점은 1atm에서 -78.50℃ 이고 그 이상의 온도에서는 기체로 존재한다.

③ 액화된 이산화탄소가 대기 중으로 분출하고 분출 초기에는 일부의 이산화탄소가 급격하게 기화하여 분출하며, 이때 기화열(단열 팽창 효과)에 의해 잔류 이산화탄소는 급격하게 냉각되면서 고체인 드라이아이스로 변화된다. 드라이아이스는 압력을 저하시켜 대기압까지 이르게 하면 -79℃까지 냉각된다.

④ 따라서 고압의 액체 이산화탄소를 노즐을 통해 대기 중에 방출하면 액체의 상당부분은 즉각적으로 증기상태로 변하지만 일부는 -79℃ 정도의 극히 미소한 입자로 변하여 주위 공간에 하얀 운무의 모습을 띠게 된다. 이와 같이 저온의 드라이아이스 입자가 공기 중에 떠다니면 공기 중의 수증기를 냉각시켜 하얀 운무현상이 더욱 두드러지게 나타난다.

[용어정의]
임계점 : 액체와 기체의 두 상태가 혼재해 있는 임계 상태에서의 온도와 증기압. 액체 상태가 존재할 수 있는 한계 온도와 압력이다. 따라서 임계점 이상의 온도, 압력 상태에서는 기체가 액화하지 않는다.

(2) 소화 효과

① **질식효과** : 산소농도 15%이하로 저하시켜 질식소화(주된 소화효과)

② **냉각효과** : 줄-톰슨효과, 주위 기화열을 흡수하여 소화

③ **피복효과** : 1.5배 비중으로 화염표면을 덮어 공기 공급 차단

(3) 소화 농도 계산 공식

㉠ 방법1 : $CO_2[\%] = \frac{21 - O_2}{21} \times 100$

㉡ 방법2 : $CO_2[\%] = \frac{\text{방사된 } CO_2\text{체적}}{\text{방호구역의 체적} + \text{방사된 } CO_2\text{체적}} \times 100$

(4) 이산화탄소 소화약제의 장 · 단점 2019

구분	설명
장점	• 공기비중이 1.5배로 심부까지 침투 용이 • 증발잠열이 커서 증발 시 많은 열량 흡수 • 기화 팽창율이 커서 질식소화에 효과적 • 표면화재, 심부화재, 전기화재에 적용가능(전기 절연성) • 진화 후 소화약제에 의한 오손이 없음 • 한냉지에서도 동결될 염려가 없음 • 장시간 저장 가능 및 자체 압력으로 방출 가능
단점	• 질식의 위험성 • 기화 시 급냉하여 동상의 우려가 있음 • 흰색 운무(드라이아이스)에 의한 가시도 저하 • 온실가스로서 지구온난화 유발 물질 • 소화약제의 방사 시 소음이 크다

(5) 적응 화재 및 사용제한

① 적응화재

㉠ 일반화재(A급화재), 유류화재(B급 화재), 전기화재(C급 화재)(이산화탄소는 전기 절연성)에 모두 적응성이 있으나 주로 B · C급 화재에 사용되고 A급은 밀폐된 경우에 유효하다.

㉡ 이산화탄소는 표면 화재에 우수한 효과를 나타내나 심부 화재에 사용하는 경우에는 재발화의 위험성이 있다. 그러므로 심부 화재의 경우에는 고농도의 이산화탄소를 방출시켜 소요 농도의 분위기를 비교적 장시간 유지시켜 줌으로써 일차적인 소화는 물론 재발화의 가능성도 제거해 줄 필요가 있다.(Soaking Time 유지)

㉢ 이산화탄소 사용장소(소화제에 의한 오손이 없기 때문에)

ⓐ 통신기기실, 전산기기실, 변전실 등의 전기 설비

ⓑ 물에 의한 오손이 걱정되는 도서관이나 미술관

ⓒ 소화 활동이 곤란한 선박 등

ⓓ 무인의 기계식 주차탑

② 사용제한 (Ⓜ 방니나전)

㉠ **방**재실 · 제어실 등 사람이 상시 근무하는 장소

㉡ **니**트로셀룰로스 · 셀룰로이드제품 등 자기연소성물질을 저장 · 취급하는 장소(제5류 위험물)

㉢ **나**트륨 · 칼륨 · 칼슘 등 활성금속물질을 저장 · 취급하는 장소[CO_2를 분해시키는 반응성이 큰 금속(Na, K, Mg, Ti, Zr 등)과 금속수소화물(LiH, NaH, CaH_2)]

㉣ **전**시장 등의 관람을 위하여 다수인이 출입 · 통행하는 통로 및 전시실 등(방출시 인명 피해가 우려되는 밀폐된 지역)

개념원리 Soaking Time

보통의 가스계 소화설비는 심부화재에 적응성이 없으나 심부화재의 경우에도 고농도의 소화약제를 장시간 유지시킬 때 화재 심부에 침투하여 소화가 가능한데, 이 때의 시간을 Soaking Time이라고 한다.

5 할론 소화약제 2024

(1) 개요

① 할로겐화합물 소화약제는 지방족 탄화수소인 메탄, 에탄 등에서 분자 내의 수소 일부 또는 전부가 할로겐족 원소(F, Cl, Br, I)로 치환된 화합물을 말하며 일명으로 Halon(Halogenated Hydrocarbon의 준말)이라고 부르고 있다.

② 이 소화약제는 연소의 4요소 중의 하나인 연쇄반응을 차단시켜 화재를 소화한다. 이러한 소화를 부촉매소화 또는 억제소화라 하며 이는 화학적 소화에 해당된다.

③ 각종 Halon은 상온, 상압에서 기체 또는 액체 상태로 존재하나 저장하는 경우는 액화시켜 저장한다.

④ 일반적으로 유류화재(B급화재), 전기화재(C급화재)에 적합하나 전역 방출과 같은 밀폐 상태에서는 일반화재(A급화재)에도 사용할 수 있다.

전기음성도, 안정성, 수소와의 결합력	F > Cl > Br > I
부촉매 소화효과, 독성	F < Cl < Br < I

(2) 할로겐화합물 소화약제의 명명법

① 제일 앞에 Halon이란 명칭을 쓴다. 그 뒤에 구성 원소들의 개수를 **C, F, Cl, Br, I**의 순서대로 쓰되 해당 원소가 없는 경우는 0으로 표시한다. (M 씨불씨부리)

② 맨 끝의 숫자가 0으로 끝나면 0을 생략한다(즉, I의 경우는 없어도 0을 표시하지 않는다).

③ 대표적인 할로겐화합물 소화약제와 Halon 번호

명칭	분자식	Halon No.
Bromochlorodifluoromethane	CF_2ClBr	1211
Bromotrifluoromethane	CF_3Br	1301
Carbontetrachloride	CCl_4	104
Dibromotetrafluoroethane	$C_2F_4Br_2$	2402

④ 분자식

$Cl-C(Cl)(Cl)-Cl$ Halon 104 (Carbon tetra chloride)	$Br-C(F)(F)-F$ Halon 1301 (Bromo trifuoro methane)
$Br-C(Cl)(F)-F$ Halon 1211 (Bromo chloro difuoro methane)	$Br-CF_2-CF_2-Br$ Halon 2402 (Dibromo tetra fluoro ethane)

(3) 종류 및 특성

① 할로겐화합물 소화약제의 개략적인 물성

특성 \ 종류	Halon 1301	Halon 1211	Halon 2402
분자식	CF_3Br	CF_2BrCI	C_2F_4Br2
분자량	148.9	165.4	259.8
상태(상온, 상압)	기체	기체	액체
증기압(MPa)	1.4	0.25	0.048
소화농도(n-Heptan)	3.5%	3.8%	2.1%
ODP	14.1	2.4	6.6
GWP	7,140	1,890	1,640

② Halon 104 특성

㉠ Halon 104(사염화탄소)는 공기보다 무겁고 독성이 강하며, 특유의 냄새가 난다.

㉡ Halon 104는 불꽃에 접촉하면 열분해 되어 맹독성인 포스겐($COCl_2$)가스나 염화수소(HCl) 가스를 발생하기 때문에 법적으로 사용을 금지하고 있는 소화약제

(4) 소화 효과 🔥 2020

① 화학적 소화과정(부촉매 효과)

㉠ CF_3Br → CF_3^* + Br^* ⇨ Halon은 화염 속에서 열분해 되어 두 개의 활성기로 나누어진다.

㉡ (R−H) + Br^* → R^* + HBr ⇨ 분리된 Br^*은 가연 물질(R−H)과 다음과 같이 반응한다.

㉢ HBr + OH^* → H_2O + Br^* ⇨ HBr은 반응 영역에서 활성화된 수산기(OH^*)와 반응한다.

㉣ 활성화된 Br^*은 다시 다른 가연 물질과 반응을 계속한다.

이상과 같은 반응을 통해 활성화된 H^*, OH^* 등이 활성을 잃게 되고 반응성이 적은 알킬활성기(alkyl radical)가 남게 된다.

② 소화 특성 🔥🔥

주 소화효과	부촉매 효과 - 활성화된 라디칼의 전파, 분기 반응에 의한 연쇄반응 억제로 소화
부 소화효과	냉각효과, 희석효과

③ 장점 및 단점

구분	설명
장점	• 소화 후 기기를 오염시키지 않는다. • 약제의 변질, 분해 염려가 없다. • 전기적 부도체 • 화학적 부촉매에 의한 연소 억제 작용이 크고 소화능력이 우수하다. • 금속에 대한 부식성이 없다.
단점	• <u>독성가스 발생</u> • 성층권에 있는 <u>오존층(O_3)이 파괴</u>되어 자외선에 노출된다.

(5) 적응 화재 및 사용제한 대상물

① **적응화재** : 주로 유류화재(B급화재), 전기화재(C급화재)에 유효하며 밀폐된 장소에서 방출하는 전역 방출 방식의 경우는 일반화재(A급화재)에도 유효하다.

② 사용 제한 소화 대상물

㉠ 셀룰로오스 질산염 등과 같은 자기 반응성 물질 또는 이들의 혼합물

㉡ Na, K, Mg, Ti(티타늄), Zr(지르코늄), U(우라늄), Pu(플루토늄) 같은 반응성이 큰 금속

㉢ 금속의 수소 화합물(LiH, NaH, CaH_2, $LiAH_4$ 등)

㉣ 유기과산화물, 하드라진(N_2H_4)과 같이 스스로 발열 분해하는 화학제품

(6) Halon의 환경영향

① GWP(Global warming potential, 지구온난화지수) : 일정 무게의 CO_2가 대기 중에 방출되어 지구온난화에 기여하는 정도를 1로 정하였을 때 같은 무게의 어떤 물질이 기여하는 정도를 GWP라 한다.

$$\text{GWP(지구온난화지수)} = \frac{\text{측정물질 1Kg이 기여하는 온난화 정도}}{CO_2\ \text{1Kg이 기여하는 온난화 정도}}$$

② ODP(Ozone Depletion Potential, 오존파괴지수) : 오존파괴능력을 상대적으로 나타내는 지표를 ODP라 한다. ODP는 기준물질 CFC-11($CFCl_3$)의 ODP를 1로 정하고 상대적으로 어떤 물질의 오존파괴능력 등을 고려하여 물질의 ODP가 정해지는데 계산식은 다음과 같다.

$$\text{ODP(오존파괴지수)} = \frac{\text{측정물질 1Kg이 오존 파괴하는 정도}}{\text{CFC-11 1Kg이 오존 파괴되는 정도}}$$

ODP 지수 2015

분류	IG - 541	Halon 1301	Halon 2402	Halon 1211	CO_2
ODP	0	14	6.6	2.4	0.05

③ 대기권잔존지수(ALT) : 물질이 방사된 후 대기권 내에서 분해되지 않고 체류하는 잔류기간

(단위 : 년)

분류	Halon 1301	Halon 2402	Halon 1211	CCl_4
체류기간(년)	107	20	16	26

6 할로겐화합물 및 불활성기체 소화약제 2023

(1) 개요

1985년 오존층 보호를 위한 빈협약과 1987년 오존층을 파괴하는 물질에 관한 몬트리올 의정서에 의해 선진국에서는 1994년부터 이의 생산을 감축하기로 하여 Halon을 대체하기 위한 새로운 대체 소화 약제는 할로겐화합물 및 불활성기체 소화약제이다.

그러므로 할로겐화합물 소화약제의 ODP를 현저히 낮추기 위해 'Br'을 배제하여 소화약제를 개발하고 있다.

① "할로겐화합물 및 불활성기체 소화약제"란 할로겐화합물(할론 1301, 할론 2402, 할론 1211 제외) 및 불활성기체로서 전기적으로 비전도성이며, 휘발성이 있거나 증발 후 잔여물을 남기지 않는 소화약제를 말한다.

② 할로겐화합물 소화약제는 **불**소 · **염**소 · **브**롬 · **요**오드 중 하나 이상 원소를 포함하고 있는 유기화합물을 기본 성분으로 하는 소화약제를 말한다. (Ⓜ **불염브요**)

③ 불활성기체 소화약제는 **헬**륨 · **네**온 · **아**르곤 · **질**소 중 하나 이상의 원소를 기본 성분으로 하는 소화약제를 말한다. (Ⓜ **헬네아질**)

(2) 종류 및 특성

① 할로겐화합물 및 불활성기체 소화약제의 종류

구분	분자식	소화약제	상품명	최대허용설계농도(%)
1	C_4F_{10}	FC-3-1-10		40
2	$CF_3CF_2C(O)CF(CF_3)_2$	FK-5-1-12		10
3	CHF_3	HFC-23		30
4	$CF_3CH_2CF_3$	HFC-236fa		12.5
5	CHF_2CF_3	HFC-125		11.5
6	$CF_3CH_2CF_3$	HFC-227ea	FM-200	10.5
7	HCFC-22(82%)($CHClF_2$) HCFC-123(4.75%)($CHCl_2CF_3$) HCFC-124(9.5%)($CHClFCF_3$) $C_{10}H_{16}$(3.75%)	HCFC Blend A Ⓜ **빨리 사시오 구오 삼칠오**	NAF S-Ⅲ	10
8	$CHClFCF_3$	HCFC-124		1.0
9	CF_3I	FIC-13I1		0.3
10	Ar	IG-01		43

11	**N_2 : 52%, Ar : 40%, CO_2 : 8%**	IG-541 Ⓜ **질알씨**	Inergen	43
12	N_2 : 50%, Ar : 50%	IG-55		43
13	N_2 : 100%	IG-100		43

② 할로겐화합물 및 불활성기체 소화약제의 장 · 단점

구분	설명
장점	• 공기 비중에 5.1배 이상이므로 심부까지 침투 용이 • 전기적 부도체로 C급 화재에 효과적 • 저농도 소화가 가능하며 질식의 우려가 없음 • 금속에 대한 부식성 적음 • 독성이 비교적 적음 • 진화 후 소화약제에 의한 오손이 없음
단점	• CFC 계열의 물질로 오존층 파괴 원인 물질 • 사용제한으로 안정적 수급이 불가능 • 가격이 매우 고가

③ 소화원리 🔥

소화약제 종류	주소화효과
할로겐화합물 소화약제	연쇄반응 억제
불활성기체 소화약제	질식효과, 냉각효과

④ 독성 🔥

㉠ **할로겐화합물 소화약제의 한계농도 기준** : 할론소화약제인 CCl_4, CF_3Br, CF_2ClBr이 할로겐화합물 소화약제로 대체된 이유는 이 물질들이 독성이 있기 때문이다. 할론 대체 소화약제의 흡입독성은 일반적으로 NOAEL, LOAEL로 평가되며 다음과 같이 정의된다. (Ⓜ **엔대엘소**)

NOAEL	• 농도를 증가시킬 때 아무런 악영향도 감지할 수 없는 최**대**농도 • 심장에 아무런 악영향을 미치지 아니하는 최대농도
LOAEL	• 농도를 감소시킬 때 악영향을 감지할 수 있는 최**소**농도 • 심장에 악영향을 미칠 수 있는 최소농도

㉡ **불활성기체 소화약제 한계농도 기준** (Ⓜ **엔대엘소**)

NEL	저산소 분위기에서 인체에 생리학적으로 영향을 주지 않는 최**대**농도
LEL	저산소 분위기에서 인체에 생리학적으로 영향을 주는 최**소**농도

7 분말 소화약제 2023

(1) 개요

분말 소화약제는 탄산수소나트륨, 탄산수소칼륨, 제1인산암모늄 등의 물질을 미세한 분말로 만들어 유동성을 높인 후 이를 가스압(주로 N_2, 또는 CO_2의 압력)으로 분출 시켜 소화하는 약제이다.

① 사용되는 분말의 입도는 10 ~ 70㎛ 범위이며, 최적의 소화효과를 나타내는 입도는 20 ~ 25㎛이다.(㎛=10^{-6}m)

② 분말 소화약제는 습기와 반응하여 고화되기 때문에 이를 방지하기 위하여 금속의 스테아린산염이나 실리콘 수지 등으로 방습 가공을 해야 한다.

③ 분말 소화 설비는 가압 가스의 충전 상태에 따라 축압식과 가압식으로 구분된다.

㉠ **축압식** : 약제 저장 탱크에 분말 소화약제를 충전한 후 가압용 가스를 함께 충전한 방식

㉡ **가압식** : 약제 저장 탱크와는 별도로 가압용 가스용기를 설치하여 이를 약제 저장 탱크에 주입시켜 약제를 외부로 방출시키는 방식

④ 분말 소화약제의 주된 소화 효과는 분말 운무에 의한 방사열의 차단 효과, 부촉매 효과, 발생한 불연성 가스에 의한 질식 효과 등으로 가연성 액체의 표면 화재에 매우 효과적이다. 또한 분말이 비전도체이기 때문에 전기화재에도 효과가 있다.

⑤ 일반적으로 유류화재와 전기화재에 효과적이나 제3종 분말 소화약제의 경우는 유류화재, 전기화재는 물론 일반화재에도 효과가 있다.

⑥ 분말소화기의 내용연수는 10년이다. [소방시설법 시행령 제15조의4]

(2) 종류 및 특성

① 분말소화약제의 종류 (Ⓜ 나칼인요 백자홍회)

종별	주성 분	분자식	색상	적응화재	소화효과	충전비
제1종 분말	탄산수소**나**트륨	$NaHCO_3$	**백**색	B급, C급	4순위	0.8
제2종 분말	탄산수소**칼**륨	$KHCO_3$	담회색 (담**자**색)	B급, C급	2순위	1.0
제3종 분말	제1**인**산암모늄	$NH_4H_2PO_4$	담**홍**색	A급, B급, C급	3순위	1.0
제4종 분말	탄산수소칼륨 + **요**소	$KHCO_3+(NH_2)_2CO$	**회**색	B급, C급	1순위	1.25

* [가스계 공통] 충전비(저장용기에 저장하는 소화약제량) Ⓜ CVG : 충전비(C) = $\frac{V(약제체적,\ \ell)}{G(약제중량,\ kg)}$

② 분말소화약제의 특성 2016

구분	설명
장점	• 연소를 억제하는 부촉매, 질식, 냉각 등에 의한 소화효과가 우수 • 분말 운무에 의한 방사열의 차단 효과 • 가연성 액체의 표면화재 소화에 탁월한 효과 • 절연성이 우수하여 전기화재에 효과적 • 소화약제의 수명이 반영구적이어서 경제적
단점	• 피연소물에 피해 발생 • 진화 후 소화약제에 의한 오손으로 정밀기기나 통신기기류에 부적합

㉠ 제1종 분말 소화약제

ⓐ 개요 : 탄산수소나트륨($NaHCO_3$)을 주성분으로 하고 이들이 습기에 의해 고화되는 현상을 막기 위해 금속의 스테아린산염이나 실리콘 수지로 표면 처리(방습처리)하고 분말의 유동성을 높여 주기 위하여 탄산마그네슘($MgCO_3$), 인산삼칼슘($Ca_3(PO_4)_2$) 등의 분산제를 첨가한 약제로 백색으로 착색되어 있다.

ⓑ 소화 효과

- 주성분인 탄산수소나트륨이 열분해 될 때 발생하는 이산화탄소와 수증기에 의한 질식 효과
- 열 분해시의 흡열 반응에 의한 냉각 효과
- 분말 운무에 의한 열방사의 차단 효과
- 연소 시 생성된 활성기가 분말의 표면에 흡착되거나, 탄산수소나트륨의 Na+이온에 의해 안정화되어 연쇄 반응이 차단되는 효과
- 비누화 반응으로 재발화 억제하여 K급 화재에 적용

개념원리 비누화 반응

일반적인 요리용 기름이나 지방질 기름의 화재 시에 이들 물질과 결합하여 에스테르가 알칼리의 작용으로 가수 분해되어 알코올과 산의 알칼리염이 되는 반응인 비누화(saponification)반응을 일으킨다. 이때 생성된 비누상 물질은 가연성 액체의 표면을 덮어서 질식소화 효과와 재발화 억제 효과를 나타낸다.

ⓒ 열분해 반응식 : 탄산수소나트륨은 약 60℃ 부근에서 분해되기 시작하여 270℃ 와 850℃ 이상에서 다음과 같이 열분해 된다.

$$270℃에서\ 2NaHCO_3 \rightarrow Na_2CO_3 + H_2O + CO_2 - Qkcal$$
$$850℃에서\ 2NaHCO_3 \rightarrow Na_2O + H_2O + 2CO_2 - Qkcal$$

㉡ 제2종 분말 소화약제

ⓐ 개요

- 주성분이 <u>탄산수소칼륨($KHCO_3$)</u>으로 바뀐 것 이외에는 제1종 분말 소화약제와 거의 동일하다. 제1종에 비하여 소화 효과는 우수한 편이다.(소화에 필요한 약제량으로 계산할 때 약 2배 정도 우수)
- 탄산수소나트륨 계열의 것은 불꽃과 만나면 황색의 빛을 내는 반면, 탄산수소칼륨 계열의 것은 자주색의 빛을 내기 때문에 일명 <u>purple K(미국 Ansul사의 상품명)</u>라고도 부른다.

개념원리

제2종 분말 소화약제가 제1종 분말 소화약제보다 소화 능력이 우수한 이유는 칼륨(K)이 나트륨(Na)보다 반응성이 더 크기 때문이다. 즉, 칼륨 이온(K+)이 나트륨 이온(Na+)보다 화학적 소화 효과(부촉매 효과)가 크다.
알칼리 금속에서 화학적 소화 효과는 원자 번호에 의해 Cs > Rb > K > Na > Li의 순서대로 커진다. 이러한 시각에서 보면 칼륨보다 원자 번호가 더 큰 루비듐(Rb), 세슘(Cs)은 더 큰 소화 능력을 가지고 있음을 알 수 있으나 고가이기 때문에 실용화는 어려운 실정이다.

ⓑ 소화 효과 : 소화 효과는 제1종 분말 소화약제와 거의 비슷하나 소화 능력은 제1종 분말 소화약제보다 우수하다. 그러나 이 약제는 요리용 기름이나 지방질 기름과 비누화 반응을 일으키지 않기 때문에 이 경우에는 제1종 분말 소화약제보다 소화력이 떨어진다.

- 주성분인 탄산수소칼륨이 열분해 될 때 발생하는 이산화탄소와 수증기에 의한 질식 효과
- 열 분해시의 흡열 반응에 의한 냉각 효과
- 분말 운무에 의한 열방사의 차단 효과
- 연소 시 생성된 활성기가 분말의 표면에 흡착되거나, 탄산수소칼륨의 K+이온에 의해 안정화되어 연쇄반응이 차단되는 효과

ⓒ 열분해 반응식

$$190℃에서\ 2KHCO_3 \rightarrow K_2CO_3 + CO_2 + H_2O - Qkcal$$
$$590℃에서\ 2KHCO_3 \rightarrow K_2O + 2CO_2 + H_2O - Qkcal$$

㉢ 제3종 분말 소화약제 2017 2018 2019

ⓐ 개요 : 분말 소화약제는 불꽃 연소에는 대단한 소화력을 발휘하지만 작열 연소의 소화에는 그다지 큰 소화력을 발휘하지 못하는 단점이 있다. 이와 같은 단점을 보완하기 위해서 만들어진 약제가 제3종 분말 소화약제이다. A급, B급, C급의 어떤 화재에도 사용할 수 있기 때문에 <u>일명 ABC 분말 소화약제</u>라고도 부른다. 현재 생산되고 있는 분말소화약제의 대부분을 차지하고 있다.

ⓑ 소화 효과

- 열분해 시 흡열 반응에 의한 <u>냉각 효과</u>
- 열분해 시 발생되는 불연성 가스(NH_3, H_2O 등)에 의한 <u>질식 효과</u>

- 반응 과정에서 생성된 메타-인산(HPO_3)의 방진 효과(A급 화재 적응성)
- 열분해 시 유리된 NH_4+와 분말 표면의 흡착에 의한 부촉매 효과
- 분말 운무에 의한 열방사의 차단 효과
- 올소-인산(H_3PO_4)에 의한 섬유소의 탈수탄화 작용

ⓒ 열분해 반응식 : 제1인산암모늄은 열에 불안정하며 150℃ 정도에서 열분해가 시작된다.

166℃에서 $NH_4H_2PO_4 \rightarrow H_3PO_4$ (올소-인산) + NH_3
216℃에서 $2H_3PO_4 \rightarrow H_4P_2O_7$ (피로-인산) + H_2O
366℃에서 $H_4P_2O_7 \rightarrow 2HPO_3$ (메타-인산) + H_2O

개념원리

제3종 분말 소화약제는 다른 분말 소화약제와 달리 A급 화재에도 적용할 수 있으며, 그 이유는 다음과 같다.

- 제1인산암모늄이 열분해 될 때 생성되는 올소-인산이 목재, 섬유, 종이 등을 구성하고 있는 섬유소를 탄화 · 탈수시켜 난연성의 탄소와 물로 변화시키기 때문에 연소 반응이 중단된다.
- 섬유소를 탈수 · 탄화시킨 올소-인산은 다시 고온에서 위의 반응식과 같이 열분해 되어 최종적으로 가장 안정된 유리상의 메타-인산(HPO_3)이 된다. 이 메타인산은 가연물의 표면에 유리상의 피막을 형성하여 연소에 필요한 산소의 유입을 차단하기 때문에 연소가 중단된다.

㉣ 제4종 분말 소화약제

ⓐ 개요

- 제2종 분말을 개량한 것으로 탄산수소칼륨($KHCO_3$)과 요소($(NH_2)_2CO$)와의 반응물인 제4종 분말소화약제의 소화력은 분말 소화약제 중 가장 우수하다. 특히, B급, C급 화재에는 소화 효과가 우수하나 A급 화재에는 별 효과가 없다.
- 이것은 단독으로도 소화력이 큰 탄산수소칼륨에 요소를 결합시킨 것으로 입자는 보통 크기이지만 이것이 화염과 만나면 산탄처럼 미세한 입자로 분해되어서 커다란 비표면적을 갖기 때문에 큰 소화력을 발휘하게 된다.

ⓑ 소화 효과

- K+, NH_4+ 이온 발생에 의한 부촉매 효과
- CO_2, NH_3에 의한 질식 효과
- 흡열반응에 의한 냉각효과
- 분말미립자에 의한 희석작용
- 소화효과 가장 우수

ⓒ 열분해 반응식

$2KHCO_3 + (NH_2)_2CO \rightarrow K_2CO_3 + 2NH_3 + 2CO_2$

ⓜ CDC(Compatible Dry Chemical)

ⓐ CDC는 포와 함께 사용할 수 있는 분말 소화 약제를 의미한다.

ⓑ 유류 등의 화재에서 소화 후 재착화의 위험성의 단점을 보완하기 위하여 분말 소화약제의 장점과 포 소화약제의 장점을 병용하여 사용하는 소화약제로서 먼저 분말 소화약제를 사용하여 빠른 시간내에 화염을 제거하고 이어서 포를 방사한다.

ⓗ 금속화재용 분말 소화약제(dry powder)

ⓐ 개요

- 일반적으로 금속화재는 가연성 금속인 알루미늄(Al), 마그네슘(Mg), 나트륨(Na), 칼륨(K), 나트륨/칼륨 합금, 리튬(Li), 지르코늄(Zr), 티타늄(Ti), 우라늄(U) 등이 연소하는 것을 말한다.
- 이러한 금속화재는 연소 온도가 매우 높기 때문에 소화하기가 어렵다. 특히 소화 약제로서 물은 금속과 급격한 반응을 일으키거나 수증기 폭발을 일으킬 위험이 있기 때문에 사용을 금해야 한다. 따라서 금속화재에는 특수한 금속화재용 분말 소화약제가 사용되고 있다.
- 앞의 분말 소화약제는 무엇보다도 불꽃을 제거하는 것이 주목적인 반면, 금속화재용 분말 소화약제는 금속 표면을 덮어서 산소의 공급을 차단하거나 온도를 낮추는 것이 주된 소화 원리이다.

ⓑ 소화약제의 조건

- 고온에 견딜 수 있을 것
- 냉각 효과가 있을 것
- 요철 있는 금속 표면을 피복할 수 있을 것
- 금속이 용융된 경우(Na, K 등)에는 용융 액면 상에 뜰 것 등 ⇨ 위와 같은 성질을 갖춘 물질로는 흑연, 탄산나트륨, 염화나트륨, 활석(talc) 등이 있다.

ⓒ 소화약제의 종류 (Ⓜ 지엠나리)

종류	성분	적응화재
G-1	• 유기인산염 + 흑연이 입혀진 코크스 • 흑연은 열의 전도체이므로 열을 흡수하여 금속의 온도를 점화 온도이하로 낮추어 소화	마그네슘, 칼륨, 나트륨, 리튬 화재용
MET-L-X	• 염화나트륨 + 첨가물(제3인산칼슘 + 열가소성 고분자 물질) • 고온의 수직표면에 오랫동안 붙어 있을 수 있기 때문에 고체 금속 조각의 화재에 특히 유효하다.	마그네슘, 칼륨, 나트륨 화재용
Na-X	• 탄산나트륨(Na_2CO_3) + 첨가제(비흡습성과 유동성 증가)	나트륨 화재용
Lith-X	• 흑연 + 첨가제(유동성 증가)	리튬 화재용

(3) 적응 화재

분말 소화약제는 일반적으로 유류화재에 사용되며 전기 전도성이 없기 때문에 전기화재에도 유효하다. 또한, 빠른 소화 성능을 이용하여 분출되는 가스나 일반화재를 포함한 표면화재에도 사용되고 있다. 특히, 제3종(ABC) 분말 소화약제의 경우는 앞에서도 설명한 것처럼 메타인산의 방진효과 때문에 A급 화재에도 적응이 가능하다.

사용 제한 소화 대상물 (Ⓜ 정자가심)

① **정**밀한 전기 · 전자 장비가 설치되어 있는 장소(컴퓨터실, 전화 교환실 등)

② 자체적으로 산소를 함유하고 있는 **자**기 반응성 물질

③ **가**연성 금속(Na, K, Mg, AI, Ti, Zr 등)

④ 소화약제가 도달될 수 없는 일반 가연물의 **심**부 화재

개념원리

1. 비누화 현상
   가연상태의 지방이나 식용유화재에 제1종 분말소화약제를 사용하면 탄산수소나트륨의 Na+ 이온과 기름의 지방산이 반응하여 비누를 형성한다. 이 비누가 거품을 형성하여 가연물을 덮어 산소공급을 차단하여 질식소화 효과를 갖는 현상

2. Knock - down 효과
   연소중인 불꽃의 규모보다 분말소화약제의 방출률을 크게하여 불꽃을 입체적으로 포위하면서 부촉매 작용에 의해 연쇄반응을 차단시켜 순식간(10~20초)에 불꽃을 사그라지게 하여 소화하는 효과

3. 방진효과
   제3종분말소화약제가 열분해시 생성되는 메타인산(HPO_3)은 부착력이 우수하여 가연물의 표면에 부착하고 유리상의 피막을 형성이 피막은 가연물과 산소와의 접촉을 차단시킴으로써 A급 화재에서의 잔진 현상을 방지

chapter

02 출제예상문제

* 2021년

1 물소화약제에 대한 설명으로 옳은 것은?

① 질식소화 작용은 기대하기 어렵다.
② 분무상으로 방사 시 B급화재 및 C급화재에도 적응성이 있다.
③ 물은 비열과 기화열 값이 작아 냉각소화 효과가 우수하다.
④ 수용성 가연물질인 알코올, 에테르, 에스테르 등으로 인한 화재에는 적응성이 없다.

1.

① 물은 냉각, 질식, 유화, 희석, 타격 및 파괴 효과가 있다.
③ 물은 비열과 기화열이 커서 냉각소화 효과가 우수하다.
④ 수용성 가연물 화재에는 희석효과로 적응성이 있다.

* 2021년

2 물 소화약제 첨가제 중 주요 기능이 물의 표면장력을 작게하여 심부화재에 대한 적응성을 높여주는 것은?

① 부동제
② 증점제
③ 침투제
④ 유화제

2.

침투제

㉠ 물은 표면장력이 커서 방수 시 가연물에 침투되기가 어렵기 때문에 표면장력을 작게하여 침투성을 높여 주기 위해 첨가하는 계면활성제의 총칭을 침투제라 한다.
㉡ 침투제가 첨가된 물을 "Wet Water"라고 부르며, 이것은 가연물 내부로 침투하기 어려운 목재, 고무, 플라스틱, 원면, 짚 등의 화재에 사용되고 있다.

* 2015년

3 물이 소화약제로 사용되는 장점으로 옳은 것은?

① 증발잠열이 커 냉각효과가 크다.
② 압력을 가하면 압축이 가능하다.
③ 경제적이고 초기소화에 적합하다.
④ 동절기에 동결될 우려가 적다.

3.

② 물은 압력을 받으면 약간은 압축되나 기체에 비하면 무시해도 좋을 정도이므로 비압축성 유체로 간주할 수 있다.
③ 가격은 경제적이고, 중대형화재에 적합하다.
④ 영하에서는 동파, 응고현상으로 사용 제한

Answer 1.② 2.③ 3.①

✳ 2018년 상반기

4 다음은 강화액 소화약제에 대한 설명이다. 빈칸에 들어갈 단어로 옳은 것은?

> 탄산칼륨을 함유한 강화액은 ( )로 인해 부촉매 소화효과를 가진다.

① K+

② CO_2−

③ H+

④ OH−

✳ 2018년 간부

5 물소화약제에 대한 일반적인 설명으로 옳지 않은 것은?

① 물소화약제는 자연으로부터 쉽게 얻을 수 있으며, 저장 및 취급이 용이하고 간단한 조작 및 방법에 의해서 사용이 가능하여 빠른 시간 내에 화재를 소화할 수 있는 장점이 있다.

② 물소화약제는 자기 자신이 가지고 있는 비열 및 기화열의 값이 다른 소화약제에 비하여 높고, 장기간 저장해도 소화약제로서의 기능이 상실되지 않는다.

③ 물소화약제는 제4류 위험물 중 중질유인 중유 화재 시 봉상주수에 의해서 유화층을 형성하여 질식 · 냉각 및 유화소화작용을 일으켜 신속하게 소화하는 기능을 갖는다.

④ 물소화약제는 화재에 대하여 냉각 · 질식 · 유화 · 희석 소화작용과 고압으로 주수 시 화재의 화세를 제압하거나 이웃한 소방 대상물로의 연소방지 기능 등 여러 가지의 소화작용을 가지고 있다.

⑤ 물소화약제는 수용성 가연물의 화재 시 소화약제로 이용할 경우 알코올포소화약제와 함께 우수한 소화 작용과 소화 능력을 발휘한다.

4.

강화액(Loaded Stream) 소화약제

동절기 물소화약제가 동결되는 단점을 보완하고 물의 소화력을 높이기 위하여 화재에 억제 효과가 있는 염류를 첨가한 것으로 염류로는 알칼리 금속염의 탄산칼륨(K_2CO_3)과 인산암모늄[$(NH_4)H_2PO_4$] 등이 사용되고 여기에 침투제 등을 가하여 제조한다.

5.

③ 물은 중질유 화재 시 무상주수에 의해 유화층을 형성하여 소화하는 기능을 갖는다.

Answer 4.① 5.③

* 2024년 간부

6 물 소화약제에 관한 설명으로 옳지 않은 것은?

① 물은 분자 내에서는 수소결합을, 분자 간에는 극성공유결합을 하여 소화약제로써의 효과가 뛰어 나다.
② 물의 증발잠열은 100 ℃, 1기압에서 539 kcal/kg이므로 냉각소화에 효과적이다.
③ 물의 주수형태 중 무상은 전기화재에도 적응성이 있다.
④ 물 소화약제를 알코올 등과 같은 수용성 액체 위험물 화재에 사용하면 희석작용을 하여 소화효과가 있다.
⑤ 중질유화재에 물을 무상으로 주수 시 급속한 증발에 의한 질식효과와 함께 에멀션(emulsion) 형성에 의한 유화효과가 있다.

6.

물의 화학적 성질
① 물은 수소 2원자와 산소 1원자로 이루어져 있으며 이들 사이의 화학결합은 극성 공유결합이다.(원자 간 결합)
② 물은 극성 분자이기 때문에 분자간의 결합은 쌍극자-쌍극자 상호 작용(극성 분자의 양의 말단과 다른 극성 분자의 음의 말단 사이에 작용하는 정전기적 인력)의 일종 수소결합(hydrogen bond)에 의해 이루어진다.

7 물의 소화력을 증대시키기 위하여 첨가하는 첨가제 중 물의 유실을 방지하고 건물, 임야 등의 입체 면에 오랫동안 잔류하게 하기 위한 것은?

① 증점제
② 강화액
③ 침투제
④ 유화제

7.

증점제(Viscous Water Agent)
㉠ 물은 유동성이 크기 때문에 소화 대상물에 장시간 부착되어 있지 못한다. 따라서 접착성질을 강화시키기 위하여 첨가하는 물질을 증점제라 한다.
㉡ 물의 사용량을 줄일 수 있고, 높은 장소(공중 소화)에서 사용 시 물이 분산되지 않으므로 목표물에 정확히 도달할 수 있어 소화 효과를 높일 수 있는 장점이 있어 산림화재 진압용으로 많이 사용된다.
㉢ 증점제 종류: CMC(Sodium Carboxy Methyl Cellulose), Gelgard

* 2022년

8 중질유화재 시 무상주수를 함으로써 기대할 수 있는 소화효과로 올바르게 묶인 것은?

① 질식소화, 부촉매소화
② 질식소화, 유화소화
③ 유화소화, 타격소화
④ 피복소화, 타격소화

8.

무상주수 시 소화효과: 질식, 냉각, 유화, 희석

Answer 6.① 7.① 8.②

* 2023년

9 소화방법에 관한 설명으로 옳은 것만을 〈보기〉에서 있는대로 고른 것은?

〈보기〉

㉠ 산림화재 시 화재 진행방향의 나무를 벌목하는 것은 제거소화의 방법 중 하나이다.
㉡ 물은 비열, 증발잠열의 값이 작아서 주로 냉각소화에 사용된다.
㉢ 부촉매 소화는 화학적 소화에 해당한다.
㉣ 유류화재는 포 소화약제를 방사하여 유류 표면에 얇은층을 형성함으로써 공기 공급을 차단해 소화한다.
㉤ 물에 침투제를 첨가하는 이유는 표면장력을 증가시켜 소화능력을 향상하기 위함이다.

① ㉠, ㉢, ㉣
② ㉡, ㉣, ㉤
③ ㉠, ㉡, ㉢, ㉣
④ ㉠, ㉢, ㉣, ㉤

* 2022년

10 가연성 물질의 화재 시 소화방법으로 옳은 것은?

① 탄화칼슘은 물을 분무하여 소화한다.
② 아세톤은 알콜형포 소화약제로 소화한다.
③ 나트륨은 할론 소화약제로 소화한다.
④ 마그네슘은 이산화탄소 소화약제로 소화한다.

* 2024년 간부

11 소화원리 중 제거소화의 사례에 해당하지 않는 것은?

① 촛불을 입으로 불어 소화하는 방법
② 식용유 화재 시 주변의 야채를 집어넣어 소화하는 방법
③ 전기화재 시 신속하게 전원을 차단하여 소화하는 방법
④ 산림화재 시 화재 진행 방향의 나무를 벌목하여 소화하는 방법
⑤ 가스화재 시 밸브를 차단시켜 가스공급을 중단하여 소화하는 방법

9.

㉡ 물은 비열, 증발잠열의 값이 커서 주로 냉각소화에 사용된다.
㉤ 물에 침투제를 첨가하는 이유는 표면장력을 감소시켜 소화능력을 향상하기 위함이다.

10.

① 탄화칼슘을 물과 반응하여 아세틸렌을 발생한다.
③ 나트륨은 금속이므로 금속화재용 소화기를 사용한다.
④ 마그네슘은 이산화탄소와 반응하여 산화마그네슘이 발생하여 화재가 확대된다.

11.

냉각소화의 방법
① 액체의 현열, 증발잠열을 이용하는 방법(옥내·외 소화전, 스프링클러, 물분무 등)
② 열용량이 큰 고체(화염방지기)를 이용하는 방법
③ 식용유 화재 시 <u>신선한 야채</u>를 이용하는 방법 등이 있다.

Answer 9.① 10.② 11.②

12 포소화약제가 유류화재를 소화시킬 수 있는 능력과 관계가 없는 것은?

① 수분의 증발잠열을 이용한다.
② 유류표면으로부터 기름의 증발을 억제 또는 차단한다.
③ 포의 연쇄반응 차단효과를 이용한다.
④ 포가 유류 표면을 덮어 기름과 공기와의 접촉을 차단한다.

13 수성막포 소화약제의 특성에 대한 설명으로 틀린 것은?

① 내열성이 우수하여 고온에서 수성막의 형성이 용이하다.
② 기름에 의한 오염이 적다.
③ 다른 소화약제와 병용하여 사용이 가능하다.
④ 불소계 계면활성제가 주성분이다.

14 포소화약제 중 고팽창포로 사용할 수 있는 것은?

① 단백포
② 불화단백포
③ 내알코올포
④ 합성계면활성제포

12.

③ 포 소화약제의 주된 소화 효과는 포가 가연물질의 표면을 덮기 때문에 나타나는 질식 효과와 상당량의 수분에 의한 냉각 효과이다.

13.

수성막포
㉠ 불소계 계면활성제를 주성분으로 하여 제조
㉡ 안전성이 좋아 장기보관이 가능하다.
㉢ AFFF(Aqueous Film Forming Foam)라 한다.
㉣ Twin Agent(수성막포 + 제3종 분말소화약제)에 사용된다.
㉤ 점성 및 표면장력이 작아 가연성 기름의 표면에서 쉽게 피막 형성
㉥ 포가 얇아 내열성에 약해 윤화현상(Fire Ring)이 일어나기 쉽다.

14.

팽창비에 따른 분류

종류	팽창비		사용약제
저팽창	20 이하		단백포, 수성막포, 불화단백포, 합성계면활성제포, 내알코올포
고팽창	80 이상 250 미만	제1종 기계포	합성계면활성제포
	250 이상 500 미만	제2종 기계포	
	500 이상 1,000 미만	제3종 기계포	

Answer 12.③ 13.① 14.④

15 에테르, 케톤, 에스테르, 알데히드, 카르복실산, 아민 등과 같은 가연성인 수용성 용매에 유효한포 소화약제는?

① 단백포　　② 수성막포
③ 불화단백포　　④ 내알콜포

15.
내알코올포 : 알코올류, 케톤류와 같은 수용성 유류화재의 소화에 사용(일반 포소화약제 사용 시 파포현상 발생)

16 가연성 액체탄화수소가 유출되어 화재가 발생한 경우 소화에 적합한 Twin Agent System의 약제성분은?

① 단백포+제1종 분말소화약제
② 불화단백포+제2종 분말소화약제
③ 수성막포+제3종 분말소화약제
④ 합성계면활성제포+제4종 분말소화약제

16.
Twin Agent System(2약제 소화방식)
㉠ Twin 20/20 : 제3종분말소화약제 20kg + 수성막포 20ℓ
㉡ Twin 40/40 : 제3종분말소화약제 40kg + 수성막포 40ℓ

17 합성계면활성제 소화약제를 이용한 포 소화설비를 설치하기에 적당하지 않은 것은?

① 경유저장탱크　　② 주차장
③ 카바이드 저장창고　　④ 특수가연물 저장소

17.
카바이드(=탄화칼슘(CaC_2))는 물과 작용 시 가연성가스인 아세틸렌을 발생하기 때문에 사용이 안된다.

＊ 2024년 간부
18 기계포 소화약제 중 단백포 소화약제에 관한 설명으로 옳은 것만을 <보기>에서 있는 대로 고른 것은?

<보기>

㉠ 유동성이 좋다.
㉡ 내열성이 나쁘다.
㉢ 유류를 오염시킨다.
㉣ 유면 봉쇄성이 좋다.

① ㉠, ㉢　　② ㉢, ㉣
③ ㉠, ㉡, ㉣　　④ ㉡, ㉢, ㉣
⑤ ㉠, ㉡, ㉢, ㉣

18.
단백포 소화약제
- 동물성 단백질을 가수분해하여 제조
- 흑갈색으로 달걀 썩는 냄새가 난다.
- 다른 포약제에 비해 부식성이 크다.
- 내열성이 우수하고 유면봉쇄성이 좋다.
- 유동성 및 내유성이 나쁨
- 위험물 저장탱크, 창고, 취급소 등의 사용

Answer 15.④ 16.③ 17.③ 18.②

※ 2022년

19 포(foam)에 대한 일반적인 설명으로 옳은 것은?

① 불화단백포 및 수성막포는 표면하 주입방식에 사용할 수 있다.

② 불소를 함유하고 있는 합성계면활성제포는 친수성이므로 유동성과 내유성이 좋다.

③ 단백포는 유동성은 좋으나, 내화성은 나쁘다.

④ 알콜형포 사용 시 비누화현상이 일어나면 소화능력이 떨어진다.

※ 2023년 간부

20 수성막포 소화약제에 관한 내용으로 옳은 것만을 〈보기〉에서 있는 대로 고른 것은?

〈보기〉

㉠ 불소계 계면활성제를 주성분으로 한 것으로 안정성이 좋아 장기보존이 가능하다.

㉡ 알코올류, 케톤류, 에스테르류 등과 같은 수용성위험물 화재에 소화적응성이 아주 우수하다.

㉢ 내유성이 있어 탱크 하부에서 발포하는 표면하주입방식이 가능하며 분말소화약제와 함께 사용 시 소화능력이 강화된다.

㉣ 유류의 표면에 거품과 수성막을 형성함으로써 질식과 냉각 소화 작용이 우수하며 '라이트 워터(Light Water)'라고도 불린다.

① ㉠
② ㉡, ㉢
③ ㉠, ㉡, ㉣
④ ㉠, ㉢, ㉣
⑤ ㉡, ㉢, ㉣

19.

② 합성계면활성제 : 계면활성제를 기제로 하여 안정제 등을 첨가한 것으로써, 유동성이 좋은 반면에 내유성이 약하고 포가 빨리 소멸된다.

③ 단백포 : 내열성이 우수하고 유면봉쇄성이 좋으나, 유동성 및 내유성이 나쁨

④ 알코올형 포 : 파포현상이 발생하면 소화능력이 떨어진다.

20.

수성막포 = Light Water	• 불소계 계면활성제를 주성분으로 하여 제조 • 안전성이 좋아 장기보관이 가능하다. • AFFF(Aqueous Film Forming Foam)라 한다. • Twin Agent(수성막포 + 제3종 분말소화약제)에 사용된다. • 점성 및 표면장력이 작아 가연성 기름의 표면에서 쉽게 피막 형성 • 포가 얇아 내열성에 약해 윤화현상(Fire Ring)이 일어나기 쉽다.

Answer 19.① 20.④

* 2023년

21 다음 그림의 주입 방식에 가장 적합한 포 소화약제로만 짝지어진 것은?

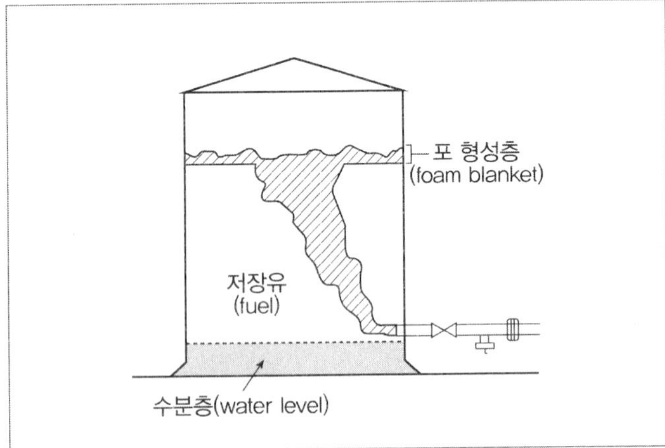

① 단백포, 불화단백포
② 수성막포, 불화단백포
③ 합성계면활성제포, 수성막포
④ 단백포, 수성막포

21.

표면하 주입 방식의 경우에는 포약제가 유류에 오염될 경우 적용할 수 없다. 따라서 포약제 중 내유성이 우수한 약제인 수성막포와 불화단백포를 사용해야 한다.

22 이산화탄소 소화약제가 공기 중에 34vol% 공급되면 산소의 농도는 약 몇 vol% 가 되는가?

① 12 ② 14
③ 16 ④ 18

22.

$$34[\%] = \frac{21 - O_2}{21} \times 100$$

$$\therefore O_2 = 21 - \frac{34 \times 21}{100} = 13.86 \fallingdotseq 14$$

23 이산화탄소 소화약제의 적응성이 있는 것은?

① 제5류 위험물과 같이 자체적으로 산소를 가지고 있는 물질
② Na, K 등과 같이 CO_2를 분해시키는 반응성이 큰 금속
③ 통신기기실, 전산기기실, 변전실 등의 전기설비
④ 방출 시 인명피해가 우려되는 밀폐된 장소

23.

이산화탄소 소화약제 비적응성
㉠ 방재실 · 제어실 등 사람이 상시 근무하는 장소
㉡ 니트로셀룰로스 · 셀룰로이드제품 등 자기연소성물질을 저장 · 취급하는 장소(제5류 위험물)
㉢ 나트륨 · 칼륨 · 칼슘 등 활성금속물질을 저장 · 취급하는 장소
㉣ 전시장 등의 관람을 위하여 다수인이 출입 · 통행하는 통로 및 전시실 등

Answer 21.② 22.② 23.③

24 이산화탄소의 물성으로 옳은 것은?

① 임계온도 : 31.35℃, 증기비중 : 0.529
② 임계온도 : 31.35℃, 증기비중 : 1.529
③ 임계온도 : 0.35℃, 증기비중 : 1.529
④ 임계온도 : 0.35℃, 증기비중 : 0.529

25 이산화탄소의 질식 및 냉각 효과에 대한 설명 중 틀린 것은?

① 이산화탄소의 증기비중이 산소보다 크기 때문에 가연물과 산소의 접촉을 방해한다.
② 액체 이산화탄소가 기화되는 과정에서 열을 흡수한다.
③ 이산화탄소는 불연성 가스로서 가연물의 연소반응을 방해한다.
④ 이산화탄소는 산소와 반응하며 이 과정에서 발생한 연소열을 흡수하므로 냉각효과를 나타낸다.

＊ 2020년

26 가연물의 화학적 연쇄반응 속도를 줄여 소화하는 방법으로 옳은 것은?

① 다량의 물을 주수하여 소화한다.
② 할론소화약제를 사용하여 소화한다.
③ 연소물이나 화원을 제거하여 소화한다.
④ 에멀션(emulsion) 효과를 이용하여 소화한다.

24.

이산화탄소의 물성

명칭	물성치	명칭	물성치
증기비중 ★	1.529 (공기=1)	임계압력 (Pc)	72.8kg/㎠
승화점 (1atm)	−78.50℃	삼중점 ★	5.1kg/㎠, −56.7℃
임계온도 (Tc) ★	31.35℃	증발잠열 (0℃, 35.54kg/㎠)	56.13㎈/g · ℃

25.

④ 냉각효과 : 줄-톰슨효과, 주위 기화열을 흡수하여 소화(산소와 반응하지 않는다.)

26.

① 냉각소화
③ 제거소화
④ 질식소화(유화소화)

Answer 24.② 25.④ 26.②

* 2015년

27 오존층 파괴지수(O.D.P)가 제일 큰 것은?

① 할론 1301
② 할론 1211
③ 할론 2402
④ 이산화탄소

28 상온, 상압에서 액체인 물질은?

① CO_2
② Halon 1301
③ Halon 1211
④ Halon 2402

29 할론(Halon) 1301의 분자식은?

① CH_3Cl
② CH_3Br
③ CF_3Cl
④ CF_3Br

30 할로겐원소의 소화효과가 큰 순서대로 배열된 것은?

① I > Br >Cl >F
② Br >I >F >Cl
③ Cl >F >I >Br
④ F >Cl >Br >I

27.

종류 / 특성	Halon 1301	Halon 1211	Halon 2402
ODP	14.1	2.4	6.6
GWP	7,140	1,890	1,640

28.

종류 / 특성	Halon 1301	Halon 1211	Halon 2402
분자식 ★	CF_3Br	CF_2BrCl	$C_2F_4Br_2$
상태(상온, 상압) ★	기체	기체	액체

29.

28번 문제 참조

30.

전기음성도, 안정성, 수소와의 결합력	F > Cl > Br > I
부촉매 소화효과, 독성	F < Cl < Br < I

Answer 27.① 28.④ 29.④ 30.①

※ 2024년

31 이산화탄소 소화약제의 특징으로 옳은 것은?

① 무색, 무취로 전도성이며 독성이 있다.
② 질식소화 효과와 기화열 흡수에 의한 냉각효과가 있다.
③ 제3류 위험물, 제5류 위험물의 소화에 사용한다.
④ 자체 증기압이 매우 낮아 별도의 가압원이 필요하다.

31.

① 이산화탄소 소화약제 성질
㉠ 무색, 무취의 부식성이 없는 기체, 공기보다 1.5배 무겁다.
㉡ 기화 팽창률이 액상 체적의 500배, 증발잠열 56.1 ㎉/kg
㉢ 자체증기압 21℃에서 57.8kg/㎠ 정도로 별도의 가압원이 필요치 않음
㉣ 액화가 용이한 불연성 가스(임계점 31.35℃, 72.8atm)
㉤ 전기부도체로 전기화재(C급)에 적응성이 있다.
㉥ 대체로 용기에 액화상태로 저장한 후 방출 시에는 기체화된다.
㉦ 공기 중에 약 0.03Vol% 존재한다.
② 사용제한 (암기 : 방니나전)
㉠ 방재실 · 제어실 등 사람이 상시 근무하는 장소
㉡ 니트로셀룰로스 · 셀룰로이드제품 등 자기연소성물질을 저장 · 취급하는 장소(제5류 위험물)
㉢ 나트륨 · 칼륨 · 칼슘 등 활성금속물질을 저장 · 취급하는 장소(3류 위험물)
㉣ 전시장 등의 관람을 위하여 다수인이 출입 · 통행하는 통로 및 전시실 등

32 할로겐화합물 및 불활성기체 소화약제로부터 기대할 수 있는 소화작용으로 틀린 것은?

① 부촉매작용 ② 냉각작용
③ 유화작용 ④ 질식작용

32.

소화원리

소화약제 종류	주소화효과
할로겐화합물 소화약제	**연쇄반응 억제**
불활성기체 소화약제	**질식효과, 냉각효과**

33 소화약제인 IG-541의 성분이 아닌 것은?

① 질소 ② 아르곤
③ 헬륨 ④ 이산화탄소

33.

IG-541 : N_2(질소) : 52%, Ar(아르곤) : 40%, CO_2(이산화탄소) : 8%

34 할로겐화합물 및 불활성기체 소화약제는 일반적으로 열을 받으면 할로겐족이 분해되어 가연 물질의 연소 과정에서 발생하는 활성종과 화합하여 연소의 연쇄반응을 차단한다. 연쇄반응의 차단과 가장 거리가 먼 소화약제는?

① FC-3-1-10 ② HFC-125
③ IG-541 ④ FIC-13I1

34.

IG-541은 불활성기체 소화약제로 질식효과와 냉각효과를 갖는다.

Answer 31.② 32.③ 33.③ 34.③

35 불활성 가스에 해당하는 것은?

① 수증기
② 일산화탄소
③ 아르곤
④ 아세틸렌

36 할로겐화합물 및 불활성기체 소화약제의 ODP를 현저히 낮추기 위해 배제하는 원소는?

① F　　② Cl
③ Br　　④ I

37 다음에서 설명하는 용어는?

- 생물체의 성장기능, 신진대사 등에 영향을 주는 최소량으로 인체에 미치는 독성의 최소농도를 말함
- 이것보다 설계농도가 높은 소화약제는 사람이 없거나 30초 이내에 대피할 수 있는 장소에서만 사용할수 있음

① ODP　　② GWP
③ NOAEL　　④ LOAEL

38 할로겐화합물 소화약제에 대한 설명으로 틀린 것은?

① 연쇄반응을 차단시켜 화재를 소화한다.
② Halon은 상온, 상압에서 기체 또는 액체 상태로 존재하므로 저장하는 경우 액화시켜 저장한다.
③ 유류화재(B급), 전기화재(C급)에 적합하다.
④ 밀폐상태에서는 일반화재(A급)에 사용할 수 없다.

35.

불활성기체 소화약제는 헬륨 · 네온 · 아르곤 · 질소 중 하나 이상의 원소를 기본 성분으로 하는 소화약제를 말한다.

36.

할로겐화합물 소화약제의 ODP를 현저히 낮추기 위해 'Br'을 배제하여 소화약제를 개발하고 있다.

37.

NOAEL	– 농도를 증가시킬 때 아무런 악영향도 감지할 수 없는 최대농도 – 심장에 아무런 악영향을 미치지 아니하는 최대농도
LOAEL	– 농도를 감소시킬 때 악영향을 감지할 수 있는 최소농도 – 심장에 악영향을 미칠 수 있는 최소농도

38.

④ 밀폐상태에서는 일반화재(A급)에 사용할 수 있다.

Answer 35.③ 36.③ 37.④ 38.④

* 2023년

39 할로겐화합물 및 불활성기체 소화약제에 관한 설명으로 옳지 않은 것은?

① IG-01, IG-55, IG-100, IG-541 중 질소를 포함하지 않은 약제는 IG-100이다.

② 할로겐화합물 소화약제 중 HFC-23(트리플루오르메탄)의 화학식은 CHF_3이다.

③ 부촉매 소화효과는 불활성기체 소화약제에는 없으나 할로겐화합물 소화약제는 있다.

④ 할로겐화합물 소화약제는 불소, 염소, 브롬 또는 요오드 중 하나 이상의 원소를 포함하고 있는 유기화합물을 기본 성분으로 하는 소화약제를 말한다.

39.

불활성기체 소화약제 구성 성분 및 비율

구분	소화약제	구성성분 및 비율
1	IG-100	N_2 : 100%
2	IG-01	Ar : 100%
3	IG-100	N_2 : 50%, Ar : 50%
4	IG-541	N_2 : 52%, Ar : 40%, CO_2 : 8%

* 2019년

40 다음 중 HPO_3가 일반 가연물질인 나무, 종이 등의 표면에 피막을 이루어 공기 중의 산소를 차단하는 방진 작용과 관련이 있는 것은?

① 제1종 분말소화약제

② 제2종 분말소화약제

③ 제3종 분말소화약제

④ 제4종 분말소화약제

40.

제3종 분말 소화약제 소화효과

㉠ 열분해 시 흡열 반응에 의한 냉각 효과

㉡ 열분해 시 발생되는 불연성 가스(NH_3, H_2O 등)에 의한 질식 효과

㉢ 반응 과정에서 생성된 메타-인산(HPO_3)의 방진 효과(A급 화재 적응성)

㉣ 열분해 시 유리된 NH_4+와 분말 표면의 흡착에 의한 부촉매 효과

㉤ 분말 운무에 의한 열방사의 차단 효과

㉥ 올소-인산(H_3PO_4)에 의한 섬유소의 탈수·탄화 작용

* 2017년

41 분말 소화약제 소화효과에 옳지 않는 것은?

① 질식

② 냉각

③ 방사열 차단

④ 희석

41.

분말 소화약제의 주된 소화 효과는 분말 운무에 의한 방사열의 차단 효과, 부촉매 효과, 발생한 불연성 가스에 의한 질식 효과 등으로 가연성 액체의 표면 화재에 매우 효과적이다. 또한 분말이 비전도체이기 때문에 전기화재에도 효과가 있다.

Answer 39.① 40.③ 41.④

＊ 2018년 간부

42 분말소화약제에 대한 일반적인 설명으로 옳지 않은 것은?

① 피연소 물질에 영향을 끼치는 단점을 가지고 있다.
② 전기절연성이 높아 고전압의 전기화재에도 적합하다.
③ 제3종 분말소화약제의 착색은 담홍색이다.
④ 자기연소성 물질의 화재에 강한 소화력을 가지고 있다.
⑤ 습기의 흡입에 주의하여야 한다.

42.

사용 제한 소화 대상물 (Ⓜ **정자가심)**

㉠ 정밀한 전기 · 전자 장비가 설치되어 있는 장소(컴퓨터실, 전화 교환실 등)
㉡ 자체적으로 산소를 함유하고 있는 자기 반응성 물질
㉢ 가연성 금속(Na, K, Mg, Al, Ti, Zr 등)
㉣ 소화약제가 도달될 수 없는 일반 가연물의 심부 화재

43 제3종 분말소화약제가 열분해 될 때 생성되는 물질이 아닌 것은?

① NH_3
② CO_2
③ HPO_3
④ H_2O

43.

제3종 분말소화약제 열분해 반응식

166℃에서 $NH_4H_2PO_{47} \rightarrow H_3PO_4$(올소-인산) + NH_3
216℃에서 $2H_3PO_{47} \rightarrow H_4P_2O_7$(피로-인산) + H_2O
366℃에서 $H_4P_2O_7 \rightarrow 2HPO_3$(메타-인산) + H_2O

44 제1종 분말 소화약제의 열분해 반응식으로 옳은 것은?

① $2NaHCO_3 \rightarrow Na_2CO_3 + CO_2 + H_2O$
② $2KHCO_3 \rightarrow K_2CO_3 + CO_2 + H_2O$
③ $2NaHCO_3 \rightarrow Na_2CO_3 + 2CO_2 + H_2O$
④ $2KHCO_3 \rightarrow K_2CO_3 + 2CO_2 + H_2O$

44.

제1종 분말 소화약제 열분해 반응식

270℃에서 $2NaHCO_3 \rightarrow Na_2CO_3 + H_2O + CO_2 - Q$kcal
850℃에서 $2NaHCO_3 \rightarrow Na_2O + H_2O + 2CO_2 - Q$kcal

Answer 42.④ 43.② 44.①

45 에스테르가 알칼리의 작용으로 가수분해 되어 알코올과 산의 알칼리염이 생성되는 반응은?

① 수소화 분해반응
② 탄화 반응
③ 비누화 반응
④ 할로겐화 반응

46 분말소화약제와 분말소화기에 관한 설명으로 옳은 내용을 모두 고른 것은?

㉠ 제1종 분말소화약제의 주성분은 탄산수소나트륨이다. ㉡ 제2종 분말소화약제는 담회색으로 착색되어 있다. ㉢ 제3종 분말소화약제는 A급화재에 적응성이 있다. ㉣ 분말소화기의 내용연수는 20년이다.

① ㉠
② ㉡, ㉢
③ ㉠, ㉡, ㉢
④ ㉠, ㉡, ㉣

47 제4종 분말소화약제에 대한 설명으로 틀린 것은?

① 분말 소화약제 중 가장 우수하다.
② 일반화재에 효과가 가장 좋다.
③ 현재는 거의 사용하지 않고 있다.
④ 약제는 회색으로 착색되어 있다.

45.

비누화 반응
일반적인 요리용 기름이나 지방질 기름의 화재 시에 이들 물질과 결합하여 에스테르가 알칼리의 작용으로 가수 분해되어 알코올과 산의 알칼리염이 되는 반응인 비누화(saponification)반응을 일으킨다. 이때 생성된 비누상 물질은 가연성 액체의 표면을 덮어서 질식소화 효과와 재발화 억제 효과를 나타낸다.

46.

㉣ 분말소화기의 내용연수는 10년이다.

47.

제4종 분말 소화약제
제2종 분말을 개량한 것으로 탄산수소칼륨($KHCO_3$)과 요소($(NH_2)_2CO$)와의 반응물인 제4종 분말소화약제의 소화력은 분말 소화약제 중 가장 우수하다. 특히, B급, C급 화재에는 소화 효과가 우수하나 A급 화재에는 별 효과가 없다.

Answer 45.③ 46.③ 47.②

48 금속화재용 분말 소화약제 종류로써 아래 내용과 관계 있는 것은?

> 탄산나트륨을 주성분으로 하고 여기에 비흡습성과 유동성을 향상 시킬 수 있는 첨가제를 첨가한 약제이다.

① G-1
② Met - L -X
③ Na - X
④ Lith - X

48.

금속화재용 분말 소화약제의 종류

종류	성분	적응화재
G-1	- 유기인산염 + 흑연이 입혀진 코크스 - 흑연은 열의 전도체이므로 열을 흡수하여 금속의 온도를 점화 온도 이하로 낮추어 소화	마그네슘, 칼륨, 나트륨, 리튬 화재용
MET-L-X	- 염화나트륨 + 첨가물(제3인산칼슘 + 열가소성 고분자 물질) - 고온의 수직표면에 오랫동안 붙어 있을 수 있기 때문에 고체 금속 조각의 화재에 특히 유효하다.	마그네슘, 칼륨, 나트륨 화재용
Na-X	- 탄산나트륨(Na_2CO_3) + 첨가제(비흡습성과 유동성 증가)	나트륨 화재용
Lith-X	- 흑연 + 첨가제(유동성 증가)	리튬 화재용

49 분말소화약제에 대한 설명으로 잘못된 것은?

① 탄산수소나트륨, 탄산칼륨, 제1인산암모늄 등의 물질을 미세한 분말로 만들어 유동성을 높인 후 이를 가스압(주로 N_2 또는 CO_2의 압력)으로 분출시켜 소화하는 약제이다.
② 사용되는 분말의 최적의 소화효과를 나타내는 입도는 10 ~ 70㎛이다.
③ 분말 소화설비는 가압 가스의 충전 상태에 따라 축압식과 가압식으로 구분된다.
④ 분말이 비전도체이기 때문에 전기화재에도 효과가 있다.

49.

② 사용되는 분말의 입도는 10 ~ 70㎛ 범위이며, 최적의 소화효과를 나타내는 입도는 20 ~ 25㎛이다. (㎛ $=10^{-6}$m)

Answer 48.③ 49.②

✳ 2023년

50 분말소화약제에 관한 설명으로 옳지 않은 것은?

① 제2종 분말소화약제의 주성분은 $KHCO_3$이다.

② 제1 · 2 · 3종 분말소화약제는 열분해 반응에서 CO_2가 생성된다.

③ $NaHCO_3$이 주된 성분인 분말소화약제는 B · C급 화재에 사용하고 분말 색상은 백색이다.

④ $NH_4H_2PO_4$이 주된 성분인 분말소화약제는 A · B · C급 화재에 유효하고 비누화현상이 일어나지 않는다.

✳ 2024년

51 포 소화약제에 관한 설명으로 옳지 않은 것은?

① 불화단백포 소화약제는 불소계 계면활성제를 첨가하여 단백포 소화약제의 단점인 유동성을 보완하였다.

② 알콜형포 소화약제는 케톤류, 알데히드류, 아민류 등 수용성 용제의 소화에 사용할 수 있다.

③ 단백포 소화약제는 단백질을 가수분해 한 것을 주원료로 하며 내유성이 뛰어나 소화속도가 빠르다.

④ 합성계면활성제포 소화약제는 유동성과 저장성이 우수 하며 저팽창포부터 고팽창포까지 사용할 수 있다.

50.

3종 분말소화약제 열분해 반응식

166℃에서 $NH_4H_2PO_4 \rightarrow H_3PO_4$(올소-인산) + NH_3

216℃에서 $2H_3PO_4 \rightarrow H_4P_2O_7$(피로-인산) + H_2O

366℃에서 $H_4P_2O_7 \rightarrow 2HPO_3$(메타-인산) + H_2O

51.

단백포 소화약제

- 동물성 단백질을 가수분해하여 제조
- 흑갈색으로 달걀 썩는 냄새가 난다.
- 다른 포약제에 비해 부식성이 크다.
- 내열성이 우수하고 유면봉쇄성이 좋다.
- 유동성 및 내유성이 나쁨
- 위험물 저장탱크, 창고, 취급소 등의 사용

Answer 50.② 51.③

＊ 연도별 기출경향 ＊

[기출연도]	2012	2013	2014	2015	2016	2017	2018	2019	2020	2021	2022	2023	2024
문항수	3	1	1	0	1	0	0	0	0	0	0	1	0

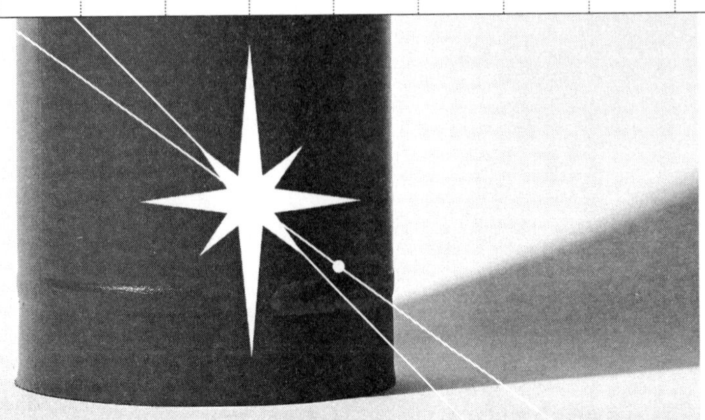

PART

06

건축법상 소방에 관한 기준

chapter

01 건축물의 방화계획

❶ 건축물 방화계획의 개념 및 목적

(1) 개념

① 인명 및 재산보호를 위한 건축물 · 건축설비의 계획, 유지관리 등의 요소로 이루어진 종합적인 계획

② 건축법과 소방법에 근간을 두고 고유 조건에 맞게 합리적이고 종합적인 방재계획 작성 필요

(2) 목적

① 발화방지, 건물내 연소확대방지, 인접건물로 연소확대 방지와 피난안전 확보, 소화활동의 원활화를 통해 인적 · 물적 손실을 최소화

② 건축물 방화계획의 목적 달성을 위해서는 발화방지, 실내 확대 방지, 건물 내 확대 방지, 인접 건물로의 연소방지를 고려한 대책을 수립한다.

③ 이러한 목적은 공간적 대응(Passive) 대책과 설비적 대응(Active) 대책을 상호 보완하여 설치할 때 달성할 수 있다.

❷ 건축물 방화의 기본적인 사항 🔥🔥🔥

(1) 공간적 대응

화염, 연기, 유독가스에 대응, 사람이 안전공간으로 조기 이탈할 수 있도록 하는 대응

(Ⓜ 도대회 – 대항성 : 성능 또는 성, 력으로 끝남 / 회피성 : 불난내방 불조심 훈련, 예방)

대응	내용
대항성	건축물의 내화**성능**, 방 · 배연**성능**, 방화구획**성능**, 화재방어 대응**성**, 초기 소화의 대응**성** 등 화재에 대응하는 성능과 대항**력**
회피성	**난**연화, **불**연화, **내**장재의 제한, **방**화구획의 세분화, 방화**훈련**, **불조심** 등 화재의 발화, 확대 등을 저감시키는 **예방**적 조치 또는 상황
도피성	화재시 피난할 수 있는 안전한 공간성과 시스템 형상

(2) 설비적 대응

방화문, 방화셔터, 자동화재탐지설비, 스프링클러 등과 같은 공간적 대응을 보조하는 설비적 대응

개념원리 건축물의 방화계획

1. **평면계획** : 화재로 인한 피해를 작은 범위로 한정하기 위한 것
2. **단면계획** : 상 · 하층의 재해 전파를 제어하여 화염이 다른 층으로 이동하지 못하도록 구획하는 것
3. **입면계획** : 화재 시 인접건물로의 연소확대를 방지하기 위해 구획하는 것
4. **내장(재료)계획** : 불연성이나 난연성의 재료를 통해서 내화성능이 확보될 것
5. **설비계획** : 설비계획 시 평면계획이나 단면계획이 방재상 의도와 모순되지 않게 계획(방화구획)
6. **소화 · 구조계획** : 소방차 등 용이하게 접근할 수 있고 충분한 폭과 회전가능하고 맹지가 없도록 계획

3 안전피난

(1) 인간의 피난특성(피난본능) 🔥🔥🔥 (Ⓜ 귀지 대(퇴)추차(좌) 패닉)

피난본능	내용
귀소본능	피난 시 인간은 무의식중에 평소에 사용하는 문, 통로, 길로 되돌아가려는 본능
지광본능	어두운 곳에 있을 때 밝은 불빛 등을 따라 가려는 본능
퇴피본능	반사적으로 화염 · 연기 등 위험으로부터 멀리하려는 본능
추종본능	재난 시 판단력 약화로 최초로 행동하는 지도자를 따라 행동하는 본능
좌회본능	피난 시 갈림길 등을 만났을 때 주로 오른손이나 오른발을 이용해 좌회하려는 본능
패닉	생명의 위험이 절박하고 있을 때 탈출하려고 사람들이 일제히 도망갈 때에 발생하는 혼란을 말한다. 즉, 긴급사태에서 경악(깜짝 놀람)이나 일순간 망연(어리둥절함)한 상태, 당황해서 분별하지 못한 행동

(2) 피난대책의 일반적인 원칙 🔥🔥🔥

① 피난경로는 간단 명료하게 한다.

② 피난설비는 고정식 시설에 의한 것을 원칙으로 한다.

③ 피난의 수단은 원시적인 방법에 의한 것을 원칙으로 한다.(foof proof)

④ 2방향 피난통로를 확보한다.(fale safe)

⑤ 피난통로는 완전 불연화

⑥ 피난로를 명백히 표시할 수 있는 표시를 하여야 한다.

(3) 피난동선의 조건

① 가급적 단순한 형태로 한다.

② 수평동선과 수직동선으로 구분한다.

③ 가급적 상호 반대방향으로 다수의 출구와 연결되어야 한다.

④ 어느곳에서도 2개 이상의 방향으로 피난할 수 있으며 그 말단은 화재로부터 안전한 장소이어야 한다.

(4) Fool-Proof 와 Fail Safe

Fool-Proof	① 재난 발생 시 인간은 혼란을 느끼며, 평상시와 다르게 바보와 같은 지능상태가 되어도 휴먼 에러(human error, fool)로 인한 사고를 방지(proof)한다는 개념 ② 피난 및 유도표시는 문자보다는 색과 형태를 이용하든가 피난방향으로 문을 열 수 있도록 하는 것 등의 방법이다
Fail Safe	'기계의 고장(fail)이 있어도 안전(safe)하다.'라는 뜻으로 재난 발생 시 작동하여야 할 수단이 고장 등이 발생하여도 대체 설비로 안전을 시킬 수 있도록 하는 이중 안전 수단을 말한다.

(5) 피난시설의 안전구획 (Ⓜ 복실계)

① 1차 안전구획 : **복**도

② 2차 안전구획 : 부속실(전**실**)

③ 3차 안전구획 : **계**단

1차 (복도)	피난로(복도)로 인도함과 동시에 혼란이 생기지 않도록 일시적으로 안전하게 수용하기 위하여 설치한 것
2차 (부속실(전실) 또는 발코니)	장시간에 걸쳐 불과 연기로부터 안전하게 보호되는 성능을 지녀야 할 부분으로 장시간에 걸쳐 인원을 수용할 수 있도록 함과 동시에 소방 거점이 되는 넓이와 기능이 필요
3차 (최종피난경로, 특별피난계단의 계단실 등)	연기와 화염으로부터 보호해 피난과 소방활동의 주요한 경로가 되도록 계획

(6) 피난방향 🔥🔥🔥

피난특성	피난형태		내용
안전피난	X형		확실한 피난통로 확보
	Y형		
	Z형		중앙복도형 건축물에서 코너식 중 안전한 형태
	ZZ형	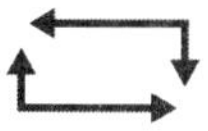	
	T형		양방향 피난통로 확보
	I형		
패닉유발	H형	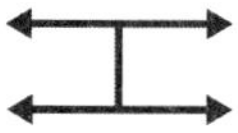	중앙집중형으로 **패닉**현상 우려 [M **전지현씨** BHC(패닉유발(B) H, CO)]
	CO형	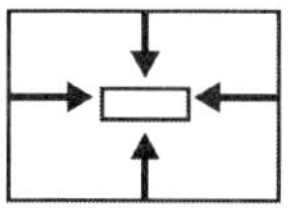	

chapter

01 출제예상문제

1 건축방화계획에서 건축구조 및 재료를 불연화하여 화재를 미연에 방지하고자 하는 공간적 대응방법은?

① 회피성 대응
② 도피성 대응
③ 대항성 대응
④ 설비적 대응

1.

회피성 : 난연화, 불연화, 내장재의 제한, 방화구획의 세분화, 방화훈련, 불조심 등 화재의 발화, 확대 등을 저감시키는 예방적 조치 또는 상황

2 건축물의 화재안전에 대한 공간적 대응방법 중 대항성에 해당하지 않는 것은?

① 건축물 내장재의 불연화 성능
② 건축물 내화 성능
③ 건축물 방화구획 성능
④ 건축물 방·배연 성능

2.

대항성 : 건축물의 내화성능, 방·배연성능, 방화구획 성능, 화재방어 대응성, 초기 소화의 대응성 등 화재에 대응하는 성능과 대항력

3 화염이 다른 층으로 확대되지 못하도록 구획하는 건축물의 방재계획으로 옳은 것은?

① 단면계획
② 재료계획
③ 평면계획
④ 입면계획

3.

건축물의 방화계획

㉠ 평면계획 : 화재로 인한 피해를 작은 범위로 한정하기 위한 것
㉡ 단면계획 : 상·하층의 재해 전파를 제어하여 화염이 다른 층으로 이동하지 못하도록 구획하는 것
㉢ 입면계획 : 화재 시 인접건물로의 연소확대를 방지하기 위해 구획하는 것
㉣ 내장(재료)계획 : 불연성이나 난연성의 재료를 통해서 내화성능이 확보될 것
㉤ 설비계획 : 설비계획 시 평면계획이나 단면계획이 방재상 의도와 모순되지 않게 계획(방화구획)
㉥ 소화·구조계획 : 소방차 등 용이하게 접근할 수 있고 충분한 폭과 회전가능하고 맹지가 없도록 계획

Answer 1.① 2.① 3.①

4 건축방재계획 중 공간적 대응에서 회피성으로 옳은 것은?

① 내화성능, 방연성능, 초기소화대응능력 등의 화재에 대응하여 저항하는 성능
② 화재가 발생한 경우 안전피난 시스템 동작
③ 제연설비, 방화문, 방화셔터, 자동화재탐지설비, 스프링클러설비 등에 대한 대응이다.
④ 불연화, 난연화, 내장재의 제한, 용도별 구획등으로 출화, 화재확대 등을 감소시키고자 하는 예방적 조치이다.

4.

회피성 : 난연화, 불연화, 내장재의 제한, 방화구획의 세분화, 방화훈련, 불조심 등 화재의 발화, 확대 등을 저감시키는 예방적 조치 또는 상황

5 피난계획의 일반원칙 Fool Proof 원칙에 대한 설명으로 옳은 것은?

① 1가지가 고장이 나도 다른 수단을 이용하는 원칙
② 2방향의 피난동선을 항상 확보하는 원칙
③ 피난수단을 이동식 시설로 하는 원칙
④ 피난수단을 조작이 간편한 원시적 방법으로 하는 원칙

5.

Fool-Proof
㉠ 재난 발생 시 인간은 혼란을 느끼며, 평상시와 다르게 바보와 같은 지능상태가 되어도 휴먼 에러(human error, fool)로 인한 사고를 방지(proof)한다는 개념
㉡ 피난 및 유도표시는 문자보다는 색과 형태를 이용하든가 피난방향으로 문을 열 수 있도록 하는 것 등의 방법이다.

6 건축물의 화재발생 시 인간의 피난 특성으로 틀린 것은?

① 평상 시 사용하는 출입구나 통로를 사용하는 경향이 있다.
② 화재의 공포감으로 인하여 빛을 피해 어두운 곳으로 몸을 숨기는 경향이 있다.
③ 화염, 연기에 대한 공포감으로 발화지점의 반대방향으로 이동하는 경향이 있다.
④ 화재 시 최초로 행동을 개시한 사람을 따라 전체가 움직이는 경향이 있다.

6.

② 지광본능 : 어두운 곳에 있을 때 밝은 불빛 등을 따라 가려는 본능

Answer 4.④ 5.④ 6.②

7 건축물 화재 시 피난자들의 집중으로 패닉(panic) 현상이 일어날 수 있는 피난방향은?

7.

H형, CO형은 중앙집중형으로 패닉현상 유발한다.

8 피난계획의 일반원칙 중 Fool proof 원칙에 해당하는 것은?

① 심신미약 상태에서도 쉽게 식별이 가능하도록 그림이나 색채를 이용하는 원칙
② 피난설비를 반드시 이동식으로 하는 원칙
③ 한 가지 피난기구가 고장이 나도 다른 수단을 이용할 수 있도록 고려하는 원칙
④ 피난설비를 첨단화된 전자식으로 하는 원칙

8.

Fool-Proof
피난 및 유도표시는 문자보다는 색과 형태를 이용하든가 피난방향으로 문을 열 수 있도록 하는 것 등의 방법이다.

9 피난 시 하나의 수단이 고장 등으로 사용이 불가능하더라도 다른 수단 및 방법을 통해서 피난 할 수 있도록 하는 것으로 2방향 이상의 피난통로를 확보하는 피난대책의 일반 원칙은?

① Risk-down 원칙
② Feed-back 원칙
③ Fool-proof 원칙
④ Fail-safe 원칙

9.

Fail Safe
'기계의 고장(fail)이 있어도 안전(safe)하다.'라는 뜻으로 재난 발생 시 작동하여야 할 수단이 고장 등이 발생하여도 대체 설비로 안전을 시킬 수 있도록 하는 이중 안전 수단을 말한다.

Answer 7.① 8.① 9.④

10 피난계획의 일반적인 원칙으로 옳지 않은 것은?

① 건물내 임의의 지점에서 피난 시 한 방향이 화재로 사용이 불가능하면 다른 방향으로 사용되도록 한다.

② 피난수단은 보행에 의한 피난을 기본으로 하고 인간본성을 고려하여 설계한다.

③ 피난경로는 굴곡부가 많거나 갈림길이 생기지 않도록 간단하고 명료하게 설계한다.

④ 피난경로의 안전구획을 1차로 계단, 2차는 복도로 설정한다.

10.

④ 피난경로의 안전구획을 1차로 복도, 2차는 부속실, 3차는 계단으로 설정한다.

11 건축물 피난계획 수립 시 fool proof를 적용한 사례로 옳지 않은 것은?

① 소화·경보설비의 위치, 유도표지에 판별이 쉬운 색채를 사용한다.

② 피난방향으로 열리는 출입문을 설치한다.

③ 도어노브는 회전식이 아닌 레버식을 사용한다.

④ 정전 시를 대비한 비상조명등을 설치하며, 피난경로는 2방향 이상 피난로를 확보한다.

11.

④ Fail Safe에 해당한다. 재난 발생 시 작동하여야 할 수단이 고장 등이 발생하여도 대체 설비로 안전을 시킬 수 있도록 하는 이중 안전 수단을 말한다.

Answer 10.④ 11.④

chapter

02 건축법상 용어정의(공간적 대응의 기본개념)

❶ 주요구조부(法 제2조 제1항 제7호)

(1) 구조상 주요 골격부분

(2) 주요구조부

내력벽 · **기**둥 · **바**닥 · **보** · **지**붕틀 및 **주**계단 (Ⓜ 주내기 바보지)

(3) 주요구조부에서 제외

사이 기둥, 최하층 바닥, 작은 보, 차양, 옥외계단, 그 밖에 이와 유사한 부분은 제외

❷ 내화구조(令 제2조 제7호)

(1) 철근콘크리트조 · 연와조 기타 이와 유사한 구조로서 건축물 자체가 불에 연소되지 않고 상당시간 동안 구조상 유해한 변형이나 재질의 변화를 일으키지 아니하는 구조

(2) 즉, 화재에 견딜 수 있는 성능을 가진 구조로서 대체로 화재 후에도 재사용이 가능한 정도의 구조

❸ 방화구조(令 제2조 제8호)

(1) 철망모르타르 바르기 · 회반죽 바르기 등 화재 시 화염의 확산을 막을 수 있는 성능을 가진 구조

(2) 방화성능이 내화구조보다 떨어지며 불에 연소되지 않도록 외부를 불연재료로 피복을 한 구조로서 대체로 화재 후 재사용이 불가능한 정도의 구조

❹ 연소할 우려가 있는 부분(건축물의 피난·방화구조 등의 기준에 관한 규칙 제22조 제2항)

인접대지경계선 · 도로중심선 또는 동일한 대지안에 있는 2동 이상의 건축물 상호의 외벽간의 중심선으로부터 1층에 있어서는 3미터 이내, 2층 이상에 있어서는 5미터 이내의 거리에 있는 건축물의 각 부분을 말한다.

❺ 불연재료(令 제2조 제10호, 건축물의 피난·방화구조 등의 기준에 관한 규칙 제6조)

불연재료 · 준불연재료 · 난연재료는 불에 잘 타지 않는 재료를 의미하며 건축물의 방화상 필요한 부분인 천정 · 벽의 내장 · 연소의 우려가 있는 외벽 등에 주로 사용된다.

❻ 초고층 건축물

층수가 50층 이상이거나 높이가 200미터 이상인 건축물을 말한다.

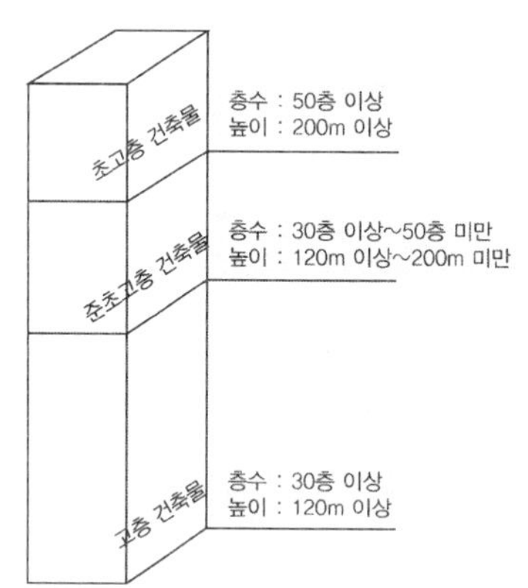

❼ 고층 건축물

층수가 30층 이상이거나 높이가 120미터 이상인 건축물을 말한다.

※ "준초고층 건축물"이란 고층건축물 중 초고층 건축물이 아닌 것을 말한다.

실수 줄이기

1. 건물의 주요 구조부에 해당되지 않는 것은?

① 바닥
② 천장
③ 기둥
④ 주계단

1.

주요구조부

㉠ 주요구조부 : 내력벽 · 기둥 · 바닥 · 보 · 지붕틀 및 주계단 **(Ⓜ 주내기 바보지)**

㉡ 주요구조부에서 제외 : 사이 기둥, 최하층 바닥, 작은 보, 차양, 옥외계단, 그 밖에 이와 유사한 부분은 제외

답 ②

chapter

03 건축법상 방화(防火)에 관한 기준

❶ 내화구조의 기준 (건축물의 피난 · 방화구조 등의 기준에 관한 규칙 제3조)

구조부분		내화구조의 기준
벽	벽🔥 2023 간부	가. **철**근콘크리트조 또는 철골철근콘크리트조로서 두께가 **10**센티미터 이상인 것 나. 골구를 철골조로 하고 그 양면을 두께 **4**센티미터 이상의 철망**모**르타르(그 바름바탕을 불연재료로 한 것으로 한정한다. 이하 이 조에서 같다) 또는 두께 **5**센티미터 이상의 콘크리트블록 · 벽돌 또는 석재로 덮은 것 다. 철재로 보강된 **콘**크리트블록조 · 벽돌조 또는 석조로서 철재에 덮은 콘크리트블록등의 두께가 **5**센티미터 이상인 것 라. **벽**돌조로서 두께가 **19**센티미터 이상인 것 마. 고온 · 고압의 증기로 양생된 경량기포 콘크리트**패**널 또는 경량기포 콘크리트블록조로서 두께가 **10**센티미터 이상인 것 (**Ⓜ 철모콘벽패 10,4,5,5,19,10**)
	외벽중 비내력 벽	가. 철근콘크리트조 또는 철골철근콘크리트조로서 두께가 7센티미터 이상인 것 나. 골구를 철골조로 하고 그 양면을 두께 3센티미터 이상의 철망모르타르 또는 두께 4센티미터 이상의 콘크리트블록 · 벽돌 또는 석재로 덮은 것 다. 철재로 보강된 콘크리트블록조 · 벽돌조 또는 석조로서 철재에 덮은 콘크리트블록 등의 두께가 4센티미터 이상인 것 라. 무근콘크리트조 · 콘크리트블록조 · 벽돌조 또는 석조로서 그 두께가 7센티미터 이상인 것
기둥 (작은 지름이 25센티미터 이상인 것)		가. 철근콘크리트조 또는 철골철근콘크리트조 나. 철골을 두께 6센티미터(경량골재를 사용하는 경우에는 5센티미터)이상의 철망모르타르 또는 두께 7센티미터 이상의 콘크리트블록 · 벽돌 또는 석재로 덮은 것 다. 철골을 두께 5센티미터 이상의 콘크리트로 덮은 것
바닥		가. 철근콘크리트조 또는 철골철근콘크리트조로서 두께가 10센티미터 이상인 것 나. 철재로 보강된 콘크리트블록조 · 벽돌조 또는 석조로서 철재에 덮은 콘크리트블록 등의 두께가 5센티미터 이상인 것 다. 철재의 양면을 두께 5센티미터 이상의 철망모르타르 또는 콘크리트로 덮은 것
보 (지붕틀을 포함한다)		가. 철근콘크리트조 또는 철골철근콘크리트조 나. 철골을 두께 6센티미터(경량골재를 사용하는 경우에는 5센티미터)이상의 철망모르타르 또는 두께 5센티미터 이상의 콘크리트로 덮은 것 다. 철골조의 지붕틀(바닥으로부터 그 아랫부분까지의 높이가 4미터 이상인 것에 한한다)로서 바로 아래에 반자가 없거나 불연재료로 된 반자가 있는 것

지붕	가. 철근콘크리트조 또는 철골철근콘크리트조 나. 철재로 보강된 콘크리트블록조 · 벽돌조 또는 석조 다. 철재로 보강된 유리블록 또는 망입유리(두꺼운 판유리에 철망을 넣은 것을 말한다)로 된 것
계단	가. 철근콘크리트조 또는 철골철근콘크리트조 나. 무근콘크리트조 · 콘크리트블록조 · 벽돌조 또는 석조 다. 철재로 보강된 콘크리트블록조 · 벽돌조 또는 석조 라. 철골조

❷ 방화구조 기준(건축물의 피난 · 방화구조 등의 기준에 관한 규칙 제4조)

(1) 방화구조는 인접 화재가 쉽게 번지지 못하도록 화염의 확산을 막을 수 있는 성능을 가진 구조로서 다음 어느 하나에 해당하는 구조여야 한다.

(2) 방화구조의 기준 (Ⓜ **철석시심한 둘, 반, 반, 맞, 이)**

① **철**망모르타르로서 그 바름두께가 **2**센티미터 이상인 것

② **석**고판 위에 시멘트모르타르 또는 회반죽을 바른 것으로서 그 두께의 합계가 2.**5**센티미터 이상인 것

③ **시**멘트모르타르위에 타일을 붙인 것으로서 그 두께의 합계가 2.**5**센티미터 이상인 것

④ **심**벽에 흙으로 **맞**벽치기 한 것

⑤ 「산업표준화법」에 따른 **한**국산업표준이 정하는 바에 따라 시험한 결과 방화 **2**급 이상에 해당하는 것

❸ 방화구획

(1) 건축물에서 화재가 발생했을 경우 화재가 건축물 전체에 번지지 않도록 내화구조의 바닥 · 벽 및 방화문 또는 방화셔터 등으로 구획을 만드는 것이다.

(2) 방화구획은 면적별구획과 층별구획 그리고 용도별구획 등으로 그 기준을 정하여 놓았다.

(3) 방화구획 방법

종류	방화구획 방법
벽	내화구조
바닥	내화구조
개구부	60분+ 방화문, 60분 방화문 또는 자동방화셔터
방화구획의 관통부분	급수관, 배전관 등이 방화구획 부분을 관통하는 경우 내화충진재료로 메울 것
댐퍼의 구조	환기, 난 · 냉방시설의 풍도가 방화구획을 관통하는 경우 방화댐퍼를 설치

(4) 방화구획 기준(슈 제46조제1항)

방화구획의 종류		구획의 기준
면적 단위	10층 이하의 층	• 바닥면적 1,000㎡(*3,000㎡) 이내마다 구획
	11층 이상의 층	• 실내마감재료가 불연재료가 아닌 경우 : 200㎡(＊600㎡) 이내 • 실내마감재료가 불연재료인 경우 : 500㎡(＊1,500㎡) 이내 ※ 위의 ( )내 숫자는 방화구획부분에 대하여 스프링클러 또는 이와 유사한 자동식 소화설비를 설치하는 경우의 구획면적 임.
층 단위	모든층	• 층마다 구획(지하 1층에서 지상으로 직접 연결하는 경사로 부위는 제외한다)
용도 단위	건축물 용도 (령 제46조제3항)	• 법 제50조 제1항에 해당하는 건축물의 부분과 그 외의 부분이 같은 건축물 안에 있을 때 당해 부분의 경계를 구획

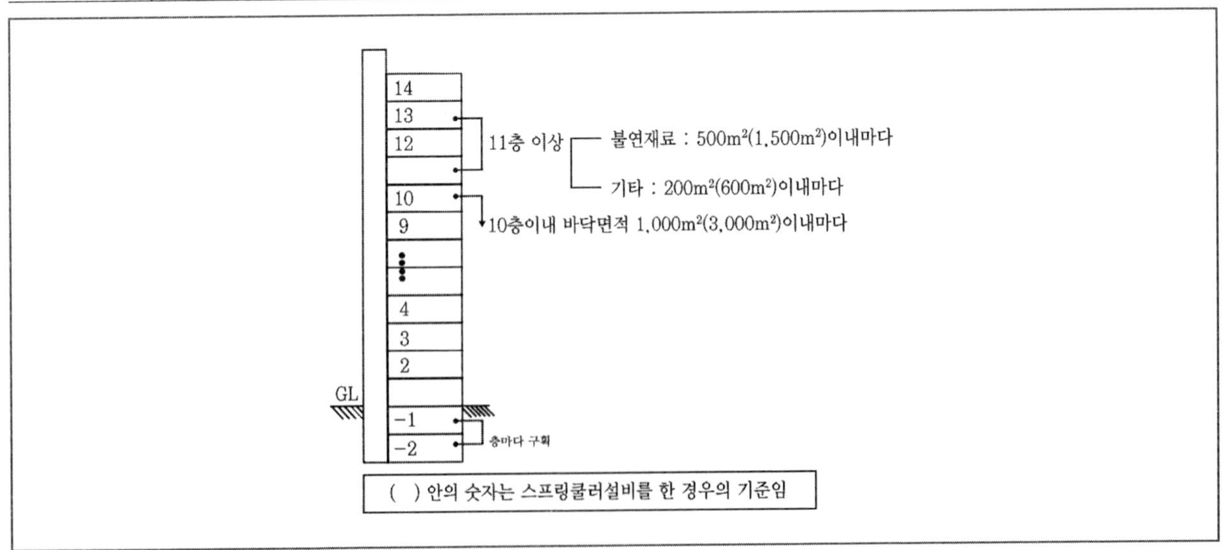

chapter

03 출제예상문제

1 내화구조에 해당하지 않는 것은?

① 철근콘크리트조로 두께가 10cm 이상인 벽
② 철근콘크리트조로 두께가 5cm 이상인 외벽 중 비 내력벽
③ 벽돌조로서 두께가 19cm 이상인 벽
④ 철골철근콘크리트조로서 두께가 10cm 이상인 벽

2 건축물에 설치하는 방화구획의 설치기준 중 스프링클러설비를 설치한 11층 이상의 층은 바닥면적 몇 m^2 이내마다 방화구획을 하여야 하는가? (단, 벽 및 반자의 실내에 접하는 부분의 마감은 불연재료가 아닌 경우이다.)

① 200
② 600
③ 1000
④ 3000

1.

② 철근콘크리트조 또는 철골철근콘크리트조로서 두께가 7센티미터 이상인 외벽 중 비내력벽

2.

방화구획 기준

방화구획의 종류		구획의 기준
면적 단위	10층 이하의 층	• 바닥면적 1,000㎡(*3,000㎡) 이내마다 구획
	11층 이상의 층	• 실내마감재료가 불연재료가 아닌 경우 : 200㎡(* 600㎡) 이내 • 실내마감재료가 불연재료인 경우 : 500㎡(* 1,500㎡) 이내 ※ 위의 ( )내 숫자는 방화구획 부분에 대하여 스프링클러 또는 이와 유사한 자동식 소화설비를 설치하는 경우의 구획면적 임.

Answer 1.② 2.②

3 연소확대 방지를 위한 방화구획과 관계없는 것은?

① 일반 승강기의 승강장 구획
② 층 또는 면적별 구획
③ 용도별 구획
④ 방화댐퍼

* 2023년 간부

4 벽의 내화구조에 해당하지 않는 것은? (단, 외벽 중 비내력벽인 경우는 제외한다.)

① 벽돌조로서 두께가 19 cm 이상인 것
② 철근콘크리트조 또는 철골철근콘크리트조로서 두께가 10cm 이상인 것
③ 골구를 철골조로 하고 그 양면을 두께 4cm 이상의 철망모르타르(그 바름바탕을 불연재료로 한 것으로 한정)로 덮은 것
④ 철재로 보강된 콘크리트블록조 벽돌조 또는 석조로서 철재에 덮은 콘크리트블록등의 두께가 5cm 이상인 것
⑤ 고온 고압의 증기로 양생된 경량기포 콘크리트 패널 또는 경량기포 콘크리트 블록조로서 두께가 5cm 이상인 것

3.

방화구획 방법

종류	방화구획 방법
벽	내화구조
바닥	내화구조
개구부	60분+ 방화문, 60분 방화문 또는 자동방화셔터
방화구획의 관통부분	급수관, 배전관 등이 방화구획 부분을 관통하는 경우 내화충진재료로 메울 것
댐퍼의 구조	환기, 난·냉방시설의 풍도가 방화구획을 관통하는 경우 방화댐퍼를 설치

4.

내화구조의 기준

벽	가. 철근콘크리트조 또는 철골철근콘크리트조로서 두께가 10센티미터 이상인 것 나. 골구를 철골조로 하고 그 양면을 두께 4센티미터 이상의 철망모르타르(그 바름바탕을 불연재료로 한 것으로 한정한다. 이하 이 조에서 같다) 또는 두께 5센티미터 이상의 콘크리트블록·벽돌 또는 석재로 덮은 것 다. 철재로 보강된 콘크리트블록조·벽돌조 또는 석조로서 철재에 덮은 콘크리트블록 등의 두께가 5센티미터 이상인 것 라. 벽돌조로서 두께가 19센티미터 이상인 것 마. 고온·고압의 증기로 양생된 경량기포 콘크리트패널 또는 경량기포 콘크리트블록조로서 두께가 10센티미터 이상인 것

Answer 3.① 4.⑤

chapter

04 건축법상 피난에 관한 기준

❶ 피난층 (「건축법 시행령」 제34조)

(1) 직접 지상으로 통하는 출입구가 있는 층 및 피난안전구역(shelter safety zone)을 말한다. 즉, 출입구가 있는 층 및 피난안전구역(shelter safety zone)을 말한다. 직접 지상으로 통하는 출구가 있는 층은 대개 1층이지만 대지 상황에 따라 2개 이상인 경우도 있다.

(2) 「건축법」에서는 피난층을 피난안전구역까지 확장하고 있는 반면, 소방관련법에서는 '곧바로 지상으로 갈 수 있는 출입구가 있는 층'으로만 규정하고 있는 점에서 차이가 있다(「소방시설 설치 및 관리에 관한 법률 시행령」 제2조 제2호).

❷ 보행거리

거실의 각 부분으로부터 피난층으로 통하는 직통계단의 하나에 이르는 통과거리로서 실제로 보행하게 되는 최단거리를 말하는 것으로 수평거리와 구분된다.

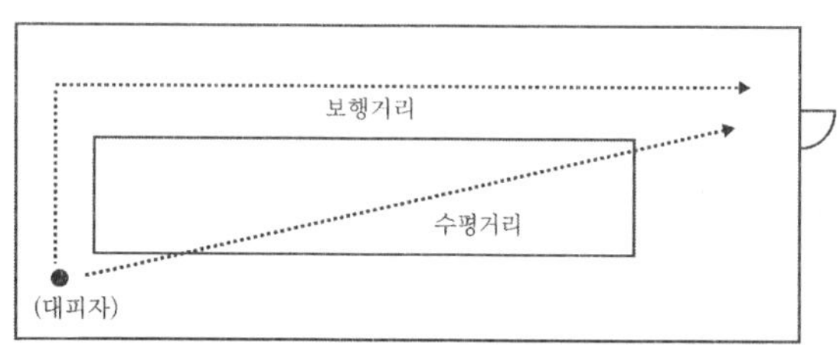

❸ 직통계단

(1) 피난층 이외의 층에 있어서 피난층 또는 지상으로 통하는 계단 중, 어떤 층에서라도 실내를 통과하지 않고 계단실(계단과 계단참)만을 통하여 상·하층으로 연결되는 계단

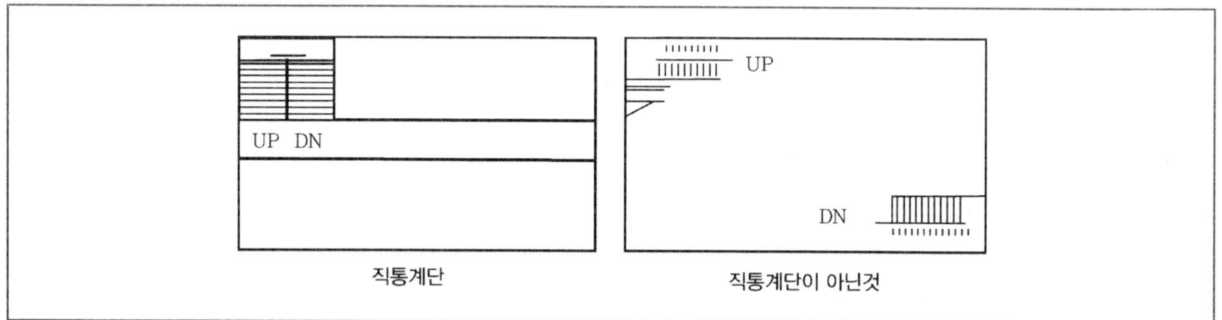

직통계단 직통계단이 아닌것

(2) 피난계단 및 특별피난계단은 직통계단의 하나이며, 건축구조 상 일정요건에 해당되면 직통계단의 구조를 피난계단 또는 특별피난계단의 구조로 설치하여야 한다.

(3) 직통계단의 설치기준[「건축법 시행령」 제34조 제1항]

피난층 외의 층에서 거실(가장 먼 곳)로부터 직통계단(거실에서 가장 가까운 거리에 있는)까지의 보행거리는 30m를 원칙으로 한다.

구분	보행거리
30m	주요구조부가 내화구조 또는 불연재료로 건축되지 않는 건축물
40m	주요구조부가 내화구조 또는 불연재료로 된 16층 이상 공동주택
50m	주요구조부가 내화구조 또는 불연재료로 된 건축물
75m	자동화 생산시설에 스프링클러 등 자동식 소화설비를 설치한 반도체 및 디스플레이 패널을 제조하는 공장
100m	자동화 생산시설에 스프링클러 등 자동식 소화설비를 설치한 반도체 및 디스플레이 패널을 제조하는 무인화 공장

4 피난계단 및 특별피난계단

구분	계단의 종류	비고
• 5층 이상 10층 이하의 층 • 지하 2층 이하의 층	피난계단 또는 특별피난계단	주요구조부가 내화구조 또는 불연재료로 된 건축물로서 5층 이상의 층의 바닥면적의 합계가 200제곱미터 이하이거나, 그 이상이더라도 200제곱미터 이내마다 방화구획이 되어 있는 경우는 제외
• 11층 이상의 층 (공동주택의 경우 16층 이상) • 지하 3층 이하의 층	특별피난 계단	• 갓복도식 공동주택은 제외 • 바닥면적 400제곱미터 미만인 층은 제외

(1) 피난계단 구조

① 건축물의 내부에 설치하는 피난계단의 구조

㉠ 계단실은 창문 · 출입구 기타 개구부(이하 "창문등"이라 한다)를 제외한 당해 건축물의 다른 부분과 내화구조의 벽으로 구획할 것

㉡ 계단실의 실내에 접하는 부분(바닥 및 반자 등 실내에 면한 모든 부분을 말한다)의 마감은 불연재료로 할 것

㉢ 계단실에는 예비전원에 의한 조명설비를 할 것

㉣ 계단실의 바깥쪽과 접하는 창문등(망이 들어 있는 유리의 붙박이창으로서 그 면적이 각각 1제곱미터 이하인 것을 제외한다)은 당해 건축물의 다른 부분에 설치하는 창문등으로부터 2미터 이상의 거리를 두고 설치할 것

㉤ 건축물의 내부와 접하는 계단실의 창문등(출입구를 제외한다)은 망이 들어 있는 유리의 붙박이창으로서 그 면적을 각각 1제곱미터 이하로 할 것

㉥ 건축물의 내부에서 계단실로 통하는 출입구의 유효너비는 0.9미터 이상으로 하고, 그 출입구에는 피난의 방향으로 열 수 있는 것으로서 언제나 닫힌 상태를 유지하거나 화재로 인한 연기 또는 불꽃을 감지하여 자동적으로 닫히는 구조로 된 60분+방화문 또는 60분 방화문을 설치할 것. 다만, 연기 또는 불꽃을 감지하여 자동적으로 닫히는 구조로 할 수 없는 경우에는 온도를 감지하여 자동적으로 닫히는 구조로 할 수 있다.

㉦ 계단은 내화구조로 하고 피난층 또는 지상까지 직접 연결되도록 할 것

② 건축물의 바깥쪽에 설치하는 피난계단의 구조

㉠ 계단은 그 계단으로 통하는 출입구외의 창문등(망이 들어 있는 유리의 붙박이창으로서 그 면적이 각각 1제곱미터 이하인 것을 제외한다)으로부터 2미터 이상의 거리를 두고 설치할 것

㉡ 건축물의 내부에서 계단으로 통하는 출입구에는 60분+방화문 또는 60분 방화문을 설치할 것

㉢ 계단의 유효너비는 0.9미터 이상으로 할 것

㉣ 계단은 내화구조로 하고 지상까지 직접 연결되도록 할 것

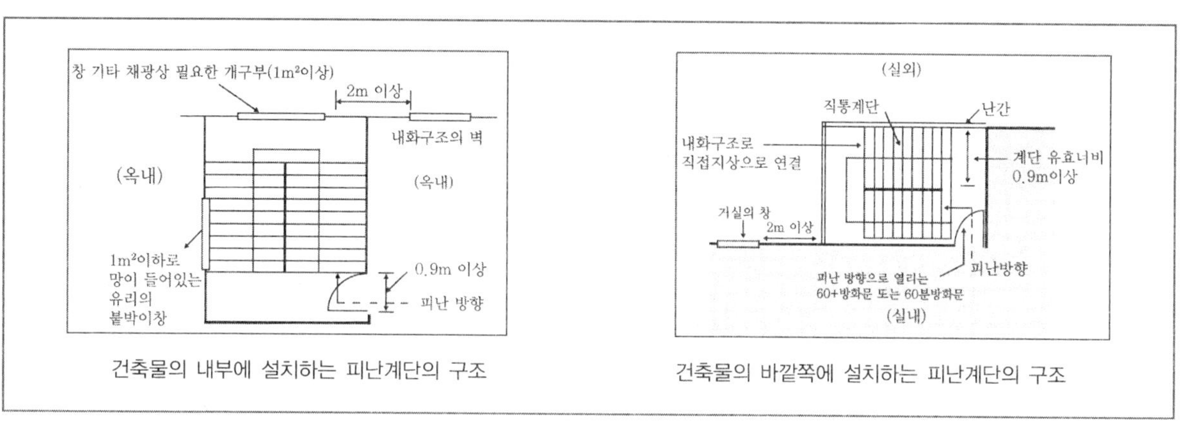

건축물의 내부에 설치하는 피난계단의 구조

건축물의 바깥쪽에 설치하는 피난계단의 구조

(2) 특별피난계단의 구조

① 건축물의 내부와 계단실은 노대를 통하여 연결하거나 외부를 향하여 열 수 있는 면적 1제곱미터 이상인 창문(바닥으로부터 1미터 이상의 높이에 설치한 것에 한한다) 또는 「건축물의 설비기준 등에 관한 규칙」 제14조의 규정에 적합한 구조의 배연설비가 있는 면적 3제곱미터 이상인 부속실을 통하여 연결할 것

② 계단실 · 노대 및 부속실(「건축물의 설비기준 등에 관한 규칙」 제10조제2호 가목의 규정에 의하여 비상용승강기의 승강장을 겸용하는 부속실을 포함한다)은 창문등을 제외하고는 내화구조의 벽으로 각각 구획할 것

③ 계단실 및 부속실의 실내에 접하는 부분(바닥 및 반자 등 실내에 면한 모든 부분을 말한다)의 마감(마감을 위한 바탕을 포함한다)은 불연재료로 할 것

④ 계단실에는 예비전원에 의한 조명설비를 할 것

⑤ 계단실 · 노대 또는 부속실에 설치하는 건축물의 바깥쪽에 접하는 창문등(망이 들어 있는 유리의 붙박이창으로서 그 면적이 각각 1제곱미터이하인 것을 제외한다)은 계단실 · 노대 또는 부속실외의 당해 건축물의 다른 부분에 설치하는 창문등으로부터 2미터 이상의 거리를 두고 설치할 것

⑥ 계단실에는 노대 또는 부속실에 접하는 부분외에는 건축물의 내부와 접하는 창문등을 설치하지 아니할 것

⑦ 계단실의 노대 또는 부속실에 접하는 창문등(출입구를 제외한다)은 망이 들어 있는 유리의 붙박이창으로서 그 면적을 각각 1제곱미터 이하로 할 것

⑧ 노대 및 부속실에는 계단실외의 건축물의 내부와 접하는 창문등(출입구를 제외한다)을 설치하지 아니할 것

⑨ 건축물의 내부에서 노대 또는 부속실로 통하는 출입구에는 60분+방화문 또는 60분 방화문을 설치하고, 노대 또는 부속실로부터 계단실로 통하는 출입구에는 60분+방화문, 60분 방화문 또는 30분 방화문을 설치할 것. 이 경우 방화문은 언제나 닫힌 상태를 유지하거나 화재로 인한 연기 또는 불꽃을 감지하여 자동적으로 닫히는 구조로 해야 하고, 연기 또는 불꽃으로 감지하여 자동적으로 닫히는 구조로 할 수 없는 경우에는 온도를 감지하여 자동적으로 닫히는 구조로 할 수 있다.

⑩ 계단은 내화구조로 하되, 피난층 또는 지상까지 직접 연결되도록 할 것

⑪ 출입구의 유효너비는 0.9미터 이상으로 하고 피난의 방향으로 열 수 있을 것

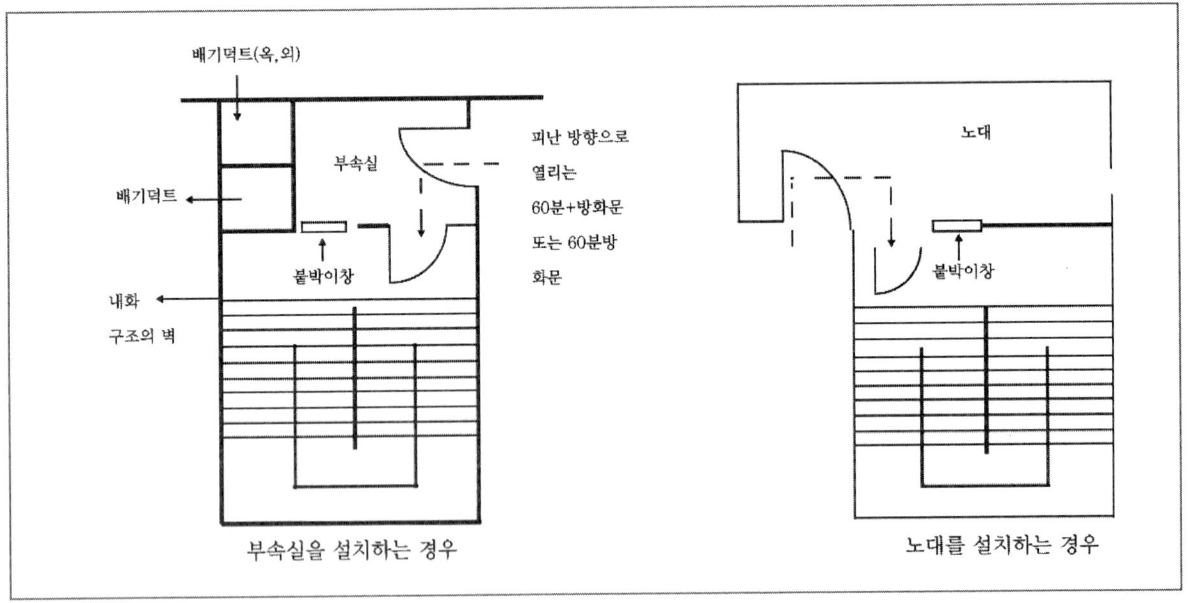

5 방화문(건축법 시행령 제64조)

60분+ 방화문	연기 및 불꽃을 차단할 수 있는 시간이 60분 이상이고, 열을 차단할 수 있는 시간이 30분 이상인 방화문
60분 방화문	연기 및 불꽃을 차단할 수 있는 시간이 60분 이상인 방화문
30분 방화문	연기 및 불꽃을 차단할 수 있는 시간이 30분 이상 60분 미만인 방화문

6 피난안전구역(「건축법 시행령」 제34조 제3항 및 제4항)

(1) 피난안전구역 설치대상

① **초고층 건축물** : 피난층 또는 지상으로 통하는 직통계단과 직접 연결되는 피난안전구역(건축물의 피난 · 안전을 위하여 건축물 중간층에 설치하는 대피공간을 말한다. 이하 같다)을 지상층으로부터 최대 30개 층마다 1개소 이상 설치하여야 한다.

② **준초고층 건축물** : 피난층 또는 지상으로 통하는 직통계단과 직접 연결되는 피난안전구역을 해당 건축물 전체 층수의 2분의 1에 해당하는 층으로부터 상하 5개층 이내에 1개소 이상 설치하여야 한다. 다만, 국토교통부령으로 정하는 기준에 따라 피난층 또는 지상으로 통하는 직통계단을 설치하는 경우에는 그러하지 아니하다.

* 국토교통부령으로 정하는 기준
㉠ 공동주택 : 계단 및 계단참 유효너비 : 1.2.m 이상
㉡ 공동주택 외 건축물 : 계단 및 계단참 유효너비 : 1.5m 이상

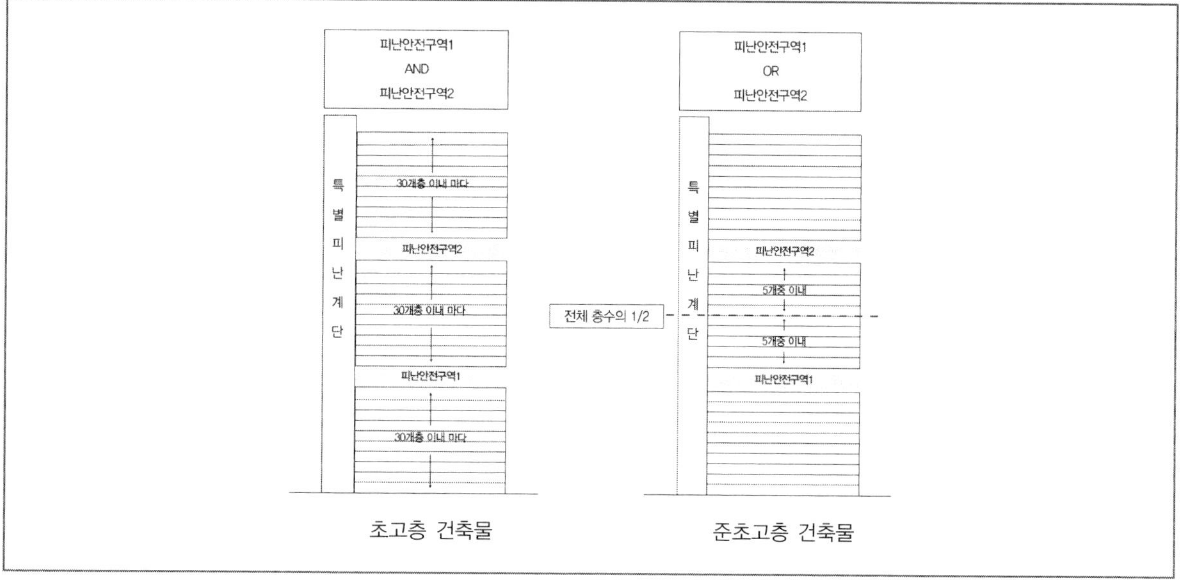

(2) 피난안전구역 설치기준

① 피난안전구역은 해당 건축물의 1개층을 대피공간으로 하며, 대피에 장애가 되지 아니하는 범위에서 기계실, 보일러실, 전기실 등 건축설비를 설치하기 위한 공간과 같은 층에 설치할 수 있다. 이 경우 피난안전구역은 건축설비가 설치되는 공간과 내화구조로 구획하여야 한다.

② 피난안전구역에 연결되는 특별피난계단은 피난안전구역을 거쳐서 상·하층으로 갈 수 있는 구조로 설치하여야 한다.

③ 피난안전구역의 바로 아래층 및 위층은 국토교통부장관이 정하여 고시한 기준에 적합한 단열재를 설치할 것. 이 경우 아래층은 최상층에 있는 거실의 반자 또는 지붕 기준을 준용하고, 위층은 최하층에 있는 거실의 바닥 기준을 준용할 것

④ 피난안전구역의 내부마감재료는 불연재료로 설치할 것

⑤ 건축물의 내부에서 피난안전구역으로 통하는 계단은 특별피난계단의 구조로 설치할 것

⑥ 비상용 승강기는 피난안전구역에서 승하차 할 수 있는 구조로 설치할 것

⑦ 피난안전구역에는 식수공급을 위한 급수전을 1개소 이상 설치하고 예비전원에 의한 조명설비를 설치할 것

⑧ 관리사무소 또는 방재센터 등과 긴급연락이 가능한 경보 및 통신시설을 설치할 것

⑨ 별표 1의2에서 정하는 기준에 따라 산정한 면적 이상일 것

⑩ 피난안전구역의 높이는 2.1미터 이상일 것

⑪ 「건축물의 설비기준 등에 관한 규칙」 제14조에 따른 배연설비를 설치할 것

⑫ 그 밖에 소방청장이 정하는 소방 등 재난관리를 위한 설비를 갖출 것

chapter

04 출제예상문제

1 피난층에 대한 정의로 옳은 것은?

① 지상으로 통하는 피난계단이 있는 층
② 비상용 승강기의 승강장이 있는 층
③ 비상용 출입구가 설치되어 있는 층
④ 직접 지상으로 통하는 출입구가 있는 층

2 주요구조부가 내화구조로 된 건축물에서 거실 각 부분으로부터 하나의 직통계단에 이르는 보행거리는 피난자의 안전상 몇 m 이하이어야 하는가?

① 50
② 60
③ 70
④ 80

3 건축물의 피난·방화구조 등의 기준에 관한 규칙상 건축물에 설치하는 특별피난 계단 구조에 관한 기준으로 옳지 않은 것은?

① 부속실에는 예비전원에 의한 조명설비를 할 것
② 계단은 내화구조로 하고 피난층 또는 지상까지 직접 연결되도록 할 것
③ 계단실 실내에 접하는 부분의 마감은 불연재료로 할 것
④ 계단실은 창문등을 제외하고 내화구조의 벽으로 구획할 것

1.

피난층
㉠ 직접 지상으로 통하는 출입구가 있는 층 및 피난안전구역(shelter safety zone)을 말한다. 즉, 출입구가 있는 층 및 피난안전구역(shelter safety zone)을 말한다.
㉡ 「건축법」에서는 피난층을 피난안전구역까지 확장하고 있는 반면, 소방관련법에서는 '곧바로 지상으로 갈 수 있는 출입구가 있는 층'으로만 규정하고 있는 점에서 차이가 있다.

2.

직통계단의 설치기준[「건축법 시행령」 제34조 제1항]

구분	보행거리
30m	주요구조부가 내화구조 또는 불연재료로 건축되지 않는 건축물
40m	주요구조부가 내화구조 또는 불연재료로 된 16층 이상 공동주택
50m	주요구조부가 내화구조 또는 불연재료로 된 건축물
75m	자동화 생산시설에 스프링클러 등 자동식 소화설비를 설치한 반도체 및 디스플레이 패널을 제조하는 공장
100m	자동화 생산시설에 스프링클러 등 자동식 소화설비를 설치한 반도체 및 디스플레이 패널을 제조하는 무인화 공장

3.

① 계단실에는 예비전원에 의한 조명설비를 할 것

Answer 1.④ 2.① 3.①

4 건축물의 피난 · 방화구조 등의 기준에 관한 규칙에서 정한 건축물의 내부에 설치하는 피난계단의 구조의 기준으로 옳지 않은 것은?

① 계단실은 창문 · 출입구 기타 개구부를 제외한 당해 건축물의 다른 부분과 내화구조의 벽으로 구획할 것
② 건축물의 내부와 접하는 계단실의 창문등(출입구를 제외한다)은 망이 들어 있는 유리의 붙박이창으로서 그 면적을 각각 1제곱미터 이하로 할 것
③ 건축물의 내부에서 계단실로 통하는 출입구의 유효너비는 0.9미터 이상으로 할 것
④ 계단실의 바깥쪽과 접하는 창문등은 당해 건축물의 다른 부분에 설치하는 창문등으로부터 1미터 이하의 거리를 두고 설치할 것

4.

④ 계단실의 바깥쪽과 접하는 창문등(망이 들어 있는 유리의 붙박이창으로서 그 면적이 각각 1제곱미터 이하인 것을 제외한다)은 당해 건축물의 다른 부분에 설치하는 창문등으로부터 2미터 이상의 거리를 두고 설치할 것

5 건축물의 피난 · 방화구조 등의 기준에 관한 규칙에서 정하고 있는 건축물의 피난안전구역의 설치기준 중 구조 및 설비기준으로 옳지 않은 것은?

① 피난안전구역의 높이는 2.1미터 이상일 것
② 피난안전구역의 내부마감재료는 준불연재료로 설치할 것
③ 비상용 승강기는 피난안전구역에서 승하차 할 수 있는 구조로 설치할 것
④ 건축물의 내부에서 피난안전구역으로 통하는 계단은 특별피난계단의 구조로 설치할 것

5.

② 피난안전구역의 내부마감재료는 불연재료로 설치할 것

Answer 4.④ 5.②

6 건축물의 바깥쪽에 설치하는 피난계단의 구조로 기준에 적합하지 않은 것은?

① 건축물의 내부에서 계단으로 통하는 출입구는 60분+방화문 또는 60분방화문을 설치할 것
② 계단의 유효너비를 0.9m 이상으로 할 것
③ 계단은 내화구조로 하고 지상까지 직접 연결할 것
④ 계단은 그 계단으로 통하는 출입구 외의 창문 등으로부터 1m 이상의 거리에 두고 설치할 것

6.

④ 계단은 그 계단으로 통하는 출입구외의 창문등(망이 들어 있는 유리의 붙박이창으로서 그 면적이 각각 1제곱미터 이하인 것을 제외한다)으로부터 2미터 이상의 거리를 두고 설치할 것

Answer 6.④

chapter

05 건축법상 소방에 필요한 건축설비

❶ 소방관진입창[건축물의 피난 · 방화구조 등의 기준에 관한 규칙(제18조의2)]

(1) 2층 이상 11층 이하인 층에 각각 1개소 이상 설치할 것. 이 경우 소방관이 진입할 수 있는 창의 가운데에서 벽면 끝까지의 수평거리가 40미터 이상인 경우에는 40미터 이내마다 소방관이 진입할 수 있는 창을 추가로 설치해야 한다.

(2) 소방차 진입로 또는 소방차 진입이 가능한 공터에 면할 것

(3) 창문의 가운데에 지름 20센티미터 이상의 역삼각형을 야간에도 알아볼 수 있도록 빛 반사 등으로 붉은색으로 표시할 것

(4) 창문의 한쪽 모서리에 타격지점을 지름 3센티미터 이상의 원형으로 표시할 것

(5) 창문의 크기는 폭 90센티미터 이상, 높이 1.2미터 이상으로 하고, 실내 바닥면으로부터 창의 아랫부분까지의 높이는 80센티미터 이내로 할 것

(6) 다음 각 목의 어느 하나에 해당하는 유리를 사용할 것

① 플로트판유리로서 그 두께가 6밀리미터 이하인 것

② 강화유리 또는 배강도 유리로서 그 두께가 5밀리미터 이하인 것

③ ①목 또는 ②목에 해당하는 유리로 구성된 이중 유리로서 그 두께가 24밀리미터 이하인 것

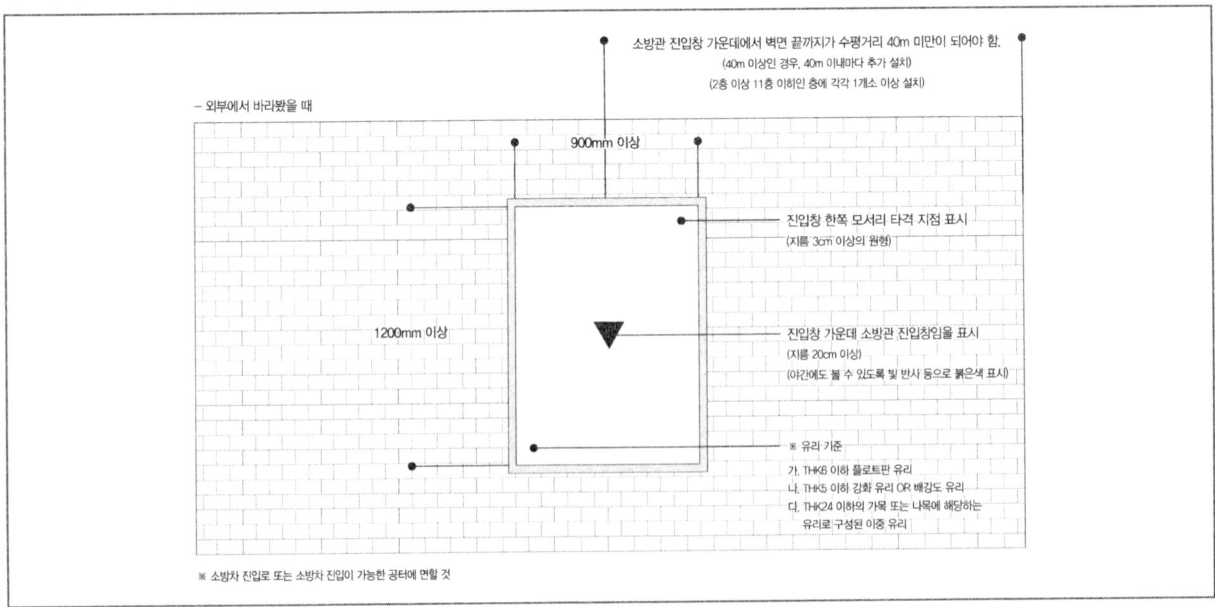

chapter

05 출제예상문제

1 건축물의 피난·방화구조 등의 기준에 관한 규칙에서 소방관 진입창의 기준으로 옳지 않은 것은?

① 2층 이상 11층 이하인 층에 각각 1개소 이상 설치 할 것
② 창문의 한쪽 모서리에 타격지점을 지름 3센티미터 이상의 원형으로 표시 할 것
③ 강화 유리 또는 배강도유리로서 그 두께가 6밀리미터 이상인 것
④ 창문의 가운데에 지름 20센티미터 이상의 역삼각형을 야간에도 알아볼 수 있도록 빛반사 등으로붉은색으로 표시 할 것

1.

③ 강화유리 또는 배강도 유리로서 그 두께가 5밀리미터 이하인 것

Answer 1.③

✳ 연도별 기출경향 ✳

[기출연도]	2012	2013	2014	2015	2016	2017	2018	2019	2020	2021	2022	2023	2024
문항수	3	4	0	2	3	3	4	3	1	1	3	1	3

PART

07

화재조사

chapter

01 화재조사의 기초이론

1 화재원인

종류	내용
실화	과실에 의해 화재를 발생시키고 물질을 훼손시키는 것으로 부주의한 행위에 의해 화재에 이른 것을 의미한다.
방화, 방화의심	고의적으로 불을 질렀던지 또는 그로 인한 것이라고 의심되는 화재를 말한다.
자연발화	산화작용에 의한 반응열의 축적, 약품이나 위험물의 혼촉, 물체의 마찰 등에 의한 발열현상으로 자연발화된 것을 말한다.
재연	화재진압 후 같은 장소에서 다시 발생한 화재를 말한다.
천재발화	지진, 낙뢰, 분화(화산폭발) 등에 의해 발생된 것을 말한다.
불명	위 각호 이외의 원인으로 발화된 것을 말한다.

2 화재조사의 목적

(1) 화재에 의한 피해를 알리고 유사화재의 방지와 피해의 경감에 이바지한다.

(2) 출화원인을 규명하고 예방행정의 자료로 한다.

(3) 화재확대 및 연소원인을 규명하여 예방 및 진압대책상의 자료로 한다.

(4) 사상자 발생원인과 방화관리 상황 등을 규명하여 인명구조 및 안전대책의 자료로 한다.

(5) 화재의 발생상황, 원인, 손해상황 등을 통계화함으로써 널리 소방정보를 수집하고 행정시책의 자료로 한다.

❸ 발화부 원인 추정법

도괴방향법	발화건물의 기둥, 벽, 건자재 등은 발화부 방향으로 도괴하는 경향이 있다.
연소상승법	화염은 서있는 가연물을 따라 상승하고 옆쪽과 밑으로는 연소속도가 대단히 완만하다.(V자 패턴 확인)
탄화심도법	탄화심도[목재표면이 거북등 모양(구갑상)으로 탄화된 깊이]는 발화부에 가까울수록 잘고 가늘어지는 경향이 있다.
주염흔(불꽃이 흘러간 흔적), 주연흔(연기가 흘러간 흔적) 확인법	천장의 수열흔적 또는 연기 방향 흔적을 확인하는 방법
용융흔 확인법	유리 등 재료의 용융으로 화재시 온도 추정 – 균열 250℃ / 물러짐 650 ~ 750℃ / 용융 850℃

❹ 목재표면의 균열흔(연소흔)의 형태 (Ⓜ 완강열훈)

종류	온도	형태
완소흔	700 ~ 800℃	• 목재표면은 **거**북등(구갑상) 모양으로 갈라져 탄화 • 탄화홈이 **얇**고 **사**각 또는 **삼**각형 형태 (Ⓜ 완칠팔(78) 거얇사삼)
강소흔	900℃	• 홈이 깊고 **만두**모양의 요철(계란판) 형태 (Ⓜ 강구(9) 만두)
열소흔	1100℃	• 홈이 가장 깊고 **반원**형 모양 (Ⓜ 열 빼빼로(11) 반원)
훈소흔	–	• 출화부 부근 목재 표면에 남겨진 흔적

❺ 화재패턴(pattern)의 종류

패턴	설명
역삼각형(▽) 패턴	화염, 연기 등이 위로 갈수록 넓어지는 전형적인 연소형태, 주로 벽면과 출입문 등에 나타나는 연소 흔적
삼각형(△) 패턴	화재 초기 단계에서 화재가 진화 된 경우 국부적으로 나타나는 △형 모양의 연소 흔적
고온가스층에 의해 생성된 패턴	플래시오버 직전에 나타나며, 고온가스의 상승과 동반된 화염으로, 윗부분과 아랫부분으로 나누어져서 경계가 뚜렷한 연소 흔적
완전연소 패턴	화재가 최성기에 이르러 구조물 등이 완전히 소실된 형태
폴 다운 패턴 (Fall down pattern)	화재 시 고온으로 되어 있는 천장 등이 착화되고, 착화물이 바닥에 떨어져 바닥의 미연소 부분이 연소된 흔적
드롭 다운 패턴 (Drop down pattern)	복사열 등의 영향으로 화염으로부터 멀리 떨어진 가연물이 착화되고, 착화물이 바닥에 떨어져 바닥의 미연소 부분이 연소 된 흔적
열 그림자 패턴 (Heat shadowing pattern)	화염이 장애물에 막혀 연소되지 않은 부분이 그림자 모양처럼 남아 있는 흔적
포어 패턴 (Pour pattern)	인화성 액체가연물이 바닥에 쏟아져 연소될 때 나타나는 현상으로, 연소가 강한 액체가연물 부분과 다른 부분의 경계가 뚜렷한 흔적
스플래쉬 패턴 (Splash pattern)	인화성 액체가연물이 연소되면서 주변으로 튀어 미연소 부분이 부분적으로 연소되어 나타난 흔적
고스트 마크 패턴 (Ghost mark pattern)	액체가연물이 타일 바닥으로 스며들어 접착제 등과 연소하며 타일 바닥에 남긴 흔적으로 타일이 떨어져 나간 부분의 바닥에 그 흔적이 뚜렷하다.
도넛패턴 (Doughnut pattern)	가연성 액체가 웅덩이처럼 고여있는 상태에서 연소될 때 나타나는 흔적(가장자리 부분이 연소가 강하다)

6 화재조사의 특징(성격) (M 현신정보안강프) 2022

현장성	화재조사에 필요한 정보들은 주로 현장에서 얻어진다.
신속성	시간이 경과하면 현장보존과 증거물 확보가 어려워지므로 신속성이 요구된다.
정밀과학성	화재조사가 체계적 · 기획적이며, 전문적이어야 한다.
보존성	화재조사에서 핵심적인 자료가 증거물이며, 증거물은 상태 그대로 보존되어야 한다.
안전성	화재현장은 항상 위험성이 도사리고 있으므로 조사 활동 중 안전사고에 대비하여야 한다.
강제성	관계인에 대하여 정확한 조사가 필요하므로 소방기본법 제30조(출입 · 조사등)의 규정에 의한 강제조사권이 명시되어 있다.
프리즘식진행	화재조사기관의 조사자나 그 조사에 응하는 관계인들의 시각과 주장이 각각 다르다.

chapter

02 화재조사 관계법령

가. 소방의 화재조사에 관한 법률

❶ 용어정의[소방의 화재조사에 관한 법률 제2조]

용어	내용
화재	사람의 의도에 반하거나 고의에 의해 발생하는 연소 현상으로서 소화시설 등을 사용하여 소화할 필요가 있거나 또는 화학적인 폭발현상
화재조사	소방청장, 소방본부장 또는 소방서장이 화재원인, 피해상황, 대응활동 등을 파악하기 위하여 자료의 수집, 관계인등에 대한 질문, 현장 확인, 감식, 감정 및 실험 등을 하는 일련의 행위를 말한다.
화재조사관	화재조사에 전문성을 인정받아 화재조사를 수행하는 소방공무원을 말한다.
관계인등	화재가 발생한 소방대상물의 소유자 · 관리자 또는 점유자(이하 "관계인" 이라 한다) 및 다음 각 목의 사람을 말한다. 가. 화재 현장을 발견하고 신고한 사람 나. 화재 현장을 목격한 사람 다. 소화활동을 행하거나 인명구조활동(유도대피 포함)에 관계된 사람 라. 화재를 발생시키거나 화재발생과 관계된 사람

❷ 화재조사의 실시[소방의 화재조사에 관한 법률 제5조]

(1) 소방청장, 소방본부장 또는 소방서장(이하 "소방관서장"이라 한다)은 화재발생 사실을 알게 된 때에는 지체 없이 화재조사를 하여야 한다. 이 경우 수사기관의 범죄수사에 지장을 주어서는 아니 된다.

(2) 소방관서장은 제(1)항에 따라 화재조사를 하는 경우 다음의 사항에 대하여 조사하여야 한다.

① 화재원인에 관한 사항

② 화재로 인한 인명 · 재산피해상황

③ 대응활동에 관한 사항

④ 소방시설 등의 설치 · 관리 및 작동 여부에 관한 사항

⑤ 화재발생건축물과 구조물, 화재유형별 화재위험성 등에 관한 사항

⑥ 그 밖에 대통령령으로 정하는 사항(화재안전조사의 실시 결과에 관한 사항)

(3) 제(1)항 및 제(2)항에 따른 화재조사의 대상 및 절차 등에 필요한 사항은 대통령령으로 정한다.

❸ 화재조사전담부서의 설치 · 운영[소방의 화재조사에 관한 법률 제6조]

(1) 소방관서장은 전문성에 기반하는 화재조사를 위하여 화재조사전담부서(이하 "전담부서"라 한다)를 설치 · 운영하여야 한다.

(2) 전담부서는 다음의 업무를 수행한다.

① 화재조사의 실시 및 조사결과 분석 · 관리

② 화재조사 관련 기술개발과 화재조사관의 역량증진

③ 화재조사에 필요한 시설 · 장비의 관리 · 운영

④ 그 밖의 화재조사에 관하여 필요한 업무

(3) 소방관서장은 화재조사관으로 하여금 화재조사 업무를 수행하게 하여야 한다.

(4) 화재조사관은 소방청장이 실시하는 화재조사에 관한 시험에 합격한 소방공무원 등 화재조사에 관한 전문적인 자격을 가진 소방공무원으로 한다.

(5) 전담부서의 구성 · 운영, 화재조사관의 구체적인 자격기준 및 교육훈련 등에 필요한 사항은 대통령령으로 정한다.

❹ 화재합동조사단의 구성 · 운영[소방의 화재조사에 관한 법률 제7조]

(1) 소방관서장은 사상자가 많거나 사회적 이목을 끄는 화재 등 대통령령으로 정하는 대형화재 등이 발생한 경우 종합적이고 정밀한 화재조사를 위하여 유관기관 및 관계 전문가를 포함한 화재합동조사단을 구성 · 운영할 수 있다.

(2) 제(1)항에 따른 화재합동조사단의 구성과 운영 등에 필요한 사항은 대통령령으로 정한다.

⑤ 화재현장 보존 등[소방의 화재조사에 관한 법률 제8조]

(1) 소방관서장은 화재조사를 위하여 필요한 범위에서 화재현장 보존조치를 하거나 화재현장과 그 인근 지역을 통제구역으로 설정할 수 있다. 다만, 방화(放火) 또는 실화(失火)의 혐의로 수사의 대상이 된 경우에는 관할 경찰서장 또는 해양경찰서장(이하 "경찰서장"이라 한다)이 통제구역을 설정한다.

(2) 누구든지 소방관서장 또는 경찰서장의 허가 없이 제(1)항에 따라 설정된 통제구역에 출입하여서는 아니 된다.

(3) 제(1)항에 따라 화재현장 보존조치를 하거나 통제구역을 설정한 경우 누구든지 소방관서장 또는 경찰서장의 허가 없이 화재현장에 있는 물건 등을 이동시키거나 변경 · 훼손하여서는 아니 된다. 다만, 공공의 이익에 중대한 영향을 미친다고 판단되거나 인명구조 등 긴급한 사유가 있는 경우에는 그러하지 아니하다.

(4) 화재현장 보존조치, 통제구역의 설정 및 출입 등에 필요한 사항은 대통령령으로 정한다.

⑥ 출입 · 조사 등[소방의 화재조사에 관한 법률 제9조]

(1) 소방관서장은 화재조사를 위하여 필요한 경우에 관계인에게 보고 또는 자료 제출을 명하거나 화재조사관으로 하여금 해당 장소에 출입하여 화재조사를 하게 하거나 관계인등에게 질문하게 할 수 있다.

(2) 제(1)항에 따라 화재조사를 하는 화재조사관은 그 권한을 표시하는 증표를 지니고 이를 관계인등에게 보여주어야 한다.

(3) 제(1)항에 따라 화재조사를 하는 화재조사관은 관계인의 정당한 업무를 방해하거나 화재조사를 수행하면서 알게 된 비밀을 다른 용도로 사용하거나 다른 사람에게 누설하여서는 아니 된다.

⑦ 관계인등의 출석 등[소방의 화재조사에 관한 법률 제10조]

(1) 소방관서장은 화재조사가 필요한 경우 관계인등을 소방관서에 출석하게 하여 질문할 수 있다.

(2) 제(1)항에 따른 관계인등의 출석 및 질문 등에 필요한 사항은 대통령령으로 정한다.

❽ 화재조사 증거물 수집[소방의 화재조사에 관한 법률 제11조]

(1) 소방관서장은 화재조사를 위하여 필요한 경우 증거물을 수집하여 검사 · 시험 · 분석 등을 할 수 있다. 다만, 범죄수사와 관련된 증거물인 경우에는 수사기관의 장과 협의하여 수집할 수 있다.

(2) 소방관서장은 수사기관의 장이 방화 또는 실화의 혐의가 있어서 이미 피의자를 체포하였거나 증거물을 압수하였을 때에 화재조사를 위하여 필요한 경우에는 범죄수사에 지장을 주지 아니하는 범위에서 그 피의자 또는 압수된 증거물에 대한 조사를 할 수 있다. 이 경우 수사기관의 장은 소방관서장의 신속한 화재조사를 위하여 특별한 사유가 없으면 조사에 협조하여야 한다.

(3) 제(1)항에 따른 증거물 수집의 범위, 방법 및 절차 등에 필요한 사항은 대통령령으로 정한다.

❾ 소방공무원과 경찰공무원의 협력 등[소방의 화재조사에 관한 법률 제12조]

(1) 소방공무원과 경찰공무원(제주특별자치도의 자치경찰공무원을 포함한다)은 다음의 사항에 대하여 서로 협력하여야 한다.

① 화재현장의 출입 · 보존 및 통제에 관한 사항

② 화재조사에 필요한 증거물의 수집 및 보존에 관한 사항

③ 관계인등에 대한 진술 확보에 관한 사항

④ 그 밖에 화재조사에 필요한 사항

(2) 소방관서장은 방화 또는 실화의 혐의가 있다고 인정되면 지체없이 경찰서장에게 그 사실을 알리고 필요한 증거를 수집 · 보존하는 등 그 범죄수사에 협력하여야 한다.

❿ 화재조사 결과의 공표 등[소방의 화재조사에 관한 법률 제14 ~ 16조]

(1) 소방관서장은 국민이 유사한 화재로부터 피해를 입지 않도록 하기 위한 경우 등 필요한 경우 화재조사 결과를 공표할 수 있다. 다만, 수사가 진행 중이거나 수사의 필요성이 인정되는 경우에는 관계 수사기관의 장과 공표 여부에 관하여 사전에 협의하여야 한다.

(2) 제(1)항에 따른 공표의 범위 · 방법 및 절차 등에 관하여 필요한 사항은 행정안전부령으로 정한다.

(3) 소방관서장은 화재조사 결과를 중앙행정기관의 장, 지방자치단체의 장, 그 밖의 관련 기관 · 단체의 장 또는 관계인 등에게 통보하여 유사한 화재가 발생하지 않도록 필요한 조치를 취할 것을 요청할 수 있다.

(4) 소방관서장은 화재와 관련된 이해관계인 또는 화재발생 내용 입증이 필요한 사람이 화재를 증명하는 서류(이하 이 조에서 "화재증명원"이라 한다) 발급을 신청하는 때에는 화재증명원을 발급하여야 한다.

(5) 화재증명원의 발급신청 절차 · 방법 · 서식 및 기재사항, 온라인 발급 등에 필요한 사항은 행정안전부령으로 정한다.

⑪ 국가화재정보시스템의 구축 · 운영[소방의 화재조사에 관한 법률 제19조] 2024

(1) 소방청장은 화재조사 결과, 화재원인, 피해상황 등에 관한 화재정보를 종합적으로 수집 · 관리하여 화재예방과 소방활동에 활용할 수 있는 국가화재정보시스템을 구축 · 운영하여야 한다.

(2) 제(1)항에 따른 화재정보의 수집 · 관리 및 활용 등에 필요한 사항은 대통령령으로 정한다.

나. 소방의 화재조사에 관한 법률 시행령

① 화재조사의 대상[소방의 화재조사에 관한 법률 시행령 제2조]

법 제5조에 따라 소방청장, 소방본부장 또는 소방서장(이하 "소방관서장"이라 한다)이 화재조사를 실시해야 할 대상은 다음과 같다.

(1) 「소방기본법」에 따른 소방대상물에서 발생한 화재

(2) 그 밖에 소방관서장이 화재조사가 필요하다고 인정하는 화재

② 화재조사의 내용 · 절차[소방의 화재조사에 관한 법률 시행령 제3조]

(1) 법 제5조 제2항 제6호에서 "대통령령으로 정하는 사항"이란 「화재의 예방 및 안전관리에 관한 법률」 제7조에 따른 소방특별조사의 실시 결과에 관한 사항을 말한다.

(2) 화재조사는 다음의 절차에 따라 실시한다.

① 현장출동 중 조사 : 화재발생 접수, 출동 중 화재상황 파악 등

② 화재현장 조사 : 화재의 발화(發火)원인, 연소상황 및 피해상황 조사 등

③ 정밀조사 : 감식 · 감정, 화재원인 판정 등

④ 화재조사 결과 보고

(3) 소방관서장은 화재조사를 하는 경우 「산림보호법」 제42조에 따른 산불 조사 등 다른 법률에 따른 화재 관련 조사가 원활히 수행될 수 있도록 협조해야 한다.

❸ 화재조사전담부서의 구성 · 운영[소방의 화재조사에 관한 법률 시행령 제4조]

(1) 소방관서장은 법 제6조 제1항에 따른 화재조사전담부서(이하 "전담부서"라 한다)에 화재조사관을 2명 이상 배치해야 한다.

(2) 전담부서에는 화재조사를 위한 감식 · 감정 장비 등 행정안전부령으로 정하는 장비와 시설을 갖추어 두어야 한다.

(3) 제(1)항 및 제(2)항에서 규정한 사항 외에 전담부서의 구성 · 운영에 필요한 사항은 행정안전부령으로 정한다.

❹ 화재조사관의 자격기준 등[소방의 화재조사에 관한 법률 시행령 제5조]

(1) 법 제6조제3항에 따라 화재조사 업무를 수행하는 화재조사관은 다음 각 호의 어느 하나에 해당하는 소방공무원으로 한다.

① 소방청장이 실시하는 화재조사에 관한 시험에 합격한 소방공무원

② 「국가기술자격법」에 따른 국가기술자격의 직무분야 중 화재감식평가 분야의 기사 또는 산업기사 자격을 취득한 소방공무원

(2) 제(1)항 제1호의 화재조사에 관한 시험의 방법, 과목, 그 밖에 시험 시행에 필요한 사항은 행정안전부령으로 정한다.

❺ 화재조사에 관한 교육훈련[소방의 화재조사에 관한 법률 시행령 제6조]

(1) 소방관서장은 다음 각 호의 구분에 따라 화재조사관에 대한 교육훈련을 실시한다.

① 화재조사관 양성을 위한 전문교육

② 화재조사관의 전문능력 향상을 위한 전문교육

③ 전담부서에 배치된 화재조사관을 위한 의무 보수교육

(2) 소방관서장은 필요한 경우 제1항에 따른 교육훈련을 다른 소방관서나 화재조사 관련 전문기관에 위탁하여 실시할 수 있다.

(3) 제(1)항 및 제(2)항에서 규정한 사항 외에 화재조사에 관한 교육훈련에 필요한 사항은 행정안전부령으로 정한다.

❻ 화재합동조사단의 구성 · 운영[소방의 화재조사에 관한 법률 시행령 제7조]

(1) 법 제7조 제1항에서 "사상자가 많거나 사회적 이목을 끄는 화재 등 대통령령으로 정하는 대형화재"란 다음의 화재를 말한다.

① 사망자가 5명 이상 발생한 화재

② 화재로 인한 사회적 · 경제적 영향이 광범위하다고 소방관서장이 인정하는 화재

(2) 법 제7조제1항에 따른 화재합동조사단(이하 "화재합동조사단"이라 한다)의 단원은 다음 각 호의 어느 하나에 해당하는 사람 중에서 소방관서장이 임명하거나 위촉한다.

① 화재조사관

② 화재조사 업무에 관한 경력이 3년 이상인 소방공무원

③ 「고등교육법」 제2조에 따른 학교 또는 이에 준하는 교육기관에서 화재조사, 소방 또는 안전관리 등 관련 분야 조교수 이상의 직에 3년 이상 재직한 사람

④ 「국가기술자격법」에 따른 국가기술자격의 직무분야 중 안전관리 분야에서 산업기사 이상의 자격을 취득한 사람

⑤ 그 밖에 건축 · 안전 분야 또는 화재조사에 관한 학식과 경험이 풍부한 사람

(3) 화재합동조사단의 단장은 단원 중에서 소방관서장이 지명하거나 위촉하는 사람이 된다.

(4) 소방관서장은 화재합동조사단 운영을 위하여 관계 행정기관 또는 기관·단체의 장에게 소속 공무원 또는 소속 임직원의 파견을 요청할 수 있다.

(5) 화재합동조사단은 화재조사를 완료하면 소방관서장에게 다음의 사항이 포함된 화재조사 결과를 보고해야 한다.

① 화재합동조사단 운영 개요

② 화재조사 개요

③ 화재조사에 관한 법 제5조제2항 각 호의 사항

④ 다수의 인명피해가 발생한 경우 그 원인

⑤ 현행 제도의 문제점 및 개선 방안

⑥ 그 밖에 소방관서장이 필요하다고 인정하는 사항

(6) 소방관서장은 화재합동조사단의 단장 또는 단원에게 예산의 범위에서 수당·여비와 그 밖에 필요한 경비를 지급할 수 있다. 다만, 공무원이 소관 업무와 직접적으로 관련되어 참여하는 경우에는 지급하지 않는다.

(7) 제(1)항부터 제(6)항까지에서 규정한 사항 외에 화재합동조사단의 구성·운영에 필요한 사항은 소방청장이 정한다.

7 화재현장 보존조치 통지 등[소방의 화재조사에 관한 법률 시행령 제8조]

소방관서장이나 관할 경찰서장 또는 해양경찰서장(이하 "경찰서장"이라 한다)은 법 제8조제1항에 따라 화재현장 보존조치를 하거나 통제구역을 설정하는 경우 다음의 사항을 화재가 발생한 소방대상물의 소유자·관리자 또는 점유자(이하 "관계인"이라 한다)에게 알리고 해당 사항이 포함된 표지를 설치해야 한다.

(1) 화재현장 보존조치나 통제구역 설정의 이유 및 주체

(2) 화재현장 보존조치나 통제구역 설정의 범위

(3) 화재현장 보존조치나 통제구역 설정의 기간

8 화재현장 보존조치 등의 해제[소방의 화재조사에 관한 법률 시행령 제9조]

소방관서장이나 경찰서장은 다음의 경우에는 법 제8조제1항에 따른 화재현장 보존조치나 통제구역의 설정을 지체 없이 해제해야 한다.

(1) 화재조사가 완료된 경우

(2) 화재현장 보존조치나 통제구역의 설정이 해당 화재조사와 관련이 없다고 인정되는 경우

9 관계인등에 대한 출석요구 및 질문 등[소방의 화재조사에 관한 법률 시행령 제10조]

(1) 소방관서장은 법 제10조제1항에 따라 관계인등의 출석을 요구하려면 출석일 3일 전까지 다음 각 호의 사항을 관계인등에게 알려야 한다.

① 출석 일시와 장소

② 출석 요구 사유

③ 그 밖에 화재조사와 관련하여 필요한 사항

(2) 관계인등은 제(1)항에 따라 지정된 출석 일시에 출석하는 경우 업무 또는 생활에 지장이 있을 때에는 소방관서장에게 출석 일시를 변경하여 줄 것을 신청할 수 있다. 이 경우 소방관서장은 화재조사의 목적을 달성할 수 있는 범위에서 출석 일시를 변경할 수 있다.

(3) 소방관서장은 법 제10조 제1항에 따라 출석한 관계인등에게 수당과 여비를 지급할 수 있다.

10 화재조사 증거물 수집 등[소방의 화재조사에 관한 법률 시행령 제11조]

(1) 소방관서장은 법 제11조에 따라 화재조사를 위하여 필요한 최소한의 범위에서 화재조사관에게 증거물을 수집하여 검사·시험·분석 등을 하게 할 수 있다.

(2) 소방관서장은 제(1)항에 따라 증거물을 수집한 경우 이를 관계인에게 알려야 한다.

(3) 소방관서장은 제(1)항에 따라 수집한 증거물이 다음의 어느 하나에 해당하는 경우에는 증거물을 지체 없이 반환해야 한다.

① 화재와 관련이 없다고 인정되는 경우

② 화재조사가 완료되는 등 증거물을 보관할 필요가 없게 된 경우

(4) 제(1)항부터 제(3)항까지에서 규정한 사항 외에 증거물의 수집 · 관리에 필요한 사항은 행정안전부령으로 정한다.

⑪ 국가화재정보시스템의 운영[소방의 화재조사에 관한 법률 시행령 제14조]

(1) 소방청장은 법 제19조 제1항에 따른 국가화재정보시스템(이하 "국가화재정보시스템"이라 한다)을 활용하여 다음의 화재정보를 수집 · 관리해야 한다.

① 화재원인

② 화재피해상황

③ 대응활동에 관한 사항

④ 소방시설 등의 설치 · 관리 및 작동 여부에 관한 사항

⑤ 화재발생건축물과 구조물, 화재유형별 화재위험성 등에 관한 사항

⑥ 화재예방 관계 법령 등의 이행 및 위반 등에 관한 사항

⑦ 법 제13조 제2항에 따른 관계인의 보험가입 정보 등에 관한 사항

⑧ 그 밖에 화재예방과 소방활동에 활용할 수 있는 정보

(2) 소방관서장은 국가화재정보시스템을 활용하여 제(1)항 각 호의 화재정보를 기록 · 유지 및 보관해야 한다.

(3) 제(1)항 및 제(2)항에서 규정한 사항 외에 국가화재정보시스템의 운영 및 활용 등에 필요한 사항은 소방청장이 정한다.

다. 소방의 화재조사에 관한 법률 시행규칙

❶ 화재조사에 관한 교육[소방의 화재조사에 관한 법률 시행규칙 제5조]

(1) 영 제6조 제1항 제1호의 화재조사관 양성을 위한 전문교육의 내용은 다음 각 호와 같다.

① 화재조사 이론과 실습

② 화재조사 시설 및 장비의 사용에 관한 사항

③ 주요 · 특이 화재조사, 감식 · 감정에 관한 사항

④ 화재조사 관련 정책 및 법령에 관한 사항

⑤ 그 밖에 소방청장이 화재조사 관련 전문능력의 배양을 위해 필요하다고 인정하는 사항

(2) 전담부서에 배치된 화재조사관은 영 제6조 제1항 제3호의 의무 보수교육을 2년마다 받아야 한다. 다만, 전담부서에 배치된 후 처음 받는 의무 보수교육은 배치 후 1년 이내에 받아야 한다.

(3) 소방관서장은 제2항에 따라 의무 보수교육을 이수하지 않은 사람에게 보수교육을 이수할 때까지 화재조사 업무를 수행하게 해서는 안 된다.

(4) 제(1)항부터 제(3)항까지에서 규정한 사항 외에 화재조사에 관한 교육훈련에 필요한 사항은 소방청장이 정한다.

❷ 화재조사 증거물의 수집 · 관리[소방의 화재조사에 관한 법률 시행규칙 제7조]

(1) 영 제11조제1항에 따라 화재조사 증거물을 수집하는 경우 증거물의 수집과정을 사진 촬영 또는 영상 녹화의 방법으로 기록해야 한다.

(2) 제(1)항에 따른 사진 또는 영상 파일은 법 제19조에 따른 국가화재정보시스템에 전송하여 보관한다.

(3) 제(1)항 및 제(2)항에서 규정한 사항 외에 화재조사 증거물의 수집 · 관리에 필요한 사항은 소방청장이 정한다.

❸ 화재조사 결과의 공표[소방의 화재조사에 관한 법률 시행규칙 제8조]

(1) 소방관서장은 법 제14조제1항에 따라 다음 각 호의 경우에는 화재조사 결과를 공표할 수 있다.

① 국민이 유사한 화재로부터 피해를 입지 않도록 하기 위해 필요한 경우

② 사회적 관심이 집중되어 국민의 알 권리 충족 등 공공의 이익을 위해 필요한 경우

(2) 소방관서장은 제(1)항에 따라 화재조사의 결과를 공표할 때에는 다음의 사항을 포함시켜야 한다.

① 화재원인에 관한 사항

② 화재로 인한 인명 · 재산피해에 관한 사항

③ 화재발생 건축물과 구조물에 관한 사항

④ 그 밖에 화재예방을 위해 공표할 필요가 있다고 소방관서장이 인정하는 사항

(3) 제(1)항에 따른 화재조사 결과의 공표는 소방관서의 인터넷 홈페이지에 게재하거나, 「신문 등의 진흥에 관한 법률」에 따른 신문 또는 「방송법」에 따른 방송을 이용하는 등 일반인이 쉽게 알 수 있는 방법으로 한다.

라. 화재조사 및 보고규정

❶ 용어의 정의(제2조) 🔥🔥🔥 2018 상반기 2018 간부 2019 간부

용어	내용
화재	사람의 의도에 반하거나 고의에 의해 발생하는 연소 현상으로서 소화시설 등을 사용하여 소화할 필요가 있거나 또는 화학적인 폭발현상
화학적인 폭발현상	화학적 변화가 있는 연소 현상의 형태로서, 급속히 진행되는 화학반응에 의해 다량의 가스와 열을 발생하면서 폭음, 불꽃 및 파괴가 일어나는 현상
조사 🔥	화재원인을 규명하고 화재로 인한 피해를 산정하기 위하여 자료의 수집, 관계자 등에 대한 질문, 현장확인, 감식, 감정 및 실험 등을 하는 일련의 행동
감식 🔥	화재원인의 판정을 위하여 전문적인 지식, 기술 및 경험을 활용하여 주로 시각에 의한 종합적인 판단으로 구체적인 사실관계를 명확하게 규명하는 것
감정 🔥	화재와 관계되는 물건의 형상, 구조, 재질, 성분, 성질 등 이와 관련된 모든 현상에 대하여 과학적 방법에 의한 필요한 실험을 행하고 그 결과를 근거로 화재원인을 밝히는 자료를 얻는 것

화재조사관 🔥	소방청, 소방본부, 소방서에서 화재조사업무를 수행하는 소방공무원(내근)
광역 화재조사단	화재조사의 중요성을 감안하여 시 · 도 소방본부장이 권역별로 설치한 화재조사 전담부서
조사관 🔥	화재조사업무를 총괄하는 간부급 소방공무원
조사자	화재조사업무를 수행하는 소방공무원
관계자 등	소방기본법 제2조제3호에 의한 관계인과 화재의 발견자, 통보자, 초기 소화자 및 기타 조사 참고인
발화	열원에 의하여 가연물질에 지속적으로 불이 붙는 현상
발화열원	발화의 최초원인이 된 불꽃 또는 열
발화지점	열원과 가연물이 상호작용하여 화재가 시작된 지점
발화장소	화재가 발생한 장소
최초착화물 🔥	발화열원에 의해 불이 붙고 이 물질을 통해 제어하기 힘든 화세로 발전한 가연물
발화요인 🔥	발화열원에 의하여 발화로 이어진 연소현상에 영향을 준 인적 · 물적 · 자연적인 요인
발화관련 기기	발화에 관련된 불꽃 또는 열을 발생시킨 기기 또는 장치나 제품
동력원 🔥	발화관련 기기나 제품을 작동 또는 연소시킬 때 사용되어진 연료 또는 에너지
연소확대물	연소가 확대되는데 있어 결정적 영향을 미친 가연물을 말한다.
재구입비 🔥	화재 당시의 피해물과 같거나 비슷한 것을 재건축(설계 감리비를 포함한다) 또는 재취득하는데 필요한 금액
내용연수 🔥	고정자산을 경제적으로 사용할 수 있는 년수
손해율 🔥	피해물의 종류, 손상 상태 및 정도에 따라 피해액을 적정화시키는 일정한 비율
잔가율 🔥	화재 당시에 피해물의 재구입비에 대한 현재가의 비율
최종잔가율	피해물의 경제적 내용연수가 다한 경우 잔존하는 가치의 재구입비에 대한 비율
화재현장	화재가 발생하여 소방대 및 관계자 등에 의해 소화활동이 행하여 지고 있는 장소
상황실	소방관서 또는 소방기관에서 화재 · 구조 · 구급 등 각종 소방상황을 접수 · 전파 처리 등의 업무를 행하는 곳
소방 · 방화시설	소방시설 및 방화시설
접수	119상황실에서 화재 등의 신고를 받은 최초의 시각
출동	화재를 접수하고 119상황실로부터 출동지령을 받아 소방대가 소방서 차고에서 출발하는 것
도착	출동지령을 받고 출동한 선착대가 현장에 도착하는 것
초진	소방대의 소화활동으로 화재확대의 위험이 현저하게 줄어들거나 없어진 상태
잔불정리	화재를 진압한 후, 잔불을 점검하고 처리하는 것을 말한다. 이 단계에서는 열에 의한 수증기나 화염 없이 연기만 발생하는 연소현상이 포함될 수 있다.
완진	소방대에 의한 소화활동의 필요성이 사라진 것
철수	진화가 끝난 후, 소방대가 현장에서 복귀하는 것
재발화감시	화재를 진화한 후 화재가 재발되지 않도록 감시조를 편성하여 불씨가 완전히 소멸될 때까지 확인하는 것

❷ 화재조사의 개시 및 원칙(제3조)

(1) 「소방의 화재조사에 관한 법률」 제5조 제1항에 따라 화재조사관은 화재발생 사실을 인지하는 즉시 화재조사를 시작해야 한다.

(2) 소방관서장은 「소방의 화재조사에 관한 법률 시행령」 제4조 제1항에 따라 조사관을 근무 교대조별로 2인 이상 배치하고, 「소방의 화재조사에 관한 법률 시행규칙」 제3조에 따른 장비 · 시설을 기준 이상으로 확보하여 조사 업무를 수행하도록 하여야 한다.

(3) 조사는 물적 증거를 바탕으로 과학적인 방법을 통해 합리적인 사실의 규명을 원칙으로 한다.

[화재조사의 실시(소방의 화재조사에 관한 법률 제5조)]

① 소방청장, 소방본부장 또는 소방서장(이하 "소방관서장"이라 한다)은 화재발생 사실을 알게 된 때에는 지체 없이 화재조사를 하여야 한다. 이 경우 수사기관의 범죄수사에 지장을 주어서는 아니 된다.

② 소방관서장은 제1항에 따라 화재조사를 하는 경우 다음 사항에 대하여 조사하여야 한다.

1. 화재원인에 관한 사항
2. 화재로 인한 인명 · 재산피해상황
3. 대응활동에 관한 사항
4. 소방시설 등의 설치 · 관리 및 작동 여부에 관한 사항
5. 화재발생건축물과 구조물, 화재유형별 화재위험성 등에 관한 사항
6. 그 밖에 대통령령으로 정하는 사항(화재안전조사의 실시 결과에 관한 사항)

③ 제①항 및 제②항에 따른 화재조사의 대상 및 절차 등에 필요한 사항은 대통령령으로 정한다.

[화재조사의 대상(소방의 화재조사에 관한 법률 시행령 제2조)]

「소방의 화재조사에 관한 법률」 제5조에 따라 소방청장, 소방본부장 또는 소방서장(이하 "소방관서장"이라 한다)이 화재조사를 실시해야 할 대상은 다음과 같다.

1. 「소방기본법」에 따른 소방대상물에서 발생한 화재
2. 그 밖에 소방관서장이 화재조사가 필요하다고 인정하는 화재

[화재조사의 내용 · 절차(소방의 화재조사에 관한 법률 시행령 제3조)]

화재조사는 다음의 절차에 따라 실시한다.

1. 현장출동 중 조사 : 화재발생 접수, 출동 중 화재상황 파악 등
2. 화재현장 조사 : 화재의 발화(發火)원인, 연소상황 및 피해상황 조사 등
3. 정밀조사 : 감식 · 감정, 화재원인 판정 등
4. 화재조사 결과 보고

❸ 화재조사관의 책무(제4조)

(1) 조사관은 조사에 필요한 전문적 지식과 기술의 습득에 노력하여 조사업무를 능률적이고 효율적으로 수행해야 한다.

(2) 조사관은 그 직무를 이용하여 관계인 등의 민사분쟁에 개입해서는 아니 된다.

❹ 화재출동대원 협조(제5조)

(1) 화재현장에 출동하는 소방대원은 조사에 도움이 되는 사항을 확인하고, 화재현장에서도 소방활동 중에 파악한 정보를 조사관에게 알려주어야 한다.

(2) 화재현장의 선착대 선임자는 철수 후 지체 없이 국가화재정보시스템에 별지 제2호서식 화재현장출동보고서를 작성 · 입력해야 한다.

❺ 관계인등 협조(제6조)

(1) 화재현장과 기타 관계있는 장소에 출입할 때에는 관계인 등의 입회 하에 실시하는 것을 원칙으로 한다.

(2) 조사관은 조사에 필요한 자료 등을 관계인등에게 요구할 수 있으며, 관계인등이 반환을 요구할 때는 조사의 목적을 달성한 후 관계인등에게 반환해야 한다.

❻ 관계인등 진술(제7조)

(1) 법 제9조제1항에 따라 관계인등에게 질문을 할 때에는 시기, 장소 등을 고려하여 진술하는 사람으로부터 임의 진술을 얻도록 해야 하며 진술의 자유 또는 신체의 자유를 침해하여 임의성을 의심할 만한 방법을 취해서는 아니 된다.

(2) 관계인등에게 질문을 할 때에는 희망하는 진술내용을 얻기 위하여 상대방에게 암시하는 등의 방법으로 유도해서는 아니 된다.

(3) 획득한 진술이 소문 등에 의한 사항인 경우 그 사실을 직접 경험한 관계인등의 진술을 얻도록 해야 한다.

(4) 관계인등에 대한 질문 사항은 별지 제10호서식 질문기록서에 작성하여 그 증거를 확보한다.

7 감식 및 감정(제8조) 2024

(1) 소방관서장은 조사 시 전문지식과 기술이 필요하다고 인정되는 경우 국립소방연구원 또는 화재감정기관 등에 감정을 의뢰할 수 있다.

(2) 소방관서장은 과학적이고 합리적인 화재원인 규명을 위하여 화재현장에서 수거한 물품에 대하여 감정을 실시하고 화재원인 입증을 위한 재현실험 등을 할 수 있다.

8 화재 유형(제9조)

(1) 조사를 실시함에 있어 관계자 등의 입회하에 현장과 기타 관계있는 장소에 출입하는 것을 원칙으로 한다.

(2) 질문

① 질문을 할 때에는 시기, 장소 등을 고려하여 진술을 하는 사람으로부터 임의진술을 얻도록 하여야 한다.

② 질문을 할 때에는 기대나 희망하는 진술내용을 얻기 위하여 상대방에게 암시하는 등의 방법으로 유도하여서는 아니 된다.

③ 소문 등에 의한 사항은 그 사실을 직접 경험한 사람의 진술을 얻도록 하여야 한다.

④ 관계자 등에 대한 질문 사항은 별지 제4호 서식의 질문기록서에 작성하여 그 증거를 확보한다.

(3) 조사관은 관계자 등으로부터 조사상 필요한 정보를 확보하여야 한다.

(4) 조사관은 조사결과와 기타 참고사항을 기록 유지하여야 한다.

9 화재건수 결정(제10조) 2019 간부 2022 2024 간부

(1) 1건의 화재란 1개의 발화지점에서 확대된 것으로 발화부터 진화까지를 말한다.

(2) 예외

① 동일범이 아닌 각기 다른 사람에 의한 방화, 불장난은 동일 대상물에서 발화했더라도 각각 별건의 화재로 한다.

② 동일 소방대상물의 발화점이 2개소 이상 있는 다음의 화재는 1건의 화재로 한다.

㉠ 누전점이 동일한 누전에 의한 화재

㉡ 지진, 낙뢰 등 자연현상에 의한 다발화재

③ 발화지점이 한 곳인 화재현장이 둘 이상의 관할구역에 걸친 화재는 발화지점이 속한 소방서에서 1건의 화재로 산정한다. 다만, 발화지점 확인이 어려운 경우에는 화재피해금액이 큰 관할구역 소방서의 화재 건수로 산정한다.

⑩ 발화일시 결정(제11조) 2020 간부 2023

발화일시의 결정은 관계인 등의 화재발견 상황통보(인지)시간 및 화재발생 건물의 구조, 재질 상태와 화기취급 등의 상황을 종합적으로 검토하여 결정한다. 다만, 자체진화 등 사후인지 화재로 그 결정이 곤란한 경우에는 발화시간을 추정할 수 있다.

⑪ 화재의 분류(제12조)

화재원인 및 장소 등 화재의 분류는 소방청장이 정하는 국가화재분류체계에 의한 분류표에 의하여 분류한다.

⑫ 사상자 및 부상자 분류(제13조)

(1) 사상자

① 사상자는 화재현장에서 사망한 사람과 부상당한 사람

② 화재현장에서 부상 후 72시간 이내에 사망한 경우 당해 화재로 인한 사망으로 분류

(2) 부상자 분류

① 중상 : 3주 이상의 입원치료를 필요로 하는 부상을 말한다.

② 경상 : 중상 이외의 부상(입원치료를 필요로 하지 않는 것도 포함)

* 병원 치료를 필요로 하지 않고 단순하게 연기를 흡입한 사람은 제외

⑬ 건물 동수 산정(제15조) 2016 간부

1) 주요구조부가 하나로 연결되어 있는 것은 1동으로 한다. 다만, 건널 복도 등으로 2이상의 동에 연결되어 있는 것은 그 부분을 절반으로 분리하여 각 동으로 본다.

2) 건물의 외벽을 이용하여 실을 만들어 헛간, 목욕탕, 작업실, 사무실 및 기타 건물 용도로 사용하고 있는 것은 주건물과 같은 동으로 본다.	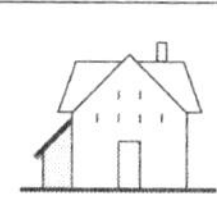
3) 구조에 관계없이 지붕 및 실이 하나로 연결되어 있는 것은 같은 동으로 본다.	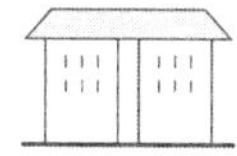
4) 목조 또는 내화조 건물의 경우 격벽으로 방화구획이 되어 있는 경우도 같은동으로 한다.	
5) 독립된 건물과 건물 사이에 차광막, 비막이 등의 덮개를 설치하고 그 밑을 통로 등으로 사용하는 경우는 다른동으로 한다. 예 작업장과 작업장 사이에 조명유리 등으로 비막이를 설치하여 지붕과 지붕이 연결되어 있는 경우	

6) 내화조 건물의 옥상에 목조 또는 방화구조 건물이 별도 설치되어 있는 경우는 다른 동으로 한다. 다만, 이들 건물의 기능상 하나인 경우 (옥내 계단이 있는 경우)는 같은 동으로 한다.

7) 내화조 건물의 외벽을 이용하여 목조 또는 방화구조건물이 별도 설치되어 있고 건물 내부와 구획되어 있는 경우 다른 동으로 한다. 다만, 주된 건물에 부착된 건물이 옥내로 출입구가 연결되어 있는 경우와 기계설비 등이 쌍방에 연결되어 있는 경우 등 건물 기능상 하나인 경우는 같은동으로 한다.

개념원리

1. [화재조사 및 보고규정]에 따른 건물 동수를 같은 동으로 산정하는 경우
   ① 주요 구조부가 하나로 연결되어 있는 것
   ② 건물 외벽을 이용하여 실을 만들어 헛간, 목욕탕, 작업실, 기타 건물용도로 사용하고 있는 것
   ③ 목조 또는 내화구조 건물로 격벽으로 방화구획이 되어 있는 경우
   ④ 구조에 관계없이 지붕 및 실이 하나로 연결되어 있는 것
   ⑤ ~건물의 기능상

2. [화재조사 및 보고규정]에 따른 건물 동수를 다른 동으로 산정하는 경우
   ① 독립된 건물과 건물 사이에 차광막, 비막이 등의 덮개를 설치하고, 그 밑을 통로 등으로 사용하는 경우
   ② 내화조 건물의 외벽에 목조 또는 방화구조 건물이 별도 설치되어 있고, 건물 내부와 구획되어 있는 경우
   ③ 내화조 건물의 옥상에 목조 또는 방화구조 건물이 별도 설치되어 있는 경우

⑭ 소실정도(제16조) 🔥🔥🔥 (Ⓜ 칠접(전)반상(3)) 2019 간부 2020 간부 2022 2023

(1) 건축 · 구조물의 소실정도

전소	건물의 70% 이상(입체면적에 대한 비율을 말한다. 이하 같다.)이 소실되었거나 또는 그 미만이라도 잔존부분을 보수 하여도 재사용이 불가능 한 것
반소	건물의 30% 이상 70% 미만이 소실된 것
부분소	전소, 반소화재에 해당되지 아니하는 것

(2) 자동차 · 철도차량, 선박 · 항공기 등의 소실정도는 제(1)항의 규정을 준용한다.

⑮ 소실면적 산정(제17조) 🔥 2020 간부 2023

(1) 건물의 소실면적 산정은 소실 바닥면적으로 산정한다.

(2) 수손 및 기타 파손의 경우에도 제(1)항의 규정을 준용한다.

⑯ 화재피해금액 산정(제18조)

(1) 화재피해금액은 화재 당시의 피해물과 동일한 구조, 용도, 질, 규모를 재건축 또는 재구입하는데 소요되는 가액에서 경과연수 등에 따른 감가공제를 하고 현재가액을 산정하는 실질적 · 구체적 방식에 따른다. 다만, 회계장부상 현재가액이 입증된 경우에는 그에 따른다.

(2) 정확한 피해물품을 확인하기 곤란한 경우에는 소방청장이 정하는 「화재피해금액 산정매뉴얼」(이하 "매뉴얼"이라 한다)의 간이평가방식으로 산정할 수 있다.

(3) 건물 등 자산에 대한 최종잔가율은 건물 · 부대설비 · 구축물 · 가재도구는 20%로 하며, 그 이외의 자산은 10%로 정한다.

(4) 건물 등 자산에 대한 내용연수는 매뉴얼에서 정한 바에 따른다.

(5) 대상별 화재피해금액 산정기준은 별표 2에 따른다.

(6) 관계인은 화재피해금액 산정에 이의가 있는 경우 별지 제12호서식 또는 별지 제12호의2서식에 따라 관할 소방관서장에게 재산피해신고를 할 수 있다.

(7) 제(6)항에 따른 신고서를 접수한 관할 소방관서장은 화재피해금액을 재산정해야 한다.

⑰ 세대수 산정(제19조)

세대수는 거주와 생계를 함께 하고 있는 사람들의 집단 또는 하나의 가구를 구성하여 살고 있는 독신자로서 자신의 주거에 사용되는 건물에 대하여 재산권을 행사할 수 있는 사람을 1세대로 산정한다.

⑱ 화재합동조사단 운영 및 종료(제20조)

(1) 소방관서장은 영 제7조 제1항에 해당하는 화재가 발생한 경우 다음 각 호에 따라 화재합동조사단을 구성하여 운영하는 것을 원칙으로 한다.

① **소방청장** : 사상자가 30명 이상이거나 2개 시 · 도 이상에 걸쳐 발생한 화재(임야화재 제외)

② **소방본부장** : 사상자가 20명 이상이거나 2개 시 · 군 · 구 이상에 발생한 화재

③ **소방서장** : 사망자가 5명 이상이거나 사상자가 10명 이상 또는 재산피해액이 100억원 이상 발생한 화재

(2) 제(1)항에도 불구하고 소방관서장은 화재로 인한 사회적 · 경제적 영향이 광범위하다고 소방관서장이 인정하는 화재 및 「소방기본법 시행규칙」 제3조제2항 제1호에 해당하는 화재에 대하여 화재합동조사단을 구성하여 운영할 수 있다.

(3) 소방관서장은 영 제7조제2항과 영 제7조제4항에 해당하는 자 중에서 단장 1명과 단원 4명 이상을 화재합동조사단원으로 임명하거나 위촉할 수 있다.

(4) 화재합동조사단원은 화재현장 지휘자 및 조사관, 출동 소방대원과 협력하여 조사와 관련된 정보를 수집할 수 있다.

(5) 소방관서장은 화재합동조사단의 조사가 완료되었거나, 계속 유지할 필요가 없는 경우 업무를 종료하고 해산시킬 수 있다.

[종합상황실의 실장의 업무 등(소방기본법 시행규칙 제3조 제2항 제1호)

② 종합상황실의 실장은 다음 각 호의 어느 하나에 해당하는 상황이 발생하는 때에는 그 사실을 지체 없이 별지 제1호서식에 따라 서면 · 팩스 또는 컴퓨터통신 등으로 소방서의 종합상황실의 경우는 소방본부의 종합상황실에, 소방본부의 종합상황실의 경우는 소방청의 종합상황실에 각각 보고해야 한다.

1. 다음 각목의 1에 해당하는 화재
   가. 사망자가 5인 이상 발생하거나 사상자가 10인 이상 발생한 화재
   나. 이재민이 100인 이상 발생한 화재
   다. 재산피해액이 50억원 이상 발생한 화재
   라. 관공서 · 학교 · 정부미도정공장 · 문화재 · 지하철 또는 지하구의 화재
   마. 관광호텔, 층수가 11층 이상인 건축물, 지하상가, 시장, 백화점, 지정수량의 3천배 이상의 위험물의 제조소 · 저장소 · 취급소, 층수가 5층 이상이거나 객실이 30실 이상인 숙박시설, 층수가 5층 이상이거나 병상이 30개 이상인 종합병원 · 정신병원 · 한방병원 · 요양소, 연면적 1만5천제곱미터 이상인 공장 또는 화재경계지구에서 발생한 화재
   바. 철도차량, 항구에 매어둔 총 톤수가 1천톤 이상인 선박, 항공기, 발전소 또는 변전소에서 발생한 화재
   사. 가스 및 화약류의 폭발에 의한 화재
   아. 다중이용업소의 화재

[화재합동조사단의 구성 · 운영(소방의 화재조사에 관한 법률 제7조)

② 화재합동조사단의 단원은 다음의 어느 하나에 해당하는 사람 중에서 소방관서장이 임명하거나 위촉한다.

1. 화재조사관
2. 화재조사 업무에 관한 경력이 3년 이상인 소방공무원
3. 「고등교육법」 제2조에 따른 학교 또는 이에 준하는 교육기관에서 화재조사, 소방 또는 안전관리 등 관련 분야 조교수 이상의 직에 3년 이상 재직한 사람
4. 「국가기술자격법」에 따른 국가기술자격의 직무분야 중 안전관리 분야에서 산업기사 이상의 자격을 취득한 사람
5. 그 밖에 건축 · 안전 분야 또는 화재조사에 관한 학식과 경험이 풍부한 사람

③ 화재합동조사단의 단장은 단원 중에서 소방관서장이 지명하거나 위촉하는 사람이 된다.

④ 소방관서장은 화재합동조사단 운영을 위하여 관계 행정기관 또는 기관 · 단체의 장에게 소속 공무원 또는 소속 임직원의 파견을 요청할 수 있다.

chapter

02 출제예상문제

※ 2018년 간부

1 화재조사에 대한 설명으로 옳지 않은 것은?

① '잔가율'이란 화재 당시 피해물의 재구입비에 대한 현재가의 비율을 말 한다.
② '반소'란 건물의 입체면적에 대한 비율 30 %이상 70 %미만이 소실된 것을 말한다.
③ '조사관'이란 화재조사 업무를 총괄 하는 간부급 소방공무원을 말한다.
④ '감정'이란 화재원인의 판정을 위하여 전문적인 지식, 기술 및 경험을 활용 하여 구체적인 사실관계를 명확하게 규명하는 것을 말한다.
⑤ 화재현장조사는 화재시 및 진화 후에 걸쳐 실시하는 것을 원칙으로 한다.

1.

감식	화재원인의 판정을 위하여 전문적인 지식, 기술 및 경험을 활용하여 주로 시각에 의한 종합적인 판단으로 구체적인 사실관계를 명확하게 규명하는 것
감정	화재와 관계되는 물건의 형상, 구조, 재질, 성분, 성질 등 이와 관련된 모든 현상에 대하여 과학적 방법에 의한 필요한 실험을 행하고 그 결과를 근거로 화재원인을 밝히는 자료를 얻는 것

※ 2020년 간부 2024년 간부

2 「화재조사 및 보고규정」상 조사업무처리의 기본사항 등에 관한 내용으로 옳지 않은 것은?

① 화재범위가 2 이상의 관할구역에 걸친 화재에 대해서는 발화 소방대상물의 소재지를 관할하는 소방서에서 1건의 화재로 한다.
② 지진, 낙뢰 등 자연현상으로 인한 다발화재로 동일 소방대상물의 발화점이 2개소 이상에서 발생하여도 1건의 화재 건수로 한다.
③ 건축구조물 화재의 화재소실 정도는 3종류로 구분하며, 그중 전소는 건물의 70 % 이상, 반소는 30% 이상 70% 미만이 소실된 것을 말한다.
④ 화재인지시간은 소방관서에 최초로 신고된 시점을 말하며, 자체진화 등의 사후인지 화재로 그 결정이 곤란한 경우에는 발생시간을 추정할 수 없다.

2.

발화일시 결정(제11조)
발화일시의 결정은 관계인 등의 화재발견 상황통보(인지)시간 및 화재발생 건물의 구조, 재질 상태와 화기취급 등의 상황을 종합적으로 검토하여 결정한다. 다만, 자체진화 등 사후인지 화재로 그 결정이 곤란한 경우에는 발화시간을 추정할 수 있다.

Answer 1.④ 2.④

✳ 2019년 간부

3 화재조사 및 보고 규정에 관한 설명으로 옳지 않은 것은?

① 사상자는 화재현장에서 사망 또는 부상 당한 사람을 말하며, 화재현장에서 부상을 당한 후 72시간 이내에 사망한 경우에도 당해 화재로 인한 사망으로 본다.

② 건축·구조물 화재에서 전소는 건물의 입체면적 70 % 이상이 소실되었거나, 또는 그 미만이라도 잔존부분을 보수하여도 재사용이 불가능한 것을 말한다.

③ 화재조사 시 화재의 유형을 건축·구조물 화재, 자동차·철도차량 화재, 위험물· 가스제조소 등 화재, 선박·항공기화재, 임야화재, 기타화재로 구분한다.

④ 1건의 화재란 1개의 발화점으로부터 확대된 것으로 발화부터 진화까지를 말하며, 동일 소방대상물의 발화점이 2개소 이상 있는 경우라도 지진, 낙뢰 등 자연현상에 의한 다발화재는 1건의 화재로 본다.

⑤ 동일범이 아닌 각기 다른 사람에 의한 방화, 불장난도 동일대상물에서 발생한 경우에는 1건의 화재로 한다.

3.

⑤ 동일범이 아닌 각기 다른 사람에 의한 방화, 불장난은 동일 대상물에서 발화했더라도 각각 별건의 화재로 한다.

✳ 2017년 간부

4 화재조사 시 건물의 동수 산정기준에 대한 설명 중 옳지 않은 것은?

① 구조에 관계없이 지붕 및 실이 하나로 연결되어 있는 것은 동일 동으로 본다.

② 건물의 외벽을 이용하여 실을 만들어 헛간, 목욕탕, 작업실, 사무실 및 기타 건물 용도로 사용하고 있는 것은 주건물과 별동으로 본다.

③ 목조 또는 내화조건물의 경우 격벽으로 방화구획이 되어 있는 경우도 동일 동으로 한다.

④ 독립된 건물과 건물 사이에 차광막, 비막이 등의 덮개를 설치하고 그 밑을 통로 등으로 사용하는 경우는 별동으로 한다.

⑤ 주요구조부가 하나로 연결되어 있는 것은 1동으로 한다. 다만, 건널복도 등으로 2이상의 동에 연결되어 있는 것은 그 부분을 절반으로 분리하여 각 동으로 본다.

4.

② 건물의 외벽을 이용하여 실을 만들어 헛간, 목욕탕, 작업실, 사무실 및 기타 건물 용도로 사용하고 있는 것은 주건물과 같은 동으로 본다.

Answer 3.⑤ 4.②

5 화재조사의 특징으로 볼수 없는 것은?

① 화재조사는 강제성을 지닌다.
② 화재조사는 신속성을 유지해야 한다.
③ 화재조사는 자율성을 요구한다.
④ 화재조사는 프리즘식으로 진행된다.

6 화재조사 시기로 적절한 것은?

① 출동시점
② 현장 도착시점
③ 초기진화가 완료된 후
④ 상황실에 신고가 접수된 시점

* 2018년 상반기

7 다음 화재조사의 용어 설명으로 옳은 것은?

① "최초착화"이란 연소가 확대되는데 있어 결정적 영향을 미친 가연물을 말한다
② "동력원"이란 발화에 관련된 불꽃 또는 열을 발생시킨 기기 또는 장치나 제품을 말한다
③ "발화요인"이란 발화의 최초원인이 된 불꽃 또는 열을 말한다
④ "잔가율"이란 화재 당시에 피해물의 재구입비에 대한 현재가의 비율을 말한다.

5.

화재조사 특징

현장성	화재조사에 필요한 정보들은 주로 현장에서 얻어진다.
신속성	시간이 경과하면 현장보존과 증거물 확보가 어려워지므로 신속성이 요구된다.
정밀과학성	화재조사가 체계적 · 기획적이며, 전문적이어야 한다.
보존성	화재조사에서 핵심적인 자료가 증거물이며, 증거물은 상태 그대로 보존되어야 한다.
안전성	화재현장은 항상 위험성이 도사리고 있으므로 조사 활동 중 안전사고에 대비하여야 한다.
강제성	관계인에 대하여 정확한 조사가 필요하므로 소방기본법 제30조(출입 · 조사등)의 규정에 의한 강제조사권이 명시되어 있다.
프리즘식진행	화재조사기관의 조사자나 그 조사에 응하는 관계인들의 시각과 주장이 각각 다르다.

6.

화재조사의 실시[소방의 화재조사에 관한 법률 제5조] 소방청장, 소방본부장 또는 소방서장(이하 "소방관서장"이라 한다)은 화재발생 사실을 알게 된 때에는 지체 없이 화재조사를 하여야 한다. 즉, 상황실에 신고가 접수된 시점을 말한다.

7.

① 최초착화물 : 발화열원에 의해 불이 붙고 이 물질을 통해 제어하기 힘든 화세로 발전한 가연물
② 동력원 : 발화관련 기기나 제품을 작동 또는 연소시킬 때 사용되어진 연료 또는 에너지
③ 발화요인 : 발화열원에 의하여 발화로 이어진 연소현상에 영향을 준 인적 · 물적 · 자연적인 요인

Answer 5.③ 6.④ 7.④

* 2019년 간부

8 「화재조사 및 보고규정」과 관련한 용어의 정의로 옳지 않은 것은?

① 감식 : 화재와 관계되는 물건의 형상, 구조, 재질, 성분, 성질 등 이와 관련된 모든 현상에 대하여 과학적 방법에 따라 필요한 실험을 행하고 그 결과를 근거로 화재원인을 밝히는 자료를 얻는 것

② 재구입비 : 화재 당시의 피해물과 같거나 비슷한 것을 재건축(설계 감리비 포함) 또는 재취득하는데 필요한 금액

③ 내용연수 : 고정자산을 경제적으로 사용할 수 있는 연수

④ 손해율 : 피해물의 종류, 손상 상태 및 정도에 따라 피해액을 적정화시키는 일정한 비율

⑤ 잔가율 : 화재 당시에 피해물의 재구입비에 대한 현재가의 비율

8.

① 감식 : 화재원인의 판정을 위하여 전문적인 지식, 기술 및 경험을 활용하여 주로 시각에 의한 종합적인 판단으로 구체적인 사실관계를 명확하게 규명하는 것

9 화재조사 용어 중 강소흔에 관한 설명으로 옳은 것은?

① 목재 등의 표면이 타 들어가 구갑상(龜甲狀)을 이루면서 탄화된 부분의 총 깊이

② 통전 상태에 있던 전선이 화재시의 열기로 인해 전선 피복이 타버리는 과정에서 전선의 심선이 서로 접촉될 때의 방전으로 생기는 용흔

③ 목재표면이 불의 영향을 강하게 받아 심하게 탄 흔적으로 약 900℃ 수준의 불에 탄목재 표면층에서 나타나는 균열흔

④ 가연물이 탈 때 발생하는 그을음 등의 입자가 공간 속을 흘러가며 물체 또는 공간 내 표면에 연기가 접촉해서 남겨 놓은 흔적

9.

목재표면의 균열흔(연소흔)의 형태

종류	온도	형태
완소흔	700 ~ 800℃	– 목재표면은 거북등(구갑상) 모양으로 갈라져 탄화 – 탄화홈이 얇고 사각 또는 삼각형 형태
강소흔	900℃	– 홈이 깊고 만두모양의 요철(계란판) 형태
열소흔	1100℃	– 홈이 가장 깊고 반원형 모양
훈소흔	–	– 출화부 부근 목재 표면에 남겨진 흔적

Answer 8.① 9.③

10 출화 가옥의 기둥, 벽 등은 발화부를 향하여 도괴되는 경향이 있으므로 이곳을 출화부로 추정하는 것을 무엇이라 하는가?

① 접염비교법
② 탄화심도비교법
③ 도괴방향법
④ 연소비교법

* 2022년

11 소방기관에서 실시하는 화재조사에 대한 일반적인 설명으로 옳지 않은 것은?

① 화재조사는 관계 공무원이 화재사실을 인지하는 즉시 실시한다.
② 화재조사는 강제성을 지니며, 프리즘식으로 진행한다.
③ 화재조사 시 건축 · 구조물 화재시 소실정도는 입체면적에 대한 비율을 적용하여 구분한다.
④ 화재원인조사에는 소방 · 방화시설의 조사는 포함되지 않는다.

* 2022년

12 화재피해조사 산정기준 중 동일 소방대상물로서 한 건의 화재로 취급하는 기준에 대한 설명으로 옳지 않은 것은?

① 한 곳에서 발생한 화재
② 누전점이 다른 2개소 이상에서 발생한 화재
③ 지진, 낙뢰 등 자연환경에 의해 발생한 여러 화재
④ 동일범에 의한 방화 또는 불장난으로 발생한 화재

10.

발화부 원인 추정법

도괴방향법	발화건물의 기둥, 벽, 건자재 등은 발화부 방향으로 도괴하는 경향이 있다.
연소상승법	화염은 서있는 가연물을 따라 상승하고 옆쪽과 밑으로는 연소속도가 대단히 완만하다.(V자 패턴 확인)
탄화심도법	탄화심도[목재표면이 거북등 모양(구갑상)으로 탄화된 깊이]는 발화부에 가까울수록 잘고 가늘어지는 경향이 있다.
주염흔(불꽃이 흘러간 흔적), 주연흔(연기가 흘러간 흔적) 확인법	천장의 수열흔적 또는 연기방향 흔적을 확인하는 방법
용융흔 확인법	유리 등 재료의 용융으로 화재시 온도 추정 – 균열 250℃ / 물러짐 650∼750℃ / 용융 850℃

11.

④ 화재원인조사에는 소방 · 방화시설의 조사는 포함된다.

12.

② 누전점이 동일한 누전에 의한 화재로 동일 소방대상물의 발화점이 2개소 이상 있는 경우 1건의 화재로 한다.

Answer 10.③ 11.④ 12.②

* 2023년

13 「화재조사 및 보고규정」에 관한 내용으로 옳지 않은 것은?

① 건물의 소실면적 산정은 소실 입체면적으로 산정한다.

② 건물의 소실정도에서의 반소는 건물의 30% 이상 70% 미만이 소실된 것을 말한다.

③ 건물 등 자산에 대한 최종잔가율은 건물·부대설비·구축물·가재도구는 20%로 하며, 그 이외의 자산은 10%로 정한다.

④ 발화일시의 결정은 관계인등의 화재발견 상황통보(인지) 시간 및 화재발생 건물의 구조, 재질 상태와 화기취급 등의 상황을 종합적으로 검토하여 결정한다. 다만, 자체진화 등 사후인지 화재로 그 결정이 곤란한 경우에는 발화시간을 추정할 수 있다.

13.

건물의 소실면적 산정은 소실 바닥면적으로 산정한다. 다만, 화재피해 범위가 건물의 6면 중 2면 이하인 경우에는 6면 중의 피해면적의 합에 5분의 1을 곱한 값을 소실면적으로 한다.

* 2024년

14 「소방의 화재조사에 관한 법률 시행령」상 화재감정기관의 지정기준에서 전문인력 중 주된 기술인력 기준으로 옳지 않은 것은?

① 국가기술자격의 직무분야 중 화재감식평가 분야의 기사 자격 취득 후 화재조사 관련 분야에서 5년 이상 근무한 사람

② 화재조사관 자격 취득 후 화재조사 관련 분야에서 5년 이상 근무한 사람

③ 이공계 분야의 박사학위 취득 후 화재조사 관련 분야에서 2년 이상 근무한 사람

④ 소방청장이 인정하는 화재조사 관련 국제자격증을 소지한 사람

14.

화재감정기관의 지정기준

가. 주된 기술인력: 다음의 어느 하나에 해당하는 사람을 2명 이상 보유할 것
  1) 「국가기술자격법」에 따른 국가기술자격의 직무분야 중 화재감식평가 분야의 기사 자격 취득 후화재조사관련 분야에서 5년 이상 근무한 사람
  2) 화재조사관 자격 취득 후화재조사관련 분야에서 5년 이상 근무한 사람
  3) 이공계 분야의 박사학위 취득 후화재조사관련 분야에서 2년 이상 근무한 사람

나. 보조 기술인력: 다음의 어느 하나에 해당하는 사람을 3명 이상 보유할 것
  1) 「국가기술자격법」에 따른 국가기술자격의 직무분야 중 화재감식평가 분야의 기사 또는 산업기사 자격을 취득한 사람
  2) 화재조사관 자격을 취득한 사람
  3) 소방청장이 인정하는 화재조사관련 국제자격증 소지자
  4) 이공계 분야의 석사 이상 학위 취득 후화재조사관련 분야에서 1년 이상 근무한 사람

Answer 13.① 14.④

※ 2024년

15 「소방의 화재조사에 관한 법률」 및 같은 법 시행령상 화재정보를 수집·관리할 때 활용하는 국가화재정보시스템의 운영에 관한 설명으로 옳은 것은?

① 시·도지사는 화재예방과 소방활동에 활용할 수 있는 국가 화재정보시스템을 구축해 운영하여야 한다.

② 국가화재정보시스템을 활용하여 수집·관리해야 하는 화재 정보는 화재원인, 화재피해상황, 화재유형별 화재위험성에 관한 사항 등이다.

③ 화재정보의 수집·관리 및 활용 등에 필요한 사항은 행정안전부령으로 정한다.

④ 국가화재정보시스템의 운영 및 활용 등에 필요한 사항은 시·도의 조례로 정한다.

15.

① 소방청장은 화재예방과 소방활동에 활용할 수 있는 국가 화재정보시스템을 구축해 운영하여야 한다.

③ 화재정보의 수집·관리 및 활용 등에 필요한 사항은 대통령령으로 정한다.

④ 국가화재정보시스템의 운영 및 활용 등에 필요한 사항은 소방청장이 정한다.

Answer 15.②

* 연도별 기출경향 *

[기출연도]	2012	2013	2014	2015	2016	2017	2018	2019	2020	2021	2022	2023	2024
문항수	6	9	1	3	2	5	5	3	2	2	5	4	4

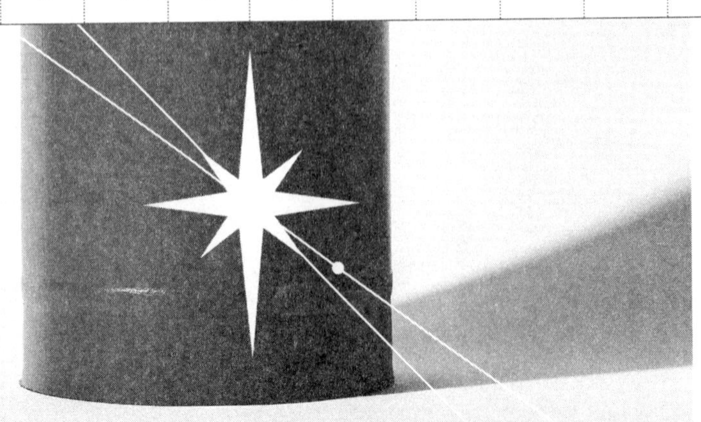

PART

08

위험물 성상

chapter

01 위험물 개요

1 위험물의 정의 2020 간부

(1) 「위험물안전관리법」에서는 『**인**화성 또는 **발**화성 등의 성질을 가지는 것으로서 **대**통령령이 정하는 물품』이라고 정의하고 있다. 여러 가지 위험성 중에서도 화재와 관련한 위험성만을 기준으로 위험물을 정의하고 있는 것이다.

(2) 물질 중 「위험물안전관리법」의 규제대상이 되는 물질의 상태는 액체 및 고체이다. 기체상의 물질도 위험성이 있는 것이 있으나 이는 「고압가스 안전관리법」 등 가스 관련법의 규제대상이 된다.

2 위험물의 분류 2017 2017 하반기 2019 2017 간부 2018 간부 2019 간부 2020 간부 2022 간부

구분	설명
제1류 위험물 (산화성 고체)	물질 자체는 연소하지 않지만 다른 물질을 강하게 산화시키는 성질을 가지고 있는 고체로서 가연물과 혼합할 때 가열, 충격, 마찰에 의해 분해하여 매우 강렬하게 연소를 일으키는 물질이다.
제2류 위험물 (가연성 고체)	불꽃에 의해 착화하기 쉬운 고체 또는 비교적 낮은 온도(섭씨 40도 미만)에서 인화하기 쉬운 고체로서 발화하기 쉽고, 연소가 빨라 소화가 곤란한 물질이다.
제3류위험물 (자연발화성 물질 및 금수성 물질)	고체 또는 액체로서 공기 중에서 발화의 위험이 있거나 물과 접촉하여 발화하거나 가연성 가스를 발생하는 위험성이 있는 물질이다.
제4류 위험물(인화성 액체)	액체로서 점화원에 의해 쉽게 인화가 되는 물질이다.
제5류 위험물 (자기반응성 물질)	고체 또는 액체로서 가열하면 분해하여 비교적 낮은 온도에서 다량의 열을 발생하거나 폭발적으로 반응하는 물질이다. 물질 자체에 산소를 포함하고 있어 조연성가스 없이도 연소가 일어난다.
제6류 위험물 (산화성 액체)	물질 자체는 연소하지 않는 액체이지만 가연물과 혼합하면 가연물의 연소를 촉진하는 물질이다.

개념원리 암기법

1. Ⓜ **일산이가 삼자금**에게 **사인**해달라하니 **오자기**~하며 **육산**빌딩으로 달려간다.
일산(1류 산화성 고체) 이가(2류 가연성 고체) 삼자금(3 자연발화성 물질 및 금수성 물질)에게 사인(4류 인화성 액체)해달라하니 오자기(5류 자기반응성 물질)~하며 육산(6류 산화성 액체)빌딩으로 달려간다.)
2. 1산고 2가고 3자금 4인액 5자반 6산액

위험물의 분류 및 지정수량〈위험물안전관리법 시행령 별표 1〉 2024 간부 2024

지정수량 : 위험물 종류별로 위험성을 고려하여 **대통령령**으로 정한 수량으로써 제조소 등의 설치허가 등 **최저기준**이 되는 수량

위험물			지정수량	위험등급
유별(성질)	품명			
제1류 산화성고체	1. **아**염소산염류 2. **염**소산염류 3. **과**염소산염류 4. **무**기과산화물(알칼리금속의 과산화물 등)	Ⓜ 아염과무 오	50킬로그램	Ⅰ
	5. **브**로민산염류 6. **질**산염류 7. **아**이오딘산염류	Ⓜ 브질아 삼	300킬로그램	Ⅱ
	8. **과**망가니즈산염류 9. **다**이크로뮴산염류	Ⓜ 과다 천	1,000킬로그램	Ⅲ
	10. **과**아이오딘산염류 **과**아이오드산 **크**로뮴, **납** 또는 **아**이오딘의 산화물 **아**질산염류 **차**아염소산염류(50kg, I) **염**소화아이소사이아누르산 **퍼**옥소이황산염류 **퍼**옥소붕산염류	Ⓜ 과과크납아 아차염퍼퍼 삼	300킬로그램	Ⅱ

유별	품명	구분	암기법	지정수량	위험등급
제2류 가연성고체	1. **황**화인		Ⓜ 백 황적황	100킬로그램	Ⅱ
	2. **적**린				
	3. **황**				
	4. **철**분		Ⓜ 오 철금마	500킬로그램	Ⅲ
	5. **금**속분				
	6. **마**그네슘				
	7. 그 밖에 행정안전부령으로 정하는 것 8. 제1호 내지 제7호의 1에 해당하는 어느 하나 이상을 함유한 것			100킬로그램 또는 500킬로그램	
	9. **인**화성 **고**체		Ⓜ 인고 천	1,000킬로그램	Ⅲ
제3류 자연발화성물질 및 금수성물질	1. **칼**륨		Ⓜ 칼나알킬알리 십	10킬로그램	Ⅰ
	2. **나**트륨				
	3. **알킬**알루미늄				
	4. **알**킬**리**튬				
	5. **황**린		Ⓜ 황이십	20킬로그램	
	6. **알칼**리금속(칼륨 및 나트륨을 제외) 및 알칼리**토**금속		Ⓜ 오 알칼토유기금	50킬로그램	Ⅱ
	7. **유기금**속화합물(알킬알루미늄 및 알킬리튬을 제외)				
	8. 금속의 **수**소화물		Ⓜ 수인탄 염소3마리	300킬로그램	Ⅲ
	9. 금속의 **인**화물				
	10. 칼슘 또는 알루미늄의 **탄**화물				
	11. **염소**화규소화합물				
제4류 인화성액체	1. **특**수인화물		Ⓜ 특일알이삼사동 오이사사 천둘둘사육만	50리터	Ⅰ
	2. 제**1**석유류	비수용성		200리터	Ⅱ
		수용성		400리터	
	3. **알**코올류			400리터	
	4. 제**2**석유류	비수용성		1,000리터	Ⅲ
		수용성		2,000리터	
	5. 제**3**석유류	비수용성		2,000리터	
		수용성		4,000리터	
	6. 제**4**석유류			6,000리터	
	7. **동**식물유류			10,000리터	

<table>
<tr><td rowspan="10">제5류 자기반응성물질
2023 간부</td><td>1. 유기과산화물</td><td rowspan="2">Ⓜ 텐(10) 유질</td><td rowspan="2">10킬로그램</td><td rowspan="2">Ⅰ</td></tr>
<tr><td>2. 질산에스테르류</td></tr>
<tr><td>3. 나트로화합물</td><td rowspan="5">Ⓜ
나트로/아조
다아조/하드라
200마리</td><td rowspan="5">200킬로그램</td><td rowspan="8">Ⅱ</td></tr>
<tr><td>4. 나트로소화합물</td></tr>
<tr><td>5. 아조화합물</td></tr>
<tr><td>6. 다아조화합물</td></tr>
<tr><td>7. 하드라진 유도체</td></tr>
<tr><td>8. 하드록실아민</td><td rowspan="2">Ⓜ 백 하드록</td><td rowspan="2">100킬로그램</td></tr>
<tr><td>9. 하드록실아민염류</td></tr>
<tr><td>10. 금속의 아지화합물
질산구아니딘</td><td>Ⓜ 금송아지 200킬로</td><td>200킬로그램</td></tr>
<tr><td rowspan="5">제6류 산화성액체</td><td>1. 과염소산</td><td rowspan="4">Ⓜ 과과질할 삼</td><td rowspan="4">300킬로그램</td><td rowspan="4">Ⅰ</td></tr>
<tr><td>2. 과산화수소</td></tr>
<tr><td>3. 질산</td></tr>
<tr><td>4. 할로젠간화합물</td></tr>
<tr><td colspan="2">5. 제1호 내지 제4호의 1에 해당하는 어느 하나 이상을 함유한 것</td><td colspan="2">300킬로그램</td></tr>
</table>

■ 비고

1. 산화성고체 🔥🔥 2022 간부

1) **고**체 [액체(1기압 및 섭씨 20도에서 액상인 것 또는 섭씨 20도 초과 섭씨 40도 이하에서 액상인 것을 말한다.) 또는 **기**체(1기압 및 섭씨 20도에서 기상인 것을 말한다)외의 것을 말한다.] 로서 **산**화력의 **잠**재적인 **위**험성 또는 **충**격에 대한 **민**감성을 판단하기 위하여 소방청장이 정하여 고시하는 시험에서 고시로 정하는 성질과 상태를 나타내는 것을 말한다. (Ⓜ **고기 산잠위충민**)
2) 액상이라 함은 수직으로 된 시험관(**안**지름 **30**밀리미터, **높**이 **120**밀리미터의 원통형 유리관을 말한다)에 시료를 **55**밀리미터까지 채운 다음 당해 시험관을 수평으로 하였을 때 시료액면의 선단이 **30**밀리미터를 **이**동하는데 걸리는 시간이 **90**초 이내에 있는 것을 말한다. (Ⓜ **안3 노빌리(12) 오오(55)수 삼공(30)이 구공(90)**)

※ 90초 이내 – 액체, 90초 이상 – 고체

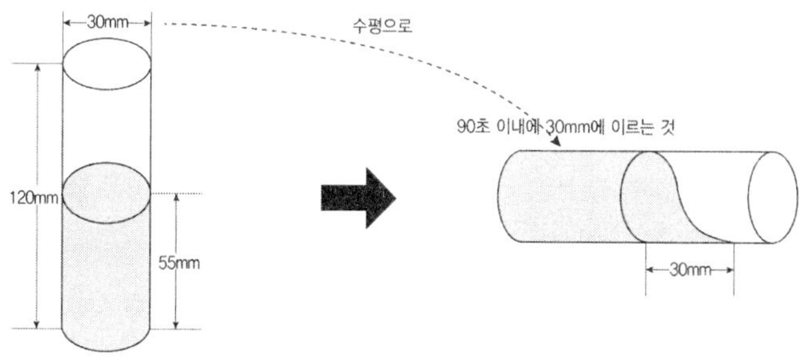

2. **가**연성고체 🔥🔥🔥 (Ⓜ 가고 화발 위인 고시) 2023 간부

고체로서 **화**염에 의한 **발**화의 **위**험성 또는 **인**화의 위험성을 판단하기 위하여 **고시**로 정하는 시험에서 고시로 정하는 성질과 상태를 나타내는 것을 말한다.

황	**순**도가 60중량퍼센트 이**상**인 것을 말한다. 이 경우 순도측정에 있어서 불순물은 **활**석 등 **불**연성물질과 수분에 한한다. (Ⓜ 유황순 육(60)상 활불)
철분	철의 분말로서 **53**마이크로미터의 표준체를 통과하는 것이 **50**중량퍼센트 **미**만인 것은 **제**외한다. (Ⓜ 철오삼(53) 오(5)미제)
금속분	알칼리금속 · 알칼리토류금속 · 철 및 마그네슘 외의 금속의 분말을 말하고, **구**리분 · **니**켈분 및 **150**마이크로미터의 체를 통과하는 것이 **50**중량퍼센트 **미**만인 것은 **제**외한다. (Ⓜ 구니 씹오(15) 오(5)미제)
마그네슘	1) **2**밀리미터의 **체**를 **통**과하지 **아니**하는 **덩어리** 상태의 것 2) 지름 **2**밀리미터 이**상**의 **막**대 모양의 것 (Ⓜ 마 이(2)체통 불(아니)덩어리/ 이(2)상막)
인화성고체	**고**형알코올 그 밖에 1기압에서 인화점이 섭씨 **40**도 **미**만인 고체를 말한다. (Ⓜ 인고사미)

3. 자연발화성물질 및 금수성물질 2023 간부

고체 또는 액체로서 공기 중에서 발화의 위험성이 있거나 물과 접촉하여 발화하거나 가연성가스를 발생하는 위험성이 있는 것을 말한다.

4. 인화성액체 🔥🔥🔥

액체(제3석유류, 제4석유류 및 동식물유류의 경우 1기압과 섭씨 20도에서 액체인 것만 해당한다)로서 인화의 위험성이 있는 것을 말한다. 다만, 다음 각 목의 어느 하나에 해당하는 것을 법 제20조 제1항의 중요기준과 세부기준에 따른 운반용기를 사용하여 운반하거나 저장(진열 및 판매를 포함한다)하는 경우는 제외한다.

1) 화장품 중 인화성액체를 포함하고 있는 것
2) 의약품 중 인화성액체를 포함하고 있는 것
3) 의약외품(알코올류에 해당하는 것은 제외) 중 수용성인 인화성액체를 50부피퍼센트 이하로 포함하고 있는 것
4) 체외진단용 의료기기 중 인화성액체를 포함하고 있는 것
5) 안전확인대상생활화학제품(알코올류에 해당하는 것은 제외한다) 중 수용성인 인화성액체를 50부피퍼센트 이하로 포함하고 있는 것

특수인화물	이황화탄소, 디에틸에테르 그 밖에 1기압에서 **발**화점이 섭씨 **100**도 이하인 것 또는 **인**화점이 섭씨 영하 **20**도 이하이고 **비**점이 섭씨 **40**도 이하인 것을 말한다. (Ⓜ 박(발)인비 124타)
제1석유류	아세톤, 휘발유 그 밖에 1기압에서 인화점이 섭씨 21도 미만인 것을 말한다.
알코올류	1분자를 구성하는 탄소원자의 수가 1개부터 3개까지인 포화1가 알코올(변성알코올을 포함한다)을 말한다. 다만, 다음의 어느 하나에 해당하는 것은 제외한다. ① 1분자를 구성하는 탄소원자의 수가 1개 내지 3개의 포화1가 알코올의 함유량이 60중량퍼센트 미만인 수용액 ② 가연성액체량이 60중량퍼센트 미만이고 인화점 및 연소점(태그개방식인화점측정기에 의한 연소점을 말한다.)이 에틸알코올 60중량퍼센트 수용액의 인화점 및 연소점을 초과하는 것
제2석유류	등유, 경유 그 밖에 1기압에서 인화점이 섭씨 21도 이상 70도 미만인 것을 말한다. 다만, 도료류 그 밖의 물품에 있어서 가연성 액체량이 40중량퍼센트 이하이면서 인화점이 섭씨 40도 이상인 동시에 연소점이 섭씨 60도 이상인 것은 제외한다.
제3석유류	중유, 클레오소트유 그 밖에 1기압에서 인화점이 섭씨 70도 이상 섭씨 200도 미만인 것을 말한다. 다만, 도료류 그 밖의 물품은 가연성 액체량이 40중량퍼센트 이하인 것은 제외한다.
제4석유류	기어유, 실린더유 그 밖에 1기압에서 인화점이 섭씨 200도 이상 섭씨 250도 미만의 것을 말한다. 다만 도료류 그 밖의 물품은 가연성 액체량이 40중량퍼센트 이하인 것은 제외한다.
동식물유류	동물의 지육(枝肉 : 머리, 내장, 다리를 잘라 내고 아직 부위별로 나누지 않은 고기를 말한다) 등 또는 식물의 종자나 과육으로부터 추출한 것으로서 1기압에서 인화점이 섭씨 250도 미만인 것을 말한다.

개념원리 인화성 액체의 구분

구분	발화점	인화점	비점
특수인화물	100 ℃ 이하	20 ℃ 이하	40 ℃ 이하
제1석유류	기준없음	21 ℃ 미만	기준없음
제2석유류		21 ℃ 이상 ~ 70 ℃ 미만	
제3석유류		70 ℃ 이상 ~ 200 ℃ 미만	
제4석유류		200 ℃ 이상 ~ 250 ℃ 미만	
동식물유류		동식물성 기름 250 ℃ 미만	
알코올류	• 1분자를 구성하는 탄소원자의 수가 1개부터 3개까지인 포화1가 알코올 • 변성알코올을 포함		

5. 자기반응성물질 (Ⓜ **고액폭격고시)**

고체 또는 **액**체로서 **폭**발의 위험성 또는 가열분해의 격렬함을 판단하기 위하여 고시로 정하는 시험에서 고시로 정하는 성질과 상태를 나타내는 것을 말한다.

6. 산화성액체 (Ⓜ **액산잠위고시)**

액체로서 **산**화력의 **잠**재적인 **위**험성을 판단하기 위하여 **고시**로 정하는 시험에서 고시로 정하는 성질과 상태를 나타내는 것을 말한다. (Ⓜ **과삼육(36), 질싸구(49))**

1) **과**산화수소는 그 농도가 **36**중량퍼센트 이상인 것에 한한다.

2) **질**산은 그 비중이 1.**49** 이상인 것에 한한다.

chapter

01 출제예상문제

* 2019년

1 「위험물안전관리법 시행령」상 위험물 및 지정수량이 올바르게 짝지어진 것은?

	유별	품명	지정수량
①	제1류	과망가니산염류	300kg
②	제2류	마그네슘	100kg
③	제3류	과염소산	300kg
④	제4류	알코올류	200kg
⑤	제5류	유기과산화물	10kg

1.

① 제1류 과망가니즈산염류 : 1,000kg
② 제2류 마그네슘 : 500kg
③ 제6류 과염소산 : 300kg
④ 제4류 알코올류 : 400ℓ

* 2019년

2 위험물의 종류에 따른 일반적 성상을 나타낸 것으로 옳은 것은?

① 산화성 고체는 환원성 물질이며 황린과 철분을 포함한다.
② 인화성 액체는 전기 전도체이며 휘발유와 등유를 포함한다.
③ 가연성 고체는 불연성 물질이며 질산염류와 무기과산화물을 포함한다.
④ 자기반응성 물질은 연소 또는 폭발을 일으킬 수 있는 물질이며 유기과산화물, 질산에스테르류를 포함한다.

2.

① 철분은 가연성고체이며, 황린은 자연발화성물질이다.
② 인화성 액체는 전기 부도체이며 휘발유와 등유를 포함한다.
③ 산화성 고체는 불연성물질이며, 질산염류와 무기과산화물을 포함한다.

* 2019년

3 위험물 지정수량이 다른 하나는?

① 탄화칼슘
② 과염소산
③ 마그네슘
④ 금속의 인화물

3.

① 탄화칼슘 : 300kg(제3류 금수성물질)
② 과염소산 : 300kg(제6류 산화성액체)
③ 마그네슘 : 500kg(제2류 가연성고체)
④ 금속의 인화물 : 300kg(제3류 금수성물질)

Answer 1.⑤ 2.④ 3.③

* 2018년 간부

4 「위험물안전관리법」상 제5류 위험물의 품명 및 지정수량으로 옳게 연결된 것은?

① 유기과산화물 – 10kg

② 질산에스테르류 – 20kg

③ 나트로화합물 – 100kg

④ 나트로소화합물 – 100kg

⑤ 아조화합물 – 300kg

* 2017년

5 위험물에 대한 설명으로 옳지 않은 것은?

① 제1류 위험물 – 불연성 물질로서 가열, 충격에 의해 산소를 방출하는 강산화성 고체이다.

② 제2류 위험물 – 마그네슘, 황, 적린은 주수에 의한 냉각소화가 가능하다.

③ 제3류 위험물 – 자연발화의 위험성이 있는 것을 말한다.

④ 제5류 위험물 – 자기 자신이 산소를 함유하고 있는 자기반응성 물질이다.

* 2017년 간부

6 위험물의 유별 특성에 대한 설명으로 옳지 않은 것은?

① 제1류 위험물은 인화성액체로 인화위험이 높고, 비교적 발화점이 낮으며 증기비중이 공기보다 무겁다.

② 제2류 위험물은 가연성 고체로 비교적 낮은 온도에서 착화하기 쉬운 환원성 물질이다.

③ 제3류 위험물은 자연발화성 및 금수성 물질로 자연발화성 물질 및 물과 반응하여 가연성 가스를 발생하는 물질이다.

④ 제5류 위험물은 자기반응성 물질로 외부로 부터 산소의 공급 없이도 가열, 충격 등에 의해 연소 폭발을 일으키는 물질이다.

⑤ 제6류 위험물은 산화성 액체로 불연성이지만 산화성이 커서 다른 물질의 연소를 돕는다.

4.

제5류 자기반응성물질

품명	지정수량
1. **유**기과산화물	10킬로그램
2. **질**산에스테르류	
3. **나트로**화합물	200킬로그램
4. **나트로**소화합물	
5. **아조**화합물	
6. **나아조**화합물	
7. **하드라진** 유도체	
8. **하드록**실아민	100킬로그램
9. **하드록**실아민염류	
10. **금속의 아지**화합물 질산구아니딘	200킬로그램

5.

② 철분, 금속분, 마그네슘은 마른 모래, 건조분말, 금속화재용 분말 소화약제를 사용하여 질식소화한다. 적린, 유황, 인화성 고체는 물을 이용한 냉각소화가 적당하다.

6.

① 제1류 위험물은 산화성고체로 불연성이지만 조연성의 성질이 있어서 다른 물질의 연소속도를 빠르게 한다.

Answer 4.① 5.② 6.①

* 2017년 하반기

7 다음 중 위험물의 지정수량으로 옳은 것은?

① 다이크로뮴산염류 – 10kg
② 알킬리튬 – 10kg
③ 나트로화합물 – 100kg
④ 질산 – 100kg

7.

① 다이크로뮴산염류 - 1,000kg
③ 나트로화합물 - 200kg
④ 질산 - 300kg

8 위험물안전관리법령상 위험물 및 지정수량에 대한 기준 중 다음 ( )안에 알맞은 것은?

> 금속분이라 함은 알칼리금속 · 알칼리토류금속 · 철 및 마그네슘외의 금속의 분말을 말하고, 구리분 · 니켈분 및 (㉠)마이크로미터의 체를 통과하는 것이 (㉡)중량퍼센트 미만인 것은 제외한다.

① ㉠ 150, ㉡ 50
② ㉠ 53 ㉡ 50
③ ㉠ 50, ㉡ 150
④ ㉠ 50, ㉡ 53

8.

가연성고체

금속분	알칼리금속 · 알칼리토류금속 · 철 및 마그네슘 외의 금속의 분말을 말하고, **구**리분 · **니**켈분 및 **150**마이크로미터의 체를 통과하는 것이 **50**중량퍼센트 **미**만인 것은 **제**외한다.

9 위험물안전관리법령에서 정하는 위험물의 한계에 대한 정의로 틀린 것은?

① 황은 순도가 60 중량퍼센트 이상인 것
② 인화성고체는 고형알코올 그 밖에 1기압에서 인화점이 섭씨 40도 미만인 고객
③ 과산화수소는 그 농도가 35 중량퍼센트 이상인 것
④ 제1석유류는 아세톤, 휘발유 그 밖에 1기압에서 인화점이 섭씨 21도 미만인 것

9.

③ 과산화수소는 그 농도가 36중량퍼센트 이상인 것에 한한다.

Answer 7.② 8.① 9.③

※ 2022년 간부

10 「위험물안전관리법 시행령」상 유별 위험물의 품명과 지정수량을 옳게 연결한 것은?

	유별	품명	지정수량
①	제1류	적린, 황, 마그네슘	100kg
②	제2류	알킬알루미늄, 유기과산화물	10kg
③	제3류	제4석유류	10,000l
④	제4류	하드록실아민, 하드록실아민염류	100kg
⑤	제5류	과염소산염류, 나트륨	200kg

※ 2022년 간부

11 「위험물안전관리법 시행령」상 제1류 위험물에 관한 내용이다. ( ) 안에 들어갈 내용으로 옳은 것은?

> 고체로서 (㉠)의 잠재적인 위험성 또는 (㉡)에 대한 민감성을 판단하기 위하여 소방청장이 정하여 고시하는 시험에서 고시로 정하는 성질과 상태를 나타내는 것을 말한다.

① 폭발력, 발화　② 산화력, 충격
③ 환원력, 분해　④ 산화력, 폭발
⑤ 환원력, 연소

※ 2024년

12 「위험물안전관리법」 및 같은 법 시행령, 시행규칙상 위험물의 지정수량과 위험등급의 연결이 옳지 않은 것은?

① 황린— 20 kg —Ⅰ등급
② 마그네슘 — 500 kg — Ⅲ등급
③ 유기과산화물 — 10 kg —Ⅰ등급
④ 과염소산 — 300 kg —Ⅱ등급

10.

① 제2류 – 적린(100kg), 황(100kg), 마그네슘(500kg)
② 제3류 – 알킬알루미늄(10kg),
제5류 – 유기과산화물(10kg)
③ 제4류 – 제4석유류(6,000ℓ)
④ 제1류 – 과염소산염류(50kg)
제3류 – 나트륨(10kg)

11.

산화성고체
고체로서 산화력의 잠재적인 위험성 또는 충격에 대한 민감성을 판단하기 위하여 소방청장이 정하여 고시하는 시험에서 고시로 정하는 성질과 상태를 나타내는 것을 말한다.

12.

<table>
<tr><td rowspan="5">제6류
산화성
액체</td><td>1. 과염소산</td><td rowspan="4">Ⓜ 과과
질할 삼</td><td rowspan="4">300
킬로
그램</td><td rowspan="5">1</td></tr>
<tr><td>2. 과산화수소</td></tr>
<tr><td>3. 질산</td></tr>
<tr><td>4. 할로젠간화합물</td></tr>
<tr><td colspan="2">5. 제1호 내지 제4호의 1에 해당하는 어느 하나 이상을 함유한 것</td><td>300
킬로
그램</td></tr>
</table>

Answer 10.⑤ 11.② 12.④

chapter

02 제1류 위험물(산화성 고체)

❶ 산화성 고체란

산화성 고체란 고체로서 제6류 위험물인 산화성 액체와 더불어 자신은 불연성이지만 조연성의 성질이 있어서 연소 속도를 빠르게 하기 때문에 「위험물안전관리법」 상 위험물로 분류하여 관리하고 있다.

❷ 산화성 고체의 종류 및 지정수량 2018 상반기 (Ⓜ 아염과무 오/ 브질요 삼/ 과중 천/ 과과크납요아차염퍼퍼 삼)

품명	지정수량	설명
1. 아염소산염류	50kg	아염소산($HClO_2$)의 수소가 금속 또는 양성원자단으로 치환된 화합물
2. 염소산염류	50kg	염소산($HClO_3$)의 수소가 금속 또는 양성원자단으로 치환된 화합물
3. 과염소산염류	50kg	과염소산($HClO_4$)의 수소가 금속 또는 양성원자단으로 치환된 화합물
4. 무기과산화물	50kg	알칼리금속의 과산화물, 알칼리토금속의 과산화물 등
5. 브로민산염류	300kg	브로민산($HBrO_3$)의 수소가 금속 또는 양성원자단으로 치환된 화합물
6. 질산염류	300kg	질산(HNO_3)의 수소가 금속 또는 양성원자단으로 치환된 화합물
7. 아이오딘산염류	300kg	아이오딘산(HIO_3)의 수소가 금속 또는 양성원자단으로 치환된 화합물
8. 과망가니즈산염류	1,000kg	과망가니즈산($HMnO_4$)의 수소가 금속 또는 양성원자단으로 치환된 화합물
9. 다이크로뮴산염류	1,000kg	다이크로뮴산($H_2Cr_2O_7$)의 수소가 금속 또는 양성원자단으로 치환된 화합물
10. 그 밖에 행정안전부령이 정하는 것	50kg	차아염소산염류(하이포아염소산염류)
	300kg	과아이오딘산염류 과아이오딘산 크로뮴, 납 또는 아이오딘산의 산화물 아질산염류 차아염소산염류(50kg, I) 염소화아이소사이아누르산 퍼옥소이황산염류 퍼옥소붕산염류
11. 위의 어느 하나 이상을 함유한 것	50kg, 300kg 또는 1,000kg	

③ 일반성질 🔥🔥🔥 2017 하반기 2018 2023

① 대부분 산소를 포함하는 무기 화합물이다.(염소화이소시아눌산은 제외)

② 대부분이 무색결정이거나 백색분말이다.

③ 비중이 1보다 크고 대부분 물에 잘 녹는 수용성이다.

④ 불연성 물질이지만 가연성 물질의 연소를 돕는다. (지연성, 조연성)

⑤ 가열, 충격, 마찰 등으로 분해하여 O_2를 발생한다. (강산화제)

⑥ 조해성이 있는 것도 있다. (공기 중에 노출되어 있는 고체가 수분을 흡수하여 녹는 현상)

⑦ 단독으로 분해 폭발하는 경우는 적지만 가연물이 혼합되어 있을 때는 연소 · 폭발한다.

⑧ 무기과산화물, 퍼옥소붕산염류 등은 물과 반응하여 O_2를 방출하고 발열한다. 특히 알칼리금속의 과산화물은 물과 격렬히 반응 · 발열한다.

④ 저장 및 취급 방법

① 가열금지, 화기엄금, 직사광선차단, 충격 · 타격 · 마찰 금지

② 대부분 조해성을 가지므로 습기 등에 주의하며 밀폐용기에 저장할 것

③ 공기, 습기, 물, 가연성 물질과 혼합 · 혼재 금지

④ 무기과산화물(알칼리금속의 과산화물 및 이를 함유한 것)에 있어서는 물과의 접촉 금지

⑤ 강산과의 접촉 및 타류 위험물과 혼재금지

⑥ 통풍이 잘되는 차가운 곳에 저장할 것

⑤ 화재진압방법

① 무기과산화물(알칼리금속의 과산화물 및 이를 함유한 것)은 물을 절대로 사용하여서는 안 된다. 초기단계에서 탄산수소염류 등을 사용한 분말소화기, 마른모래 또는 소화질석을 사용한 질식소화가 유효하다.

② 폭발위험이 크므로 충분한 안전거리를 확보하고 보호장비를 착용하여야 한다.

③ 가연물과 격리하는 것이 우선이며, 격리가 곤란한 경우 물과 급격히 반응하지 않는 것은 다량의 물로 냉각소화가 가능하다.

④ 소화잔수도 산화성이 있어 오염 후 건조된 가연물은 발화할 수 있다.

❻ 무기과산화물

① 알칼리금속의 과산화물(과산화칼륨, 과산화나트륨)

	종류	물과의 반응식
물 반응식	과산화칼륨	$2K_2O_2 + 2H_2O \rightarrow 4KOH + O_2$
	과산화나트륨	$2Na_2O_2 + 2H_2O \rightarrow 4NaOH + O_2$

② 알칼리토금속(알칼리금속 외)의 과산화물(과산화칼슘, 과산화바륨, 과산화마그네슘)

	종류	물과의 반응식
물 반응식	과산화칼슘	$2CaO_2 + 2H_2O \rightarrow 2Ca(OH)_2 + O_2$
	과산화바륨	$2BaO_2 + 2H_2O \rightarrow 2Ba(OH)_2 + O_2$
	과산화마그네슘	$2MgO_2 + 2H_2O \rightarrow 2Mg(OH)_2 + O_2$

chapter

02 출제예상문제

✳ 2018년

1 제1류 위험물의 일반적 성질에 대한 설명으로 옳지 않은 것은?

① 불연성 물질이다.
② 강력한 환원제이다.
③ 대부분 무기화합물이다.
④ 다른 가연물의 연소를 돕는 지연성 물질이다.

1.
② 강력한 산화제이다.

✳ 2018년 상반기

2 다음은 염소산염류에 대한 설명이다. 옳지 않은 것은?

① 1류 위험물에 해당한다.
② 지정수량은 50kg이다.
③ 산화성액체이다.
④ 가열 · 충격 · 강산과의 혼합으로 폭발한다

2.
③ 산화성 고체이다.

✳ 2017년 하반기

3 다음 중 1류 위험물에 대한 설명으로 가장 옳은 것은?

① 산화성 고체이며 대부분 물에 잘 녹는다.
② 가연성 고체로써 강산화제로 작용을 한다.
③ 무기과산화물은 물 주수를 통한 냉각소화가 적합하다.
④ 과산화수소, 과염소산, 질산, 유기과산화물이 1류 위험물에 해당한다.

3.
② 가연성 고체로써 강산화제로 작용을 한다. – 제2류
③ 무기과산화물(알칼리금속의 과산화물 및 이를 함유한 것)은 물을 절대로 사용하여서는 안 된다. 초기단계에서 탄산수소염류 등을 사용한 분말소화기, 마른모래 또는 소화질석을 사용한 질식소화가 유효하다.
④ 과산화수소, 과염소산, 질산은 제6류 위험물이며, 유기과산화물은 제5류 위험물이다.

Answer 1.② 2.③ 3.①

chapter

03 제2류 위험물(가연성 고체)

1 가연성 고체

가연성 고체란 고체로서 다른 가연물에 비해 착화온도가 낮아 저온에서 발화가 용이하며 연소속도가 빠르고 연소 시 다량의 빛과 열을 발생한다. 일부 가연성 고체류에 대해서는 입자의 크기에 대한 규정이 있는데 이것은 큰 덩어리로 되어 있을 경우에는 화재의 위험이 적지만, 미세한 가루 또는 박 모양일 경우 비표면적의 증가로 공기와 혼합 및 열전도가 적어 열의 축적이 쉬워져 발화의 위험성이 증가하기 때문이다.

2 가연성고체의 종류 및 지정수량 (Ⓜ 백 황유황/ 오 철금마/ 인고 천)

품명	지정수량	설명
1. 황화인	100kg	황(S)과 적린(P)의 화합물, 삼황화인(P_4S_3), 오황화인(P_2S_5), 칠황화인(P_4S_7)
2. 적린	100kg	성냥의 원료인 붉은인(P)
3. 황	100kg	순도가 60 wt% 이상인 황(S)
4. 철분	500kg	철의 분말(Fe), (53㎛의 표준체를 통과하는 것이 50wt% 이상인 것)
5. 금속분	500kg	알칼리금속 · 알칼리토금속 · 철 · 마그네슘 외의 금속분말(구리분 · 니켈분 및 150㎛의 체를 통과하는 것이 50wt% 미만인 것은 제외)
6. 마그네슘	500kg	Mg(2㎜의 체를 통과하지 아니하는 덩어리 상태의 것과 직경 2㎜ 이상의 막대 모양의 것은 제외)
7. 그 밖에 행정안전부령이 정하는 것	100kg 또는 500kg	
8. 위의 어느 하나 이상을 함유한 것		
9. 인화성 고체	1,000kg	고형알코올, 1기압에서 인화점이 40℃ 미만인 고체

3 일반성질 (Ⓜ 낮모산철비) 2023

① **비**중이 1보다 크며 물에 녹지 않는다. (상온에서 고체)

② 대부분 무기화합물이며, 산화되기 쉽다.

③ **모**두 산소를 함유하고 있지 않은 강한 환원성 물질(환원제)이다.

④ **낮**은 온도에서 착화하기 쉽고, 연소속도가 빠르며 연소열이 큰 고체이다.

⑤ **산**소와의 결합이 용이하고, 저농도의 산소 농도에서도 잘 연소한다. (LOI 가 낮다)
(한계산소지수(Limited Oxygen Index, LOI) : 연소를 계속 유지시킬 수 있는 산소의 최저체적농도)

⑥ **철**분, 금속분, 마그네슘은 물과 산의 접촉으로 수소가스를 발생하고 발열한다. 특히, 금속분은 습기와 접촉할 때 조건이 맞으면 자연발화의 위험이 있다.

⑦ 산화제와 혼합한 것은 가열, 충격, 마찰에 의해 발화 또는 폭발위험이 있다.

⑧ 황가루, 철분, 금속분은 밀폐된 공간 내에서 부유할 때 분진폭발의 위험이 있다.

⑨ 연소 시 다량의 유독가스를 발생하고 금속분 화재인 경우 물을 뿌리면 오히려 수소가스가 발생하여 2차 재해를 가져온다.

4 저장 및 취급방법

① 화기엄금, 가열엄금, 고온체와 접촉방지

② 강산화성 물질(제1류 위험물 또는 제6류 위험물)과 혼합을 피한다.

③ 철분, 금속분, 마그네슘분의 경우는 물 또는 산과의 접촉을 피한다.

④ 저장용기를 밀폐하고 위험물의 누출을 방지하여 통풍이 잘 되는 냉암소(冷暗所)에 저장한다.

5 화재진압방법 2024

① 황화인은 CO_2, 마른 모래, 건조분말에 의한 질식소화를 한다.

② 철분, 금속분, 마그네슘은 마른 모래, 건조분말, 금속화재용 분말 소화약제를 사용하여 질식소화한다.

③ 적린, 황, 인화성 고체는 물을 이용한 냉각소화가 적당하다.

④ 제2류 위험물 화재 시는 다량의 열과 유독성의 연기를 발생하므로 반드시 방호복과 공기호흡기를 착용하여야한다.

⑤ 분진폭발이 우려되는 경우는 충분히 안전거리를 확보한다.

chapter

03 출제예상문제

1 고형알코올 그 밖에 1기압 상태에서 인화점이 40℃ 미만인 고체에 해당하는 것은?

① 가연성고체
② 산화성고체
③ 인화성고체
④ 자연발화성물질

2 황린, 적린이 서로 동소체라는 것을 증명하는 데 가장 효과적인 것은?

① 비중을 비교한다.
② 착화점을 비교한다.
③ 유기용제에 대한 용해도를 비교한다.
④ 연소생성물을 확인한다.

1.

인화성 고체 : 제2류 위험물 가연성고체에 해당하며, 고형알코올 그 밖에 1기압에서 인화점이 섭씨 40도 미만인 고체를 말한다.

2.

동소체 : 같은 종류의 원소로 구성되어 있지만 분자식이나 구조가 다른 물질을 말한다. 이들은 같은 화학조성을 가지지만 원자의 배열상태나 결합 양식이 다르다. 따라서 연소생성물로 동소체임을 확인할 수 있다.

Answer 1.③ 2.④

chapter

04 제3류 위험물(자연발화성 물질 및 금수성 물질)

❶ 자연발화성 및 금수성 물질

자연발화성 물질이란 공기 중에서 발화의 위험성이 있는 것을 말하고, 금수성 물질이란 물과 접촉하여 발화하거나 가연성 가스를 발생시킬 위험성이 있는 물질을 말한다.

제3류 위험물은 대부분 자연발화성과 금수성을 모두 갖고 있으나, 황린은 금수성이 없는 자연발화성 물질이며, 알칼리금속(K, Na 제외)과 알칼리토금속은 자연발화성이 없는 금수성 물질이다.

❷ 자연발화성 및 금수성 물질의 종류 및 지정수량 (Ⓜ 칼나알칼알리 십/ 황 이십/ 오 알칼토유기금/ 수인탄 염소 3마리)

품명	지정수량	설명
1. 칼륨	10kg	K
2. 나트륨	10kg	Na
3. 알킬알루미늄	10kg	알킬기 (C_nH_{2n+1}, R)와 알루미늄(Al)의 화합물
4. 알킬리튬	10kg	알킬기 (C_nH_{2n+1}, R)와 리튬(Li)의 화합물
5. 황린	20kg	P_4
6. 알칼리금속 및 알칼리토금속 (나트륨, 칼륨, 마그네슘은 제외)	50kg	Li, Rb, Cs, Fr, Be, Ca, Sr, Ba, Ra
7. 유기금속화합물 (알킬알루미늄 및 알킬리튬은 제외)	50kg	알킬기(C_nH_{2n+1})와 아닐기(C_6H_5-)등 탄화수소와 금속원자가 결합된 화합물, 즉, 탄소–금속 사이에 치환결합을 갖는 화합물
8. 금속의 수소화물	300kg	수소(H)와 금속원소의 화합물
9. 금속의 인화물	300kg	인(P)과 금속원소의 화합물
10. 칼슘 또는 알루미늄의 탄화물	300kg	칼슘(Ca)의 탄화물 또는 알루미늄(Al)의 탄화물
11. 그 밖에 행정안전부령이 정하는 것	300kg	염소화규소화합물(염화규소)
12. 위의 어느 하나 이상을 함유한 것	10kg, 20kg, 50kg, 또는 300kg	

3 일반성질 🔥🔥🔥 2023

① 무기화합물과 유기화합물로 구성되어 있다.

② 대부분이 고체이다. (단, 알킬알루미늄, 알킬리튬은 고체 또는 액체이다)

③ 칼륨(K), 나트륨(Na), 알킬알루미늄(RAl), 알킬리튬(RLi)을 제외하고 물보다 무겁다.

④ 물과 반응하여 가연성가스를 발생한다. (황린 제외)

⑤ 칼륨, 나트륨, 알칼리금속, 알칼리토금속은 보호액(석유)속에 보관한다.

⑥ 알킬알루미늄, 알킬리튬은 물 또는 공기와 접촉하면 폭발한다.(용기는 완전밀봉하여 불연성가스 봉입저장하며, 벤젠, 헥산등 희석제 첨가)

⑦ 황린은 공기와 접촉하면 자연발화 한다. (pH9의 물 속에 저장)

⑧ 가열 또는 강산화성 물질, 강산류와 접촉으로 위험성이 증가한다.

⑨ 황린(자연발화성)을 제외한 금수성 물질은 물과 반응하여 가연성 가스(수소, 아세틸렌, 포스핀)를 발생하고 발열한다.

4 저장 및 취급방법

① 용기는 완전히 밀폐하고 금수성 물질로서 공기 또는 수분과의 접촉을 방지하여야 한다.

② 제1류 위험물, 제6류 위험물 등 산화성 물질과 강산류와의 접촉을 방지한다.

③ 용기가 가열되지 않도록 하고 보호액에 들어있는 것은 용기 밖으로 누출되지 않도록 한다.

④ 알킬알루미늄, 알킬리튬, 유기금속화합물은 화기를 엄금하고 용기내압이 상승하지 않도록 한다.

⑤ 황린은 저장액인 물의 증발 또는 용기파손에 의한 물의 누출을 방지하여야 한다.

⑥ 칼륨(K), 나트륨(Na)은 석유류(등유, 경유, 유동 파라핀)에 저장한다.

⑦ 자연발화성 물질은 고온체와의 접근을 피한다.

⑧ 다량을 저장하는 경우에는 소분하여 저장하여야 한다.

5 화재진압대책 2024

① 황린은 주수소화가 가능하나 나머지는 물에 의한 냉각소화는 불가능하다.

② 화재 시에는 화원의 진압보다는 연소확대 방지에 주력해야 한다.

③ 마른모래, 팽창질석, 팽창진주암, 건조석회(생석회, CaO)로 상황에 따라 조심스럽게 질식소화한다.

④ 금속화재용 분말 소화약제에 의한 질식소화를 한다.

6 제3류 위험물(자연발화성 물질 및 금수성 물질) 특성 🔥🔥🔥

① 알킬 알루미늄

종류	화학식	상태	물과 반응시 발생가스
트리메틸알루미늄	$(CH_3)_3Al$	무색 액체	메탄(CH_4)
트리에틸알루미늄	$(C_2H_5)_3Al$	무색 액체	에탄(C_2H_6)
트리프로필알루미늄	$(C_3H_7)_3Al$	무색 액체	프로판(C_3H_6)
트리부틸알루미늄	$(C_4H_9)_3Al$	무색 액체	부탄(C_4H_{10})

㉠ 알킬기와 알루미늄의 화합물로서 유기금속 화합물이다.

㉡ 알킬기의 탄소 1개에서 4개까지의 화합물은 공기와 접촉하면 자연발화를 일으킨다.

㉢ 저장 용기의 상부는 불연성 가스로 봉입하여야 한다.

㉣ 벤젠, 헥산등 희석제 첨가하여 저장한다.

㉤ 소화방법 : 마른 모래, 팽창 질석, 팽창 진주암

② 알킬 리튬

㉠ **종류** : 메틸 리튬(CH_3Li), 에틸 리튬(C_2H_5Li), 부틸 리튬(C_4H_9Li)

㉡ 알킬 리튬은 알킬기와 리튬 금속의 화합물로 유기금속 화합물로 연백색의 연한 금속이다.

㉢ 은백색의 연한 금속이다.

㉣ 물과 만나면 심하게 발열하고 가연성 수소가스를 발생한다.

③ 황린 2024 간부

화학식	착화점	비점	융점	비중	증기비중
P_4	34℃	280℃	44℃	1.83	4.4

㉠ 백색 또는 담황색의 자연발화성 고체로 마늘과 같은 자극적인 냄새가 난다.

㉡ 물과 반응하지 않으므로 PH=9(약 알칼리)정도의 물속에 저장하며 보호액이 증발되지 않도록 한다. [포스핀(PH3)의 생성을 막기 위함]

㉢ 벤젠, 알코올에는 일부 용해하고, 이황화탄소(CS_2), 삼염화린, 염화황에는 잘 녹는다.

㉣ 증기는 공기보다 무겁고 자극적이며 맹독성인 물질이다.

ⓜ 강알칼리 용액과 반응하면 유독성의 포스핀가스(PH_3)를 발생한다.

ⓑ 공기를 차단하고 260℃로 가열하면 적린이 된다.

ⓢ 황린의 완전 연소시에 주로 발생되는 물질 : P_2O_5(오산화인)

④ 금속의 수소화물

종류	외관	분자식	분자량	융점	분해온도	물과 반응 시 발생가스
수소화나트륨	은백색의 결정	NaH	24	800℃	425℃	수소
수소화리튬	투명한 고체	LiH	7.9	680℃	400℃	수소
수소화칼슘	무색 결정	CaH_2	42	815℃	600℃	수소
수소화 알루미늄리튬	회백색 분말	$LiAlH_4$	37.9	125℃	125℃	수소

⑤ 금속의 인화물

종류	형태	분자식	분자량	융점	물과 반응시 발생가스
인화석회(인화칼슘)	적갈색의 괴상 고체	Ca_3P_2	182	1600℃	포스핀(인화수소)
인화알루미늄	황색 또는 암회색의 결정	AlP	58	1000℃ 이하	포스핀(인화수소)
인화아연	암회색의 결정	Zn_3P_2	258	420℃	포스핀(인화수소)

⑥ 칼슘 또는 알루미늄의 탄화물

㉠ 탄화칼슘 2023

ⓐ 카바이트라고 하며, 화학식은 CaC_2, 융점은 2300℃이다.

ⓑ 순수한 것은 무색투명하나 보통은 회백색의 덩어리 상태이다.

ⓒ 습기가 없는 밀폐용기에 저장하고 용기에는 질소가스 등 불연성 가스를 봉입시킬 것

ⓓ 물과 반응하면 아세틸렌의 가연성 가스를 발생한다.

㉡ 탄화알루미늄

ⓐ 황색(순수한 것은 백색)의 단단한 결정 또는 분말이고 화학식은 Al_4C_3이다.

ⓑ 물과의 반응하면 메탄가스를 발생한다.

chapter

04 출제예상문제

1 위험물 중 황린(P)에 관한 설명으로 옳지 않은 것은?

① 제3류 위험물이다.

② 미분상의 발화점은 34 ℃이다.

③ 연소할 때 오산화인(P2O5)의 백색 연기를 낸다.

④ 물에 대해 위험한 반응을 초래하는 물질이다.

⑤ 백색 또는 담황색의 고체이다.

1.

황린

㉠ 백색 또는 담황색의 자연발화성 고체로 마늘과 같은 자극적인 냄새가 난다.

㉡ 물과 반응하지 않으므로 PH=9(약 알칼리)정도의 물속에 저장하며 보호액이 증발되지 않도록 한다. [포스핀(PH_3)의 생성을 막기 위함]

㉢ 벤젠, 알코올에는 일부 용해하고, 이황화탄소(CS_2), 삼염화린, 염화황에는 잘 녹는다.

㉣ 증기는 공기보다 무겁고 자극적이며 맹독성인 물질이다.

㉤ 강알칼리 용액과 반응하면 유독성의 포스핀가스(PH_3)를 발생한다.

㉥ 공기를 차단하고 260℃로 가열하면 적린이 된다.

㉦ 황린의 완전 연소시에 주로 발생되는 물질: P_2O_5 (오산화인)

2 마늘과 같은 자극적인 냄새가 나는 백색 또는 담황색 왁스상의 가연성 고체로 공기 중에서 자연발화성이 있어 물 속에 저장하여야 할 위험물은?

① 칼륨

② 탄화칼슘

③ 알킬리튬

④ 황린

2.

1번 문제 참조

Answer 1.④ 2.④

3 위험물안전관리법령상의 제3류 위험물에 관한 설명으로 옳지 않은 것을 모두 고른 것은?

> ㉠ 자연발화성 물질 및 금수성 물질이다.
> ㉡ 무기과산화물류는 물과 반응하여 산소를 발생하고 발열한다.
> ㉢ 칼륨, 나트륨, 알킬알루미늄, 알킬리튬은 물보다 가볍다.
> ㉣ 산화성액체로 과염소산, 질산 등이 있다.

① ㉠, ㉢
② ㉠, ㉣
③ ㉡, ㉢
④ ㉡, ㉣

3.

㉡ 무기과산화물은 제1류 위험물에 해당한다.
㉢ 칼륨, 나트륨, 알킬알루미늄, 알킬리튬을 제외하고 물보다 무겁다

* 2022년

4 위험물과 물이 반응할 때 발생하는 가스로 옳지 않은 것은?

① 탄화알루미늄 – 아세틸렌
② 인화칼슘 – 포스핀
③ 수소화알루미늄리튬 – 수소
④ 트리에틸알루미늄 – 애테인

4.

① 탄화알루미늄 – 메탄

* 2024년 간부

5 「위험물안전관리법 시행령」상 자연발화성 물질 및 금수성 물질 중 지정수량이 다른 것은?

① 황린
② 칼륨
③ 나트륨
④ 알킬리튬
⑤ 알킬알루미늄

5.

황린 20kg, 그 외 10kg

Answer 3.③ 4.① 5.①

chapter

05 제4류 위험물(인화성 액체)

1 인화성 액체

인화성 액체란 액체로서 인화의 위험성이 있는 것을 말한다. 인화의 위험성이란 액체가 온도 상승에 의해 증기가 발생하게 되고 점화를 시키면 증기가 점화원에 의해 순간 연소하는 현상을 말하는 것으로 인화의 위험성을 판단하기 위한 시험방법으로는 태그 밀폐식, 신속평형법, 펜스키마텐스 밀폐식, 클리브랜드 개방식 등이 있다.

2 인화성 액체의 종류 및 지정수량 2015 2019 2018 간부 2019 간부

① 인화성 액체의 종류

품명		지정수량	설명
1. 특수인화물		50ℓ	• 이황화탄소, 디에틸에테르 • 1기압에서 발화점이 100℃ 이하인 것 • 1기압에서 인화점이 -20℃ 이하이고 비점(끓는점)이 40℃ 이하인 것
2. 제1석유류	비수용성	200ℓ	• 아세톤, 휘발유 • 1기압에서 인화점이 21℃ 미만인 것
	수용성	400ℓ	
3. 알코올류		400ℓ	• 1분자를 구성하는 탄소원자의 수가 1~3개 까지인 포화1가 알코올 • 변성알코올
4. 제2석유류	비수용성	1,000ℓ	• 등유, 경유 • 1기압에서 인화점이 21℃ 이상 70℃ 미만인 것
	수용성	2,000ℓ	
5. 제3석유류	비수용성	2,000ℓ	• 중유, 클레오소트유 • 1기압에서 인화점이 70℃ 이상 200℃ 미만인 것
	수용성	4,000ℓ	
6. 제4석유류		6,000ℓ	• 기어유, 실린더유 • 1기압에서 인화점이 200℃ 이상 250℃ 미만인 것
7. 동식물유류		10,000ℓ	• 동물의 지육 등 또는 식물의 종자나 과육으로부터 추출한 것으로서 1기압에서 인화점이 250℃ 미만인 것

② 지정수량 (Ⓜ 특일알이삼사동/ 오/이/사/사/천/둘/둘/사/육/만)

유별	성질	품명		위험등급	지정수량
제4류	인화성 액체	1. 특수인화물		1	50L
		2. 제1석유류	비수용성액체	2	200L
			수용성액체		400L
		3. 알코올류			400L
		4. 제2석유류	비수용성액체	3	1,000L
			수용성액체		2,000L
		5. 제3석유류	비수용성액체		2,000L
			수용성액체		4,000L
		6. 제4석유류			6,000L
		7. 동식물유류			10,000L

3 일반성질 2016 간부 2020

① 물보다 가볍고 물에 녹지 않는 것이 많다.

② 대부분 유기 화합물이며 상온에서 액체이다.

③ 발생증기는 가연성이며 대부분의 증기비중은 공기보다 무거워서 낮은곳에 체류하기 쉽다.(시안화수소 제외)

④ 발생증기는 연소하한이 낮아(1~2 vol%) 인화하기 쉽다.

⑤ 인화점, 발화점이 낮은 것은 위험성이 높다.

⑥ 전기의 부도체(불량도체)로서 정전기의 축적이 용이하고 이것이 점화원이 되는 때가 많다.

⑦ 유동하는 액체화재는 연소 확대의 위험이 있고 소화가 곤란하다.

⑧ 대량으로 연소시에 다량의 복사열, 대류열로 인하여 열전달이 이루어져 화재가 확대된다.

⑨ 비교적 발화점이 낮고 폭발 위험성이 공존한다.

⑩ 유기용제(어떤 물질을 녹일 수 있는 액체상태의 유기화학물질)에 잘 녹고 유지 등을 잘 녹인다.

④ 저장 및 취급방법

① 화기 또는 가열을 피하며, 고온체와의 접근을 방지하여야 한다.

② 낮은 온도를 유지하고 찬 곳에 저장한다.

③ 직사광선을 차단하고 통풍과 발생증기의 배출에 노력한다.

④ 용기, 탱크, 취급시설 등에서 누출을 방지하여야 한다.

⑤ 정전기의 발생·축적·스파크 발생을 억제하여야 한다.(접지한다)

⑥ 인화점이 낮은 석유류에는 불연성가스를 봉입하여 혼합기체의 형성을 억제하여야 한다.

⑤ 화재진압대책 2024

① 수용성과 비수용성, 물보다 무거운 것과 물보다 가벼운 것으로 구분하여 진압에 용이한 방법과 연계하는 것이 좋다.

② 주수소화는 화재면이 확대될 위험성이 있어 적당하지 않다.

③ **소규모화재** : CO_2, 포, 물분무, 분말, 할론, 무상의 강화액

④ **대규모화재** : 포에 의한 질식소화

⑤ **수용성 석유류의 화재** : 알코올형포, 다량의 물로 희석소화

⑥ 물보다 무거운 석유류의 화재 : 석유류의 유동을 일으키지 않고 물로 피복하여 질식소화 가능, 직접적인 물에 의한 냉각소화는 적당하지 않다.

⑦ 대량화재의 경우는 방사열 때문에 접근이 곤란하므로 충분한 안전거리를 확보한다.

⑧ 대형 tank의 화재 시는 boil over, slop over 등 유류화재의 이상현상에 대비하여 신중한 진압이 필요하다.

❻ 제4류 위험물(인화성 액체) 특성

① 특수 인화물

명칭	화학식	지정수량	비중	비점	인화점	착화점	증기비중	연소범위
디에틸에테르	$C_2H_5OC_2H_5$	50L	0.72	34.5℃	-45℃	180℃	2.55	1.9~48%
이황화탄소	CS_2	50L	1.26	46℃	-30℃	100℃	2.62	1~44%
아세트알데히드	CH_3CHO	50L	0.78	21℃	-38℃	185℃	1.52	4.1~57%
산화프로필렌	CH_3CHCH_2O	50L	0.83	34℃	-37℃	465℃	2.90	2.5~38.5%
이소프로필아민	$(CH_3)_2CHNH_2$	50L	0.69	-	-28℃	402℃	2.03	2.0~10.4%

② 제1석유류(지정수량에 따라 수용성/비수용성 구분)

명칭	화학식	지정수량	비중	비점	융점	인화점	착화점	연소범위
아세톤	$(CH_3)_2CO$	**400L**	0.79	56.3℃	-	-18℃	538℃	2.6~12.8%
휘발유	C_5H_{12}~C_9H_{20}	200L	증기비중 3~4	-	-	-43℃ ~ -20 ℃	약300℃	1.4~7.6%
벤젠	C_6H_6	200L	0.9	80℃	5.5℃	-11℃	562℃	1.4~7.1%
톨루엔	$C_6H_5CH_3$	200L	0.871	111℃	-	4℃	552℃	1.4~6.7%
메틸에틸케톤	$CH_3COC_2H_5$	200L	0.81	79.6℃	-86.4℃	-7℃	516℃	1.8~11.5%
피리딘	C_5H_5N	**400L**	0.98	115.5℃	-41.8℃	20℃	482℃	1.8~12.4%
시안화수소	HCN	**400L**	0.69	25.7℃	-	-18℃	540℃	6~41%
초산메틸	CH_3COOCH_3	200L	0.93	60℃	-	-10℃	454℃	3.1~16%

③ 알코올류

명칭	화학식	지정수량	비중	증기비중	비점	인화점	착화점	연소범위
메틸알코올	CH_3OH	400L	0.791	1.1	65℃	11℃	464℃	7.3~36%
에틸알코올	C_2H_5OH	400L	0.789	1.59	78.3℃	13℃	423℃	4.3~19%
프로필알코올	C_3H_7OH	400L	0.789	2.07	82.7℃	11.7℃	460℃	2.6~13.5%

④ 제2석유류(지정수량에 따라 수용성/비수용성 구분)

명칭	화학식	지정수량	비중	증기비중	인화점	착화점	연소범위
등유	C_9~C_{18}	1000L	0.78~0.8	4~5	40~70℃	220℃	1.1~6%
경유	C_{15}~C_{20}	1000L	0.82~0.84	4~5	50~70℃	200℃	1~6%
초산	CH_3COOH	**2000L**	1.05	2.07	40℃	427℃	5.4~16.9%
의산	$HCOOH$	**2000L**	1.22	1.59	69℃	601℃	18~57%

⑤ 제3석유류(지정수량에 따라 수용성/비수용성 구분)

명칭	화학식	지정수량	비중	비점	인화점	착화점
직류중유	–	2000L	0.85~0.93	–	60~150℃	254~405℃
분해중유	–	2000L	0.95~0.97	–	70~150℃	380℃
클레오소트유	–	2000L	1.02~1.05	194~400	74℃	336℃
에틸렌글리콜	$CH_2(OH)CH_2(OH)$	**4000L**	1.113	198	111℃	413℃
글리세린	$C_3H_5(OH)_3$	**4000L**	1.26	290	160℃	393℃

⑥ 제4석유류

종류	명칭
윤활유	기어유, 실린더유, 터빈유, 모빌유, 엔진오일 등
가소제	DOP, DNP, DBP, DBS, DOS, TCP, TOP, DINP 등

⑦ 동 · 식물유류

㉠ 종류 (Ⓜ 건아들동정해/ 불올피야동땅콩/ 나머지반건성유)

구분	요오드값	자연발화 위험성	불포화도	종류
건성유	130 이상	크다	크다	**해**바라기유, **아**마인유, **동**유, **정**어리기름, **들**기름
반건성유	100 ~ 130	중간	중간	참기름, 콩기름, 채종유, 옥수수기름, 면실유, 목화씨기름
불건성유	100 이하	작다	작다	**올**리브유, **야**자유, **피**마자유, **동**백유, **땅콩**기름

개념원리 요오드 값(동식물성 유지의 불포화도)

1) 개념
① 요오드값이란 동식물성 유지가 산소를 흡수하면서 산화건조 된다. 이 때 건조성 정도를 의미한다.
② 기름 100g에 첨가되어 있는 요오드 양을 g수로 표시한 값이다.
③ 유지의 건조성을 측정한 값이다.
④ 유지의 건조성을 측정한 값으로서 요오드화 값이 클수록 산화되기 쉽고 자연발화의 위험성이 크다.
⑤ 상온에서 모두 액체이다.
⑥ 물에 불용성이지만 에테르 및 벤젠 등의 유기용매에는 잘 녹는다.
⑦ "요오드값이 크다."라는 의미는 불포화도가 높다라는 의미이다.

2) 자연발화 과정
① 자연발화의 조건
㉠ 유지가 용기 중에 그대로 들어있는 경우에는 자연발화 되지 않는다.
㉡ 공기와의 접촉 면적이 작으면 산화 발열량이 늘어나지 않기 때문이다.
② 자연발화 과정
㉠ 동식물유지가 기름걸레 등으로 침투
㉡ 이에 따라 공기와의 접촉 면적이 증대되어 산화 반응이 이루어져 발열량이 증대된다.
㉢ 주위환경 조건이 고온다습할 경우 방열조건이 불량하여 열이 축적된다.
㉣ 열축적에 의해 자연발화점 이상으로 온도가 상승하여 자연발화 된다.

동식물 유지의 침투 → 공기와 접촉면적 증대 → 산화반응 → 발열량 증대 → 열축적 → 온도상승 → 자연발화

chapter

05 출제예상문제

✳ 2019년

1 다음은 제1석유류에 대한 설명이다. ( ) 안에 들어갈 내용으로 옳은 것은? (순서대로 ㈎, ㈏)

> 제1석유류는 아세톤, 휘발유 그 밖에 1기압에서 ㈎이 섭씨 ㈏도 미만인 것이다.

① 발화점, 21
② 발화점, 25
③ 인화점, 21
④ 인화점, 25

✳ 2019년 간부

2 제2석유류에 대한 설명이다. (㉠)~(㉢)에 알맞은 것은?

> 제2석유류는 등유, 경유 그 밖에 1기압에서 인화점이 섭씨 (㉠)도 이상 70도 미만인 것을 말한다. 다만, 도료류 그 밖의 물품에 있어서 가연성 액체량이 (㉡)중량퍼센트 이하이면서 인화점이 섭씨 40도 이상인 동시에 연소점이 섭씨 (㉢)도 이상인 것은 제외한다.

	㉠	㉡	㉢
①	18	10	40
②	20	20	45
③	20	25	50
④	21	30	55
⑤	21	40	60

1.

제1석유류는 1기압에서 인화점이 21℃ 미만인 것

2.

제2석유류
등유, 경유 그 밖에 1기압에서 인화점이 섭씨 21도 이상 70도 미만인 것을 말한다. 다만, 도료류 그 밖의 물품에 있어서 가연성 액체량이 40중량퍼센트 이하이면서 인화점이 섭씨 40도 이상인 동시에 연소점이 섭씨 60도 이상인 것은 제외한다.

Answer 1.③ 2.⑤

* 2018년 간부

3 「위험물안전관리법」상 제1석유류로 옳은 것은?

① 경유 ② 등유

③ 휘발유 ④ 중유

⑤ 클레오소트유

* 2016년 간부

4 위험물안전관리법에서 규정하고 있는 제4류 위험물의 공통성질이 아닌 것은?

① 전기적으로 부도체이므로 정전기 축적이 용이하여 정전기가 점화원으로 작용할 수 있다.

② 증기는 공기와 약간만 혼합되어도 연소의 우려가 있으며, 비교적 낮은 발화점을 가진다.

③ 대부분 물보다 가벼우며, 물에 잘 녹지 않는다.

④ 대부분 증기는 공기보다 무거워서 체류하기 쉽다. 단, 시안화수소는 제외한다.

⑤ 모두 가연성의 고체(결정이나 분말) 및 액체로서 연소할 때는 많은 가스를 발생한다.

5 제4류 위험물 중 제1석유류, 제2석유류, 제3석유류, 제4석유류를 각 품명 별로 구분하는 분류의 기준은?

① 발화점

② 인화점

③ 비중

④ 연소범위

3.

① 경유 – 제2석유류
② 등유 – 제2석유류
④ 중유 – 제3석유류
⑤ 클레오소트유 – 제3석유류

4.

⑤ 대부분 유기 화합물이며 상온에서 액체이다. 발생증기는 가연성이며 대부분의 증기비중은 공기보다 무거워서 낮은 곳에 체류하기 쉽다.(시안화수소 제외)

5.

인화성 액체의

구분	발화점	인화점	비점	
특수인화물	100℃ 이하	20℃ 이하	40℃ 이하	
제1석유류	기준 없음	21℃ 미만	기준 없음	
제2석유류		21℃ 이상～70℃ 미만		
제3석유류		70℃ 이상～200℃ 미만		구분
제4석유류		200℃ 이상～250℃ 미만		
동식물유류		동식물성 기름 250℃ 미만		
알코올류	• 1분자를 구성하는 탄소원자의 수가 1개부터 3개까지인 포화1가 알코올 • 변성알코올을 포함			

Answer 3.③ 4.⑤ 5.②

6 동식물유류에서 "요오드값이 크다." 라는 의미를 옳게 설명한 것은?

① 불포화도가 높다.
② 불건성유이다.
③ 자연발화성이 낮다.
④ 산소와의 결합이 어렵다.

7 요오드값(아이오딘값)에 관한 설명으로 옳지 않은 것은?

① 유지 100g에 흡수된 요오드의 g수로 표시한 값이다.
② 값이 클수록 불포화도가 낮고 반응성이 작다.
③ 값이 클수록 공기 중에 노출되면 산화열 축적에 의해 자연발화하기 쉽다.
④ 요오드값이 130 이상인 유지를 건성유라고 한다.

6.

요오드 값(동식물성 유지의 불포화도)

㉠ 요오드값이란 동식물성 유지가 산소를 흡수하면서 산화건조 된다. 이 때 건조성 정도를 의미한다.
㉡ 기름 100g에 첨가되어 있는 요오드 양을 g수로 표시한 값이다.
㉢ 유지의 건조성을 측정한 값이다.
㉣ 유지의 건조성을 측정한 값으로서 요오드화 값이 클수록 산화되기 쉽고 자연발화의 위험성이 크다.
㉤ 상온에서 모두 액체이다.
㉥ 물에 불용성이지만 에테르 및 벤젠 등의 유기용매에는 잘 녹는다.
㉦ "요오드값이 크다."라는 의미는 불포화도가 높다라는 의미이다.

7.

문제6번 답안 참조

Answer 6.① 7.②

chapter

06 제5류 위험물(자기반응성 물질)

1 자기반응성 물질

자기반응성 물질(Self reactive substances)이라 함은 고체 또는 액체로서 폭발의 위험성 또는 가열분해의 격렬함을 가진 물질로서 그 물질 자체 내에 산소를 함유하고 있고, 외부에서 가열하면 분해되어 가연성 기체와 산소를 발생하며 공기 중의 산소 없이도 자체의 산소만으로도 연소하는 물질

2 자기반응성 물질의 종류 및 지정수량 (M 텐 유질/ 백 하드록/ 나트로아조디아조 하드라 200마리)

유별	성질	품명	위험등급	지정수량
제5류	자기 반응성 물질	1. 유기과산화물, 질산에스테르류	1	10kg
		2. 하드록실아민, 하드록실아민염류	2	100kg
		3. 나트로화합물, 나트로소화합물, 아조화합물, 다아조화합물, 하드라진 유도체	2	200kg

3 일반성질

① 대부분 유기화합물이며 유기과산화물을 제외하고는 질소를 함유한 유기질소화합물이다.(하드라진 유도체는 무기화합물)

② 모두 가연성의 액체 또는 고체물질이고 연소할 때는 다량의 유독가스를 발생한다.

③ 비중이 1보다 크다.

④ 대부분이 물에 잘 녹지 않으며 물과 반응하지 않는다.

⑤ 분자 내에 산소를 함유(조연성)하므로 스스로 연소할 수 있다.

⑥ 자기연소를 일으키며, 연소속도가 대단히 빨라서 폭발성이 있다. 화약, 폭약의 원료로 많이 쓰인다.

⑦ 불안정한 물질로서 공기 중 장기간 저장 시 분해하여 분해열이 축적되는 분위기에서는 자연발화의 위험이 있다.

⑧ 가열, 충격, 타격, 마찰에 민감하며 강산화제 또는 강산류와 접촉 시 위험성이 현저히 증가한다.

⑨ 유기과산화물은 구조가 독특하며 매우 불안정한 물질로서 농도가 높은 것은 가열, 직사광선, 충격, 마찰에 의해 폭발한다.

⑩ 아조화합물, 디아조화합물, 히드라진유도체 등을 제외한 대부분의 물질 자체에 산소를 함유하고 있다.

❹ 저장 및 취급방법

① 잠재적 위험성이 크고 그 결과는 폭발로 이어지는 것이 많으므로 사전 안전조치가 중요하다.

② 화염, 불꽃 등 점화원의 엄격한 통제 및 기계적인 충격, 마찰, 타격 등을 사전에 피한다.

③ 직사광선의 차단, 강산화제, 강산류와의 접촉을 방지한다.

④ 가급적 작게 나누어서 저장하고 용기파손 및 위험물의 누출을 방지한다.

⑤ 안정제(용제 등)가 함유되어 있는 것은 안정제의 증발을 막고 증발되었을 때는 즉시 보충한다.

❺ 화재진압대책

① 자기반응성 물질이기 때문에 CO_2, 분말, 할론, 포 등에 의한 질식소화는 효과가 없으며, 다량의 물로 냉각소화하는 것이 적당하다.

② 초기화재 또는 소량화재 시에는 분말로 일시에 화염을 제거하여 소화할 수 있으나, 재발화가 염려되므로 결국 최종적으로는 물로 냉각소화하여야 한다.

③ 화재 시 폭발위험이 상존하므로 충분히 안전거리를 유지하고 접근 시에는 엄폐물을 이용하며 방수 시에는 무인방수포 등을 이용한다.

④ 밀폐공간 내에서 화재발생 시에는 반드시 공기호흡기를 착용하여 질식되는 일이 없도록 한다.

chapter

06 출제예상문제

* 2020년

1 화재진압 시 주수소화에 적응성 있는 위험물로 옳은 것은?

① 황화인
② 질산에스테르류
③ 유기금속화합물
④ 알칼리금속의 과산화물

1.

① 황화린 : CO_2, 마른 모래, 건조분말에 의한 질식소화를 한다.

③ 유기금속화합물 : 마른모래, 팽창질석, 팽창진주암, 건조석회(생석회, CaO)로 상황에 따라 조심스럽게 질식소화한다.

④ 알칼리금속의 과산화물 : 분말소화기, 마른모래 또는 소화질석을 사용한 질식소화가 유효하다.

* 2018년

2 제5류 위험물의 소화대책으로 옳지 않은 것은?

① 외부로부터의 산소 유입을 차단한다.
② 화재 초기에는 다량의 물로 냉각소화하는 것이 효과적이다.
③ 항상 안전거리를 유지하고 접근할 때에는 엄폐물을 이용한다.
④ 밀폐된 공간에서 화재 시 공기호흡기를 착용하여 질식되지 않도록 주의한다.

2.

① 자기반응성 물질이기 때문에 CO_2, 분말, 할론, 포 등에 의한 질식소화는 효과가 없으며, 다량의 물로 냉각소화하는 것이 적당하다.

Answer 1.② 2.①

chapter

07 제6류 위험물(산화성 액체)

1 산화성 액체

산화성 액체란 산화력이 있는 액체로서 제1류 위험물인 산화성 고체와 더불어 자신은 불연성이지만 조연성의 성질이 있어서 연소속도를 빠르게 하기 때문에 위험물안전관리법령상 위험물로 분류하여 관리하고 있다. 일반적으로 산화성 액체는 산화성 고체보다 더 위험하다고 할 수 있는데 이는 산화성 액체는 그 자체가 점화원이 될 수 있고 액체상이기 때문이다.

2 산화성 액체의 종류 및 지정수량 (M 과과질할 삼)

품명	지정수량	설명	위험등급
1. **과**염소산	300kg	$HClO_4$	I
2. **과**산화수소	300kg	H_2O_2, 농도가 36wt% 이상인 것	
3. **질**산	300kg	HNO_3, 비중이 1.49 이상인 것	
4. 그 밖에 행정안전부령이 정하는 것	300kg	**할**로겐간화합물(할로겐간화합물)	
5. 위의 어느 하나 이상을 함유한 것	300kg		

3 일반성질 2018 간부 2021 간부

① 비중은 1보다 크고 물에 녹기 쉽다.

② 무기화합물로 이루어진 산화성 액체로서 무색, 투명하고 표준상태에서는 모두가 액체이다.

③ 모두 불연성 물질이지만 산소를 함유하고 있어 다른 물질의 연소를 돕는 산화성 · 지연성(조연성) 액체이다.

④ 산소를 많이 함유하고 있으며(할로겐간화합물은 제외) 물보다 무겁고 물에 잘 녹는다.

⑤ 증기는 유독하며(과산화수소 제외) 피부와 접촉 시 점막을 부식시키는 유독성 · 부식성 물질이다.

⑥ 염기와 반응하거나 물과 접촉할 때 발열한다.(과산화수소는 제외)

⑦ 강산화성 물질(제1류 위험물)과 접촉 시 발열하고 폭발하며 이때 가연성 물질이 혼재되어 있으면 혼촉 발화의 위험이 있다.

❹ 저장 및 취급방법

① 용기의 파손, 변형, 전도방지

② 물과 접촉하면 많은 열을 발생하므로 위험하다.(용기 내 습기 침투방지, 과산화수소는 제외)

③ 가연성 물질, 강산화제, 강산류와의 접촉방지

④ 가열에 의한 유독성가스의 발생방지

⑤ 저장용기는 내산성용기 사용

❺ 화재진압방법

① 화재 시 가연물과 격리한다.

② 소량화재는 다량의 물로 희석할 수 있지만 원칙적으로 물을 사용하지 말아야 한다.

③ 대량화재는 주수소화가 곤란하므로 건조사, 인산염류의 분말로 질식소화 한다.

③ 유출 시 마른 모래나 중화제로 처리한다.

④ 화재진압 시 공기호흡기, 방호복, 고무장갑, 고무장화 등 보호장구는 반드시 착용한다.

⑤ 폭발이 없는 장소에 한하여 이산화탄소 소화설비가 적응성이 있다.

❻ 제6류 위험물(산화성 액체) 특성

명칭	분자식	비점	융점	응축결정온도	비중
과염소산	$HClO_4$	39℃	−112℃	−	1.76
과산화수소	H_2O_2	80.2℃	−0.89℃	−	1.465
질산	HNO_3	86℃	−42℃	−42℃	1.49

① 과산화수소(Hydrogen Peroxide)

㉠ 무색, 투명한 점성이 있는 무색의 액체이다.

㉡ 물, 알코올, 에테르에는 녹지만, 벤젠에는 녹지 않는다.

㉢ 물보다 무겁고 수용액 상태는 비교적 안정하다.

㉣ 농도 60% 이상은 충격, 마찰에 의해서도 단독으로 분해폭발 위험이 있다.

㉤ 니트로글리세린, 하드라진과 혼촉하면 분해하여 발화, 폭발한다.

㉥ 저장용기는 밀봉하지 말고 구멍이 있는 마개를 사용하여야 한다.

ⓢ 과산화수소의 안정제로는 인산(H_3PO_4)과 요산($C_5H_4N_4O_3$)이 있다.

ⓞ 3% 수용액을 소독약으로 사용하는 옥시풀이다.

② 질산

㉠ 흡습성이 강하여 습한 공기 중에서 발열하는 무색의 무거운 액체이다.

㉡ 자극성, 부식성이 강하며 비점이 낮아 휘발성이다.

㉢ 진한질산을 가열하면 적갈색의 갈색증기(NO_2, 이산화질소)가 발생한다.

㉣ 목탄분, 천, 실, 솜 등에 스며들어 방치하면 자연발화 한다.

㉤ 강산화제, K, Na, NH_4OH, $NaClO_3$와 접촉 시 폭발 위험이 있다.

㉥ 피부에 접촉 시에는 크산토프레인 반응을 한다.

ⓢ 진한 질산은 철(Fe), 코발트(Co), 니켈(Ni), 알루미늄(Al)은 부동태화 한다.

ⓞ 화재 시 다량의 물로 소화한다.

** 부동태 : 금속이 보통상태에서 나타내는 반응성을 잃은 상태

개념원리

1. 저장 · 취급 방법
- 가열 · 화기 · 직사광선 금지 : 전체(1류~6류)
- 수분접촉 금지 : 1류(무기과산화물에 한함) · 3류(황린 제외) · 6류
- 충격 · 마찰 금지 : 1류 · 5류
- 저장용기 밀봉 : 1 · 3 · 4 · 6류
- 소분하여 저장 : 3 · 5류
- 통풍이 잘되는 냉암소에 보관 : 2류
- 정전기 대책 필요 : 4류
- 보호액 속에 저장 : 물속 → 황린, 이황화탄소(CS_2) / 석유 속 → K, Na, Li

2. 소화방법
- 제1류 : 무기과산화물 → 질식(피복)소화/ 기타 → 냉각(물)소화
- 제2류 : 금속분 → 질식소화 / 기타 → 냉각소화
- 제3류 : 황린 → 냉각소화 / 기타 → 질식소화
- 제4류 : 질식소화
- 제5류 : 냉각(물)소화
- 제6류 : 소량 → 냉각소화 / 대량 → 질식소화

3. 위험물에 따른 저장장소

① 황린, 이황화탄소(CS_2) : 물속

② 칼륨, 나트륨, 리튬 : 석유류(등유) 속

③ 니트로셀룰로오스 : 알코올 속

④ 아세틸렌(C_2H_2) : 디메틸프로마미드(DMF), 아세톤에 용해

⑤ 알킬알루미늄 : 희석제(불활성기체)에 넣어 저장

⑥ 산화프로필렌 : 질소등 불활성기체 봉입하여 저장

chapter

07 출제예상문제

※ 2023년 간부

1 「위험물안전관리법 시행령」상 위험물에 대한 규정으로 옳지 않은 것은?

① "인화성고체"라 함은 고형알코올 그 밖에 기압 1에서 인화점이 섭씨40도 미만인 고체를 말한다.

② "철분"이라 함은 철의 분말로서 마이크로미터의 53 표준체를 통과하는 것이 중량퍼센트 미만인 것은 50 제외한다.

③ 유황은 순도가 60중량퍼센트 이상인 것을 말한다. 이 경우 순도측정에 있어서 불순물은 활석 등 불연성 물질과 수분에 한한다.

④ "금속분"이라 함은 알칼리금속 알칼리토류금속철 및 구리 외의 금속의 분말을 말하고, 마그네슘분 니켈분 및 150마이크로미터의 체를 통과하는 것이 50중량퍼센트 미만인 것은 제외한다.

⑤ "제3석유류"라 함은 중유, 클레오소트유 그 밖에 1기압에서 인화점이 섭씨 70도 이상 섭씨 200도 미만인 것을 말한다. 다만, 도료류 그 밖의 물품은 가연성 액체량이 중량퍼센트 40 이하인 것은 제외 한다.

※ 2023년 간부

2 「위험물안전관리법 시행령」 상 제5류 자기반응성 물질 중 지정수량이 가장 적은 것은?

① 아조화합물

② 유기과산화물

③ 나트로화합물

④ 다아조화합물

⑤ 하드라진 유도체

1.

"금속분"이라 함은 알칼리금속 · 알칼리토류금속 · 철 및 마그네슘 외의 금속의 분말을 말하고, 구리분 · 니켈분 및 150마이크로미터의 체를 통과하는 것이 50중량퍼센트 미만인 것은 제외한다.

2.

제5류 자기반응성물질

품명	지정수량
1. **유**기과산화물	10킬로그램
2. **질**산에스테르류	
3. **나트로**화합물	200킬로그램
4. **나트로**소화합물	
5. **아조**화합물	
6. **다아조**화합물	
7. **하드라진** 유도체	
8. **하드록**실아민	100킬로그램
9. **하드록**실아민염류	
10. **금속의 아지**화합물 질산구아니딘	200킬로그램

Answer 1.④ 2.②

※ 2023년

3 「위험물의 유별 특성 중 옳은 것만을 〈보기〉에서 있는 대로 고른 것은?

> ㉠ 아염소산나트륨은 불연성, 조해성, 수용성이며, 무색 또는 백색의 결정성 분말 형태이다.
> ㉡ 마그네슘은 끓는 물과 접촉 시 수소가스를 발생시킨다.
> ㉢ 황린은 공기 중 상온에 노출되면 액화되면서 자연발화를 일으킨다.

① ㉠, ㉡
③ ㉡, ㉢
② ㉠, ㉢
④ ㉠, ㉡, ㉢

3.

㉠ 아염소산나트륨은 제1류 위험물로 산화성고체의 특성인 불연성, 조해성, 수용성이며, 무색 또는 백색의 결정성 분말 형태이다.
㉡ 마그네슘은 제2류 위험물로 끓는 물과 접촉 시 수소가스를 발생시킨다.($Mg + 2H_2O \rightarrow Mg(OH)_2 + H_2$)
㉢ 황린은 제3류 위험물로 자연발화성 물질이므로 공기 중 상온에 노출되면 자연발화를 일으킨다.(발화점 34℃) 황린은 공기중 연소하여 오산화인(P_2O_5)이 생성되며, 오산화인은 백색 분말이나 흡습성, 탈수성이 높아 자연발화(발화점 34℃) 되면서 액화(융점 44℃)가 된다.

※ 2023년

4 「위험물의 유별 소화방법으로 옳지 않은 것은?

① 탄화칼슘 화재 시 다량의 물로 냉각소화할 수 있다.
② 수용성 메틸알코올 화재에는 내알코올포를 사용한다.
③ 알킬알루미늄은 마른모래, 팽창질석, 팽창진주암으로 소화한다.
④ 적린은 다량의 물로 냉각소화하며, 소량의 적린인 경우에는 마른모래나 이산화탄소 소화약제도 일시적인 효과가 있다.

4.

① 탄화칼슘은 물과 반응하여 아세틸렌을 생성한다.
$CaC_2 + 2H_2O \rightarrow C_2H_2 + Ca(OH)_2$

Answer 3.④ 4.①

* 2021년 간부

5 제6류 위험물의 일반적 성질로 옳지 않은 것은?

① 불연성물질로 산소공급원 역할을 한다.
② 증기는 유독하며 부식성이 강하다.
③ 물과 접촉하는 경우 모두 심하게 발열한다.
④ 비중이 1보다 크며 물에 잘 녹는다.
⑤ 다른 물질의 연소를 돕는 조연성 물질이다.

5.

③ 제6류 위험물은 염기와 반응하거나 물과 접촉할 때 발열한다.(과산화수소는 제외)

* 2018년 간부

6 제6류 위험물에 관한 설명으로 옳지 않은 것은?

① 과산화수소는 물과 접촉하면서 심하게 발열한다.
② 불연성 물질이다.
③ 산소를 함유하고 있다.
④ 대표적 성질은 산화성 액체이다.
⑤ 물질의 액체 비중이 1보다 커서 물보다 무겁다.

6.

① 제6류 위험물은 물과 접촉할 때 발열한다.(과산화수소는 제외)

7 과산화수소와 과염소산의 공통성질이 아닌 것은?

① 산화성 액체이다.
② 유기화합물이다.
③ 불연성 물질이다.
④ 비중이 1보다 크다.

7.

② 무기화합물이다.

* 2021년

8 위험물의 종류에 따른 소화 방법으로 옳지 않은 것은?

① 제1류 위험물인 알칼리금속의 과산화물은 물을 사용한다.
② 제2류 위험물인 마그네슘은 건조사를 사용한다.
③ 제3류 위험물인 알킬알루미늄은 건조사를 사용한다.
④ 제4류 위험물인 알코올은 내알코올포(泡, foam)를 사용한다.

8.

① 제1류 위험물인 알칼리금속의 과산화물은 물을 절대로 사용하여서는 안 된다. 초기단계에서 탄산수소염류 등을 사용한 분말소화기, 마른모래 또는 소화질석을 사용한 질식소화가 유효하다.

Answer 5.③ 6.① 7.② 8.①

* 2018년 상반기

9 다음 중 위험물 분류별 소화방법이 옳은 것은?

> 가. 1류 위험물 중 무기과산화물은 마른모래 등을 사용한 질식소화가 적합하다.
> 나. 2류 위험물 중 철분, 황화인은 주수 소화가 가장 적합하다.
> 다. 3류 위험물 중 황린을 제외한 3류 위험물은 주수 소화가 적합하다.
> 라. 5류 위험물은 모두 다량의 물을 이용한 주수 소화하는 것은 적당하지 않다.

① 가
② 가, 나
③ 가, 나, 다
④ 나, 다, 라

10 위험물에 관한 설명으로 틀린 것은?

① 금속수소화물인 수소화나트륨은 물로 소화할 수 있다.
② 황린은 자연발화를 막기 위해 통상 물속에 저장한다.
③ 칼륨, 나트륨은 등유 속에 보관한다.
④ 황은 자연발화를 일으킬 가능성이 없다.

11 제시된 위험물과 적응성이 있는 소화약제의 연결이 옳지 않은 것은?

① 적린 – 물
② 유기과산화물 – 물
③ 아세톤 – 알코올형포
④ 마그네슘 – 이산화탄소

9.

나. 2류 위험물 중 철분, 황화인은 물을 사용하면 안 된다.(질식소화)
다. 3류 위험물 중 황린을 제외한 3류 위험물은 물에 의한 냉각소화는 불가능하다.
라. 5류 위험물은 모두 다량의 물을 이용한 주수소화가 적당하다.

10.

① 금속수소화물인 수소화나트륨은 마른모래, 팽창질석, 팽창진주암, 건조석회(생석회, CaO)로 상황에 따라 조심스럽게 질식소화 한다.

11.

④ 마그네슘은 이산화탄소와 반응하여 산화마그네슘을 생성하며, 계속적인 연소반응을 일으킨다.

Answer 9.① 10.① 11.④

* 2022년 간부

12 「위험물안전관리법 시행령」상 위험물에 관한 설명으로 옳은 것은?

① 제1류 위험물 중에 무기과산화물은 주수를 이용한 냉각소화가 적합하다.

② 제2류 위험물은 다른 가연물의 연소를 돕는 조연성 물질이다.

③ 제3류 위험물 중에 황린은 공기 중 산화를 방지하기 위해 물속에 저장한다.

④ 제4류 위험물은 수용성 액체로 물에 의한 희석소화가 적합하다.

⑤ 제5류 위험물은 포, 이산화탄소에 의한 질식소화가 적합하다.

12.

① 제1류 위험물 중에 무기과산화물은 주수를 해서는 안된다.

② 제2류 위험물은 가연성 고체로서 다른 가연물에 비해 착화온도가 낮아 저온에서 발화가 용이하며 연소속도가 빠르고 연소 시 다량의 빛과 열을 발생한다.

④ 제4류 위험물은 수용성과 비수용성, 물보다 무거운 것과 물보다 가벼운 것으로 구분하여 진압에 용이한 방법과 연계하는 것이 좋다.

⑤ 제5류 위험물은 자기반응성 물질이기 때문에 CO_2, 분말, 할론, 포 등에 의한 질식소화는 효과가 없으며, 다량의 물로 냉각소화하는 것이 적당하다.

* 2022년

13 위험물에 대한 일반적인 설명으로 옳은 것은?

① 제1류 위험물 중 질산염류는 연소속도가 빨라 폭발적으로 연소한다.

② 제3류 위험물 중 황린은 가열, 충격, 마찰에 의해 분해되어 산소가 발생하므로 가연물과의 접촉을 피한다.

③ 제4류 위험물 중 제1석유류는 인화점 및 연소하한계가 낮아 적은 양으로도 화재의 위험이 있다.

④ 제5류 위험물 중 유기과산화물은 공기 중에 노출되거나 수분과 접촉하면 발화의 위험이 있다.

13.

① 제1류 위험물 중 질산염류는 자신은 불연성이지만 조연성의 성질이 있어서 다른 물질의 연소속도를 빠르게 한다.

② 제3류 위험물 중 황린은 공기와 접촉하면 자연발화한다. (pH9의 물 속에 저장)

④ 제5류 위험물 중 유기과산화물은 가열, 충격, 타격, 마찰에 민감하며, 자기연소를 일으키며, 연소속도가 대단히 빨라서 폭발성이 있다.

Answer 12.③ 13.③

14 위험물의 저장 방법으로 틀린 것은?

① 금속나트륨 – 석유류에 저장
② 이황화탄소 – 수조 물탱크에 저장
③ 알킬알루미늄 – 벤젠액에 희석하여 저장
④ 산화프로필렌 – 구리 용기에 넣고 불연성 가스를 봉입하여 저장

* 2024년

15 위험물의 소화방법에 관한 내용으로 옳은 것만을 〈보기〉에서 있는 대로 고른 것은?

> ㉠ 황린 : 물을 이용한 냉각소화
> ㉡ 유황 : 물을 이용한 냉각소화
> ㉢ 경유, 휘발유 : 포 소화약제를 이용한 질식소화
> ㉣ 탄화알루미늄, 알킬알루미늄 : 건조사, 팽창질석을 이용한 질식소화

① ㉠, ㉢ ② ㉡, ㉣
③ ㉠, ㉢, ㉣ ④ ㉠, ㉡, ㉢, ㉣

* 2024년

16 물과 반응하여 산소를 발생시키는 위험물로 옳은 것은?

① 칼륨
② 탄화칼슘
③ 과산화나트륨
④ 오황화인

14.

위험물에 따른 저장장소
㉠ 황린, 이황화탄소(CS_2) : 물속
㉡ 칼륨, 나트륨, 리튬 : 석유류(등유) 속
㉢ 니트로셀룰로오스 : 알코올 속
㉣ 아세틸렌(C_2H_2) : 디메틸프로마미드(DMF), 아세톤에 용해
㉤ 알킬알루미늄 : 희석제(불활성기체)에 넣어 저장
㉥ 산화프로필렌 : 질소등 불활성기체 봉입하여 저장

15.

소화방법
- 제1류 : 무기과산화물 → 질식(피복)소화/ 기타 → 냉각(물)소화
- 제2류 : 금속분 → 질식소화 / 기타 → 냉각소화
- 제3류 : 황린 → 냉각소화 / 기타 → 질식소화
- 제4류 : 질식소화
- 제5류 : 냉각(물)소화
- 제6류 : 소량 → 냉각소화 / 대량 → 질식소화

16.

1. 나트륨, 칼륨, 리튬, 칼슘, 세슘, 바륨, 알킬리튬, 마그네슘
   ⇨ 수소 발생 (암기 : 나칼리 칼세바알마 수)
   $K + H_2O \rightarrow KOH + H_2 \uparrow$
2. 탄화칼슘(칼슘카바이트) ⇨ 아세틸렌 (암기: 탄칼아)탄화리튬, 탄화나트륨, 탄화칼륨, 탄화마그네슘
   ⇨ 아세틸렌
   $CaC_2 + 2H_2O \rightarrow Ca(OH)_2 + C_2H_2 \uparrow$
3. 제1류 위험물 중 무기과산화물(알칼리 금속의 산화물 등)(과산화칼륨, 과산화나트륨, 과산화칼슘, 과산화마그네슘 등)
   ⇨ 산소 발생
   $4Na_2O_2 + 2H_2O \rightarrow 4NaOH + O_2 \uparrow$
4. 오황화인
   $P_2O_5 + 8H_2O \rightarrow 2H_3PO_4 + 5H_2S$(황화수소) $\uparrow$

Answer 14.④ 15.④ 16.③

* 연도별 기출경향 *

[기출연도]	2012	2013	2014	2015	2016	2017	2018	2019	2020	2021	2022	2023	2024
문항수	6	6	1	3	4	4	6	4	2	10	5	6	2

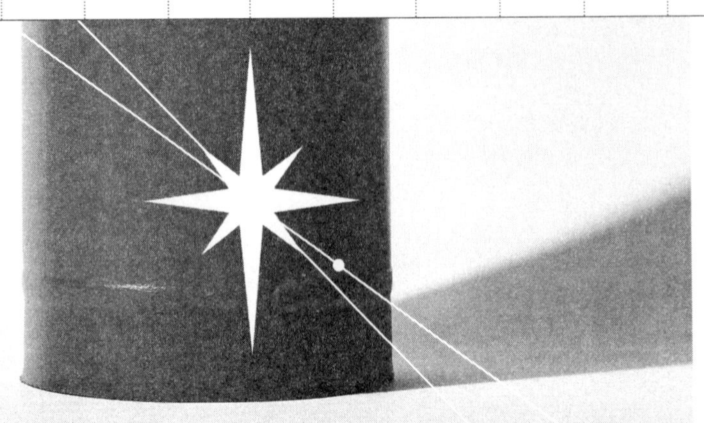

PART

소화설비

chapter

01 소방시설의 분류

2015 | 2016 | 2018 상반기 | 2019 | 2020 | 2017 간부 | 2018 간부 | 2020 간부 | 2021 간부 | 2022 간부 | 2024 간부

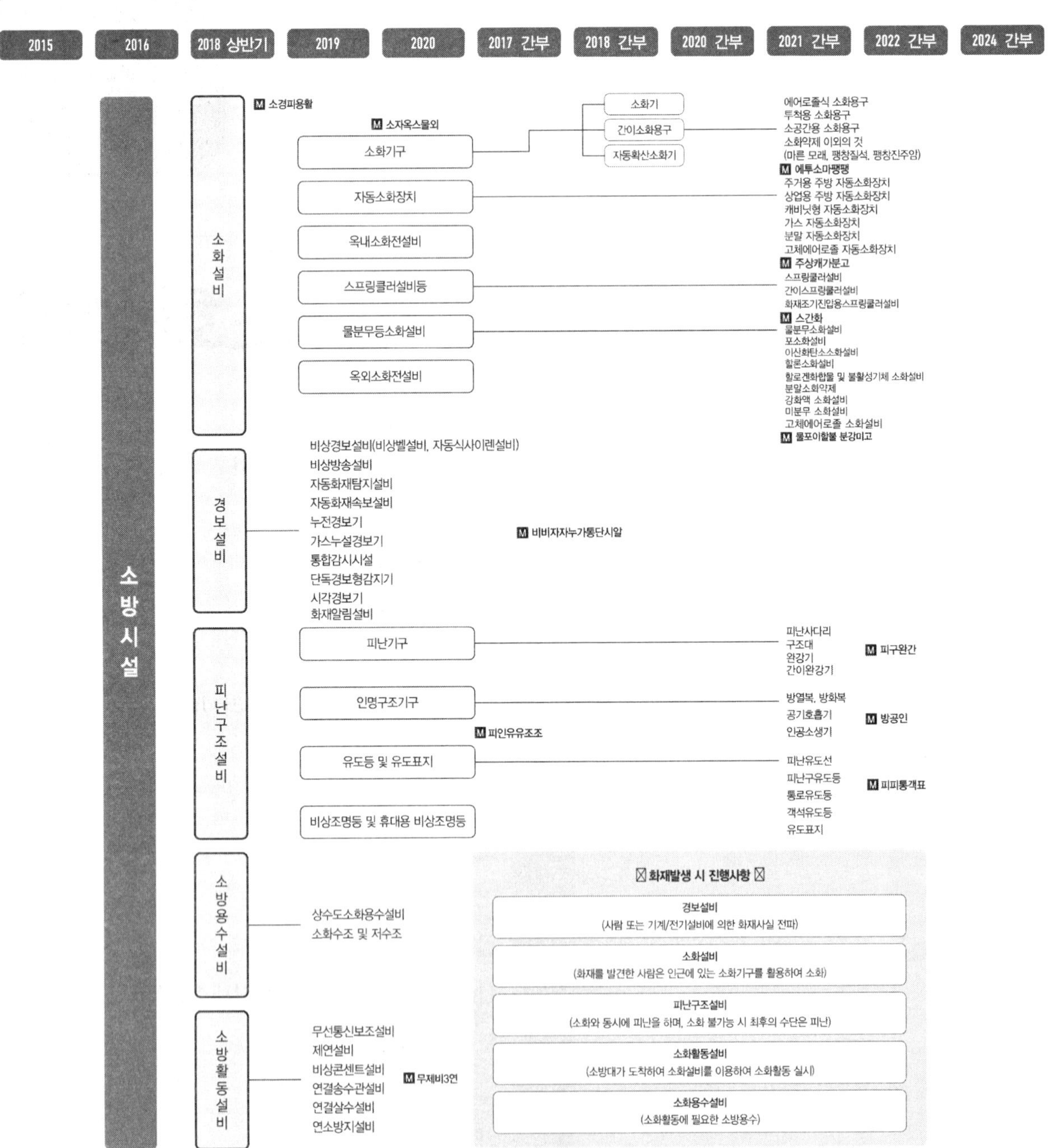

소방시설
소화설비
M 소경피용활
M 소자옥스물외
소화기구
소화기
간이소화용구
자동확산소화기
에어로졸식 소화용구
투척용 소화용구
소공간용 소화용구
소화약제 이외의 것
(마른 모래, 팽창질석, 팽창진주암)
M 에투소마팽팽
자동소화장치
주거용 주방 자동소화장치
상업용 주방 자동소화장치
캐비닛형 자동소화장치
가스 자동소화장치
분말 자동소화장치
고체에어로졸 자동소화장치
M 주상캐가분고
옥내소화전설비
스프링클러설비등
스프링클러설비
간이스프링클러설비
화재조기진압용스프링클러설비
M 스간화
물분무등소화설비
물분무소화설비
포소화설비
이산화탄소소화설비
할론소화설비
할로겐화합물 및 불활성기체 소화설비
분말소화약제
강화액 소화설비
미분무 소화설비
고체에어로졸 소화설비
M 물포이할불 분강미고
옥외소화전설비
경보설비
비상경보설비(비상벨설비, 자동식사이렌설비)
비상방송설비
자동화재탐지설비
자동화재속보설비
누전경보기
가스누설경보기
통합감시시설
단독경보형감지기
시각경보기
화재알림설비
M 비비자자누가통단시알
피난구조설비
피난기구
피난사다리
구조대
완강기
간이완강기
M 피구완간
인명구조기구
방열복, 방화복
공기호흡기
인공소생기
M 방공인
M 피인유유조조
유도등 및 유도표지
피난유도선
피난구유도등
통로유도등
객석유도등
유도표지
M 피피통객표
비상조명등 및 휴대용 비상조명등
소방용수설비
상수도소화용수설비
소화수조 및 저수조
소화활동설비
무선통신보조설비
제연설비
비상콘센트설비
연결송수관설비
연결살수설비
연소방지설비
M 무제비3연
화재발생 시 진행사항
경보설비
(사람 또는 기계/전기설비에 의한 화재사실 전파)
소화설비
(화재를 발견한 사람은 인근에 있는 소화기구를 활용하여 소화)
피난구조설비
(소화와 동시에 피난을 하며, 소화 불가능 시 최후의 수단은 피난)
소화활동설비
(소방대가 도착하여 소화설비를 이용하여 소화활동 실시)
소화용수설비
(소화활동에 필요한 소방용수)

chapter

01 출제예상문제

* 2018년 간부

1 화재진압 및 인명구조 활동을 위하여 사용하는 소화활동설비로 적합하지 않은 것은?

① 제연설비
② 소화수조
③ 연소방지설비
④ 비상콘센트설비
⑤ 연결살수설비

* 2017년 간부

2 다음 중 물분무등소화설비에 해당하지 않은 것은?

① 옥내소화전설비
② 강화액소화설비
③ 포소화설비
④ 분말소화설비
⑤ 할로겐화합물 및 불활성기체 소화설비

1.

소화활동설비**(암기 : 무제비3연)** – 무선통신설비, 제연설비, 비상콘센트설비, 연결송수관설비, 연결살수설비, 연소방지설비

2.

소화설비**(암기 : 소자옥스물외)** – 소화기구 및 자동소화장치, 옥내소화전설비, 스프링클러설비등, 물분무소화설비, 옥외소화전설비
이중에서 물분무소화설비**(암기 : 물포이할불분 강미고)** – 물분무소화설비, 포소화설비, 이산화탄소소화설비, 할론소화설비, 할로겐화합물 및 불활성기체 소화설비, 강화액소화설비, 미분부소화설비, 고체에어로졸소화설비

Answer 1.② 2.①

✳ 2017년 간부

3 소방시설에 대한 설명으로 옳지 않은 것은?

① 소화설비란 물 또는 그 밖의 소화약제를 사용하여 소화하는 기계 · 기구 또는 설비로서 소화기구, 자동소화장치, 옥내 · 외 소화전설비, 스프링클러설비 등이 있다.

② 경보설비란 화재발생 사실을 통보하는 기계 · 기구 또는 설비로서 단독경보형 감지기, 비상경보설비, 자동화재탐지설비 등이 있다.

③ 피난설비란 화재가 발생할 경우 피난하기 위하여 사용하는 기구 또는 설비로서 피난기구, 인명구조기구, 유도등, 비상조명등 및 휴대용비상조명등이 있다.

④ 소화용수설비란 화재진압에 필요한 물을 공급하거나 저장하는 설비로서 상수도 소화용수설비, 소화수조, 저수조 등이 있다.

⑤ 소화활동설비란 화재를 진압하거나 인명 구조활동을 위하여 사용하는 설비로서 비상방송설비, 자동화재속보설비, 피난사다리, 완강기 등이 있다.

3.

⑤ 비상방송설비, 자동화재속보설비 – 경보설비에 해당함
피난사라리, 완강기 – 피난설비에 해당함

✳ 2020년

4 소방시설의 분류와 해당 소방시설의 종류가 옳게 연결된 것은?

① 소화설비 – 옥내소화전설비, 포소화설비, 간이스프링클러설비

② 경보설비 – 자동화재속보설비, 자동화재탐지설비, 제연설비

③ 소화용수설비 – 상수도소화용수설비, 소화수조, 연결살수설비

④ 소화활동설비 – 시각경보기, 연결송수관설비, 무선통신보조설비

4.

㉠ 소화설비(**Ⓜ 소자옥스물외**) – 소화기구 및 자동소화장치, 옥내소화전설비, 스프링클러설비등, 물분무소화설비등, 옥외소화전설비

㉡ 경보설비(**Ⓜ 비비자자누가통단시**) – 비상경보설비(비상벨설비,자동식사이렌설비), 비상방송설비, 자동화재탐지설비, 자동화재속보설비, 누전경보기, 가스누설경보기, 통합감시시설, 단독경보형감지기, 시각경보기

㉢ 피난설비(**Ⓜ 피인유유조조**) – 피난기구, 인명구조기구, 유도등및 유도표지, 비상조명등 및 휴대용 비상조명등

㉣ 소방용수설비 – 상수도소화용수설비, 소화수조 및 저수조

㉤ 소화활동설비(**Ⓜ 무제비3연**) – 무선통신설비, 제연설비, 비상콘센트설비, 연결송수관설비, 연결살수설비, 연소방지설비

Answer 3.⑤ 4.①

* 2018년 상반기

5 다음 중 소방시설에 대한 설명으로 옳은 것은?

> 가. 소화활동설비에는 연소방지설비, 제연설비, 비상콘센트설비, 비상경보설비 등이 있다.
> 나. 소화용수설비에는 상수도소화용수설비, 소화수조, 저수조, 정화조가 있다.
> 다. 피난설비 중 피난기구에는 피난사다리, 구조대, 완강기가 있다.
> 라. 소화설비에는 소화기구, 자동소화장치, 옥내소화전, 스프링클러설비 등이 있다.

① 가, 나
② 나, 라
③ 다, 라
④ 가, 라

5.

가. 소화활동설비(암기: 무제비3연) – 무선통신설비, 제연설비, 비상콘센트설비, 연결송수관설비, 연결살수설비, 연소방지설비
나. 소방용수설비 – 상수도소화용수설비, 소화수조 및 저수조 (정화조 아님)

* 2021년 간부

6 「소방시설법」상 소방시설의 설비 분류가 다른 것은?

① 상수도소화용수설비
② 연결송수관설비
③ 연결살수설비
④ 연소방지설비
⑤ 무선통신보조설비

6.

① 소방용수설비 – 상수도소화용수설비, 소화수조 및 저수조
②③④ 소화활동설비**(암기 : 무제비3연)** – 무선통신설비, 제연설비, 비상콘센트설비, 연결송수관설비, 연결살수설비, 연소방지설비

Answer 5.③ 6.①

✳ 2020년 간부

7 「화재예방, 소방시설 설치 · 유지 및 안전관리에 관한법률 시행령」상 특정소방대상물에 설치하는 소방시설에 대한 설명으로 옳은 것은?

> ㉠ 주택용 소방시설이란 소화기 및 단독경보형감지기를 말한다.
> ㉡ 비상콘센트설비, 제연설비는 소방시설 중 소화활동설비에 포함된다.
> ㉢ 스프링클러설비, 연결송수관설비는 소방시설 중 소화설비에 포함된다.
> ㉣ 분말형태의 소화약제를 사용하는 소화기의 내용연수는 10년으로 한다.
> ㉤ 옥내소화전설비, 자동화재탐지설비, 스프링클러설비, 물분무등소화설비는 내진설계대상 소방시설이다.

① ㉠, ㉡, ㉢ ② ㉠, ㉡, ㉣
③ ㉠, ㉣, ㉤ ④ ㉡, ㉢, ㉣
⑤ ㉡, ㉣, ㉤

✳ 2022년 간부

8 「화재예방, 소방시설 설치·유지 및 안전관리에 관한 법률 시행령」상 소방시설의 연결이 옳은 것만을 〈보기〉 에서 있는 대로 고른 것은?

〈보기〉

> ㉠ 소화설비 : 자동소화장치, 옥내소화전설비, 물분무등소화설비
> ㉡ 경보설비 : 통합감시시설, 시각경보기, 단독경보형감지기
> ㉢ 피난구조설비 : 피난기구, 인명구조기구, 제연설비
> ㉣ 소화활동설비 : 연결송수관설비, 비상콘센트설비, 무선통신보조설비

① ㉠, ㉡ ② ㉢, ㉣
③ ㉠, ㉡, ㉣ ④ ㉡, ㉢, ㉣
⑤ ㉠, ㉡, ㉢, ㉣

7.

㉢ 스프링클러설비는 소화설비에 해당되고, 연결송수관설비 설비는 소화활동설비에 해당된다.

㉤ 내진설계대상은 옥내소화전설비, 스프링클러설비, 물분무등소화설비 이다.

8.

㉢ 피난구조설비 : 피난기구, 인명구조기구, 유도등 및 유도표지, 비상조명등 및 휴대용비상조명등 [제연설비는 소화활동설비에 해당]

Answer 7.② 8.③

* 2023년

9 소방시설은 소화설비, 경보설비, 피난구조설비, 소화용수 설비, 소화활동설비로 분류된다. 다음 정의로 분류되는 소방 시설로 옳지 않은 것은?

화재를 진압하거나 인명구조활동을 위하여 사용하는 설비

① 제연설비
② 인명구조설비
③ 연결살수설비
④ 무선통신보조설비

* 2024년 간부

10 「소방시설 설치 및 관리에 관한 법률 시행령」상 소방시설의 내용으로 옳은 것만을 〈보기〉에서 고른 것은?

> ㉠ 소화설비 : 소화기구, 스프링클러설비등, 연소 방지설비 등
> ㉡ 경보설비 : 자동화재속보설비, 누전경보기, 가스 누설경보기 등
> ㉢ 피난구조설비 : 유도등, 비상조명등 및 휴대 용비상조명등, 비상방송설비 등
> ㉣ 소화용수설비 : 상수도소화용수설비, 소화수조 · 저수조, 그 밖의 소화용수설비
> ㉤ 소화활동설비 : 비상콘센트설비, 제연설비, 연결 살수설비 등

① ㉠, ㉡, ㉢
② ㉠, ㉡, ㉣
③ ㉠, ㉢, ㉤
④ ㉡, ㉢, ㉤
⑤ ㉡, ㉣, ㉤

9.

화재진압 및 인명구조 활동을 위하여 사용하는 설비는 소화활동설비로써 무선통신설비, 제연설비, 비상콘센트설비, 연결송수관설비, 연결살수설비, 연소방지설비가 있다.

10.

㉠ 소화설비(암기 : 소자옥스물외) – 소화기구 및 자동소화장치, 옥내소화전설비, 스프링클러설비등, 물분무소화설비등, 옥외소화전설비
㉡ 경보설비(암기 : 비비자자누가통단시) – 비상경보설비(비상벨설비, 자동식사이렌설비), 비상방송설비, 자동화재탐지설비, 자동화재속보설비, 누전경보기, 가스누설경보기, 통합감시시설, 단독경보형감지기, 시각경보기
㉢ 피난설비(암기 : 피인유유조조) – 피난기구, 인명구조기구, 유도등및 유도표지, 비상조명등 및 휴대용 비상조명등
㉣ 소방용수설비 – 상수도소화용수설비, 소화수조 및 저수조
㉤ 소화활동설비(암기 : 무제비3연) – 무선통신설비, 제연설비, 비상콘센트설비, 연결송수관설비, 연결살수설비, 연소방지설비

Answer 9.② 10.⑤

chapter

02 소화기구 및 자동소화장치

❶ 소화기구 및 자동소화장치

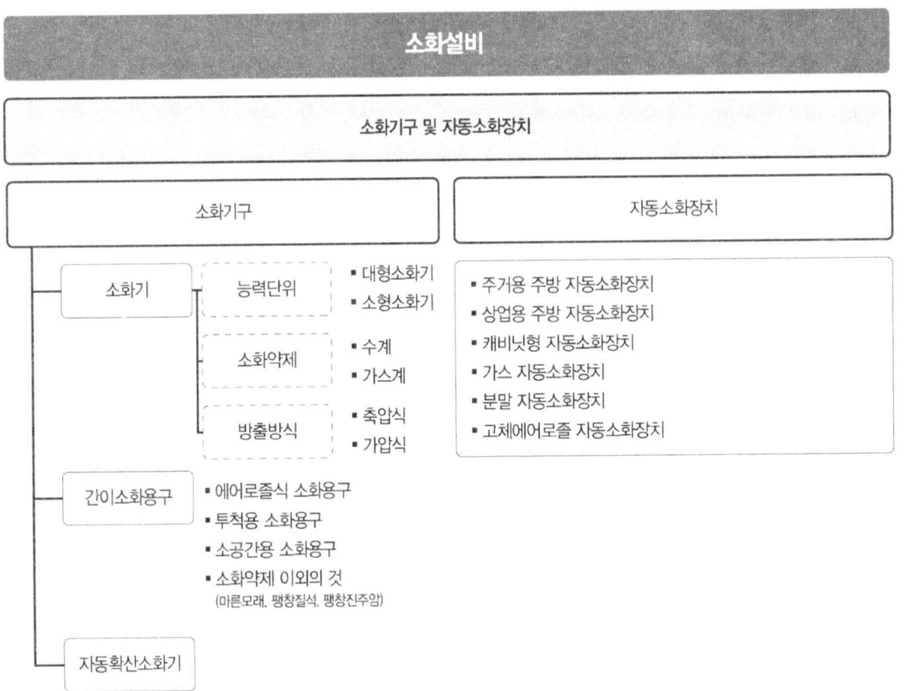

소화기구 및 자동소화장치 설치기준(소방시설법 시행령 별표4) (Ⓜ 33 노투 반 가발문 터지구)

가. 화재안전기준에 따라 소화기구를 설치하여야 하는 특정소방대상물은 다음의 어느 하나와 같다

1) 연면적 33㎡ 이상인 것. 다만, 노유자시설의 경우에는 투척용 소화용구 등을 화재안전기준에 따라 산정된 소화기 수량의 2분의 1 이상으로 설치할 수 있다.
2) 1)에 해당하지 않는 시설로서 가스시설, 발전시설 중 전기저장시설 및 지정문화재
3) 터널
4) 지하구

나. 자동소화장치를 설치하여야 하는 특정소방대상물은 다음의 어느 하나와 같다.

1) 주거용 주방자동소화장치를 설치하여야 하는 것 : 아파트등 및 30층 이상 오피스텔의 모든 층
2) 상업용 주방자동소화장치를 설치해야 하는 것
   가) 판매시설 중 「유통산업발전법」 제2조제3호에 해당하는 대규모점포에 입점해 있는 일반음식점
   나) 「식품위생법」 제2조제12호에 따른 집단급식소
3) 캐비닛형 자동소화장치, 가스자동소화장치, 분말자동소화장치 또는 고체에어로졸자동소화장치를 설치하여야 하는 것 : 화재안전기준에서 정하는 장소

❷ 용어정의

소화기	소화약제를 압력에 따라 방사하는 기구로서 사람이 수동으로 조작하여 소화하는 것
소화약제	소화기구 및 자동소화장치에 사용되는 소화성능이 있는 고체 · 액체 및 기체의 물질
능력단위	소화기 및 소화약제에 따른 간이소화용구에 있어서는 법 제36조제1항에 따라 형식승인 된 수치를 말하며, 소화약제 외의 것을 이용한 간이소화용구에 있어서는 별표 2에 따른 수치
간이소화용구	에어로졸식 소화용구, 투척용 소화용구, 소공간용 소화용구 및 소화약제 외의 것(마른모래, 팽창질석, 팽창진주암)을 이용한 간이소화용구
일반화재 (A급 화재)	나무, 섬유, 종이, 고무, 플라스틱류와 같은 일반 가연물이 타고 나서 재가 남는 화재를 말한다. 일반화재에 대한 소화기의 적응 화재별 표시는 'A'로 표시한다.
유류화재 (B급 화재)	인화성 액체, 가연성 액체, 석유 그리스, 타르, 오일, 유성도료, 솔벤트, 래커, 알코올 및 인화성 가스와 같은 유류가 타고 나서 재가 남지 않는 화재를 말한다. 유류화재에 대한 소화기의 적응 화재별 표시는 'B'로 표시한다.
전기화재 (C급 화재)	전류가 흐르고 있는 전기기기, 배선과 관련된 화재를 말한다. 전기화재에 대한 소화기의 적응 화재별 표시는 'C'로 표시한다.
주방화재 (K급 화재)	주방에서 동식물유를 취급하는 조리기구에서 일어나는 화재를 말한다. 주방화재에 대한 소화기의 적응 화재별 표시는 'K'로 표시한다.

개념원리 소화기의 소화능력 시험

1. A급 1단위
   가로 3cm, 세로 3cm, 길이 73cm의 건조된 소나무 90개를 철제대위에 우물 정자로 쌓은 후 휘발유 1.5L를 붓고 불을 붙이고 3분 후에 소화기를 분사한 결과 불을 끌 수 있는 능력
2. B급 5단위
   가로, 세로 100cm, 높이 30cm의 철제 통에 물 120L를 넣고 그 위에 휘발유 30L를 부어 휘발유에 점화하고 1분 뒤에 불을 끌 수 있는 능력
3. C급 적응성
   전기화재에 대한 적응성을 말합니다. 전기가 흐르는 곳에 분사하였을 때, 소화약제로 인하여 감전이 일어나지 않는 것을 표시하기 때문에 단위 대신 적응성이라는 말로 표현한다.

3 소화기구

(1) 능력단위에 따른 분류

① **소**형소화기 : **능**력단위가 1단위 이상이고 **대**형소화기의 능력단위 **미**만인 소화기 (Ⓜ 소능일대미)

② **대**형소화기 : 화재 시 **사**람이 운반할 수 있도록 **운반**대와 **바퀴**가 설치되어 있고 능력단위가 **A급 10**단위 이상, **B급 20**단위 이상인 소화기 (Ⓜ 대사운반바퀴 A1B2)

대형소화기의 소화약제 충전량

소화약제 종류	소화약제 충전량	암기1	암기2
물	80ℓ		Ⓜ 물팔
강화액	60ℓ	Ⓜ 3글자×20=60	Ⓜ 강육
포	20ℓ	Ⓜ 1글자×20=20	Ⓜ 포이
이산화탄소	50kg	Ⓜ 5글자×10=50	Ⓜ 이오
할로겐(할론)	30kg	Ⓜ 3글자×10=30	Ⓜ 할삼
분말	20kg	Ⓜ 2글자×10=20	Ⓜ 분이

③ 소화약제 외의 것을 이용한 간이소화용구의 능력단위 (Ⓜ 마오팽팔 점오)

간이소화용구		능력단위
1. **마**른모래	삽을 상비한 50L 이상의 것 1포	0.5 단위
2. **팽**창질석 또는 팽창진주암	삽을 상비한 80L 이상의 것 1포	

(2) 소화약제에 따른 분류 🔥 2021

소화기 종류별 소화효과와 적응성 (Ⓜ 이할불 인중 산강포물 고마팽그)

소화약제 \ 구분 \ 적응대상	가스			분말		액체				기타				
	이산화탄소 소화약제	**할**론 소화약제	할로겐화합물 및 **불**활성기체 소화약제	**인**산염류 소화약제	**중**탄산염류 소화약제	**산**알칼리 소화약제	**강**화액 소화약제	**포** 소화약제	**물**·침윤 소화약제	**고**체에어로졸 화합물	**마**른모래	**팽**창질석·팽창진주암	**그** 밖의 것	**암기**
일반화재 (A급 화재)	–	○	○	○	–	○	○	○	○	○	○	○	–	15C
유류화재 (B급 화재)	○	○	○	○	○	○	○	○	○	○	○	○	–	C
전기화재 (C급 화재)	○	○	○	○	○	*	*	*	*	○	–	–	–	ABC
주방화재 (K급 화재)	–	–	–	–	*	–	*	*	*	–	–	–	*	
암기방식	1	2	3	4	5	6	7	8	9	0	A	B	C	

주) "*"의 소화약제별 적응성은 「화재예방, 소방시설 설치유지 및 안전관리에 관한 법률」 제36조에 의한 형식승인 및 제품검사의 기술기준에 따라 화재 종류별 적응성에 적합한 것으로 인정되는 경우에 한한다.

(3) 자동차용소화기(자동차에 설치하는 소화기) (Ⓜ 강할이포분)

① **강**화액소화기(안개모양으로 방사되는 것에 한한다)

② **할**로겐화물소화기

③ **이**산화탄소소화기

④ **포**소화기

⑤ **분**말소화기

(4) 소화기 호스를 부착하지 아니하여도 되는 경우 (Ⓜ 사할 이분 삼리 삼액)

① 소화약제의 중량이 4kg 이하인 **할**로겐화물소화기

② 소화약제의 중량이 3kg 이하인 **이**산화탄소소화기

③ 소화약제의 중량이 2kg 이하의 **분**말소화기

④ 소화약제의 용량이 3l 이하의 **액**체계 소화약제 소화기

(5) 방출방식에 따른 분류

① 분말소화기의 구조

㉠ **축압식** : 본체용기 중에 소화약제와 함께 소화약제의 방출원이 되는 압축가스(질소 등)를 봉입한 방식의 소화기를 말한다. 용기 내 압력을 확인할 수 있도록 지시압력계가 부착되어 사용가능한 범위가 0.7～0.98MPa로 **녹색**으로 되어 있다. [지시압력계 : 노란색(재충전), 녹색(정상), 빨간색(과충전)]

㉡ **가압식** : 소화약제의 방출원이 되는 가압가스를 소화기 본체용기와는 별도의 전용용기에 충전하여 장치하고 소화기 가압용 가스용기의 작동봉판을 파괴하는 등의 조작에 의하여 방출되는 가스의 압력으로 소화약제를 방사하는 방식의 소화기를 말한다.

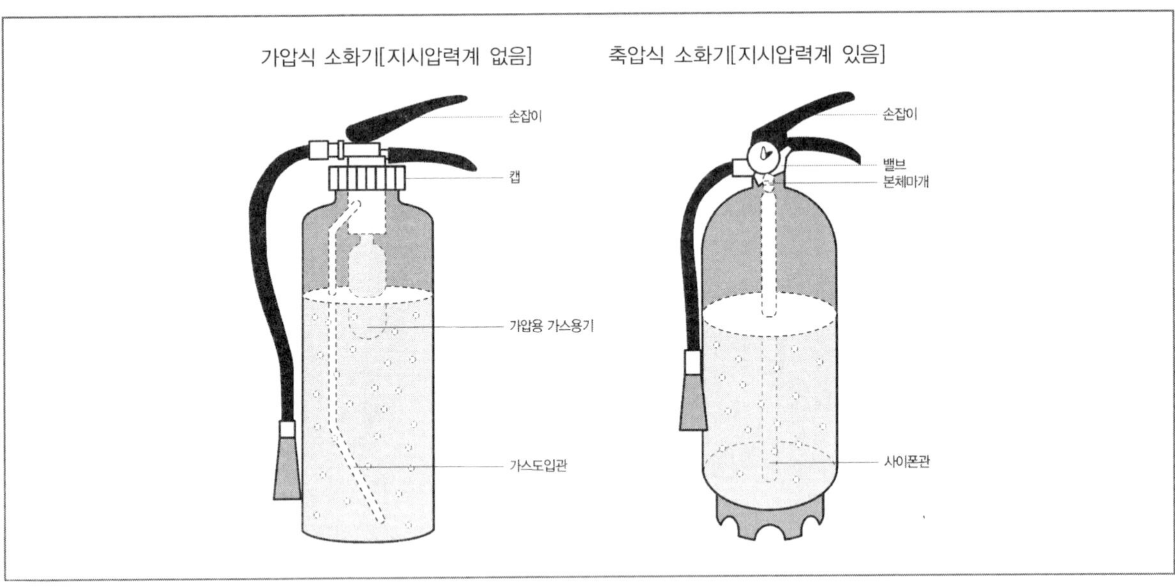

❹ 간이소화용구

(1) 에어로졸식 소화용구

사람이 조작하여 압력에 의해 방사하는 기구로써(에프킬라 모양) 소화능력단위 수치가 1단위 미만이고, 소화약제 중량은 0.7kg 미만이며, 한번 사용한 후에는 다시 사용할 수 없는 소화용구

(2) 투척용 소화용구

용기(원통형 모양)는 경질유리 및 합성수지류로 화재지역에 투척 시 쉽게 깨지도록 되어 있으며, 소화약제는 무기산염인요소, 암모늄염, 알칼리금속염, 알칼리토금속염 등을 봉입하여 사용한다.

(3) 소공간용 소화용구 🔥

수전반, 배전반, 분전반, 제어반 등의 화재를 예방하고자 소공간에서의 화재를 자동으로 감지하여 소화하는 간이소화용구를 말한다.

❺ 자동확산소화기

(1) 화재를 감지하여 자동으로 소화약제를 방출 확산시켜 국소적으로 소화하는 소화기를 말한다.

(2) 소량의 소화약제와 가압가스를 작은 항아리 모양의 용기에 충약하고, 소화기 방출구가 화재의 열에 의해 용융되어 개방되는 구조로 되어 있다. 음식점의 주방과 보일러실의 상단부 등에 설치하며, 용도와 면적에 따라 산정된 분말소화기 외 자동확산소화기를 추가로 설치하여야 한다.

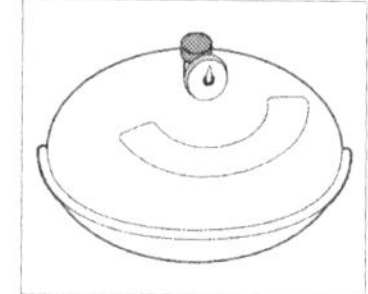

❻ 자동소화장치 (Ⓜ 주상캐가분고)

주거용 주방자동소화장치	주거용 주방에 설치된 열발생 조리기구의 사용으로 인한 화재 발생 시 열원(전기 또는 가스)을 자동으로 차단하며 소화약제를 방출하는 소화장치
상업용 주방자동소화장치	상업용 주방에 설치된 열발생 조리기구의 사용으로 인한 화재 발생 시 열원(전기 또는 가스)을 자동으로 차단하며 소화약제를 방출하는 소화장치
캐비닛형 자동소화장치	열, 연기 또는 불꽃 등을 감지하여 소화약제를 방사하여 소화하는 캐비닛형태의 소화장치
가스자동소화장치	열, 연기 또는 불꽃 등을 감지하여 가스계 소화약제를 방사하여 소화하는 소화장치
분말자동소화장치	열, 연기 또는 불꽃 등을 감지하여 분말의 소화약제를 방사하여 소화하는 소화장치
고체에어로졸자동소화장치	열, 연기 또는 불꽃 등을 감지하여 에어로졸의 소화약제를 방사하여 소화하는 소화장치

7 소화기구의 설치기준 2016 간부

(1) 소화기 설치개수 산정

① 소화기의 적응성을 검토하고 건축물의 용도와 바닥면적에 따른 능력단위 산정

② 부속용도의 추가량 산정

③ 감소기준을 적용

④ 보행거리와 구획된 실이 있는 경우 추가량을 고려

㉠ 능력단위 산정 기준 2023 간부

특정소방대상물	소화기구의 능력단위
1. 위락시설 (Ⓜ 위 3)	해당 용도의 바닥면적 30㎡ 마다 능력단위 1단위 이상
2. 공연장 · 집회장 · 관람장 · 문화재 · 장례식장 및 의료시설 (Ⓜ 공집관장의 문 5)	해당 용도의 바닥면적 50㎡ 마다 능력단위 1단위 이상
3. 근린생활시설 · 판매시설 · 운수시설 · 숙박시설 · 노유자시설 · 전시장 · 공동주택 · 업무시설 · 방송통신시설 · 공장 · 창고시설 · 항공기 및 자동차 관련 시설 및 관광휴게시설 (Ⓜ 근판운숙 노전공 업방 공창 항자관 100)	해당 용도의 바닥면적 100㎡ 마다 능력단위 1단위 이상
4. 그 밖의 것 (Ⓜ 그2)	해당 용도의 바닥면적 200㎡ 마다 능력단위 1단위 이상

(주) 소화기구의 능력단위를 산출함에 있어서 건축물의 주요구조부가 내화구조이고, 벽 및 반자의 실내에 면하는 부분이 불연재료 · 준불연재료 또는 난연재료로 된 특정소방대상물에 있어서는 위 표의 기준면적의 2배를 해당 특정소방대상물의 기준면적으로 한다.

㉡ 보행거리 (Ⓜ 보소이대삼)

각층마다 설치하되 특정소방대상물의 각 부분으로부터 1개의 소화기까지의 **보**행거리가 **소**형소화기의 경우 **20**m 이내, **대**형소화기의 경우에는 **30**m 이내가 되도록 배치한다. 다만, 가연성물질이 없는 작업장의 경우에는 작업장의 실정에 맞게 보행거리를 완화하여 배치할 수 있다.

㉢ 구획된 실의 소화기 추가설치 (Ⓜ 둘거구외삼삼)

특정소방대상물의 각층이 **2** 이상의 **거**실로 **구**획된 경우에는 각 층마다 설치하는 것 **외**에 바닥면적이 **33**㎡ 이상으로 구획된 각 거실(아파트의 경우에는 각 세대를 말한다)에도 배치해야 한다.

㉣ 수동식소화기의 감소 (Ⓜ 옥외스물포이할분대 32)

소형소화기를 설치하여야 할 소방대상물 또는 그 부분에 옥내·외 소화전, SP(스프링클러), 물분무, 포소화, 이산화탄소, 할로겐화합물, 분말소화설비 또는 대형소화기 등을 설치할 경우 당해 설비의 유효범위 내에서 소화기의 2/3(대형소화기를 두는 경우에는 1/2)을 감소할 수 있다. 다만, 층수가 11층 이상인 부분, 근린생활시설, 위락시설, 문화 및 집회시설, 운동시설, 판매시설, 운수시설, 숙박시설, 노유자시설, 의료시설, 아파트, 업무시설(무인변전소를 제외한다), 방송통신시설, 교육연구시설, 항공기 및 자동차관련시설, 관광휴게시설에는 감소할 수 없다. (Ⓜ 11층 근방 판교 관아 노숙의 항문위 운수업)

(2) 소화기 설치 시 주의사항

① 간이소화용구에 대한 설치 수 제한 : 능력단위 2단위 이상이 요구되는 소방대상물일 경우 간이소화용구의 능력단위 수치의 합계가 전체 능력단위합계수의 1/2를 초과하지 않아야 한다. 예를 들어 일반 건축물에 요구되는 소화기의 능력단위가 100단위라면 간이소화용구의 능력단위는 50단위 이상 되지 않아야 한다. 다만, 노유자시설의 경우에는 투척용 소화용구 등을 화재안전기준에 따라 산정된 소화기 수량의 2분의 1 이상으로 설치할 수 있다.

② 질식성 소화기(이산화탄소와 할로겐화합물)의 설치제한 (Ⓜ 이할 지무밀거 20) : **지**하층, **무**창층 또는 **밀**폐된 **거**실로서 그 바닥면적 **20㎡** 미만인 장소에는 **이**산화탄소와 **할**로겐화합물 소화기(자동확산소화기 제외)를 설치할 수 없다.

③ 소화기의 설치 방법 : 바닥으로부터 1.5m 이하의 높이에 설치한다.

개념원리 산·알칼리 소화기

물 소화기의 일종으로 산과 알칼리의 반응에 의해 생기는 이산화탄소의 가스압력을 이용하여 물을 방출한다.

1. 종류
   (1) 전도식 : 소화기 내부의 합성수지 용기에 황산을 넣고 용기 본체에 탄산수소나트륨(중탄산나트륨) 수용액을 넣어 사용할 때 소화기를 거꾸로 하면 황산이 들어 있는 용기의 마개가 자동적으로 열려 두 가지 약제가 혼합돼 화학반응을 일으켜서 방출구로 약제가 방사되는 방식으로 주로 많이 사용한다.
   (2) 파병식 : 용기 본체의 중앙부 상단에 황산이 든 앰플을 파열시켜 용기 본체 내부의 탄산수소나트륨(중탄산나트륨) 수용액과 화합하여 반응 시 생성되는 탄산가스의 압력으로 약제를 방출하는 소화기이다.
2. 소화원리
   용기 속의 탄산수소나트륨($NaHCO_3$) 의 수용액과 용기 내에 황산(H_2SO_4)을 봉입한 앰플을 갖고 있고, 누름쇠에 충격을 가하면 황산 앰플이 파괴되어 황산과 탄산수소나트륨 (중탄산나트륨)이 산알칼리 반응을 일으켜 발생하는 이산화탄소의 압력($5kg/cm^2$)에 의해 소화약제(물)을 방사한다.

chapter

02 출제예상문제

1 소화기구 및 자동소화장치의 화재안전기준에 따른 용어에 대한 정의로 틀린 것은?

① "소화약제"란 소화기구 및 자동소화장치에 사용되는 소화성능이 있는 고체 · 액체 및 기체의 물질을 말한다.
② "대형소화기"란 화재 시 사람이 운반할 수 있도록 운반대와 바퀴가 설치되어 있고 능력 단위가 A급 20단위 이상, B급 10단위 이상인 소화기를 말한다.
③ "전기화재(C급 화재)"란 전류가 흐르고 있는 전기기기, 배선과 관련된 화재를 말한다.
④ "능력단위"란 소화기 및 소화약제에 따른 간이소화용구에 있어서는 소방시설법에 따라 형식승인 된 수치를 말한다.

1.

능력단위에 따른 분류
① **소**형소화기 : **능**력단위가 **1**단위 이상이고 **대**형소화기의 능력단위 **미**만인 소화기 (**Ⓜ 소능일대미**)
② **대**형소화기 : 화재 시 **사**람이 운반할 수 있도록 **운반**대와 **바퀴**가 설치되어 있고 능력단위가 **A급 10**단위 이상, **B급 20**단위 이상인 소화기 (**Ⓜ 대사운반바퀴 A1B2**)

＊ 2021년 간부

2 전기화재에 적응성이 있는 소화약제에 해당하는 것은?

① 마른모래
② 팽창질석 · 팽창진주암
③ 그 밖의 것
④ 고체에어로졸화합물
⑤ 팽창질석 · 팽창진주암

2.

전기화재 적응성이 있는 소화약제
이산화탄소화약제, 할론소화약제, 할로겐화합물 및 불활성기체소화약제, 인산염류소화약제, 중탄산염류소화약제, 고체에로로졸 화합물
※ 본문의 "소화기 종류별 소화효과와 적응성" 표 참조

Answer 1.② 2.④

3 소화기구 및 자동소화장치의 화재안전기준에 따라 다음과 같이 간이소화용구를 비치하였을 경우 능력 단위의 합은?

> • 삽을 상비한 마른모래 50L 1포 2개
> • 삽을 상비한 팽창질석 80L 1포 1개

① 1 단위
② 1.5 단위
③ 2.5 단위
④ 3 단위

3.

소화약제 외의 것을 이용한 간이소화용구의 능력단위 ★ (Ⓜ **마오팽팔 점오)**

간 이 소 화 용 구		능력단위
1. **마**른모래	삽을 상비한 **5**0L 이상의 것 1포	**0.5** 단위
2. **팽**창질석 또는 팽창진주암	삽을 상비한 **8**0L 이상의 것 1포	

풀이
삽을 상비한 마른모래 50L × 2개 = 0.5단위 × 2 = 1단위
삽을 상비한 팽창질석 80L × 1개 = 0.5단위 × 1 = 0.5단위
따라서 1단위 + 0.5단위 = 1.5단위

4 소화기에 호스를 부착하지 아니할 수 있는 기준 중 틀린 것은?

① 소화약제의 중량이 2kg 이하인 분말소화기
② 소화약제의 중량이 3kg 이하인 이산화탄소소화기
③ 소화약제의 중량이 4kg 이하인 할로겐화합물소화기
④ 소화약제의 중량이 5kg 이하인 산알칼리소화기

4.

소화기 호스를 부착하지 아니하여도 되는 경우 (Ⓜ **사할 삼이 이분 삼액)**
① 소화약제의 중량이 **4**kg 이하인 **할**로겐화물소화기
② 소화약제의 중량이 **3**kg 이하인 **이**산화탄소소화기
③ 소화약제의 중량이 **2**kg 이하의 **분**말소화기
④ 소화약제의 용량이 **3**ℓ 이하의 **액**체계 소화약제 소화기

5 대형소화기에 충전하는 최소 소화약제의 기준 중 다음 ( ) 안에 알맞은 것은?

> • 분말소화기 : (㉠)Kg 이상
> • 물소화기 : (㉡)L 이상
> • 이산화탄소소화기 : (㉢)Kg 이상

① ㉠ 30, ㉡ 80, ㉢ 50
② ㉠ 30, ㉡ 50, ㉢ 60
③ ㉠ 20, ㉡ 80, ㉢ 50
④ ㉠ 20, ㉡ 50, ㉢ 60

5.

대형소화기의 소화약제 충전량 ★★★

소화약제 종류	소화약제 충전량	암기1	암기2
물	80ℓ		Ⓜ **물팔**
강화액	60ℓ	Ⓜ **3글자×20=60**	Ⓜ **강육**
포	20ℓ	Ⓜ **1글자×20=20**	Ⓜ **포이**
이산화탄소	50kg	Ⓜ **5글자×10=50**	Ⓜ **이오**
할로겐(할론)	30kg	Ⓜ **3글자×10=30**	Ⓜ **할삼**
분말	20kg	Ⓜ **2글자×10=20**	Ⓜ **분이**

Answer 3.② 4.④ 5.③

＊ 2016년 간부

6 소화기의 설치기준에 대한 설명 중 옳지 않은 것은?

① 각 층마다 설치하되 특정소방대상물의 각 부분으로부터 1개의 소화기까지 보행거리가 소형소화기의 경우 20m이내, 대형소화기의 경우에는 30m이내가 되도록 배치한다.

② 특정소방대상물의 각층이 2 이상의 거실로 구획된 경우에는 각 층마다 설치하는 것 외에 바닥면적이 45㎡ 이상으로 구획된 각 거실(아파트의 경우에는 각 세대를 말한다)에도 배치할 것

③ 특정소방대상물의 각층이 2이상의 거실로 구획된 경우에는 각 층마다 설치하는 것 외에 바닥면적이 33㎡ 이상으로 구획된 각 거실에도 배치한다.

④ 능력단위가 2단위 이상이 되도록 소화기를 설치하여야 할 특정소방대상물에는 간이소화용구의 능력단위가 전체 능력단위의 2분의 1을 초과하지 않도록 한다.

⑤ 대형소화기는 A급 10단위 이상, B급 20단위 이상으로 운반대와 바퀴가 설치된 것이다.

6.

② 구획된 실의 소화기 추가설치 **(Ⓜ 둘거구외삼삼)**
특정소방대상물의 각층이 **2** 이상의 **거**실로 **구**획된 경우에는 각 층마다 설치하는 것 **외**에 바닥면적이 **33**㎡ 이상으로 구획된 각 거실(아파트의 경우에는 각 세대를 말한다)에도 배치해야 한다.

7 바닥면적이 1300㎡인 관람장에 소화기구를 설치할 경우 소화기구의 최소 능력단위는? (단, 주요구조부가 내화구조이고, 벽 및 반자의 실내와 면하는 부분이 불연재료로 된 특정 소방대상물이다.)

① 7단위
② 13단위
③ 22단위
④ 26단위

7.

관람장은 바닥면적 50㎡ 마다 1단위 이상이고, 주요구조부가 내화구조이고, 벽 및 반자의 실내에 면하는 부분이 불연재료 · 준불연재료 또는 난연재료로 된 특정소방대상물에 있어서는 기준면적의 2배를 적용함.
따라서, 능력단위 = 1300㎡ / (50㎡ × 2) = 13단위

Answer 6.② 7.②

8 소화기구 및 자동소화장치의 화재안전기준에서 규정된 소화기구에 관한 설명으로 옳지 않은 것은?

① 일반화재(A급화재)에는 이산화탄소 소화약제 소화기가 적응성이 낮다.
② 근린생활시설인 경우 해당용도의 바닥면적 $300m^2$마다 소화기구 능력단위 기준을 1단위 이상으로 산출하여야 한다.
③ 소화기는 특정소방대상물의 각 부분으로부터 1개의 소화기까지의 보행거리가 소형소화기의 경우에는 20m 이내, 대형소화기의 경우에는 30m 이내가 되도록 배치하여야 한다.
④ 소화기구(자동확산소화기는 제외)는 거주자 등이 손쉽게 사용할 수 있는 장소에 바닥으로부터 높이 1.5m 이하의 곳에 비치하여야 한다.

* 2023년 간부

9 소화기구의 능력단위를 바닥면적 100제곱미터마다 1단위 이상으로 해야 할 특정소방대상물은?

① 문화재
② 판매시설
③ 의료시설
④ 장례식장
⑤ 위락시설

8.

② 근린생활시설 · 판매시설 · 운수시설 · 숙박시설 · 노유자시설 · 전시장 · 공동주택 · 업무시설 · 방송통신시설 · 공장 · 창고시설 · 항공기 및 자동차 관련 시설 및 관광휴게시설 **(Ⓜ 근판운숙 노전공 업방 공창 항자관 100)** – 해당 용도의 바닥면적 100㎡ 마다 능력단위 1단위 이상

9.

능력단위 산정 기준

특정소방대상물	소화기구의 능력단위
1. 위락시설 (Ⓜ **위 3**)	해당 용도의 바닥면적 **30**㎡ 마다 능력단위 1단위 이상
2. 공연장 · 집회장 · 관람장 · 문화재 · 장례식장 및 의료시설 (Ⓜ **공집관장의 문 5**)	해당 용도의 바닥면적 **50**㎡ 마다 능력단위 1단위 이상
3. 근린생활시설 · 판매시설 · 운수시설 · 숙박시설 · 노유자시설 · 전시장 · 공동주택 · 업무시설 · 방송통신시설 · 공장 · 창고시설 · 항공기 및 자동차 관련 시설 및 관광휴게시설 (Ⓜ **근판운숙 노전공 업방 공창 항자관 100**)	해당 용도의 바닥면적 **100**㎡ 마다 능력단위 1단위 이상
4. 그 밖의 것 (Ⓜ **그2**)	해당 용도의 바닥면적 **200**㎡ 마다 능력단위 1단위 이상

Answer 8.② 9.②

chapter

03 옥내소화전설비

❶ 옥내소화전 계통도

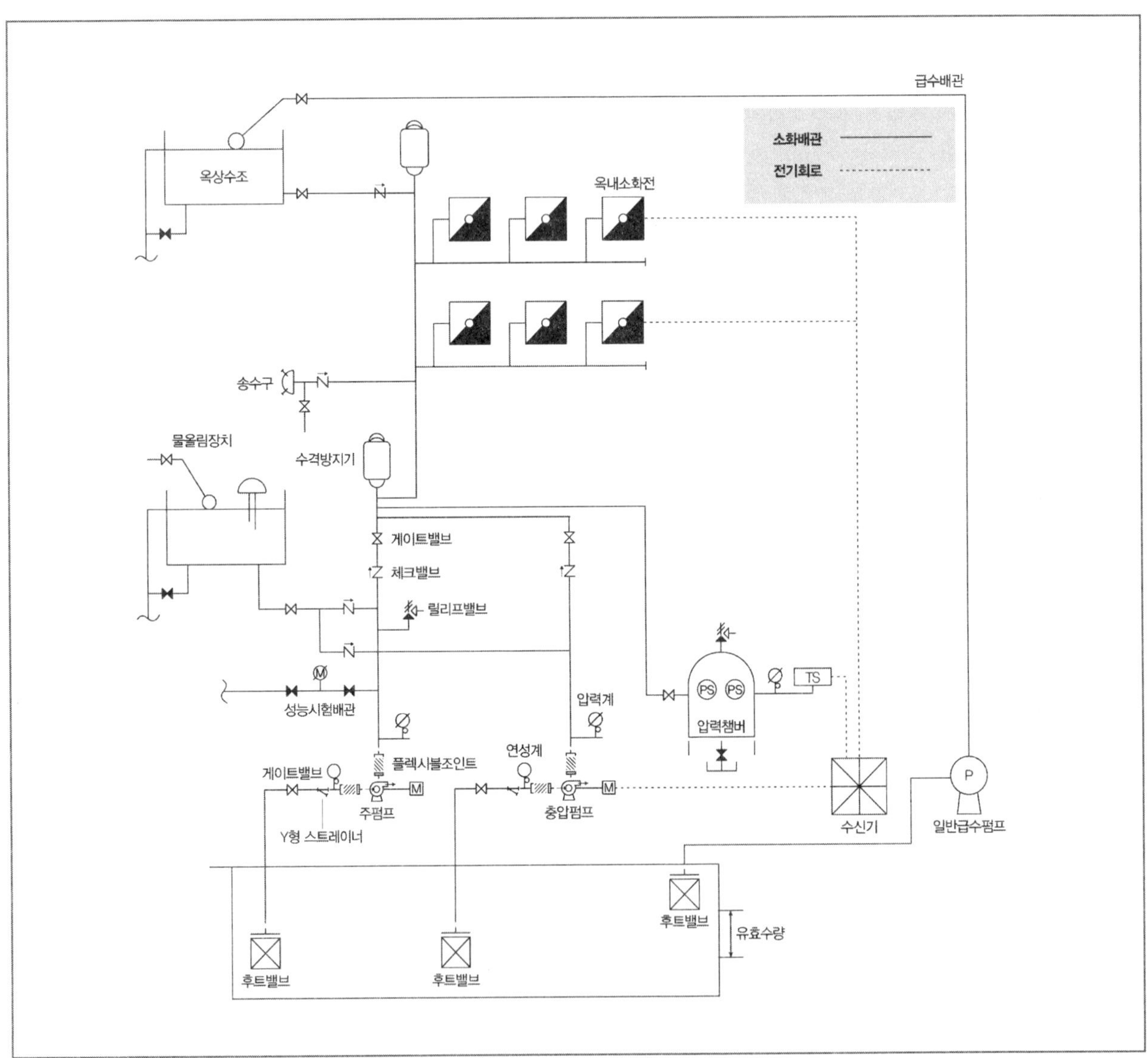

옥내소화전 설치기준 2020 간부

(1) 연면적 **3**천m² 이상(지하가 중 터널은 제외한다)이거나 **지**하층 · **무**창층(축사는 제외한다) 또는 층수가 **4**층 이상인 것 중 바닥면적이 **6**00m² 이상인 층이 있는 것은 **모든 층** (Ⓜ **삼 무지 쎄(4) 륙(6) 모든 층**)
(2) 지하가 중 터널로서 다음에 해당하는 터널
 가) 길이가 1천미터 이상인 터널
 나) 예상교통량, 경사도 등 터널의 특성을 고려하여 총리령으로 정하는 터널
(3) (1)에 해당하지 않는 근린생활시설, 판매시설, 운수시설, 의료시설, 노유자시설, 업무시설, 숙박시설, 위락시설, 공장창고시설, 항공기 및 자동차 관련 시설, 교정 및 군사시설 중 국방 · 군사시설, 방송통신시설, 발전시설, 장례시설 또는 복합건축물로서 연면적 1천5백m² 이상이거나 지하층 · 무창층 또는 층수가 4층 이상인 층 중 바닥면적이 300m² 이상인 층이 있는 것은 모든 층
(4) 건축물의 옥상에 설치된 **차**고 또는 **주**차장으로서 차고 또는 주차의 용도로 사용되는 부분의 면적이 **2**00m² 이상인 것 (Ⓜ **차주이**)
(5) (1) 및 (3)에 해당하지 않는 **공**장 또는 **창**고시설로서 「소방기본법 시행령」 별표 2에서 정하는 수량의 **75**0배 이상의 **특수**가연물을 저장 · 취급하는 것 (Ⓜ **공창 특수 치료(75)**)

2 용어정의

고가수조	구조물 또는 지형지물 등에 설치하여 자연낙차의 압력으로 급수하는 수조
압력수조	소화용수와 공기를 채우고 일정압력 이상으로 가압하여 그 압력으로 급수하는 수조
가압수조	가압원인 압축공기 또는 불연성 고압기체에 따라 소방용수를 가압시키는 수조
기동용수압 개폐장치	소화설비의 배관내 압력변동을 검지하여 자동적으로 펌프를 기동 및 정지시키는 것으로서 압력챔버 또는 기동용압력스위치을 말한다.
충압펌프	배관내 압력손실에 따른 주펌프의 빈번한 기동을 방지하기 위하여 충압역할을 하는 펌프
체절운전	펌프의 성능시험을 목적으로 펌프 토출측의 개폐밸브를 닫은 상태에서 펌프를 운전하는 것
정격토출량	정격토출압력에서의 펌프의 토출량을 말한다.
정격토출압력	정격토출량에서의 펌프의 토출측 압력을 말한다.
진공계	대기압 이하의 압력을 측정하는 계측기를 말한다.
연성계	대기압 이상의 압력과 대기압 이하의 압력을 측정할 수 있는 계측기를 말한다.
급수배관	수원 및 옥외송수구로부터 옥내소화전방수구에 급수하는 배관을 말한다.
개폐표시형밸브	밸브의 개폐여부를 외부에서 식별이 가능한 밸브를 말한다.

❸ 구성요소 및 기능 2022

(1) 수원

① 수원의 종류

㉠ **주수원** : 고가수조, 지하수조

㉡ **예비수원** : 옥상수조(Fail safe에 따라 주수원 사용 불가 시 예비수원으로 화재를 진압할 수 있도록 한 수원, 주수원량의 1/3 이상)

② 수원량 산정

㉠ 옥내소화전에서 저장하여야 할 수원의 양

특정소방대상물	기준개수(N)	방사량(LPM)	방사시간(Min)	수원의 양
옥내소화전	최대 2	130 LPM	20(40/60)	Q=N × 130ℓ /min × 방사시간
옥외소화전	최대 2	350 LPM	20	Q=N × 350ℓ /min × 방사시간

- 기준개수 : 소화전이 가장 많은 층의 설치개수(2개 이상이면 2개)
- 옥내소화전설비의 방사시간 (30층 미만 : 20분, 50층 미만 : 40분, 50층 이상 : 60분)
- 수원 : Q = N × 펌프토출량 × 방사시간
  예시 × 2.6m³ = 1개 × 130ℓ /min × 20분(1,000ℓ = 1m³)★ LPM = ℓ /min

㉡ 옥상수조의 양(예비수원) : 옥상수조에는 유효수량의 1/3 이상을 저장하여야 한다.

㉢ 옥상수조 설치 면제조건 🔥🔥 (Ⓜ 지하고수 건지텐 주동별내비 학공창 가)

ⓐ **지하**층만 있는 건축물

ⓑ **고**가수조를 가압송수장치로 설치한 옥내소화전설비

ⓒ **수**원이 건축물의 최상층에 설치된 방수구보다 높은 위치에 설치된 경우

ⓓ **건**축물의 높이가 **지**표면으로부터 10m 이하인 경우

ⓔ **주**펌프와 **동**등 이상의 성능이 있는 **별**도의 펌프로서 **내**연기관의 기동과 연동하여 작동되거나 **비**상전원을 연결하여 설치한 경우

ⓕ **학교, 공장, 창고**시설로서 동결의 우려가 있는 장소에 수동으로 옥내소화전을 기동하는 경우

ⓖ **가**압수조를 가압송수장치로 설치한 옥내소화전설비

㉣ 수조를 겸용할 경우 유효수량 산정

ⓐ 수조는 소방설비의 전용수조로 하여야 하나, 보통 일반급수용 수조와 겸용가능하며,

ⓑ 수조가 펌프보다 낮은 경우 일반급수펌프의 후트밸브와 소화용펌프의 후트밸브 사이의 물의 양을 유효수량으로 계산하고, (소화용 펌프의 후트밸브가 일반 급수펌프보다 더 낮은곳에 위치)

ⓒ 수조가 펌프보다 높은 경우와 고가수조 방식인 경우 일반급수펌프의 급수구와 소화용펌프의 급수구 사이 물의 양만이 유효수량으로 인정된다.

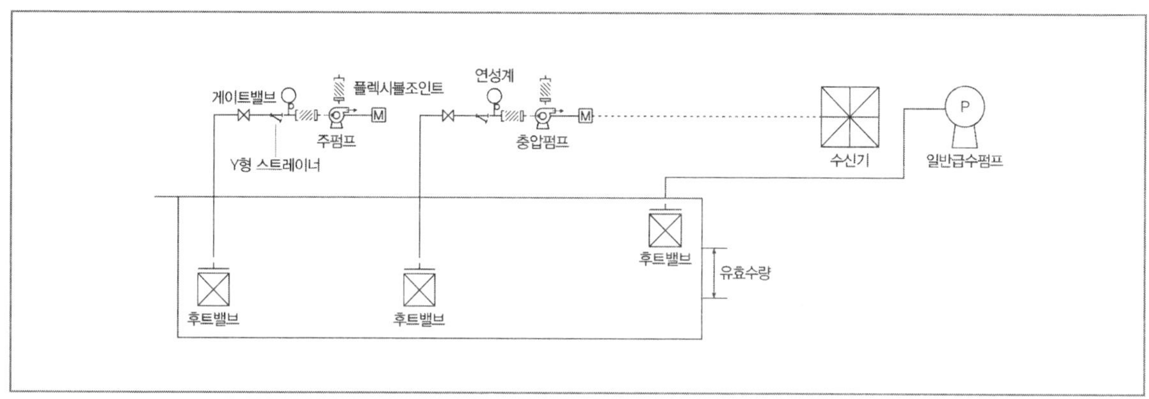

(2) 가압송수장치(물을 가압하여 보낼 수 있는 장치) (M 펌고압가)[수계소화설비 공통]

① **펌프방식** : 펌프방식은 가압용 펌프를 설치하여 펌프에 의해 가압수를 공급하는 방식을 말한다. 설비 설치의 용이성과 공간 활용의 장점 등을 이유로 가장 많이 설치되는 가압송수방식이다.

② **고가수조 방식** : 고가수조방식은 건축물의 최상층보다 높게 설치된 수조에서 자연낙차에 의해 법정방수압을 공급하는 방식을 말한다. 따라서 펌프방식에서 설치되는 옥상수조와 구별된다. 고가수조는 가압송수장치의 기능이고, 옥상수조는 펌프가압송수장치에서 비상용 소화수를 저장하는 기능을 한다.

③ **압력수조방식** : 압력수조는 압력탱크에 물을 저장하고, 자동식 공기압축기로 탱크를 가압하여 압력수를 공급하는 방식을 말한다.

④ **가압수조방식** : 가압수조라 함은 가압원인 압축공기 또는 불연성 고압기체에 따라 소방용수를 가압시키는 수조를 말한다.

가압송수장치 종류

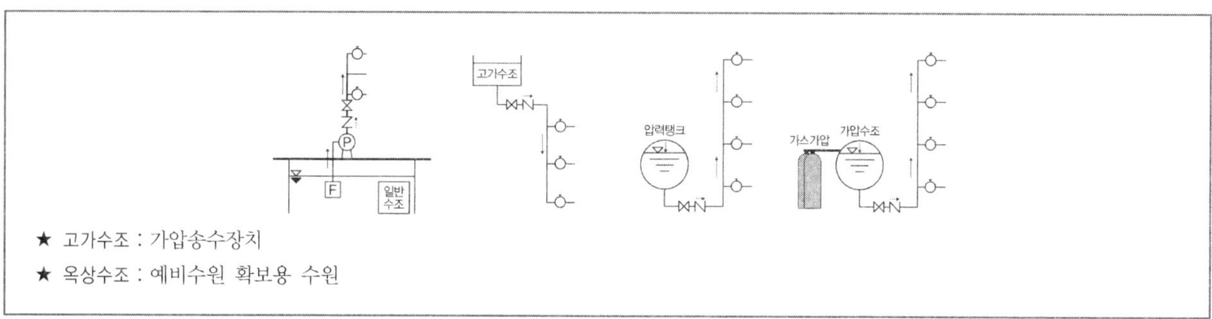

★ 고가수조 : 가압송수장치

★ 옥상수조 : 예비수원 확보용 수원

(3) 방수압력 및 방수량

특정소방대상물의 어느 층에 있어서도 해당 층의 옥내소화전(2개 이상 설치된 경우에는 2개의 옥내소화전)을 동시에 사용할 경우 각 소화전의 노즐선단에서의 방수압력이 0.17MPa(호스릴옥내소화전설비를 포함한다) 이상이고, 방수량이 130l/min(호스릴옥내소화전설비를 포함한다) 이상이 되는 성능의 것으로 할 것. 다만, 하나의 옥내소화전을 사용하는 노즐선단에서의 방수압력이 0.7MPa을 초과할 경우에는 호스접결구의 인입 측에 감압장치를 설치하여야 한다.

① **방수압력 및 방수량** : 토출량은 옥내소화전이 가장 많이 설치된 층의 설치개수(옥내소화전이 2개 이상 설치된 경우에는 2개)에 130l/min를 곱한 양 이상이 되도록 할 것 (l/min = LPM)

특정소방대상물	기준개수(N)	방사량(LPM)	방수압력(Mpa)	펌프의 토출량(Q)
옥내소화전	최대 2	130LPM	0.17 ~ 0.7	Q = N × 130 ℓ /min
옥외소화전	최대 2	350LPM	0.25 ~ 0.7	Q = N × 350 ℓ /min

② **펌프를 이용한 가압송수장치 설치기준** : 펌프를 이용한 가압송수장치는 다음의 식에 따라 산출한 수치 이상이 되도록 할 것. 옥내소화전설비의 법정방수압력은 0.17MPa, 방수량은 130l/min이며, 양정계산은 다음과 같이 한다.(0.1MPa = 10m)

식	기호
H = h1 + h2 + h3 + 17	H : 펌프의 전 양정(m) h1 : 낙차(m) h2 : 배관 및 관부속품 마찰손실(m) h3 : 소방용 호스의 마찰손실(m) 17 : 노즐선단의 방수압력환산수두(m)

③ **고가수조의 자연낙차를 이용한 가압송수장치 설치 기준**[수계소화설비 공통]

㉠ 고가수조의 자연낙차수두(수조의 하단으로부터 최고층에 설치된 소화전 호스 접결구까지의 수직거리를 말한다)는 다음의 식에 따라 산출한 수치 이상이 되도록 할 것

식	기호
H = h1 + h2 + 17 (호스릴옥내소화전설비를 포함)	H : 필요한 낙차(m) h1 : 소방용호스 마찰손실 수두(m) h2 : 배관의 마찰손실 수두(m)

㉡ 고가수조에는 **수**위계 · **배**수관 · **급**수관 · **오**버플로우관 및 **맨**홀을 설치할 것 (Ⓜ **수배급오맨**)

④ 압력수조를 이용한 가압송수장치 설치 기준

㉠ 압력수조의 압력은 다음의 식에 따라 산출한 수치 이상으로 할 것

P = p1 + p2 +p3 + 0.17 (호스릴옥내소화전설비를 포함)	P : 필요한 압력(MPa) p1 : 소방용호스 마찰손실 수두압(MPa) p2 : 배관의 마찰손실 수두압(MPa) p3 : 낙차의 환산 수두압(MPa)

㉡ 압력수조에는 **수**위계 · **급**수관 · **배**수관 · **급**기관 · **맨**홀 · **압**력계 · **안**전장치 및 압력저하 방지를 위한 **자**동식 **공**기압축기를 설치할 것 (Ⓜ **수급배급맨압안 자공**)[수계소화설비 공통]

(4) 흡입측 배관 및 밸브류 등

① Foot Valve(후트밸브) : 수조의 흡수구에 설치되는 밸브로서 여과기능과 체크밸브기능을 한다. 체크밸브 기능에 이상이 생기면 물올림장치의 물이 계속 수조로 흐르는 현상이 발생한다.

② **흡입측 개폐밸브** : 흡입측에는 개폐표시형 밸브를 설치한다. 개폐표시형 밸브란 밸브의 외관을 보고 쉽게 밸브의 개폐여부를 확인할 수 있는 밸브를 말하며, 보통 OS&Y밸브를 설치한다. 또한 흡입측에는 가능한 흡입마찰이 작아야 하기 때문에 버터플라이(Butterfly)형 밸브의 설치는 금지하고 있다. 버터플라이(Butterfly)형 밸브는 구조상 흡입마찰이 커서 흡입에 장애가 생기기 때문이다.

③ **스트레이너** : 스트레이너(Strainer)는 배관에 설치되어 수조로부터 흡입되는 물의 이물질을 걸러주는 역할을 하며, 필요에 따라서는 토출측에도 설치하는 경우가 있다.

④ **플렉시블조인트**(flexible joint) : 소화특성상 소화펌프는 대체적으로 용량이 크며, 갑작스런 기동 시 진동이 많다. 따라서 갑작스런 펌프기동으로 인한 충격이 배관에 전달되지 않도록 펌프의 흡입측과 토출측에 플렉시블을 설치하며, 펌프의 고정판에도 스프링을 설치하여 진동을 흡수한다.

⑤ **연성계** : 압력은 부압(−)과 정압(+)이 있으며, 압력계는 정압만을 측정하나, 연성계는 부압(진공압)과 정압 2가지를 측정 할 수 있다. 따라서 수조가 펌프보다 아래에 위치할 경우는 진공압 측정이 필요하므로 연성계를 설치하며, 수조가 펌프보다 위에 위치할 경우에는 연성계나 진공계 설치가 불필요하다.

⑥ **편심 레듀셔** : 펌프 흡입측의 배관의 구경을 달리할 경우에는 펌프 입구에서 공기고임을 방지하기 위하여 편심 레듀셔를 설치한다. 만약 원심 레듀셔를 설치하면 상부에 빈 공간이 생겨 공기고임 현상이 발생하며, 흡입의 장애가 된다. 또한 수조와 펌프의 높이가 너무 크거나 배관의 마찰이 클 경우에는 유효흡입양정이 작아져 공동현상(Cavitation)이 일어나기 쉽다. (원심 : ▷ 편심 : ▷)

⑦ **체크밸브** : 체크밸브는 유수가 일방향으로 흐르게 하는 밸브를 말하며, 역류를 방지하기 위하여 설치한다. 보통 65mm 이상의 배관에는 스모렌스키 체크밸브를 설치하며, 바이패스 밸브가 있어 필요시 역류가 가능하기도 한다. 기타의 배관에는 플랩체크밸브 또는 볼체크밸브 등을 설치한다.

⑧ **수격방지기** : 펌프가 기동하고 정지할 경우 펌프의 토출압력 변화에 의해 수격현상이 발생한다. 이러한 수격은 소화설비 시스템에 진동을 발생시켜 시스템을 손상시키는 원인이 된다. 수격방지기는 진동과 충격을 흡수하여 설비를 안전하게 하는 역할을 한다.

⑨ **물올림장치**(호수조) : 수조의 위치가 펌프보다 낮은 경우 펌프 흡입측 배관에는 항상 물이 채워져 있어야한다. 이유는 펌프가 기동될 때, 흡입측 배관에 물이 채워져 있지 않으면 수조의 물을 양수하지 못할 수도 있다. 흔히 소방펌프차에서 저수지의 물을 양수할 때, 흡입측배관(스트레이너)에 물을 채운 후 펌프를 기동하여 물을 흡입하는 것과 같은 원리이다. 물올림장치는 전용의 탱크를 설치하고 유효수량은 100ℓ 이상으로 하되, 구경 15㎜ 이상의 급수배관을 설치하여 당해 펌프의 흡입배관에 상시 물이 채워지도록 하여야 한다. 또한 물올림탱크에는 항상 급수가 가능하도록 자동급수밸브를 설치하며, 넘침을 방지하기 위해 Overflow관을 설치하고, 보수를 위한 배수밸브를 설치한다. 이때 체크밸브의 유수 방향은 흡입배관 쪽으로 흐르도록 설치하여야 하며, 수원이 펌프보다 위에 있을 경우에는 물올림 장치를 생략한다.

⑩ **순환배관**(릴리프밸브) 🔥🔥🔥 2021 2021 간부 : 펌프가 정상적으로 회전한 상태에서 토출측에 물이 방출되지 않으면 체절운전 상태에 들어간다. 이때 펌프 내에서는 물과 임펠러의 마찰로 수온이 상승하며, 기포가 발생하고, 과압발생으로 배관파손의 영향을 줄 수도 있다. 따라서 가압송수장치의 체절운전 시 수온의 상승을 방지하기 위하여 체크밸브와 펌프사이에 20㎜ 이상의 분기배관을 설치하여 체절압력 미만에서 개방되는 릴리프밸브를 설치하여야 한다. 체절압력이란 물이 토출되지 않은 상태에서 펌프의 최대 상승압력을 말하며, 화재안전기준에서 체절압력은 정격토출압력의 140%를 초과하지 아니하도록 규정하고 있다.

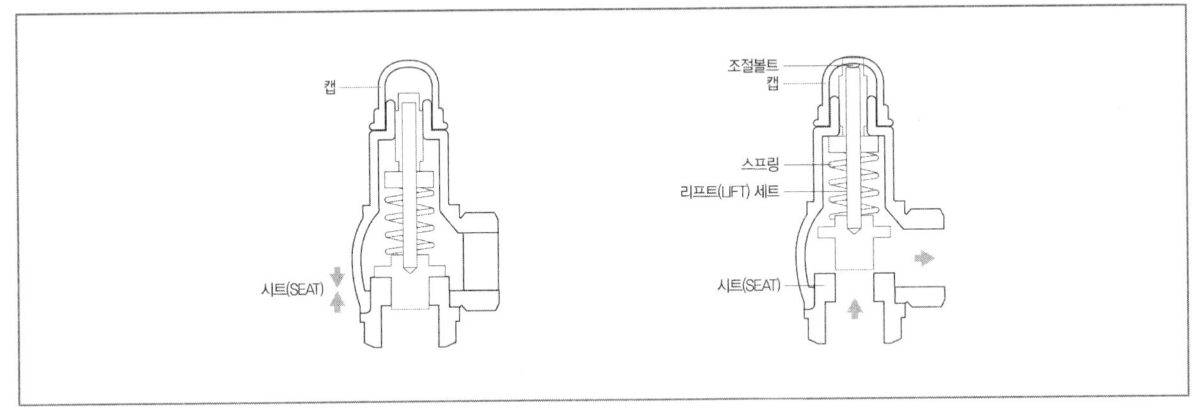

(5) 전동기 종류 및 용량 등

① **소방용 펌프** : 소방용 펌프로는 원심펌프를 주로 사용하며, 원심펌프에는 볼류트펌프와 터빈펌프의 2종류가 있다. 원심펌프란 Impeller의 회전으로 유체에 회전운동을 주어 이때 발생하는 원심력에 의한 속도에너지를 압력에너지로 변환하는 방식의 펌프이다.

㉠ **볼류트 펌프** : 안내날개가 없으며 이로 인하여 Impeller가 직접 안내날개가 있어 물을 Casing으로 유도하는 펌프로서 대유량 저양정 펌프에 사용한다.

㉡ 터빈펌프 : Impeller 회전운동 시 물을 일정하게 유도하여 속도에너지를 효과적으로 압력에너지로 변환시킬 수 있다. 안내날개로 인하여 난류가 생기는 것을 감소시키므로 물의 압력이 증가한다. 따라서 터빈펌프는 저유량, 고양정 펌프에 사용한다.

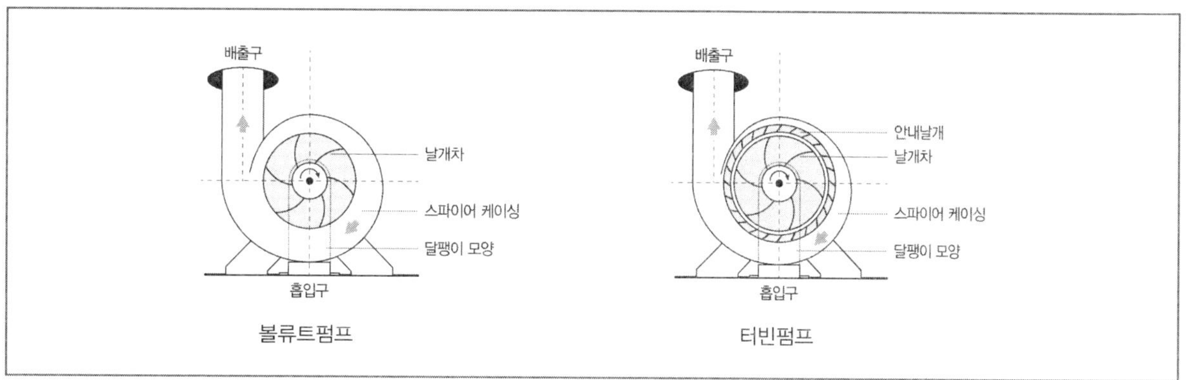

볼류트펌프 터빈펌프

② 충압펌프(수계소화설비 공통) : 자동기동방식의 옥내소화전설비는 배관 내부에 법정방수압력 이상으로 설정된 압력수가 채워져 있고, 압력이 떨어지면 이를 압력챔버가 감지하여 펌프가 자동 기동됨으로서 압력을 보충한다. 이때 주펌프가 기동하게 되면 전력소모가 크며 배관 등의 설비 시스템에 큰 힘이 전달되어 설비에 충격을 주게 된다. 이를 방지하기 위해 평상시 옥내소화전설비(수계소화설비 공통)에서 발생되는 적은 양의 압력누수는 토출량이 적은 충압펌프를 사용하여 보충하도록 하며, 충압펌프는 주기능이 소화용이 아니므로 펌프성능 시험배관도 설치하지 않는다.

(6) 기동용 수압개폐장치(자동으로 가압송수장치를 작동시킬 수 있는 장치)

① 가압송수장치의 기동방식

㉠ 펌프의 기동은 자동과 수동기동방식이 있으며, 수동기동 방식은 소화전함에 ON-OFF 버튼을 설치하여 필요시 원격으로 기동하는 방식으로서 학교, 공장, 창고시설로서 동결의 우려가 있는 장소에 한한다.

㉡ 자동 기동방식은 압력챔버 및 압력스위치를 이용하여 가압송수장치를 자동으로 기동하는 방식으로서 배관 내 2차측의 압력을 상시 감지하다가 압력이 하한값 이하로 떨어지면 펌프를 기동시키며, 상한값 이상으로 충압 시 정지되는 방식이다.

② 기동용 수압개폐장치(압력챔버)의 용적은 100l 이상으로 하며, 충압펌프를 설치하여야 한다. 충압펌프의 토출압력은 그 설비의 최고위 호스접결구의 자연압보다 적어도 0.2MPa이 더 크도록 하거나 가압송수장치의 정격토출압력과 같게 하고, 펌프의 정격토출량은 정상적인 누설량보다 적어서는 안 되며, 옥내소화전설비가 자동적으로 작동할 수 있도록 충분한 토출량을 유지해야 한다. (수계소화설비 공통)

압력챔버 구성과기능

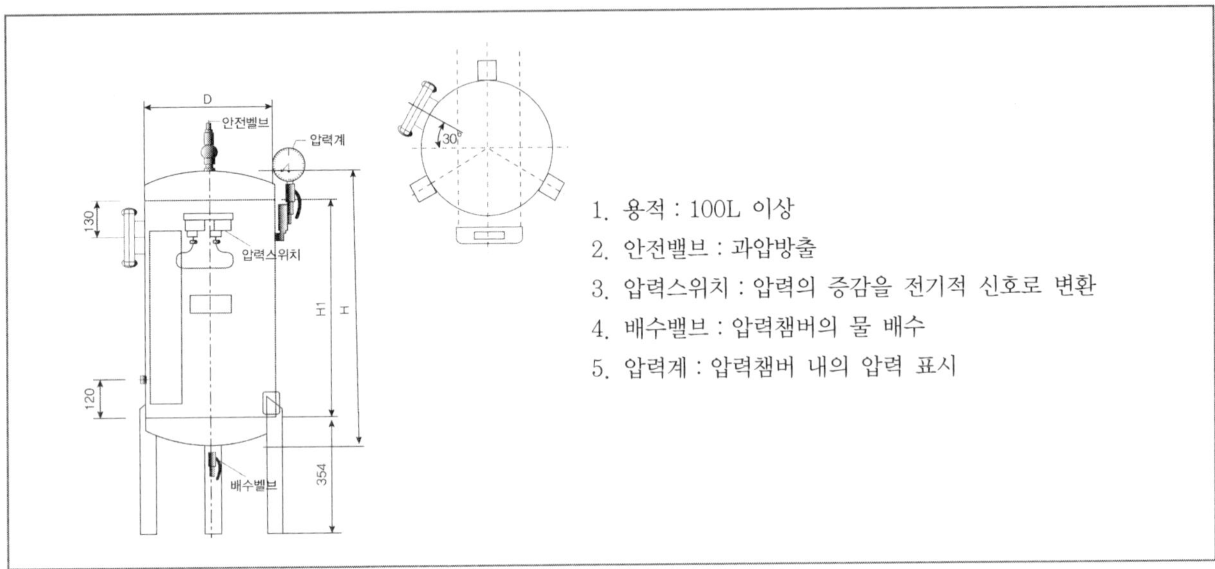

(7) 펌프성능시험배관 2023 간부

① 설치기준

㉠ 펌프의 성능은 체절운전 시 정격토출압력의 140%를 초과하지 아니하고, 정격 토출량의 150%로 운전 시 정격 토출압력의 65% 이상이 되어야 한다.

㉡ 성능시험배관은 펌프의 토출측에 설치된 개폐밸브 이전에서 분기하여 설치하고, 유량측정장치를 기준으로 전단 직관부에 개폐밸브를 설치하고, 후단 직관부에는 유량조절밸브를 설치하여야 한다.

㉢ 유량측정장치는 성능시험배관의 직관부에 설치하되, 펌프의 정격토출량의 175%이상 측정할 수 있는 성능이 있어야 한다.

② 펌프성능시험곡선

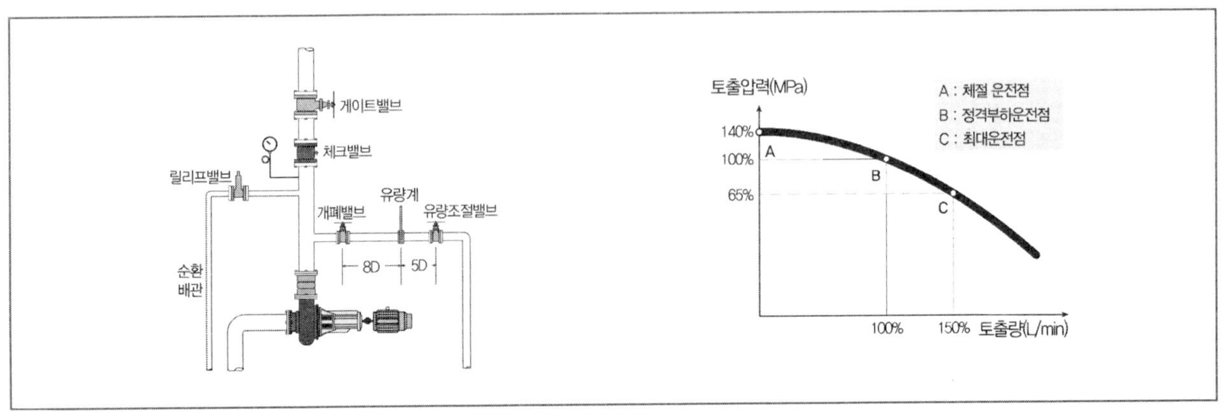

(8) 배관

① 배관은 배관용탄소강관(KSD3507) 또는 배관 내 사용압력이 1.2Mpa 이상일 경우에는 압력배관용탄소강관(KSD3562) 또는 이음매 없는 동 및 동합금관(KSD5301)의 배관용 동관이나 이와 동등 이상의 강도 · 내식성 · 내열성을 가진 것으로 하여야 한다.

② 배관은 전용으로 하여야 한다.(성능에 지장이 없는 경우에는 다른 설비와 겸용 가능)

③ 펌프의 토출측 구경은 유속이 4m/sec 이하가 되도록 한다.

④ 옥내소화전과 연결되는 가지관의 구경은 40㎜ 이상, 주배관 중 입상관의 구경은 50㎜이상으로 하여야 한다. 이때 연결송수관설비의 배관과 겸용할 경우에는 주배관은 100㎜ 이상, 가지배관은 65㎜ 이상으로 하여야 한다.

소방용 합성수지배관으로 설치할 수 있는 경우 (Ⓜ 배지매 다내덕피 천반불준습) 🔥🔥

- **배**관을 **지**하에 **매**설하는 경우
- **다**른 부분과 내화구조로 구획된 **덕**트 또는 **피**트의 내부에 설치하는 경우
- **천**장과 **반**자를 **불**연재료 또는 **준**불연재료로 설치하고 그 내부에 **습**식으로 배관을 설치하는 경우

(9) 감압방법

옥내소화전설비의 노즐은 사람이 직접 조작하여야 하므로 노즐에서의 압력이 문제가 된다. 즉, 지나치게 높은 압력은 노즐 조작 시 반동력에 의해 노즐을 놓치거나 이로 인하여 부상을 입을 수 있고, 소방호스가 파손될 우려가 있기 때문에 방수압력을 0.7MPa 이하로 제한하고 있다.

① **감압밸브 방식** : 옥내소화전 방수구 호스접결구 인입측에 감압용 밸브 또는 오리피스를 설치하여 방수압력을 낮추는 방식으로 가장 많이 사용한다.

② **고가수조 방식** : 고가수조를 이용한 가압송수장치에서 고가수조를 고층부와 저층부로 구분하여 설치하고 감압하는 방식이다. 가압펌프 및 비상전원이 필요치 않으므로 신뢰도가 높으나 규정방사압을 얻기 위해서는 일정 낙차 확보가 필요하며, 옥상층 수조설치 등 건축규모가 커지게 된다.

③ **구간별 전용배관 방식** : 구간을 고층부와 저층부로 구분하여 구간별로 입상관 및 펌프 등을 각각 별도로 설치하여 감압하는 방식이다. 소화시스템이 단일 구성방식에 비해 고가이며 설비의 감시,제어가 복잡하게 된다.

④ **중간펌프 방식**(부스타 펌프방식) : 구간을 저층부와 고층부로 구분한 후 고층부용 중간펌프 및 수조를 별도로 설치하여 감압하는 방식이다. 분할 구역방식으로 부분적인 유지관리가 적합하나, 소화장비 등의 설치장소가 넓은 공간이 필요하며, 감시 및 제어에 필요한 기기가 커지게 된다.

(10) 송수구 설치기준(소화설비의 수원 부족 시 소방차량의 수원을 소화설비에 급수할 수 있는 설비)

① 송수구는 소방차가 쉽게 접근할 수 있는 잘 보이는 장소에 설치하되 화재층으로부터 지면으로 떨어지는 유리창 등이 송수 및 그 밖의 소화작업에 지장을 주지 아니하는 장소에 설치할 것

② 송수구로부터 주배관에 이르는 연결배관에는 개폐밸브를 설치하지 아니할 것. 다만, 스프링클러설비 · 물분무소화설비 · 포소화설비또는 연결송수관 설비의 배관과 겸용하는 경우에는 그러하지 아니하다.

③ 지면으로부터 **높**이가 0.**5**m 이상 **1**m 이하의 위치에 설치할 것 (Ⓜ **높점오일**)

④ 구경 65mm의 쌍구형 또는 단구형으로 할 것

⑤ 송수구의 가까운 부분에 자동밸수밸브 (또는 직경 5mm의 배수공) 및 체크밸브를 설치할 것

⑥ 송수구에는 이물질을 막기 위한 마개를 씌울 것

(11) 방수구의 설치기준

① 특정소방대상물의 층마다 설치하되, 해당 특정소방대상물의 각 부분으로부터 하나의 옥내소화전 방수구까지의 수평거리가 25m(호스릴옥내소화전설비를 포함한다)이하가 되도록 할 것. 다만, 복층형 구조의 공동주택의 경우에는 세대의 출입구가 설치된 층에만 설치할 수 있다.

② 바닥으로부터의 높이가 1.5m 이하가 되도록 할 것

③ 호스는 구경 40mm(호스릴옥내소화전설비의 경우에는 25mm) 이상의 것으로서 특정소방대상물의 각 부분에 물이 유효하게 뿌려질 수 있는 길이로 설치할 것

④ 호스릴옥내소화전설비의 경우 그 노즐에는 노즐을 쉽게 개폐할 수 있는 장치를 부착할 것

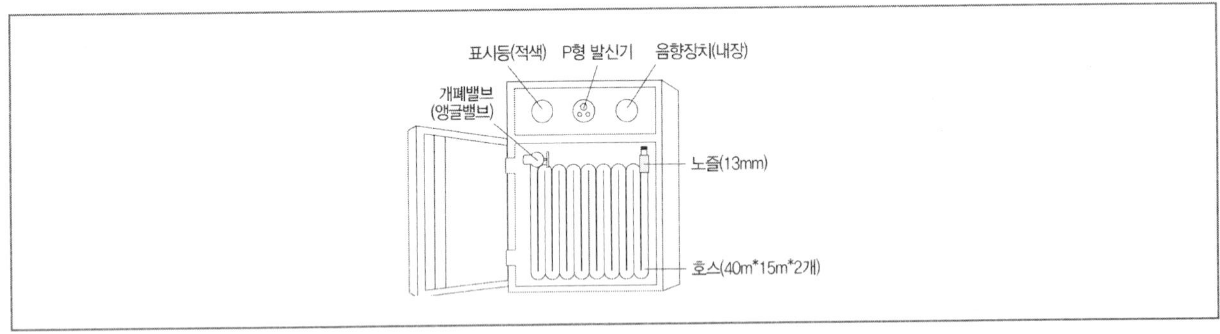

(12) 방수구의 설치제외 (Ⓜ **냉고발야식**)

① **냉**장창고 중 온도가 영하인 냉장실 또는 냉동창고의 냉동실

② **고**온의 노가 설치된 장소 또는 물과 격렬하게 반응하는 물품의 저장 또는 취급 장소

③ **발**전소 · 변전소 등으로서 전기시설이 설치된 장소

④ **식**물원 · 수족관 · 목욕실 · 수영장(관람석 부분을 제외한다) 또는 그 밖의 이와 비슷한 장소

⑤ **야**외음악당 · 야외극장 또는 그 밖의 이와 비슷한 장소

⒀ 펌프의 이상현상 🔥🔥 (수계소화설비 공통)

① 공동현상(Cavitation) 2017 하반기

㉠ 개념 : 유체 속에서 압력이 낮은 곳이 생기면 물 속에 포함되어 있는 기체가 물에서 빠져나와 압력이 낮은 곳에 모이는데, 이로 인해 물이 없는 빈공간이 생긴 것을 가리킨다. 즉, 펌프의 흡입측 배관 내 흡입양정(압력)이 높아 포화증기압(액체 → 기체) 보다 작아지게 되면 물이 증발하여 기포가 생기는 현상으로써 펌프의 성능저하 및 진동소음이 발생하게 되고, 심할 경우 양수불능을 초래하여 소화 실패를 기인한다.

㉡ 발생원인

ⓐ 펌프의 흡입측 배관의 마찰손실이 큰 경우

ⓑ 펌프의 흡입측 배관의 유속이 빠른 경우

ⓒ 펌프의 흡입측 배관의 흡입양정이 큰 경우

ⓓ 펌프의 흡입측 배관의 관경이 길거나 구경이 작은 경우

ⓔ 펌프의 회전차(임펠러) 속도가 빠른 경우

ⓕ 유체가 고온일 경우

㉢ 방지대책

ⓐ 흡입측 배관의 마찰손실을 줄이기 위해 배관 길이를 짧게 한다.

ⓑ 흡입측 배관의 유속을 줄이기 위해 관경을 크게 한다.

ⓒ 배관의 불필요한 배관부속 및 굴곡부를 줄인다.

ⓓ 흡입측에는 버터플라이 밸브를 설치하지 않는다.(버터플라이 밸브는 마찰손실이 크다.)

ⓔ 임펠러의 속도를 줄인다.

ⓕ 펌프의 설치높이를 수원보다 낮게 설치한다.

② 수격현상(Water Hammering) 2023

㉠ 개념 : 배관에 흐르던 유체가 갑자기 정지하게 되면, 에너지 보존법칙(배관내 모든 지점에서의 압력에너지, 속도에너지, 위치에너지의 총합은 일정하다는 법칙)에 의해 감소된 속도에너지가 압력에너지로 변화되어 유체가 흐르는 방향으로 압축파가 형성되어 소음과 진동이 발생되고, 심한 경우 배관 등의 파손을 일으키는 현상

㉡ 발생원인

ⓐ 펌프의 급정지

ⓑ 개폐밸브의 급격한 폐쇄

ⓒ 유속의 급격한 변화

ⓓ 유체의 압력변동

㉢ 방지대책

ⓐ 밸브 개폐를 서서히 한다.

ⓑ 배관경을 크게하여 배관 내 유속을 낮춘다.

ⓒ 펌프에 Fly wheel(펌프 정지 시 급격한 속도변화 방지 설비)을 설치한다.

ⓓ 배관에 수격방지기 설치

ⓔ 배관에 조압수조 설치(수압관 및 도수관에서 발생하는 수압의 급격한 증감을 조정하는 수조)

③ 맥동현상(Surging)

㉠ 개념 : 펌프의 입구와 출구에 부착되어 있는 진공계와 압력계의 계측 지침이 흔들리면서 펌프의 유출량이 변하는 현상

㉡ 발생원인

ⓐ 먼저 펌프의 H-Q 곡선(H : 양정, Q : 유량)이 오른쪽 상향 구배 특성을 가지고 있는 경우 곡선의 상승부에서 운전했을 경우

ⓑ 토출 배관의 길이가 길고 배관 중에 공기탱크 또는 물탱크가 있는 경우

ⓒ 유량 조절 밸브가 탱크의 뒤쪽에 있는 경우

㉢ 방지대책

ⓐ 펌프 특성 곡선(양정곡선, H-Q 곡선)이 오른쪽 하향 구배 특성을 가진 펌프를 사용

ⓑ 유량 조절 밸브를 토출측 직후에 위치시키는 방법

ⓒ 배관 중간에 기체 상태인 부분이나 불필요한 수조가 없도록 배관 설치

ⓓ 관로의 단면적과 유속, 저항 등을 변화

chapter

03 출제예상문제

1 옥내소화전설비 수원의 산출된 유효수량 외에 유효수량의 1/3 이상을 옥상에 설치하지 아니할 수 있는 경우의 기준 중 다음 ( ) 알맞은 것은?

> • 수원이 건축물의 최상층에 설치된 (㉠)보다 높은 위치에 설치된 경우
> • 건축물의 높이가 지표면으로부터 (㉡)m 이하인 경우

① ㉠ 송수구, ㉡ 7
② ㉠ 방수구, ㉡ 7
③ ㉠ 송수구, ㉡ 10
④ ㉠ 방수구, ㉡ 10

1.

옥상수조 설치 면제조건 (M **지하고수 건지텐 주동별내비 학공창 가**)

ⓐ **지하**층만 있는 건축물
ⓑ **고**가수조를 가압송수장치로 설치한 옥내소화전설비
ⓒ **수**원이 건축물의 최상층에 설치된 방수구보다 높은 위치에 설치된 경우
ⓓ **건**축물의 높이가 **지**표면으로부터 10m 이하인 경우
ⓔ **주**펌프와 **동**등 이상의 성능이 있는 **별**도의 펌프로서 **내**연기관의 기동과 연동하여 작동되거나 **비**상전원을 연결하여 설치한 경우
ⓕ **학교, 공장, 창고**시설로서 동결의 우려가 있는 장소에 수동으로 옥내소화전을 기동하는 경우
ⓖ **가**압수조를 가압송수장치로 설치한 옥내소화전설비

2 옥내소화전설비의 화재안전기준상 옥내소화전펌프의 후드밸브를 소방용 설비외의 다른 설비의 후드밸브보다 낮은 위치에 설치한 경우의 유효수량으로 옳은 것은? (단, 옥내소화전설비와 다른 설비 수원을 저수조로 겸용하여 사용한 경우이다.)

① 저수조의 바닥면과 상단 사이의 전체 수량
② 옥내소화전설비 후드밸브와 소방용 설비외의 다른 설비의 후드밸브 사이의 수량
③ 옥내소화전설비의 후드밸브와 저수조 상단 사이의 수량
④ 저수조의 바닥면과 소방용 설비 외의 다른 설비의 후드밸브 사이의 수량

2.

수조를 겸용할 경우 유효수량 산정

ⓐ 수조는 소방설비의 전용수조로 하여야 하나, 보통 일반급수용 수조와 겸용가능하며,
ⓑ 수조가 펌프보다 낮은 경우 일반급수펌프의 후트밸브와 소화용펌프의 후트밸브 사이의 물의 양을 유효수량으로 계산하고, (소화용 펌프의 후트밸브가 일반 급수펌프보다 더 낮은곳에 위치)
ⓒ 수조가 펌프보다 높은 경우와 고가수조 방식인 경우 일반급수펌프의 급수구와 소화용펌프의 급수구 사이 물의 양만이 유효수량으로 인정된다.

Answer 1.④ 2.②

3 옥내소화전 또는 스프링클러설비 가압송수장치의 설치기준 중 고가수조를 이용한 가압송수장치에 설치하지 않아도 되는 것은?

① 수위계
② 배수관
③ 오버플로우관
④ 압력계

※ 2021년 간부

4 옥내소화전설비 가압송수장치의 체절운전 시 수온의 상승을 방지하기 위해 설치하는 것은?

① 연성계
② 물올림장치
③ 압력챔버
④ 순환배관
⑤ 스트레이너

※ 2017년 상반기

5 다음 중 공동현상(Cavitation)의 대책으로 옳지 않은 것은?

① 흡입관의 길이를 짧게 하거나 배관의 굴곡부를 줄인다.
② 펌프의 흡입측 수두를 낮게 하여 마찰손실을 줄인다.
③ 펌프의 설치높이를 수원보다 낮게 설치한다.
④ 흡입관의 구경을 작게 한다.

3.

고가수조에는 **수**위계 · **배**수관 · **급**수관 · **오**버플로우관 및 **맨**홀을 설치할 것 (Ⓜ 수배급오맨)

4.

순환배관(릴리프밸브) 🔥🔥🔥 [21년, 21년 간부]
펌프가 정상적으로 회전한 상태에서 토출측에 물이 방출되지 않으면 체절운전 상태에 들어간다. 이때 펌프 내에서는 물과 임펠러의 마찰로 수온이 상승하며, 기포가 발생하고, 과압발생으로 배관파손의 영향을 줄 수도 있다. 따라서 가압송수장치의 체절운전 시 수온의 상승을 방지하기 위하여 체크밸브와 펌프사이에 20㎜ 이상의 분기배관을 설치하여 체절압력 미만에서 개방되는 릴리프밸브를 설치하여야 한다.
체절압력이란 물이 토출되지 않은 상태에서 펌프의 최대 상승압력을 말하며, 화재안전기준에서 체절압력은 정격토출압력의 140%를 초과하지 아니하도록 규정하고 있다.

5.

공동현상 방지대책
㉠ 흡입측 배관의 마찰손실을 줄이기 위해 배관 길이를 짧게 한다.
㉡ 흡입측 배관의 유속을 줄이기 위해 관경을 크게 한다
㉢ 배관의 불필요한 배관부속 및 굴곡부를 줄인다.
㉣ 흡입측에는 버터플라이 밸브를 설치하지 않는다. (버터플라이 밸브는 마찰손실이 크다.)
㉤ 임펠러의 속도를 줄인다.
㉥ 펌프의 설치높이를 수원보다 낮게 설치한다

Answer 3.④ 4.④ 5.④

* 2022년

6 자동기동방식의 펌프가 수원의 수위보다 높은 곳에 설치된 옥내소화전설비의 구성요소를 있는 대로 모두 고른 것은?

> ㉠ 기동용수압개폐장치
> ㉡ 릴리프밸브
> ㉢ 동력제에반
> ㉣ 솔레노이드밸브
> ㉤ 물올림장치

① ㉠, ㉡, ㉤
② ㉢, ㉣, ㉤
③ ㉠, ㉡, ㉢, ㉣
④ ㉠, ㉡, ㉢, ㉤

* 2023년

7 옥내소화전설비의 가압송수장치 펌프성능시험에 관한 설명이다. ( ) 안에 들어갈 내용으로 옳은 것은?

> 펌프의 성능은 체절운전 시 정격토출압력의 (㉠) %를 초과하지 않고, 정격토출량의 (㉡) %로 운전 시 정격토출압력의 (㉢) % 이상이 되어야 하며, 펌프의 성능을 시험할 수 있는 성능시험배관을 설치할 것

	㉠	㉡	㉢
①	65	150	140
②	140	65	150
③	140	150	65
④	150	65	140
⑤	150	140	65

6.

솔레노이드밸브 – 스프링클러설비(준비작동식, 일제살수식)에 사용되며 감지기와 연동하여 작동함.

7.

펌프성능시험배관 설치기준

㉠ 펌프의 성능은 체절운전 시 정격토출압력의 140%를 초과하지 아니하고, 정격 토출량의 150%로 운전 시 정격 토출압력의 65% 이상이 되어야 한다.
㉡ 성능시험배관은 펌프의 토출측에 설치된 개폐밸브 이전에서 분기하여 설치하고, 유량측정장치를 기준으로 전단 직관부에 개폐밸브를 설치하고, 후단 직관부에는 유량조절밸브를 설치하여야 한다.
㉢ 유량측정장치는 성능시험배관의 직관부에 설치하되, 펌프의 정격토출량의 175%이상 측정할 수 있는 성능이 있어야 한다.

Answer 6.④ 7.③

* 2023년 간부

8 소방펌프 및 관로에서 발생되는 수격현상(water hammering)의 방지책으로 옳지 않은 것은?

① 수격을 흡수하는 수격방지기를 설치한다.

② 관로에 서지 탱크(surge tank)를 설치한다.

③ 플라이휠(flywheel)을 부착하여 펌프의 급격한 속도 변화를 억제한다.

④ 관경의 축소를 통해 유체의 유속을 증가시켜 압력 변동치를 감소시킨다.

8.

수격방지대책

① 밸브 개폐를 서서히 한다.

② 배관경을 크게하여 배관 내 유속을 낮춘다.

③ 펌프에 Fly wheel(펌프 정지 시 급격한 속도변화 방지 설비)을 설치한다.

④ 배관에 수격방지기 설치

⑤ 배관에 조압수조 설치(수압관 및 도수관에서 발생하는 수압의 급격한 증감을 조정하는 수조)

Answer 8.④

chapter

04 옥외소화전설비

옥외소화전설비 설치기준(소방시설법 시행령 별표4)

옥외소화전설비를 설치하여야 하는 특정소방대상물(아파트등, 위험물 저장 및 처리 시설 중 가스시설, 지하구 또는 지하가 중 터널은 제외한다)은 다음의 어느 하나와 같다. (Ⓜ **지상일이구천 구둘특연/ 국보/ 공창특수 치료(75)**)

(1) **지상** 1층 및 2층의 바닥면적의 합계가 **9천**㎡ 이상인 것. 이 경우 같은 **구**(區) 내의 **둘** 이상의 **특**정소방대상물이 행정안전부령으로 정하는 **연**소(延燒) 우려가 있는 구조인 경우에는 이를 하나의 특정소방대상물로 본다.

(2) 「문화재보호법」 제23조에 따라 **보**물 또는 **국**보로 지정된 목조건축물

(3) (1)에 해당하지 않는 **공**장 또는 **창**고시설로서 「소방기본법 시행령」 별표 2에서 정하는 수량의 **75**0배 이상의 특수가연물을 저장 · 취급하는 것

■ 연소 우려가 있는 구조

건축물대장의 건축물 현황도에 표시된 대지경계선 안에 둘 이상의 건축물이 있는 경우로서 각각의 건축물이 다른 건축물의 외벽으로부터 건물이 1층의 경우 6m 이하, 2층 이상의 경우에는 10m 이하이고, 개구부가 다른 건축물을 향하여 설치되어 있는 구조

■ 특수가연물(「화재예방법 시행령」 별표 2)

품명		수량	암기Ⓜ
면화류		200킬로그램 이상	면이
나무껍질 **대**팻밥		400킬로그램 이상	나대사
넝마 및 종이부스러기		1,000킬로그램 이상	넝사볏천
사류(실과 누에고치)		1,000킬로그램 이상	
볏짚류		1,000킬로그램 이상	
가연성**고**체류		3,000킬로그램 이상	가고파라3천리
석탄 · **목**탄류		10,000킬로그램 이상	석목만
가연성**액**체류		2세제곱미터 이상	가액이
목재가공품 및 **나**무부스러기		10세제곱미터 이상	목나십
고무류 · 프라스틱류	**발**포시킨 것	20세제곱미터 이상	고발이
	그 밖의 것	3,000킬로그램 이상	그삼천

❶ 개요

옥외소화전설비는 건축물내의 화재 시 해당 소방대상물의 관계자 · 자위소방대원 또는 상시 거주자가 이를 사용하여 화재 발화 초기에 신속하게 진압(소화)할 수 있도록 건물 외부에 설치되는 소화설비

(1) 수원

특정소방대상물	기준개수(N)	방사량(LPM)	방사시간(Min)	수원의 양
옥내소화전	최대 2	130 LPM	20(40/60)	Q = N × 130l/min × 방사시간
옥외소화전	최대 2	350 LPM	20	Q = N × 350l/min × 방사시간

- 기준개수 : 소화전이 가장 많은 층의 설치개수(2개 이상이면 2개)
- 옥외소화전설비의 방사시간
- 수원 : Q = N × 펌프토출량 × 방사시간
  예시 : 7.0m^3 = 1개 × 350l/min × 20분(1,000l = 1m^3) ★ LPM = l/min

(2) 가압송수장치, 옥내소화전과 동일 (Ⓜ 펌고압가)

① **펌**프방식

② **고**가수조방식

③ **압**력수조방식

④ **가**압수조방식

(3) 방사압 및 방수량

특정소방대상물	기준개수(N)	방사량(LPM)	방수압력(Mpa)	펌프의 토출량(Q)
옥내소화전	최대 2	130LPM	0.17 ~ 0.7	Q = N × 130l/min
옥외소화전	최대 2	350LPM	0.25 ~ 0.7	Q = N × 350l/min

① 펌프를 이용한 가압송수장치 설치기준 : 가압송수장치는 옥내소화전설비의 가압송수장치에 적용되는 구조원리가 그대로 적용되나, 방수압력이 다르므로 양정 계산시 옥외소화전설비의 법정방수압력은 0.25MPa, 방수량은 350 l/min이며, 양정계산은 다음과 같이 한다. (0.25MPa = 25m)

H = h1 + h2 + h3 + 25	H : 펌프의 전 양정(m) h1 : 낙차(m) h2 : 배관 및 관부속품 마찰손실(m) h3 : 소방용 호스의 마찰손실(m) 25 : 노즐선단의 방수압력환산수두(m)

② 고가수조의 자연낙차를 이용한 가압송수장치 설치 기준

㉠ 고가수조의 자연낙차수두(수조의 하단으로부터 최고층에 설치된 소화전 호스 접결구까지의 수직거리를 말한다)는 다음의 식에 따라 산출한 수치 이상이 되도록 할 것

H = h1 + h2 + 25 (호스릴옥내소화전설비를 포함)	H : 필요한 낙차(m) h1 : 소방용호스 마찰손실 수두(m) h2 : 배관의 마찰손실 수두(m)

㉡ 고가수조에는 수위계 · 배수관 · 급수관 · 오버플로우관 및 맨홀을 설치할 것 (Ⓜ 수배급오맨)

③ 압력수조를 이용한 가압송수장치 설치 기준

㉠ 압력수조의 압력은 다음의 식에 따라 산출한 수치 이상으로 할 것

P = p1 + p2 + p3 + 0.25 (호스릴옥내소화전설비를 포함)	P : 필요한 압력(MPa) p1 : 소방용호스 마찰손실 수두압(MPa) p2 : 배관의 마찰손실 수두압(MPa) p3 : 낙차의 환산 수두압(MPa)

㉡ 압력수조에는 **수**위계 · **급**수관 · **배**수관 · **급**기관 · **맨**홀 · **압**력계 · **안**전장치 및 압력저하 방지를 위한 **자**동식 **공**기압축기를 설치할 것. (Ⓜ **수급배급맨압안 자공**)

(4) 배관 및 방수구

구경은 65mm 이상으로 하며, 호스접결구(방수구)는 소방대상물의 각 부분으로부터 수평거리 40m 이내가 되도록 하고, 옥외소화전설비는 1층과 2층에 한하여 당해 설비의 유효범위에 포함된다.

(5) 옥외소화전함

옥외소화전으로부터 5m 이내에 소화전함을 설치하며, 호스의 구경은 65㎜의 것으로 하고, 함의 표면에는 옥외소화전이라고 표시 및 가압송수장치 기동표시의 적색등을 설치하여야 한다.

(6) 소화전함 설치개수

옥외소화전설비에는 옥외소화전마다 그로부터 5m 이내의 장소에 소화전함을 다음 각 호의 기준에 따라 설치하여야 한다. (Ⓜ **열(10) 오일(5,1)/ 빼빼로(11) 빼빼로(11)/ 써리원(31) 써리원(3,1)**)

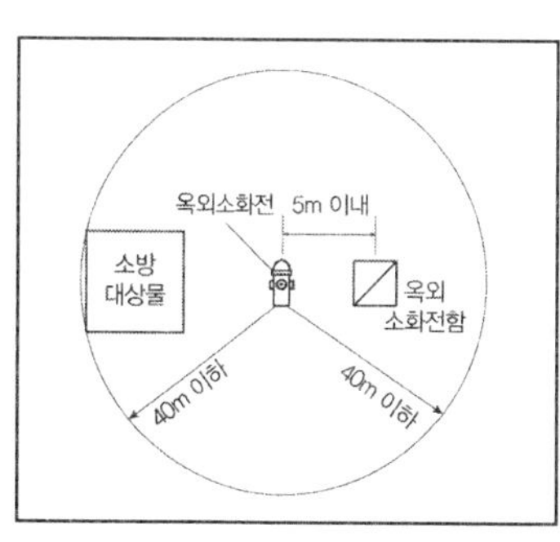

① 옥외소화전이 10개 이하 설치된 때에는 옥외소화전마다 5m 이내의 장소에 1개 이상의 소화전함을 설치하여야 한다.

② 옥외소화전이 11개 이상 30개 이하 설치된 때에는 11개 이상의 소화전함을 각각 분산하여 설치하여야 한다.

③ 옥외소화전이 31개 이상 설치된 때에는 옥외소화전 3개마다 1개 이상의 소화전함을 설치하여야 한다.

chapter

04 출제예상문제

1 옥외소화전설비의 화재안전기준에 따라 옥외소화전설비의 수원은 그 저수량이 옥외소화전의 설치개수에 몇 ㎥를 곱한 양 이상이 되도록 하여야 하는가? (단, 옥외소화전이 2개 이상 설치된 경우에는 2개로 고려한다.)

① 3
② 5
③ 7
④ 9

2 다음은 옥외소화전설비에서 소화전함의 설치기준에 관한 설명이다. 괄호 안에 들어갈 말로 옳은 것은?

> • 옥외소화전이 10개 이하 설치된 때에는 옥외소화전마다 (ⓐ)m 이내의 장소에 1개 이상의 소화전함을 설치하여야 한다.
> • 옥외소화전이 11개 이상 30개 이하 설치된 때에는 (ⓑ)개 이상의 소화전함을 각각 분산하여 설치하여야 한다.
> • 옥외소화전이 31개 이상 설치된 때에는 옥외소화전 3개마다 1개 이상의 소화전함을 설치하여야 한다.

① ⓐ 5, ⓑ 11
② ⓐ 7, ⓑ 11
③ ⓐ 5, ⓑ 15
④ ⓐ 7, ⓑ 15

1.

수원의 양
Q(㎥) = N(개) × 펌프토출량(㎥/min) × 방사시간(min)
7.0㎥ = 1개 × 0.35㎥/min × 20min

2.

소화전함 설치개수
옥외소화전설비에는 옥외소화전마다 그로부터 5m 이내의 장소에 소화전함을 다음 각 호의 기준에 따라 설치하여야 한다. **(Ⓜ 열(10) 오일(5,1)/ 빼빼로(11) 빼빼로(11)/ 써리원(31) 써리원(3,1))**

① 옥외소화전이 10개 이하 설치된 때에는 옥외소화전마다 5m 이내의 장소에 1개 이상의 소화전함을 설치하여야 한다.
② 옥외소화전이 11개 이상 30개 이하 설치된 때에는 11개 이상의 소화전함을 각각 분산하여 설치하여야 한다.
③ 옥외소화전이 31개 이상 설치된 때에는 옥외소화전 3개마다 1개 이상의 소화전함을 설치하여야 한다.

Answer 1.③ 2.①

3 전동기 또는 내연기관에 따른 펌프를 이용하는 옥외소화전설비의 가압송수장치의 설치 기준 중 다음 ( ) 안에 알맞은 것은?

> 해당 특정소방대상물에 설치된 옥외소화전(2개 이상 설치된 경우에는 2개의 옥외소화전)을 동시에 사용할 경우 각 옥외소화전의 노즐선단에서의 방수압력이 (㉠)MPa이상이고, 방수량이 (㉡)L/min 이상이 되는 성능의 것으로 할 것

① ㉠ 0.17, ㉡ 350
② ㉠ 0.25, ㉡ 350
③ ㉠ 0.17, ㉡ 130
④ ㉠ 0.25, ㉡ 130

4 옥외소화전설비의 호스접결구는 특정소방대상물의 각 부분으로부터 하나의 호스접결구까지의 수평거리는 몇 m 이하인가?

① 25
② 30
③ 40
④ 50

3.

방사압 및 방수량

특정 소방 대상물	기준 개수(N)	방사량 (l/min)	방수 압력 (Mpa)	펌프의 토출량(Q)
옥내소화전	최대 2	130l/min	0.17 ~0.7	Q=N×130l/min
옥외소화전	최대 2	350l/min	0.25 ~0.7	Q=N×350l/min

4.

배관 및 방수구

구경은 65mm 이상으로 하며, 호스접결구(방수구)는 소방대상물의 각 부분으로부터 수평거리 40m 이내가 되도록 하고, 옥외소화전설비는 1층과 2층에 한하여 당해 설비의 유효범위에 포함된다.

Answer 3.② 4.③

chapter

05 스프링클러설비

1 개요

스프링클러설비는 소방대상물의 화재를 자동으로 감지하여 소화 작업을 실시하는 자동식 수계소화설비의 일종으로서 수원 및 가압송수장치, 유수검지장치, 스프링클러헤드, 배관 및 밸브류 등으로 구성되어 있다. 소방대상물에 화재가 발생하여 온도가 상승하게 되면 스프링클러헤드의 감열체 또는 화재감지기 등의 화재감지장치가 작동하여 배관내의 가압수가 스프링클러헤드로 방사되어 소화 작업을 하는 설비이다.

스프링클러설비 설치기준(소방시설법 시행령 별표4) 2021 간부

1) **문**화 및 집회시설(동 · 식물원은 제외한다), **종**교시설(주요구조부가 목조인 것은 제외한다), **운동**시설(물놀이형 시설은 제외한다)로서 다음의 어느 하나에 해당하는 경우에는 모든 층 (Ⓜ **문종운동 수백/영 무지 오백천/ 무지사삼/ 무외오백)**
   가) **수**용인원이 **100**명 이상인 것
   나) **영**화상영관의 용도로 쓰이는 층의 바닥면적이 **지**하층 또는 **무**창층인 경우에는 **500**㎡ 이상, 그 밖의 층의 경우에는 **1천**㎡ 이상인 것
   다) **무**대부가 **지**하층 · 무창층 또는 **4**층 이상의 층에 있는 경우에는 무대부의 면적이 **3**00㎡ 이상인 것
   라) **무**대부가 다) **외**의 층에 있는 경우에는 무대부의 면적이 **500**㎡ 이상인 것
2) **판**매시설, **운**수시설 및 **창**고시설(**물**류터미널에 한정한다)로서 바닥면적의 합계가 **5천**㎡ 이상이거나 수용인원이 **500**명 이상인 경우에는 모든 층 (Ⓜ **판운창물 오천 오백)**
3) **층**수가 **6**층 이상인 특정소방대상물의 경우에는 **모든 층**. 다만, 다음의 어느 하나에 해당하는 경우에는 제외한다. (Ⓜ **육층 모든층)**
   가) 주택 관련 법령에 따라 기존의 아파트등을 리모델링하는 경우로서 건축물의 연면적 및 층높이가 변경되지 않는 경우. 이 경우 해당 아파트등의 사용검사 당시의 소방시설의 설치에 관한 대통령령 또는 화재안전기준을 적용한다.
   나) 스프링클러설비가 없는 기존의 특정소방대상물을 용도변경하는 경우. 다만, 1) · 2) · 4) · 5) 및 8)부터 12) 까지의 규정에 해당하는 특정소방대상물로 용도변경하는 경우에는 해당 규정에 따라 스프링클러설비를 설치한다.
4) 다음의 어느 하나에 해당하는 용도로 사용되는 시설의 바닥면적의 합계가 <u>600㎡ 이상인 것은 모든 층</u> (Ⓜ **종병치 한요/정/노/숙수련 조산 육백)**
   가) 근린생활시설중 조산원 및 산후조리원
   나) 의료시설 중 정신의료기관
   다) 의료시설 중 종합병원, 병원, 치과병원, 한방병원 및 요양병원(정신병원은 제외한다)
   라) 노유자시설
   마) 숙박이 가능한 수련시설
   바) 숙박시설

5) 창고시설(물류터미널은 제외한다)로서 바닥면적 합계가 5천㎡ 이상인 경우에는 모든 층

6) **천**장 또는 반자(**반**자가 없는 경우에는 지붕의 옥내에 면하는 부분)의 **높**이가 **10**m를 넘는 **랙**식 **창**고(rack ware house)(물건을 수납할 수 있는 선반이나 이와 비슷한 것을 갖춘 것을 말한다)로서 바닥면적의 합계가 1천 5백㎡ 이상인 것 (Ⓜ **천반높십 랙창**)

7) 1)부터 6)까지의 특정소방대상물에 해당하지 않는 특정소방대상물의 **지**하층 · **무**창층(축사는 제외한다) 또는 층수가 **4**층 이상인 층으로서 바닥면적이 **1천**㎡ 이상인 층 (Ⓜ **무지사천**)

8) 6)에 해당하지 않는 **공**장 또는 **창**고시설로서 다음의 어느 하나에 해당하는 시설 (Ⓜ **공창 특수 천**)

가) 「소방기본법 시행령」 별표 2에서 정하는 수량의 **1천** 배 이상의 **특수**가연물을 저장 · 취급하는 시설

나) 「원자력안전법 시행령」 제2조 제1호에 따른 중 · 저준위방사성폐기물(이하 "중 · 저준위방사성폐기물"이라 한다)의 저장시설 중 소화수를 수집 · 처리하는 설비가 있는 저장시설 지붕 또는 외벽이 불연재료가 아니거나 내화구조가 아닌 공장 또는 창고시설로서 다음의 어느 하나에 해당하는 것

9) 지붕 또는 외벽이 불연재료가 아니거나 내화구조가 아닌 공장 또는 창고시설로서 다음의 어느 하나에 해당하는 것

가) 창고시설(물류터미널에 한정한다) 중 2)에 해당하지 않는 것으로서 바닥면적의 합계가 2천5백㎡ 이상이거나 수용인원이 250명 이상인 것

나) 창고시설(물류터미널은 제외한다) 중 5)에 해당하지 않는 것으로서 바닥면적의 합계가 2천5백㎡ 이상인 것

다) 랙식 창고시설 중 6)에 해당하지 않는 것으로서 바닥면적의 합계가 750㎡ 이상인 것

라) 공장 또는 창고시설 중 7)에 해당하지 않는 것으로서 지하층 · 무창층 또는 층수가 4층 이상인 것 중 바닥면적이 500㎡ 이상인 것

마) 공장 또는 창고시설 중 8)가)에 해당하지 않는 것으로서 「소방기본법 시행령」 별표 2에서 정하는 수량의 500배 이상의 특수가연물을 저장 · 취급하는 시설

10) 지하가(터널은 제외한다)로서 연면적 1천㎡ 이상인 것

11) 기숙사(교육연구시설 · 수련시설 내에 있는 학생 수용을 위한 것을 말한다) 또는 복합건축물로서 연면적 5천㎡ 이상인 경우에는 모든 층

12) 교정 및 군사시설 중 다음의 어느 하나에 해당하는 경우에는 해당 장소

가) 보호감호소, 교도소, 구치소 및 그 지소, 보호관찰소, 갱생보호시설, 치료감호시설, 소년원 및 소년분류심사원의 수용거실

나) 「출입국관리법」 제52조제2항에 따른 보호시설(외국인보호소의 경우에는 보호대상자의 생활공간으로 한정한다. 이하 같다)로 사용하는 부분. 다만, 보호시설이 임차건물에 있는 경우는 제외한다.

다) 「경찰관 직무집행법」 제9조에 따른 유치장

13) 발전시설 중 전기저장시설

14) (1)부터 13)까지의 특정소방대상물에 부속된 보일러실 또는 연결통로 등

② 스프링클러설비의 종류 2018 2019 2016 간부 2019 간부 2021 간부 2022 간부 2024 간부

스프링클러 설비 종류	1차 측 배관상태	2차 측 배관상태	사용하는 유수검지장치 등 종류	사용헤드	감지기 유무
습식	가압수	가압수	• 알람밸브(Alam valve) • 자동경보체크밸브 • 습식밸브 • 습식유수검지장치	폐쇄형 헤드	×
건식	가압수	압축공기	• 드라이밸브(Dry valve) • 건식밸브 • 건식유수검지장치	폐쇄형 헤드	×
준비작동식	가압수	대기압(무압)	• 준비작동식밸브 • 프리액션밸브(Pre-action valve)	폐쇄형 헤드	○
부압식	가압수	부압수(진공)	• 준비작동식밸브 • 프리액션밸브(Pre-action valve)	폐쇄형 헤드	○
일제살수식	가압수	대기압(무압)	• (일제개방형)일제살수식 밸브 • Deluge 밸브(댈류지) • 일제개방밸브	개방형 헤드	○

(1) 습식 2015

가압송수장치(소화펌프 등)에서 폐쇄형스프링클러헤드까지 배관 내에 항상 물이 가압되어 있다가 화재로 인한 열로 폐쇄형스프링클러헤드가 개방되면 배관 내에 유수가 발생하면 습식유수검지장치가 작동하여 개방된 헤드를 통하여 즉시 물이 방수되는 설비를 말한다.

① 가장 일반적인 스프링클러설비로서 1차측에 가압수가 충수되어 있으며, 유수검지장치로는 알람밸브를 사용한다.

② 화재가 발생하여 헤드가 개방되면 2차측

에 물이 방수된다. 이때 알람밸브가 개방되어 1차측에 가압수가 2차측으로 유입하여 방사되는 설비이다.

유수검지장치	배관(1차/2차측)	헤드	감지기유무	수동기동장치(SVP)
알람 밸브	가압수/가압수	폐쇄형	×	×

③ 주요 구성요소

유수검지장치 (알람밸브)	습식 유수검지장치(알람밸브)를 중심으로 1차측과 2차측에 동일한 압력으로 유수검지장치 클램퍼(개폐장치)가 고정되어 있다가 화재로 인해 2차측 헤드 개방 시 압력감소로 인한 클램퍼가 개방되어 수신반에 화재표시등과 경보를 하게 하는 장치[알람밸브 = 알람경보밸브 = 알람체크밸브]
압력스위치	화재 시 클램퍼 개방과 동시에 압력스위치로 압력수가 도달되면 압력스위치가 작동하게 되고 화재표시 및 경보를 발령
리타딩챔버 🔥 2020	화재가 아닌 상황에 일시적으로 발생하는 클램퍼의 미세한 개방으로 인한 압력스위치로 이송되는 압력수를 배수시켜 오동작을 방지한다.(소량의 가압수 배수장치)
헤드	습식스프링클러설비에는 2차측 배관까지 가압수가 충만되어 있기 때문에 폐쇄형 헤드가 설치된다. 헤드는 주위온도를 감안하여 적정한 것을 설치하며, 작동방식과 방향 등에 따라 다양하게 분류된다.
시험장치	시험장치는 유수검지장치를 기준으로 가장 먼 가지배관의 말단에서 배관을 연결하여 스프링클러의 작동상황을 시험할 수 있도록 설치하는 시험장치를 말한다. 시험장치를 작동시키는 것은 방호구역 내에 설치된 스프링클러헤드 하나가 개방되어 살수되는 것과 같은 효과를 가진다.

(2) 건식

압축공기 또는 질소가 들어 있는 배관에 폐쇄형 스프링클러헤드가 부착되어 있는 스프링클러시스템으로서 스프링클러헤드가 개방되어 압축공기가 방출되면 수압에 의하여 건식유수검지장치가 개방되고 배관 내로 소화용수가 흘러 개방된 스프링클러헤드를 통하여 물이 방사 된다.

① 주로 난방이 되지 않는 대공간에 설치하는 스프링클러설비로서 1차측에는 가압수가 2차측에는 Air-compressor를 이용한 압축공기가 충전되어 있으며 유수검지장치는 건식밸브(Dry 밸브)를 사용한다.

② 화재가 발생하여 헤드가 개방되면 2차측 압축공기가 방출되며, 이때 건식밸브가 개방되어 1차측의 가압수가 2차측으로 유입되어 방사되는 설비이다.

유수검지장치	배관(1차/2차측)	헤드	감지기유무	수동기동장치(SVP)
건식 밸브	가압수/압축공기	폐쇄형	×	×

③ 주요 구성요소

<table>
<tr><td rowspan="3">급속개방장치
(QOD, Quick Opening Device)</td><td colspan="2">건식스프링클러설비의 2차측에는 압축공기가 채워져 있고, 화재 시 헤드 개방으로 압축공기를 외부로 배출시키키 위한 시간이 필요하게 되며, 이로 인해 방수지연 시간 발생할 수 있다. 따라서 이를 줄이기 위한 장치가 필요하다.</td></tr>
<tr><td>엑셀레이터
(Accelerator, 가속기)</td><td>건식유수검지장치 2차측의 스프링클러헤드가 작동되어 공기압력이 일정 압력 이상 낮아지면, 가속기가 이를 감지하여 2차측의 압축공기의 일부를 클래퍼 하부쪽에 중간챔버로 보냄으로써 클램퍼 개방을 쉽게 하도록 해주는 장치</td></tr>
<tr><td>익져스터
(Exhauster, 공기배출기)</td><td>건식유수검지장치 2차측의 압력이 설정압력보다 낮아지게 되면 개방되어 2차측의 압축공기를 대기로 배출하여 클램퍼가 신속히 개방되도록 하는 장치</td></tr>
<tr><td colspan="2">드라이펜던트형 헤드</td><td>건식설비의 헤드는 습식설비의 폐쇄형헤드를 그대로 사용할 수 있는데 되도록 상향형 헤드를 사용해야 하고, 하향형헤드를 사용해야 하는 경우에는 드라이펜던트형 헤드를 설치한다.
건식설비에는 배관 내에 물이 없기 때문에 하향형헤드 설치 시 일단 작동되어 급수가 되면 하향형헤드 내에 물이 들어가 배수를 시키더라도 물이 남아있게 되어 동파될 우려가 있기 때문에 드라이펜던트형헤드(헤드의 롱 닛블 부분에 공기 등을 주입하여 놓은 형태의 헤드)를 설치함으로서 동파를 방지할 수 있다.</td></tr>
</table>

(3) 준비작동식 2017 2017 간부

가압송수장치에서 준비작동식유수검지장치 1차측까지 배관 내에 항상 물이 가압되어 있고 2차 측에서 폐쇄형스프링클러헤드까지 대기압 또는 저압으로 있다가 화재발생시 감지기의 작동으로 준비작동식유수검지장치가 작동하여 폐쇄형스프링클러헤드까지 소화용수가 송수되어 폐쇄형스프링클러헤드가 열에 따라 개방되는 방식의 스프링클러설비를 말한다.

① 난방이 되지 않는 옥내에 설치하는 스프링클러설비로서 1차측에는 가압수가 2차측에는 대기압상태로 폐쇄형 헤드가 설치되어 있으며, 유수검지장치는 프리액션(Preaction) 밸브를 사용한다.

② 화재가 발생하면 먼저 감지기 동작에 의해 솔레노이드(Solenoid)밸브가 기동되고 이로 인하여 프리액션(Preaction) 밸브가 개방된다. 이때 1차측의 가압수가 2차측으로 유입되고, 이후 헤드가 열에 의해 개방되면 유입된 물이 방사되는 설비이다.

유수검지장치	배관(1차/2차측)	헤드	감지기유무	수동기동장치(SVP)
프리액션 밸브	가압수/공기	폐쇄형	○	○

③ **교차회로 감지기** 🔥🔥 : 교차회로 감지기란 방호구역에 2개 회로의 감지회로를 서로 엇갈리게(X 배선방식) 설치하고 각각의 회로에 화재감지기를 설치하는 것을 말한다. 2개 회로에 설치된 감지기 중 하나의 회로에서 화재를 감지하면 화재 경보와 화재표시등만이 점등되고, 2개회로의 감지기가 동시에 감지될 경우 솔레노이드밸브 기동 신호를 보낸다. 감지기의 오동작에 의한 설비의 작동을 방지하기 위해 감지기의 회로 구성을 교차방식으로 하는 것이다.

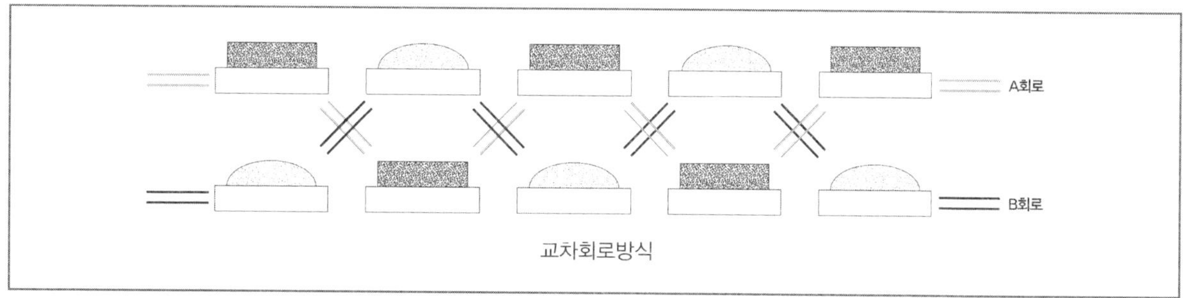

교차회로방식

보충학습

1. 교차회로로 하지 않아도 되는 경우
   스프링클러설비의 **배**관 또는 **헤**드에 **누설**경보용 **물** 또는 압**축**공기가 채워지거나 **부**압식스프링클러설비의 경우 (Ⓜ **베헤누설물물축부**)
2. 화재감지기를 「자동화재탐지설비의화재안전기준(NFSC 203)」 제7조 제1항 단서의 각호의 감지기로 설치한 때 🔥🔥 (Ⓜ **불꽃정분복광아 다축**)
   ① **불꽃**감지기 ② **정**온식감지선형감지기 ③ **분**포형감지기 ④ **복**합형감지기 ⑤ **광**전식분리형감지기 ⑥ **아**날로그방식의 감지기 ⑦ **다**신호방식의 감지기 ⑧ **축**적방식의 감지기
3. 교차회로방식을 적용하는 소화설비 🔥🔥
   ① 스프링클러설비(준비작동식, 일제살수식)
   ② 포소화설비, 이산화탄소소화설비, 할로겐화합물 및 불활성기체소화설비, 분말소화설비

④ **솔레노이드밸브** : 중간실과 배수배관 사이를 연결하는 배관에 설치되어 있고 중간실 압력수의 배수를 차단하고 있다. 전원이 공급되면 솔레노이드밸브가 전자석이 되면서 밸브를 차단하고 있는 작은 철심을 끌어올려 밸브를 개방하게 되며, 중간실의 압력수를 배수관을 통해 배출시키면 1차측과 중간실의 압력균형이 깨지면서 1차측의 가압수가 2차측으로 송수되면서 프리액션밸브가 작동되는 것이다.

⑤ **슈퍼비죠리판넬**(SVP – supervisory panel) 🔥🔥 : 준비작동식밸브와 함께 설치되어 밸브와 전원의 상태를 감시하고 수동으로 직접 밸브를 개방시킬 수 있는 기능을 가지고 있다. 밸브가 정상상태일 때에는 상단부의 전원표시등만이 점등되고 누수 또는 클래퍼의 정상 복구상태가 아닐 때에는 밸브주의표시등이 점등된다. 기동스위치는 준비작동식밸브를 수동으로 동작시키는 수동스위치의 역할로 기동스위치를 누르면 화재감지기가 동작된 것과 같이 솔레노이드밸브를 작동시켜 준비작동식밸브를 개방시키게 된다.

> **실수 줄이기**
> 슈퍼바이저리패널(supervisory panel)은 습식스프링클러설비의 구성요소이다.(×) – 21년 출제 지문

(4) 부압식스프링클러설비

가압송수장치에서 준비작동식유수검지장치의 1차측까지는 항상 정압의 물이 가압되고, 2차측 폐쇄형스프링클러헤드까지는 소화수가 부압으로 되어 있다가 화재 시 감지기의 동작에 의해 정압으로 변하여 유수가 발생하면 작동하는 스프링클러설비로, 비화재 시 헤드 개방으로 인한 수손을 방지하기 위해 설치한다.

부압식스프링클러설비는 준비작동식 유수검지장치, 부압제어부, 진공펌프, 진공밸브 등으로 구성되어 있다.

유수검지장치	배관(1차/2차측)	헤드	감지기유무	수동기동장치(SVP)
프리액션 밸브	가압수/부압수	폐쇄형	○	○

(5) 일제살수식(일제개방식)

일제개방밸브를 통하여 급수배관과 연결되어 있는 배관에 개방형스프링클러헤드를 부착한 스프링클러시스템으로 일제개방밸브는 스프링클러헤드가 설치되어 있는 동일구역 내의 감지장치에 의하여 개방되며, 일제개방밸브가 개방 될 때 배관으로 소화용수가 흘러 그 배관에 부착된 모든 스프링클러헤드를 통하여 방사된다.

① 초기화재에 신속하게 대처하여야 하는 장소에 설치하는 스프링클러설비로서 1차측에는 가압수가 2차측에는 대기압상태로 개방형 헤드가 설치되어 있으며, 유수검지장치로는 델류지(Deluge) 밸브를 사용한다.

② 화재가 발생하면 먼저 감지기 동작에 의해 솔레노이드밸브가 기동되고 이로 인하여 델류지(Deluge) 밸브가 개방되면 1차측의 가압수가 2차측으로 유입되어 해당 방호구역의 전 헤드에서 방사되는 설비이다.

유수검지장치	배관(1차/2차측)	헤드	감지기유무	수동기동장치(SVP)
델류지 밸브	가압수/공기	개방형	○	○

스프링클러설비별 장단점

구분	장점	단점	적용장소
습식	• 다른 스프링클러설비보다 구조가 간단하고 공사비가 저렴하다. • 다른 방식에 비해 유지 관리가 용이하다. • 헤드 개방시 즉시 살수가 개시한다.	• 동결의 우려가 있는 장소에는 사용이 제한된다. • 헤드 오작동시에는 수손의 피해가 크다. • 층고가 높을 경우 헤드의 개방이 지연되어 초기화재에 대처할 수 없다.	• 난방이 되는 장소로서 층고가 높지 않은 장소(사무실, 옥내판매장, 숙박업소 등)

건식	• 동결의 우려가 있는 장소에도 사용이 가능하다. • 옥외에서도 사용이 가능하다.	• 공기압축 및 신속한 개방을 위한 부대설비가 필요하다. • 압축공기가 전부 방출된 후에 살수가 개시되므로 살수개시까지의 시간이 지연된다. • 화재 초기에는 압축공기가 방출되므로 화재를 촉진시킬 수 있다.	• 난방이 되지 않는 옥내 · 외의 대규모 장소 • 배관 및 헤드 설치장소에 전원 공급이 불가능한 장소 (동결의 우려가 있는 장소, 대단위 창고, 옥외창고 등)
준비 작동식	• 동결의 우려가 있는 장소에도 사용이 가능하다. • 헤드가 개방되기 전에 경보가 발생하므로 조기에 조치가 가능하다. • 평상시 헤드가 오작동되어도 수손의 우려가 없다.	• 감지장치로 자동화재탐지설비를 별도로 설치하여야 한다. • 일반헤드의 경우에는 상향형으로만 사용하여야 한다.(하향형은 배수가 되지 않아 불가함)	• 난방이 되지 않는 옥내의 장소(로비부분, 주차장, 공장, 창고 등)
일제 살수식	• 밸브 개방 시 즉시 살수가 되므로 초기화재시 신속하게 대처할 수 있다. • 층고가 높은 경우에도 적용할 수 있다.	• 대량의 급수체제가 필요하다. • 광범위하게 살수 되므로 수손의 의한 피해가 크다. • 감지장치를 별도로 설치하여하 한다.	• 천장이 높아서 폐쇄형헤드 작동이 곤란한 장소 • 화재가 발생하면 순간적으로 연소확대가 우려되어 초기에 대량의 주수가 필요한 장소 (무대부, 위험물저장소, 페인트공장등)

(6) 각 설비별 작동순서

습식	① 화재발생 ② 스프링클러헤드 개방 ③ 2차측 배관 내 압력감소 ④ 알람밸브 클래퍼 개방 ⑤ 2차측으로 가압수 유입 ⑥ 가압수 일부는 클래퍼 하단부 측로를 통하여 압력스위치 작동 ⑦ 제어반의 주경종, 화재표시등, 알람밸브 동작 확인 ⑧ 압력챔버 압력스위치작동, 가압송수장치 작동, 스프링클러 가압수 방출 ⑨ 화재제어/진압

건식	① 화재발생 ② 스프링클러헤드 개방 ③ 2차측 배관 압축공기 방출 ④ 급속개방장치(Quick Opening Device)의 작동 가속기(accelerator), 공기배출기(Exhauster)작동 ⑤ 건식밸브 클래퍼 개방 ⑥ 가압수 2차측 배관 유입 ⑦ 가압수 일부는 압력스위치 작동 ⑧ 제어반의 주경종, 화재표시등, 알람밸브 동작 ⑨ 압력챔버 압력스위치작동, 가압송수장치 작동, 스프링클러 가압수 방출 ⑩ 화재제어/진압
준비작동식	① 화재발생 ② 교차회로 방식의 화재감지기 A or B 작동(경종 또는 사이렌 경보 및 화재표시등 점등) ③ 교차회로 방식의 화재감지기 작동 A and B 작동 또는 수동기동장치 (SVP) 작동 ④ 준비작동식 유수검지장치(프리액션 밸브) 작동(Open) ㉠ 솔레노이드 밸브작동 ㉡ 중간챔버 감압 ㉢ 밸브개방 ㉣ 제어반의 주경종, 화재표시등, 알람밸브 동작 확인 ⑤ 가압수 2차측 배관 유입(헤드까지 소화수 이송) ⑥ 가압수 일부는 압력스위치 작동 ⑦ 스프링클러 헤드 개방(열로 인한 헤드 개방) ⑧ 압력챔버 압력스위치작동, 가압송수장치 작동, 스프링클러 가압수 방출 ⑨ 화재제어/진압
일제살수식	① 화재발생 ② 교차회로 방식의 화재감지기 A or B 작동(경종 또는 사이렌 경보 및 화재표시등 점등) ③ 교차회로 방식의 화재감지기 작동 A and B 작동 또는 수동기동장치 (SVP) 작동 ④ 일제살수식 유수검지장치(델류지 밸브) 작동(Open) ㉠ 솔레노이드 밸브작동 ㉡ 중간챔버 감압 ㉢ 밸브개방 ㉣ 제어반의 주경종, 화재표시등, 알람밸브 동작 확인 ⑤ 가압수 2차측 배관 유입 ⑥ 가압수 일부는 압력스위치 작동 ⑦ 개방형 스프링클러 헤드로 방수 ⑧ 압력챔버 압력스위치작동, 가압송수장치 작동, 스프링클러 가압수 방출 ⑨ 화재제어/진압

❸ 스프링클러설비의 설치기준

(1) 수원

① 1차 수원

㉠ **폐쇄형 스프링클러헤드** : 소방대상물별 스프링클러 헤드의 기준개수에 1.6m^3를 곱한 양 이상이 되도록 하여야 한다.(단, 설치된 스프링클러헤드의 개수가 기준개수보다 작은 경우에는 그 설치개수를 말한다)

※ 1.6m^3의 수치는 80lpm(헤드 1개의 방사량) × 20분간의 값이다.
다만, 30층 이상 49층 이하는 3.2m^3(40분)를 50층 이상은 4.8m^3(60분)를 곱한 양 이상이 되도록 할 것.

헤드설치기준개수(폐쇄형 스프링클러설비만 해당)

소방대상물			기준개수
지하층을 제외한 층수가 10층 이하인 소방대상물	공장 또는 창고 (렉크식 창고 포함)	특수가연물을 저장, 취급하는 것	30
		그 밖의 것	20
	근린생활시설, 판매시설, 운수시설 또는 복합건축물	판매시설 또는 복합건축물 (판매시설이 설치되는 복합건축물을 말한다.)	30
		그 밖의 것	20
	그밖의 것	헤드의 부착높이가 8m 이상	20
		헤드의 부착높이가 8m 미만	10
아파트			10
지하층을 제외한 층수가 11층 이상인 소방대상물(아파트 제외), 지하가 또는 지하역사			30

㉡ **개방형 스프링클러헤드** : 최대방수구역에 설치된 스프링클러헤드의 개수가 30개 이하인 경우에는 설치 헤드수에 1.6m^3를 곱한 양 이상으로 하고, 30개를 초과하는 경우에는 규정에 의해 산출된 가압송수장치의 1분당 송수량에 20을 곱한 양 이상이 되도록 한다.

② **옥상수조**(2차수원) : 화재 발생시 정전이나 펌프가 고장나면 물이 공급되지 않아 소화에 실패할 우려가 있다. 따라서 펌프에 이상 상황이 발생하여도 최소한의 물이 공급되도록 조치가 필요하며, 이에 대한 대책으로 옥상에 비상수원을 확보하는 것이다. 옥상에 저장하는 2차수원은 자연 낙차압에 의하여 공급되도록 하며, 저장량은 산출된 유효수량 외 1/3 이상을 저장한다.

(2) 배관설치 기준

① 스프링클러설비의 배관 구분

수직배관 (주배관)	펌프에서 건물의 각층으로 소화수를 공급하는 주배관을 말하며, 보통 배관피트를 통해 고가수조까지 연결되어 있다.
수평주행배관	주배관에서 각층에 소화수를 공급하는 배관으로 교차배관의 직하에 설치된다. 헤드의 교체 등 방호구역 내 배관과 헤드의 보수가 필요한 경우 배관내부의 가압수를 배수시키기 위해 알람밸브를 향하여 1/500의 경사를 두고 설치토록 규정하고 있다
교차배관	교차배관은 가지배관과 수평으로 설치하거나 또는 가지배관 밑에 설치하고, 그 구경은 최소 40mm 이상이 되도록 하며, 패들형 유수검지장치를 사용하는 경우에는 교차배관의 구경과 동일하게 설치할 수 있다. 또한 청소를 위해 말단에 40mm 이상의 청소구를 설치해야 하고, 수격을 방지하기 위해 수격방지기를 설치한다.
가지배관	헤드가 직접 설치되는 배관을 가지배관이라고 한다. 원활한 배수 작용을 위해 교차배관의 직상에 1/250의 경사를 두고 설치한다. 가지배관은 토너먼트방식 외의 배관을 설치하여 헤드에 고른 가압수를 공급해야 한다. 헤드는 교차배관을 기준으로 한쪽의 가지배관에 8개 이하로 설치하여 헤드 방수압을 적절히 유지될 수 있도록 한다.
신축배관	신축배관방식은 가지배관과 스프링클러헤드를 연결하는 구부림이 용이하고 유연성을 가진 배관을 말한다.

스프링클러설비 배관 설치

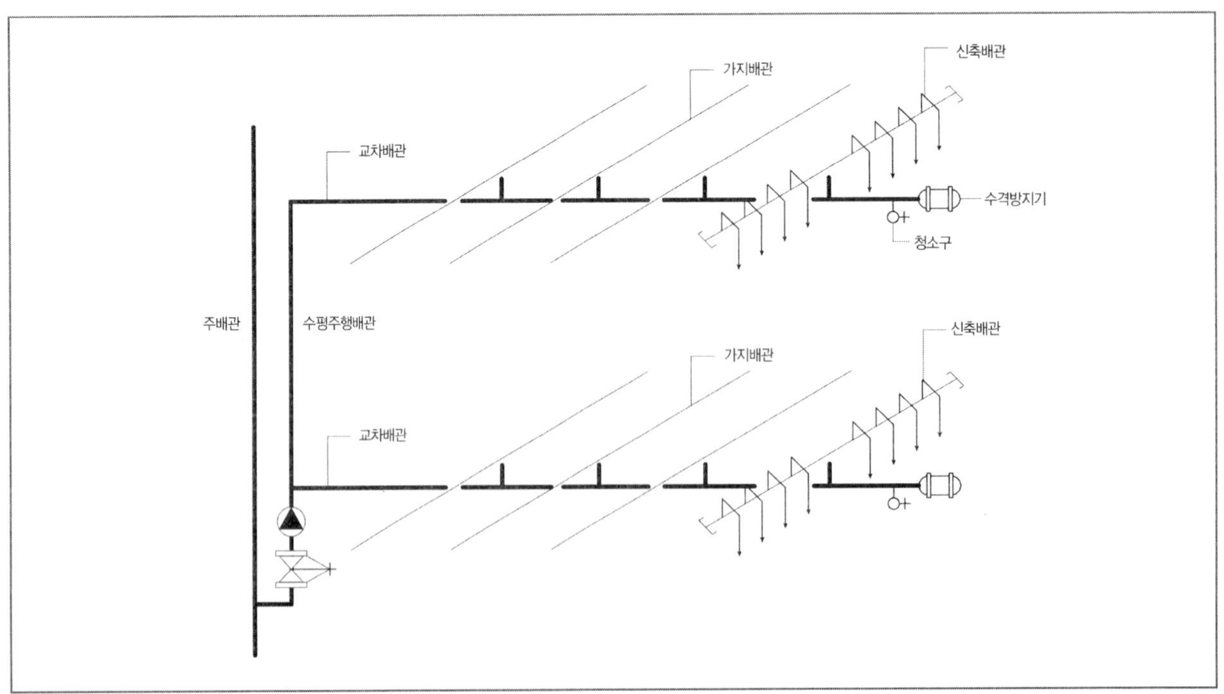

개념원리 배관의 기울기 (Ⓜ 수오/ 가이오)

1. **수**평주행배관 기울기 : 알람밸브를 향하여 1/**5**00의 경사를 두고 설치
2. **가**지배관 기울기 : 교차배관을 향하여 1/**25**0의 경사를 두고 설치

② 소화설비의 배관방식(Tree, Tournament, Loop, Grid)

㉠ 소화설비 가지관의 배관방식 종류 : 가지형(Tree) 방식, 토너먼트형(Tournament) 방식, 격자형(Grid) 방식, 루프형(Loop) 방식

㉡ 적용설비

가지형 방식	스프링클러, 간이스프링클러, 조기진압용스프링클러 및 포소화설비(압축공기포제외)
격자형 방식	50층 이상 초고층건축물 스프링클러설비
토너먼트형 방식	이산화탄소, 할론소화설비, 할로겐 및 불활성기체소화설비, 분말소화설비, 압축공기포 소화설비

구분	내용	그림
가지형 설비 (Tree System)	① Tee에 의한 분기점은 가지배관당 1개소로 마찰손실이 토너먼트방식보다 줄어들게 된다. ② 헤드의 방사압력 및 방사량은 각 지점에서 균일하지 않다. ③ 배관주위에 각종 살수장애용 시설물이 있어도 적절한 배관설계가 가능하다. ④ 시공이 용이하며 편리하다. ⑤ 마찰손실은 최소화하기 위하여 수계 및 포 소화설비에 사용한다.	가지배관방식
토너먼트형 설비 (Tournament System)	① Tee에 의한 분기점의 수량이 과다하며 마찰손실이 증가하게 되며 이로 인하여 말단의 헤드 방사압력이 저하 ② 헤드의 방사압력 및 방사량은 각 지점에서 균등(균일)하다. ③ 배관주위에 각종 살수장애용 시설물이 있을 경우 균등한 배관설계가 어렵다. ④ 시공시 많은 Tee를 사용하여야 하므로 시공이 불편하다. ⑤ 균등한 약제의 방사 및 빠른 시간내 확산을 위하여 가스계, 분말소화설비 및 공기포소화약제(포소화약제)에 사용	토너먼트형 배관방식
루프형 설비 (Loop System)	① 작동중인 스프링클러헤드에 둘이상의 배관에서 물이 공급되도록 여러개의 교차 배관들이 서로 접속되어 있는 스프링클러설비 ② 가지배관은 접속되지 않는다.	교차배관 교차배관 수평주행배관 루프형 배관방식

격자형 설비 (Grid System)	① 평행 교차배관들 사이에 다수의 가지배관(Branch line)을 접속한 스프링클러설비 ② 작동중인 스프링클러헤드가 그 가지배관의 양쪽에서 물을 공급받는 동안 다른 가지배관들은 교차배관간의 물 이송을 보조한다. ③ <u>소방배관을 Grid 배관으로 하는 이유</u> ㉠ 유수의 흐름이 분산되어 압력손실이 적고 중간이나 말단에서 공급 압력 차이를 줄일 수 있으며 <u>고른 압력분포가 가능</u>하다. ㉡ 중간에 배관이 <u>차단될 경우 대처가 가능</u>하며, 고장 수리시에도 공급이 가능하여 소화수 공급의 안정성을 기할 수 있다. ㉢ <u>관내 압력변동이 적고 충격파가 발생되어도 분산</u>이 가능하다. ㉣ 소화설비의 <u>증·개축시 유리</u>하다. ㉤ 소화용수 및 가압장치의 <u>분산배치가 용이</u>하다.	교차배관 수평주행배관 격자형 배관방식

③ 개폐밸브 감시스위치(탬퍼스위치) : 급수배관에 설치되어 급수를 차단할 수 있는 개폐밸브에는 그 밸브의 개폐상태를 감시제어반에서 확인할 수 있도록 급수개폐밸브 작동표시 스위치를 설치하여야 한다.

개폐밸브 감시스위치(탬퍼스위치) 설치위치

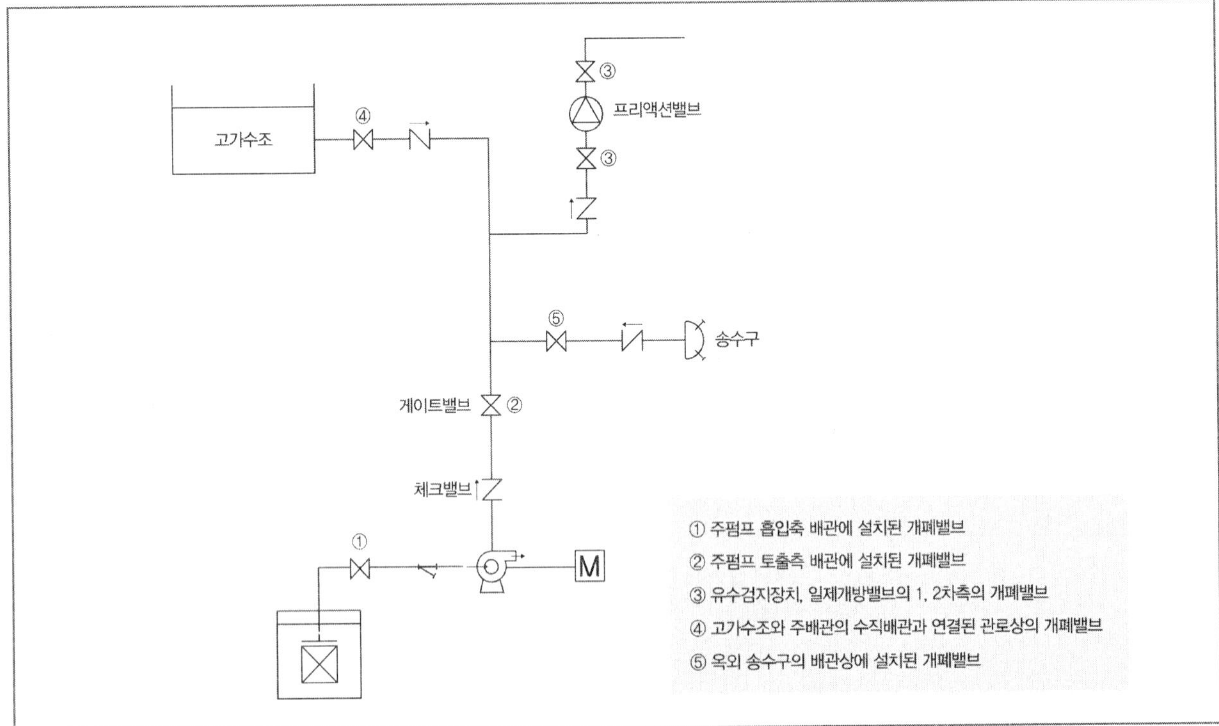

(3) 가압송수장치 (Ⓜ 펌고압가)

① 가압송수장치

㉠ **펌**프방식

㉡ **고**가수조방식

㉢ **압**력수조방식

㉣ **가**압수조방식

② 가압송수장치의 정격토출압력 : 하나의 헤드선단에 0.1MPa 이상 1.2MPa 이하의 방수압력이 될 수 있게 하는 크기일 것

(4) 방호, 방수구역 및 유수검지장치

① 폐쇄형스프링클러헤드의 방호구역 및 유수검지장치

㉠ 하나의 방호구역의 바닥면적은 3천m^2 이하

㉡ 하나의 방호구역에는 1개 이상의 유수검지장치를 설치

㉢ 하나의 방호구역은 2개 층에 미치지 아니하도록 하되, 1개층에 설치되는 스프링클러 헤드의 수가 10개 이하인 경우와 복층형구조의 공동주택에는 3개 층 이내로 가능

㉣ 스프링클러헤드에 공급되는 물은 유수검지장치 등을 지나도록 하여야 함(송수구를 통하여 공급되는 물은 그러하지 아니함)

② 개방형스프링클러헤드의 방수구역 및 일제개방밸브

㉠ 하나의 방수구역은 2개 층에 미치지 아니할 것

㉡ 방수구역마다 일제개방밸브를 설치할 것

㉢ 하나의 방수구역을 담당하는 헤드의 개수는 50개 이하로 할 것(2개 이상의 방수구역으로 나눌 경우에는 하나의 방수구역을 담당하는 헤드의 개수는 25개 이상)

(5) 헤드 설치

① 헤드의 종류

헤드의 분류	헤드의 종류	내용
감열부 유무	폐쇄형	감열부가 있어 방수구가 폐쇄되어 있는 구조이다.
	개방형	감열부가 없이 방수구가 개방되어 있는 구조이다.
감열부의 구조	용융형	퓨즈블링크(Fusible link type) : 이용성의 금속을 이용한 감열체
	파열형	글라스 벌브(Glass-bulb type) : 유리용기에 알코올, 에테르 등 액체를 봉입하여 밀봉한 것을 감열체로 이용한다.
방향에 따른 분류	상향형	준비작동식, 건식설비에 사용하며 헤드를 통한 방수 후 잔수가 남아있지 않게 하기 위해 적용
	하향형	습식설비에 사용하며 분사패턴이 상향형 보다 좋지 않으며, 회향식으로 하여야 한다.
	측벽형	실내의 폭이 9m 이하인 경우에 한하여 적용하며, 옥내의 벽체 측면에 설치한다.
스프링클러헤드의 감도에 의한 분류 🔥	표준반응형	RTI값 : 80 초과 ~ 350 이하
	특수반응형	RTI값 : 50 초과 ~ 80 이하
	조기반응형	RTI값 : 50 이하

개념원리

■ 방호구역 및 방수구역

폐쇄형 헤드의 경우 밸브 1개당 담당구역을 "방호구역"이라고 하며, 개방형헤드의 경우는 "방수구역"이라고 한다. 따라서 방호구역을 "스프링클러설비의 소화범위에 포함된 영역을 말한다"로 규정하고 있다. 스프링클러설비의 소화범위란 결국 헤드를 설치하여 살수되는 부분으로 볼 수 있으며, 유수검지장치별로 살수가 유효한 바닥면적을 "방호구역"으로 본다.

■ 감열체

감열체라 함은 정상상태에서 스프링클러헤드의 방수구를 막고 있으나, 화재발생 시 열에 의하여(일정한 온도에 도달하면) 스스로 파괴·용해되어 스프링클러헤드로부터 이탈됨으로써 방수구가 개방되어 방사가 가능 하도록 하는 부품을 말한다.

특히 화재 시 발생되는 기류의 온도·속도 및 작동시간에 대하여 스프링클러헤드의 반응조건을 반응시간지수(RTI : Response Time Index)로 지수화하여 감열체의 감도에 따라 분류한다.

■ 회향식

가지배관의 측면 또는 하부에서 분기하여 하향식 스프링클러헤드를 설치하는 경우에 배관내의 이물질이 스프링클러헤드 부분으로 모여 스프링클러헤드의 오리피스가 폐쇄될 우려가 있으므로 하향식 스프링클러헤드를 설치하는 경우에는 가지배관으로부터 스프링클러헤드에 이르는 헤드 접속배관은 가지관 상부에서 분기하여 설치하도록 하고 있으며, 이러한 배관방식을 회향식 배관이라고 한다.

② 헤드의 온도표시 🔥

㉠ 폐쇄형 헤드는 그 설치장소의 평상시 최고 주위온도에 따라 다음 표에 따른 표시온도의 것으로 설치하여야 한다. 다만, 높이가 4m 이상인 공장 및 창고(랙크식창고를 포함한다)에 설치하는 스프링클러헤드는 그 설치장소의 평상시 최고 주위온도에 관계없이 표시온도 121℃ 이상의 것으로 할 수 있다.

설치장소의 최고 주위온도	표시온도	암기1
39℃ 미만	79℃ 미만	상구(39)친구(79)가
39℃ 이상 64℃ 미만	79℃ 이상 121℃ 미만	육사(64)가서 하나둘하나(121)
64℃ 이상 106℃ 미만	121℃ 이상 162℃ 미만	빵육(06)을 유기(62)했다
106℃ 미만	162℃ 이상	

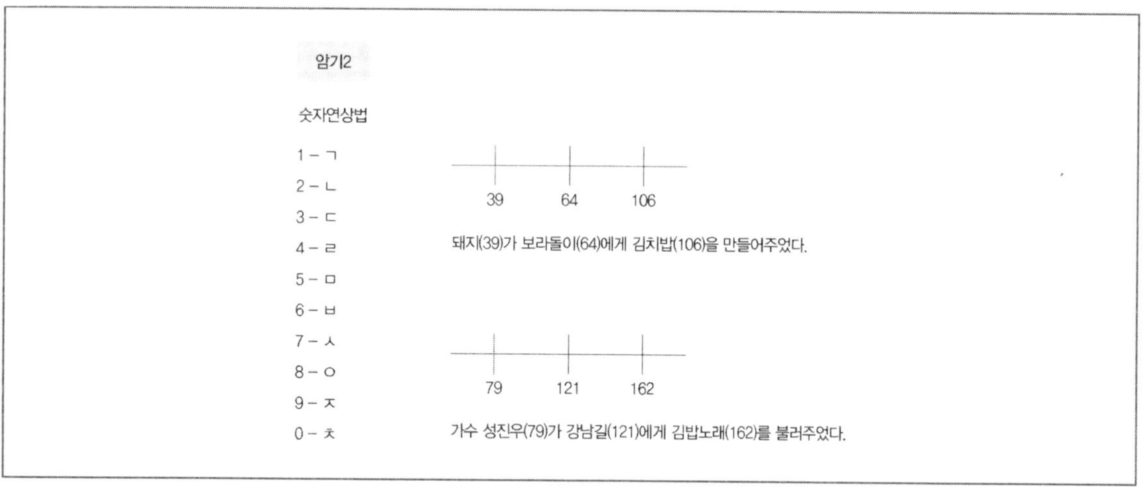

암기2
숫자연상법
1 – ㄱ
2 – ㄴ
3 – ㄷ
4 – ㄹ
5 – ㅁ
6 – ㅂ
7 – ㅅ
8 – ㅇ
9 – ㅈ
0 – ㅊ
39
64
106
돼지(39)가 보라돌이(64)에게 김치밥(106)을 만들어주었다.
79
121
162
가수 성진우(79)가 강남길(121)에게 김밥노래(162)를 불러주었다.

㉡ 헤드의 수평거리와 방호면적 🔥🔥 (Ⓜ 암기1 : 무일내렉아 칠일삼오이)

<table>
<tr><th>방호대상물부분</th><th>수평거리</th><th>헤드간격(정방형일 때)</th><th colspan="2">암기2(숫자암기법)</th></tr>
<tr><td>무대부, 특수가연물</td><td>1.7m 이하</td><td>2 × 1.7 × cos45 = 2.4m 이하</td><td rowspan="5">1 - ㄱ
2 - ㄴ
3 - ㄷ
4 - ㄹ
5 - ㅁ
6 - ㅂ
7 - ㅅ
8 - ㅇ
9 - ㅈ
0 - ㅊ</td><td rowspan="5">무대에서 김신영(1.7)은 춤을 추고,
일반건축물에서 남궁민(2.1)은 손을 흔들고,
내화구조에서 나달(2.3)은 테니스를 치고 있다.
렉크식창고에서 나문희(2.5)가 고구마를 먹고 있다.
아파트에서 데니스로드맨(3.2)은 거실에서 농구를 한다.</td></tr>
<tr><td>일반건축물</td><td>2.1m 이하</td><td>2 × 2.1 × cos45 = 3.0m 이하</td></tr>
<tr><td>내화구조</td><td>2.3m 이하</td><td>2 × 2.3 × cos45 = 3.2m 이하</td></tr>
<tr><td>랙크식창고</td><td>2.5m 이하</td><td>2 × 2.5 × cos45 = 3.5m 이하</td></tr>
<tr><td>아파트</td><td>3.2m 이하</td><td>2 × 3.2 × cos45 = 4.5m 이하</td></tr>
</table>

③ 조기반응형 스프링클러헤드의 설치장소 (Ⓜ **공노거 오숙침 병입**) : 조기반응형 스프링클러헤드는 반응시간지수(RTI)가 50이하인 속동형 헤드를 말한다. 비교적 화재의 강도가 크지 않고 소방대상물의 물적인 피해보다는 인명의 안전이 우선 고려되어야 하는 장소에 조기반응형 스프링클러헤드를 설치한다.

㉠ **공**동주택 · **노**유자시설의 **거**실

㉡ **오**피스텔 · **숙**박시설의 **침**실, **병**원의 **입**원실

④ 스프링클러헤드 설치 기준

㉠ 살수가 방해되지 아니하도록 스프링클러헤드로부터 반경 60㎝ 이상의 공간을 보유할 것. 다만, 벽과 스프링클러헤드간의 공간은 10㎝ 이상으로 한다.

㉡ 스프링클러헤드와 그 부착면(상향식헤드의 경우에는 그 헤드의 직상부의 천장 · 반자 또는 이와 비슷한 것을 말한다. 이하 같다)과의 거리는 30㎝ 이하로 할 것.

㉢ 배관 · 행가 및 조명기구 등 살수를 방해하는 것이 있는 경우에는 제㉠호 및 제㉡호에도 불구하고 그로부터 아래에 설치하여 살수에 장애가 없도록 할 것. 다만, 스프링클러헤드와 장애물과의 이격거리를 장애물 폭의 3배 이상 확보한 경우에는 그러하지 아니하다.

㉣ 스프링클러헤드의 반사판은 그 부착 면과 평행하게 설치할 것. 다만, 측벽형헤드 또는 연소할 우려가 있는 개구부에 설치하는 스프링클러헤드의 경우에는 그러하지 아니하다.

⑤ 스프링클러헤드 설치 개수

㉠ 원칙 : 교차배관에서 분기되는 지점을 기점으로 한쪽 가지배관에 설치되는 헤드의 개수(반자 아래와 반자속의 헤드를 하나의 가지배관 상에 병설하는 경우에는 반자 아래에 설치하는 헤드의 개수)는 8개 이하로 할 것

㉡ 예외

ⓐ 기존의 방호구역안에서 칸막이 등으로 구획하여 1개의 헤드를 증설하는 경우

ⓑ 습식스프링클러설비 또는 부압식스프클러설비에 격자형 배관방식(2 이상의 수평주행배관 사이를 가지배관으로 연결하는 방식을 말한다)을 채택하는 때에는 펌프의 용량, 배관의 구경 등을 수리학적으로 계산한 결과 헤드의 방수압 및 방수량이 소화목적을 달성하는 데 충분하다고 인정되는 경우

⑥ **연소할 우려가 있는 개구부** : 연소할 우려가 있는 개구부에는 그 상하좌우에 2.5m 간격으로(개구부의 폭이 2.5m 이하인 경우에는 그 중앙에) 스프링클러헤드를 설치하되, 스프링클러헤드와 개구부의 내측면으로부터 직선거리는 15㎝ 이하가 되도록 할 것. 이 경우 사람이 상시 출입하는 개구부로서 통행에 지장이 있는 때에는 개구부의 상부 또는 측면(개구부의 폭이 9m 이하인 경우에 한한다)에 설치하되, 헤드 상호간의 간격은 1.2m 이하로 설치하여야 한다.

⑦ 습식스프링클러설비 및 부압식스프링클러설비 외의 설비에는 상향식스프링클러헤드를 설치할 것. 다만, 다음 각 목의 어느 하나에 해당하는 경우에는 그렇지 않다. (하향식으로 설치 할 수 있다.) (Ⓜ **드동개**)

㉠ **드**라이펜던트스프링클러헤드를 사용하는 경우

㉡ 스프링클러헤드의 설치장소가 **동**파의 우려가 없는 곳인 경우

㉢ **개**방형스프링클러헤드를 사용하는 경우

⑧ **측벽형스프링클러헤드 설치 기준** : 긴 변의 한쪽 벽에 일렬로 설치(폭이 4.5m 이상 9m 이하인 실에 있어서는 긴변의 양쪽에 각각 일렬로 설치하되 마주보는 스프링클러헤드가 나란히꼴이 되도록 설치)하고 3.6m 이내마다 설치할 것

⑨ 헤드의 설치제외 (Ⓜ **계/통/발/병/천/피/현로비/냉/고/불/테/아**)

㉠ **계**단실(특별피난계단의 부속실을 포함한다) · 경사로 · 승강기의 승강로 · 비상용승강기의 승강장 · 파이프덕트 및 덕트피트(파이프 · 덕트를 통과시키기 위한 구획된 구멍에 한한다) · 목욕실 · 수영장(관람석부분을 제외한다) · 화장실 · 직접 외기에 개방되어 있는 복도 그 밖에 이와 유사한 장소

㉡ **통**신기기실 · 전자기기실 그 밖에 이와 유사한 장소

㉢ **발**전실 · 변전실 · 변압기 그 밖에 이와 유사한 전기설비가 설치되어 있는 장소

㉣ **병**원의 수술실 · 응급처치실 그 밖에 이와 유사한 장소

㉤ **천**장과 반자 양쪽이 불연재료로 되어 있는 경우로서 그 사이의 거리 및 구조가 다음 각 목의 어느 하나에 해당하는 부분

ⓐ 천장과 반자사이의 거리가 2m 미만인 부분

ⓑ 천장과 반자사이의 벽이 불연재료이고 천장과 반자사이의 거리가 2m 이상으로서 그 사이에 가연물이 존재하지 않는 부분

㉥ 천장 · 반자 중 한쪽이 불연재료로 되어 있고 천장과 반자사이의 거리가 1m 미만인 부분

㉦ 천장 및 반자가 불연재료가 아닌 것으로 되어 있고 천장과 반자사이의 거리가 0.5m 미만인 부분

㉧ **펌(피)**프실 · 물탱크실 엘리베이터 권상기실 그 밖의 이와 비슷한 장소

㉨ **현**관 또는 **로비** 등으로서 바닥으로부터 높이가 20m 이상인 장소

㉩ 영하의 **냉**장창고의 냉장실 또는 냉동창고의 냉동실

㉪ **고**온의 노가 설치된 장소 또는 물과 격렬하게 반응하는 물품의 저장 또는 취급장소

㉫ **불**연재료로 된 특정소방대상물 또는 그 부분으로서 다음 각 목의 어느 하나에 해당하는 장소 (Ⓜ **정프금방**)

ⓐ **정**수장 · 오물처리장 그 밖의 이와 비슷한 장소

ⓑ 펄**프**공장의 작업장 · 음료수공장의 세정 또는 충전하는 작업장 그 밖의 이와 비슷한 장소

ⓒ 불연성의 **금**속 · 석재 등의 가공공장으로서 가연성물질을 저장 또는 취급하지 않는 장소

ⓓ 가연성 물질이 존재하지 않는 「건축물의 에너지절약설계기준」에 따른 **방**풍실

㉬ 실내에 설치된 **테**니스장 · 게이트볼장 · 정구장 또는 이와 비슷한 장소로서 실내 바닥 · 벽 · 천장이 불연재료 또는 준불연재료로 구성되어 있고 가연물이 존재하지 않는 장소로서 관람석이 없는 운동시설(지하층은 제외한다.)

㉭ 공동주택 중 **아**파트의 대피공간

(6) 설치장소의 보온

스프링클러설비에 사용되는 배관은 가압송수장치로부터 공급되는 물을 스프링클러헤드로 공급하는 관으로서 수원과 함께 평상시 물을 사용하고 있어 동절기 동파방지를 위한 조치를 취할 필요가 있으므로 수원 및 가압송수장치, 배관 등은 동결의 우려가 없는 장소에 설치하거나 설치장소에 동결방지조치를 하여 동결의 우려가 없도록 하여야 한다.

① 배관의 동결방지 방법

㉠ 난방설비를 설치하여 주위온도를 4℃ 이상으로 유지하도록 한다.

㉡ 배관을 단열재로 보온한다. 가연성 단열재는 화재확산의 주요인이 되고 있으므로 단열재는 반드시 불연성 또는 난연성 재질을 사용하여야 한다.

㉢ 배관 주위에 전열전선(Heating Cable)을 설치한다.

㉣ 배관 내에 배관을 부식시키지 않는 부동액을 채운다.

㉤ 배관 내의 물을 순환 유동시킨다.

② **지하매설배관의 동결방지 방법** : 옥외 지하매설배관의 경우 동절기 동결을 방지하기 위하여 각 지방의 동결심도를 감안하여 배관 설치 시 배관의 상부가 동결심도 보다 30㎝ 이하의 깊이로 매설하여야 한다. 각 지역별 동결심도는 기상청 자료를 참고한다. (동결심도 : 땅이 얼어 들어가는 정도)

③ **소방용 배관 보온재 난연성능** : 옥내소화전 등 배관에 사용하는 보온재의 난연성능 확보는 재료별 KS시험방법에 따라 시험하여 일정성능(예시 : 산소지수 시험(LOI) ≥28, 수평연소성 시험 HF-1)을 확보하여야 한다.

chapter

05 출제예상문제

* 2019년 간부

1 스프링클러설비의 종류별 특징에 대한 설명으로 옳은 것은?

① 일제살수식의 경우 폐쇄형스프링클러헤드가 설치 된다.
② 건식의 경우 2차측 배관에 가압수를 충전시킨다.
③ 습식과 일제살수식의 경우 감지기가 설치된다.
④ 습식의 경우 슈퍼비조리판넬(Supervisory Panel)이 설치 된다.
⑤ 준비작동식의 경우 감지기와 폐쇄형스프링클러 헤드가 설치된다.

* 2016년 간부

2 스프링클러설비의 종류 중에서 2차측 헤드가 개방형 헤드인 것은?

① 준비작동식 ② 가압수조식
③ 습식 ④ 건식
⑤ 일제살수식

1.

스프링클러설비의 종류 2018 2019 2016 간부 2019 간부 2021 간부 2022 간부

스프링클러 설비 종류	1차측 배관 상태	2차측 배관 상태	유수검지장치 등 종류	사용 헤드	감지기 유무
습식	가압수	가압수	• 알람밸브 (Alam valve) • 자동경보 체크밸브 • 습식밸브 • 습식유수 검지장치	폐쇄형 헤드	×
건식	가압수	압축 공기	• 드라이밸브 (Dry valve) • 건식밸브 • 건식유수 검지장치	폐쇄형 헤드	×
준비작동식	가압수	대기압 (무압)	• 준비작동식 밸브 • 프리액션 밸브 • 슈퍼비조리 판넬(SVP) 설치	폐쇄형 헤드	○
부압식	가압수	부압수 (진공)	• 준비작동식 밸브 • 프리액션 밸브 • 슈퍼비조리 판넬(SVP) 설치	폐쇄형 헤드	○
일제살수식	가압수	대기압 (무압)	• (일제개방형) 일제살수식 밸브 • Deluge 밸브 (델류지) • 일제개방 밸브 • 슈퍼비조리 판넬(SVP) 설치	개방형 헤드	○

2.

문제 1번 답안 참조

Answer 1.⑤ 2.⑤

* 2019년

3 스프링클러설비 중 감지기와 연동하여 작동하는 것만을 모두 고른 것은?

㉠ 습식	㉡ 건식
㉢ 준비작동식	㉣ 일제살수식
㉤ 부압식	

① ㉠, ㉡, ㉢　　② ㉠, ㉣, ㉤

③ ㉡, ㉢, ㉣　　④ ㉢, ㉣, ㉤

3.

문제 1번 답안 참조

* 2021년 간부

4 폐쇄형 스프링클러헤드를 사용하는 스프링클러설비를 〈보기〉에서 있는 대로 고른 것은?

㉠ 일제살수식	㉡ 부압식
㉢ 준비작동식	㉣ 건식
㉤ 습식	

① ㉠　　② ㉠, ㉡

③ ㉡, ㉢, ㉣　　④ ㉡, ㉢, ㉣, ㉤

⑤ ㉠, ㉡, ㉢, ㉣, ㉤

4.

문제 1번 답안 참조

5 폐쇄형스프링클러헤드를 사용하는 설비에서 하나의 방호구역의 바닥면적의 기준은 몇 m^2이하인가? (단, 격자형배관방식을 채택하지 않는다.)

① 1500

② 2000

③ 2500

④ 3000

5.

폐쇄형스프링클러헤드의 방호구역 및 유수검지장치

㉠ 하나의 방호구역의 바닥면적은 3천㎡ 이하

㉡ 하나의 방호구역에는 1개 이상의 유수검지장치를 설치

㉢ 하나의 방호구역은 2개 층에 미치지 아니하도록 하되, 1개층에 설치되는 스프링클러 헤드의 수가 10개 이하인 경우와 복층형구조의 공동주택에는 3개 층 이내로 가능

㉣ 스프링클러헤드에 공급되는 물은 유수검지장치 등을 지나도록 하여야 함(송수구를 통하여 공급되는 물은 그러하지 아니함)

Answer 3.④ 4.④ 5.④

6 스프링클러설비의 화재안전기준상 개방형스프링클러설비에서 하나의 방수구역을 담당하는 헤드의 개수는 최대 몇 개 이하로 해야 하는가? (단, 방수구역은 나누어져 있지 않고 하나의 구역으로 되어 있다.)

① 50
② 40
③ 30
④ 20

7 스프링클러헤드를 설치하는 천장 · 반자 · 천장과 반자사이 · 덕트 · 선반 등의 각 부분으로부터 하나의 스프링클러헤드까지의 수평거리 기준으로 틀린 것은?

① 무대부에 있어서는 1.7m 이하
② 랙크식 창고에 있어서는 2.5m 이하
③ 공동주택(아파트) 세대 내의 거실에 있어서는 3.2m 이하
④ 특수가연물을 저장 또는 취급하는 장소에 있어서 는 2.1m 이하

6.

개방형스프링클러헤드의 방수구역 및 일제개방밸브
㉠ 하나의 방수구역은 2개 층에 미치지 아니할 것
㉡ 방수구역마다 일제개방밸브를 설치할 것
㉢ 하나의 방수구역을 담당하는 헤드의 개수는 50개 이하로 할 것
(2개 이상의 방수구역으로 나눌 경우에는 하나의 방수구역을 담당하는 헤드의 개수는 25개 이상)

7.

헤드의 수평거리와 방호면적 🔥🔥 (Ⓜ **암기1 : 무일내렉아 칠일삼오이)**

방호대상물 부분	수평거리	암기2(숫자암기법)	
무대부, 특수가연물	1.**7**m 이하	1-ㄱ 2-ㄴ 3-ㄷ 4-ㄹ 5-ㅁ 6-ㅂ 7-ㅅ 8-ㅇ 9-ㅈ 0-ㅊ	**무**대에서 **김신영(1.7)**은 춤을 추고, **일**반건축물에서 **남궁민(2.1)**은 손을 흔들고, **내**화구조에서 **나달(2.3)**은 테니스를 치고 있다. **렉**크식창고에서 **나문희(2.5)**가 고구마를 먹고 있다. **아**파트에서 **데니스로드맨(3.2)**은 거실에서 농구를 한다.
일반건축물	2.**1**m 이하		
내화구조	2.**3**m 이하		
랙크식창고	2.**5**m 이하		
아파트	3.**2**m 이하		

Answer 6.① 7.④

8 스프링클러헤드에서 이용성 금속으로 융착되거나 이용성 물질에 의하여 조립된 것은?

① 프레임
② 디프렉터
③ 유리벌브
④ 휴지블링크

9 조기반응형 스프링클러헤드를 설치해야 하는 장소가 아닌 것은?

① 공동주택의 거실
② 수련시설의 침실
③ 오피스텔의 침실
④ 병원의 입원실

* 2021년 간부

10 스프링클러헤드를 설치하지 아니할 수 있는 장소에 해당하지 않는 것은?

① 고온의 노(爐)가 설치된 장소
② 영하의 냉장창고의 냉장실 또는 냉동창고의 냉동실
③ 현관 또는 로비 등으로서 바닥으로부터 높이가 20 m 이상인 장소
④ 펌프실 · 물탱크실, 엘리베이터 권상기실
⑤ 천장 · 반자 중 한쪽이 불연재료로 되어있고 천장과 반자 사이의 거리가 2m 미만인 부분

8.

ⓐ 퓨즈블링크(Fusible link type) : 이용성의 금속을 이용한 감열체(용융형)
ⓑ 글라스 벌브(Glass-bulb type) : 유리용기에 알코올, 에테르 등 액체를 봉입하여 밀봉한 것을 감열체로 이용한다.(파열형)
ⓒ 디플렉터 : 물방울의 입자의 크기와 포용각도 등을 결정

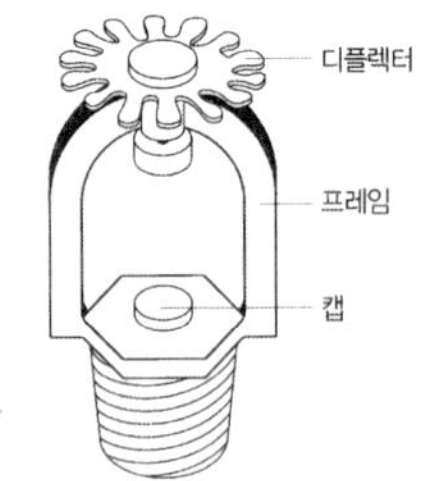

9.

조기반응형 스프링클러헤드의 설치장소 🔥 **(Ⓜ 공노거 오숙침 병입)**

조기반응형 스프링클러헤드는 반응시간지수(RTI)가 50 이하인 속동형 헤드를 말한다. 비교적 화재의 강도가 크지 않고 소방대상물의 물적인 피해보다는 인명의 안전이 우선 고려되어야 하는 장소에 조기반응형 스프링클러헤드를 설치 한다.

㉠ **공**동주택 · **노**유자시설의 **거**실
㉡ **오**피스텔 · **숙**박시설의 **침**실, **병**원의 **입**원실

10.

㉠ **천**장과 반자 양쪽이 불연재료로 되어 있는 경우로서 그 사이의 거리 및 구조가 다음 각 목의 어느 하나에 해당하는 부분
  ⓐ 천장과 반자사이의 거리가 2m 미만인 부분
  ⓑ 천장과 반자사이의 벽이 불연재료이고 천장과 반자사이의 거리가 2m 이상으로서 그 사이에 가연물이 존재하지 않는 부분
㉡ 천장 · 반자 중 한쪽이 불연재료로 되어 있고 천장과 반자사이의 거리가 1m 미만인 부분
㉢ 천장 및 반자가 불연재료가 아닌 것으로 되어 있고 천장과 반자사이의 거리가 0.5m 미만인 부분

Answer 8.④ 9.② 10.⑤

11 스프링클러설비의 화재안전기준에 따라 스프링클러설비 가압 송수장치의 정격토출압력 기준으로 맞는 것은?

① 하나의 헤드 선단의 방수압력이 0.2MPa 이상, 1.0MPa 이하가 되어야 한다.
② 하나의 헤드 선단의 방수압력이 0.2MPa 이상, 1.2MPa 이하가 되어야 한다.
③ 하나의 헤드 선단의 방수압력이 0.1MPa 이상, 1.0MPa 이하가 되어야 한다.
④ 하나의 헤드 선단의 방수압력이 0.1MPa 이상, 1.2MPa 이하가 되어야 한다.

12 스프링클러설비 헤드의 설치기준 중 다음 ( ) 안에 알맞은 것은?

> 살수가 방해되지 아니하도록 스프링클러헤드부터 반경 (㉠)cm 이상의 공간을 보유할 것. 다만, 벽과 스프링클러헤드간의 공간은 (㉡)cm 이상으로 한다.

① ㉠ 10, ㉡ 60
② ㉠ 30, ㉡ 10
③ ㉠ 60, ㉡ 10
④ ㉠ 90, ㉡ 60

11.

가압송수장치의 정격토출압력
하나의 헤드선단에 0.1MPa 이상 1.2MPa 이하의 방수압력이 될 수 있게 하는 크기일 것

12.

스프링클러헤드 설치 기준

㉠ 살수가 방해되지 아니하도록 스프링클러헤드로부터 반경 60㎝ 이상의 공간을 보유할 것. 다만, 벽과 스프링클러헤드간의 공간은 10㎝ 이상으로 한다.
㉡ 스프링클러헤드와 그 부착면(상향식헤드의 경우에는 그 헤드의 직상부의 천장·반자 또는 이와 비슷한 것을 말한다. 이하 같다)과의 거리는 30㎝ 이하로 할 것.
㉢ 배관·행가 및 조명기구 등 살수를 방해하는 것이 있는 경우에는 제㉠호 및 제㉡호에도 불구하고 그로부터 아래에 설치하여 살수에 장애가 없도록 할 것. 다만, 스프링클러헤드와 장애물과의 이격거리를 장애물 폭의 3배 이상 확보한 경우에는 그러하지 아니하다.
㉣ 스프링클러헤드의 반사판은 그 부착 면과 평행하게 설치할 것. 다만, 측벽형헤드 또는 연소할 우려가 있는 개구부에 설치하는 스프링클러헤드의 경우에는 그러하지 아니하다.

Answer 11.④ 12.③

13 습식스프링클러설비 및 부압식스프링클러설비 외의 스프링클러설비에는 특정한 제외조건 이외에는 상향 식스프링클러헤드를 설치해야 하는데, 다음 중 특정한 제외조건에 해당하지 않는 경우는?

① 스프링클러헤드의 설치장소가 동파의 우려가 없는 곳인 경우
② 플러쉬형 스프링클러헤드를 사용하는 경우
③ 드라이펜던트 스프링클러헤드를 사용하는 경우
④ 개방형 스프링클러헤드를 사용하는 경우

13.

습식스프링클러설비 및 부압식스프링클러설비 외의 설비에는 상향식스프링클러헤드를 설치할 것. 다만, 다음 각 목의 어느 하나에 해당하는 경우에는 그렇지 않다. (하향식으로 설치 할 수 있다.) (Ⓜ 드동개)
㉠ **드**라이펜던트스프링클러헤드를 사용하는 경우
㉡ 스프링클러헤드의 설치장소가 **동**파의 우려가 없는 곳인 경우
㉢ **개**방형스프링클러헤드를 사용하는 경우

* 2022년 간부

14 스프링클러설비 종류별 주요 구성품의 연결이 옳은 것만을 〈보기〉에서 있는 대로 고른 것은?

〈보기〉

㉠ 습식 스프링클러설비 : 알람밸브, 개방형 헤드
㉡ 건식 스프링클러설비 : 익조스터(Exhauster), 공기압축기
㉢ 준비작동식 스프링클러설비 : 선택밸브, SVP (Supervisory Panel)
㉣ 일제살수식 스프링클러설비 : 일제개방밸브, 개방형 헤드

① ㉠, ㉢
② ㉡, ㉣
③ ㉠, ㉡, ㉢
④ ㉡, ㉢, ㉣
⑤ ㉠, ㉡, ㉢, ㉣

14.

㉠ 습식 스프링클러설비 : 개방형 헤드(X) -> 폐쇄형 헤드
㉢ 선택밸브 : 가스계 소화설비에 사용(2군데 이상의 구획에 대한 선택 방식의 소화설비인 경우, 방출 구획을 선택하기 위해 각 구획마다 설치되는 밸브이다.)

Answer 13.② 14.②

chapter

06 간이스프링클러설비

❶ 개요

간이스프링클러설비는 불특정다수인이 이용하는 다중이용업소 등과 스프링클러설비가 설치되지 않는 규모의 장소 중 화재위험성이 있는 장소에 스프링클러설비를 약식으로 설치하여 화재 시 예상되는 인명피해 및 재산피해를 최소화하기 위해 도입된 소화설비이다.

간이스프링클러설비는 특정소방대상물의 화재를 자동으로 감지하여 소화 작업을 실시하는 자동식 수계소화설비의 일종으로서 수원 및 가압송수장치, 유수검지장치, 스프링클러헤드, 배관 및 밸브류 등으로 구성되어 있으며, 특정소방대상물에 화재가 발생하여 온도가 상승하게 되면 간이헤드의 감열체가 작동하여 배관내 가압수가 간이헤드로 방사되어 소화작업을 하는 설비이다.

간이스프링클러설비 설치기준 (Ⓜ 근교의 노숙(자가) 복합 건축물(을) 임차(했다.))

1) 공동주택 중 연립주택 및 다세대주택(연립주택 및 다세대주택에 설치하는 간이스프링클러설비는 화재안전기준에 따른 주택전용 간이스프링클러설비를 설치한다)
2) 근린생활시설중다음의어느하나에해당하는것
   가) **근**린생활시설로 사용하는 부분의 바닥면적 합계가 **1천**m² 이상인 것은 모든 층
   나) **의**원, **치**과의원 및 **한**의원으로서 입원실이 있는 시설
   다) **조**산원 및 **산**후조리원으로서 연면적 600m² 미만인 시설
3) **교**육연구시설 내에 **합**숙소로서 연면적 **100**m² 이상인 것 (Ⓜ **교합백**)
4) **의**료시설 중 다음의 어느 하나에 해당하는 시설 (Ⓜ **종병치한요 육백미/ 정의 쌈육/ 창살 삼백미**)
   가) **종**합병원, **병**원, **치**과병원, **한**방병원 및 **요**양병원(정신병원과 의료재활시설은 제외한다)으로 사용되는 바닥면적의 합계가 **600**m² **미**만인 시설
   나) **정**신의료기관 또는 **의**료재활시설로 사용되는 바닥면적의 합계가 300m² 이상 **6**00m² 미만인 시설
   다) 정신의료기관 또는 의료재활시설로 사용되는 바닥면적의 합계가 **300m² 미**만이고, **창**살(철재 · 플라스틱 또는 목재 등으로 사람의 탈출 등을 막기 위하여 설치한 것을 말하며, 화재 시 자동으로 열리는 구조로 되어 있는 창살은 제외한다)이 설치된 시설
5) **노**유자시설로서 다음의 어느 하나에 해당하는 시설
   가) 노유자 생활시설(단독주택 또는 공동주택에 설치되는 시설은 제외)
   나) 가)에 해당하지 않는 노유자시설로 해당 시설로 사용하는 바닥면적의 합계가 300m² 이상 600m² 미만인 시설
   다) 가)에 해당하지 않는 노유자시설로 해당 시설로 사용하는 바닥면적의 합계가 300m² 미만이고, 창살(철재 · 플라스틱 또는 목재 등으로 사람의 탈출 등을 막기 위하여 설치한 것을 말하며, 화재 시 자동으로 열리는 구조로 되어 있는 창살은 제외한다)이 설치된 시설
6) 건물을 **임차**하여 「출입국관리법」 제52조 제2항에 따른 보호시설로 사용하는 부분
7) **숙**박시설 중 **생**활형 **숙**박시설로서 해당 용도로 사용되는 바닥면적의 합계가 **600**m² 이상인 것 (Ⓜ **생숙육백**)
8) **복합건축물**(별표 2 제30호 나목의 복합건축물만 해당한다)로서 연면적 **1천**m² 이상인 것은 모든 층 (Ⓜ **복천**)

❷ 수원

> 1) 상수도설비에 직접 연결하는 경우에는 수돗물
> 2) 수조(캐비닛형 포함)를 설치할 경우 1개 이상의 자동급수장치를 갖추고, 2개의 간이 헤드에서 최소 10분 이상[**영 별표 4 제1호 마목2)가) 또는 6)과 8)**]에 해당하는 경우에는 5개의 간이헤드에서 최소 20분] 방수할 수 있는 양 이상이어야 한다.
>
> ※ **영 별표 4 제1호 마목2)가) 또는 6)과 8)** (Ⓜ **근천/ 생숙육백/ 복천**)
> - 근린생활시설로 사용하는 부분의 바닥면적 합계가 1천㎡ 이상
> - 생활형 숙박시설로서 해당 용도로 사용되는 바닥면적의 합계가 600㎡ 이상
> - 복합건축물로서 연면적 1천㎡ 이상

① 기본 수원량

$Q = 2 \times 0.5m^3 = 2 \times 50l/min \times 10min$

② 영 별표 4 제1호마목 2) 또는 6)과 8)의 경우 수원량

$Q = 5 \times 1m^3 = 5 \times 50l/min \times 20min$

❸ 가압송수장치

(1) 상수도설비 직결 · 펌프 · 고가수조 · 압력수조 · 가압수조방식이 있다.

(2) 정격토출압력은 가장 먼 가지배관에서 2개(영 별표 4 제1호 마목2)가) 또는 6)과 8)에 해당하는 경우에는 5개)의 간이헤드를 동시에 개방할 경우 간이형 또는 표준형헤드 선단 방수압력이 0.1MPa 이상이여야 한다.

(3) 영 별표 4 제1호 마목2)가) 또는 6)과 8)에 해당하는 특정소방대상물의 경우에는 상수도 직결형 및 캐비닛형 간이스프링클러설비를 제외한 가압송수장치를 설치하여야 한다.

④ 헤드설치(표준헤드 설치 가능)

(1) 폐쇄형 간이헤드를 사용할 것

(2) 간이헤드의 작동온도는 실내의 최대 주위천장온도가 0℃ 이상 38℃ 이하인 경우 공칭작동온도가 57℃에서 77℃의 것을 사용하고, 39℃ 이상 66℃ 이하인 경우에는 공칭작동온도가 79℃에서 109℃의 것을 사용할 것

(3) 간이헤드를 설치하는 천장 · 반자 · 천장과 반자사이 · 덕트 · 선반 등의 각 부분으로부터 간이헤드까지의 수평거리는 2.3m 이하

(4) 간이헤드의 디플렉터에서 천장 또는 반자까지의 거리

① **상향식간이헤드 또는 하향식간이헤드** : 25㎜ ~ 102㎜ 이내에 설치

② **측벽형간이헤드** : 102㎜ ~ 152㎜ 사이에 설치

③ **플러쉬 스프링클러헤드** : 102㎜ 이하가 되도록 설치할 수 있다.

⑤ 방수량

간이헤드 1개의 방수량 : $50l$/분(표준형 헤드 : $80l$/분) 이상

⑥ 가압송수장치별 배관 및 밸브 순서

(1) 상수도직결형의 배관 및 밸브순서 (Ⓜ 수급개체 압유2시)

(2) 펌프등의 가압송수장치를 이용하는 경우 (Ⓜ 수연펌 압체성개유시)

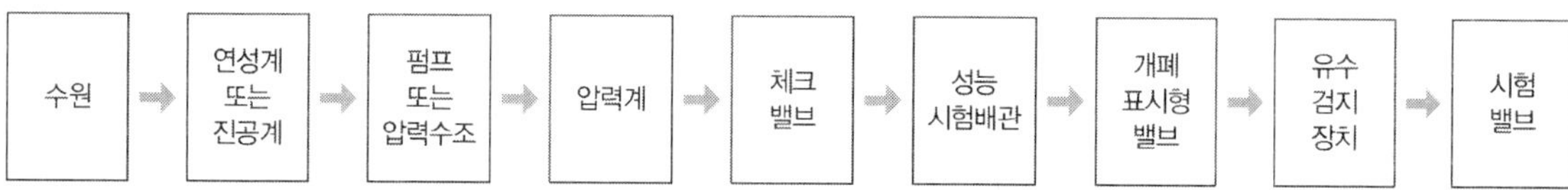

(3) 가압수조를 가압송수장치를 이용하는 경우 (Ⓜ 수가 압체성개유2시)

수원 → 가압 수조 → ( ) → 압력계 → 체크 밸브 → 성능 시험배관 → 개폐 표시형 밸브 → 유수 검지 장치 → 시험 밸브 (2개)

(4) 캐비닛형 가압송수장치의 배관 및 밸브순서 (Ⓜ 수연펌 압체개2시)

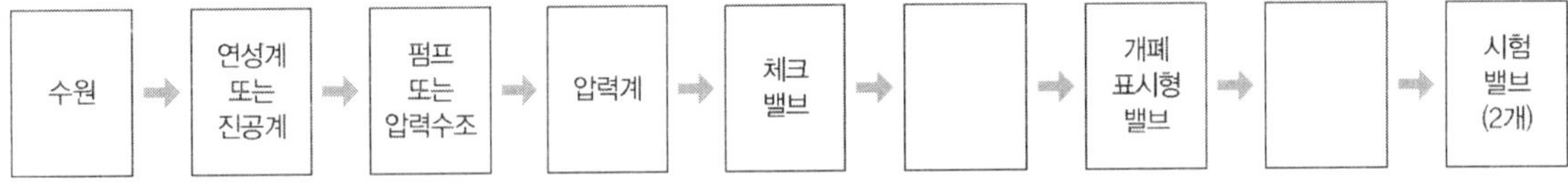

chapter

07 화재조기진압용 스프링클러설비

1 화재조기진압용 헤드란

(1) 랙크식 창고

화재하중이 매우 높은 장소로서 일반헤드는 화세가 강력하여 불길속으로 물방울의 침투가 용이하지 않다. 이를 보완한 것이 화재조기진압용 헤드이다. 빠른 감도성능과 함께 화재발생 초기에 강력한 화세를 침투할 수 있도록 입자가 큰 물방울(오리피스 직경 18mm)을 방사하도록 설계된 헤드를 말한다.

(2) 화재안전기준상의 정의

화재조기진압용 스프링클러헤드란 특정소방대상물 높은 장소의 화재위험에 대하여 조기에 진화할 수 있도록 설계된 스프링클러헤드를 말한다.

2 화재조기진압용 스프링클러설비의 설치기준

(1) 적용대상

랙크식 창고

(2) 설치장소의 구조

① 해당층의 높이가 13.7m 이하일 것. 다만, 2층 이상일 경우에는 해당층의 바닥을 내화구조로 하고 다른 부분과 방화구획 할 것

② 천장의 기울기가 1,000분의 168을 초과하지 않아야 하고, 이를 초과하는 경우에는 반자를 지면과 수평으로 설치할 것

③ 천장은 평평하여야 하며 철재나 목재트러스 구조인 경우, 철재나 목재의 돌출부분이 102mm를 초과하지 아니할 것

④ 보로 사용되는 목재 · 콘크리트 및 철재사이의 간격이 0.9m 이상 2.3m 이하일 것. 다만, 보의 간격이 2.3m 이상인 경우에는 화재조기진압용 스프링클러헤드의 동작을 원활히 하기 위하여 보로 구획된 부분의 천장 및 반자의 넓이가 28㎡를 초과하지 아니할 것

⑤ 창고내의 선반의 형태는 하부로 물이 침투되는 구조로 할 것

❸ 수원의 양

가장 먼 가지배관 3개에 각각 4개의 스프링클러헤드가 동시에 개방되었을 때 60분간 방수할 수 있는 양

$$Q = 12 \times 60 \times K\sqrt{10P}$$

(Q : 수원의 양(l), K : 상수[l/min], p : 헤드선단 압력(MPa))

❹ 회재조기진압용 헤드를 설치할 수 없는 경우 (M 4타두루 종섬 연하속빠하)

(1) **4**류 위험물

(2) **타**이어, **두루**마리 **종**이 및 **섬**유류, 섬유제품 등 **연**소 시 **화**염의 **속**도가 **빠**르고 방사된 물이 **하**부까지 도달하지 못하는 것

chapter

08 물분무 소화설비

1 개요

물분무소화설비는 화재 시 물분무헤드에서 물을 미립자의 무상으로 방사하여 소화하는 설비로서 냉각작용, 질식작용, 유화작용 및 희석작용으로 주로 가연성 및 인화성액체, 전기설비 등의 화재에 유효하며, 소화 및 화세의 제어 또는 연소의 방지목적으로 사용하는 설비로서, 주요 구성요소는 수원, 가압송수장치, 기동장치, 화재감지장치, 물분무헤드, 제어반 등으로 스프링클러설비와 유사하다.

물분무등소화설비 설치기준 (Ⓜ 주주주 항문특쏘지)

1) **항**공기 및 자동차 관련 시설 중 항공기격납고
2) 차고, **주**차용 건축물 또는 철골 조립식 주차시설. 이 경우 연면적 800㎡ 이상인 것만 해당 (Ⓜ 차주철800)
3) 건축물 내부에 설치된 차고 또는 **주**차장으로서 차고 또는 주차의 용도로 사용되는 부분의 바닥면적이 200㎡ 이상인 층(50세대 미만 연립주택 및 다세대주택은 제외한다)
4) 기계장치에 의한 **주**차시설을 이용하여 20대 이상의 차량을 주차할 수 있는 것 (Ⓜ 주차200 기계20)
5) **특**정소방대상물에 설치된 전기실 · 발전실 · 변전실(가연성 절연유를 사용하지 않는 변압기 · 전류차단기 등의 전기기기와 가연성 피복을 사용하지 않은 전선 및 케이블만을 설치한 전기실 · 발전실 및 변전실은 제외한다) · 축전지실 · 통신기기실 또는 전산실, 그 밖에 이와 비슷한 것으로서 바닥면적이 300㎡ 이상인 것[하나의 방화구획 내에 둘 이상의 실(室)이 설치되어 있는 경우에는 이를 하나의 실로 보아 바닥면적을 산정한다]. 다만, 내화구조로 된 공정제어실 내에 설치된 주조정실로서 양압시설이 설치되고 전기기기에 220볼트 이하인 저전압이 사용되며 종업원이 24시간 상주하는 곳은 제외한다.
6) **소**화수를 수집 · 처리하는 설비가 설치되어 있지 않은 중 · 저준위방사성폐기물의 저장시설. 다만, 이 경우에는 이산화탄소소화설비, 할론소화설비 또는 할로겐화합물 및 불활성기체 소화설비를 설치하여야 한다.
7) **지**하가 중 예상 교통량, 경사도 등 터널의 특성을 고려하여 행정안전부령으로 정하는 터널. 다만, 이 경우에는 물분무소화설비를 설치하여야 한다.
8) 지정문화재 중 소방청장이 **문**화재청장과 협의하여 정하는 것

❷ 소화원리 (Ⓜ 냉질유희)

냉각작용	미세한 물방울로 인하여 화재시 화열에 의해 증발하면서 주위의 열을 탈취하여 냉각 작용을 한다. 그러나 이는 인화점이 60℃ 미만인 가연성 가스 또는 인화성 액체에서는 적응성이 낮다.
질식작용	물방울이 화재 시 기화되어 수증기가 되면 화면을 차단하여 산소의 공급을 억제하는 것으로 이 경우는 물분무설비가 화재발생 구역 전체에 설치되어 있고 화재의 강도가 수증기를 충분히 발생시킬 수 있는 상태가 되어야 한다. 한편 방호대상물의 화재성상이 산소를 발생시키는 경우에는 적응성이 낮다.
유화작용	비수용성 액체 화재의 경우 물분무 입자가 유류표면에 방사되면 유면에 부딪치면서 산란하여 불연성의 유화층을 형성하게 되며 이러한 유화층이 유면을 덮는 것을 유화작용이라 한다.
희석작용	수용성 액체 위험물의 경우 방사되는 물분무의 수원 공급에 의해 액체 위험물이 비인화성의 농도로 희석되는 것으로서, 적응성이 있으려면 가연성 물질을 비인화성으로 만드는데 필요한 양 이상이 되어야 한다.

❸ 적응성 및 비적응성

(1) 적응성

물분무 소화설비는 A·B·C급 화재 전역에 걸쳐 적응성이 있다.

(2) 비적응성 🔥🔥 (Ⓜ 물심반물 위생물/ 고물증 끓어 넘치는/ 운전260 분무 그손기)

① **물**에 **심**하게 **반**응하는 **물**질 또는 물과 반응하여 **위**험한 물질을 **생**성하는 **물**질의 저장 또는 취급 장소

② **고**온의 **물**질 및 **증**류범위가 넓어 **끓어 넘치는** 위험이 있는 물질을 저장 또는 취급하는 장소

③ **운전** 시에 표면의 온도가 **260**℃ 이상으로 되는 등 직접 **분무**를 하는 경우 **그** 부분에 **손**상을 입힐 우려가 있는 **기**계장치

4 물분무소화설비의 수원 및 펌프의 토출량 (Ⓜ 특절콘(10) 케덕(12) 차주(20))

소방대상물	토출량(l/min)	기준면적(S)
특수가연물 저장/취급	(**10**LPM×20분)×S	최대방수구역 바닥면적(50㎡ 이하인 경우 50㎡)
절연유 봉입 변압기	(**10**LPM×20분)×S	변압기 표면적(㎡) 합산면적(바닥부분을 제외한 전체 표면적)
콘베이어 벨트	(**10**LPM×20분)×S	벨트 바닥면적(㎡)
케이블 트레이, **덕**트	(**12**LPM×20분)×S	투영된 바닥면적(㎡)
차고 또는 **주**차장	(**20**LPM×20분)×S	최대방수구역 바닥면적(50㎡ 이하인 경우 50㎡)

5 헤드의 종류 (Ⓜ 충분선디슬)

충돌형	유수와 유수의 충돌에 의해 미세한 물방울을 만드는 것으로 작은 오리피스를 통과한 물이 서로 출동하면서 분무상태를 형성한다.
분사형	소구경의 오리피스로부터 고압으로 분사하여 오리피스를 통과하는 순간 미세한 분무형태를 형성하는 것으로 고압분사형 헤드라고 한다.
선회류형	선회류에 의해서 확산 · 방출하거나 선회류와 직선류의 충돌에 의해서 확산 · 방출하여 미세한 물방울을 만드는 것이다.
디플렉터형	수류를 디플렉터(살수판)에 충돌시켜 미세한 물방울로 만드는 것으로 외부에 반사판이 설치되어 있다.
슬리트형	수류를 슬리트(작고 긴 구멍)에 의해서 방출하여 수막상의 분무를 만드는 것이다.

충돌형	분사형	선회류형	디플렉터형	슬리트형

6 물분무헤드와 고압 전기기기의 이격거리 🔥🔥 Ⓜ ①66 ②77−66=11 ③110−77=33 ④154−110=44 ⑤나의희망키 181 ⑥우리나라전기 220V ⑦275−220=55 Ⓜ ①반올림 70 ②반올림 80 ③반올림 110 ④반올림 150 ⑤반올림 180 ⑥반내림-10= 210 ⑦반내림-10=260

전압(KV)		거리(cm)	전압(KV)		거리(cm)
①	66 이하	70 이상	⑤	154 초과 181 이하	180 이상
②	66 초과 77 이하	80 이상	⑥	181 초과 220 이하	210 이상
③	77 초과 110 이하	110 이상	⑦	220 초과 275 이하	260 이상
④	110 초과 154 이하	150 이상			

chapter

08 출제예상문제

1 소화설비에 대한 설명으로 틀린 것은?

① 물분무소화설비는 제4류의 위험물을 소화할 수 있는 물입자를 방사한다.

② 증류범위가 넓어 끓어 넘치는 위험이 있는 물질을 저장 또는 취급 하는 장소에는 물분무 헤드를 설치하지 아니할 수 있다.

③ 주차장에는 물분무소화설비를, 통신기기실에는 스프링클러설비를 설치하여야 한다.

④ 폐쇄형스프링클러헤드는 그 자체가 자동화재탐지장치의 역할을 할 수 있으나 개방형은 그렇지 못하다.

1.

③ 주차장에는 스프링클러설비를, 통신기기실에는 물분무소화설비를 설치하여야 한다.

2 케이블 트레이에 물분무소화설비를 설치하는 경우 저장하여야 할 수원의 최소 저수량은 몇 ㎥인가? (단, 케이블트레이의 투영된 바닥면적은 70㎡이다.)

① 12.4

② 14

③ 16.8

④ 28

2.

케이블트레이

= (12LPM×20분) × 투영된 바닥면적(㎡)

= $12l$/min × 20min × 70㎡ = 16,800l = 16.8㎥

Answer 1.③ 2.③

3 소방설비용헤드의 분류 중 수류를 살수판에 충돌하여 미세한 물방울을 만드는 물분무 헤드는?

① 디프렉타형
② 충돌형
③ 슬리트형
④ 분사형

4 물분무소화설비 수원의 저수량 설치기준으로 옳지 않은 것은?

① 특수가연물을 저장 또는 취급하는 특정소방대상물 또는 그 부분에 있어서 그 바닥면적(m^2)에 대하여 $10l$/min으로 20분간 방수할 수 있는 양 이상으로 할 것
② 차고 또는 주차장은 그 바닥면적(m^2)에 대하여 $20l$/min으로 20분간 방수할 수 있는 양 이상으로 할 것
③ 케이블 덕트는 투영된 바닥면적(m^2)에 대하여 $12l$/min으로 20분간 방수할 수 있는 양 이상으로 할 것
④ 콘베이어 벨트 등은 벨트부분의 바닥면적(m^2)에 대하여 $20l$/min으로 20분간 방수할 수 있는 양 이상으로 할 것

3.

충돌형	유수와 유수의 충돌에 의해 미세한 물방울을 만드는 것으로 작은 오리피스를 통과한 물이 서로 출동하면서 분무상태를 형성한다.
분사형	소구경의 오리피스로부터 고압으로 분사하여 오리피스를 통과하는 순간 미세한 분무형태를 형성하는 것으로 고압분사형 헤드라고 한다.
선회류형	선회류에 의해서 확산 · 방출하거나 선회류와 직선류의 충돌에 의해서 확산 · 방출하여 미세한 물방울을 만드는 것이다.
디플렉터형	수류를 디플렉터(살수판)에 충돌시켜 미세한 물방울로 만드는 것으로 외부에 반사판이 설치되어 있다.
슬리트형	수류를 슬리트(작고 긴 구멍)에 의해서 방출하여 수막상의 분무를 만드는 것이다.

4.

물분무소화설비의 수원 및 펌프의 토출량 🔥🔥🔥
(Ⓜ 특절콘(10) 케덕(12) 차주(20))

소방대상물	토출량(l/min)	기준면적(S)
특수가연물 저장/취급	(**10**LPM×20분)×S	최대방수구역 바닥면적(50㎡ 이하인 경우 50㎡)
절연유 봉입 변압기	(**10**LPM×20분)×S	변압기 표면적(㎡) 합산면적(바닥부분을 제외한 전체 표면적)
콘베이어 벨트	(**10**LPM×20분)×S	벨트 바닥면적(㎡)
케이블 트레이, **덕**트	(**12**LPM×20분)×S	투영된 바닥면적(㎡)
차고 또는 **주**차장	(**20**LPM×20분)×S	최대방수구역 바닥면적(50㎡ 이하인 경우 50㎡)

Answer 3.① 4.④

5 고압의 전기기기가 있는 장소에 있어서 전기의 절연을 위한 전기기기와 물분무헤드 사이의 최소 이격거리 기준 중 옳은 것은?

① 66kV 이하 – 60cm 이상
② 66kV 초과 77kV 이하 – 80cm 이상
③ 77kV 초과 110kV 이하 – 100cm 이상
④ 110kV 초과 154kV 이하 – 140cm 이상

6 물분무헤드의 설치제외 기준 중 다음 ( ) 안에 알맞은 것은?

> 운전 시에 표면의 온도가 ( )℃ 이상으로 되는 등 직접 분무를 하는 경우 그 부분에 손상을 입힐 우려가 있는 기계장치 등이 있는 장소

① 100
② 260
③ 280
④ 980

5.

물분무헤드와 고압 전기기기의 이격거리 🔥🔥

전압(KV)	거리(cm)	전압(KV)	거리(cm)
① 66 이하	70 이상	⑤ 154 초과 181 이하	180 이상
② 66 초과 77 이하	80 이상	⑥ 181 초과 220 이하	210 이상
③ 77 초과 110 이하	110 이상	⑦ 220 초과 275 이하	260 이상
④ 110 초과 154 이하	150 이상		

6.

적응성 및 비적응성

㉠ 적응성 : 물분무 소화설비는 A·B·C급 화재 전역에 걸쳐 적응성이 있다.

㉡ 비적응성 🔥🔥 **(Ⓜ 물심반물 위생물/ 고물중 끓어 넘치는/ 운전260 분무 그손기)**

- **물**에 **심**하게 **반**응하는 **물**질 또는 물과 반응하여 **위**험한 물질을 **생**성하는 **물**질의 저장 또는 취급 장소
- **고**온의 **물**질 및 **중**류범위가 넓어 **끓어 넘치는** 위험이 있는 물질을 저장 또는 취급하는 장소
- **운전** 시에 표면의 온도가 **260℃** 이상으로 되는 등 직접 **분무**를 하는 경우 **그** 부분에 **손**상을 입힐 우려가 있는 **기**계장치

Answer 5.② 6.②

chapter

09 미분무 소화설비

① 개요

미분무소화설비는 아주 미세한 미분무를 사용하는 물 기반 소화설비로 극히 작은 물방울을 통해 화염 및 화재의 냉각, 수증기에 의한 산소 치환, 복사열 감쇠, 가연성 물질을 사전에 적심으로 화재 확산을 방지하여 화재를 제어하거나 소화하는 설비이다.

② 용어정의

용어	정의
미분무소화설비 🔥🔥	가압된 물이 헤드 통과 후 미세한 입자로 분무됨으로써 소화성능을 가지는 설비를 말하며, 소화력을 증가시키기 위해 강화액 등을 첨가할 수 있다.
미분무 🔥🔥🔥	물만을 사용하여 소화하는 방식으로 최소설계압력에서 헤드로부터 방출되는 물입자 중 99%의 누적체적분포가 400㎛ 이하로 분무되고 A, B, C급 화재에 적응성을 갖는 것을 말한다. (Ⓜ **구구 사백** ABC)
미분무헤드	하나 이상의 오리피스를 가지고 미분무소화설비에 사용되는 헤드를 말한다.
개방형 미분무헤드	감열체 없이 방수구가 항상 열려져 있는 헤드를 말한다.
폐쇄형 미분무헤드	정상상태에서 방수구를 막고 있는 감열체가 일정온도에서 자동적으로 파괴·용융 또는 이탈됨으로써 방수구가 개방되는 헤드를 말한다.
저압 미분무 소화설비 🔥🔥	최고사용압력이 1.2 MPa 이하인 미분무소화설비를 말한다.
중압 미분무 소화설비 🔥	사용압력이 1.2 MPa을 초과하고 3.5 MPa 이하인 미분무소화설비를 말한다.
고압 미분무 소화설비 🔥🔥	최저사용압력이 3.5 MPa을 초과하는 미분무소화설비를 말한다.
연소할 우려가 있는 개구부 🔥	각 방화구획을 관통하는 컨베이어·에스컬레이터 또는 이와 유사한 시설의 주위로서 방화구획을 할 수 없는 부분을 말한다.
설계도서	특정소방대상물의 점화원, 연료의 특성과 형태 등에 따라서 발생할 수 있는 화재의 유형이 고려되어 작성된 것을 말한다.

❸ 설계도서 작성(미분무소화설비의 성능을 확인하기 위하여 하나의 발화원을 가정한 설계도서) (Ⓜ 점초화문공시)

(1) **점**화원의 형태

(2) **초**기 점화되는 연료 유형

(3) **화**재 위치

(4) **문**과 창문의 초기상태(열림, 닫힘) 및 시간에 따른 변화상태

(5) **공**기조화설비, 자연형(문, 창문) 및, 기계형 여부

(6) **시**공 유형과 내장재 유형

❹ 수원

$Q = N \times D \times T \times S + V$	Q : 수원의 양(m^3) N : 방호구역(방수구역)내 헤드의 개수 D : 설계유량(m^3/min) T : 설계방수시간(min) S : 안전율(1.2 이상) V : 배관의 총체적(m^3)

❺ 헤드

폐쇄형 미분무헤드는 그 설치장소의 평상시 최고주위온도에 따라 다음 식에 따른 표시온도의 것으로 설치하여야 한다.

관계식 : $T_a = 0.9T_m - 27.3$	T_a = 최고주위온도(℃) T_m = 표시온도(℃)

chapter

09 출제예상문제

1 미분무 소화설비의 화재안전기준에 따른 다음 용어에 대한 설명 중 ( )안에 알맞은 것은?

> 미분무란 물만을 사용하여 소화하는 방식으로 최소설계압력에서 헤드로부터 방출되는 물입자 중 (㉠)%의 누적체적분포가 (㉡)㎛ 이하로 분무되고 A, B, C급 화재에 적응성을 갖는 것을 말한다.

① ㉠ 30, ㉡ 120
② ㉠ 50, ㉡ 120
③ ㉠ 60, ㉡ 200
④ ㉠ 99, ㉡ 400

2 최고주위온도가 72℃인 장소에서 설치하여야 하는 미분무헤드의 표시온도는 몇℃ 인가?

① 108
② 110
③ 112
④ 114

1.

미분무 🔥🔥🔥	물만을 사용하여 소화하는 방식으로 최소설계압력에서 헤드로부터 방출되는 물입자 중 **99**%의 누적체적분포가 **400**㎛ 이하로 분무되고 **A, B, C**급 화재에 적응성을 갖는 것을 말한다. **(Ⓜ 구구 사백 ABC)**

2.

72℃ = 0.9 T_m − 27.3이므로, T_m = (72 + 27.3) / 0.9 = 110.33 ≒ 110℃

Answer 1.④ 2.②

chapter

10 포소화설비

❶ 개요

포소화설비는 물분무등소화설비로 분류되며, 물에 의한 소화방법으로는 효과가 적거나 오히려 화재가 확대될 위험성이 있는 가연성 액체 등의 화재에 사용하는 설비로서, 그 소화원리는 물과 포소화약제가 일정한 비율로 혼합된 포수용액을 공기로 발포시켜 형성된 미세한 기포의 집합체가 연소물의 표면을 덮어 공기를 차단하는 질식효과와 포에 함유된 수분에 의한 냉각 효과이다.

포소화설비의 구성요소는 포 소화약제, 포 소화약제의 저장탱크, 수조, 가압송수장치, 기동용수압개폐장치, 포소화약제 혼합장치, 포방출장치, 배관, 유수검지장치, 일제개방밸브, 송수구 등이다.

(1) 소화의 원리

① **질식작용** : 포가 유면에 방사되면 연소면을 뒤덮어 산소 공급을 차단함으로써 질식작용을 하게 된다.

② **냉각작용** : 포는 물을 포함하고 있으므로 방호대상물에 방출되면 주위의 열을 흡수하여 기화하면서 연소면의 열을 탈취하는 냉각 소화작용을 한다.

(2) 25% 환원시간 측정법

포소화설비의 포헤드에서 방사된 포가 빠른 시간 내에 지워져 물이 되어 버리면 소화약제로서의 효과는 반감된다. 포의 지속시간을 측정하는 간단한 방법으로 25% 환원측정법이 있다.

이것은 포의 25%, 즉 1/4이 물이 되는데 걸리는 시간을 측정하는 것으로 단백포소화약제와 수성막포소화약제는 1분 이상, 합성계면활성제포소화약제는 3분 이상이면 양호한 것으로 본다.

(3) 포소화약제의 구비조건 🔥

① 소화력이 우수하고 경제적이어야 한다.

② 화염에 대한 내열성과 내유성이 강해야 한다.

③ 연소하는 유면상을 자유로이 유동하여야 한다.

④ 표면에 점착하는 특성이 있어야 한다.

⑤ 독성이 낮아야 하며, 안정성이 있어야 한다.

⑥ 환경오염이 작아야 한다.

2 용어정의 🔥 2023

포소화약제혼합장치 🔥	포 소화약제를 사용농도에 적합한 수용액으로 혼합하는 장치로서 포 소화설비에 사용되는 것을 말한다.
펌프 프로포셔너방식 🔥	펌프의 토출관과 흡입관 사이의 배관도중에 설치한 흡입기에 펌프에서 토출된 물의 일부를 보내고, 농도조정밸브에서 조정된 포소화약제의 필요량을 포소화약제 탱크에서 펌프 흡입측으로 보내어 이를 혼합하는 방식을 말한다.
프레져 프로포셔너방식 🔥	펌프와 발포기의 중간에 설치된 벤추리관의 벤추리작용과 펌프가압수의 포소화약제 저장탱크에 대한 압력에 따라 포소화약제를 흡입 · 혼합하는 방식을 말한다.
라인 프로포셔너방식 🔥	펌프와 발포기의 중간에 설치된 벤추리관의 벤추리 작용에 따라 포소화약제를 흡입 · 혼합하는 방식을 말한다.
프레져사이드 프로포셔너방식 🔥	펌프의 토출관에 압입기를 설치하여 포소화약제 압입용펌프로 포소화약제를 압입시켜 혼합하는 방식을 말한다.
압축공기포소화설비 🔥	압축공기 또는 압축질소를 일정비율로 포수용액에 강제 주입 혼합하는 방식을 말한다.
포수용액	포소화약제에 물을 가한 수용액을 말한다.
전역방출방식	소화약제 공급장치에 배관 및 분사헤드 등을 설치하여 고정 설치하여 밀폐방호구역 내에 소화약제를 방출하는 방식을 말한다
국소방출방식	소화약제 공급장치에 배관 및 분사헤드 등을 설치하여 직접 화점에 소화약제를 방출하는 방식을 말한다.
팽창비 🔥	최종 발생한 포 체적을 원래 포 수용액 체적으로 나눈 값을 말한다.
포워터스프링클러설비	포워터스프링클러헤드를 사용하는 포소화설비를 말한다.
포헤드설비	포헤드를 사용하는 포소화설비를 말한다.
고정포방출설비	고정포방출구를 사용하는 설비를 말한다.
호스릴포소화설비	호스릴포방수구 · 호스릴 및 이동식 포노즐을 사용하는 설비를 말한다.
포소화전설비	포소화전방수구 · 호스 및 이동식포노즐을 사용하는 설비를 말한다.
송액관	수원으로부터 포헤드 · 고정포방출구 또는 이동식포노즐에 급수하는 배관을 말한다.

❸ 포소화설비계통도

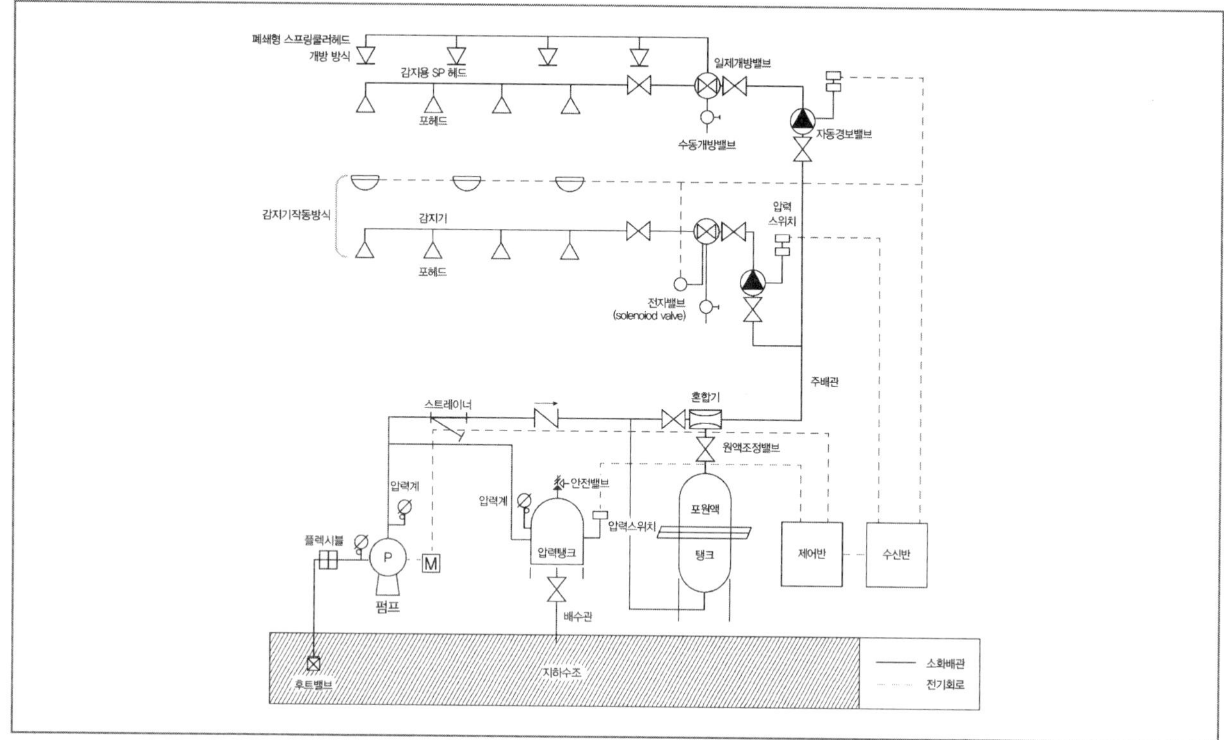

❹ 포소화약제 성분별 분류

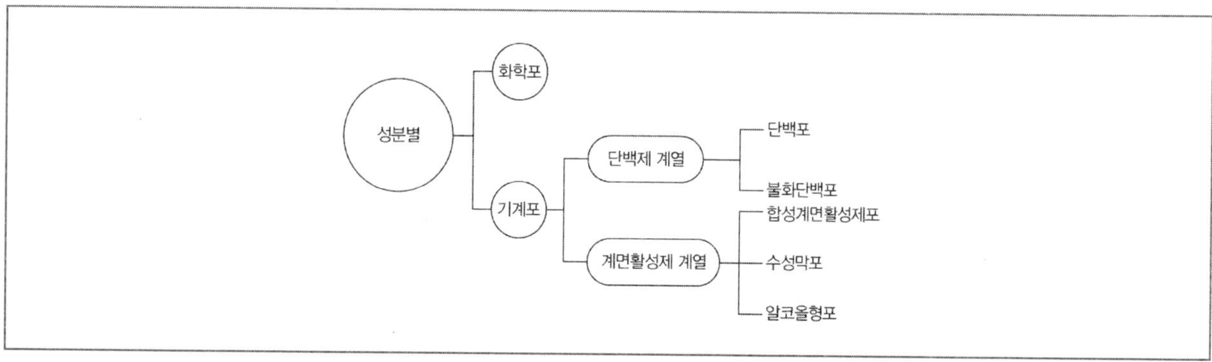

(1) 화학포

두개의 약제(황산알미늄과 중탄산나트륨)가 반응 시 화학적으로 포를 발생하며 소화약제의 유지관리상 일반적으로 고정식 설비에서는 사용하지 않는다.

(2) 기계포 2017

단백포나 합성계면활성제포 등을 물에 혼합하여 방사 시 공기를 흡입함으로서 포를 발생시키는 것으로 일명 공기포(Air foam)라 한다. 기계포의 종류에는 다음의 5가지 종류가 있다.

① 단백포

② 불화 단백포

③ 합성 계면활성제포

④ 수성막포(불소계의 계면활성제포로서 AFFF, 일명 light water라고도 함)

⑤ 알코올형포(수용성)

5 팽창비별 분류(팽창비 : 최종 발생한 포 체적을 원래 포 수용액 체적으로 나눈 값) (M 팽이팽팔천)

(1) 저발포

① **팽창비** : 20 이하

② 저발포의 경우는 보통 포헤드 및 포워터스프링클러헤드를 사용한다.

③ 단백포, 불화단백포, 수성막포 등을 사용하며, 주차장의 경우 포소화전과 호스릴포는 저발포이어야 한다.

(2) 고발포 2016 2020

① **팽**창비 80 이상 1000 미만

② **합성계면활성제포**를 사용하며, 발포장치를 사용하여 강제로 발포를 시킨다.

③ 고발포는 일반적으로 고발포용 고정포방출구를 사용하며, 넓은 장소의 급속한 소화, 지하층 등 소방대의 진입이 곤란한 장소 등 A급 화재에 적합하다.

종류	팽창비		사용약제
저팽창	20 이하		단백포, 수성막포, 불화단백포, 합성계면활성제포, 내알코올포
고팽창	80 이상 250 미만	제1종 기계포	합성계면활성제포
	250 이상 500 미만	제2종 기계포	
	500 이상 1,000 미만	제3종 기계포	

6 포소화설비 혼합장치 종류 (M 펌프사라믹) 2019 2020 2021 간부

포소화약제 혼합장치는 물과 포원액을 혼합하여 규정 농도의 포 수용액을 만드는 장치이다.

구분	설명	그림
펌프 프로포셔너방식	① 펌프의 토출관과 흡입관 사이의 배관도중에 설치한 흡입기에 펌프에서 토출된 물의 일부를 보내고, 농도조정밸브에서 조정된 포소화약제의 필요량을 포소화약제 탱크에서 펌프 흡입측으로 보내어 이를 혼합하는 방식 ② 적용 : 화학소방차 등에서 주로 사용하는 방식이다.	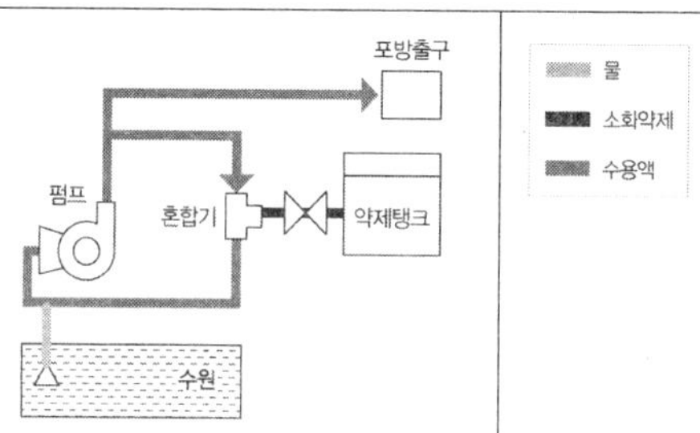 포방출구 / 펌프 / 혼합기 / 약제탱크 / 수원 / 물 / 소화약제 / 수용액
프레져 프로포셔너방식	① 펌프와 발포기의 중간에 설치된 벤추리관의 벤추리작용과 펌프가압수의 포소화약제 저장탱크에 대한 압력에 따라 포소화약제를 흡입·혼합하는 방식. 약제 탱크에는 격막이 있는 것과 없는 것의 2종류가 있다. ② 적용 : 포소화설비의 가장 일반적인 혼합방식으로 일명 가압혼합방식이라 한다.	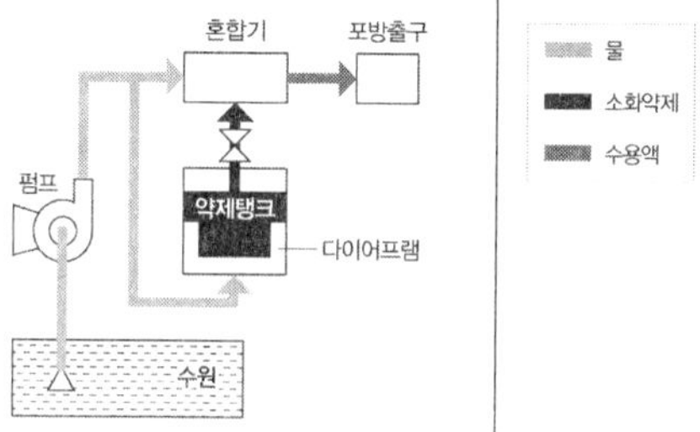 혼합기 / 포방출구 / 펌프 / 약제탱크 / 다이어프램 / 수원 / 물 / 소화약제 / 수용액
프레져 **사**이드 프로포셔너방식	① 가압송수용 펌프 이외에 별도의 포원액용 펌프를 설치하고 원액을 송수관 혼합기에 보내어 적정 농도로 포수용액을 만든 후 발포기로 보내는 방식으로 원액펌프의 토출압이 급수펌프의 토출압보다 높아야 한다. ② 적용 : 비행기 격납고, 대규모 유류저장소, 석유화학 Plant 시설 등과 같은 대단위 고정식 포소화설비에 사용하며 일명 압입혼합방식이라 한다.	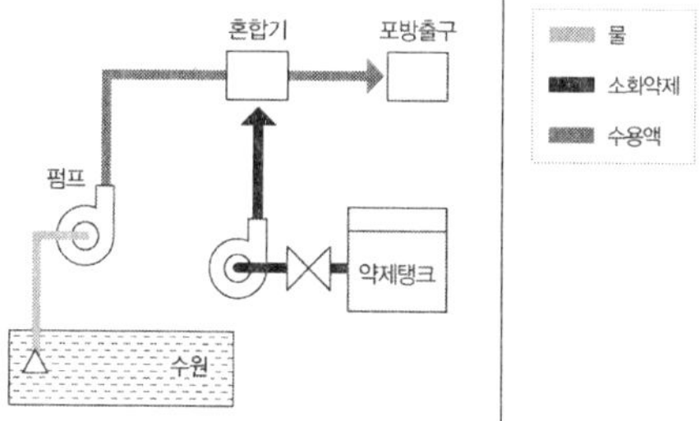 혼합기 / 포방출구 / 펌프 / 약제탱크 / 수원 / 물 / 소화약제 / 수용액
라인 프로포셔너방식	① 송수배관 도중에 오리피스형태의 혼합기를 접속하여 벤츄리 효과를 이용해 유수 중에 포약제를 흡입시켜서 지정농도의 포수용액으로 조정하여 발포기로 보내 주는 방식 ② 적용 : 소규모 또는 이동식 간이설비에 사용되는 방법으로 일명 관로혼합방식이라 한다. 포소화전 또는 한정된 방호대상물의 포소화설비에 적용한다.	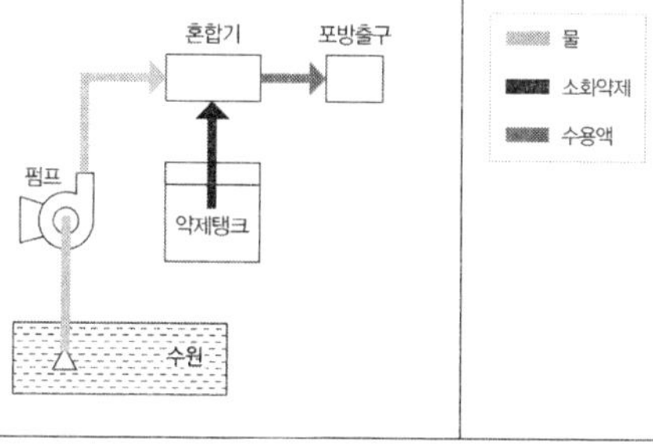 혼합기 / 포방출구 / 펌프 / 약제탱크 / 수원 / 물 / 소화약제 / 수용액
압축공기포 **믹**싱챔버방식	물, 포 소화약제 및 공기를 믹싱챔버로 강제주입시켜 챔버 내에서 포수용액을 생성한 후 포를 방사하는 방식을 말한다.	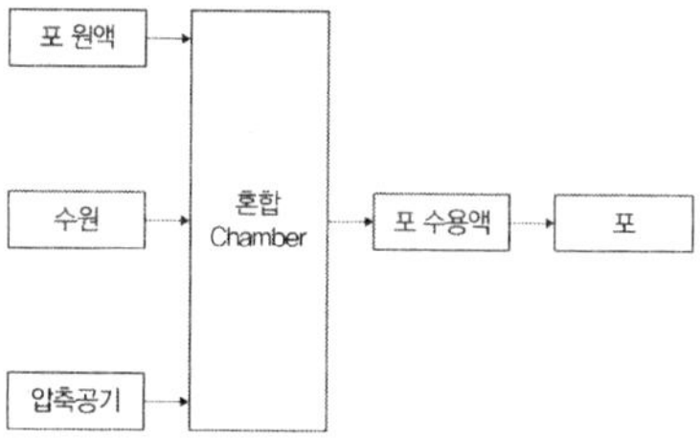 포 원액 / 수원 / 압축공기 → 혼합 Chamber → 포 수용액 → 포

7 방출구에 의한 분류

방출구(Foam outlet)란 포소화설비에서 포가 방출되는 최종 말단으로서 방출구의 종류에는 고정포방출구, 포헤드, 포소화전, 호스릴포, 포 모니터 등이 있다.

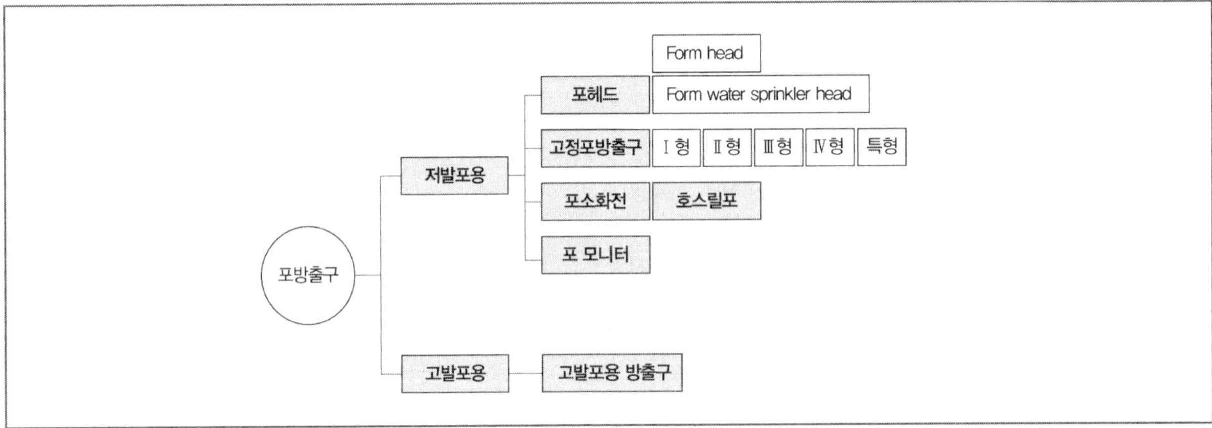

(1) 포헤드 방식

① 소방대상물에 고정식 배관을 설치하고 포 헤드에 의해 포를 방사하는 고정식 설비이다.

② 포헤드의 종류에는 포워터스프링클러헤드, 포헤드 2종류가 있다.

(2) 포소화전 방식

① 고정식 배관을 설치하고 포호스, 포노즐에 의해 사람이 직접 포를 방사하는 설비이다.

② 개방된 주차장, 옥외 탱크저장소의 보조설비용으로 사용한다.

(3) 압축공기포 소화설비

압축공기 또는 압축질소를 일정비율로 포수용액에 강제 주입 혼합하는 방식

① **설치장소** : 특수가연물을 저장 · 취급하는 공장 또는 창고, 항공기격납고 발전기실, 엔진펌프실, 변압기, 전기케이블실, 유압설비(바닥면적의 합계가 300㎡ 미만의 장소)

② **방사시간** : 방호구역에 최소 10분간 방사할 수 있는 양 이상

③ **펌프의 양정** : 0.4MPa 이상

④ **설계방출밀도**(L/min · ㎡)

㉠ 일반가연물, 탄화수소류는 1.63L/min · ㎡이상

㉡ 특수가연물, 알코올류와 케톤류는 2.3L/min · ㎡이상

⑤ **배관방식** : 토너먼트방식으로 하여야 하고 소화약제가 균일하게 방출되는 등거리 배관구조

⑥ **분사헤드 개수**

㉠ 유류탱크주위에는 바닥면적 13.9m²마다 1개 이상

㉡ 특수가연물저장소에는 바닥면적 9.3m²마다 1개 이상

(4) 포호스릴 방식

① 포를 직접 방사하는 호스릴을 이용한 이동식의 보조적인 설비이다.

② 토출량도 적고 취급이 간편한 간이설비이다.

(5) 고정포 방출방식

① **고정포방출설비 계통도**

㉠ 위험물 옥외저장탱크에 폼 챔버를 설치하여 포를 방사하는 설비이다.

㉡ 탱크의 직경, 포방출구의 종류에 따라 일정한 방출구를 탱크 측면에 설치한다.

㉢ **폼챔버(Foam chamber)의 종류**

Ⅰ형 콘루프탱크(CRT) – 상부포 주입법
Ⅱ형 콘루프탱크(CRT) – 상부포 주입법
Ⅲ형 콘루프탱크(CRT) – 표면하 주입법
Ⅳ형 콘루프탱크(CRT) – 표면하 주입법
특형 플루팅루프탱크(FRT) – 상부포 주입법

② **방출구의 분류 세부사항** 2023 간부

Ⅰ형	방출된 포가 유면상에서 신속히 전개되도록 유면상을 덮어 소화작용을 하도록 통계단 등의 부속설비가 있는 포방출구로서 콘루프탱크에 설치한다. ㉠ 홈통을 통해 액면상으로 흘러내리도록 유도하는 방출방식 ㉡ 단백포의 유동성 단점을 보완하기 위해 개발되었음 ㉢ 표면에 요동을 일으키지 않아 슬롭오버를 방지할 수 있음	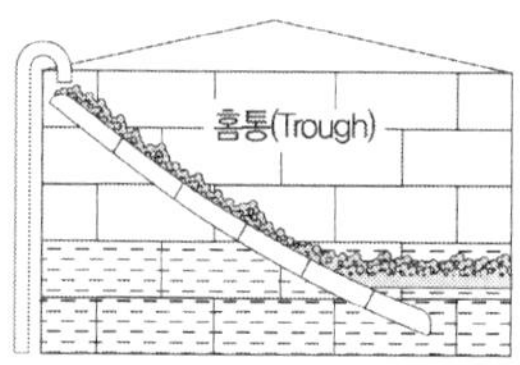
Ⅱ형	반사판을 부착하여 방출된 포가 반사판에서 반사하여 탱크 내면의 벽을 따라 흘러들어가 유면을 덮도록 한 방출구로서 콘루프탱크에 설치한다. ㉠ 포가 디플렉터에 의해 벽면을 따라 흘러내리도록 함 ㉡ 30m 이내의 거리만 효과적으로 유동할 수 있음 ㉢ 설치가 간편하나 60m 이상의 대형탱크에는 적용할 수 없음	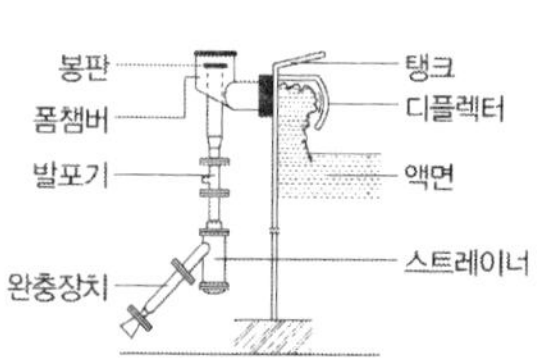

Ⅲ형	옥외탱크 화재 시 표면상 주입식의 경우는 화재로 인하여 탱크 측면에 설치된 폼챔버가 파손되는 단점이 있으며, 또한 초대형 탱크에서는 표면에서 주입하는 기존의 방식으로는 유효한 소화가 곤란하다. 따라서 비등하는 액체일 경우 포의 유효 방호거리를 30m로 간주하므로 직경 60m 이상의 탱크는 표면하 주입식을 권장한다. ㉠ 콘루프탱크와 같은 대기압 탱크에 가장 효과적이다. ㉡ 플로팅루프탱크, 수용성액체 위험물, 점도가 높은 액체 위험물 등에서는 사용하지 않는다.	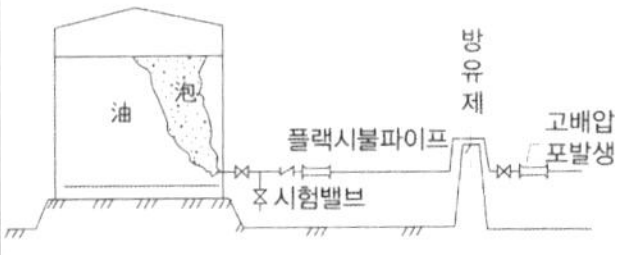
Ⅳ형	표면하 주입식을 더욱 개량한 것으로 표면하주입식이 포 방출시 포가 탱크 바닥에서 액면까지 떠오르면서 유류에 오염되어 파괴되므로 이로 인하여 소화효과가 저하되는 것을 막기 위하여 개발된 방식으로 호스가 액체 표면에 떠올라 포를 방출한다.(반표면하 주입식) ㉠ 내유성 있는 호스가 컨테이너 속에 넣어져 캡으로 봉합되어 탱크 내 액체로부터 보호되고 있다. ㉡ 화재 시 배관 내에 포가 공급되면 공기가 압축되어 Cap을 깨뜨린다. ㉢ 이때 포 압력에 의해 호스가 액체 표면에 떠올라 포를 방출한다.	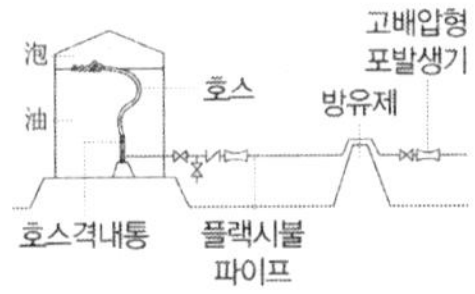
특형	탱크 측면으로부터 0.9m 이상의 굽도리판을 1.2m 떨어진 곳에 설치하고 양쪽 사이의 환상부위에 포를 방사하는 고정포방출구로서 플루팅루프탱크(Floating Roof Tank에 설치)한다. ㉠ 부상지붕식 탱크의 벽면과 굽도리판 사이를 채우도록 방출되는 방식 ㉡ 환상부분에서만 발생하는 화재에 대한 대응성이 높음	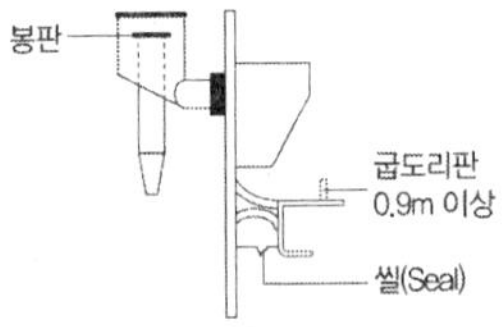

chapter

10 출제예상문제

* 2017년

1 불소계 계면활성제이며, 분말과 겸용하면 7~8배 정도 소화효과를 높일 수 있는 포소화약제는?

① 단백포
② 합성계면활성제포
③ 수성막포
④ 내알콜포

* 2016년

2 포소화약제중 저 · 고 팽창포에 모두 쓸 수 있는 소화약제는?

① 불화 단백포
② 합성계면활성제포
③ 내알콜포
④ 수성막포

1.

수성막포 = Light Water	– 불소계 계면활성제를 주성분으로 하여 제조 – 안전성이 좋아 장기보관이 가능하다. – AFFF(Aqueous Film Forming Foam)라 한다. – Twin Agent(수성막포 + 제3종 분말소화약제)에 사용된다. – 점성 및 표면장력이 작아 가연성 기름의 표면에서 쉽게 피막 형성 – 포가 엷아 내열성에 약해 윤화현상(Fire Ring)이 일어나기 쉽다.

2.

팽창비에 따른 분류

기계포는 팽창비에 따라 저팽창포, 중팽창포, 고팽창포로 나눌 수 있다. 우리나라는 팽창비가 20미만인 저팽창포와 80이상인 고팽창포의 2가지로 구분하고 있다. 저팽창포에는 단백포, 불화단백포, 합성계면활성제포, 수성막포, 내알코올포가 있고, 고팽창포에는 합성계면활성제포가 있다. **(Ⓜ 팽이팽팔천)**

종류	팽창비		사용약제
저팽창	20 이하		단백포, 수성막포, 불화단백포, 합성계면활성제포, 내알코올포
고팽창	80 이상 250 미만	제1종 기계포	합성계면활성제포
	250 이상 500 미만	제2종 기계포	
	500 이상 1,000 미만	제3종 기계포	

Answer 1.③ 2.②

3 다음은 포소화설비의 화재안전기준상 팽창비율에 따른 포의 종류에 관한 설명이다. ( )에 들어갈 내용으로 옳은 것은?

> • 저발포 : 팽창비가 (㉠) 이하인 것
> • 고발포 : 팽창비가 (㉡) 이상 (㉢) 미만인 것

① ㉠ : 5, ㉡ : 50, ㉢ : 500
② ㉠ : 10, ㉡ : 70, ㉢ : 500
③ ㉠ : 20, ㉡ : 80, ㉢ : 1,000
④ ㉠ : 30, ㉡ : 100, ㉢ : 1,500

* 2020년

4 고발포인 제2종 기계포의 팽창비에 해당하는 것은?

① 10배 이상 20배 이하 ② 100배 이상 200배 이하
③ 300배 이상 400배 이하 ④ 500배 이상 600배 이하

* 2021년

5 포혼합장치 중 펌프 프로포셔너(pump proportioner) 방식에 해당하는 것은?

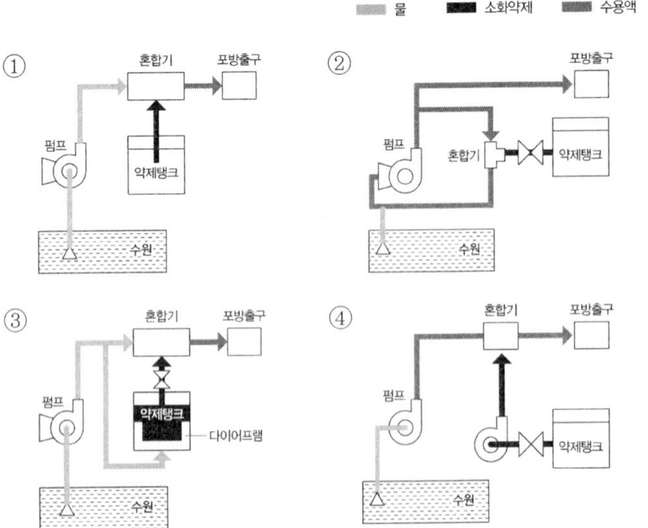

3.

문제2번 답안 참조

4.

문제2번 답안 참조

5.

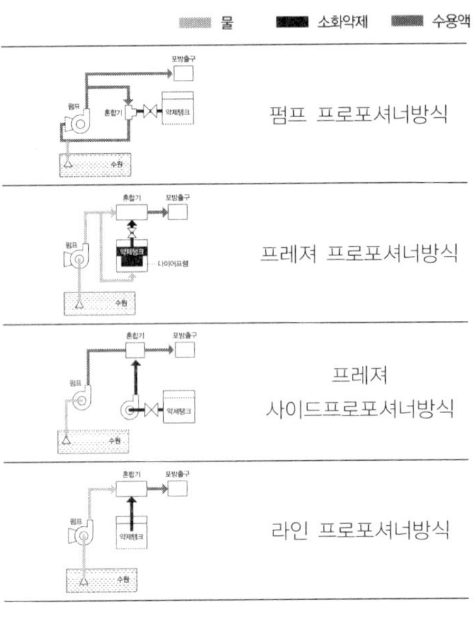

Answer 3.③ 4.③ 5.②

＊ 2019년

6 포소화설비에서 펌프의 토출관에 압입기를 설치하여 포 소화약제 압입용 펌프로 포 소화약제를 압입시켜 혼합하는 방식은?

① 라인 프로포셔너(line proportioner)
② 펌프 프로포셔너(pump proportioner)
③ 프레셔 프로포셔너(pressure proportioner)
④ 프레셔 사이드 프로포셔너(pressure side proportioner)

6.

펌프 프로포셔너방식	① 펌프의 토출관과 흡입관 사이의 배관도중에 설치한 흡입기에 펌프에서 토출된 물의 일부를 보내고, 농도조정밸브에서 조정된 포소화약제의 필요량을 포소화약제 탱크에서 펌프 흡입측으로 보내어 이를 혼합하는 방식 ② 적용 : 화학소방차 등에서 주로 사용하는 방식이다.
프레져 프로포셔너방식	① 펌프와 발포기의 중간에 설치된 벤추리관의 벤추리작용과 펌프가압수의 포소화약제 저장탱크에 대한 압력에 따라 포소화약제를 흡입 · 혼합하는 방식. 약제 탱크에는 격막이 있는 것과 없는 것의 2종류가 있다. ② 적용 : 포소화설비의 가장 일반적인 혼합방식으로 일명 가압혼합방식이라 한다.
프레져 **사**이드 프로포셔너 방식	① 가압송수용 펌프 이외에 별도의 포원액용 펌프를 설치하고 원액을 송수관 혼합기에 보내어 적정 농도로 포수용액을 만든 후 발포기로 보내는 방식으로 원액펌프의 토출압이 급수펌프의 토출압보다 높아야 한다. ② 적용 : 비행기 격납고, 대규모 유류저장소, 석유화학 Plant 시설 등과 같은 대단위 고정식 포소화설비에 사용하며 일명 압입혼합방식이라 한다.
라인 프로포셔너방식	① 송수배관 도중에 오리피스형태의 혼합기를 접속하여 벤츄리 효과를 이용해 유수 중에 포약제를 흡입시켜서 지정농도의 포수용액으로 조정하여 발포기로 보내 주는 방식 ② 적용 : 소규모 또는 이동식 간이설비에 사용되는 방법으로 일명 관로혼합방식이라 한다. 포소화전 또는 한정된 방호대상물의 포소화설비에 적용한다.
압축공기포 **믹**싱챔버방식	압축공기 또는 압축질소를 일정비율로 포수용액에 강제 주입 혼합하는 방식을 말한다.

Answer 6.④

7 포소화설비에서 부상지붕구조의 탱크에 상포주입법을 이용한 포방출구 형태는?

① Ⅰ형 방출구
② Ⅱ형 방출구
③ 특형 방출구
④ 표면하주입식 방출구

7.

포방출구의 종류

Ⅰ형	콘루프탱크(CRT) – 상부포주입법
Ⅱ형	콘루프탱크(CRT) – 상부포주입법
Ⅲ형	콘루프탱크(CRT) – 표면하주입법
Ⅳ형	콘루프탱크(CRT) – 표면하주입법
특형	플루팅루프탱크(FRT = 부상지붕식, 상부포주입법)

8 포소화설비에서 고정지붕구조 또는 부상덮개부착 고정지붕구조의 탱크에 사용하는 포 방출구 형식으로 방출된 포가 탱크 옆판의 내면을 따라 흘러내려 가면서 액면 아래로 몰입되거나 액면을 뒤섞지 않고 액면 상을 덮을 수 있는 반사판 및 탱크내의 위험물 증기가 외부로 역류되는 것을 저지할 수 있는 구조 · 기구를 갖는 포방출구는?

① Ⅰ형 방출구
② Ⅱ형 방출구
③ Ⅲ형 방출구
④ 특형 방출구

8.

Ⅱ형	반사판을 부착하여 방출된 포가 반사판에서 반사하여 탱크 내면의 벽을 따라 흘러들어가 유면을 덮도록 한 방출구로서 콘루프탱크에 설치한다. ㉠ 포가 디플렉터에 의해 벽면을 따라 흘러내리도록 함 ㉡ 30m 이내의 거리만 효과적으로 유동할 수 있음 ㉢ 설치가 간편하나 60m 이상의 대형탱크에는 적용할 수 없음

9 특정소방대상물에 따라 적응하는 포소화설비의 설치기준 중 발전기실, 엔진펌프실, 변압기, 전기케이블실, 유압설비 바닥면적의 합계가 300㎡ 미만의 장소에 설치 할 수 있는 것은?

① 포헤드설비
② 호스릴포소화설비
③ 포워터스프링클러설비
④ 고정식 압축공기포소화설비

9.

압축공기포 소화설비 : 압축공기 또는 압축질소를 일정 비율로 포수용액에 강제 주입 혼합하는 방식

① 설치장소 : 특수가연물을 저장 · 취급하는 공장 또는 창고, 항공기격납고 발전기실, 엔진펌프실, 변압기, 전기케이블실, 유압설비(바닥면적의 합계가 300㎡ 미만의 장소)
② 방사시간 : 방호구역에 최소 10분간 방사할 수 있는 양 이상
③ 펌프의 양정 : 0.4MPa 이상

Answer 7.③ 8.② 9.④

※ 2023년

10 포소화설비에 관한 설명으로 옳지 않은 것은?

① 팽창비란 최종 발생한 포 수용액 체적을 원래 포 체적으로 나눈 값을 말한다.

② 연성계란 대기압 이상의 압력과 대기압 이하의 압력을 측정할 수 있는 계측기를 말한다.

③ 국소방출방식이란 소화약제 공급장치에 배관 및 분사헤드 등을 설치하여 직접 화점에 소화약제를 방출하는 방식을 말한다.

④ 프레셔사이드 프로포셔너방식이란 펌프의 토출관에 압입기를 설치하여 포 소화약제 압입용펌프로 포 소화약제를 압입시켜 혼합하는 방식을 말한다.

※ 2023년 간부

11 플로팅루프탱크(floating roof tank)의 측면과 굽도리판에 의하여 형성된 환상부분에 포를 방출하여 소화작용을 하도록 된 포소화설비의 고정포 방출구는?

① 특형 방출구

② Ⅰ형 방출구

③ Ⅱ형 방출구

④ Ⅲ형 표면하 주입 방출구

⑤ Ⅳ형 반표면하 주입 방출구

10.

팽창비란 최종 발생한 포 체적을 원래 포 수용액 체적으로 나눈 값을 말한다.

11.

Ⅰ형	방출된 포가 유면상에서 신속히 전개되도록 유면상을 덮어 소화작용을 하도록 통계단 등의 부속설비가 있는 포방출구로서 콘루프탱크에 설치한다. ㉠ 홈통을 통해 액면상으로 흘러내리도록 유도하는 방출방식 ㉡ 단백포의 유동성 단점을 보완하기 위해 개발되었음 ㉢ 표면에 요동을 일으키지 않아 슬롭오버를 방지할 수 있음
Ⅱ형	반사판을 부착하여 방출된 포가 반사판에서 반사하여 탱크 내면의 벽을 따라 흘러들어가 유면을 덮도록 한 방출구로서 콘루프탱크에 설치한다. ㉠ 포가 디플렉터에 의해 벽면을 따라 흘러내리도록 함 ㉡ 30m 이내의 거리만 효과적으로 유동할 수 있음 ㉢ 설치가 간편하나 60m 이상의 대형탱크에는 적용할 수 없음
Ⅲ형	옥외탱크 화재 시 표면상 주입식의 경우는 화재로 인하여 탱크 측면에 설치된 폼챔버가 파손되는 단점이 있으며, 또한 초대형 탱크에서는 표면에서 주입하는 기존의 방식으로는 유효한 소화가 곤란하다. 따라서 비등하는 액체일 경우 포의 유효 방호거리를 30m로 간주하므로 직경 60m 이상의 탱크는 표면하 주입식을 권장한다. ㉠ 콘루프탱크와 같은 대기압 탱크에 가장 효과적이다. ㉡ 플로팅루프탱크, 수용성액체 위험물, 점도가 높은 액체 위험물 등에서는 사용하지 않는다.
Ⅳ형	표면하 주입식을 더욱 개량한 것으로 표면하주입식이 포 방출시 포가 탱크 바닥에서 액면까지 떠오르면서 유류에 오염되어 파괴되므로 이로 인하여 소화효과가 저하되는 것을 막기 위하여 개발된 방식으로 호스가 액체 표면에 떠올라 포를 방출한다.(반표면하 주입식) ㉠ 내유성 있는 호스가 컨테이너 속에 넣어져 캡으로 봉합되어 탱크 내 액체로부터 보호되고 있다. ㉡ 화재 시 배관 내에 포가 공급되면 공기가 압축되어 Cap을 깨뜨린다. ㉢ 이때 포 압력에 의해 호스가 액체 표면에 떠올라 포를 방출한다.
특형	탱크 측면으로부터 0.9m 이상의 굽도리판을 1.2m 떨어진 곳에 설치하고 양쪽 사이의 환상부위에 포를 방사하는 고정포방출구로서 플루팅루프탱크(Floating Roof Tank에 설치)한다. ㉠ 부상지붕식 탱크의 벽면과 굽도리판 사이를 채우도록 방출되는 방식 ㉡ 환상부분에서만 발생하는 화재에 대한 대응성이 높음

Answer 10.① 11.①

chapter

11 이산화탄소 소화설비

① 개요

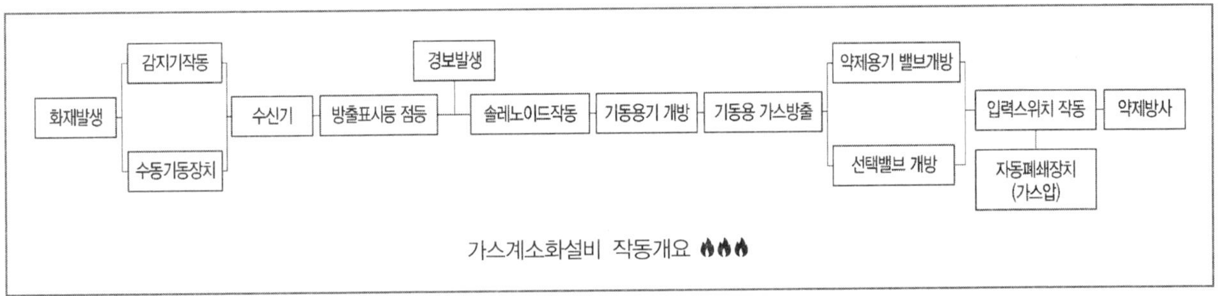

가스계소화설비 작동개요 🔥🔥🔥

(1) 이산화탄소(CO_2)소화설비는 물에 의한 피해가 예상되는 장소나 전기화재, 유류화재 등에 사용된다. 화학적으로 안정된 소화약제이므로 약제의 변질이 없고, 한번 설치하면 반영구적으로 사용이 가능하며, 복잡하고 입체적인 구조물의 대상물이라도 침투성이 강해 심층부까지 파고들어 완전소화가 된다. A급화재(일반화재), B급화재(유류화재), C급화재(전기화재) 등에 유효하며 소화 후에도 잔유물이 남지 않는 것이 특징이다.

(2) 이산화탄소소화설비는 화재의 3요소인 가연물, 공기(산소), 점화원 중의 하나인 산소의 공급을 차단함으로써 질식 작용에 의해 화재를 진압하는 소화설비이다. 따라서 방사 시 산소의 농도 저하로 소방대상물 내에 사람이 있을 경우에는 질식시킬 우려가 있다. 분사헤드에서 이산화탄소가 방사될 때의 단열팽창에 따라 온도가 저하되어 드라이아이스가 생기고 그 냉각작용으로 소화를 돕는 효과가 있다.

> **실수 줄이기**
> CO_2 소화설비는 화재감지기, 선택밸브, 방출표시등, 압력스위치 등으로 구성된다.(O)
> – 21년 출제 지문

(3) 구성요소로는 소화약제 저장용기, 소화약제, 화재감지장치, 분사헤드, 기동장치, 음향경보장치, 자동폐쇄장치, 제어반, 비상전원, 선택밸브, 환기설비, 방출표시장치, 방송경보장치 등이 있다.

❷ 소화원리

(1) 질식작용

공기 중의 21%의 산소농도를 15% 이하로 저하시켜 질식작용을 한다.

(2) 냉각작용

방출 시 줄톰슨(Joule-Thomson)효과에 의해 주위의 열을 흡수하는 냉각작용이 있다.

✚ PLUS TIP
줄톰슨효과 … 압축된 기체가 좁은 통로를 빠져나가면 단열팽창에 따라 온도변화가 생기는데, 이를 줄-톰슨 효과라고 한다. 우리 주위에서 볼 수 있는 줄톰슨 효과는 부탄가스를 사용할 때 가스통의 온도가 내려가 차가워지는 현상이 있다.

❸ 이산화탄소소화설비 적응성

(1) 적응대상

① 인화성 액체

② 변압기, 스위치, 회로차단기, 발전기 등의 전기설비

③ 일반가연물

④ 인화성액체를 사용하는 엔진

⑤ 고체 위험물 등

(2) 비적응대상(= 헤드설치 불가장소) (Ⓜ 방니나전)

① **방**재실 · 제어실 등 사람이 상시 근무하는 장소

② **니**트로셀룰로오스, 셀룰로이드 제품 등 자기연소성 물질을 저장 · 취급하는 장소

③ **나**트륨 · 칼륨 · 칼슘 등 활성 금속물질을 저장 · 취급하는 장소

④ **전**시장 등의 관람을 위하여 다수인이 출입 · 통제하는 통로 및 전시실 등

❹ 장 · 단점

장점	단점
① 소화 후 약제의 잔존물이 없다. ② 전기의 부도체로서 C급 화재에 효과적이다. ③ 가스상태로 화재심부까지 침투가 용이하다.(비중=1.53) ④ 약제 수명이 반영구적이며 가격이 저렴하다. ⑤ 기화잠열이 크므로 열 흡수에 의한 냉각작용이 크다.	① 질식의 위험이 있어 사용이 제한된다. ② 용기 및 배관, 밸브 등이 고압설비이다. ③ 기화 시 온도가 급냉하여 동결의 위험이 있으며 정밀기기에 손상을 줄 수 있다. ④ 방사 시 소음이 매우 심하고, 드라이아이스 생성으로 인한 시야를 가리게 된다.

❺ 계통도 및 작동원리

(1) 계통도

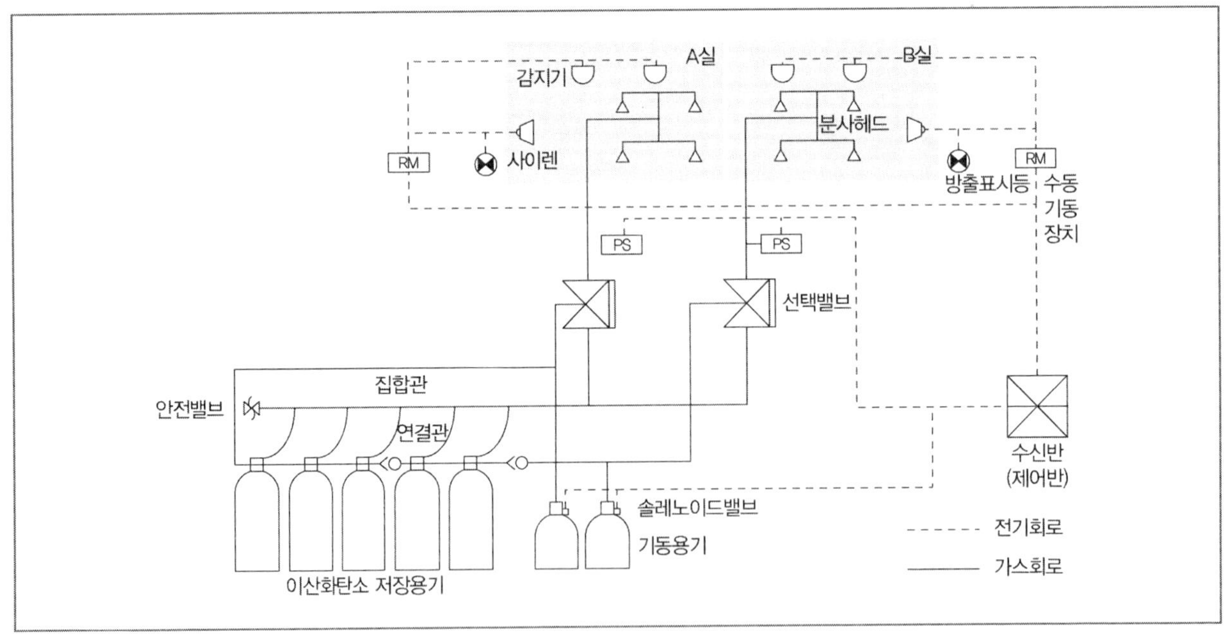

(2) 작동원리 🔥🔥🔥 2022

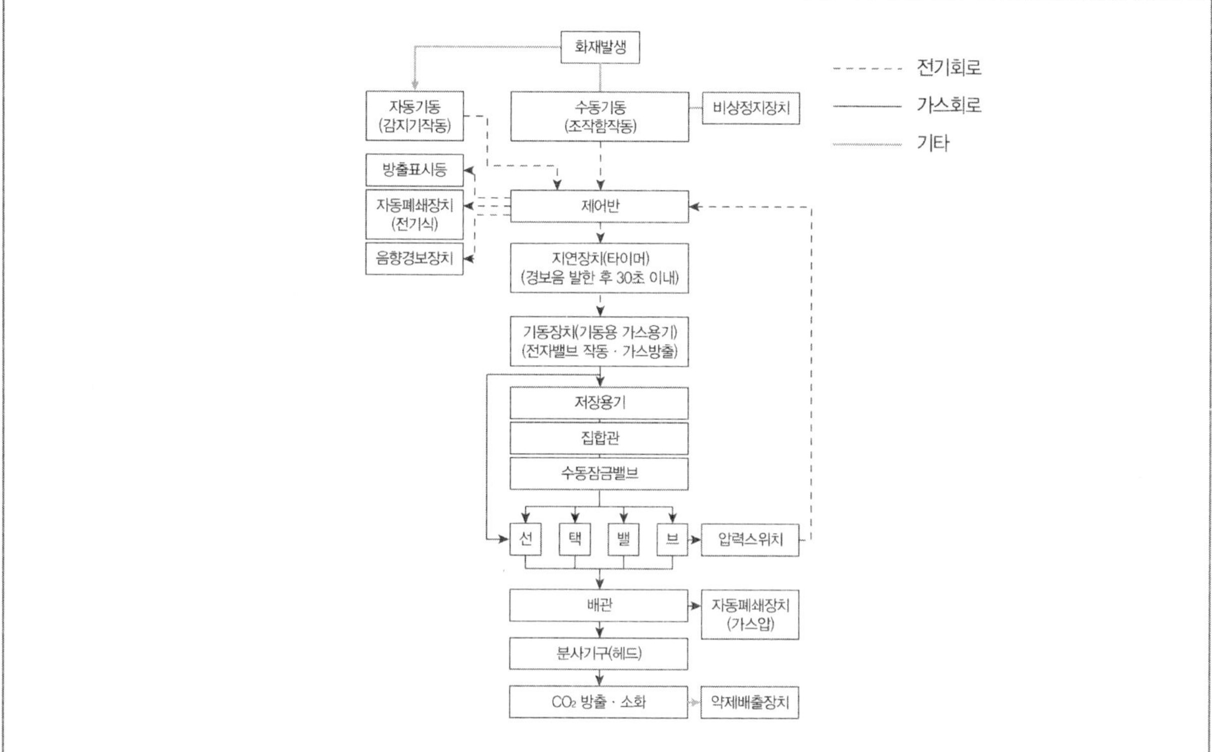

① 화재감지기에 의해서 화재가 감지되거나 인위적으로 화재를 목격한 사람이 수동기동장치의 누름단추를 누르면 수신반에 화재표시등이 점등되고 해당 방호구역의 음향장치가 화재경보를 울리기 시작한다.

② 수신기 내부에는 지연장치인 지연타이머가 내장되어 미리 조정된 시간동안 경보만 울리다가 지연조정 시간이 경과되면 기동용기 솔레노이드가 작동되고 기동용 가스용기 밸브의 봉판을 뚫어서 기동가스를 방출시킨다.

③ 방출된 기동가스는 조작동관을 따라 선택밸브의 피스톤릴리져로 들어가 선택밸브의 잠금장치를 해제한다. 선택밸브 개방으로 인해 당해 방호구역으로 가스유입을 허용해 놓고 나머지 가스는 다시 조작동관을 따라서 저장용기밸브의 파괴침(공이) 직전의 피스톤을 가압하여 파괴침으로 하여금 저장용기밸브의 봉판을 뚫어 저장된 가스를 개방시킨다. 저장용기의 가스가 집합관을 통해 선택밸브를 거치면서 압력스위치를 동작시키며 송출배관을 따라 분사헤드에서 당해방호구역에 방출되어 소화 작업이 이루어진다.

④ 선택밸브 2차측 배관에 설치된 압력스위치가 동작되면서 제어반, 수동기동 조작함 및 방호구역 출입문 상단에 설치된 방출표시등을 점등시키고 배관 내 압력에 의하여 자동폐쇄장치의 작동이 이루어진다.

6 용어정의

(1) 소화방식에 의한 분류(가스계 소화설비 공통)

전역방출방식	밀폐된 방호구역 내(실내)에 고정식 소화설비 공급장치에 배관 및 분사헤드를 고정 설치하여 저장된 소화약제를 방호구역 전체를 소화대상으로 하여 소화약제를 방사하는 방식으로서 방호구역 내에 산소 농도의 감소 또는 부촉매·냉각 등의 소화작용으로 소화하는 방법이다.
국소방출방식	소방대상물에 설치된 건물의 구조가 벽이 없는 장소, 큰 개구부가 있는 곳 또는 외부에 노출된 소화대상물에 대하여 전역방식으로 소화가 곤란한 경우, 한정된 소방대상물에 대하여 소화약제를 집중적으로 많은 양을 분사하여 소화하는 방식이다.
호스릴방식	호스릴설비는 이동식 설비로서 화재발생 시에 감겨져 있는 호스릴의 호스를 당겨서 사람이 조작하는 간이설비이며, 사용자가 직접 사용하는 이동식 수동 소화설비이다.

(2) 심부화재

목재 또는 섬유류와 같은 고체가연물에서 발생하는 화재형태로서 가연물 내부에서 연소하는 화재

(3) 표면화재

가연성물질의 표면에서 연소하는 화재를 말한다.

(4) 교차회로방식

하나의 방호구역내에 2 이상의 화재감지기회로를 설치하고 인접한 2 이상의 화재감지기가 동시에 감지되는 때에는 이산화탄소소화설비가 작동하여 소화약제가 방출되는 방식을 말한다.

(5) 충전비

저장용기의 내부체적(l)을 약제 충전무게(kg)로 나눈값을 말한다. 예를들면 일반적으로 국내에서 사용되는 이산화탄소 고압식 저장용기의 내용적은 68l이고, 45kg의 소화약제를 충전하는데 이때 충전비는 68l/45kg = 1.51이다.

$$C(\text{충전비}) = \frac{V}{G}$$

C : 충전비
G : 소화약제의 중량(kg)
V : 소화약제 저장용기의 내용적(l)

각 가스계 소화설비별 저장용기 충전비 정리

소화약제	구분	충전비(l/kg)
CO_2 소화약제	저압식	1.1 이상 ~ 1.4 이하
	고압식	1.5 이상 ~ 1.9 이하
	기동용가스용기	1.5 이상
할론소화약제	2402(가압식)	0.51 이상 ~ 0.67 미만
	2402(축압식)	0.67 이상 ~ 2.75 이하
	1211	0.7 이상 ~ 1.4 이하
	1301	0.9 이상 ~ 1.6 이하
분말소화약제	제1종	0.8
	제2종	1
	제3종	1
	제4종	1.25

7 이산화탄소소화설비 구성요소(가스계 공통 용어) 🔥🔥

선택밸브 🔥	방호구역 및 방호대상물이 여러곳인 소방대상물에서 저장용기는 공용으로 하고 당해 방호구역 및 방호대상물마다 설치하여 방사구역을 선택해주는 밸브이다.
기동용기	저장용기 밸브를 개방시키기 위한 가압용 가스를 저장하는 용기로서 내용적이 1l 이상으로 액체 이산화탄소가 0.6kg 이상 충전되어 있다.
압력스위치	압력스위치는 저장용기의 가스가 방출될 때 가스압력에 의해 접점신호를 제어반으로 입력시켜 방출표시 등을 점등시키는 역할을 하는 스위치로서 일반적으로 선택밸브 2차측 배관 상에서 동관으로 분기하고 동관을 연장시켜 기동용기함 내부에 설치한다
방출표시등	방출표시등은 방호구역의 출입구마다 설치하는데 출입구 바깥쪽 상단에 설치하여 가스방출 시 점등("CO_2 방출 중"이라는 문자로 표기됨)되어 옥내로 사람이 입실하는 것을 막아주는 역할을 한다. 이는 출입구 상단 외에 수동조작함과 제어반 등에도 점등되어 가스가 방출 중임을 표시한다
체크밸브	체크밸브는 기동용 동관 및 집합관과 연결관 사이 설치하여 가스가 역류하는 것을 방지하는 밸브로서 ← 표가 표시되어 있어 가스 흐름 방향을 나타내고 있다. 저장용기를 공용으로 하고 각 방호구역마다 필요로 하는 소요 저장용기만을 개방시켜 주고 개방되지 아니한 다른 용기의 개방을 방지하기 위하여 설치한다.(체크밸브 —N—, 가스체크밸브 —◁○—)
자동폐쇄장치	자동폐쇄장치는 이산화탄소 소화약제를 방사하는 실내에 출입문, 창문, 환기구 등 개구부가 있을 때 약제 방출 전 이들 개구부를 폐쇄하여 방사된 가스의 누출로 인한 소화효과의 감소를 최소화하기 위하여 설치한다. 이는 방출되는 소화약제의 방사압력으로 피스톤릴리져를 작동하여 개구부를 폐쇄하게 된다.
방출지연스위치 (Abort switch) 또는 비상스위치 🔥🔥🔥	기동스위치의 작동에 의한 가스계 소화설비는 바로 작동하지 않고 일정시간 경과 후 작동하게 되어 있다. 이때 지연타이머가 작동되고 있을때 타이머의 작동을 정지시키기 위한 신호를 발신하는 스위치를 말한다. 화재 또는 기동스위치에 의해 소화가스가 방출되기 전 일시정지시키는 기능으로 비화재보에 의한 작동 및 미처 대피하지 못한 내부인원의 피난안전시간을 확보하기 위한 스위치를 말한다.

8 CO_2의 소화농도 2018 상반기 2021 간부

공기 중의 산소농도는 21%(Vol) 정도이며, 이 농도를 계속 감소시키면 산소부족으로 연소가 정지되는데 이때의 농도를 "연소한계농도"라 한다. 이 값은 가연성 물질의 종류에 따라 다르나, 보통 탄화수소 계열의 석유류 제품의 경우 15%(Vol) 정도이며, 기타 특정한 가연성 가스 및 위험물의 경우는 더 낮은 산소농도에서 연소가 정지하게 된다.

(1) 방출 후 이산화탄소 **농도** 구하는 공식(2가지)

$$CO_2(\%) = \frac{21 - O_2}{21} \times 100 = \frac{V_{CO_2}}{V_a + V_{CO_2}} \times 100$$

$CO_2(\%)$: 이산화탄소 방출 후 농도(%)
V_a : 방호구역 부피(m^3)
V_{CO_2} : 방사한 이산화탄소 부피(m^3)
O_2 : 이산화탄소 방출 후 산소농도(%)
21 : 이산화탄소 방출 전 산소농도(%)

(2) 방출 후 이산화탄소 **양** 구하는 공식

$$CO_2(m^3) = \frac{21 - O_2}{O_2} \times \text{방호구역의 체적}(m^3)$$

$CO_2(m^3)$: 이산화탄소 방출 후 부피(m^3)
O_2 : 이산화탄소 방출 후 산소농도(%)
21 : 이산화탄소 방출 전 산소농도(%)

예제

가연물이 연소할 때 연소반응을 차단하기 위하여 공기 중 산소의 농도를 15V% 이하로 낮추기 위한 이산화탄소의 이론 소화농도는 몇 %가 되어야 하는가?(단, 공기 중 산소농도는 20V%라고 가정한다)

answers and explanations

$CO_2(\%) = \frac{21 - O_2}{21} \times 100$ 공식을 적용

$CO_2(\%) = \frac{20 - 15}{20} \times 100$ (문제에서 공기중 산소농도를 20%로 주어짐)

$\therefore CO_2(\%) = 25\%$

개념원리 설계농도 유지시간(Soaking Time/Hold Time/Retention Time)

전역방출방식의 가스계 소화약제가 방호구역 내에 방사되어 설계농도에 도달한 후에 완전히 소화되어 재발화되지 않도록 하려면 설계농도가 일정시간 유지되는 것이 필요한데 이 시간을 설계농도 유지시간이라 한다.

또한 방호구역의 밀폐도가 가스계소화설비의 설계농도 유지시간을 유지할 수 없으면 원하는 소화효과도 기대할 수 없다. 따라서 방호구역내의 개구부의 면적을 3% 이하로 제한하고 있다.

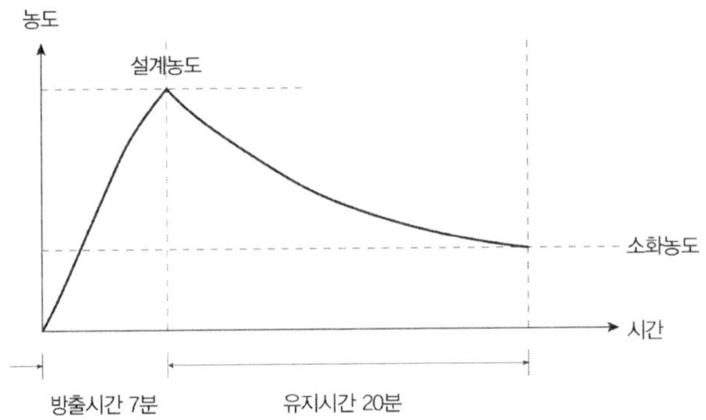

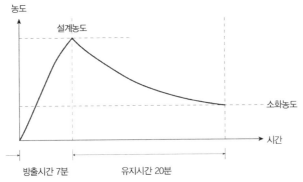

설계농도유지시간은 그림과 같이 **설계농도에 도달한 시점부터 소화농도까지 내려오는 시간**을 말한다.

⑩ 이산화탄소설비 설치기준

(1) 소화약제량 저장방식

고압식	20℃에서 6MPa의 압력으로 CO_2를 액상으로 저장하는 방식으로서 외부온도에 따라 내부압력이 변화하며 밸브개방 시 기화되면서 방사된다.
저압식	−18℃에서 2.1MPa의 압력으로 CO_2를 액상으로 저장하는 방식으로써 언제나 −18℃를 유지하여야 하므로 단열조치 및 냉동기가 필요하며 약제용기는 대형용기 1개를 사용한다.

저장방식에 따른 비교

항목	고압식	저압식
저장압력	상온(20℃)에서 6.0MPa	−18℃에서 2.1MPa
저장용기	45kg/68ℓ 용기를 표준으로 설치	대형 저장탱크 1대를 설치
충전비	1.5 ~ 1.9	1.1 ~ 1.4
배관	압력배관용 탄소강관 Sch 80	압력 배관용 탄소강관 Sch 40
방사압	분사헤드 기준 2.1MPa	분사헤드 기준 1.05MPa
용기실	저압식에 비해 일정한 용기실 면적을 확보	고압식에 비해 용기실 면적의 축소가 가능
안전장치	안전밸브	액면계, 압력계, 압력경보장치, 안전밸브, 파괴봉판 등
적용	소용량의 방호구역	대용량의 방호구역

(2) 소화약제 방출방식

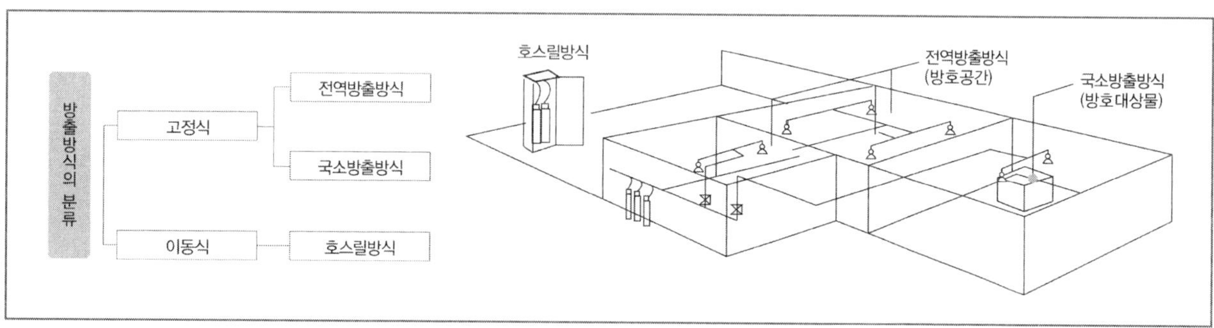

각 설비별 호스릴 관련 수치정리

소화약제의 종별	1분당 방사하는 소화약제량	수평거리
CO_2 소화약제	60kg/min	15m
할론 2402 할론 1211 할론 1301	45kg/min 40kg/min 35kg/min	20m
분말소화약제 1종	45kg/min	15m
분말소화약제 2종, 3종	27kg/min	
분말소화약제 4종	18kg/min	

(3) 화재감지기 및 자동폐쇄장치

① 화재감지기 : 교차회로 방식으로 하며, 교차회로에 사용하는 감지기는 비축적형으로 설치한다.

② 자동폐쇄장치 : 가스가 방출될 때 개구부 또는 환기장치에 의하여 소화 효과가 감소되므로 방사 전에 폐쇄하는 것을 원칙으로 한다.

㉠ 환기장치가 있을 경우 : CO_2가 방사되기 전에 환기장치를 정지시킬 것

㉡ 개구부 또는 통기구가 있을 경우 : CO_2가 방사되기 전에 폐쇄되도록 할 것

(4) 이산화탄소 소화약제 저장용기의 개방밸브(기동장치)

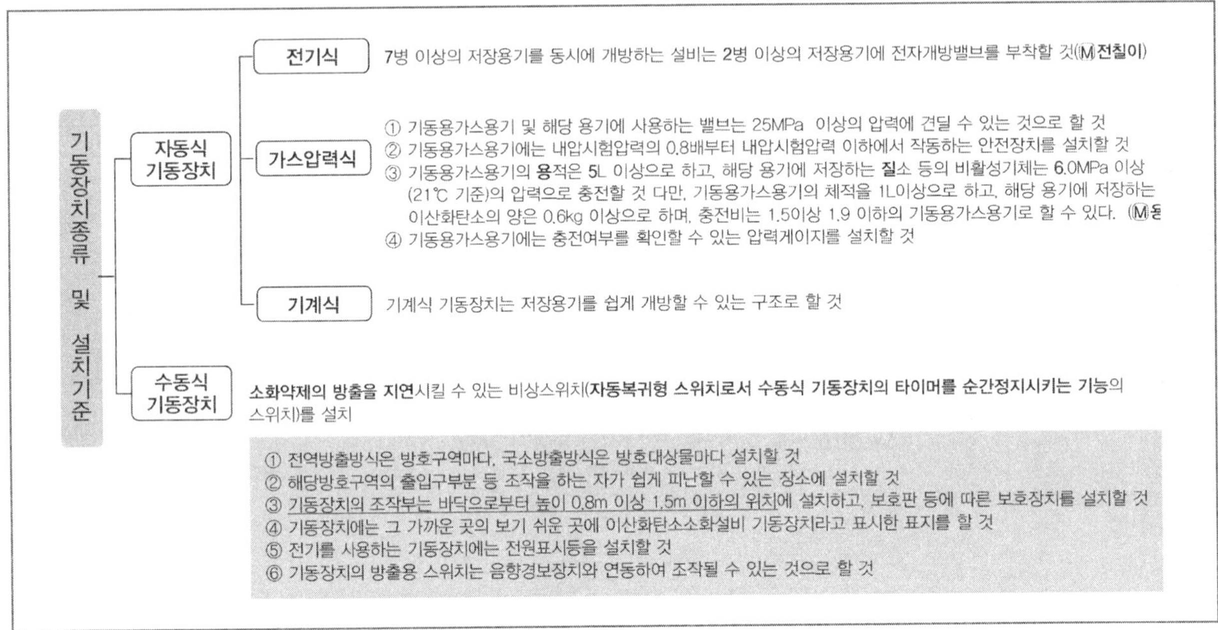

(5) 이산화탄소소화약제 저장용기 설치장소기준 (Ⓜ 방외/ 온도/ 직/ 방/ 표지/ 3번/ 체크) → 할론, 분말소화약제 공통

① **방**호구역 **외**의 장소에 설치할 것. 다만, 방호구역 내에 설치할 경우에는 피난 및 조작이 용이하도록 피난구 부근에 설치하여야 한다.

② **온도**가 40℃ 이하이고, 온도변화가 적은 곳에 설치할 것

③ **직**사광선 및 빗물이 침투할 우려가 없는 곳에 설치할 것

④ **방**화문으로 구획된 실에 설치할 것

⑤ 용기의 설치장소에는 해당 용기가 설치된 곳임을 표시하는 **표지**를 할 것

⑥ 용기간의 간격은 점검에 지장이 없도록 **3㎝** 이상의 간격을 유지할 것

⑦ 저장용기와 집합관을 연결하는 연결배관에는 **체크**밸브를 설치할 것. 다만, 저장용기가 하나의 방호구역만을 담당하는 경우에는 그러하지 아니하다.

(6) 헤드 설치기준

① 헤드설치방식 : 토너먼트 방식

② 헤드 방사압

구분	고압식	저압식
전역방출 및 국소방출 방식	2.1Mpa	1.05Mpa

③ 헤드 구경 : 약제 소요량이 다음의 기준에 의한 시간 내에 방사될 수 있는 크기 이상일 것

<table>
<tr><th>설비종류</th><th colspan="2">구분</th><th>방출시간</th></tr>
<tr><td rowspan="3">이산화탄소</td><td rowspan="2">전역방출방식</td><td>표면화재</td><td>1분</td></tr>
<tr><td>심부화재</td><td>7분
(2분 이내 설계농도 30% 도달할 것)</td></tr>
<tr><td colspan="2">국소방출방식</td><td>30초</td></tr>
<tr><td rowspan="2">할론</td><td colspan="2">전역방출방식</td><td>10초</td></tr>
<tr><td colspan="2">국소방출방식</td><td>10초</td></tr>
<tr><td rowspan="2">할로겐 및 불활성기체</td><td colspan="2">할로겐</td><td>10초</td></tr>
<tr><td colspan="2">불활성가스</td><td>A급, C급 : 2분, B급 : 1분</td></tr>
<tr><td rowspan="2">분말</td><td colspan="2">전역방출방식</td><td>30초</td></tr>
<tr><td colspan="2">국소방출방식</td><td>30초</td></tr>
</table>

chapter

11 출제예상문제

* 2018년 상반기

1 공기 중 산소농도가 20% 일 때, 이산화탄소를 방사해서 산소 농도 10%가 되었다면 이때 이산화탄소의 농도는?

① 50 ② 25

③ 20 ④ 15

* 2021년 간부

2 밀폐된 구획공간에서 이산화탄소 방사 시 산소농도를 10%로 설계할 때 방사하는 이산화탄소의 농도는? (단, 소수점은 올림 처리한다.)

① 15% ② 24%

③ 35% ④ 45%

⑤ 53%

3 호스릴 이산화탄소소화설비의 노즐은 20℃에서 하나의 노즐마다 몇 kg/min 이상의 소화약제를 방사할 수 있는 것이어야 하는가?

① 40

② 50

③ 60

④ 80

1.

$CO_2(\%) = \frac{21 - O_2}{21} \times 100$ 공식을 적용

$CO_2(\%) = \frac{20 - 10}{20} \times 100$ (문제에서 공기중 산소 농도를 20%로 주어짐)

$\therefore CO_2(\%) = 50\%$

2.

$CO_2(\%) = \frac{21 - O_2}{21} \times 100$ 공식을 적용

$CO_2(\%) = \frac{21 - 10}{21} \times 100$

$\therefore CO_2(\%) = 52.38\% = 53\%$

3.

각 설비별 호스릴 관련 수치정리

소화약제의 종별	1분당 방사하는 소화약제량	수평거리
CO2 소화약제	60kg/min	15m
할론 2402	45kg/min	20m
할론 1211	40kg/min	
할론 1301	35kg/min	
분말소화약제 1종	45kg/min	15m
분말소화약제 2종, 3종	27kg/min	
분말소화약제 4종	18kg/min	

Answer 1.① 2.⑤ 3.③

4 이산화탄소 소화설비 기동장치의 설치기준으로 옳은 것은?

① 가스압력식 기동장치 기동용가스용기의 용적은 3L 이상으로 한다.

② 전기식 기동장치로서 5병의 저장용기를 동시에 개방하는 설비는 2병 이상의 저장 용기에 전자개방밸브를 부착해야 한다.

③ 수동식 기동장치는 전역방출방식에 있어서 방호대상물마다 설치한다.

④ 수동식 기동장치의 부근에는 방출지연을 위한 비상스위치를 설치해야 한다.

5 이산화탄소 소화약제 저장용기에 대한 설명으로 옳지 않은 것은?

① 온도가 40℃ 이하인 장소에 설치할 것

② 방화문으로 구획된 실에 설치할 것

③ 고압식 저장용기의 충전비는 1.3 이상 1.7 이하로 할 것

④ 저압식 저장용기에는 2.3MPa이상 1.9MPa 이하에서 작동하는 압력경보장치를 설치할 것

※ 2022년

6 이산화탄소소화설비에 대한 일반적인 설명으로 옳지 않은 것은?

① 기동용기의 가스는 압력스위치 및 자동폐쇄장치를 작동시키는 역할을 한다.

② 저장용기는 직사광선 및 빗물이 침투할 우려가 없는 곳에 설치한다.

③ 전역방출방식에서 환기장치는 이산화탄소가 방사되기 전에 정지되어야 한다.

④ 전역방출방식에서는 음향경보장치와 방출표시등이 필요하다.

4.

① 기동용가스용기의 용적은 5L이상으로 하고, 해당 용기에 저장하는 질소 등의 비활성기체는 6.0Mpa 이상(21℃ 기준)의 압력으로 충전 할 것 **(Ⓜ 용오육질)**

② 전기식 기동장치로서 7병이상의 저장용기를 동시에 개방하는 설비는 2병 이상의 저장용기에 전자개방밸브를 부착할 것 **(Ⓜ 칠전이)**

③ 수동식 기동장치는 전역방출방식은 방호구역마다, 국소방출방식은 방호대상물마다 설치할 것

5.

각 가스계 소화설비별 저장용기 충전비 정리

소화약제	구분	충전비(l/kg)
CO_2 소화약제	저압식	1.1 이상 ~ 1.4 이하
	고압식	1.5 이상 ~ 1.9 이하
	기동용가스용기	1.5 이상

6.

㉠ **기동용기의 가스**는 조작동관을 따라 선택밸브의 피스톤릴리저로 들어가 선택밸브의 잠금장치를 해제한다. 선택밸브 개방으로 인해 당해 방호구역으로 가스유입을 허용해 놓고 나머지 가스는 다시 조작동관을 따라서 저장용기밸브의 파괴침(공이) 직전의 피스톤을 가압하여 파괴침으로 하여금 저장용기밸브의 봉판을 뚫어 저장된 가스를 개방시킨다.

㉡ **저장용기의 가스**가 집합관을 통해 선택밸브를 거치면서 압력스위치를 동작시키며 송출배관을 따라 분사헤드에서 당해방호구역에 방출되어 소화 작업이 이루어진다. 선택밸브 2차측 배관에 설치된 압력스위치가 동작되면서 제어반, 수동기동 조작함 및 방호구역 출입문 상단에 설치된 방출표시등을 점등시키고 배관 내 압력에 의하여 자동폐쇄장치의 작동이 이루어진다.

Answer 4.④ 5.③ 6.①

chapter

12 할론 소화설비

1 개요 및 소화원리

(1) 개요

주요 구성요소는 이산화탄소 소화설비와 거의 유사하며 약제만 차이가 있는 것으로 생각하면 된다. 할론소화약제를 사용하여 화재의 연쇄반응을 억제함으로써 소화하는 설비로서 본 소화약제는 지방족 포화탄화수소의 분자 중에 존재하는 수소원자들 중 하나 이상을 할로겐족원소 F(불소), Cl(염소), Br(브롬), 요오드(I)와 치환하여 생성된 물질 중 현실적으로 소화약제로 사용될 수 있는 것을 총칭하는 것을 말한다.

(2) 소화원리

연소의 4요소 중 하나인 연쇄반응이란 화재 시 지속적으로 발생하는 OH*, H*의 활성라디칼(Active Free Radical)이 연소반응을 확대시키는 것으로서, 억제소화란 이러한 연쇄물질(Chain Carrier)을 억제하여 연쇄반응을 차단함으로써 소화하는 것을 말한다.

즉, 이는 일종의 부촉매(Negative Catalyst)역할을 하는 것으로서 화학적 소화방법의 하나인 억제소화에 의해 소화하는 것이다.

2 Halon 약제 화학적 성능

(1) 소화의 강도

① Halon은 분해하여 할로겐 원소가 부촉매역할을 하는 소화약제로서 방사 후 분해되어 Br이 주로 부촉매 소화작용을 한다.

② 비금속 원소인 할로겐 원소의 경우 F > Cl > Br > I의 순서로 안정성이 강하며, 이와 반대로 반응성은 F < Cl < Br < I의 순이다. 따라서 반응성이 강할수록 소화강도가 크다.

③ I(Iodine)의 경우는 너무 분해가 쉬운 관계로 다른 물질과 쉽게 결합하여 독성물질을 생성하며, 또한 가격 때문에 소화약제로서 사용하지 않는다. 따라서 소화의 강도가 높은 것이 다음인 Br로서 1301은 Br을 주체로 한 소화약제이다.

(2) 약제의 종류 🔥🔥

Halon 번호	분자식	상태(상온)	사용처
1301	CF_3Br	기체	사용상 제한이 없다.
1211	CF_2ClBr	기체	사용상 제한이 있다.(밀폐공간은 사용 불가)
2402	$C_2F_4Br_2$	액체	독성으로 옥외에서만 사용한다.

❸ 할론소화약제의 저장용기 설치기준

(1) 축압식 저장용기의 압력은 온도 20℃에서 할론 1211을 저장하는 것은 1.1MPa 또는 2.5MPa, 할론 1301을 저장하는 것은 2.5MPa 또는 4.2MPa이 되도록 질소가스로 축압할 것

(2) 저장용기의 충전비는 할론 2402를 저장하는 것중 가압식 저장용기는 0.51 이상 0.67 미만, 축압식 저장용기는 0.67 이상 2.75 이하, 할론 1211은 0.7 이상 1.4 이하, 할론 1301은 0.9 이상 1.6 이하로 할 것

(3) 동일 집합관에 접속되는 용기의 소화약제 충전량은 동일충전비의 것이어야 할 것

❹ 할론소화약제의 기타 설치기준

(1) 가압용 가스용기는 질소가스가 충전된 것으로 하고, 그 압력은 21℃에서 2.5MPa 또는 4.2MPa이 되도록 하여야 한다.

(2) 할론소화약제 저장용기의 개방밸브는 전기식 · 가스압력식 또는 기계식에 따라 자동으로 개방되고 수동으로도 개방되는 것으로서 안전장치가 부착된 것으로 하여야 한다.

(3) 가압식 저장용기에는 2.0MPa 이하의 압력으로 조정할 수 있는 압력조정장치를 설치하여야 한다.

(4) 하나의 구역을 담당하는 소화약제 저장용기의 소화약제량의 체적합계보다 그 소화약제 방출시 방출경로가 되는 배관(집합관 포함)의 내용적이 1.5배 이상일 경우에는 해당 방호구역에 대한 설비는 별도 독립방식으로 하여야 한다.

5 약제 방출방식

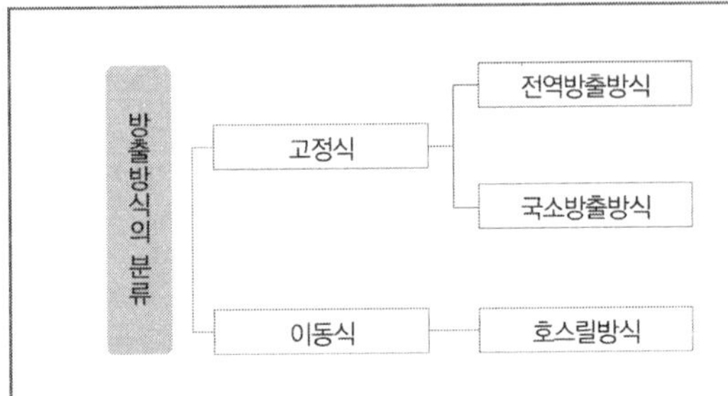

방사 시간	헤드 방사압(Mpa)		
	1301	1211	2402
10초	0.9	0.2	0.1

방사시간은 열분해로 인한 독성물질의 발생을 억제하기 위하여 10초 방사로 제한함.

6 할론 소화약제 저장용기의 개방밸브(기동장치)

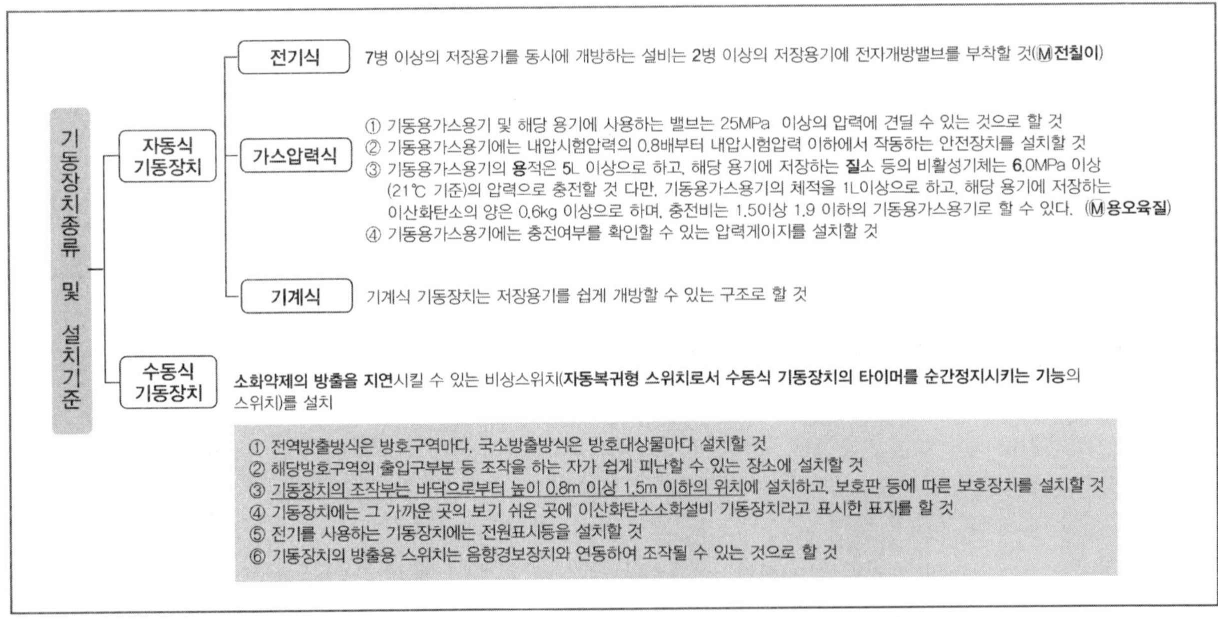

기동장치종류 및 설치기준
자동식 기동장치
전기식
7병 이상의 저장용기를 동시에 개방하는 설비는 2병 이상의 저장용기에 전자개방밸브를 부착할 것(Ⓜ전칠이)
가스압력식
① 기동용가스용기 및 해당 용기에 사용하는 밸브는 25MPa 이상의 압력에 견딜 수 있는 것으로 할 것
② 기동용가스용기에는 내압시험압력의 0.8배부터 내압시험압력 이하에서 작동하는 안전장치를 설치할 것
③ 기동용가스용기의 용적은 5L 이상으로 하고, 해당 용기에 저장하는 질소 등의 비활성기체는 6.0MPa 이상 (21℃ 기준)의 압력으로 충전할 것 다만, 기동용가스용기의 체적을 1L이상으로 하고, 해당 용기에 저장하는 이산화탄소의 양은 0.6kg 이상으로 하며, 충전비는 1.5이상 1.9 이하의 기동용가스용기로 할 수 있다. (Ⓜ용오육질)
④ 기동용가스용기에는 충전여부를 확인할 수 있는 압력게이지를 설치할 것
기계식
기계식 기동장치는 저장용기를 쉽게 개방할 수 있는 구조로 할 것
수동식 기동장치
소화약제의 방출을 지연시킬 수 있는 비상스위치(자동복귀형 스위치로서 수동식 기동장치의 타이머를 순간정지시키는 기능의 스위치)를 설치
① 전역방출방식은 방호구역마다, 국소방출방식은 방호대상물마다 설치할 것
② 해당방호구역의 출입구부분 등 조작을 하는 자가 쉽게 피난할 수 있는 장소에 설치할 것
③ 기동장치의 조작부는 바닥으로부터 높이 0.8m 이상 1.5m 이하의 위치에 설치하고, 보호판 등에 따른 보호장치를 설치할 것
④ 기동장치에는 그 가까운 곳의 보기 쉬운 곳에 이산화탄소소화설비 기동장치라고 표시한 표지를 할 것
⑤ 전기를 사용하는 기동장치에는 전원표시등을 설치할 것
⑥ 기동장치의 방출용 스위치는 음향경보장치와 연동하여 조작될 수 있는 것으로 할 것

❼ 할론 소화설비 호스릴 설치기준

(1) 방호대상물의 각 부분으로부터 하나의 호스 접결구까지의 수평거리가 20m 이하가 되도록 할 것

(2) 소화약제의 저장용기의 개방밸브는 호스릴의 설치장소에서 수동으로 개폐할 수 있는 것으로 할 것

(3) 소화약제의 저장용기는 호스릴을 설치하는 장소마다 설치할 것

(4) 노즐은 20℃에서 하나의 노즐마다 1분당 다음 표에 소화약제를 방사할 수 있는 것으로 할 것

소화약제의 종별	1분당 방사하는 소화약제량	수평거리
할론 2402	45kg/min	20m
할론 1211	40kg/min	
할론 1301	35kg/min	

(5) 소화약제 저장용기의 가까운 곳의 보기 쉬운 곳에 적색의 표시등을 설치하고, 호스릴 할로겐화합물 소화설비가 있다는 뜻을 표시한 표지를 할 것

❽ 오리피스 구경, 방출율, 크기 등

(1) 분사헤드에는 부식방지조치를 하여야 하며 오리피스의 크기, 제조일자, 제조업체가 표시 되도록 할 것

(2) 분사헤드의 갯수는 방호구역에 방사시간이 충족되도록 설치할 것

(3) 분사헤드의 방출율 및 방출압력은 제조업체에서 정한 값으로 할 것

(4) 분사헤드의 오리피스의 면적은 분사헤드가 연결되는 배관구경면적의 70%를 초과하지 아니할 것

(5) 분사헤드는 토너먼트 방식으로 한다.

chapter

12 출제예상문제

1 CF_3Br 소화약제의 명칭을 옳게 나타낸 것은?

① 하론 1011
② 하론 1211
③ 하론 1301
④ 하론 2402

1.

Halon 번호	분자식	상태 (상온)	사용처
1301	CF_3Br	기체	사용상 제한이 없다.
1211	CF_2ClBr	기체	사용상 제한이 있다. (밀폐공간은 사용 불가)
2402	$C_2F_4Br_2$	액체	독성으로 옥외에서만 사용한다.

2 할론소화설비 중 가압용 가스용기의 충전가스로 옳은 것은?

① NO_2
② O_2
③ N_2
④ H_2

2.

가압용 가스용기는 질소가스가 충전된 것으로 하고, 그 압력은 21℃에서 2.5MPa 또는 4.2MPa이 되도록 하여야 한다.
가압식 저장용기에는 2.0MPa 이하의 압력으로 조정할 수 있는 압력조정장치를 설치하여야 한다.

3 고정식 할론 공급장치에 배관 및 분사헤드를 고정 설치하여 밀폐 방호구역 내에 할론을 방출하는 설비 방식은?

① 전역 방출 방식
② 국소 방출 방식
③ 이동식 방출 방식
④ 반이동식 방출 방식

3.

전역방출방식은 방호구역, 국소방출방식은 방호대상물에 설치한다.

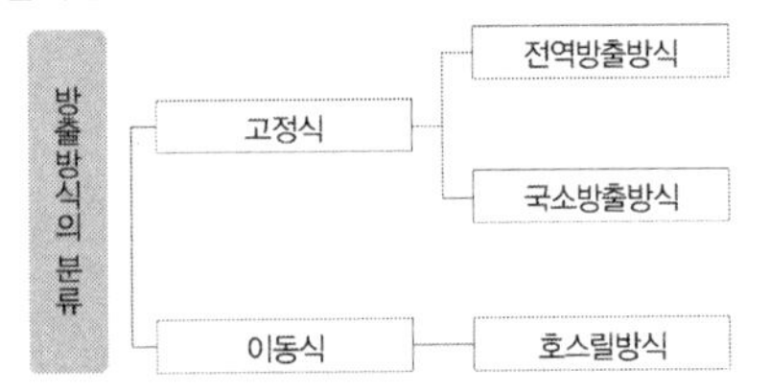

Answer 1.③ 2.③ 3.①

chapter

13 할로겐화합물 및 불활성기체소화설비

❶ 개요

(1) 할로겐화합물 및 불활성기체 소화약제의 특성

① 할로겐화합물 소화약제는 오존파괴 능력을 낮추기 위해 원인물질인 "Br"등을 첨가하지 않는다. 즉, "F"를 사용하는 HCFC, HFC계열의 물질 등으로서 이로 인하여 Halon보다 소화성능이 떨어진다.

② 화재안전기준에 고시된 할로겐화합물 및 불활성기체 소화약제는 모두 13종이며, 이 중 9종은 할로겐 화합물 계열(HCFC, HFC, FC)의 물질이며, 4종은 불활성기체 혼합가스계열의 물질이다.

③ 할로겐화합물 계열의 경우 포화 할로겐화합물로서 탄소가 단일결합인 Alkane(메탄, 에탄, 프로판, 부탄)의 유도체로서 탄소수가 많을수록 소화성능이 우수하다.

> ✚ PLUS TIP
> Alkane(알칸=알케인)이란? (일명 파라핀계 탄화수소라 한다.)
> 1. 탄소가 단일결합(C-C)으로 되어 있는 일반식 C_nH_{2n+2}의 화합물을 말한다.
> 2. n=1(Methane), n=2(Ethan), n=3(Propane), n=4(Butane), n=5(Pentane), n=6(Hexane)

❷ 용어정의 🔥🔥🔥 2022

ODP 2016 간부	Ozone Depletion potential의 약자로 "오존 파괴지수"를 뜻 물질 1kg에 의해 파괴되는 오존의 양 ÷ CFC-11(프레온가스) 1kg에 의해 파괴되는 오존의 양 Halon 1301은 14.1로서 매우 높다.
GWP	Global Warming Potential의 약자로 "지구 온난화 지수"를 뜻 물질 1kg이 영향을 주는 지구 온난화 정도 ÷ CO_2 1kg이 영향을 주는 지구온난화 정도
NOAEL	No Observed Adverse Effect Level의 약자 인간의 심장에 영향을 주지 않는 최대 농도
LOAEL	Low Observed Adverse Effect Level의 약자 인간의 심장에 영향을 주지 않는 최소 농도
ALT	Atmosphere life time의 약자로서 대기권 잔존 수명을 의미 물질이 방사된 후 대기권에서 체류하는 잔류시간으로 분해의 난이(어려움)를 나타낸다.
할로겐화합물 및 불활성기체 소화약제	할로겐화합물(할론 1301, 할론 2402, 할론 1211 제외) 및 불활성기체로서 전기적으로 비전도성이며 휘발성이 있거나 증발 후 잔여물을 남기지 않는 소화약제를 말한다.

할로겐화합물 소화약제	**불**소, **염**소, **브**롬 또는 **요**오드 중 하나 이상의 원소를 포함하고 있는 유기화합물을 기본성분으로 하는 소화약제 (M **불염브요**)
불활성기체 소화약제 2021 간부	**헬**륨, **네**온, **아**르곤 또는 **질**소가스 중 하나 이상의 원소를 기본성분으로 하는 소화약제 (M **헬네아질**)
충전밀도	용기의 단위용적당 소화약제의 중량의 비율을 말한다.(충전비와 반대개념)

③ 할로겐화합물 및 불활성기체소화약제의 종류 2018 상반기 2019 2022 간부

구분	분자식	소화약제	상품명	최대허용설계농도(%)
1	C_4F_{10}	FC-3-1-10		40
2	$CF_3CF_2C(O)CF(CF_3)_2$	FK-5-1-12		10
3	CHF_3	HFC-23		30
4	$CF_3CH_2CF_3$	HFC-236fa		12.5
5	CHF_2CF_3	HFC-125		11.5
6	CF_3CHFCH_3	HFC-227ea	FM-200	10.5
7	HCFC-22(82%) HCFC-123(4.75%) HCFC-124(9.5%) $C_{10}H_{16}$(3.75%)	HCFC Blend A M 빨리 사시오 구오 삼칠오	NAF S-Ⅲ	10
8	$CHClFCF_3$	HCFC-124		1.0
9	CF_3I	FIC-13I1		0.3
10	Ar	IG-01		43
11	N_2 : 52%, Ar : 40%, CO_2 : 8%	IG-541 M 질알씨	Inergen	43
12	N_2 : 50%, Ar : 50%	IG-55		43
13	N_2	IG-100		43

❹ 할로겐화합물 및 불활성기체 소화약제 명명법

(1) 할로겐화합물 소화약제 명명법

HCFC - ABC 세자리로 구성되며 (Ⓜ 탄수불 플마영)

A + 1 = C(탄소)의 수

B - 1 = H(수소)의 수

C + 0 = F(불소)의 수

① FC-3-1-10 → 3110의 뜻

C	H	F
3 + 1 = 4	1 - 1 = 0	10 + 0 = 10

⇒ C_4F_{10}(분자식)

(이 경우 10이 네자리로 보일 수 있어 하이폰(-)으로 표시)

② HFC - 23 → 023의 뜻

C	H	F
0 + 1 = 1	2 - 1 = 1	3 + 0 = 3

⇒ CHF_3(분자식)

③ HFC - 125 → 125의 뜻

C	H	F
1 + 1 = 2	2 - 1 = 1	5 + 0 = 5

⇒ C_2HF_5(분자식) → CHF_2CF_3

④ HFC - 227ea → 227의 뜻

C	H	F
2 + 1 = 3	2 - 1 = 1	7 + 0 = 7

⇒ C_3HF_7(분자식) → CF_3CHFCF_3

⑤ HCFC - 124 → 124의 뜻

C	H	F
1 + 1 = 2	2 - 1 = 1	4 + 0 = 4

⇒ C_2HF_4Cl(분자식) → $CHClFCF_3$

⑥ HCFC - 22 → 022의 뜻

C	H	F
0 + 1 = 1	2 - 1 = 1	2 + 0 = 2

⇒ CHF_2Cl(분자식) → $CHClF_2$

⑦ FIC-13I1(숫자 13 - 영문자 I - 숫자 1) ⇒ CF_3I

FIC는 FC계열 하론 1301에 Br 대신 요오드(I)를 치환

FIC 13I1 - CFClBr에서 Cl은 "0" - CF30(Br)에서

(Br)을 "I"로 치환 - CF3I

(2) 불활성기체 소화약제 명명법

I G -N Ar CO_2 (Ⓜ 질알씨)

5 설치제외 장소 (Ⓜ 사상최초 삼오(님))

(1) **사**람이 **상**주하는 곳으로써 제7조 제2항의 **최**대허용설계농도를 **초**과하는 장소

(2) 「위험물안전관리법 시행령」 별표 1의 제**3**류위험물 및 제**5**류위험물을 저장 · 보관 · 사용하는 장소. 다만, 소화성능이 인정되는 위험물은 제외한다.

6 저장용기 설치 장소 기준 (Ⓜ 방외/ 온도/ 직/ 방/ 표지/ 3번/ 체크)

(1) **방**호구역 **외**의 장소에 설치할 것. 다만, 방호구역 내에 설치할 경우에는 피난 및 조작이 용이하도록 피난구 부근에 설치하여야 한다.

(2) **온도**가 55℃ 이하이고, 온도변화가 적은 곳에 설치할 것

(3) **직**사광선 및 빗물이 침투할 우려가 없는 곳에 설치할 것

(4) **방**화문으로 구획된 실에 설치할 것

(5) 용기의 설치장소에는 해당 용기가 설치된 곳임을 표시하는 **표지**를 할 것

(6) 용기간의 간격은 점검에 지장이 없도록 **3㎝** 이상의 간격을 유지할 것

(7) 저장용기와 집합관을 연결하는 연결배관에는 **체크**밸브를 설치할 것. 다만, 저장용기가 하나의 방호구역만을 담당하는 경우에는 그러하지 아니하다.

7 저장용기 재충전 및 교체기준

저장용기의 약제량 손실이 5%를 초과하거나 압력손실이 10%를 초과할 경우에는 재충전하거나 저장용기를 교체할 것. 다만, 불활성기체 소화약제 저장용기의 경우에는 압력손실이 5%를 초과할 경우 재충전하거나 저장용기를 교체하여야 한다.

❽ 저장용기의 개방밸브(기동장치)

(1) 자동식 기동장치

① 전기식

② 가스압력식

③ 기계식

(2) 수동식 기동장치

① 방호구역마다 설치

② 해당 방호구역의 출입구부근 등 조작을 하는 자가 쉽게 피난할 수 있는 장소에 설치할 것

③ 기동장치의 조작부는 바닥으로부터 0.8m 이상 1.5m 이하의 위치에 설치하고, 보호판 등에 따른 보호장치를 설치할 것

④ 기동장치에는 가깝고 보기 쉬운 곳에 "할로겐화합물 및 불활성기체소화설비 기동장치"라는 표지 할 것

⑤ 전기를 사용하는 기동장치에는 전원표시등을 설치할 것

⑥ 기동장치의 방출용스위치는 음향경보장치와 연동하여 조작될 수 있는 것으로 할 것

⑦ 50N 이하의 힘을 가하여 기동할 수 있는 구조로 설치

❾ 배관 설치기준

(1) 강관을 사용하는 경우의 배관은 압력배관용탄소강관(KS D 3562) 또는 이와 동등 이상의 강도를 가진 것으로서 아연도금 등에 따라 방식처리된 것을 사용할 것

(2) 동관을 사용하는 경우의 배관은 이음이 없는 동 및 동합금관(KS D 5301)의 것을 사용할 것

(3) 배관의 두께는 다음의 계산식에서 구한 값(t) 이상일 것 다만, 방출헤드 설치부는 제외한다.

$$관의두께(t) = \frac{PD}{2SE} + (A)$$ (Ⓜ 피디2세아)

P : 최대허용압력(kPa) D : 배관의 바깥지름(mm)
SE : 최대허용응력(kPa) (배관재질 인장강도의 1/4값과 항복점의 2/3 값 중 적은 값 × 배관이음효율×1.2)

A : 나사이음, 홈이음 등의 허용값(mm)	※ 배관이음효율
• 나사이음 : 나사의 높이	• 이음매 없는 배관 : 1.0
• 절단홈이음 : 홈의 깊이	• 전기저항 용접배관 : 0.85
• 용접이음 : 0	• 가열맞대기 용접배관 : 0.60

(4) 배관과 배관, 배관과 배관부속 및 밸브류의 접속은 **나**사접합, **용**접접합, **압**축접합 또는 **플**랜지접합 등의 방법을 사용하여야 한다. (Ⓜ **나용압플**)

(3) 배관의 구경은 해당 방호구역에 할로겐화합물소화약제는 10초 이내에, 불활성기체소화약제는 A · C급 화재 2분, B급 화재 1분 이내에 방호구역 각 부분에 최소설계농도의 95% 이상 해당하는 약제량이 방출되도록 하여야 한다.

chapter

13 출제예상문제

* 2016년 간부

1 할로겐화합물 및 불활성기체 소화약제에 대한 설명으로 옳지 않은 것은?

① 전기적으로 비전도성이며 휘발성이 있거나 증발 후 잔여물을 남기지 않는 소화약제이다.

② 오존파괴지수와 지구온난화지수가 할론과 이산화탄소에 비해 무시할 정도로 낮다.

③ 화재에 대하여 질식, 냉각소화기능 및 부촉매 소화기능이 우수하다.

④ 화재를 소화하는 동안 피 연소물질에 물리적, 화학적 변화나 재산상의 피해를 주지 않으며, 소화가 완료된 후 특별한 물질이나 지방성 부산물을 발생시키는 단점이 있다.

⑤ 소화약제 방출 시 할로겐화합물이나 이산화탄소와 같이 산소의 농도를 급격하게 저하시키지 않는다.

1.

할로겐화합물 및 불활성기체 소화약제의 장 · 단점

구분	설명
장점	- 공기 비중에 5.1배 이상이므로 심부까지 침투 용이 - 전기적 부도체로 C급 화재에 효과적 - 저농도 소화가 가능하며 질식의 우려가 없음 - 금속에 대한 부식성 적음 - 독성이 비교적 적음 - 진화 후 소화약제에 의한 오손이 없음
단점	- CFC 계열의 물질로 오존층 파괴 원인 물질 - 사용제한으로 안정적 수급이 불가능 - 가격이 매우 고가

* 2021년 간부

2 할로겐화합물 및 불활성기체 소화약제 중 불활성 기체 소화약제를 구성할 수 있는 물질에 해당하지 않는 것은?

① 헬륨

② 네온

③ 염소

④ 질소

⑤ 아르곤

2.

불활성기체 소화약제

헬륨, **네**온, **아**르곤 또는 **질**소가스 중 하나 이상의 원소를 기본성분으로 하는 소화약제 **(Ⓜ 헬네아질)**

Answer 1.④ 2.③

＊ 2016년 간부

3 어떤 물질이 지구온난화에 기여하는 능력을 상대적으로 나타내는 오존파괴지수(ODP)의 기준물질은?

① CFC-11

② CFC-12

③ CFC-111

④ CFC-112

⑤ CFC-1301

4 소화약제 중 HFC-125의 화학식으로 옳은 것은?

① CHF_2CF_3

② CHF_3

③ CF_3CHFCF_3

④ CF_3I

＊ 2020년

5 불활성기체소화약제의 표기와 화학식의 연결이 옳지 않은 것은?

① IG－01 － Ar

② IG－100 － N_2

③ IG－541 － N_2 : 52%, Ar : 40%, Ne : 8%

④ IG－55 － N_2 : 50%, Ar : 50%

3.

ODP	Ozone Depletion potential의 약자로 "오존파괴지수"를 뜻 물질 1kg에 의해 파괴되는 오존의 양 ÷ CFC-11(프레온가스) 1kg에 의해 파괴되는 오존의 양 Halon 1301은 14.1로서 매우 높다.
GWP	Global Warming Potential의 약자로 "지구온난화 지수"를 뜻 물질 1kg이 영향을 주는 지구 온난화 정도 ÷ CO_2 1kg이 영향을 주는 지구온난화 정도

4.

할로겐화합물 소화약제 명명법

HCFC－ABC 세자리로 구성되며 **(Ⓜ 탄수불 플마영)**

A＋1＝C(탄소)의 수

B－1＝H(수소)의 수

C＋0＝F(불소)의 수

해설) HFC － 125 → 125의 뜻

C	H	F
1＋1＝2	2－1＝1	5＋0＝5
⇒ C_2HF_5(분자식) → CHF_2CF_3		

5.

Ar	IG-01
N_2 : 52%, Ar : 40%, CO_2 : 8%	IG-541 **Ⓜ 질알씨**
N_2 : 50%, Ar : 50%	IG-55
N_2	IG-100

Answer 3.① 4.① 5.③

※ 2018년 상반기

6 다음은 할로겐화합물 및 불활성기체 소화약제 중 IG-541에 대한 설명이다. 옳지 않은 것은?

① 사람의 호흡에 문제가 없으므로 사람이 있는 곳에서도 사용할 수 있다

② 할론이나 분말소화제와 같이 화학적 소화특성을 지니고 있다.

③ 오존층파괴지수(ODP)가 0이다.

④ IG-541은 질소 52%, 아르곤 40%, 이산화탄소 8%로 이루어진 혼합소화약제이다.

6.

IG-541

㉠ 불활성기체 소화약제 냉각, 질식소화이며 물리적 소화이다. (비교 : 할로겐화합물 소화약제 – 연쇄반응 억제)

㉡ 기체상태로 보관되므로 부피단위로 소화약제 양 표시 (불활성가스 공통)

㉢ 주로 밀폐된 공간에서 산소농도를 낮춰 소화한다. (불활성가스 공통)

㉣ 사람의 호흡에 문제가 없으므모 사람이 있는 곳에서도 사용할 수 있다. (불활성가스 공통)

㉤ ODP=0

㉥ GWP = 0.1 (단, IG-100, IG-01, IG-55는 GWP = 0 이다)

㉦ 질소 52%, 아르곤 40%, 이산화탄소 8%

7 할로겐화합물 및 불활성기체소화약제 소화설비 중 약제의 저장 용기 내에서 저장상태가 기체상태의 압축가스인 소화약제는?

① IG 541

② HCFC BLEND A

③ HFC~227ea

④ HFC-23

7.

문제해결방안 : 할로겐화합물과 불활성기체 구분 필요

할로겐화합물 : 액화상태로 저장되므로 중량 단위로 소화약제의 양을 표시(㎏)

불활성기체 : 기체상태로 보관되므로 부피단위로 소화약제 양 표시(㎥)

8 할로겐화합물 및 불활성기체 소화약제 중 HCFC-22를 82% 포함하고 있는 것은?

① IG-541

② HFC-227ea

③ IG-55

④ HCFC BLEND A

8.

분자식	소화약제	상품명	최대 허용 설계 농도 (%)
HCFC-22(82%) HCFC-123(4.75%) HCFC-124(9.5%) $C_{10}H_{16}$(3.75%)	HCFC Blend A **Ⓜ 빨리 사시오 구오 삼칠오**	NAF S-Ⅲ	10

Answer 6.② 7.① 8.④

9 FM200이라는 상품명을 가지며 오존파괴 지수(ODP)가 0인 할론 대체 소화약제는 무슨 계열인가?

① HFC 계열
② HCFC 계열
③ FC 계열
④ Blend 계열

9.

분자식	소화약제	상품명	최대허용 설계농도(%)
$CF_3CH_2CF_3$	HFC-227ea	FM-200	10.5

10 할로겐화합물 및 불활성 기체소화설비를 설치할 수 없는 장소의 기준 중 옳은 것은? (단, 소화성능이 인정되는 위험물은 제외한다.)

① 제1류 위험물 및 제2류 위험물 사용
② 제2류 위험물 및 제4류 위험물 사용
③ 제3류 위험물 및 제5류 위험물 사용
④ 제4류 위험물 및 제6류 위험물 사용

10.

설치제외 장소 ★ **(Ⓜ 사상최초 삼오(님))**

㉠ **사**람이 **상**주하는 곳으로써 제7조제2항의 **최**대허용 설계농도를 초과하는 장소
㉡ 「위험물안전관리법 시행령」별표 1의 제**3**류위험물 및 제**5**류위험물을 사용하는 장소. 다만, 소화성능이 인정되는 위험물은 제외한다.

11 할로겐화합물 및 불활성기체소화약제 저장용기의 설치장소 기준 중 다음 ( ) 안에 알맞은 것은?

> 할로겐화합물 및 불활성기체 소화약제의 저장용기는 온도가 ( )℃ 이하이고, 온도의 변화가 작은 곳에 설치할 것

① 40
② 55
③ 60
④ 65

11.

저장용기 설치 장소 기준 ★ (Ⓜ 방외/ 온도/ 직/ 방/ 표지/ 3번/ 체크)

㉠ **방**호구역 **외**의 장소에 설치할 것. 다만, 방호구역 내에 설치할 경우에는 피난 및 조작이 용이하도록 피난구 부근에 설치하여야 한다.
㉡ **온도**가 55℃ 이하이고, 온도변화가 적은 곳에 설치할 것
㉢ **직**사광선 및 빗물이 침투할 우려가 없는 곳에 설치할 것
㉣ **방**화문으로 구획된 실에 설치할 것
㉤ 용기의 설치장소에는 해당 용기가 설치된 곳임을 표시하는 **표지**를 할 것
㉥ 용기간의 간격은 점검에 지장이 없도록 **3cm** 이상의 간격을 유지할 것

Answer 9.① 10.③ 11.②

12 할로겐화합물 및 불활성기체 소화약제 소화설비의 수동식 기동장치의 설치기준 중 틀린 것은?

① 50N 이상의 힘을 가하여 기동할 수 있는 구조로 할 것
② 전기를 사용하는 기동장치에는 전원표시등을 설치할 것
③ 기동장치의 방출용 스위치는 음향경보장치와 연동하여 조작될 수 있는 것으로 할 것
④ 해당 방호구역의 출입구부근 등 조작을 하는자가 쉽게 피난할 수 있는 장소에 설치할 것

* 2022년 간부

13 할로겐화합물 소화약제 중 'HCFC BLEND A'의 구성요소가 아닌 것은?

① HCFC-22
② CHF-22
③ HCFC-123
④ HCFC-124
⑤ $C_{10}H_{16}$

* 2022년

14 할로겐화합물 소화약제가 갖추어야 할 일반적인 조건으로 옳지 않은 것은?

① 독성이 적을수록 좋다.
② 지구 온난환에 끼치는 영향이 적을수록 좋다.
③ 대기 중에 잔존 시간이 길수록 좋다.
④ 오존층 파괴에 끼치는 영향이 적을수록 좋다.

12.

할로겐화합물 및 불활성기체 저장용기의 개방밸브(기동장치) 🔥
㉠ 자동식 기동장치: 전기식, 가스압력식, 기계식
㉡ 수동식 기동장치
- 방호구역마다 설치
- 해당 방호구역의 출입구부근 등 조작을 하는 자가 쉽게 피난할 수 있는 장소에 설치할 것
- 기동장치의 조작부는 바닥으로부터 0.8m 이상 1.5m 이하의 위치에 설치하고, 보호판 등에 따른 보호장치를 설치할 것
- 기동장치에는 가깝고 보기 쉬운 곳에 "할로겐화합물 및 불활성기체소화설비 기동장치"라는 표지 할 것
- 전기를 사용하는 기동장치에는 전원표시등을 설치할 것
- 기동장치의 방출용스위치는 음향경보장치와 연동하여 조작될 수 있는 것으로 할 것
- 50N 이하의 힘을 가하여 기동할 수 있는 구조로 설치

13.

분자식	소화약제	상품명	최대 허용 설계 농도 (%)
HCFC-22(82%) HCFC-123(4.75%) HCFC-124(9.5%) $C_{10}H_{16}$(3.75%)	HCFC Blend A **M 빨리 사시오 구오 삼칠오**	NAF S-Ⅲ	10

14.

할로겐화합물 소화약제는 대기 중에 잔존 시간이 짧을수록 좋다.

Answer 12.① 13.② 14.③

chapter

14 분말 소화설비

1 개요

(1) 분말 소화설비는 물을 소화약제로 사용하기 어려운 위험물이나, 절연성이 요구되는 전기설비 등에 설치하는 소화설비로서 기동은 수동과 자동에 의한 작동이 가능하며 불연성가스의 압력을 이용하여 소화분말을 배관으로 압송시켜 분사헤드 또는 노즐을 통해 방호구역에 분말소화약제를 방출시키는 설비이다.

(2) 분말소화약제는 부촉매효과를 바탕으로 빠른 소화성능을 가지고 있으나 냉각 효과가 부족하여 재발화 위험이 크며, 분말의 가라앉는 성질 때문에 입체화재에도 적응성이 떨어진다. 그러므로 분말 소화약제를 미세화하여 표면적을 크게 함으로써 연쇄반응억제 효능을 높이고 짧은 시간에 불꽃 규모보다 높은 방사율로 방사하면 소화성능이 극대화되어 불꽃이 순식간에 사그라 들면서 소화가 되는데 이러한 소화작용을 Knock down 효과라 한다.

(3) 설비의 종류에는 전역방출방식, 국소방출방식, 호스릴방식으로 구분된다.

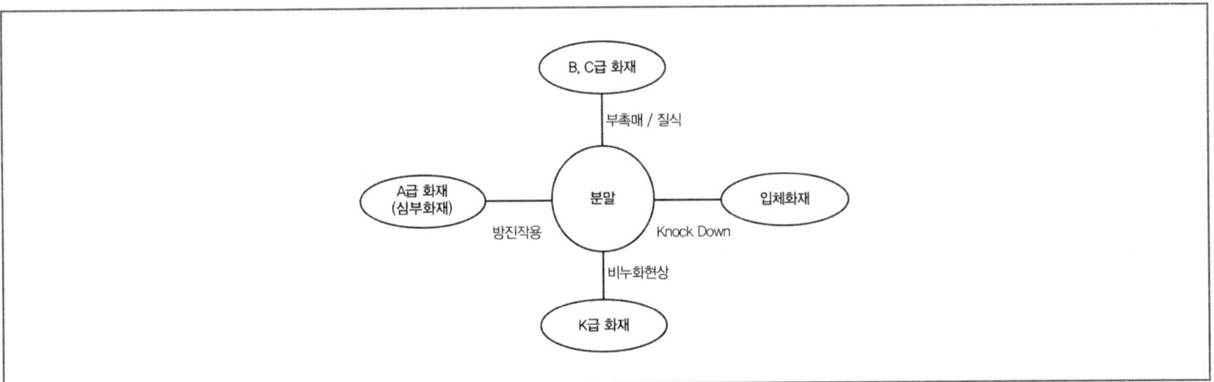

(4) 소화약제의 종류

① 제1종 분말소화약제(탄산수소나트륨 : $NaHCO_3$)

② 제2종 분말소화약제(탄산수소칼륨 : $KHCO_3$)

③ 제3종 분말소화약제(제1인산 암모늄 : $NH_4H_2PO_4$)

④ 제4종 분말소화약제(탄산수소칼슘+요소 : $KHCO_3+(NH_2)_2CO$)

(5) 분말 소화설비의 주요 구성요소

약제저장용기, 정압작동장치, 압력조정기, 클리닝장치, 선택밸브, 분사헤드, 감지장치 등으로 구성되어 있다.

❷ 분말 소화설비의 소화작용

질식소화	분말약제가 방사되면 분말이 연소면을 차단하며 반응 시 발생하는 CO_2와 수증기(H_2O)가 산소의 공급을 차단하는 질식작용을 한다.
억제소화 (연쇄반응차단)	분말약제가 방사 시 약제입자의 표면에서 발생된 Na, K, NH_3가 활성라디칼과 반응하여 부촉매 효과를 나타낸다. 이로 인하여 연쇄반응을 차단하는 억제소화작용을 하게 된다.
냉각소화	분말약제는 방사 시 열분해 되어 생성되는 반응식은 전부 흡열반응으로서 이로 인하여 주위의 열을 탈취하게 된다.
비누화 현상	비누화란 유지를 알칼리처럼 처리하여 글리세린과 지방산 또는 글리세린과 비누로 만드는 반응이다. 생성된 비누상물질은 가연성액체의 표면을 덮어 질식소화 효과와 재발화억제 효과를 나타내며 수증기와 비누가 포를 형성하여 소화를 돕는다. [제1종 분말소화약제(탄산수소나트륨 : $NaHCO_3$)]

❸ 분말소화약제의 특성

(1) 분말약제는 소화에 사용할 수 있는 고체 물질을 미세한 분말로 만들어 유동성을 높인 것으로서 습기에 의해 굳어지는 것을 막기 위하여 실리콘 등으로 표면처리하여 사용한다.

(2) 분말약제의 입도(植度)는 10 ~ 75μm 범위에서 소화효과가 크며, 20 ~ 25μm일 때 최대의 효과를 나타낸다.

(3) 분말소화약제 자체는 독성이 없으나 방사 시 사람에 노출되면 호흡장애나 가시거리를 줄여 시야 장애를 일으킬 수 있다.

(4) 분말약제를 종류별로 구별하기 위하여 색소를 첨가하여 사용한다.

(5) 분말약제의 소화의 강도는 4종 > 2종 > 3종 > 1종이다.

❹ 분말소화약제의 종류 (Ⓜ 나칼인요 백자홍회)

종별	주성분	분자식	색상	적응화재	소화효과	충전비
제1종 분말	탄산수소**나**트륨	$NaHCO_3$	**백**색	B급, C급 식용유화재	4순위	0.8
제2종 분말	탄산수소**칼**륨	$KHCO_3$	담회색 (담**자**색)	B급, C급	2순위	1.0
제3종 분말	제1**인**산암모늄	$NH_4H_2PO_4$	담**홍**색	A급, B급, C급 차고, 주차장	3순위	1.0
제4종 분말	탄산수소칼륨 + **요**소	$KHCO_3 + (NH_2)_2CO$	**회**색	B급, C급	1순위	1.25

❺ 분말소화설비의 장 · 단점

(1) 장점

① 다른 소화설비보다 소화성능이 우월하며 소화시간이 짧다.

② 소화능력이 우수하며 인체에 무해하다.

③ 포 등의 타 소화약제를 첨가하여 병용하여 사용할 수 있다.

④ 전기에 비전도성으로 C급 화재에 매우 효과적이다. (완전절연성이므로 고전압기기의 소화에도 안전하다)

⑤ 소화약제의 수명이 반영구적이며 경제성이 매우 높다.

⑥ 온도변화에 의한 약제의 변질이나 성능의 저하가 없다.

⑦ 다른 소화설비보다 시설비가 저렴하다.

(2) 단점

① A급의 심부화재에는 적응성이 낮다.

② 소화약제의 잔존물로 인하여 2차 피해가 발생한다.

③ 분말소화약제의 특성상 고압의 가압원이 필요하다.

❻ 계통도 및 작동원리

(1) 분말 소화설비계통도

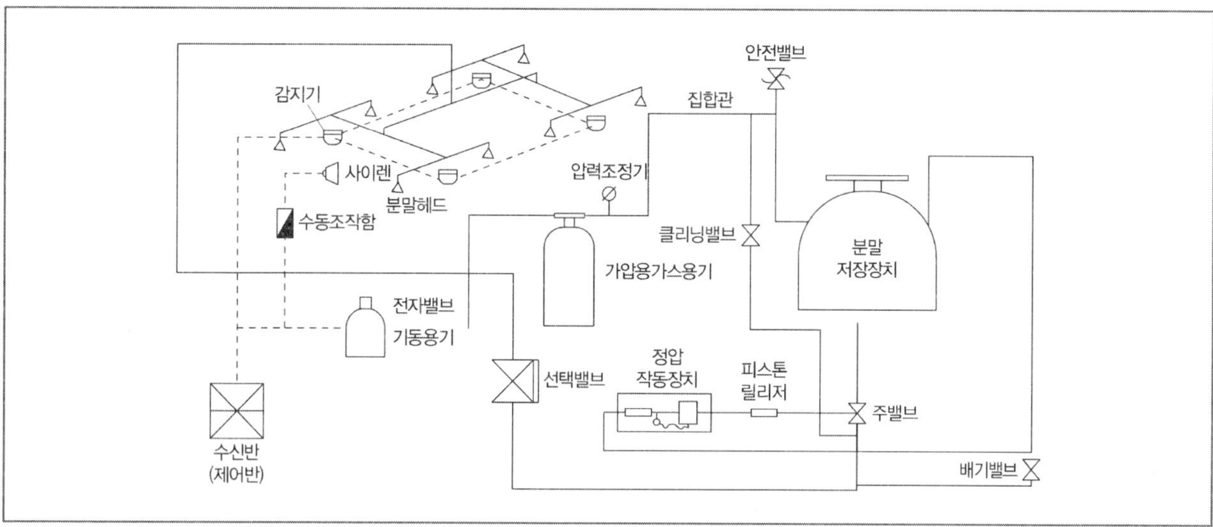
안전밸브
감지기
집합관
사이렌
분말헤드
압력조정기
수동조작함
클리닝밸브
분말
저장장치
가압용가스용기
전자밸브
기동용기
정압
작동장치
피스톤
릴리저
선택밸브
주밸브
수신반
(제어반)
배기밸브

(2) 작동원리 🔥🔥🔥

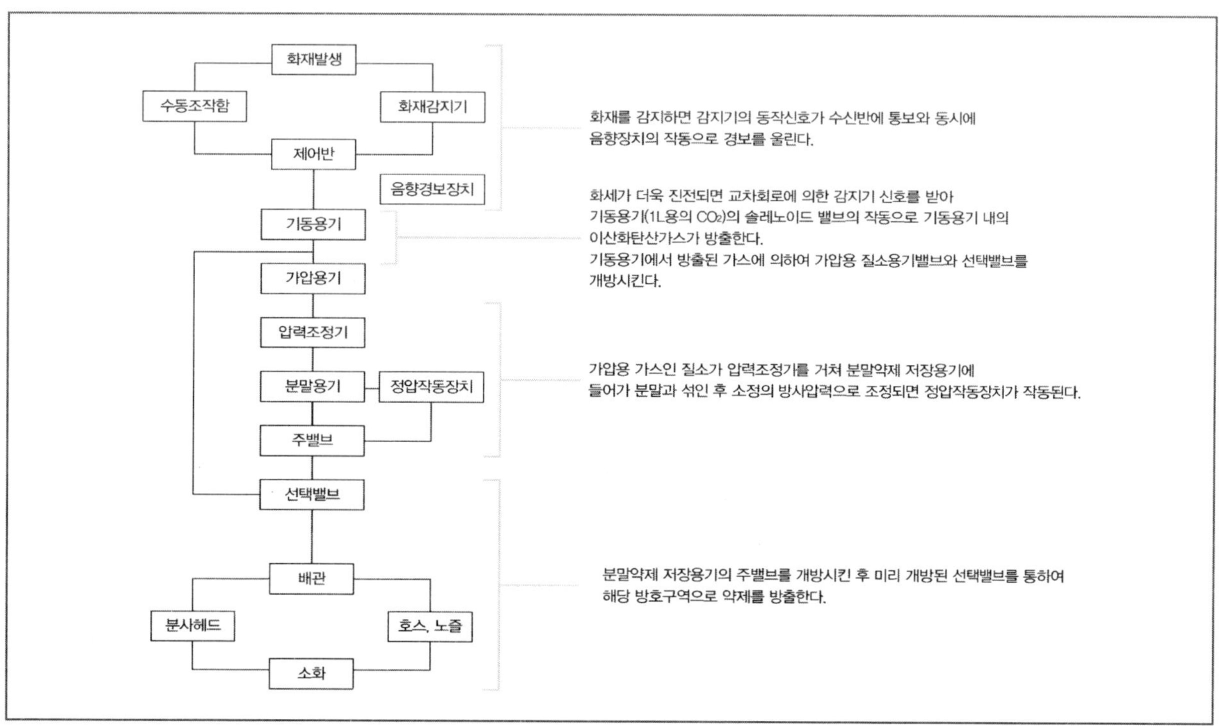
화재발생
수동조작함
화재감지기
제어반
음향경보장치
기동용기
가압용기
압력조정기
분말용기
정압작동장치
주밸브
선택밸브
배관
분사헤드
호스, 노즐
소화
화재를 감지하면 감지기의 동작신호가 수신반에 통보와 동시에
음향장치의 작동으로 경보를 울린다.
화세가 더욱 진전되면 교차회로에 의한 감지기 신호를 받아
기동용기(1L용의 CO₂)의 솔레노이드 밸브의 작동으로 기동용기 내의
이산화탄산가스가 방출한다.
기동용기에서 방출된 가스에 의하여 가압용 질소용기밸브와 선택밸브를
개방시킨다.
가압용 가스인 질소가 압력조정기를 거쳐 분말약제 저장용기에
들어가 분말과 섞인 후 소정의 방사압력으로 조정되면 정압작동장치가 작동된다.
분말약제 저장용기의 주밸브를 개방시킨 후 미리 개방된 선택밸브를 통하여
해당 방호구역으로 약제를 방출한다.

7 분말소화약제 저장용기 설치기준

(1) 저장용기의 내용적은 다음 표에 따를 것(=충전비)

소화약제의 종별	소화약제 1Kg당 저장용기의 내용적
제1종 분말(탄산수소나트륨을 주성분으로 한 분말)	0.8l
제2종 분말(탄산수소칼륨을 주성분으로 한 분말)	1l
제3종 분말(인산염을 주성분으로 한 분말)	1l
제4종 분말(탄산수소칼륨과 요소가 화합된 분말)	1.25l

(2) 저장용기에는 가압식은 최고사용압력의 1.8배 이하, 축압식은 용기의 내압시험압력의 0.8배 이하의 압력에서 작동하는 안전밸브를 설치할 것

(3) 저장용기에는 저장용기의 내부압력이 설정압력으로 되었을 때 주밸브를 개방하는 정압작동장치를 설치할 것

(4) 저장용기의 충전비는 0.8 이상으로 할 것

(5) 저장용기 및 배관에는 잔류 소화약제를 처리할 수 있는 청소장치를 설치할 것

(6) 축압식의 분말소화설비는 사용압력의 범위를 표시한 지시압력계를 설치할 것

8 분말 1kg당 가압용가스 또는 축압용가스 저장량 (Ⓜ 암기법(시조형태로) 가사십은 질소요~ 축십도 질소라 CO_2는 둘다 이십요~)

가압용가스	**질**소	소화약제 1kg마다 **40**l 이상
	이산화탄소	소화약제 1kg에 대하여 **20**g에 배관의 청소에 필요한 양을 가산한 양 이상
축압용가스	**질**소	소화약제 1kg마다 **10**l 이상
	이산화탄소	소화약제 1kg에 대하여 20g에 배관의 청소에 필요한 양을 가산한 양 이상

9 압력조정장치

(1) 가압용의 질소가스는 용기 내 15MPa의 고압으로 충전되어 있으므로 이를 2.5MPa 이하로 감압하여 약제탱크에 보내기 위한 것으로 약제탱크의 내압이 낮을 때에는 질소가스를 공급하고 소정의 압력이 되면 공급을 정지한다.

(2) 1차는 15MPa, 2차는 2.5MPa용으로 사용하며, 질소 가압용기 1병마다 1개씩 설치한다.

10 정압작동장치

(1) 정압작동장치는 소화약제 저장용기와 방출 주밸브 사이에 있는 장치이다. 가압식 분말 소화설비에서 소화약제 저장용기 내의 소화약제를 헤드로 방사하기 위해서는 소화약제 저장용기 내에 가압용가스(질소)가 들어와 적정한 방출압력이 되어야 배관 및 헤드로 분말 약제를 원활히 방출할 수 있다.

(2) 가압용가스가 저장용기 내에 들어가 적정 방출압력이 될 때까지 주 밸브를 폐쇄하고 있다가 가압용가스가 소화약제를 유동화하여 설정치의 방출압력이 되었을 때(통상소요시간 10 ~ 20초) 주밸브를 개방하는 장치를 정압작동장치라 한다.

11 클리닝장치 설치기준(=청소장치)

(1) 저장용기 및 배관에는 잔류 소화약제를 처리할 수 있는 청소장치를 설치할 것

(2) 배관의 청소에 필요한 양의 가스는 별도의 용기에 저장할 것

12 호스릴분말소화설비 설치기준(화재 시 현저하게 연기가 찰 우려가 없는 장소) [가스계 공통]

(1) 지상 1층 및 피난층에 있는 부분으로서 지상에서 수동 또는 원격조작에 따라 개방할 수 있는 개구부의 유효면적의 합계가 바닥면적의 15% 이상이 되는 부분

(2) 전기설비가 설치되어 있는 부분 또는 다량의 화기를 사용하는 부분(해당 설비의 주위 5m 이내의 부분을 포함한다)의 바닥면적이 해당 설비가 설치되어 있는 구획의 바닥면적의 5분의 1 미만이 되는 부분

chapter

14 출제예상문제

1 다음 중 분말소화설비의 구성품이 아닌 것은?

① 정압 작동장치
② 압력 조정기
③ 가압용 가스용기
④ 기화기

2 분말소화설비의 화재안전기준상 다음 ( )안에 알맞은 것은?

> 분말소화약제의 가압용가스 용기에는 ( )의 압력에서 조정이 가능한 압력조정기를 설치하여야한다.

① 2.5MPa 이하
② 2.5MPa 이상
③ 25MPa 이하
④ 25MPa 이상

1.

분말소화설비 구성품
주밸브, 정압작동장치, 피스톤릴리즈, 선택밸브, 압력조정기, 제어반, 안전밸브, 탱크밸브, 크리닝밸브, 배기밸브, 기동용용기, 가압용가스용기, 분말용기

2.

압력조정장치
가압용의 질소가스는 용기 내 15MPa의 고압으로 충전되어 있으므로 이를 2.5MPa 이하로 감압하여 약제탱크에 보내기 위한 것으로 약제탱크의 내압이 낮을 때에는 질소가스를 공급하고 소정의 압력이 되면 공급을 정지한다.

Answer 1.④ 2.①

3 분말소화설비의 화재안전기준상 수동식 기동장치의 부근에 설치하는 비상스위치에 대한 설명으로 옳은 것은?

① 자동복귀형 스위치로서 수동식 기동장치의 타이머를 순간 정지 시키는 기능의 스위치를 말한다.
② 자동복귀형 스위치로서 수동식 기동장치가 수신기를 순간 정지 시키는 기능의 스위치를 말한다.
③ 수동복귀형 스위치로서 수동식 기동장치의 타이머를 순간 정지 시키는 기능의 스위치를 말한다.
④ 수동복귀형 스위치로서 수동식 기동장치가 수신기를 순간 정지 시키는 기능의 스위치를 말한다.

4 분말소화설비의 화재안전기준에 따라 전역방출방식 분말소화설비의 분사헤드는 소화약제 저장량을 최대 몇 초 이내에 방사할 수 있는 것으로 하여야 하는가?

① 10
② 20
③ 30
④ 40

3.

분말소화설비의 수동식 기동장치는의 부근에는 소화약제의 방출을 지연시킬 수 있는 비상스위치(자동복귀형 스위치로서 수동식 기동장치의 타이머를 순간정지 시키는 기능의 스위치를 말한다.) 〈=가스계 공통사항임.

4.

설비종류	구분	방출시간
분말	전역방출방식	30초
	국소방출방식	30초

Answer 3.① 4.③

chapter

15 고체에어로졸 소화설비

❶ 개요

고체에어로졸 소화설비는 연쇄반응을 차단하여 소화효과를 발휘하는 직경 10㎛ 이하의 고체 입자 및 기체 물질의 혼합물인 고체에어로졸을 사용하는 소화설비로, 설비 작동 전에는 혼합물로 장착되어 있다가 작동 시 자체 연소되면서 생성 · 살포되는 소화설비를 말한다.

❷ 소화원리

소화약제인 칼륨(K)이 방출되고, 방출된 칼륨원소는 O*, H*, OH* 와 융합됨으로써 연소가 지속될 수 있는 연쇄반응을 차단하여 소화하는 원리

❸ 용어정의

용어	정의
고체에어로졸소화설비	설계밀도 이상의 고체에어로졸을 방호구역 전체에 균일하게 방출하는 설비로서 분산(Dispersed)방식이 아닌 압축(Condensed)방식을 말한다.
고체에어로졸화합물	과산화물질, 가연성물질 등의 혼합물로서 화재를 소화하는 비전도성의 미세입자인 에어로졸을 만드는 고체화합물을 말한다.
고체에어로졸	고체에어로졸화합물의 연소과정에 의해 생성된 직경 10μ m 이하의 고체 입자와 기체 상태의 물질로 구성된 혼합물을 말한다.
고체에어로졸발생기	고체에어로졸화합물, 냉각장치, 작동장치, 방출구, 저장용기로 구성되어 에어로졸을 발생시키는 장치를 말한다.
소화밀도	방호공간내 규정된 시험조건의 화재를 소화하는데 필요한 단위체적(m³)당 고체에어로졸화합물의 질량(g)을 말한다.
안전계수	설계밀도를 결정하기 위한 안전율을 말하며 1.3으로 한다.
설계밀도	소화설계를 위하여 필요한 것으로 소화밀도에 안전계수를 곱하여 얻어지는 값을 말한다.
상주장소	일반적으로 사람들이 거주하는 장소 또는 공간을 말한다.
비상주장소	짧은 기간 동안 간헐적으로 사람들이 출입할 수는 있으나 일반적으로 사람들이 거주하지 않는 장소 또는 공간을 말한다.

방호체적	벽 등의 건물 구조 요소들로 구획된 방호구역의 체적에서 기둥 등 고정적인 구조물의 체적을 제외한 것을 말한다.
열 안전이격거리	고체에어로졸 방출 시 발생하는 온도에 영향을 받을 수 있는 모든 구조 · 구성요소와 고체에어로졸 발생기 사이에 안전확보를 위해 필요한 이격거리를 말한다.

4 설치제외 (M 산자금자폭)

고체에어로졸소화설비는 다음 각 목의 물질을 포함한 화재 또는 장소에는 사용할 수 없다.

(1) 니트로셀룰로오스, 화약 등의 **산**화성 물질

(2) 리튬, 나트륨, 칼륨, 마그네슘, 티타늄, 지르코늄, 우라늄 및 플루토늄과 같은 **자**기반응성 금속

(3) **금**속 수소화물

(4) 유기 과산화수소, 하드라진 등 **자**동 열분해를 하는 화학물질

(5) 가연성 증기 또는 분진 등 **폭**발성 물질이 대기에 존재할 가능성이 있는 장소

5 구성요소

(1) 고체에어로졸발생기

에어로졸을 발생시키는 장치

(2) 기동장치

화재감지기 및 수동식 기동장치의 작동과 연동하여 기계적 또는 전기적 방식으로 작동

(3) 방출지연스위치

수동으로 작동하는 방식으로서 방출지연스위치를 누르고 있는 동안 지연

(4) 제어반 등(제어반 및 화재표시반)

(5) 음향장치(주음향장치, 지구음향장치)

① 화재감지기가 작동 또는 수동식 기동장치가 작동할 경우 작동

② **주 음향장치** : 화재표시반의 내부 또는 그 직근에 설치할 것

③ **지구음향장치** : 방호구역마다 설치하되 해당 구역의 각 부분으로부터 하나의 음향장치까지의 수평거리는 25 m 이하가 되도록 할 것

④ **음향장치 종류** : 경종 또는 사이렌(전자식 사이렌을 포함), 이 경우 경종 또는 사이렌은 자동화재탐지설비 · 비상벨설비 또는 자동식사이렌설비의 음향장치와 겸용 가능

⑤ **음향장치 구조 및 성능** : 정격전압 80% 전압에서 작동 가능, 음향장치의 중심으로부터 1m 떨어진 위치에서 90dB 이상

⑥ **작동시간** : 고체에어로졸의 방출 개시 후 1분 이상 경보를 계속 발할 것

(6) 화재감지기

① 광전식 공기흡입형 감지기

② 아날로그 방식의 광전식 스포트형 감지기

③ 중앙소방기술심의위원회의 심의를 통해 고체에어로졸소화설비에 적응성이 있다고 인정된 감지기

(7) 자동폐쇄장치

개구부와 통기구 및 환기장치는 고체에어로졸이 방출되기 전에 폐쇄

(8) 비상전원

자가발전설비, 축전지설비 또는 전기저장장치

(9) 배선

① 비상전원으로부터 제어반에 이르는 전원회로배선 : 내화배선

② 상용전원으로부터 제어반에 이르는 배선, 그 밖의 고체에어로졸소화설비의 감시회로 · 조작회로 또는 표시등회로의 배선 : 내화배선 또는 내열배선

(10) 과압배출구

고체에어로졸 방출 시 과압으로 인한 구조물 등의 손상을 방지하기 위하여 과압배출구를 설치

❻ 고체에어로졸화합물의 양

방호구역 내 소화를 위한 고체에어로졸화합물의 최소 질량은 다음 공식에 따라 산출한 양 이상으로 산정

$$m = d \times v$$

m = 필수소화약제량(g)

d : 설계밀도(g/m³) = 소화밀도(g/m³) × 1.3(안전계수)

소화밀도 : 형식승인 받은 제조사의 설계 매뉴얼에 제시된 소화밀도

v = 방호체적(m³)

chapter

16 가스계 공식정리

❶ 전역방출방식 정리(가스계)

$$W = V \times \alpha \times N + A \times \beta$$

W : 소화약제의 무게(kg)
V : 방호구역의 체적(㎥)
α : 방호구역의 체적 1㎥에 대한 소화약제의 양(kg/㎥)
A : 개구부 면적(㎡)
β : 개구부 가산량(kg/㎡)
N : 보정계수(CO_2에만 해당)

(1) 이산화탄소 소화설비

① 표면화재 α(개구부 가산량 β : 5kg/㎡)

방호구역 체적	방호구역의 체적 1㎥에 대한 소화약제의 양	소화약제 저장량의 최저한도의 양
45㎥ 미만	1.00kg	45kg
45㎥ 이상 150㎥ 미만	0.90kg	
150㎥ 이상 1,450㎥ 미만	0.80kg	135kg
1,450㎥ 이상	0.75kg	1,125kg

② 심부화재 α(개구부 가산량 β : 10kg/㎡)

방호대상물	방호구역의 체적 1㎥에 대한 소화약제의 양	설계농도
유압기기를 제외한 전기설비, 케이블실	1.3kg	50
체적 55㎡ 미만의 전기설비	1.6kg	50
서고, 전자제품창고, 목재가공품창고, 박물관	2.0kg	60
고무류 · 면화류창고, 모피창고, 석탄창고, 집진설비	2.7kg	70

(2) 할론소화설비

① 방호구역의체적 1㎥에 대한 소화약제의 양(α)

소방대상물 또는 그 부분		소화약제의 종별	방호구역의체적 1㎥에 대한 소화약제의 양
차고 · 주차장 · 전기실 · 통신기기실 · 전산실 기타 이와 유사한 전기설비가 설치되어 있는 부분		할론 1301	0.32kg 이상 0.64kg 이하
소방기본법시행령 별표2의 특수가연물을 저장 · 취급하는 소방대상물 또는 그 부분	가연성고체류 · 가연성액체류	할론 2402 할론 1211 할론 1301	0.40kg 이상 1.1kg 이하 0.36kg 이상 0.71kg 이하 0.32kg 이상 0.64kg 이하
	면화류 · 나무껍질 및 대팻밥 · 넝마 및 종이부스러기 · 사류 · 볏짚류 · 목재가공품 및 나무부스러기를 저장 · 취급하는 것	할론 1211 할론 1301	0.60kg 이상 0.71kg 이하 0.52kg 이상 0.64kg 이하
	합성수지류를 저장 · 취급하는 것	할론 1211 할론 1301	0.36kg 이상 0.71kg 이하 0.32kg 이상 0.64kg 이하

② 개구부 가산량(β)

소방대상물 또는 그 부분		소화약제의종별	방호구역의체적 1㎥에 대한 소화약제의 양
차고 · 주차장 · 전기실 · 통신기기실 · 전산실 기타 이와 유사한 전기설비가 설치되어 있는 부분		할론 1301	2.4kg
소방기본법시행령 별표2의 특수가연물을 저장 · 취급하는 소방대상물 또는 그 부분	가연성고체류 · 가연성액체류	할론 2402 할론 1211 할론 1301	3.0kg 2.7kg 2.4kg
	면화류 · 나무껍질 및 대팻밥 · 넝마 및 종이부스러기 · 사류 · 볏짚류 · 목재가공품 및 나무부스러기를 저장 · 취급하는 것	할론 1211 할론 1301	4.5kg 3.9kg
	합성수지류를 저장 · 취급하는 것	할론 1211 할론 1301	2.7kg 2.7kg

(3) 분말 소화설비

① 방호구역의체적 1㎥에 대한 소화약제의 양(α)

소화약제 종별	방호구역의 체적 1㎥에 대한 소화약제의 양
제1종 분말	0.60kg
제2종 분말 또는 제3종 분말	0.36kg
제4종 분말	0.24kg

② 개구부 가산량(β)

소화약제 종별	방호구역의 체적 1㎥에 대한 소화약제의 양
제1종 분말	4.5kg
제2종 분말 또는 제3종 분말	2.7kg
제4종 분말	1.8kg

(4) 할로겐화합물소화약제 및 불활성기체소화약제 약제 저장량

① 할로겐화합물소화약제는 다음 공식에 따라 산출한 양 이상으로 할 것

$$W = \frac{V}{S} \times \left(\frac{C}{100 - C}\right)$$

W : 소화약제의 무게(kg), V : 방호구역의 체적(㎥)
S : 소화약제별 선형상수(K1+K2×t)(㎥/kg)
C : 체적에 따른 소화약제의 설계농도(%)
t : 방호구역의 최소예상온도(℃)

② 불활성기체소화약제는 다음 공식에 따라 산출한 양 이상으로 할 것

$$X = 2.303\left(\frac{Vs}{S}\right) \times Log\left(\frac{100}{100 - C}\right)$$

X : 공간체적당 더해진 소화약제의 부피(㎥/㎥)
S : 소화약제별 선형상수(K1+K2×t)(㎥/kg)
C : 체적에 따른 소화약제의 설계농도(%)
Vs : 20℃에서 소화약제의 비체적(㎥/kg)
t : 방호구역의 최소예상온도(℃)

③ 설계농도는 소화농도(%)에 안전계수(A · C급화재 1.2, B급화재 1.3)를 곱한 값으로 할 것

2 국소방출방식 정리(가스계)

(1) 평면화재(이산화탄소, 할론소화약제만 해당)

$$W = A \times \alpha \times h$$

A : 개구부 면적(㎡)

α : 방출계수(kg/㎡) : 13kg/㎡

h : 할증계수(저압식 : 1.1, 고압식 : 1.4)

(2) 입면화재(이산화탄소, 할론, 분말소화약제만 해당)

$$W = V \times Q \times h,\ Q = X - Y\frac{a}{A}$$

V : 방호공간 체적(㎥)

Q : 방호공간 1㎥에 대한 분말 소화약제의 양(kg/㎥)

a : 방호대상물 주위에 설치된 벽의 면적의 합계(㎡)

A : 방호공간의 벽면적(벽이 없는 경우에는 벽이 있는 것으로 가정한 해당 부분의 면적)의 합계(㎡)

h : 할증계수

※ X 및 Y 수치

소화약제의 종별		X의 수치	Y의 수치
이산화탄소		8	6
할론	할론 2402	5.2	3.9
	할론 1211	4.4	3.3
	할론 1301	4.0	3.0
분말	제1종분말	5.2	3.9
	제2종분말 또는 제3종 분말	3.2	2.4
	제4종 분말	2.0	1.5

※ h 수치

소화약제의 종별		Y의 수치
이산화탄소	고압식	1.4
	저압식	1.1
할론	할론 2402	1.1
	할론 1211	1.1
	할론 1301	1.25
분말	제1종분말 제2종분말 또는 제3종 분말 제4종 분말	1.1

* 연도별 기출경향 *

[기출연도]	2012	2013	2014	2015	2016	2017	2018	2019	2020	2021	2022	2023	2024
시설론 (경보설비)	2	2	2	2	2	2	2	1	1	1	1	2	2

PART

10

경보설비

chapter

01 경보설비의 종류

1 개요

(1) 경보설비 종류 (M 비비자자누가통단시알)

① **단**독경보형감지기

② **비**상경보설비

③ **비**상방송설비

④ **자**동화재탐지설비

⑤ **시**각경보기

⑥ **자**동화재속보설비

⑦ **누**전경보기

⑧ **가**스누설경보기

⑨ **통**합감시시설

⑩ 화재**알**림시설

(2) 경보설비는 화재발생을 통보하는 설비라고 정의되고 있지만 가스누설경보기와 누전경보기는 화재가 아닌 가스누설이나 누전을 경보하는 설비이다.

(3) 자동화재탐지설비 및 시각경보기 · 비상경보설비 · 단독경보형감지기 · 비상방송설비는 화재의 발생을 건물 내의 사람들에게 통보하는 기능을 목적으로 하는 설비들이다.

(4) 자동화재탐지설비는 자동 및 수동으로 작동하나, 비상경보설비는 수동으로만 작동한다. 또한 감지기 내부에 전원 및 감지부가 내장되어 단독으로 경보를 발하는 단독경보형감지기가 있다.

(5) 비상방송설비는 음향장치의 역할만을 하는 설비로서 자동화재탐지설비와 연동이 되어야 한다.

(6) 자동화재속보설비는 건물 내에 있는 사람들에게 통보하는 것이 아니라 소방서에 통보하는 설비로서 화재감지기능을 가지고 있지 못해 자동화재탐지설비와 연동되어야 한다.

(7) 화재알림설비는 전통시장에서 발생하는 화재를 선제적으로 예방하기 위해 전통시장의 특성을 반영한 설비로써 감지기 오동작 방지를 위해 자동보정 기능을 의무화하고, 관계인의 화재알림설비에 대한 원격관리가 가능토록 한 설비이다.

❷ ASET과 RSET

(1) 용어정의

피난소요시간(RSET) (Required safe escape time)	탈출에 필요한 시간으로서 재실자가 착화시간에 있던 장소로부터 안전지역으로 이동하는 데 소요되는 시간
피난허용시간(ASET) (Available safe escape time)	발화시각부터 거주자가 무능력해질 때, 예를 들어 안전한 장소로의 탈출을 위한 유효한 행동을 할 수 없는 때까지 대피가능시간

(2) 건축물에서 피난안전성의 문제는 피난허용시간피난소요시간과 관련되어 있으며, ASET이 RSET보다 커야 안전하게 피난이 가능한 것으로 판정을 한다. (ASET > RSET일 때, 피난안전성 확보)

(3) 피난소요시간을 산정하는데 있어서는 자동화재탐지설비의 성능, 건축물의 구조 및 형태, 재실자의 특성, 비상대응훈련 등 여러 요소들이 복합적으로 관계되어 있으며 화재의 조기감지와 화재통보방식이 재실자가 화재를 인식하고 대피를 실행하는 데 중요한 역할을 하고 있다.

피난소요시간 산정은 다음과 같이 구성되어 있다.

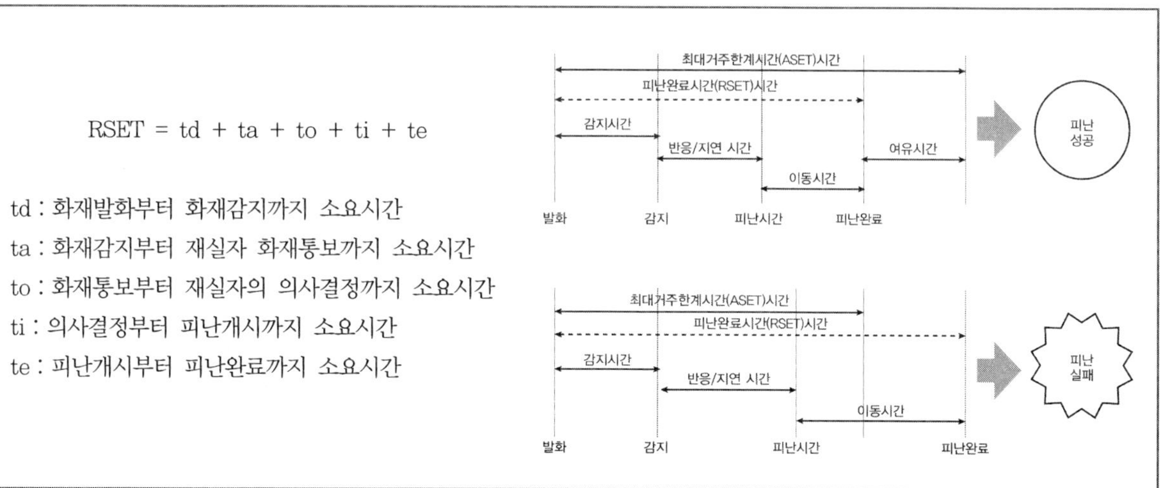

chapter

02 비상경보설비 및 단독경보형감지기

❶ 개요

비상경보설비에는 비상벨설비, 자동식사이렌설비가 있다. 비상벨설비와 자동식사이렌설비는 사람이 화재를 발견하고 건물내에 있는 사람들에게 알리는 설비로 수동으로만 작동하며, 단독경보형감지기는 화재 발생상황을 자동으로 감지하여 그 자체에 부착된 음향장치로 경보를 발하는 것을 말한다.

❷ 비상경보설비

(1) 설치대상 (Ⓜ 연사 무지씹오 공백/ 터보/ 50근)

① **연**면적이 400㎡ 이상(지하가 중 터널 또는 사람이 거주하지 아니하거나 벽이 없는 축사를 제외)이거나, **지**하층 또는 **무**창층의 바닥면적이 150㎡ 이상(**공**연장인 경우 100㎡)인 것.

② 지하가 중 **터**널로서 길이가 500m 이상인 것.

③ 50인 이상의 **근**로자가 작업하는 옥내작업장

(2) 면제대상 (Ⓜ 비 단자/ 비 단경2)

① **비**상경보설비 또는 **단**독경보형감지기를 설치하여야 할 특정소방대상물에 **자**동화재탐지설비를 화재안전기준에 적합하게 설치한 경우에는 그 설비의 유효범위안의 부분에는 비상경보설비 또는 단독경보형감지기를 설치가 면제 된다.

② **비**상경보설비를 설치하여야 할 특정소방대상물에 **단**독**경**보형감지기를 2개 이상의 단독경보형감지기와 연동하여 설치한 경우에는 그 설비의 유효범위 안의 부분에는 비상경보설비 설치가 면제된다.

(3) 작동원리

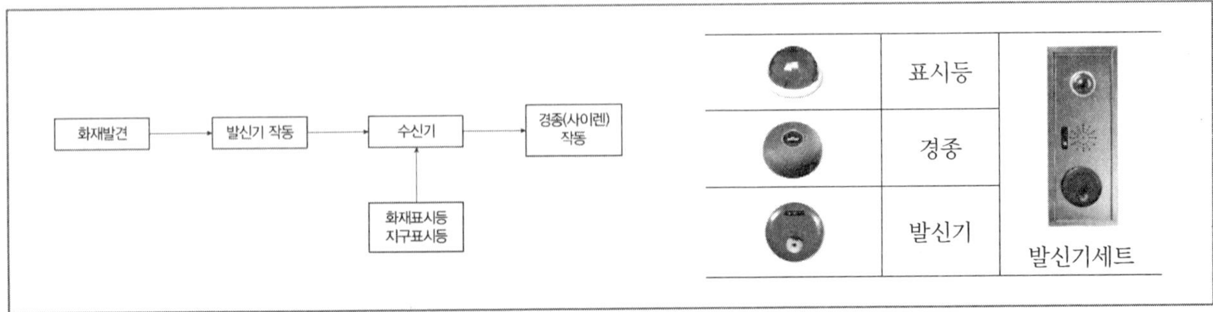

(4) 용어정의

비상벨설비	화재발생 상황을 경종으로 경보하는 설비
자동식사이렌설비	화재발생 상황을 사이렌으로 경보하는 설비
단독경보형감지기	화재발생 상황을 단독으로 감지하여 자체에 내장된 음향장치로 경보하는 감지기
발신기	화재발생 신호를 수신기에 수동으로 발신하는 장치
수신기	발신기에서 발하는 화재신호를 직접 수신하여 화재의 발생을 표시 및 경보하여 주는 장치

(5) 비상벨설비 및 자동식사이렌설비 설치기준

① 설치 위치 : 부식성 가스 또는 습기 등으로 인하여 부식의 우려가 없는 장소에 설치하여야 한다.

② 음향장치 (Ⓜ 특층 각수25 해각유경/ 팔 하나 구해요)

㉠ 지구음향장치는 **특**정소방대상물의 **층**마다 설치하되, 당해 특정소방대상물의 **각** 부분으로부터 하나의 음향장치까지의 **수**평거리가 25m 이하가 되도록 하고, **해당** 층의 **각** 부분에 **유**효하게 **경**보를 발할 수 있도록 설치할 것

㉡ 정격전압의 80% 전압에서 음향을 발할 수 있는 것으로 할 것

㉢ 음량은 부착된 음향장치의 중심으로부터 1m 떨어진 위치에서 90㏈ 이상이 되는 것으로 할 것

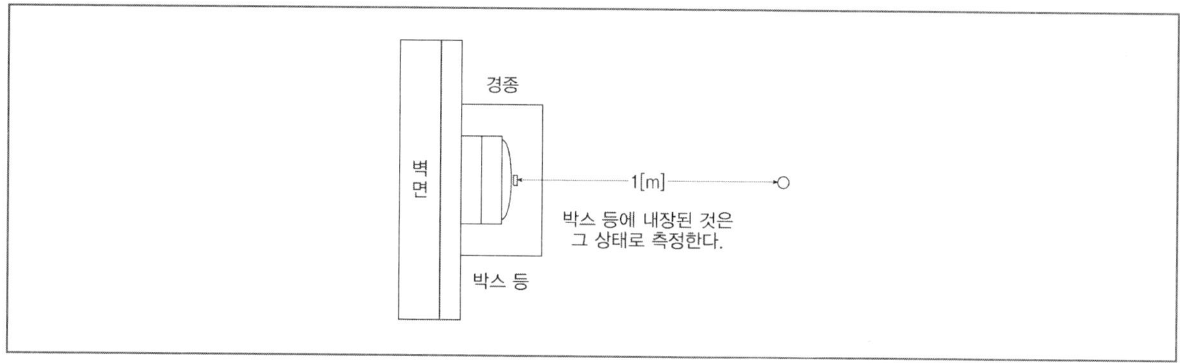

③ 발신기 (Ⓜ 조쉬장스 815/발층 각수25 복별구실 보살/ 상부1510 적색등)

㉠ **조**작이 **쉬**운 **장**소에 설치하고, **스**위치는 바닥으로부터 0.8m 이상 1.5m 이하의 높이에 설치할 것

㉡ **발**신기는 하나의 **층**마다 설치하되 당해 특정소방대상물의 **각** 부분으로부터 하나의 발신기까지의 **수**평거리가 25m 이하가 되도록 할 것. 다만, **복**도 또는 **별**도로 **구**획된 **실**로서 **보**행거리가 40m 이상일 경우에는 추가로 설치하여야 한다.

㉢ 발신기의 위치를 표시하는 표시등은 발신기의 **상부**에 설치하되, 그 불빛은 부착면으로부터 15° 이상의 범위 안에서 부착지점으로부터 10m 이내의 어느 곳에서도 쉽게 식별할 수 있는 **적색등**으로 할 것

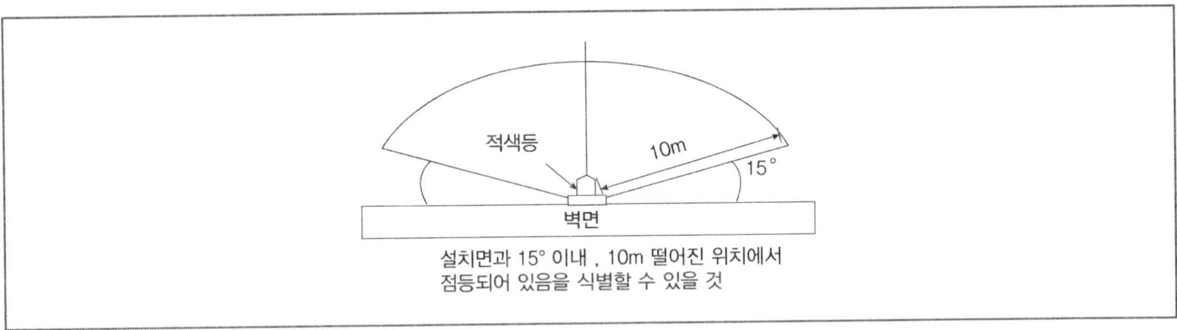

(6) 전원

① 상용전원

㉠ 전원은 전기가 정상적으로 공급되는 축전지, 전기저장장치(외부 전기 에너지를 저장해 두었다가 필요한 때 전기를 공급하는 장치) 또는 교류전압의 옥내간선으로하고, 전원까지의 배선은 전용으로 할 것.

㉡ 개폐기에는 "비상벨설비 또는 자동식사이렌설비용"이라고 표시한 표지를 할 것

② 비상전원(Ⓜ 육감십경) : 비상전원은 설비에 대한 **감**시상태를 **6**0분 이상 지속한 후 유효하게 **10**분 이상 **경**보할 수 있는 축전지 설비(수신기에 내장하는 경우를 포함한다) 또는 전기저장장치(외부 전기에너지를 저장해 두었다가 필요한 때 전기를 공급하는 장치)를 설치하여야 한다.

3 단독경보형 감지기

(1) 설치대상 (Ⓜ 공동연다/ 사립유치원/ 교수합숙2천미/ 다목7)

① **공동**주택 중 **연**립주택 및 **다**세대주택(연동형)

② **교**육연구시설 또는 **수**련시설 내에 있는 **합**숙소 또는 기**숙**사로서 연면적 **2**천m² 미만인 것

③ **다목 7**)에 해당하지 않는 수련시설(숙박시설이 있는 것만 해당한다.)

④ 연면적 **4**00m² 미만의 **유치원**

※ 다목7) : 노유자시설(노유자 생활시설에 해당하지 않는 것)로서 연면적 400m² 이상인 노유자시설 및 숙박시설이 있는 수련시설로서 수용인원 100명 이상인 것에 해당하지 않는 수련시설(숙박시설이 있는 것만 해당한다)

(2) 설치기준

① 각 실(이웃하는 실내의 바닥면적이 각각 30㎡ 미만이고 벽체 상부의 전부 또는 일부가 개방되어 이웃하는 실내와 공기가 상호 유통되는 경우 1실로 본다)마다 설치하되 바닥면적이 150㎡를 초과하는 경우 150㎡ 마다 1개 이상 설치할 것

② 최상층의 계단실의 천장(외기가 통하는 계단실 제외)에 설치할 것

③ 건전지를 주전원으로 사용하는 단독경보형감지기는 정상적인 작동상태를 유지할 수 있도록 주기적으로 건전지를 교환할 것

④ 상용전원을 주전원으로 사용하는 단독경보형감지기의 2차전지는 법 제40조의 규정에 따라 성능시험에 합격한 것을 사용할 것

chapter

02 출제예상문제

1 비상경보설비 및 단독경보형감지기의 화재안전기준(NFSC 201)에 따른 발신기의 시설기준에 대한 내용이다. 다음 ( )에 들어갈 내용으로 옳은 것은?

> 조작이 쉬운 장소에 설치하고, 조작 스위치는 바닥으로부터 (ⓐ)m 이상 (ⓑ)m 이하의 높이에 설치할 것

① ⓐ 0.6, ⓑ 1.2
② ⓐ 0.8, ⓑ 1.5
③ ⓐ 1.0, ⓑ 1.8
④ ⓐ 1.2, ⓑ 2.0

2 비상경보설비 및 단독경보형감지기의 화재안전기준(NFSC 201)에 따른 단독경보형감지기의 시설기준에 대한 내용이다. 다음 ( )에 들어갈 내용으로 옳은 것은?

> 단독경보형감지기는 바닥면적이 (㉠)m^2를 초과하는 경우에는 (㉡) m^2 마다 1개 이상을 설치하여야 한다.

① ㉠ 100, ㉡ 100
② ㉠ 100, ㉡ 150
③ ㉠ 150, ㉡ 150
④ ㉠ 150, ㉡ 200

1.

발신기 (Ⓜ **조쉬장스 815/발층 각수25 복별구실 보살/ 상부1510 적색등)**

㉠ **조**작이 **쉬**운 **장**소에 설치하고, **스**위치는 바닥으로부터 0.8m 이상 1.5m 이하의 높이에 설치할 것
㉡ **발**신기는 하나의 **층**마다 설치하되 당해 특정소방대상물의 **각** 부분으로부터 하나의 발신기까지의 **수**평거리가 **25**m 이하가 되도록 할 것. 다만, **복**도 또는 **별**도로 **구**획된 **실**로서 **보**행거리가 **40**m 이상일 경우에는 추가로 설치하여야 한다.
㉢ 발신기의 위치를 표시하는 표시등은 발신기의 **상부**에 설치하되, 그 불빛은 부착면으로부터 **15°** 이상의 범위 안에서 부착지점으로부터 **10**m 이내의 어느 곳에서도 쉽게 식별할 수 있는 **적색등**으로 할 것

2.

단독경보형 감지기 설치기준

㉠ 각 실(이웃하는 실내의 바닥면적이 각각 30m^2 미만이고 벽체 상부의 전부 또는 일부가 개방되어 이웃하는 실내와 공기가 상호 유통되는 경우 1실로 본다)마다 설치하되 바닥면적이 150m^2를 초과하는 경우 150m^2 마다 1개 이상 설치할 것
㉡ 최상층의 계단실의 천장(외기가 통하는 계단실 제외)에 설치할 것
㉢ 단독경보형감지기에 내장된 건전지는 정상적인 작동상태를 유지할 수 있도록 교환할 것
㉣ 상용전원을 주전원으로 사용하는 단독경보형감지기의 2차전지는 법 제39조의 규정에 따라 성능시험에 합격한 것을 사용할 것

Answer 1.② 2.③

3 비상경보설비 및 단독경보형감지기의 화재안전기준(NFSC 201)에 따른 단독경보형감지기에 대한 내용이다. 다음 ( ) 에 들어갈 내용으로 옳은 것은?

> 이웃하는 실내의 바닥면적이 각각 ( )㎡ 미만이고 벽체의 상부의 전부 또는 일부가 개방되어 이웃하는 실내와 공기가 상호 유통되는 경우에는 이를 1개의 실로 본다.

① 30
② 50
③ 100
④ 150

3.

문제 2번 답안 참조

4 비상경보설비 및 단독경보형감지기의 화재안전기준(NFSC 201)에 따라 바닥면적이 450㎡일 경우 단독경보형감지기의 최소 설치개수는?

① 1개
② 2개
③ 3개
④ 4개

4.

바닥면적이 150㎡를 초과하는 경우 150㎡ 마다 1개 이상 설치하여야 하므로,
설치개수 = 450㎡/150㎡ = 3개

Answer 3.① 4.③

chapter

03 비상방송설비

1 개요 2024

비상방송설비는 화재발생 상황을 자동 또는 수동으로 음성이나 비상경보의 방송을 확성기를 통해 알려주는 설비이다.

2 설치대상 및 면제대상

설치대상 (M 연삼오/일일/삼)	면제대상 (M 방자경)
① **연**면적 3,500㎡ 이상인 것 ② 지하층을 제외한 층수가 11층 이상인 것 ③ 지하층의 층수가 3개층 이상인 것	비상**방**송설비를 설치하여야 할 특정소방대상물에 **자**동화재탐지설비 또는 비상**경**보설비와 동등 이상의 음향을 발하는 장치를 부설한 방송설비를 화재안전기준에 적합하게 설치한 경우, 그 설비의 유효범위안의 부분에서 설치가 면제된다.

3 용어정의

용어	정의
확성기	소리를 크게 하여 멀리까지 전달될 수 있도록 하는 장치로서 일명 스피커를 말한다.
음량조절기	가변저항을 이용하여 전류를 변화시켜 음량을 크게 하거나 작게 조절할 수 있는 장치를 말한다.
증폭기	전압전류의 진폭을 늘려 감도를 좋게 하고 미약한 음성전류를 커다란 음성전류로 변화시켜 소리를 크게 하는 장치를 말한다.

4 작동원리

(1) 작동흐름도

비상방송설비는 자동화재탐지설비로부터 화재신호를 받아서 확성기로 화재발생을 알려준다.

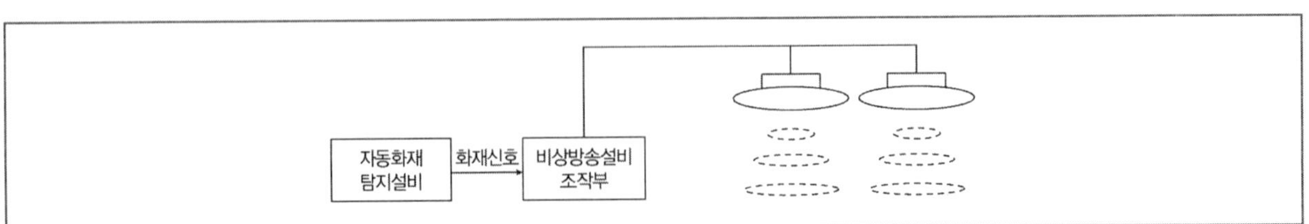

(2) 경보방식 🔥🔥🔥 2020 간부

층수가 11층(공동주택의 경우에는 16층) 이상의 특정소방대상물의 경우, 2층 이상의 층에서 발화한 때에는 발화층 및 그 직상 4개층에, 1층에서 발화한 때에는 발화층 · 그 직상 4개층 및 지하층에, 지하층에서 발화한 때에는 발화층 · 그 직상층 및 기타의 지하층에 경보를 발할 것

직상 발화 우선경보방식

발화층	우선적으로 경보되는 층
2층 이상 발화	발화층, 그 직상 4개층
1층 발화	발화층, 그 직상 4개층 및 지하층
지하층 발화	발화층 · 그 직상층 및 기타의 지하층

5 설치기준

(1) 조작부 등

① 조작부의 조작스위치는 바닥으로부터 0.8m 이상 1.5m 이하의 높이에 설치할 것

② 조작부는 기동장치의 작동과 연동하여 당해 기동장치가 작동한 층 또는 구역을 표시할 수 있는 것으로 할 것

③ 증폭기 및 조작부는 수위실 등 상시 사람이 근무하는 장소로서 점검이 편리하고 방화상 유효한 곳에 설치할 것

④ 다른 방송설비와 공용하는 것에 있어서는 화재 시 비상경보 외의 방송을 차단할 수 있는 구조로 할 것

⑤ 하나의 특정소방대상물에 2 이상의 조작부가 설치되어 있는 때에는 각각의 조작부가 있는 장소 상호간에 동시통화가 가능한 설비를 설치하고 어느 조작부에서도 당해 특정소방대상물의 전 구역에 방송할 수 있도록 할 것

⑥ 기동장치에 의한 화재신고를 수신한 후, 필요한 음량으로 화재발생 상황 및 피난에 유효한 방송이 자동으로 개시될 때까지 소요시간은 10초 이하로 할 것.

(2) 확성기

① 확성기의 음성입력은 3W(실내에 설치하는 것에 있어서는 1W) 이상일 것

② 확성기는 각 층마다 설치하되 그 층의 각 부분으로부터 하나의 확성기까지의 수평거리가 25m 이하가 되도록 하고 해당 층의 각 부분에 유효하게 경보를 발할 수 있도록 설치할 것

(3) 음향장치

① 정격전압의 80% 전압에서 음향을 발할 수 있는 것으로 할 것

② 자동화재탐지설비의 작동과 연동하여 작동할 수 있는 것으로 할 것

(4) 배선

① 음량조정기를 설치하는 경우 음량조정기의 배선은 3선식으로 할 것

② 다른 전기회로에 의하여 유도장애가 생기지 아니하도록 할 것

③ 화재로 인하여 하나의 층의 확성기 또는 배선이 단락 또는 단선되어도 다른 층의 화재경보에 지장이 없도록 할 것

④ 전원회로의 배선은 내화배선에 의하고 그 밖의 배선은 내화배선 또는 내열배선에 의한다.

⑤ 전원회로의 전로와 대지 사이 및 배선 상호간의 절연저항은「전기사업법」제67조에 따른 기술기준이 정하는 바에 따르고, 부속회로의 전로와 대지 사이 및 배선 상호간의 절연저항은 1경계구역마다 직류 250V의 절연저항측정기를 사용하여 측정한 절연저항이 0.1MΩ 이상이 되도록 할 것

3선식 배선의 결선

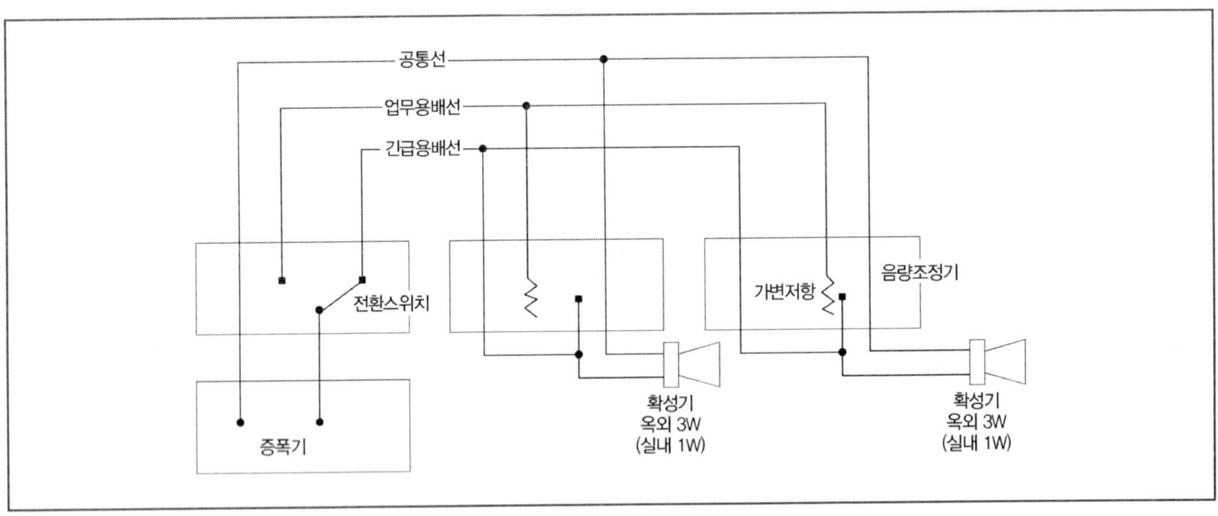

chapter

03 출제예상문제

1 특정소방대상물의 비상방송설비 설치의 면제 기준 중 다음 ( ) 안에 알맞은 것은?

> 비상방송설비를 설치하여야하는 특정소방대상물에 ( ) 또는 비상경보설비와 같은 수준 이상의 음향을 발하는 장치를 부설한 방송설비를 화재안전기준에 적합하게 설치한 경우에는 그 설비의 유효범위에서 설치가 면제된다.

① 자동화재속보설비
② 시각경보기
③ 단독경보형 감지기
④ 자동화재탐지설비

2 다음 비상경보설비 및 비상방송설비에 사용되는 용어 설명 중 틀린 것은?

① 비상벨설비라 함은 화재발생 상황을 경종으로 경보하는 설비를 말한다.
② 증폭기라 함은 전압전류의 주파수를 늘려 감도를 좋게 하고 소리를 크게 하는 장치를 말한다.
③ 확성기라 함은 소리를 크게 하여 멀리까지 전달될 수 있도록 하는 장치로써 일명 스피커를 말한다.
④ 음량조절기라 함은 가변저항을 이용하여 전류를 변화시켜 음량을 크게 하거나 작게 조절할 수 있는 장치를 말한다.

1.

비상방송설비 설치대상 및 면제대상

설치대상 (M 연삼오/일일/삼)	면제대상 (M 방자경)
① **연**면적 **3,5**00㎡ 이상인 것 ② 지하층을 제외한 층수가 **11**층 이상인 것 ③ 지하층의 층수가 **3**개층 이상인 것	비상**방**송설비를 설치하여야 할 특정소방대상물에 **자**동화재탐지설비 또는 비상**경**보설비와 동등 이상의 음향을 발하는 장치를 부설한 방송설비를 화재안전기준에 적합하게 설치한 경우, 그 설비의 유효범위안의 부분에서 설치가 면제된다.

2.

증폭기 : 전압전류의 진폭을 늘려 감도를 좋게 하고 미약한 음성전류를 커다란 음성전류로 변화시켜 소리를 크게 하는 장치를 말한다.

Answer 1.④ 2.②

* 2020년 간부

3 〈보기〉에 제시된 건축물 1층에서 발화한 경우, 직상발화 우선 경보방식으로 발하여야 하는 해당 층을 모두 나타낸 것은?

〈보기〉

지하 3층, 지상 35층, 연면적 10,000m^2

① 1층, 2층
② 1층, 2층, 지하층 전체
③ 1층, 2층, 3층, 4층, 5층
④ 1층, 2층, 3층, 4층, 5층, 지하층 전체
⑤ 건물 전체 층

3.

층수가 11층(공동주택의 경우에는 16층) 이상의 특정소방대상물의 경우, 2층 이상의 층에서 발화한 때에는 발화층 및 그 직상 4개층에, 1층에서 발화한 때에는 발화층·그 직상 4개층 및 지하층에, 지하층에서 발화한 때에는 발화층·그 직상층 및 기타의 지하층에 경보를 발할 것

발화층	우선적으로 경보되는 층
2층 이상 발화	발화층, 그 직상 4개층
1층 발화	발화층, 그 직상 4개층 및 지하층
지하층 발화	발화층·그 직상층 및 기타의 지하층

4 일반적인 비상방송설비의 계통도다. 다음의 (　)에 들어갈 내용으로 옳은 것은?

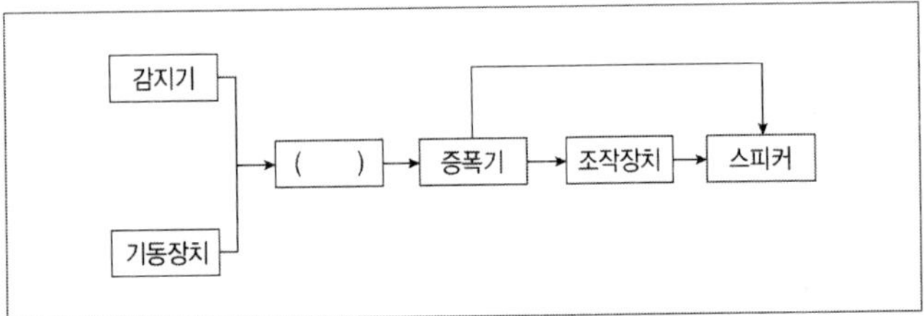

① 변류기
② 발신기
③ 수신기
④ 음향장치

4.

비상방송설비는 자동화재탐지설비(수신기)로부터 화재신호를 받아서 확성기로 화재발생을 알려준다.

Answer 3.④ 4.③

5 비상방송설비 음향장치의 설치기준 중 다음 ( ) 안에 알맞은 것은?

> • 음량조정기를 설치하는 경우 음량조정기의 배선은 (㉠) 선식으로 할 것
> • 확성기는 각 층마다 설치하되, 그 층의 각 부분으로부터 하나의 확성기까지의 수평거리가 (㉡)m 이하가 되도록 하고, 해당 층의 각 부분에 유효하게 경보를 발할 수 있도록 설치 할 것

① ㉠ 2, ㉡ 15
② ㉠ 2, ㉡ 25
③ ㉠ 3, ㉡ 15
④ ㉠ 3, ㉡ 25

5.

확성기

㉠ 확성기의 음성입력은 3W(실내에 설치하는 것에 있어서는 1W) 이상일 것
㉡ 확성기는 각 층마다 설치하되 그 층의 각 부분으로부터 하나의 확성기까지의 수평거리가 25m 이하가 되도록 하고 해당 층의 각 부분에 유효하게 경보를 발할 수 있도록 설치할 것

6 비상방송설비의 화재안전기준(NFSC 202)에 따른 음향장치의 구조 및 성능에 대한 기준이다. 다음 ( )에 들어갈 내용으로 옳은 것은?

> 가. 정격전압의 (㉠)% 전압에서 음향을 발할 수 있는 것을 할 것
> 나. (㉡)의 작동과 연동하여 작동할 수 있는 것으로 할 것

① ㉠ 65, ㉡ 자동화재탐지설비
② ㉠ 80, ㉡ 자동화재탐지설비
③ ㉠ 65, ㉡ 단독경보형감지기
④ ㉠ 80, ㉡ 단독경보형감지기

6.

음향장치

㉠ 정격전압의 80% 전압에서 음향을 발할 수 있는 것으로 할 것
㉡ 자동화재탐지설비의 작동과 연동하여 작동할 수 있는 것으로 할 것

Answer 5.④ 6.②

chapter

04 자동화재탐지설비

① 개요

자동화재탐지설비는 감지기, 발신기, 중계기, 수신기, 음향장치 등으로 구성되어 있다. 각각의 역할을 살펴보면,

① 감지기는 화재로부터 생성되는 열, 연기 또는 불꽃을 자동적으로 감지하고, 전선을 통하여 직접 또는 중계기를 거쳐 수신기에 신호를 전달하면

② 수신기는 화재발생장소를 표시함과 동시에 음향장치 또는 방송설비와 소화설비에 작동신호를 보내어 피난 및 소화활동을 유도한다.

③ 발신기는 화재를 발견한 사람이 수동조작에 의해 신호를 수신기에 전달하는 역할을 하게 된다.

② 설치대상 및 면제대상

(1) 자동화재탐지설비 설치대상

① 공동주택 중 아파트등 · 기숙사 및 숙박시설의 경우에는 모든 층

② 층수가 6층 이상인 건축물의 경우에는 모든 층

③ 근린생활시설(목욕장은 제외한다), 의료시설(정신의료기관 및 요양병원은 제외한다), 위락시설, 장례시설 및 복합건축물로서 연면적 600㎡ 이상인 경우에는 모든 층

④ 근린생활시설 중 목욕장, 문화 및 집회시설, 종교시설, 판매시설, 운수시설, 운동시설, 업무시설, 공장, 창고시설, 위험물 저장 및 처리 시설, 항공기 및 자동차 관련 시설, 교정 및 군사시설 중 국방 · 군사시설, 방송통신시설, 발전시설, 관광 휴게시설, 지하가(터널은 제외한다)로서 연면적 1천㎡ 이상인 경우에는 모든 층

⑤ 교육연구시설(교육시설 내에 있는 기숙사 및 합숙소를 포함한다), 수련시설(수련시설 내에 있는 기숙사 및 합숙소를 포함하며, 숙박시설이 있는 수련시설은 제외한다), 동물 및 식물 관련 시설(기둥과 지붕만으로 구성되어 외부와 기류가 통하는 장소는 제외한다), 자원순환 관련 시설, 교정 및 군사시설(국방 · 군사시설은 제외한다) 또는 묘지 관련 시설로서 연면적 2천㎡ 이상인 경우에는 모든 층

⑥ 노유자 생활시설의 경우에는 모든 층

⑦ ⑥에 해당하지 않는 노유자 시설로서 연면적 400㎡ 이상인 노유자 시설 및 숙박시설이 있는 수련시설로서 수용인원 100명 이상인 경우에는 모든 층

⑧ 의료시설 중 정신의료기관 또는 요양병원으로서 다음의 어느 하나에 해당하는 시설

가) 요양병원(의료재활시설은 제외한다)

나) 정신의료기관 또는 의료재활시설로 사용되는 바닥면적의 합계가 300m² 이상인 시설

다) 정신의료기관 또는 의료재활시설로 사용되는 바닥면적의 합계가 300m² 미만이고, 창살(철재 · 플라스틱 또는 목재 등으로 사람의 탈출 등을 막기 위하여 설치한 것을 말하며, 화재시 자동으로 열리는 구조로 되어 있는 창살은 제외한다)이 설치된 시설

⑨ 판매시설 중 전통시장

⑩ 지하가 중 터널로서 길이가 1천m 이상인 것

⑪ 지하구

⑫ ③에 해당하지 않는 근린생활시설 중 조산원 및 산후조리원

⑬ ④에 해당하지 않는 공장 및 창고시설로서 「화재의 예방 및 안전관리에 관한 법률 시행령」 별표 2에서 정하는 수량의 500배 이상의 특수가연물을 저장 · 취급하는 것

⑭ ④에 해당하지 않는 발전시설 중 전기저장시설

(2) 시각경보장치 설치대상

시각경보장치를 설치하여야 하는 특정소방대상물은 자동화재탐지설비를 설치하여야 하는 특정소방대상물 중 다음의 어느 하나에 해당하는 것과 같다.

① 근린생활시설, 문화 및 집회시설, 종교시설, 판매시설, 운수시설, 의료시설, 노유자시설

② 운동시설, 업무시설, 숙박시설, 위락시설, 창고시설 중 물류터미널, 발전시설 및 장례시설

③ 교육연구시설 중 도서관, 방송통신시설 중 방송국

④ 지하가 중 지하상가

(3) 설치의 면제

자동화재탐지설비의 기능(감지 · 수신 · 경보기능을 말한다)과 성능을 가진 스프링클러설비 또는 물분무등소화설비를 화재안전기준에 적합하게 설치한 경우에는 그 설비의 유효범위에서 설치가 면제된다.

3 용어정의 2015 2017 2024

경계구역	**특**정소방대상물 중 **화**재신호를 **발**신하고 그 **신**호를 **수**신 및 유효하게 **제**어할 수 있는 구역 (M **특화발신수제**)
수신기	**감**지기나 **발**신기에서 발하는 화재신호를 직접 **수**신하거나 **중**계기를 통하여 수신하여 화재의 발생을 **표**시 및 **경**보하여 주는 장치 (M **감발수중표경**)
중계기	**감**지기 · **발**신기 또는 **전**기적**접**점 등의 작동에 따른 신호를 받아 이를 **수**신기의 **제**어반에 **전**송하는 **장**치 (M **감발전접 수제전장**)
감지기	화재 시 발생하는 **열**, **연**기, **불**꽃 또는 연소**생**성물을 **자**동적으로 **감**지하여 **수**신기에 화재신호 등을 **발**신하는 장치 (M **열연불생 자감수발**)
발신기	화재발생 신호를 수신기에 수동으로 발신하는 장치
시각경보장치	자동화재탐지설비에서 발하는 화재신호를 시각경보기에 전달하여 청각장애인에게 점멸형태의 시각경보를 하는 것

4 경계구역 2016 간부 2020 간부

자동화재탐지설비는 화재발생뿐만 아니라 화재가 건물의 어느 지점에서 발생했는지도 알려주는 설비이다. 화재발생지점은 수신기에 표시된 지구표시등 또는 문자 하나가 담당하는 구역을 경계구역이라 할 수 있다. 즉 경계구역이란 "<u>특정소방대상물 중 화재신호를 발신하고 그 신호를 수신 및 유효하게 제어할 수 있는 지역</u>"을 말한다.

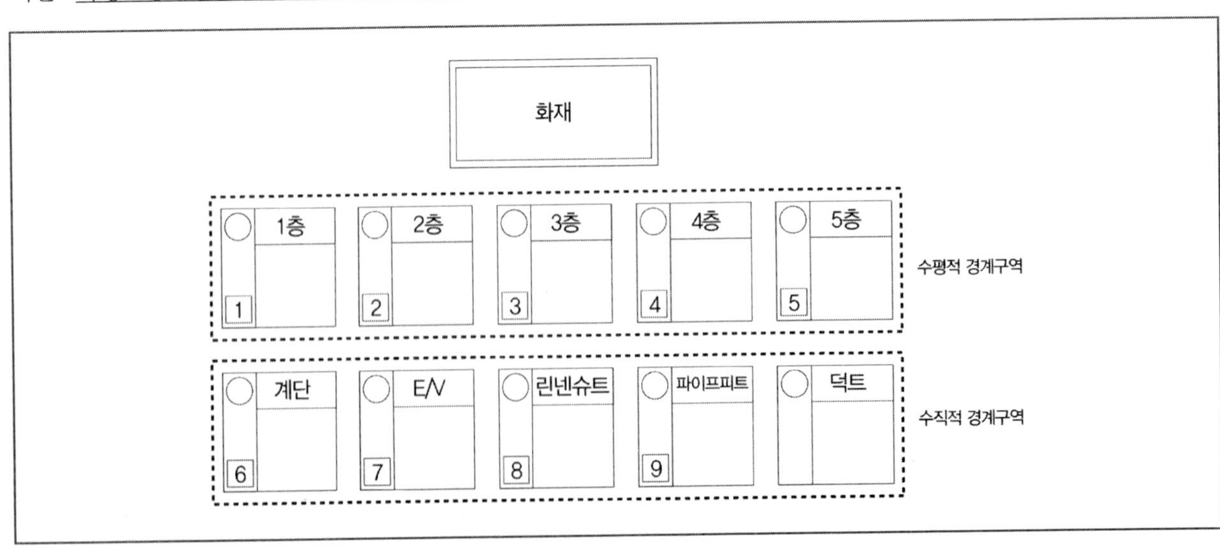

(1) 경계구역의 설정 기준

건물 내의 공간은 일반적으로 거실과 같은 수평적 공간과 계단 및 파이프 덕트 등과 같은 수직적인 공간이 있다. 경계구역은 수평적 공간과 수직적 공간을 구분해서 설정된다.

① 수평적 경계구역 (Ⓜ 둘건/ 둘층오이하경/ 면육길오/ 터널백)

㉠ 하나의 경계구역이 2개 이상의 **건**축물에 미치지 아니하도록 할 것

㉡ 하나의 경계구역이 2개 이상의 **층**에 미치지 아니하도록 할 것. 다만, 500㎡ 이하의 범위 안에서는 2개의 층을 **하**나의 **경**계구역으로 할 수 있다.

㉢ 하나의 경계구역의 **면**적은 600㎡ 이하로 하고 한 변의 **길**이는 50m 이하로 할 것. 다만, 당해 특정소방대상물의 주된 출입구에서 그 내부 전체가 보이는 것에 있어서는 한 변의 길이가 50m 범위 내에서 1,000㎡ 이하로 할 수 있다.

구분	원칙	예외
층별	층 마다	2개의 층이 500㎡ 이하일 때는 하나의 경계구역으로 할 수 있다.
면적	600㎡ 이하	주된 출입구에서 건물내부 전체가 보일 때는 한 변의 길이가 50m범위 내에서 1,000㎡ 이하로 할 수 있다.
한 변의 길이	50m 이하	터널의 경우에는 100m 이하로 할 수 있다.

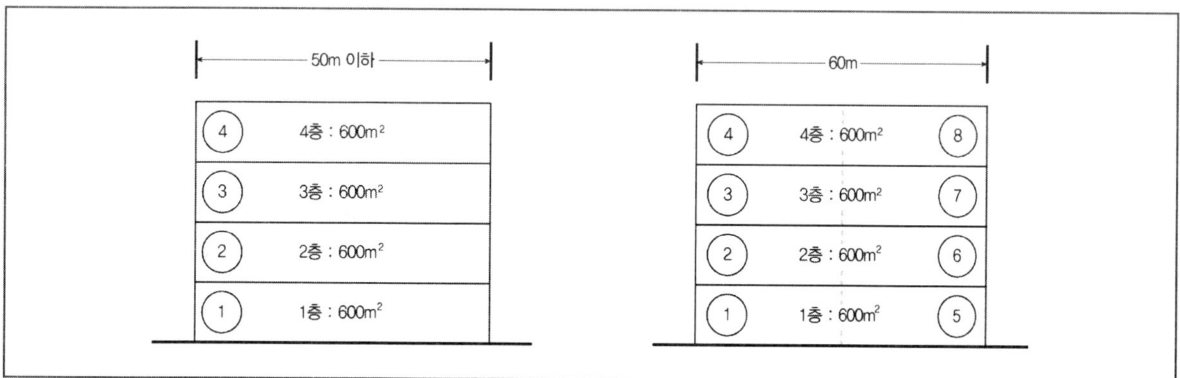

② 수직적 경계구역 (Ⓜ 계경엘린파덕 45 지하계경 별도하나) : **계**단 · **경**사로(에스컬레이터경사로 포함) · **엘**리베이터 승강로 · **린**넨슈트 · **파**이프 피트 및 **덕**트 기타 이와 유사한 부분에 대하여는 별도로 경계구역을 설정하되, 하나의 경계구역은 높이 **45**m 이하(계단 및 경사로에 한한다)로 하고, **지하**층의 **계**단 및 **경**사로(에스컬레이터 경사로 포함)(지하층의 층수가 1일 경우는 제외한다)는 **별도**로 **하나**의 경계구역으로 하여야 한다.

구분	계단, 경사로	E/V승강로 · 린넨슈트 · 파이프 피트 및 덕트 · 기타
높이	45m 이하	제한 없음
지하층 구분	지상층과 지하층구분 (단, 지하 1층만 있을 경우에는 제외)	제한 없음

③ **면적의 산정 (Ⓜ 외면오미아니)** : 경계구역의 면적을 산정할 때 **외**기에 **면**하여 상시 개방된 부분이 있는 차고 · 주차장 · 창고 등에 있어서는 외기에 면하는 각 부분으로부터 **5m 미**만의 범위 안에 있는 부분은 경계구역의 면적에 산입하지 **아니**한다.

④ **다른 설비에 감지기 설치시 경계구역의 설정** : 감지기는 자동화재탐지설비에만 사용되는 것이 아니라 자동소화설비 등이 작동하기 위한 화재감지용으로도 사용된다. 이런 스프링클러설비, 물분무등소화설비 또는 제연설비의 화재감지장치로서 감지기를 설치한 경우의 경계구역은 당해 소화설비의 방사구역 또는 제연구역과 동일하게 설정할 수 있다.

다른 소화설비의 화재감지장치 일 때 경계구역면적

소화설비		방호구역	설정기준
스프링클러설비	폐쇄형	바닥면적 기준	3,000㎡ 이하
		층별 기준	1개 층이 하나의 방호구역
			1개 층에 헤드가 10개 이하일 경우 3개층 이내를 하나의 방호구역으로 할 수 있다
	개방형	층별 기준	1개 층이 하나의 방호구역
		헤드기준	50개 이하
물분무등소화설비		방호대상 구역	방사구역 마다 설정
거실 제연설비		제연구역	제연구역 마다 설정

예제

지하 2층과 지상6층으로 이루어진 건축물이 있다.지하 2층부터 지상5층까지의 바닥면적은 750 제곱미터이고 6층의 바닥면적은 150제곱미터이다. 직통계단은 1개소가 있고, 엘리베이터 승강로는 1개 있다. 각층의 층고는 3m이다. 이 건축물의 경계구역의 수는 몇 개인가?

(수평적 경계구역 근거) : 하나의 경계구역은 600m² 이하로 할 것

㉠ 지하 2층 ~ 지상 5층 : 750/600 = 1.25, 절상하여 2경계구역 × 7층 = 14경계구역

㉡ 지상 6층 : 150/600 = 0.25, 절상하여 1경계구역

∴ 총 15경계구역

(수직적 경계구역 근거)

계단, 경사로, 엘리베이터 승강로, 권상기실, 린넨슈트 등 이와 유사한 부분은 별도로 경계구역 설정

하나의 경계구역은 높이 45m이하(계단, 경사로에 적용)

> ㉠ 하나의 경계구역은 높이 45m 이하(계단, 경사로에 적용)
> 지상계단 : 1경계구역(3m × 6 = 18m로 1경계구역)
> 지하계단 : 1경계구역(지하 1층일 경우는 지상과 함께 경계구역 설정가능하나 지하 2층까지 존재하기 때문에 별도로 설정)
> ㉡ 엘리베이터 승강로는 별도로 설정하여 1경계구역
> ∴ 총 3경계구역

∴ 총 경계구역 = 수평적 경계구역 + 수직적 경계구역
= 15 + 3 = 18경계구역

❺ 자동화재탐지설비의 구성요소(작동체계 및 원리)

(1) 작동체계

① 자동화재탐지설비는 화재 신호발생 장치인 감지기와 발신기에서 신호를 발신하게 되면 수신기는 경보장치를 기동시키고 화재 및 위치표시를 하는 기기라고 할 수 있다.

② 즉, 감지기는 화재시에 자동으로 신호를 발신하며, 발신기는 버튼을 눌렀을 때 신호를 발신한다. 그리고 수신기는 신호를 받으면 경보장치를 작동시키고 화재 및 위치를 표시하게 된다.

자동화재탐지설비의 작동흐름도

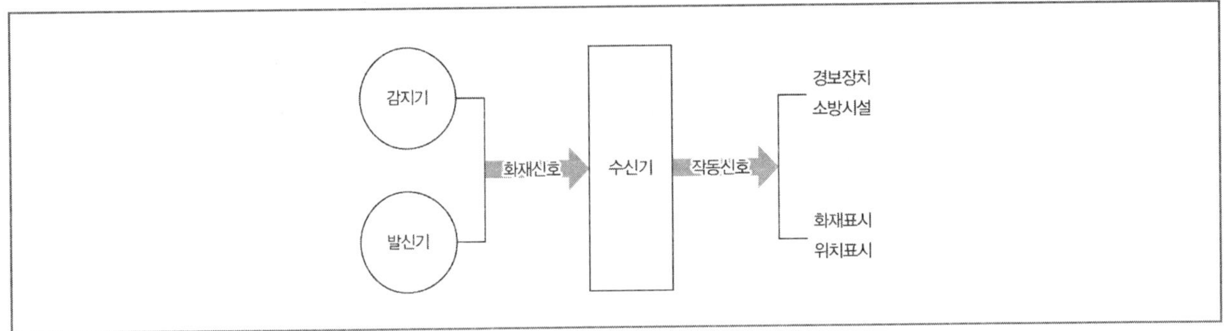

(2) 작동원리 2024

자동화재탐지설비는 신호전송방식에 따라 공통신호방식인 P형과 고유신호방식인 R형으로 구분할 수 있다.

① P형 방식(공통신호방식) : 각 경계구역마다 수신기와 감지기 및 발신기 간에 회로가 구성되어 있다. 평상시에는 회로의 종단에 저항이 설치되어 있어 적은 전류만 흐르는 상태에 있다. 그러나 회로에 일정치 이상의 전류가 흐르게 되면 계전기가 작동하여 화재표시등, 지구표시등, 경보장치, 연동되는 소방시설을 작동시킨다. 감지기는 회로에서 스위치의 역할을 하여 일정치 이상의 전류가 흐르게 하는 기능을 한다.

② R형 방식(고유신호방식) : 감지기나 발신기가 작동하면 특정한 통신신호가 수신기에 발신되는 것이라고 볼 수 있다.

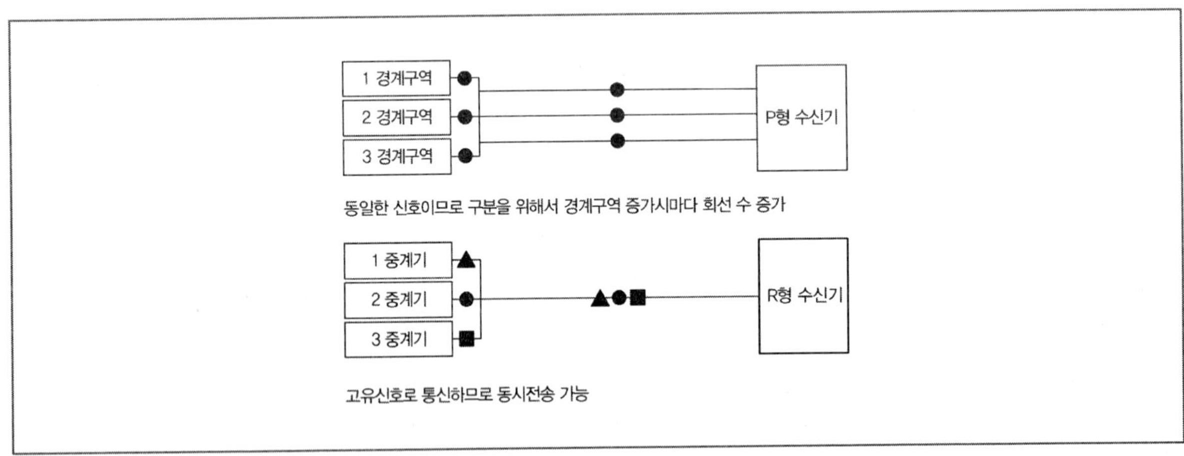

6 자동화재탐지설비의 구성요소(감지기)

(1) 감지기의 기능 (M 감발판)

구분	기능
감지기능	화재 시 발생되는 물리 · 화학적 변화량을 검출하는 기능
판단기능	화재인지 아닌지를 판단하는 기능
발신기능	화재신호를 수신기로 송출하는 기능

개념원리

1. 감지기능

화재 시에는 열, 연기, 불꽃(화염)의 물리 · 화학적 변화가 생긴다. 감지기는 물리 · 화학적 변화 중에서 하나 또는 두개를 감지한다. 감지하는 대상에 따라 열을 감지하는 열감지기, 연기를 감지하는 연기감지기, 불꽃을 감지하는 불꽃감지기, 열과 연기를 동시에 감지하는 열연기복합형감지기로 구분된다.

2. 판단기능

감지기는 화재로 인한 물리 · 화학적 변화량이 일정량 이상, 일정시간 이상 지속되면 이것을 화재라고 판단을 하게 된다. 감지기가 화재라고 판단하는 기준이 되는 물리 · 화학적 변화량을 감도라고 한다.

감도는 특종, 1종, 2종, 3종으로 구분되며 특종으로 갈수록 작은 변화량에 반응한다.

판단기능은 일반적으로 감지기 자체에서 수행하고 있으나, 아날로그식감지기는 감지기 주변의 물리 · 화학적 변화량만을 수신기에 전달하고 화재의 판단은 수신기에서 하도록 구성되어 있다.

3. 발신기능

감지기가 수신기에 보내는 신호방식에는 접점신호방식과 통신신호방식이 있다. 접점신호방식은 수신기로부터 감지기에 연결된 전선에 접점을 구성하여 전류가 흐르면 화재이고, 전류가 흐르지 않으면 화재가 아닌 것으로 신호를 보내는 방식이다. 통신신호방식은 감지기와 수신기에 통신장치를 내장하여 통신신호를 주고받는 방식이다.

(2) 감지기의 종류 2017 2018

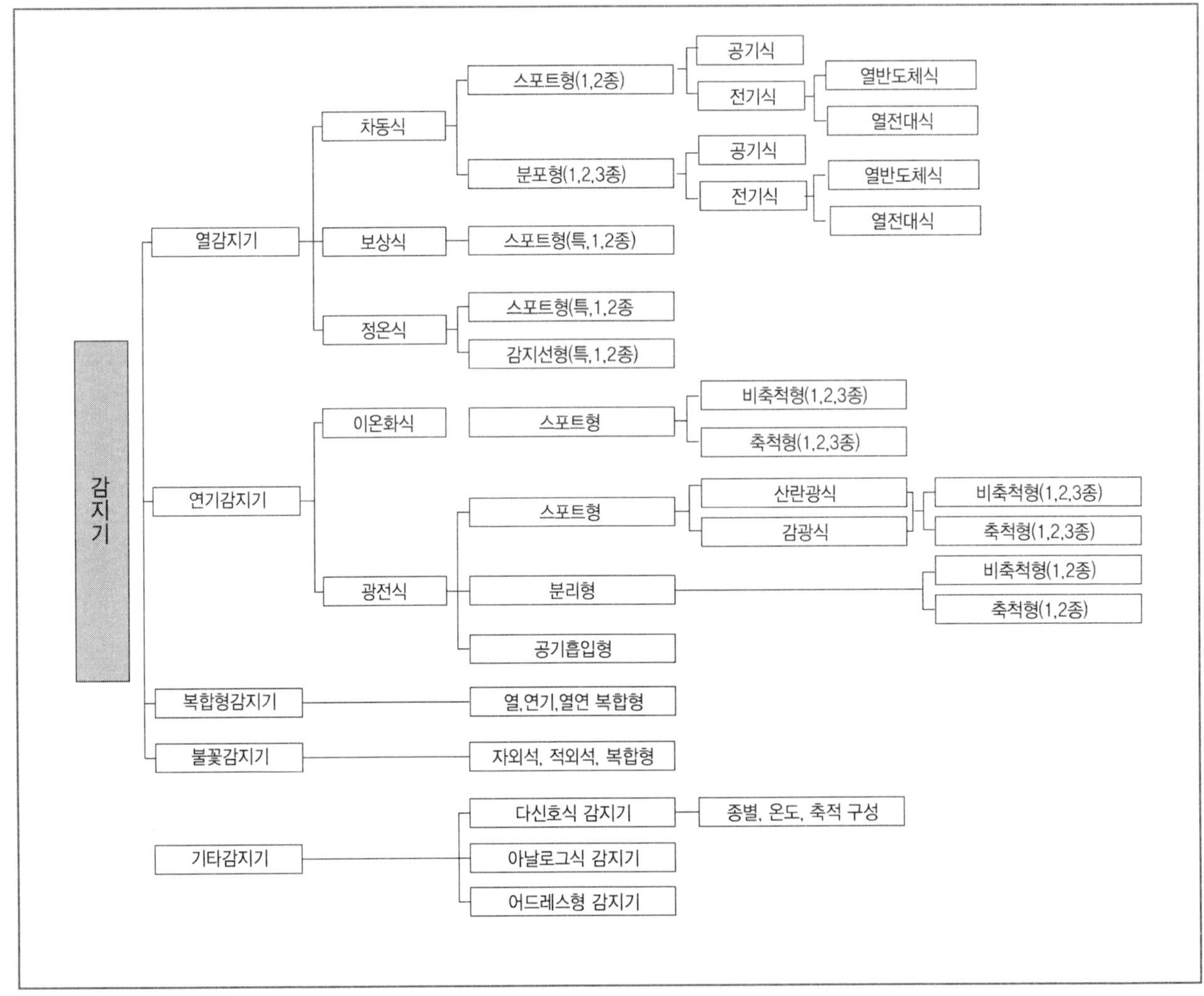

(3) 감지기 구분 🔥🔥🔥 2024

구분	종류	내용
열감지기	차동식스포트형	주위온도가 일정 상승율 이상이 되는 경우에 작동하는 것으로서 일국소에서의 열효과에 의하여 작동되는 것
	차동식분포형	주위온도가 일정 상승율 이상이 되는 경우에 작동하는 것으로서 넓은 범위 내에서의 열효과의 누적에 의하여 작동되는 것
	정온식감지선형	일국소의 주위온도가 일정한 온도 이상이 되는 경우에 작동하는 것으로서 외관이 전선으로 되어 있는 것
	정온식스포트형	일국소의 주위온도가 일정한 온도 이상이 되는 경우에 작동하는 것으로서 외관이 전선으로 되어 있지 아니한 것
	보상식스포트형	차동식스포트형와 정온식스포트형 성능을 겸한 것으로서 차동식스포트형의 성능 또는 정온식스포트형의 성능 중 어느 한 기능이 작동되면 작동신호를 발하는 것
연기감지기	이온화식스포트형	주위의 공기가 일정한 농도의 연기를 포함하게 되는 경우에 작동하는 것으로서 일국소의 연기에 의하여 이온전류가 변화하여 작동하는 것
	광전식스포트형	주위의 공기가 일정한 농도의 연기를 포함하게 되는 경우에 작동하는 것으로서 일국소의 연기에 의하여 광전소자에 접하는 광량의 변화로 작동하는 것
	광전식분리형	발광부와 수광부로 구성된 구조로 발광부와 수광부 사이의 공간에 일정한 농도의 연기를 포함하게 되는 경우에 작동하는 것
	공기흡입형	감지기 내부에 장착된 공기흡입장치로 감지하고자 하는 위치의 공기를 흡입하고 흡입된 공기에 일정한 농도의 연기가 포함된 경우 작동하는 것
불꽃감지기	불꽃 자외선식	불꽃에서 방사되는 자외선의 변화가 일정량 이상 되었을 때 작동하는 것으로서 일국소의 자외선에 의하여 수광소자의 수광량 변화에 의해 작동하는 것
	불꽃 적외선식	불꽃에서 방사되는 적외선의 변화가 일정량 이상 되었을 때 작동하는 것으로서 일국소의 적외선에 의하여 수광소자의 수광량 변화에 의해 작동하는 것
	불꽃자외선 · 적외선 겸용식	불꽃에서 방사되는 불꽃의 변화가 일정량 이상 되었을 때 작동하는 것으로서 자외선 또는 적외선에 의한 수광소자의 수광량 변화에 의하여 1개의 화재신호를 발신하는 것
	불꽃 영상분석식	불꽃의 실시간 영상이미지를 자동 분석하여 화재신호를 발신하는 것

(4) 감지기형식

다신호식	1개의 감지기내에 서로 다른 종별 또는 감도 등의 기능을 갖춘 것으로서 일정시간 간격을 두고 각각 다른 2개 이상의 화재신호를 발하는 감지기
방폭형	폭발성가스가 용기내부에서 폭발하였을 때 용기가 그 압력에 견디거나 또는 외부의 폭발성가스에 인화될 우려가 없도록 만들어진 형태의 감지기
방수형	그 구조가 방수구조로 되어 있는 감지기
재용형	다시 사용할 수 있는 성능을 가진 감지기
축적형	일정농도 이상의 연기가 일정시간(공칭축적시간) 연속하는 것을 전기적으로 검출하므로서 작동하는 감지기(다만, 단순히 작동시간만을 지연시키는 것은 제외한다)
아날로그식	주위의 온도 또는 연기의 량의 변화에 따라 각각 다른 전류치 또는 전압치 등의 출력을 발하는 방식의 감지기
연동식	단독경보형감지기가 작동할 때 화재를 경보하며 유 · 무선으로 주위의 다른 감지기에 신호를 발신하고 신호를 수신한 감지기도 화재를 경보하며 다른 감지기에 신호를 발신하는 방식의 것
무선식	전파에 의해 신호를 송 · 수신하는 방식의 것

(5) 열감지기 (M 열차보정)

열감지기는 차동식, 정온식, 보상식으로 나누어지는데 차동식은 일정한 온도상승률 이상 되면 작동하는 감지기이며, 정온식은 일정한 온도가 되면 작동하는 감지기이다. 그리고 보상식은 차동식과 정온식의 성능을 겸한 감지기이다.

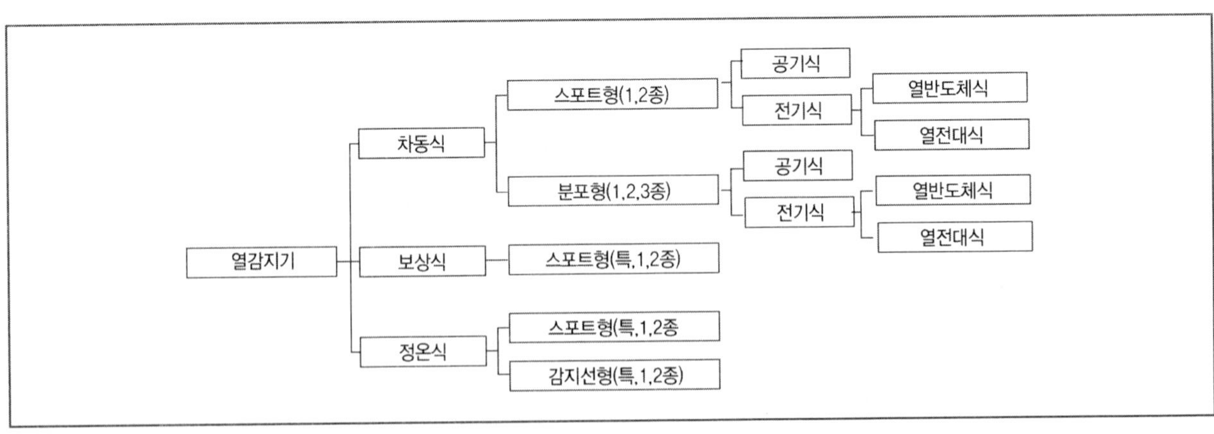

① 차동식감지기(차동식스포트형감지기, 차동식분포형감지기)

㉠ **차동식스포트형 감지기** : 차동식스포트형감지기는 주위온도의 변화가 일정 상승률 이상이 되는 경우에 작동하는 것으로서 일국소에서의 열효과에 의하여 작동되는 감지기를 말한다. 감지소자에 따라 공기식, 열전대식, 열반도체식이 있다.

ⓐ 공기식

화재가 발생하여 온도가 상승하면 감열실내의 공기가 팽창하여 다이어프램이 위로 밀려 올라가 접점이 닫히고 화재신호가 수신기에 발신된다. 일상적으로 발생하는 완만한 온도 상승으로 팽창한 공기는 리크구멍을 통하여 외기로 배출되어 접점이 닫히지 않는다.

(리크구멍은 오보방지 기능)

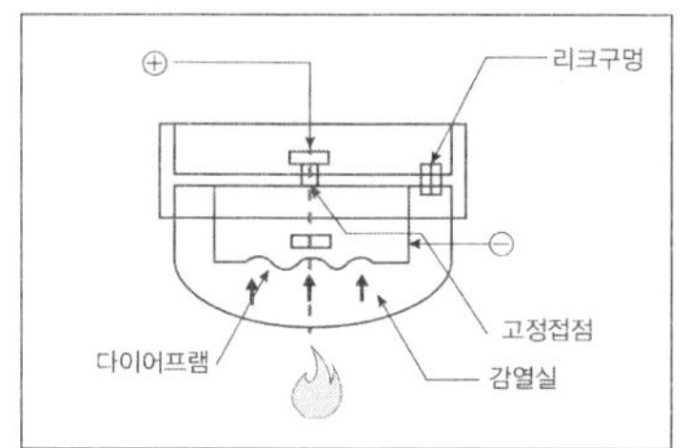

ⓑ 열전대식

두 가지 서로 다른 금속의 양단을 접합하고 한 쪽의 온도를 일정하게 유지하면서 다른 쪽 온도를 변화시키면 접점의 온도차에 비례하는 기전력이 발생하는데, 이 기전력을 열기전력이라고 하며 이때의 발생전류는 열전류라고 한다. 이러한 현상을 제백효과라고 하며 열전효과 중에 하나이다.

열전대식은 제백효과의 원리를 응용하여 만든 감지기로 그림처럼 화재가 발생하여 온접점의 온도가 올라가면 회로에 전기가 발생하여 릴레이의 접점을 닫아 수신기에 신호를 전달하게 된다.

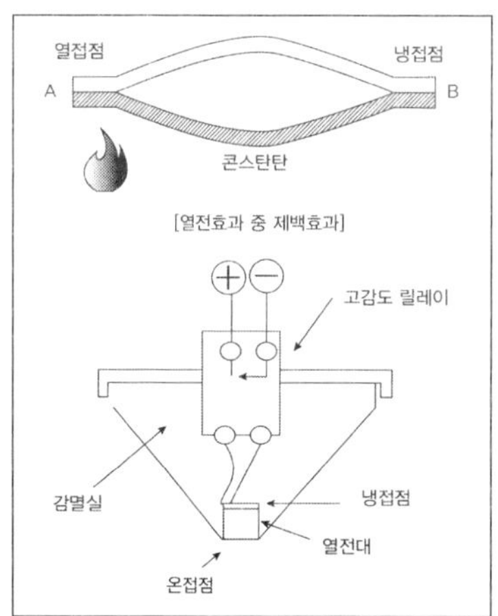

ⓒ 열반도체식

일반적인 금속은 온도가 높아지면 저항값이 증가한다. 그러나 반도체는 온도가 올라가면 저항값이 작아지는데 이러한 반도체를 서미스터라고 한다. 이러한 특성을 이용하여 만든 감지기를 열반도체식감지기라고 한다. 열반도체식 감지기는 화재가 발생하여 온도가 올라가면 저항이 작아지며 전류가 흘러 릴레이를 작동시키게 된다.

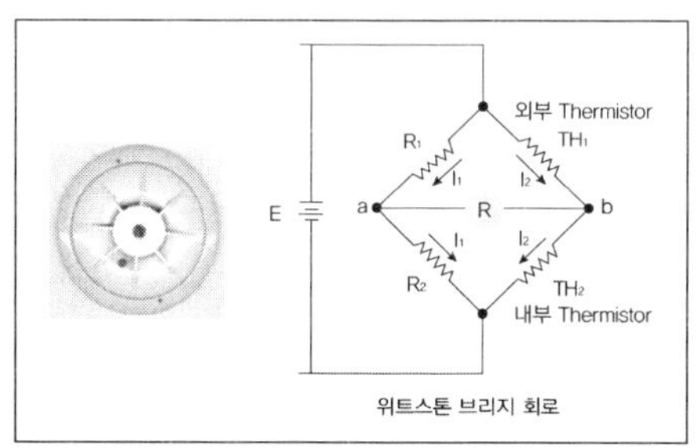

위트스톤 브리지 회로

2023

㉡ **차동식분포형감지기** : 차동식분포형감지기는 주위온도가 일정상승율 이상이 되는 경우에 작동하는 것으로서 넓은 범위에서의 열 효과의 누적에 의하여 작동되는 것을 말한다. 분포형감지기도 감지소자에 따라 공기관식, 열전대식, 열반도체식이 있으나 우리나라에서는 공기관식 분포형감지기가 일반적으로 사용되고 있다.

ⓐ **공기관식분포형감지기** : 공기관식분포형감지기는 감지하고자 하는 장소에 공기관을 설치하여 화재가 발생하면 공기관내의 공기가 팽창하여 압력이 검출부의 다이어프램에 전달되어 접점이 닫히도록 구성되어 있다.

공기관식 감지기의 설치기준 [화재안전기준]

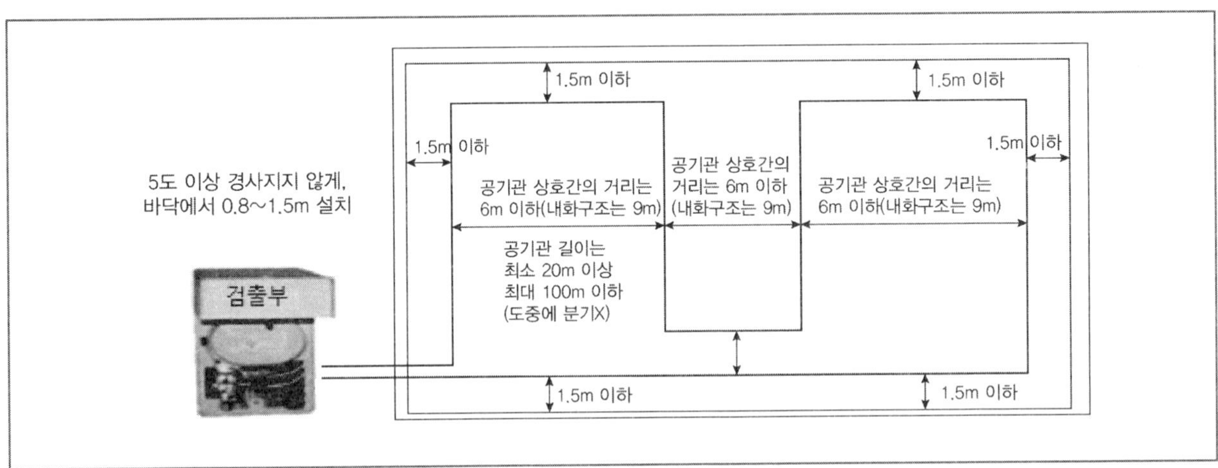

② **정온식감지기**(스포트형, 정온식감지선형감지기) : 정온식감지기는 주위온도가 일정한 온도 이상이 되는 경우에 작동하는 것으로서 외관이 전선으로 되어 있지 않은 스포트형과 외관이 전선으로 되어있는 감지선형이 있다. 정온식감지기가 작동하는 온도를 공칭작동온도라고 한다. 공칭작동온도의 범위는 60℃에서 150℃까지이며 60℃에서 80℃인 것은 5℃ 간격으로, 80℃ 이상인 것은 10℃ 간격으로 되어있다.

공칭작동온도	80℃ 이하	80℃ 이상~120℃ 이하	120℃ 이상
색상	백색	청색	적색

③ **보상식스포트형감지기** 2019 간부

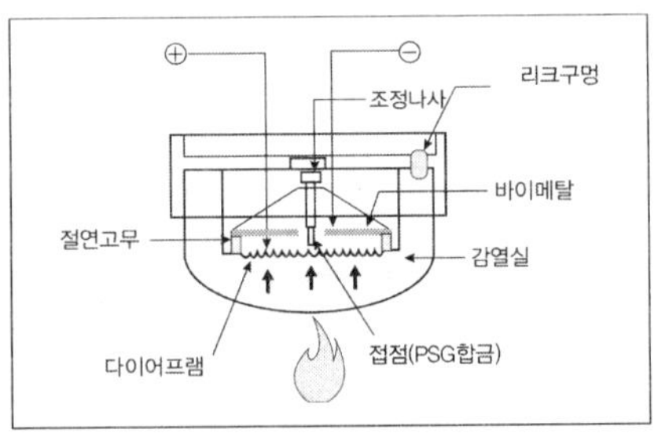

보상식스포트형감지기는 차동식스포트형감지기와 정온식스포트형감지기의 성능을 겸한 것으로 두 가지의 성능 중 어느 한 기능이 작동되면 신호를 발하도록 되어 있는 감지기이다.(OR회로) 차동식과 정온식은 화재시 발생하는 열의 증감형태에 따라 감지시기가 달라 질 수 있다. 차동식은 화재시 온도가 빠르게 증가하면 화재초기에 화재를 감지할 수 있으나 온도가 빨리 증가하지 않는 훈소화재인 경우에는 화재감지가 늦어 질수 있다는 단점이 있으며, 정온식감지기는 일정한 온도가 되어야 감지하기 때문에 화재초기에 감지하기가 어렵다는 단점이 있다. 따라서 보상식감지기는 열감지기 차동식과 정온식 감지기의 단점을 보완하여 실보를 예방함에 목적이 있다.

(6) 연기감지기 (Ⓜ 연이광)

연기감지기는 연기를 감지하는 감지기로서 감지원리에 따라 이온화식과 광전식이 있다.

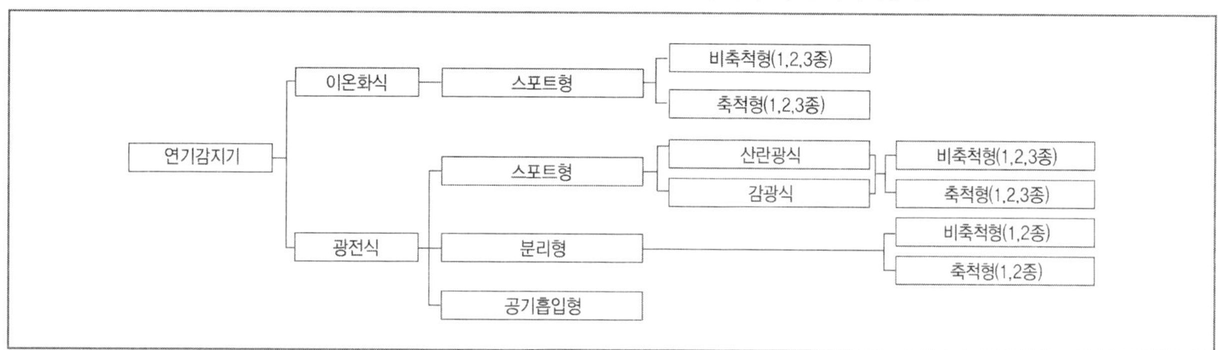

① **이온화식감지기** : 방사능물질에서 방출되는 <u>α선[아메리슘 241(Am241)]</u>은 공기를 이온화시키며 이온화된 공기는 연기와 결합하는 성질이 있다. 이를 감지기에 이용한 것이 이온화식감지기이다. 이온화식감지기는 충전 전극 사이에 방사선 물질을 삽입시켜 이온화된 공기가 전자를 운반하여 전류가 흐르도록 회로가 구성되어 있다. 화재가 발생하면 연기가 충전전극사이로 들어와 이온화된 공기와 결합하여 평상시에 흐르던 전류보다 적은 전류가 흐르게 되는데 이러한 전류의 변화량에 의해 릴레이가 작동하여 수신기에 신호를 보내도록 구성되어 있다.

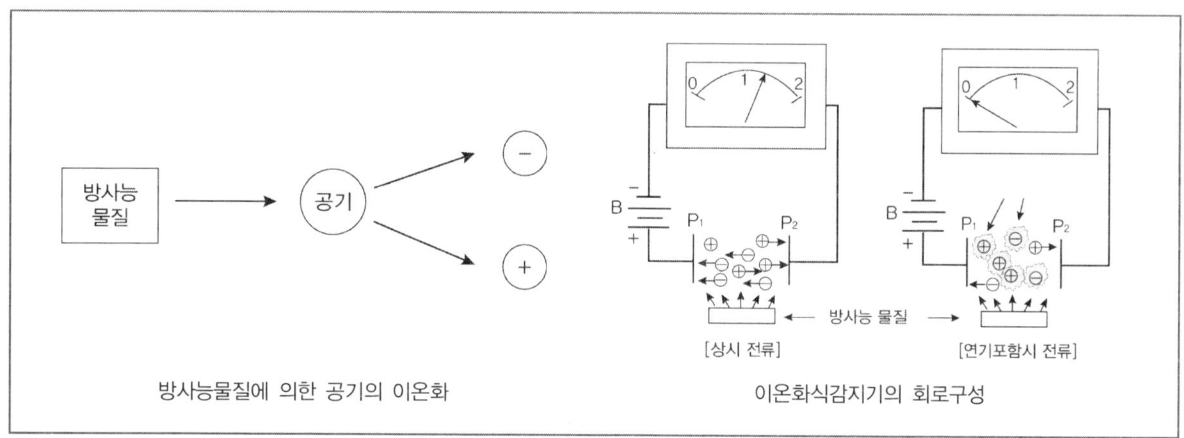

방사능물질에 의한 공기의 이온화 / 이온화식감지기의 회로구성

② **광전(光電)식 감지기**(광전식스포트형감지기, 광전식분리형감지기, 광전식공기흡입형감지기) : 광전식감지기는 <u>연기가 빛을 차단하거나 반사하는 원리를 이용한 것</u>으로서 빛을 발산하는 발광소자와 빛을 전기로 전환시키는 광전소자를 이용한다. 광전식감지기에는 스포트형, 분리형, 공기흡입형이 있다.

㉠ **광전식스포트형감지기** : 광전식스포트형감지기는 <u>발광소자와 수광소자를 감지기 내에 구성한 것</u>으로 감지기 주위의 공기가 일정한 농도의 연기를 포함하게 되는 경우에 작동하도록 한 감지기이다. <u>빛의 차단을 이용하는 감광(減光)식과 빛의 산란(散亂)을 이용하는 산란광식이 있다.</u>

광전식 감지기의 감지형태

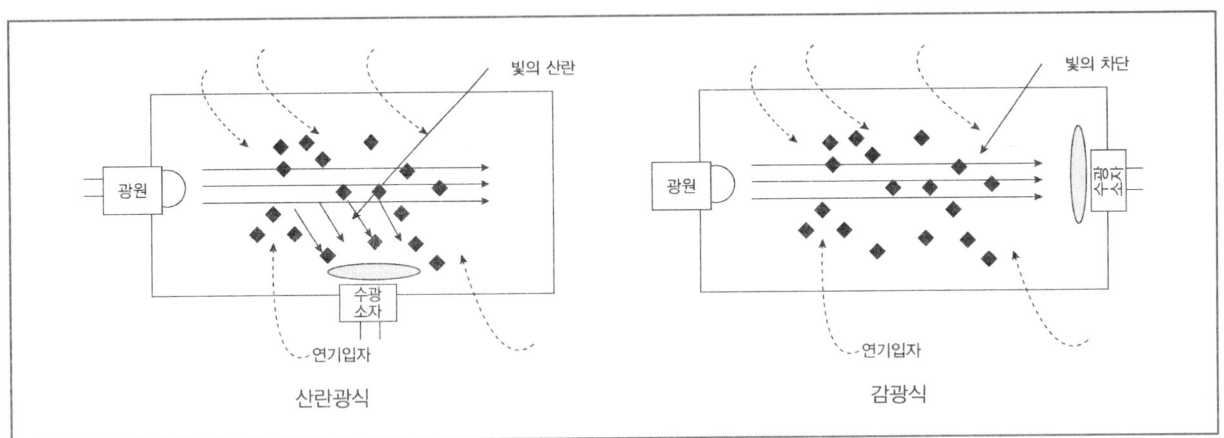

㉡ 광전식분리형감지기

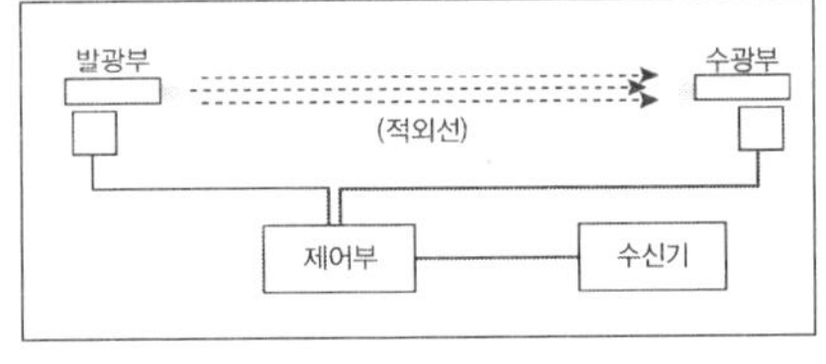

광전식분리형감지기는 광전식스포트형감지기의 발광부와 수광부를 분리해 설치하여 넓은 지역에서 연기의 누적에 의한 수광량의 변화에 의해 작동하는 감지기이다.

화재가 발생하여 연기가 확산하며 적외선의 진로를 방해하면 수광부의 수광량이 감소하므로 이를 검출하여 화재신호를 발하는 것이다.

발광부와 수광부의 거리는 일반적으로 5m ~ 100m정도가 되기 때문에 큰 공간을 갖는 체육관이나 홀 등에 효과적으로 이용할 수 있다.

㉢ 광전식공기흡입형감지기

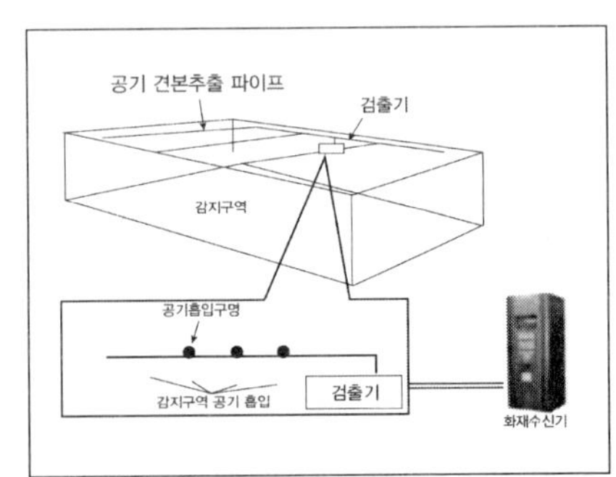

일반적인 이온화식 또는 광전식 감지기는 공기의 유속이 빠른 곳이나 연기의 미립자가 극히 작은 경우에는 감지하지 못하거나 작동하더라도 감지가 지연되는 문제를 가지고 있다. 이러한 문제를 해결하기 위해서 개발된 것이 광전식공기흡입형감지기인데 이는 화재의 극초기단계에서 생성되는 0.005㎛ ~ 0.02㎛ 정도 크기의 미립자를 검출하는 장치이다. 주로 박물관, 미술관, 중앙통제실, 반도체 공장 등 화재가 발생하면 피해가 매우 큰 중요한 시설물에 주로 설치한다.

(7) 축적형감지기

① 축적형감지기는 일정농도 이상의 연기가 일정시간 연속하는 것을 전기적으로 검출함으로서 작동하는 감지기를 말한다.

② 비축적형은 연기가 일정농도가 되면 바로 작동하나 축적형은 일정농도의 연기가 일정시간 지속되어야 작동하게 된다. 이는 일시적으로 발생하는 연기에 의해 오작동하는 것을 방지하기 위한 것이다.

※ 축적기능이 없는 감지기를 설치하여야 하는 경우 (Ⓜ **교급축수**)

① **교**차회로방식을 사용할 때

② **급**속한 연소 확대우려가 예상되는 곳

③ **축**적형**수**신기에 연결하여 사용할 때

(8) 복합형 감지기

장소별 감지기의 적정성을 선정하는 번거로움을 배제하기 위해서 열과 연기의 발생을 모두 감지할 수 있다면 화재의 발생을 쉽게 확인할 수 있을 것이다. 따라서 화재가 발생하면 감지기가 작동할 수 있도록 화재감지원리 중 하나만의 원리에 의해 화재를 감지하는 것이 아니고 하나의 감지기에 두가지 감지원리를 조합하여 화재를 감지하도록 한 것이 복합형감지기이다.(AND회로)

① **열복합형감지기** : 차동식스포트형감지기와 정온식스포트형감지기의 성능을 겸비한 것으로 두 가지 모두가 작동될 때 화재신호를 발신하거나 또는 두 개의 화재신호를 각각 발신하는 것을 말한다.

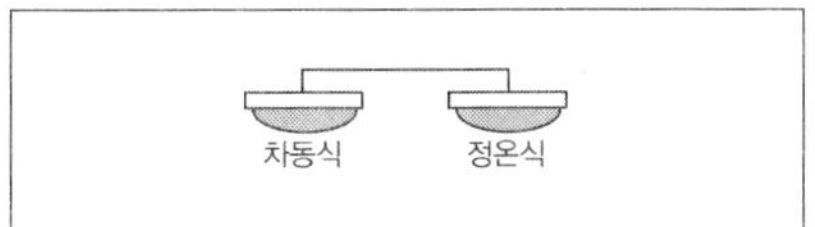

② **연기복합형감지기** : 연기복합형감지기는 이온화식과 광전식감지기의 성능이 있는 것으로서 두 가지 성능의 함께 작동될 때 화재신호를 발신하거나 또는 두 개의 화재신호를 각각 발신하는 것을 말한다.

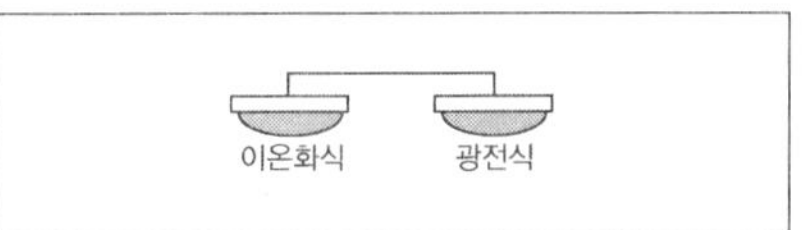

③ **열연복합형감지기** : 열연복합형에는 4가지의 조합이 있는데 신호방식은 다른 복합형 감지기와 같다.

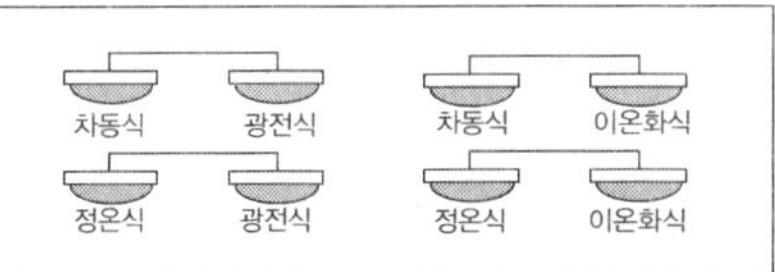

복합형감지기와 보상식감지기의 차이점

보상식감지기	구분	열복합형감지기
차동식 + 정온식	성능	차동식 + 정온식
OR회로 차동요소와 정온요소 중 어느 하나가 먼저 동작하면 해당되는 동작신호만 출력 된다.	화재신호의 발신	AND회로 차동요소와 정온요소가 둘 다 동작할 경우에 신호가 출력된다.
실보방지가 목적	목적	비화재보방지가 목적

(9) 불꽃감지기

화염에서만 발생하거나 또는 많이 발생하는 특정한 파장과 깜박거림을 감시하고 있다가 이러한 파장과 깜박거림이 일정치 이상이 되면 신호를 보내는 감지기로서 감지하는 파장에 따라 적외선식, 자외선식, 자외선 · 적외선겸용이 있다.

① 적외선식 불꽃감지기(IR방식)

② 자외선식 불꽃감지기(UV방식)

③ 자외선 · 적외선 겸용 불꽃감지기

⑽ 다신호식감지기

① 다신호식감지기는 1개의 감지기내에 서로 다른 종별 또는 감도 등의 기능을 갖춘 것으로서 일정시간 간격을 두고 각각 다른 2개 이상의 화재신호를 발하는 감지기를 말한다. 예를 들면 공칭작동온도가 60℃와 70℃를 구성한 정온식 다신호식감지기는 60℃와 70℃에서 신호를 두 번 발신하게 된다. 이와 같은 방식의 감지기로부터 화재신호를 수신하기 위해서는 다신호식 수신기를 사용하여야 한다.

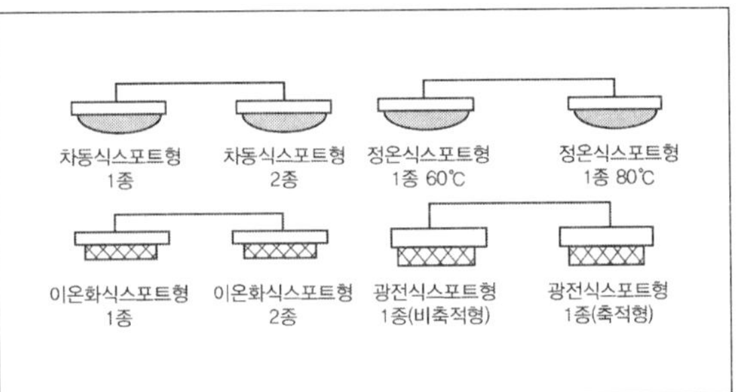

② 복합형감지기는 확실한 화재감지를 목적으로 하나 다신호식 감지기는 비화재보를 방지하기 위한 목적이 강하다.

복합형감지기와 다신호식감지기의 차이점

복합형감지기	구분	다신호식감지기
감지원리가 다른 감지소자의 조합	감지소자	종별, 감도, 축적여부 등이 다른 감지소자의 조합
두 기능이 모두 작동되는 때 또는 두 개의 화재신호를 각각 발신	화재신호의 발신	각 감지소자가 작동하는 때

⑾ 아날로그식감지기

아날로그식감지기는 주위의 온도 또는 연기의 양의 변화에 따라 각각 다른 전류치 또는 전압치 등의 출력을 발하는 감지기를 말한다. 즉 일반감지기가 화재상태와 비화재상태의 디지털 신호를 전송하지만, 아날로그식감지기는 연속적으로 변화하는 물리량을 전송한다.

이러한 아날로그방식의 신호특성 때문에 일반감지기처럼 자신이 화재여부를 판단하여 발신하는 것이 아니라 시시각각으로 검출된 온도 또는 연기의 농도에 대한 정보만을 수신기에 송출하고 화재여부의 판단은 수신기에서 하도록 되어 있다.

다신호식감지기와 다른점은 다신호식감지기는 열 또는 연기의 양적 증가가 설정값에 다다르면 순차적으로 신호를 발신하지만, 아날로그식감지기는 신호를 발신하도록 설정된 값이 없으며 주기적으로 수신기에 온도 또는 연기의 양에 대한 정보를 송신한다.

(12) 주소형 감지기

수신기는 화재 여부와 위치에 대한 정보를 필요로 한다. 화재 위치에 대한 정보를 제공하는 기능을 가진 감지기를 주소형 감지기라고 한다. 일반감지기는 화재위치를 알려줄 수 있는 기능이 없어 경계구역마다. 각각의 회로를 구성하여 화재위치를 표시한다. 그러나 주소형감지기는 그 감지기만의 고유번지(Address)가 지정되어 수신기에서 개별적으로 인식할 수 있도록 한 감지기이다.

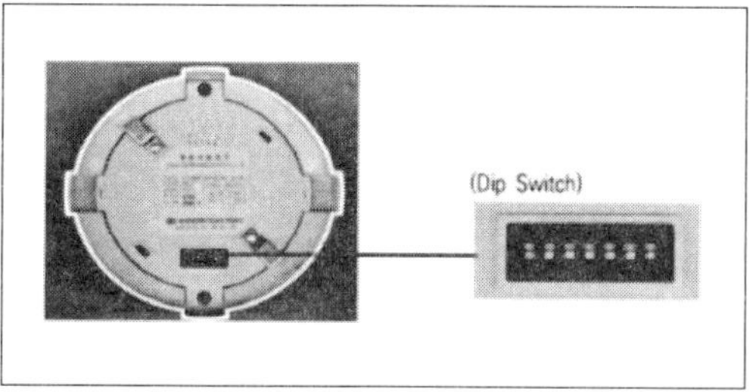

이러한 기능을 위하여 수신기와 감지기 사이에는 고유한 통신신호를 사용한다. 주소형감지기에는 고유한 신호를 발신할 수 있는 신호장치가 있으며 그림과 같은 Dip Switch에 의해서 고유번지를 지정한다.

7 감지기의 설치기준[화재안전기준] (Ⓜ 천간부고 목파먼프주)

(1) 감지기 설치 제외 장소

① **천**장 또는 반자의 높이가 20m 이상인 장소. 다만, 자동화재탐지설비 화재안전기준 제7조 제1항 단서 각호의 감지기로서 부착높이에 따라 적응성이 있는 장소는 제외한다.

② 헛**간** 등 외부와 기류가 통하는 장소로서 감지기에 의하여 화재발생을 유효하게 감지할 수 없는 장소

③ **부**식성가스가 체류하고 있는 장소

④ **고**온도 및 저온도로서 감지기의 기능이 정지되기 쉽거나 감지기의 유지관리가 어려운 장소

⑤ **목**욕실 · 욕조나 샤워시설이 있는 화장실 기타 이와 유사한 장소

⑥ **파**이프덕트 등 그 밖의 이와 비슷한 것으로서 2개 층마다 방화구획된 것이나 수평단면적이 5㎡ 이하인 것

⑦ **먼**지 · 가루 또는 수증기가 다량으로 체류하는 장소 또는 주방 등 평시에 연기가 발생하는 장소(연기감지기에 한한다.)

⑧ **프**레스공장 · **주**조공장 등 화재발생의 위험이 적은 장소로서 감지기의 유지관리가 어려운 장소

(2) 열감지기(차동식스포트형, 보상식스포트형, 정온식스포트형감지기) 설치기준

감지기의 부착높이에 따라 다음 표에 따른 바닥면적마다 1개 이상으로 할 것

부착높이 및 소방대상물의 구조		감지기의종류						
		차동식 스포트형		보상식 스포트형		정온식 스포트형		
		1종	2종	1종	2종	특종	1종	2종
4m 미만	주요구조부를 내화구조로 한 소방대상물 또는 그 부분	90	70	90	70	70	60	20
	기타 구조의 소방대상물 또는 그 부분	50	40	50	40	40	30	15
4m 이상 8m 미만	주요구조부를 내화구조로 한 소방대상물 또는 그 부분	45	35	45	35	35	30	
	기타 구조의 소방대상물 또는 그 부분	30	25	30	25	25	15	

(3) 연기감지기 설치기준

① 감지기의 부착높이에 따라 다음 표에 따른 바닥면적마다 1개 이상으로 할 것

부착 높이	감지기의종류	
	1종 및 2종	3종
4m 미만	150	50
4m 이상 20m 미만	75	

② 감지기는 복도 및 통로에 있어서는 보행거리 30m(3종에 있어서는 20m)마다, 계단 및 경사로에 있어서는 수직거리 15m(3종에 있어서는 10m)마다 1개 이상으로 할 것

장소	감지기의종류	
	1종 및 2종	3종
복도 및 통로(보행거리)	30	20
계단 및 경사로(수직거리)	15	10

③ 천장 또는 반자가 낮은 실내 또는 좁은 실내에 있어서는 출입구의 가까운 부분에 설치할 것

④ 천장 또는 반자부근에 배기구가 있는 경우에는 그 부근에 설치할 것

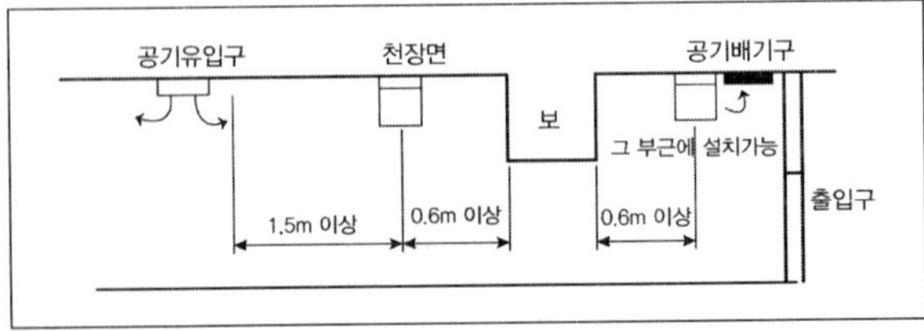

⑤ 감지기는 벽 또는 보로부터 0.6m 이상 떨어진 곳에 설치할 것

(4) 장소별 설치 감지기 종류

장소에 따라 화재유형과 위험성이 달라지므로 각 장소에 적합한 감지기를 설치해야 정확한 화재감지를 할 수 있으며 오작동을 줄일 수 있다. 자동화재탐지설비의 화재안전기준에는 장소별 감지기를 다음과 같이 규정하고 있다.

장소별 설치감지기 종류

장소		감지기
강제규정	(🄼 지무4/ 감부실2.3/ 열연먼) • **지**하층 · **무**창층 등으로서 환기가 잘되지 아니하거나 실내면적이 40㎡ 미만인 장소 • **감**지기의 **부**착면과 **실**내바닥과의 사이가 2.3m 이하인 곳으로서 일시적으로 발생한 **열**기 · **연**기 또는 **먼**지 등으로 인하여 화재신호를 발신할 우려가 있는 장소	**불꽃**감지기 **정**온식감지선형감지기 **분**포형감지기 **복**합형감지기 **광**전식분리형감지기 **아**날로그방식의감지기 **다**신호방식의감지기 **축**적방식의 감지기 (🄼 불꽃 정분복광아 다축)
	• 부착높이에 따라	다음장의 표
	(🄼 계복엘천 취숙입거실(공오노수숙 합숙 입원 군사 고시원)) • **계**단 · 경사로 및 에스컬레이터 경사로 • **복**도(30m 미만의 것을 제외한다) • **엘**리베이터 승강로(권상기실이 있는 경우에는 권상기실) · 린넨슈트 · 파이프덕트 기타 이와 유사한 장소 • **천**장 또는 반자의 높이가 15m 이상 20m 미만의 장소 • 특정소방대상물의 **취**침 · **숙**박 · **입**원 등 이와 유사용도 사용되는 **거실** –**공**동주택 · **오**피스텔 · **노**유자시설 · **수**련시설 · **숙**박시설 –교육연구시설 중 **합숙**소 –의료시설, 근린생활시설 중 **입원**실이 있는 의원, 조산원 –교정 및 **군사**시설 –근린생활시설 중 **고시원**	**연기감지기** (교차회로방식에 따른 감지기가 설치된 장소 또는 제7조제1항 단서규정에 따른 감지기가 설치된 장소는 제외)
	• **주**방 · **보**일러실 등으로서 다량의 화기를 취급하는 장소 (🄼 주보정)	**정**온식감지기
권장규정	• **화**학공장, **격**납고, **제**련소등 (🄼 화격제 광분불)	**광**전식**분**리형감지기 **불**꽃감지기
	• **전**산실, **반**도체 공장등 (🄼 전반광공흡)	**광**전식**공**기**흡**입형감지기

부착높이에 따른 감지기 종류 2023 간부

부착높이	감지기 종류
4m 미만	차동식(스포트형, 분포형), 보상식스포트형 정온식(스포트형, 감지선형) 이온화식 또는 광전식(스포트형, 분리형, 공기흡입형) 열복합형 연기복합형 열연기복합형 불꽃감지기
4m 이상 8m 미만	차동식(스포트형, 분포형), 보상식스포트형 정온식(스포트형, 감지선형)특종 또는 1종 이온화식 1종 또는 2종 광전식(스포트형, 분리형, 공기흡입형) 1종 또는 2종 열복합형 연기복합형 열연기복합형 불꽃감지기
8m 이상 15m 미만 (M **차이광연불**)	**차**동식분포형 **이**온화식1종 또는 2종 **광**전식(스포트형, 분리형, 공기흡입형)1종 또는2종 **연**기복합형 **불**꽃감지기
15m 이상 20m 미만 (M **이광연불**)	**이**온화식1종 **광**전식(스포트형, 분리형, 공기흡입형)1종 **연**기복합형 **불**꽃감지기
20m 이상 (M **불광아**)	**불**꽃감지기 **광**전식(분리형, 공기흡입형) 중 **아**날로그방식

❽ 발신기

(1) 개요

발신기는 화재발생 신호를 수신기 또는 중계기에 수동으로 발신하는 것을 말한다.

(2) 발신기의 종류 (Ⓜ TPM)

구분	내용
T형 발신기	화재신호전송과 수신기간에 상호통화를 동시에 할 수 있는 발신기
P형 발신기	화재신호전송과 수신기간에 상호통화를 동시에 할 수 없는 발신기
	① 1급 발신기 : 수신기와의 전화연락장치(전화잭)가 있는 발신기 ② 2급 발신기 : 수신기와의 전화연락장치(전화잭)가 없는 발신기
M형 발신기	화재를 발견한 사람이 버튼을 누르고 소방기관으로 직접 통보하는 발신기 (M형 수신기 및 발신기 : 현재 국내에서 사용되지 않는다.)

(3) 작동원리

발신기 누름스위치를 누름 → 수신기 작동(화재표시등, 지구표시등, 발신기 표시등, 경보장치 기동) → 응답등 점등

(4) 발신기 설치기준(=비상경보설비와 공통) (Ⓜ 조쉬장스 815/특 각수25 복별구실 보살/ 상부1510 적색등)

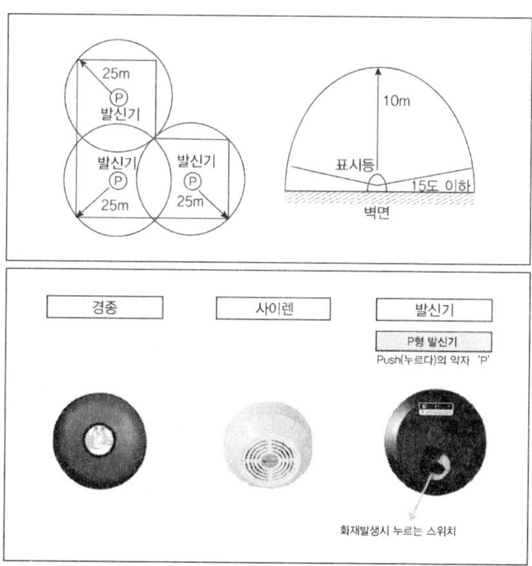

① **조**작이 **쉬**운 **장**소에 설치하고, **스**위치는 바닥으로부터 **0.8**m 이상 **1.5**m 이하의 높이에 설치할 것

② **특**정소방대상물의 층마다 설치하되, 당해 특정소방대상물의 **각** 부분으로부터 하나의 발신기까지의 **수**평거리가 **25**m 이하가 되도록 할 것. 다만, **복**도 또는 **별**도로 **구**획된 **실**로서 **보**행거리가 **40**m 이상일 경우에는 추가로 설치해야 한다.

③ ②항의 규정에도 불구하고 ②항의 기준을 초과하는 경우로서 기둥 또는 벽이 설치되지 아니한 대형공간의 경우 발신기는 설치 대상 장소의 가장 가까운 장소의 벽 또는 기둥 등에 설치 할 것

④ 발신기의 위치를 표시하는 표시등은 함의 **상부**에 설치하되, 그 불빛은 부착면으로부터 **15**° 이상의 범위 안에서 부착지점으로부터 **10**m 이내의 어느 곳에서도 쉽게 식별할 수 있는 **적색등**으로 할 것

9 음향장치 및 시각경보기(경보장치)

경보장치는 감지기나 발신기가 작동되어 수신기가 신호를 받게 되면 수신기의 출력신호를 받아 화재의 발생을 건물 내 사람들에게 알리기 위한 음향장치와 청각장애인을 위한 시각경보기가 있다.

(1) 음향장치

① 음향장치의 종류

㉠ **경종** : 수신기로부터의 기동출력에 의하여 모터가 작동되어 타종에 의하여 종을 타종하는 방식과 전자석을 이용한 것이 있다. 자동화재탐지설비의 음향장치로는 대부분 경종을 주로 사용한다.

㉡ **사이렌** : 일정주파수를 발진시켜 스피커를 명동시키는 장치이다.

② 설치형태(설치위치에 따라 분류)

㉠ **주음향장치** : 수신기의 내부 또는 직근에 설치

㉡ **지구음향장치**

ⓐ 각 경계구역 또는 수평거리에 따라 건물 내 설치하는 음향장치를 말한다.

ⓑ 지구음향장치는 특정소방대상물의 층마다 설치하되, 당해 특정소방대상물의 각 부분으로부터 하나의 음향장치까지의 수평거리가 25m 이하가 되도록 하고, 당해 층의 각 부분에 유효하게 경보를 발할 수 있도록 설치할 것. 다만, 방송설비의 화재안전기준에 적합한 비상방송설비를 자동화재탐지설비의 감지기 작동과 연동하여 작동하도록 설치한 경우에는 지구음향장치를 설치하지 아니할 수 있다.

㉢ **음향장치의 구조 및 성능** (Ⓜ **팔 하나 구해요**)

ⓐ 정격전압의 **80%** 전압에서 음향을 발할 수 있는 것으로 할 것

ⓑ 음량은 부착된 음향장치의 중심으로부터 **1m** 떨어진 위치에서 **90**dB 이상이 되는 것으로 할 것

ⓒ 감지기 또는 발신기의 작동과 연동하여 작동할 수 있는 것으로 할 것.

㉣ **음향장치의 작동**

ⓐ **원칙** : 전층경보방식

ⓑ **예외** : 층수가 11층(공동주택의 경우에는 16층) 이상의 특정소방대상물

가. 2층 이상의 층에서 발화한 때에는 발화층 및 그 직상 4개층에 경보를 발할 것

나. 1층에서 발화한 때에는 발화층 · 그 직상 4개층 및 지하층에 경보를 발할 것

다. 지하층에서 발화한 때에는 발화층 · 그 직상층 및 그 밖의 지하층에 경보를 발할 것

※ 일정 규모의 건물에 화재가 발생하여 전 층에 경보가 되어 한꺼번에 많은 사람들이 피난하게 되면 안전사고의 위험이 있어 단계별로 경보될 수 있도록 한 것이다.

직상발화 우선경보방식

발화층	우선적으로 경보되는 층
2층 이상 발화	발화층, 그 직상 4개층
1층 발화	발화층, 그 직상 4개층 및 지하층
지하층 발화	발화층 · 그 직상층 및 기타의 지하층

(2) 시각경보기

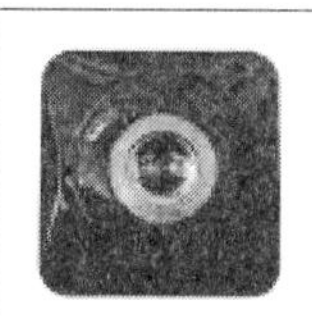

① 개요 : 음향장치로는 청각장애인들에게 화재피난경보를 알릴 수 없기 때문에 시각으로 알려주는 경보장치가 시각경보기이다.

② 설치기준

㉠ **복**도 · **통**로 · **청**각장애인용 **객**실 및 **공**용으로 **사**용하는 **거**실(로비, 회의실, 강의실, 식당, 휴게실, 오락실, 대기실, 체력단련실, 접객실, 안내실, 전시실, 기타 이와 유사한 장소를 말한다)에 **설**치하며, **각** 부분으로부터 **유**효하게 **경**보를 발할 수 있는 **위**치에 설치할 것 (Ⓜ 복통청객 공사거 설각유경위)

㉡ **공**연장 · **집**회장 · **관**람장 또는 이와 유사한 **장**소에 설치하는 경우에는 **시**선이 **집**중되는 **무대부** 부분 등에 설치할 것 (Ⓜ 공집관장 시집 무대부)

㉢ 설치**높**이는 바닥으로부터 **2**m 이상 **2.5**m 이하의 장소에 설치할 것 다만, 천장의 높이가 **2**m 이하인 경우에는 천장으로부터 **0.15**m 이내의 장소에 설치하여야 한다. (Ⓜ 높이리오 두 공일오비)

㉣ 시각경보장치의 광원은 전용의 축전지설비 또는 전기저장장치(외부 전기에너지를 저장해 두었다가 필요한 때 전기를 공급하는 장치)에 의하여 점등되도록 할 것. 다만, 시각경보기에 작동전원을 공급할 수 있도록 형식승인을 얻은 수신기를 설치 한 경우에는 그러하지 아니하다.

⑩ 수신기

(1) 개요

수신기는 감지기와 발신기로부터 화재신호를 수신하여 경보장치를 기동시키고 화재발생 및 화재발생위치를 표시하는 기능을 하며 또한 화재 시 자동으로 작동되어야 하지만 자체적인 화재감지기능이 없는 비상방송설비, 자동화재속보설비, 3선식 유도등 등을 기동시키는 기능도 한다.

(2) 종류(신호방식에 따른 구분)

① **P(Proprietary)형 수신기**(공통신호방식) : P형 수신기는 화재신호를 접점신호인 공통신호로 수신하기 때문에 각 경계구역마다 별도의 실선배선(Hard Wire)로 연결한다. 그러므로 경계구역수가 증가할수록 회선수가 증가하게 된다. 대형건물은 많은 회선이 필요함으로 설치, 유지, 보수에 문제가 되므로 소규모 건물에 설치된다.

② **R(Record)형 수신기**(고유신호방식) : R형 수신기는 감지기 또는 발신기에서 보내는 접점신호를 중계기를 사용하여 고유신호로 전환하여 수신기에 전달하는 방식과 통신신호를 발신할 수 있는 주소형감지기를 사용하여 직접 고유신호를 수신기에 전달하는 방식이 있다. R형수신기는 통신신호방식으로 신호를 주고받기 때문에 하나의 선로를 통하여 많은 신호를 주고받을 수 있어 배선수를 획기적으로 감소시킬 수 있어 경계구역수가 많은 대형건물에 많이 사용된다.

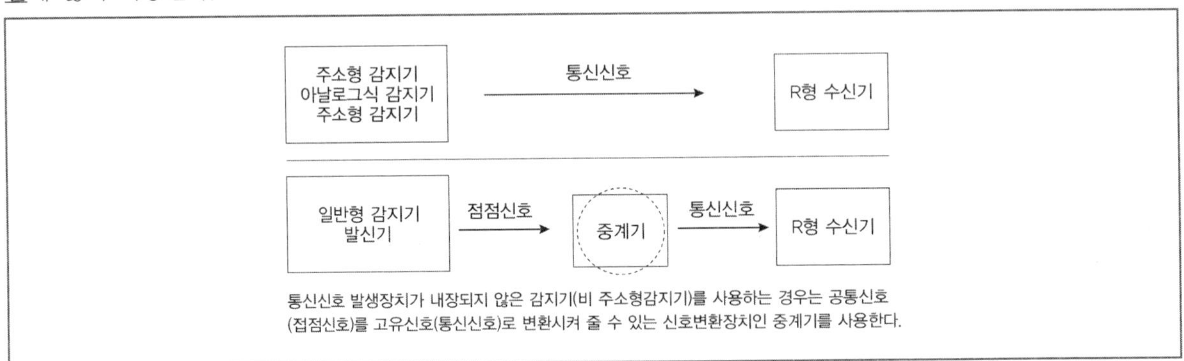

P형과 R형의 차이점

P형	구분	R형
공통신호	신호방식	고유신호
접점신호		통신신호
실선배선	배선	통신배선
불필요	중계기	필요(접점신호 → 통신신호로 전환)
일반적으로 소형건물	설치건물	일반적으로 대형건물

개념원리

1. 공통신호방식은 신호발생장치들이 모두 공통된 신호를 발신함으로 수신기에서는 당연히 신호를 구분할 수 없다. 그러나 고유신호방식은 신호발생장치(감지기 또는 발신기)마다 개별적인 고유신호를 발신하기 때문에 수신기는 각 신호들을 구분할 수 있다. 감지기와 발신기는 수신기에 화재발생과 화재위치에 관한 2가지의 정보를 제공해야 한다. 공통신호방식의 감지기는 화재발생에 관한 정보만을 제공하고, 화재위치는 경계구역마다 각각의 회로를 구성하는 방식으로 제공한다.
2. 고유신호방식은 각 신호발생장치마다 고유신호를 발신하기 때문에 수신기는 화재발생여부와 화재위치를 알 수 있다.

(3) 수신기 설치기준[화재안전기준]

① 당해 특정소방대상물의 경계구역을 각각 표시할 수 있는 회선 수 이상의 수신기를 설치할 것

② 당해 특정소방대상물에 가스누설탐지설비가 설치된 경우에는 가스누설탐지설비로부터 가스누설신호를 수신하여 가스누설경보를 할 수 있는 수신기를 설치할 것 (가스누설탐지설비의 수신부를 별도로 설치한 경우에는 제외)

③ 지하층 · 무창층으로 환기가 잘 아니되거나 실내면적이 40㎡ 미만인 장소, 감지기의 부착면과 실내바닥과의 사이가 2.3m 이하인 장소로서 일시적으로 발생한 열기 · 연기 또는 먼지등으로 인하여 감지기가 화재신호를 발신할 우려가 있는 때에는 축적기능 등이 있는 것으로 설치하여야 한다. 다만, 특수형 감지기를 설치한 경우에는 그러하지 아니하다.

④ 수위실 등 상시 사람이 근무하는 장소에 설치할 것. 다만, 사람이 상시 근무하는 장소가 없는 경우에는 관계인이 쉽게 접근할 수 있고 관리가 용이한 장소에 설치할 수 있다.

⑤ 수신기가 설치된 장소에는 경계구역 일람도를 비치할 것. 다만, 모든 수신기와 연결되어 각 수신기의 상황을 감시하고 제어할 수 있는 수신기(이하 "주수신기"라 한다)를 설치하는 경우에는 주수신기를 제외한 기타 수신기는 그러하지 아니하다.

※ 경계구역 일람도란 화재발생위치를 신속하게 확인하기 위하여 당해 건물의 경계구역이 어떻게 설정되어 있는지를 표시하는 도면을 말한다.

⑥ 수신기의 음향기구는 그 음량 및 음색이 다른 기기의 소음 등과 명확히 구별될 수 있는 것으로 할 것

⑦ 수신기는 감지기 · 중계기 또는 발신기가 작동하는 경계구역을 표시 할 수 있는 것으로 할 것

⑧ 하나의 경계구역은 하나의 표시등 또는 하나의 문자로 표시되도록 할 것

⑨ 수신기의 조작 스위치는 바닥으로부터의 높이가 0.8m 이상 1.5m 이하인 장소에 설치할 것

⑩ 하나의 특정소방대상물에 2 이상의 수신기를 설치하는 경우에는 수신기간 상호 연동하여 화재발생 상황을 각 수신기마다 확인할 수 있도록 할 것

⑪ 화재 · 가스 · 전기 등에 대한 종합방재반을 설치한 경우에는 당해 조작반에 수신기의 작동과 연동하여 감지기 · 중계기 또는 발신기가 작동하는 경계구역을 표시할 수 있는 것으로 할 것

⑫ 화재로 인하여 하나의 층의 지구음향장치 배선이 단락되어도 다른 층의 화재통보에 지장이 없도록 각 층 배선상에 유효한 조치를 할 것

⑪ 중계기

(1) 개요

중계기는 접점신호를 통신신호로, 통신신호를 접점신호로 변환시켜주는 신호변환 장치의 역할을 한다. 중계기를 거치는 신호는 입력신호와 출력신호로 구분할 수 있는데, 이 입력신호와 출력신호의 수에 따라 분산형 중계기와 집합형 중계기로 분류된다.

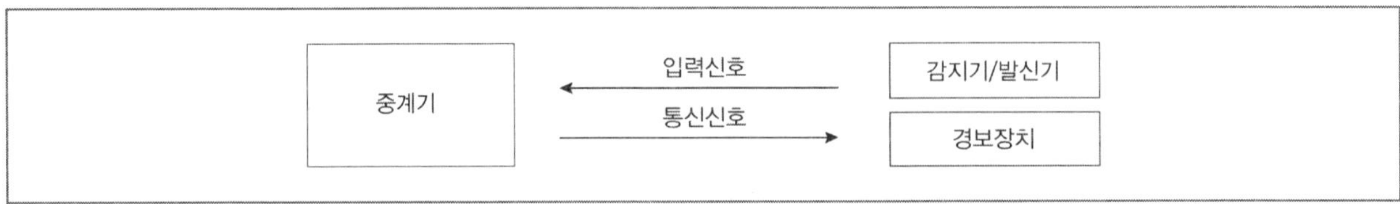

(2) 중계기의 종류

구분	집합형	분산형
입력전원	• 외부 전원을 이용 (A.C 110/220V) • 정류기 및 비상전원 내장	• 수신기의 비상전원을 이용 (D.C 24V) • 중계기에 전원 장치 없음
회로수용능력	• 대용량(30~40회로)	• 소용량(5회로 미만)
외형 크기	• 대형	• 소형
실치방식	• 전기Pit실 등에 설치 • 2~3개층당 1대씩	• 발신기함에 내장하거나 별도의 격납함에 설치 • 각 local기기별 1대씩
전원공급사고	• 내장된 예비전원에 의해 정상적인 동작을 수행	• 중계기 전원 선로의 사고시 해당 계통 전체 시스템 마비
설치적용	• 전압 강하가 우려되는 장소 • 수신기와 거리가 먼 초고층 빌딩	• 전기피트가 좁은 건축물 • 아날로그 감지기를 객실별로 설치하는 호텔

※ 전원 공급

1. 집합형 : 중계기 전원을 직근에서 공급 받을 수 있으므로 전압 강하가 발생하지 않는다.
2. 분산형 : Local에 설치된 기기의 전원을 수신기로부터 공급받으므로 거리가 제한되거나 전선의 굵기가 굵어진다.

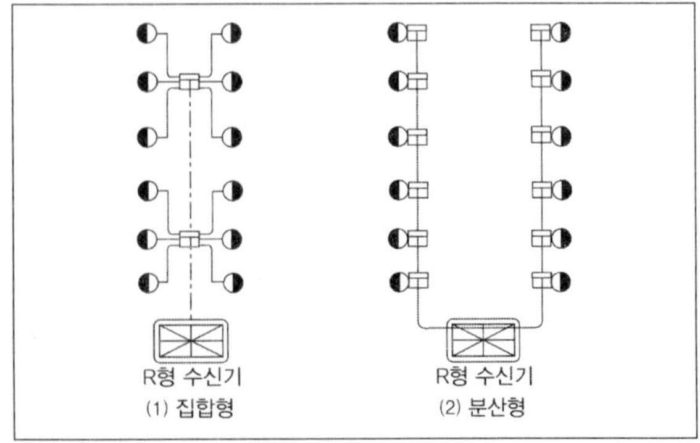

개념원리 축전지 충전방식

1) **부동충전** : 축전지의 자기방전을 보충함과 동시에 상용부하에 대한 전력공급을 충전기가 부담하되 부담하기 어려운 일시적인 대전류는 축전지가 부담하는 방식 (가장 많이 사용)
2) **보통충전** : 필요할 때 마다 표준시간율(Ah)로 충전하는 방식
3) **급속충전** : 비교적 짧은 시간에 충전전류의 2~3배의 전류로 충전을 하는 방식
4) **균등충전** : 부동충전 방식에 의하여 사용할 때 각 전해조에서 발생하는 전위차를 보정하기 위하여 1~3개월 마다 1회 정전압으로 10~12시간 충전하여 각 전해조의 용량을 균일화함
5) **세류충전**(트리클 충전) : 축전지의 단속적인 미량의 방전 또는 자체방전을 보상하기 위하여 자기방전량만큼 항상 충전하는 방식

chapter

04 출제예상문제

* 2017년

1 다음 중 자동화재탐지설비의 구성요소가 아닌 것은?

① 수신기
② 감지기
③ 음향장치
④ 송신기

* 2015년

2 자동화재탐지설비에 대한 설명 중 옳지 않은 것은?

① 수신기는 화재시 발신기 또는 감지기로부터 신호를 직접 또는 중계기를 거쳐 수신하여 건물 관계자에게 표시 및 음향장치로 알려주는 설비이며 P형은 고유신호로 수신하고 R형은 공통 신호로 수신한다.
② 발신기는 화재 발생신고를 수신기 또는 중계기에 수동으로 발신하는 것을 말한다.
③ 경계구역이란 소방대상물 중 화재신호를 발신하고 그 신호를 수신 및 유효하게 제어할 수 있는 구역을 말한다.
④ 자동화재탐지설비는 화재발생을 자동으로 감지하여 해당 소방대상물의 관계자에게 통보하는 설비로 자동화재 속보설비와 연동하여 작동할 수 있다.

1.

자동화재탐지설비 구성요소 : 수신기, 감지기, 음향장치, 중계기

2.

자동화재탐지설비는 신호전송방식에 따라 공통신호방식인 P형과 고유신호방식인 R형으로 구분할 수 있다.

㉠ P형 방식(공통신호방식) : 경계구역마다 수신기와 감지기 및 발신기 간에 회로가 구성되어 있다. 평상시에는 회로의 종단에 저항이 설치되어 있어 적은 전류만 흐르는 상태에 있다. 그러나 회로에 일정치 이상의 전류가 흐르게 되면 계전기가 작동하여 화재표시등, 지구표시등, 경보장치, 연동되는 소방시설을 작동시킨다. 감지기는 회로에서 스위치의 역할을 하여 일정치 이상의 전류가 흐르게 하는 기능을 한다.
㉡ R형 방식(고유신호방식) : 지기나 발신기가 작동하면 특정한 통신신호가 수신기에 발신되는 것이라고 볼 수 있다.

Answer 1.④ 2.①

* 2024년

3 소방시설 중 경보설비에 관한 설명으로 옳지 않은 것은?

① 시각경보기는 청각장애인에게 점멸 형태로 시각경보를 하는 장치이다.
② R형 수신기는 감지기 또는 발신기에서 1:1 접점방식으로 전송된 신호를 수신한다.
③ 비상방송설비는 수신기에 화재신호가 도달하면 방송으로 화재 사실을 알리는 설비이다.
④ 이온화식 감지기와 광전식 감지기는 연기를 감지하여 화재신호를 발하는 장치이다.

* 2020년 간부

4 자동화재탐지설비의 경계구역 설정에 대한 기준이다. ( ) 안에 들어갈 내용으로 옳은 것은?

> 하나의 경계구역의 면적은 (㉠) m² 이하로 하고, 한 변의 길이는 (㉡) m 이하로 할 것.
> 다만, 해당 특정소방대상물의 주된 출입구에서 그 내부 전체가 보이는 것에 있어서는 한 변의 길이가 (㉢) m의 범위 내에서 (㉣) m² 이하로 할 수 있다.

	㉠	㉡	㉢	㉣
①	500	50	60	800
②	500	60	50	1,000
③	600	50	50	800
④	600	50	50	1,000
⑤	600	60	60	1,000

3.

P형과 R형의 차이점

P형	구분	R형
공통신호	신호방식	고유신호
접점신호		통신신호
실선배선	배선	통신배선
불필요	중계기	필요(접점신호 → 통신신호로 전환)
일반적으로 소형건물	설치건물	일반적으로 대형건물

4.

수평적 경계구역 **(Ⓜ 둘건/ 둘층오이하경/ 면육길오/ 터널백)**

㉠ 하나의 경계구역이 **2**개 이상의 **건**축물에 미치지 아니하도록 할 것
㉡ 하나의 경계구역이 **2**개 이상의 **층**에 미치지 아니하도록 할 것. 다만, **500**m² 이하의 범위 안에서는 **2**개의 층을 **하**나의 경계구역으로 할 수 있다.
㉢ 하나의 경계구역의 **면**적은 **600**m² 이하로 하고 한 변의 길이는 **50**m 이하로 할 것. 다만, 당해 특정소방대상물의 주된 출입구에서 그 내부 전체가 보이는 것에 있어서는 한 변의 길이가 50m 범위 내에서 1,000m² 이하로 할 수 있다.

Answer 3.② 4.④

* 2016년 간부

5 소방대상물에서 화재신호를 발신하고 그 신호를 수신 및 유효하게 제어할 수 있는 경계구역의 설정기준으로 옳지 않은 것은?

① 하나의 경계구역이 2개 이상의 건축물에 미치지 아니하도록 한다.

② 하나의 경계구역이 2개 이상의 층에 미치지 아니하도록 한다. 다만 500㎡ 이하의 범위 안에서는 2개의 층을 하나의 경계구역으로 할 수 있다.

③ 하나의 경계구역의 면적은 500㎡ 이하로 하고 한변의 길이는 50m 이하로 한다.

④ 외기에 면하여 상시 개방된 부분이 있는 차고, 주차장, 창고 등에 있어서는 외기에 면하는 각 부분으로부터 5m 미만의 범위 안에 있는 부분은 경계구역의 면적에 산입하지 않는다.

* 2017년 하반기

6 다음 중 연기감지기의 종류로 옳은 것은?

① 광전식 분포형 감지기

② 보상식 분포형 감지기

③ 차동식 분포형 감지기

④ 정온식 분포형 감지기

5.

하나의 경계구역의 면적은 600㎡ 이하로 하고 한 변의 길이는 50m 이하로 할 것 다만, 당해 특정 소방대상물의 주된 출입구에서 그 내부 전체가 보이는 것에 있어서는 한 변의 길이가 50m 범위 내에서 1,000㎡ 이하로 할 수 있다.

6.

연기감지기는 연기를 감지하는 감지기로서 감지원리에 따라 이온화식과 광전식이 있다.

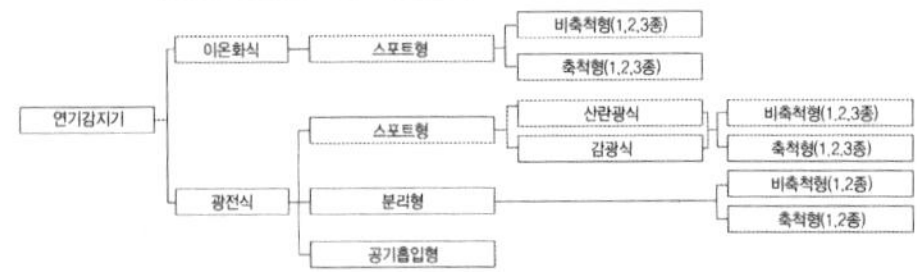

Answer 5.③ 6.①

※ 2021년 간부 2024년

7 자동화재탐지설비 감지기의 종류에 대한 설명이다. ( ) 안에 들어갈 내용으로 옳은 것은?

> 주위온도가 일정 상승률 이상이 되는 경우에 작동하는 것으로서 일국소의 열효과에 의하여 작동하는 것을 (㉠) 감지기라 하고, 일국소의 주위온도가 일정한 온도 이상이 되는 경우에 작동하는 것으로서 외관이 전선으로 되어 있지 아니한 것을 (㉡) 감지기라 한다. 이들 두 감지기의 성능을 겸한 것으로서 두 성능 중 어느 하 나가 작동되면 화재신호를 발하는 것을 (㉢) 감지기라고 한다.

	㉠	㉡	㉢
①	정온식 스포트형	차동식 스포트형	보상식 스포트형
②	정온식 분포형	차동식 분포형	열복합식
③	차동식 스포트형	정온식 스포트형	보상식 스포트형
④	차동식 분포형	정온식 분포형	열복합식
⑤	차동식 감지선형	정온식 감지선형	열연복합식

※ 2019년 간부

8 차동식스포트형과 정온식스포트형 감지기의 성능을 겸한 것으로서 둘 중 어느 한 기능이 작동되면 화재 신호를 발하는 감지기는?

① 다신호식

② 아날로그식

③ 광전식스포트형

④ 보상식스포트형

⑤ 이온화식스포트형

7.

열감지기

열감지기	차동식스포트형	주위온도가 **일정 상승율** 이상이 되는 경우에 작동하는 것으로서 **일국소**에서의 열효과에 의하여 작동되는 것
	차동식분포형	주위온도가 **일정 상승율** 이상이 되는 경우에 작동하는 것으로서 **넓은 범위 내**에서의 열 효과의 누적에 의하여 작동되는 것
	정온식감지선형	일국소의 주위온도가 일정한 온도 이상이 되는 경우에 작동하는 것으로서 외관이 전선으로 되어 있는 것
	정온식스포트형	일국소의 주위온도가 일정한 온도 이상이 되는 경우에 작동하는 것으로서 외관이 전선으로 되어 있지 아니한 것
	보상식스포트형	차동식스포트형와 정온식스포트형 성능을 겸한 것으로서 차동식스포트형의 성능 또는 정온식스포트형의 성능 중 어느 한 기능이 작동되면 작동신호를 발하는 것

8.

문제 7번 답안 참조

Answer 7.③ 8.④

9 정온식 감지선형 감지기에 관한 설명으로 옳은 것은?

① 일국소의 주위온도 변화에 따라서 차동 및 정온식의 성능을 갖는 것을 말한다.
② 일국소의 주위온도가 일정한 온도 이상이 되었을 때 작동하는 것으로서 외관이 전선으로 되어 있는 것을 말한다.
③ 그 주위온도가 일정한 온도상승률 이상이 되었을 때 작동하는 것을 말한다.
④ 그 주위온도가 일정한 온도상승률 이상이 되었을 때 작동하는 것으로서 광범위한 열효과의 누적에 의하여 동작하는 것을 말한다.

9.

문제 7번 답안 참조

10 자동화재탐지설비 및 시각경보장치의 화재안전기준(NFSC 203)에 따른 감지기의 설치 제외 장소가 아닌 것은?

① 실내의 용적이 20㎥ 이하인 장소
② 부식성가스가 체류하고 있는 장소
③ 목욕실 · 욕조나 샤워시설이 있는 화장실 · 기타 이와 유사한 장소
④ 고온도 및 저온도로서 감지기의 기능이 정지되기 쉽거나 감지기의 유지관리가 어려운 장소

10.

감지기 설치 제외 장소 **(Ⓜ 천간부고 목파먼프주)**

㉠ **천**장 또는 반자의 높이가 20m 이상인 장소. 다만, 자동화재탐지설비 화재안전기준 제7조제1항 단서 각 호의 감지기로서 부착높이에 따라 적응성이 있는 장소는 제외한다.
㉡ **헛**간 등 외부와 기류가 통하는 장소로서 감지기에 의하여 화재발생을 유효하게 감지할 수 없는 장소
㉢ **부**식성가스가 체류하고 있는 장소
㉣ **고**온도 및 저온도로서 감지기의 기능이 정지되기 쉽거나 감지기의 유지관리가 어려운 장소
㉤ **목**욕실 · 욕조나 샤워시설이 있는 화장실 기타 이와 유사한 장소
㉥ **파**이프덕트 등 그 밖의 이와 비슷한 것으로서 2개 층마다 방화구획된 것이나 수평단면적이 5㎡ 이하인 것
㉦ **먼**지 · 가루 또는 수증기가 다량으로 체류하는 장소 또는 주방 등 평시에 연기가 발생하는 장소(연기감지기에 한한다)
㉧ 프레스공장 · **주**조공장 등 화재발생의 위험이 적은 장소로서 감지기의 유지관리가 어려운 장소

Answer 9.② 10.①

11 감지기의 부착면과 실내 바닥과의 거리가 2.3m 이하인 곳으로서 일시적으로 발생한 열 · 연기 또는 먼지 등으로 인하여 화재신호를 발신할 우려가 있는 장소에 적응성이 있는 감지기가 아닌 것은?

① 불꽃감지기
② 축적방식의 감지기
③ 정온식 감지선형 감지기
④ 광전식 스포트형 감지기

12 자동화재탐지설비 및 시각경보장치의 화재안전기준(NFSC 203)에 따른 발신기의 시설기준에 대한 내용이다. 다음 (   )에 들어갈 내용으로 옳은 것은?

> 발신기의 위치를 표시하는 표시등은 함의 상부에 설치하되, 그 불빛은 부착면으로부터 (㉠)° 이상의 범위안에서 부착지점으로부터 (㉡)m 이내의 어느 곳에서도 쉽게 식별할 수 있는 적색등으로 할 것

① ㉠ 10, ㉡ 10
② ㉠ 15, ㉡ 10
③ ㉠ 25, ㉡ 15
④ ㉠ 25, ㉡ 20

11.

장소별 설치 감지기종류 🔥🔥

장소	감지기
Ⓜ **지무4/ 감부실2.3/ 열연먼)** • **지**하층 · **무**창층 등으로서 환기가 잘되지 아니하거나 실내면적이 **40**㎡ 미만인 장소 • **감**지기의 **부**착면과 **실**내 바닥과의 사이가 **2.3**m 이하인 곳으로서 일시적으로 발생한 **열**기 · **연**기 또는 **먼**지 등으로 인하여 화재신호를 발신할 우려가 있는 장소	**불꽃**감지기 **정**온식감지선형감지기 **분**포형감지기 **복**합형감지기 **광**전식분리형감지기 **아**날로그방식의감지기 **다**신호방식의감지기 **축**적방식의 감지기 **(Ⓜ 불꽃 정분복광아다축)**

12.

발신기 설치기준(=비상경보설비와 공통)(Ⓜ 조쉬장스815/특층 각수25 복별구실 보상/ 상부1510 적색등)

㉠ 조작이 쉬운 장소에 설치하고, 스위치는 바닥으로부터 0.8m 이상 1.5m 이하의 높이에 설치할 것
㉡ 특정소방대상물의 층마다 설치하되, 당해 특정소방대상물의 각 부분으로부터 하나의 발신기까지의 수평거리가 25m 이하가 되도록 할 것. 다만, 복도 또는 별도로 구획된 실로서 보행거리가 40m 이상일 경우에는 추가로 설치해야 한다.
㉢ ㉡항의 규정에도 불구하고 ㉡항의 기준을 초과하는 경우로서 기둥 또는 벽이 설치되지 아니한 대형공간의 경우 발신기는 설치 대상 장소의 가장 가까운 장소의 벽 또는 기둥 등에 설치 할 것
㉣ 발신기의 위치를 표시하는 표시등은 함의 상부에 설치하되, 그 불빛은 부착면으로부터 15° 이상의 범위안에서 부착지점으로부터 10m 이내의 어느 곳에서도 쉽게 식별할 수 있는 적색등으로 할 것

Answer 11.④ 12.②

13 축전지의 자기방전을 보충함과 동시에 상용 부하에 대한 전력공급은 충전기가 부담하도록 하되 충전기가 부담하기 어려운 일시적인 대전류는 부하는 축전지로 하여금 부담하게 하는 충전방식은?

① 과충전방식
② 균등충전방식
③ 부동충전방식
④ 세류충전방식

13.

축전지 충전방식
㉠ 부동충전 : 축전지의 자기방전을 보충함과 동시에 상용부하에 대한 전력공급을 충전기가 부담하되 부담하기 어려운 일시적인 대전류는 축전지가 부담하는 방식 (가장많이 사용)
㉡ 보통충전 : 필요할 때 마다 표준시간율(Ah) 로 충전하는 방식
㉢ 급속충전 : 비교적 짧은 시간에 충전전류의 2~3배의 전류로 충전을 하는 방식
㉣ 균등충전 : 부동충전 방식에 의하여 사용할때 각 전해조에서 발생하는 전위차를 보정하기 위하여 1~3개월 마다 1회 정전압으로 10~12시간 충전하여 각 전해조의 용량을 균일화함
㉤ 세류충전 (트리클충전) : 축전지의 단속적인 미량의 방전 또는 자체방전을 보상하기 위하여 자기방전량만큼 항상 충전하는 방식

* 2023년

14 차동식 분포형 감지기의 종류에 해당하지 않는 것은?

① 공기관식
③ 열반도체식
② 열전대식
④ 광전식

14.

차동식 분포형 감지기는 주위온도가 일정 상승율 이상이 되는 경우에 작동하는 것으로서 넓은 범위 내에서의 열효과의 누적에 의하여 작동되는 것으로써 그 종류에는 공기관식, 열반도체식, 열전대식이 있다.
광전식 감지기는 연기감지기에 해당한다.

Answer 13.③ 14.④

＊ 2023년 간부

15 자동화재탐지설비에서 부착 높이에 따른 감지기로 옳은 것만을 〈보기〉에서 있는 대로 고른 것은?

> ㉠ 부착 높이 4m 미만 : 광전식 스포트형 감지기
> ㉡ 부착 높이 4m 이상 8m 미만 : 정온식 감지선형 1종 감지기
> ㉢ 부착 높이 8m 이상 15m 미만 : 차동식 스포트형 감지기
> ㉣ 부착 높이 15m 이상 20m 미만 : 보상식 스포트형 감지기

① ㉠, ㉡
② ㉠, ㉢
③ ㉡, ㉣
④ ㉠, ㉢, ㉣
⑤ ㉡, ㉢, ㉣

15.

부착높이에 따른 감지기 종류

부착높이	감지기 종류
4m 미만	차동식(스포트형, 분포형), 보상식스포트형 정온식(스포트형, 감지선형) 이온화식 또는 광전식(스포트형, 분리형, 공기흡입형) 열복합형 연기복합형 열연기복합형 불꽃감지기
4m 이상 8m 미만	차동식(스포트형, 분포형), 보상식스포트형 정온식(스포트형, 감지선형)특종 또는 1종 이온화식 1종 또는 2종 광전식(스포트형, 분리형, 공기흡입형) 1종 또는 2종 열복합형 연기복합형 열연기복합형 불꽃감지기
8m 이상 15m 미만 (M **차이광연불**)	**차**동식분포형 **이**온화식1종 또는 2종 **광**전식(스포트형, 분리형, 공기흡입형)1종 또는2종 **연**기복합형 **불**꽃감지기
15m 이상 20m 미만 (M **이광연불**)	**이**온화식1종 **광**전식(스포트형, 분리형, 공기흡입형)1종 **연**기복합형 **불**꽃감지기
20m 이상 (M **불광아**)	**불**꽃감지기 **광**전식(분리형, 공기흡입형) 중 **아**날로그방식

Answer 15.①

chapter

05 자동화재속보설비

1 개요 2022 간부

자동화재속보설비란 자동화재탐지설비 수신기의 화재신호와 연동으로 작동하여 관계인에게 화재발생을 경보함과 동시에 소방관서에 자동적으로 통신망을 통한 당해 화재발생 및 당해 소방대상물의 위치 등을 음성으로 통보하는 설비이다.

2 설치대상

(1) 노유자 생활시설

(2) (1)에 해당하지 않는 노유자시설로서 바닥면적이 500㎡ 이상인 층이 있는 것(다만, 사람이 24시간 상시 근무하고 있는 경우에는 설치하지 않을 수 있다.)

(3) 수련시설(숙박시설이 있는 건축물만 해당한다)로서 바닥면적이 500㎡ 이상인 층이 있는 것(다만, 사람이 24시간 상시 근무하고 있는 경우에는 설치하지 않을 수 있다.)

(4) 「문화재보호법」 제23조에 따라 보물 또는 국보로 지정된 목조건축물(다만, 사람이 24시간 상시 근무하고 있는 경우에는 설치하지 않을 수 있다.)

(5) 근린생활시설 중 다음 어느 하나에 해당하는 시설
가) 의원, 치과의원 및 한의원으로서 입원실이 있는 시설
나) 조산원 및 산후조리원

(6) 의료시설 중 다음의 어느 하나에 해당하는 것
가) 종합병원, 병원, 치과병원, 한방병원 및 요양병원(정신병원과 의료재활시설은 제외한다)
나) 정신병원 및 의료재활시설로 사용되는 바닥면적의 합계가 500㎡ 이상인 층이 있는 것

(7) 판매시설 중 전통시장

❸ 자동화재속보설비 작동구성도

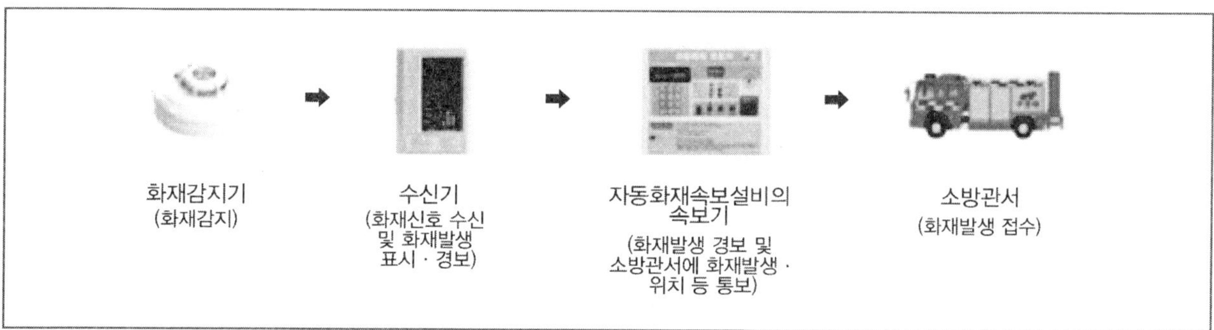

❹ 기능

자동화재탐지설비로부터 작동신호를 수신하였을 경우 20초 이내 소방관서에 자동적으로 신호를 발하여 통보하되, 3회 이상 속보할 수 있어야 한다.

❺ 설치기준

(1) 자동화재탐지설비와 연동으로 작동하여 자동적으로 화재발생 상황을 소방관서에 전달되는 것으로 할 것. 이 경우 부가적으로 특정소방대상물의 관계인에게 화재발생상황을 전달되도록 할 수 있다.

(2) 조작스위치는 바닥으로부터 0.8m 이상 1.5m 이하의 높이에 설치하고, 그 보기 쉬운 곳에 스위치임을 표시한 표지를 할 것

(3) 속보기는 소방관서에 통신망으로 통보하도록 하며, 데이터 또는 코드전송 방식을 부가적으로 설치할 수 있다. 단, 데이터 및 코드전송방식의 기준은 소방청장이 정한다.

(4) 문화재에 설치하는 자동화재 속보설비는 제1)호의 기준에 불구하고 속보기에 감지기를 직접 연결하는 방식으로 할 수 있다.(1개의 경계구역에 한함)

chapter

05 출제예상문제

1 자동화재속보설비의 속보기의 성능인증 및 제품검사의 기술기준에 따른 자동화재속보설비의 속보기에 대한 설명이다. 다음 ( )의 ㉠, ㉡에 들어갈 내용으로 옳은 것은?

> 작동신호를 수신하거나 수동으로 동작시키는 경우 (㉠)초 이내에 소방관서에 자동적으로 신호를 발하여 통보하되, (㉡)회 이상 속보할 수 있어야 한다.

① ㉠ 20, ㉡ 3
② ㉠ 20, ㉡ 4
③ ㉠ 30, ㉡ 3
④ ㉠ 30, ㉡ 4

1.

자동화재속보설비의 기능
자동화재탐지설비로부터 작동신호를 수신하였을 경우 20초 이내 소방관서에 자동적으로 신호를 발하여 통보하되, 3회 이상 속보할 수 있어야 한다.

* 2022년 간부

2 자동화재탐지설비 수신기의 화재신호와 연동으로 작동하여 관계인에게 화재발생을 경보함과 동시에 소방관서에 자동적으로 통신망을 통한 당해 화재발생 및 당해 소방대상물의 위치 등을 음성으로 통보하여 주는 것은?

① 통합감시시설
② 비상경보설비
③ 비상방송설비
④ 자동화재속보설비
⑤ 단독경보형 감지기

2.

자동화재속보설비란 자동화재탐지설비 수신기의 화재신호와 연동으로 작동하여 관계인에게 화재발생을 경보함과 동시에 소방관서에 자동적으로 통신망을 통한 당해 화재발생 및 당해 소방대상물의 위치 등을 음성으로 통보하는 설비이다.

Answer 1.① 2.④

chapter

06 누전경보기

① 개요

누전경보기는 600V 이하인 경계전로의 누설전류를 검출하여 당해 특정소방대상물의 관계자에게 경보를 발하는 설비로서 누설전류를 검출하는 변류기(CT), 변류기로부터 검출된 신호를 수신하여 누전의 발생을 당해 특정소방대상물의 관계자에게 경보하여 주는 수신기로 구성되어 있다.

② 설치대상

(1) 설치대상 (Ⓜ 백초특)

누전경보기는 계약전류용량(같은 건축물에 계약 종류가 다른 전기가 공급되는 경우에는 그 중 최대 계약전류용량을 말한다)이 **100A**를 **초**과하는 **특**정소방대상물(내화구조가 아닌 건축물로서 벽 · 바닥 또는 반자의 전부나 일부를 불연재료 또는 준불연재료가 아닌 재료에 철망을 넣어 만든 것에 한한다)에 설치하여야 한다. 다만, 가스시설 · 지하구 또는 지하가 중 터널의 경우에는 그러하지 아니하다.

(2) 면제대상 (Ⓜ 누아지)

누전경보기를 설치하여야 하는 특정소방대상물 또는 그 부분에 **아**크경보기(옥내배전선로의 단선이나 선로 손상 등에 의하여 발생하는 아크를 감지하고 경보하는 장치를 말한다) 또는 전기관련법령에 의한 **지**락차단장치를 설치한 경우에는 그 설비의 유효범위안의 부분에서 설치가 면제 된다.

③ 용어정의

누전경보기	내화구조가 아닌 건축물로서 벽, 바닥 또는 천장의 전부나 일부를 불연재료 또는 준불연재료가 아닌 재료에 철망을 넣어 만든 건물의 전기설비로부터 누설전류를 탐지하여 경보를 발하며 변류기와 수신부로 구성된 것을 말한다.
수신부	변류기로부터 검출된 신호를 수신하여 누전의 발생을 해당 특정소방대상물의 관계인에게 경보하여 주는 것(차단기구를 갖는 것을 포함한다)을 말한다.
변류기	경계전로의 누설전류를 자동적으로 검출하여 이를 누전경보기의 수신부에 송신하는 것을 말한다.

❹ 누전경보기 설치 기준

(1) 경계전로 정격전류 별 경보기 종류

정격전류	60[A] 초과	60[A] 이하
경보기의 종류	1급	1급 또는 2급

(2) 변류기 설치장소

① 옥외 인입선의 제1지점의 부하측

② 제2종 접지선측

③ 옥외 전로에 설치하는 경우에는 옥외형 설치

(3) 수신부

① 옥내 점검 편리한 장소에 설치하되, 가연성 증기, 먼지 등 체류 우려 있는 장소에는 차단기구 가진 수신기 설치

② 음향장치는 수위실 등 상시 사람이 상주하는 곳에 설치

③ 설치 제외 장소 (Ⓜ 가화습온대)

㉠ **가**연성 증기, 먼지, 가스 등이나 부식성 가스 등이 다량 체류하는 장소

㉡ **화**약류를 제조하거나 저장, 취급하는 장소

㉢ **습**도가 높은 곳

㉣ **온**도 변화가 급격한 장소

㉤ **대**전류 회로, 고주파 발생회로 등에 의한 영향을 받을 우려가 있는 장소

chapter

06 출제예상문제

1 누전경보기를 설치하여야 하는 특정소방 대상물의 기준 중 다음 ( ) 안에 알맞은 것은? (단, 위험물 저장 및 처리시설 중 가스시설, 지하가 중 터널 또는 지하구의 경우는 제외한다.)

> 누전경보기는 계약전류 용량이 ( )A를 초과하는 특정소방대상물(내화구조가 아닌 건축물로서 벽·바닥 또는 반자의 전부나 일부를 불연재료 또는 준불연재료가 아닌 재료에 철망을 넣어 만든 것만 해당)에 설치하여야 한다.

① 60　　② 100
③ 200　　④ 300

1.

누전경보기 설치대상

누전경보기는 계약전류용량(같은 건축물에 계약 종류가 다른 전기가 공급되는 경우에는 그 중 최대 계약전류용량을 말한다)이 100A를 초과하는 특정소방대상물(내화구조가 아닌 건축물로서 벽·바닥 또는 반자의 전부나 일부를 불연재료 또는 준불연재료가 아닌 재료에 철망을 넣어 만든 것에 한한다)에 설치하여야 한다. 다만, 가스시설·지하구 또는 지하가 중 터널의 경우에는 그러하지 아니하다.

2 누전경보기의 화재안전기준(NFSC 205)의 용어 정의에 따라 변류기로부터 검출된 신호를 수신하여 누전의 발생을 해당 특정소방대상물의 관계인에게 경보하여 주는 것은?

① 축전지
② 수신부
③ 경보기
④ 음향장치

2.

누전경보기 용어정의

누전경보기	내화구조가 아닌 건축물로서 벽, 바닥 는 천장의 전부나 일부를 불연재료 또 준불연재료가 아닌 재료에 철망을 넣어 든 건물의 전기설비로부터 누설전류를 지하여 경보를 발하며 변류기와 수신부 구성된 것을 말한다.
수신부	변류기로부터 검출된 신호를 수신하여 전의 발생을 해당 특정소방대상물의 관인에게 경보하여 주는 것(차단기구를 것을 포함한다)을 말한다.
변류기	경계전로의 누설전류를 자동적으로 검출여 이를 누전경보기의 수신부에 송신하 것을 말한다.

Answer 1.② 2.②

3 경계전로의 누설전류를 자동적으로 검출하여 이를 누전경보기의 수신부에 송신하는 것을 무엇이라고 하는가?

① 수신부
② 확성기
③ 변류기
④ 증폭기

3.

문제2번 답안 참조

4 누전경보기의 화재안전기준(NFSC 205)에 따라 누전경보기의 수신부를 설치할 수 있는 장소는? (단, 해당 누전경보기에 대하여 방폭 · 방식 · 방습 · 방온 · 방진 및 정전기 차폐 등의 방호조치를 하지 않은 경우이다.)

① 습도가 낮은 장소
② 온도의 변화가 급격한 장소
③ 화약류를 제조하거나 저장 또는 취급하는 장소
④ 부식성의 증기 · 가스 등이 다량으로 체류하는 장소

4.

누전경보기 수신부 설치 제외 장소 **(Ⓜ 가화습온대)**

㉠ **가**연성 증기, 먼지, 가스 등이나 부식성 가스 등이 다량 체류하는 장소
㉡ **화**약류를 제조하거나 저장, 취급하는 장소
㉢ **습**도가 높은 곳
㉣ **온**도 변화가 급격한 장소
㉤ **대**전류 회로, 고주파 발생회로 등에 의한 영향을 받을 우려가 있는 장소

Answer 3.③ 4.①

chapter

07 가스누설경보기

❶ 개요

가스누설경보기는 가연성가스 경보기와 일산화탄소 경보기로 구분하는데 가연성가스 경보기는 가스연소기에서 액화석유가스(LPG), 액화천연가스(LNG) 등의 가연성가스가 새는 것을 일산화탄소 경보기는 일산화탄소가 새는 것을 감지하여 관계자나 이용자에게 경보하여 주는 것을 말한다.

❷ 설치대상

(1) **판**매시설, **운**수시설, **노**유자시설, **숙**박시설, **창**고시설 중 **물**류터미널 (Ⓜ **판운노숙창물**)

(2) **문**화 및 집회시설, **종**교시설, **운동**시설, **의**료시설, **수**련시설, **장**례시설 (Ⓜ **문종 운동의 수장**)

❸ 구성요소 및 용어정의

구분	정의
탐지부	가스누설경보기 중 가스누설을 탐지하여 중계기 또는 수신부에 가스누설의 신호를 발신하는 부분 또는 가스누설을 탐지하여 수신부 등에 가스누설의 신호를 발신하는 부분을 말한다.
수신부	경보기 중 탐지부에서 발하여진 가스누설신호를 직접 또는 중계기를 통하여 수신하고 이를 관계자에게 음향으로서 경보하여 주는 것을 말한다.
분리형	탐지부와 수신부가 분리되어 있는 형태의 경보기
단독형	탐지부와 수신부가 일체로 되어있는 형태의 경보기
가연성가스 경보기	보일러 등 가스연소기에서 액화석유가스(LPG), 액화천연가스(LNG) 등의 가연성가스가 새는것을 탐지하여 관계자나 이용자에게 경보하여 주는 것을 말한다.
일산화탄소 경보기	일산화탄소가 새는 것을 탐지하여 관계자나 이용자에게 경보하여 주는 것을 말한다.
가스연소기	가스레인지 또는 가스보일러 등 가연성가스를 이용하여 불꽃을 발생하는 장치를 말한다.

❹ 설치기준

(1) 가연성가스 경보기

① 분리형 경보기

㉠ 수신부

ⓐ 가스연소기 주위의 경보기의 상태 확인 및 유지 관리에 용이한 위치에 설치할 것

ⓑ 가스누설 음향의 음량과 음색이 다른 기기의 소음 등과 명확히 구별될 것

ⓒ 가스누설 음향은 수신부로부터 1m 떨어진 위치에서 음압이 70dB 이상일 것

ⓓ 수신부의 조작 스위치는 바닥으로부터의 높이가 0.8m 이상 1.5m 이하인 장소에 설치할 것

ⓔ 수신부가 설치된 장소에는 관계자 등에게 신속히 연락할 수 있도록 비상연락 번호를 기재한 표를 비치할 것

㉡ 탐지부

ⓐ 탐지부는 가스연소기의 중심으로부터 직선거리 8m(공기보다 무거운 가스를 사용하는 경우에는 4m) 이내에 1개 이상 설치하여야 한다.

ⓑ 탐지부는 천정으로부터 탐지부 하단까지의 거리가 0.3m 이하가 되도록 설치한다. 다만, 공기보다 무거운 가스를 사용하는 경우에는 바닥면으로부터 탐지부 상단까지의 거리는 0.3m 이하로 한다.

② 단독형 경보기

㉠ 가스연소기 주위의 경보기의 상태 확인 및 유지 관리에 용이한 위치에 설치할 것

㉡ 가스누설 음향의 음량과 음색이 다른 기기의 소음 등과 명확히 구별될 것

㉢ 가스누설 음향장치는 수신부로부터 1m 떨어진 위치에서 음압이 70dB 이상일 것

㉣ 단독형 경보기는 가스연소기의 중심으로부터 직선거리 8m(공기보다 무거운 가스를 사용하는 경우에는 4m) 이내에 1개 이상 설치하여야 한다.

㉤ 단독형 경보기는 천장으로부터 경보기 하단까지의 거리가 0.3m 이하가 되도록 설치한다. 다만, 공기보다 무거운 가스를 사용하는 경우에는 바닥면으로부터 단독형 경보기 상단까지의 거리는 0.3m 이하로 한다.

㉥ 경보기가 설치된 장소에는 관계자 등에게 신속히 연락할 수 있도록 비상연락 번호를 기재한 표를 비치할 것

(2) 일산화탄소 경보기

① 분리형 경보기

㉠ 수신부

ⓐ 가스누설 음향의 음량과 음색이 다른 기기의 소음 등과 명확히 구별될 것
ⓑ 가스누설 음향은 수신부로부터 1m 떨어진 위치에서 음압이 70dB 이상일 것
ⓒ 수신부의 조작 스위치는 바닥으로부터의 높이가 0.8m 이상 1.5m 이하인 장소에 설치할 것
ⓓ 수신부가 설치된 장소에는 관계자 등에게 신속히 연락할 수 있도록 비상연락 번호를 기재한 표를 비치할 것

㉡ 탐지부 : 천정으로부터 탐지부 하단까지의 거리가 0.3m 이하가 되도록 설치한다.

② 단독형 경보기

㉠ 가스누설 음향의 음량과 음색이 다른 기기의 소음 등과 명확히 구별될 것

㉡ 가스누설 음향장치는 수신부로부터 1m 떨어진 위치에서 음압이 70dB 이상일 것

㉢ 단독형 경보기는 천장으로부터 경보기 하단까지의 거리가 0.3m 이하가 되도록 설치한다.

㉣ 경보기가 설치된 장소에는 관계자 등에게 신속히 연락할 수 있도록 비상연락 번호를 기재한 표를 비치할 것

(3) 분리형 경보기의 탐지부 및 단독형 경보기 설치 제외 장소 (Ⓜ **출연환가수**)

① **출**입구 부근 등으로서 외부의 기류가 통하는 곳

② **환**기구 등 공기가 들어오는 곳으로부터 1.5m 이내인 곳

③ **연**소기의 폐가스에 접촉하기 쉬운 곳

④ **가**구 · 보 · 설비 등에 가려져 누설가스의 유통이 원활하지 못한 곳

⑤ **수**증기, 기름 섞인 연기 등이 직접 접촉될 우려가 있는 곳